# FOTRES

## Forensisches Operationalisiertes Therapie-Risiko-Evaluations-System

Frank Urbaniok

Zytglogge

Druck AZ Druck und Datentechnik GmbH, Kempten
ISBN 3-7296-0697-2

Zytglogge Verlag, Schoren 7, CH-3653 Oberhofen am Thunersee
info@zytglogge.ch • www.zytglogge.ch

Auslieferungen

Schweiz
Balmer Bücherdienst
Kobiboden
Postfach 64
CH-8840 Einsiedeln

Deutschland
BDK Bücherdienst
Postfach 900 120
D-51140 Köln
Kölner Strasse 248
D-51149 Köln

Österreich
MOHR MORAWA
Buchvertrieb GmbH
Postfach 260
A-1011 Wien

## Dank

Viele meiner Mitarbeiterinnen und Mitarbeiter haben die mehrjährige Arbeit am FOTRES und eng damit verbunden die Arbeiten an diesem Handbuch unterstützt und so wichtige Beiträge geleistet. Freizeit, Nerven und persönliches Engagement wurden dabei zum Teil erheblich strapaziert. Ohne diese Unterstützung wäre die Realisierung des FOTRES-Projekts in der jetzigen Form nicht möglich gewesen. Besonders danken möchte ich

*Astrid Rossegger*, die mit ihrem enormen Einsatz, ihrer wertvollen kritischen Mitarbeit, ihrer Beharrlichkeit und ihrer mittlerweile ausgezeichneten Kenntnis des FOTRES wesentlich an der Realisierung des Handbuchs beteiligt war.

*Miriam Stach, Katinka Kohle, Sandra Geiger*, *Leo Vertone* und *Jennifer Steinbach* für ihre Ausdauer und Genauigkeit bei den umfangreichen Korrektur- und Gestaltungsarbeiten.

*Dr. Jerome Endrass*, der als brillianter Methodiker mit seinem Ideenreichtum und seiner Neugier Motor eines permanenten Diskussions- und Optimierungsprozesses ist.

*Dr. Carole Kherfouche* und *Thomas Villmar*, die mit ihren kritischen Rückmeldungen wichtige Anstöße für Verbesserungen eingebracht haben.

*Bettina Kaelin*, die mit ihrer uneigennützigen Lektoratsarbeit noch kurz vor Toresschluss geholfen hat, einige formale Unzulänglichkeiten zu eliminieren.

Dem Sekretariatsteam unseres Dienstes, namentlich *Susanne von Euw* und *Karin Duxenneuner*, für ihre große Zuverlässigkeit und Geduld.

## Vorwort

Lange Zeit hat sich in der Kriminalprognose und in der Kriminaltherapie wenig bewegt. Über den sog. Labeling-Approach wurde die Auffassung verbreitet, Kriminalität sei vor allem ein Produkt aus Etikettierungs- und Stigmatisierungsprozessen der Herrschenden. Warum soll man unter diesen Umständen eine individuelle Gefahrprognose stellen bzw. einen Straffälligen psycho- oder sozialtherapeutisch behandeln?

Zwischenzeitlich ist dieser Ansatz erheblich relativiert worden. Man hat die Bedeutung treffsicherer Kriminalprognosen und wirksamer Therapieformen im Justiz- und Maßregelvollzug erkannt. Außerdem haben globale Strömungen in der Kriminalpolitik dazu geführt, dass die Strafrechts- und Vollzugssysteme europaweit mit Recht immer mehr spezialpräventiv ausgerichtet sind. Dabei gilt: Ohne Behandlung und ohne Kriminalprognose keine Spezialprävention. Leider beschränkt sich die deutschsprachige Kriminologie im Wesentlichen darauf hinzuweisen, dass treffsichere Kriminalprognosen angeblich unmöglich oder zumindest äußerst schwierig seien.

Dagegen haben Entwicklungen in der modernen forensischen Psychiatrie und Psychologie in den letzten Jahren zu erfreulichen Verbesserungen in der Kriminalprognose und in der Kriminaltherapie geführt. Das Team des Psychiatrisch-Psychologischen Dienstes (PPD) um Frank Urbaniok in Zürich hat daran beträchtlichen Anteil: Durch die praktische Anwendung von Prognose- und Therapieformen im Justiz- und Maßnahmevollzug, durch die wissenschaftliche Weiterentwicklung von Prognose- und Therapieformen und durch Nachdenken über die Rahmenbedingungen von Therapie und Prognose, auch in ethisch-moralischer Hinsicht, etwa im Umgang mit (derzeit) nicht behandelbaren Rechtsbrechern.

Nun legt der Verfasser das FOTRES vor. War im Vorfeld noch von einem „Therapie-Risiko-Evaluations-Test“ (TRET) die Rede, so hat sich das Projekt in der Bezeichnung und im Anspruch auf ein „Therapie-Risiko-Evaluations-System“ ausgeweitet. Das vorliegende Handbuch ist daher nicht nur ein operationalisierter klinischer Leitfaden zum FOTRES, sondern auch eine spannende Abhandlung zur Kriminalprognose insgesamt, in der man manche Anregungen findet. Die einleitenden Bemerkungen zur Prognostik sowie die Definitionen, Bewertungsregeln, Beispiele und Leitfragen zum strukturellen Rückfallrisiko, zur Beeinflussbarkeit und zur dynamischen Risikoverringerung sind nicht nur für die Nutzer des FOTRES hilfreich, sondern auch für Wissenschaftler und Praktiker, die (noch) mit anderen Instrumenten arbeiten oder gar alleine auf ihre Intuition vertrauen. Dass es beispielsweise „Labile eigenständig risikorelevante Faktoren" gibt, kann jeder Kriminalprognostiker aus eigener Erfahrung nachvollziehen und unterstützen.

FOTRES ist ein System aus der Praxis und für die Praxis. Das macht es so wertvoll. Außerdem werden wesentliche Qualitätskriterien wissenschaftlicher Methoden angezielt, insbesondere Relevanz (!), Validität, Reliabilität, Repräsentativität, Wiederholbarkeit, Anwendbarkeit, Flexibilität, Klarheit, Dokumentation, ethische Verantwortbarkeit. Wichtige Leitsätze für Ergebnisqualität stehen Pate:

- Kriterienorientiert mit anerkannten Prädiktoren operieren;
- Die Gefahr berufsspezifischer Kriterienreduktion meiden;
- Risiko- und Schutzfaktoren gleichermaßen prüfen (ganz im Sinne der Resilienzforschung);
- In drei Schritten prognostizieren (so auch Göppinger und Nedopil);
- Mit lebensgeschichtlichen, aktuellen und zukunftsorientierten Faktoren arbeiten;
- Prognosefaktoren angemessen gewichten (Grundsatz: Je spezifischer und angemessener der Einzelfall erfasst wird, desto besser können nicht nur Risikotäter, sondern auch Täter mit moderatem Rückfallrisiko differenziert und adäquat beurteilt werden);
- Eine persönlichkeits- und deliktsspezifische Gesamtbetrachtung anstreben.

Die Kombination aus Prognoseinstrument und Evaluationsmethode ist ein weiteres „highlight" des Ansatzes. Nicht zuletzt besticht das FOTRES dadurch, dass es edv-unterstützt ausgewertet werden kann. Das ist zeitgemäß und fördert die Evaluation.

Sicherlich wird die 1. Auflage des FOTRES nicht die letzte Auflage sein. Und sicherlich wird diese Auflage nicht unverändert bleiben. Eine Weiterentwicklung der Methode wird sich angesichts des Potenzials und der praktischen Bedeutung als wünschenswert und als notwendig erweisen.

Allerdings darf die Methode nicht unkritisch verwendet werden. So ist die

Verwendung des Instruments bislang vor allem bei (potenziellen) Gewalt- und Sexualstraftätern erprobt, weshalb für einen Einsatz bei anderen Zielgruppen derzeit noch keine Aussagen getroffen werden können.

Dass FOTRES Anlass- und Zieldelikt sauber unterscheidet und definiert, wertet das System auf. Darüber hinaus handelt es sich um ein Expertenwerkzeug, mit dem nicht Jeder bzw. Jede umgehen kann. Einsteiger in die Kriminalprognose werden sich an die Methode herantasten und sollten sich darin schulen lassen. Dabei müssen die Prognosegrundlagen gründlich erarbeitet werden. Viele Prognosefehler werden außerdem nicht durch falsche Prädiktoren oder durch eine falsche Gewichtung der Prädiktoren hervorgerufen, sondern durch unzureichende Erhebungen, lückenhafte Befunde und zweifelhafte Diagnosen. Gute Kriminalprognosen mit FOTRES setzen sorgfältiges Arbeiten im Vorfeld voraus. Dabei wird einem Beurteiler bei Anwendung des FOTRES durch das differenzierte Analyseprozedere deutlich vor Augen geführt, welche prognoserelevanten Informationen noch fehlen und möglicherweise beschafft werden müssen. Diesem Effekt kommt in der Praxis eine erhebliche qualitätssichernde Bedeutung zu.

Auf jeden Fall ist dem FOTRES eine weite Verbreitung zu wünschen. Schön wäre es, wenn möglichst viele Nutzer mit dem Zürcher Verfasser in Verbindung treten und konstruktiv-kritische Rückmeldungen geben würden. Vorteilhaft wäre es, wenn die neue Methode zu einem möglichst regen Dialog zwischen forensischer Psychiatrie und Kriminologie anregen würde. Es wäre auch zu begrüßen, wenn Justiz- und Maßregelvollzug prüfen würden, ob FOTRES eine gemeinsame Methode darstellen könnte. Die dafür in Betracht kommenden Probanden finden sich jedenfalls hier wie dort. Eine gemeinsame Prognosemethode, eine einheitliche Dokumentation und eine bereichsübergreifende Evaluation wären wichtige Fortschritte im Justiz- und Maßregelvollzug.

Stuttgart, den 07. Oktober 2004

Dr. Rüdiger Wulf Ministerialrat im Justizministerium Baden-Württemberg

# Inhaltsverzeichnis

# Teil I.

# EINLEITUNG

# 1. Prognostik

## Inhaltsangabe



## 1.1. Möglichkeiten und Grenzen der Prognose menschlichen Verhaltens

Prognosen über das zukünftige Verhalten von Straftätern haben eine hohe praktische Bedeutung. Zum Einen haben sie einen Einfluss auf Strafzumessungen, zum Anderen bilden sie die Beurteilungsgrundlage für Lockerungen oder Entlassungen aus Maßregel- oder Strafvollzugseinrichtungen, Entlassungen aus der Untersuchungshaft oder für die Entscheidung über anzuordnende sichernde Maßnahmen (z. B. Verwahrungen).

Sowohl in der Vergangenheit als auch in der Gegenwart war bzw. ist die Kriminalprognostik Gegenstand kontroverser Diskussionen. Dies nicht zuletzt darum, weil prognostische Beurteilungen immer wieder in das Zentrum öffentlicher Diskussionen geraten, wenn Straftäter schwere Rückfälle begehen.

Die Forschungen zu diesem Thema gehen in die Anfänge des letzten Jahrhunderts zurück und erfolgten zunächst vorwiegend durch Juristen und Kriminologen. In diesem Zusammenhang wurde die Qualität prognostischer Expertenurteile häufig kritisiert. Dabei wurde immer wieder – besonders ausgeprägt im deutschsprachigen Raum – auf die Schwierigkeiten hingewiesen, menschliches Verhalten zu prognostizieren. Bisweilen wurde (und wird) behauptet, menschliches Verhalten sei per se nicht vorhersagbar, zumindest nur sehr schwierig, weshalb die Möglichkeiten jeglicher prognostischer Aussagen erheblich begrenzt seien. Dabei werden unterschiedliche Argumentationen ins Feld geführt. Da menschliches Verhalten nicht hierarchisch, sondern zirkulär organisiert sei, entziehe es sich einer sicheren Vorhersagbarkeit [1]. Steinböck [2] weist auf das Kontingenzprinzip (relative Offenheit menschlichen Verhaltens gegenüber Handlungsalternativen) hin, aus dem sich „eine durch Voraussage erzeugte Unbestimmbarkeit“ [3] ergebe. Da menschliches Verhalten mit chaotischen Prozessen vergleichbar sei („Schmetterlingseffekt“), es sich zudem um ein subjektives Geschehen (auch bei „scheinbar gleichen Bedingungen“) handle und die Vorhersagbarkeit seltener Ereignisse ohnehin schwierig sei, stellt Steinböck insbesondere unter Bezugnahme auf das Kontingenzprinzip fest: „In gewisser Weise geht also jede Vorstellung von Vorhersage menschlichen Verhaltens an dessen spezifisch menschlicher Qualität vorbei“ [2]. In ähnlicher Weise wird konstatiert, dass „menschliches Verhalten sich exakter wissenschaftlicher Prognostizierbarkeit weitgehend entzieht“ [4] bzw. „... mit wissenschaftlichen Mitteln prinzipiell nicht vorhersehbar ...“ sei [5].

Nähert man sich diesem erkenntnistheoretischen Problem von einer eher praxisorientierten Position, dann ist es zunächst nützlich, sich zu verdeutlichen, dass Prognosen über zukünftiges menschliches Verhalten keineswegs etwas Besonderes, sondern im Gegenteil eine Selbstverständlichkeit normalen, alltäglichen Verhaltens sind. In aller Regel erfolgen solche Voraussagen sogar mit hoher Treffsicherheit. Denken wir beispielsweise an einen betrunkenen Fahrgast in einer Straßenbahn, der bereits drei Fahrgäste bedroht und angepöbelt hat und nun schwankend auf einen vierten Fahrgast zutorkelt. Sein zukünftiges Verhalten ist leicht zu prognostizieren. Der vierte Fahrgast, der den Betrunkenen nun auf sich zukommen sieht, wird unschwer eine Prognose über dessen im Weiteren zu erwartenden Verhaltensweisen treffen können. In seinem prognostischen Urteil wird er sich zu Recht auf das zuvor beobachtbare Verhalten und auf diesem Verhalten zugrunde liegende Entstehungshypothesen stützen. Auch fällt es leicht, über einen längeren Zeitraum zu prognostizieren, ob ein Arbeitskollege im kommenden Jahr häufig oder selten pünktlich an seinem Arbeitsplatz erscheinen wird oder nicht. In die Prognose werden Charakteristika seines bisherigen Arbeitsverhaltens und Erkenntnisse über bisherige Abwesenheitszeiten eingehen. Ein weiteres Beispiel für die Alltäglichkeit von Prognosen sind die Voraussagen bei Sportereignissen. Wie sicher gelingt es doch bei vielen Sportwettkämpfen einen Kreis wahrscheinlicher Sieger und eine Gruppe wahrscheinlicher Verlierer zutreffend zu unterscheiden. Dabei sollte nicht unterschätzt werden, welch komplexe menschliche Mechanismen in einer solchen Prognosebildung subsumiert werden müssen, wenn es beispielsweise darum geht vorauszusagen, mit welcher Wahrscheinlichkeit ein bestimmtes Team Fußballweltmeister werden wird oder nicht.

Schon anhand dieser Beispiele wird das Grundprinzip erfolgreicher Prognostik deutlich. Genaue Prognosen beinhalten eine möglichst präzise und hinreichend vollständige Erfassung des Einzelfalls, wobei historische Variablen angemessen berücksichtigt werden. Natürlich ist die intuitive Fähigkeit des Beurteilers, all diese Faktoren angemessen zu berücksichtigen, ein entscheidender Gütefaktor.

Selbstverständlich handelt es sich bei Prognosen um Risikokalkulationen, die in aller Regel nicht mit 100%iger Sicherheit ein zukünftiges Ereignis vorhersagen können. Die Möglichkeiten prognostischer Aussagen werden aber insbesondere in der kriminologischen und juristischen Literatur zum Teil deutlich unterschätzt, wobei die entsprechenden Argumentationen bisweilen auch methodische Missverständnisse aufweisen. So liegt es z. B. im Wesen von Prognosen begründet, dass sie – außer in sehr eindeutigen Extremfällen bzw. -situationen – nicht ein spezifisches Ereignis zu einem bestimmten Zeitpunkt voraussagen. Vielmehr handelt es sich um Aussagen über wahrscheinliches und unwahrscheinliches zukünftiges Verhalten, was allerdings den Wert prognostischer Aussagen in praktischer Hinsicht keineswegs vermindert.

Eine Arbeitshypothese über menschliches Verhalten könnte lauten: Menschliches Verhalten ist durch eine bestimmte Kombination von Einzelfaktoren zu einem bestimmten Zeitpunkt X bestimmt. Handlungsimpulse, Handlungspläne und Handlungsmotivationen entstehen direkt aus dem Zusammenspiel psychischer (beispielsweise affektiver und kognitiver) Prozesse. Umwelteinflüsse führen erst durch ihre subjektive Verarbeitung / Kodierung zu einem Ausgangspunkt für Handlungen. Anders ausgedrückt könnte formuliert werden: Die Grundlage für Handlungen sind bewusste oder unbewusste psychische Korrelate, die zu einem bestimmten Zeitpunkt X in einer bestimmten Zusammensetzung und einer bestimmten handlungsrelevanten Stärke vorliegen.

Nun kann für die Prognose menschlichen Verhaltens der Begriff Zufall (als variables Element) durch den Begriff der Handlungsfreiheit ersetzt werden. Deren Einfluss tritt aber – je nach Einzelfall – mehr oder weniger gegenüber den erkennbaren konstanten Ordnungsprinzipien der Verhaltensdisposition zurück. Da aber auch diese mehr oder weniger prognostisch relevante Handlungsfreiheit durch prinzipiell erkennbare Einzelfaktoren determiniert ist, richtet sich die Treffsicherheit einer Prognose (im übrigen vergleichbar mit anderen Prognosen in komplexen Systemen, wie z. B. der Wetterprognose) nach folgendem Grundsatz:

Umso genauer, vollständiger und in ihrer Bedeutung angemessener berücksichtigt, relevante Einflussfaktoren in einem Einzelfall erfasst werden, desto zuverlässiger kann eine Prognose über das zukünftig zu erwartende Verhalten gestellt werden.

Aktuell ist noch lange nicht der Punkt erreicht, an dem die Kriminalprognose an den erkenntnistheoretischen Restunsicherheitsbereich gestoßen ist (den es immer geben wird) und in der Praxis dadurch limitiert wird. Die Genauigkeit von heutigen Prognosen kann durch eine bessere Qualifizierung der Beurteiler und durch die Entwicklung neuer Instrumente noch erheblich optimiert werden und zu verbesserten Ergebnissen führen. Kann dieses Optimierungspotential genutzt werden, dann handelt es sich beim zukünftigen Legalverhalten eines Straftäters in vielen Fällen um ein Phänomen, das gut prognostizierbar ist.

## 1.2. Prognoseinstrumente

### 1.2.1. Frühere Prognoseinstrumente

Für die Vergangenheit wird gewöhnlich zwischen der intuitiven, der statistischen und der klinischen Methode zur Prognosebildung unterschieden.

### Intuitive Methode

Bei Anwendung der intuitiven Methode verlässt sich der Beurteiler bei der Einschätzung ganz auf sein Gefühl, auf seine Intuition. Bei einem erfahrenen Beurteiler mag diese Vorgehensweise durchaus erfolgreich sein. Als Methode lässt sich die intuitive Prognose aber nicht empfehlen. Die intuitive Prognose wurde auf Grund ihrer Subjektivität, ihrer mangelnden Vermittelbar- und Operationalisierbarkeit, aber auch angesichts der geringen Zuverlässigkeit der durch Psychiater vorgenommenen Prognosebeurteilungen kritisiert [6, 7, 8]. Sie hat deshalb an Bedeutung verloren.

### Statistische Methode

Bei statistischen Prognoseverfahren werden Gruppen von rückfälligen und nicht rückfälligen Straftätern miteinander verglichen. Mit diesem Ansatz ist die Hoffnung verbunden, aussagekräftige Prädiktoren für Rückfälligkeit zu finden. Dabei treten individuelle Merkmale des Einzelfalls in den Hintergrund und die Frage ist vielmehr, welcher Gruppe ein Einzelfall zuzuordnen ist bzw. welche statistischen Risikomerkmale eine Einzelperson aufweist. Im deutschsprachigen Raum hat sich die statistische Methode nicht durchsetzten können [9, 10]. Einerseits ließen sich in bestimmten Untersuchungen einige Annahmen wie z. B. die prädiktive Qualität der so genannten Frühindikatoren nicht bestätigen, andererseits wurde diese Vorgehensweise vor dem Hintergrund theoretischer Ansätze des „labeling approach" stark kritisiert [11]. Wenn auch in der verallgemeinernden Kritik überzogen, wurde nicht zu Unrecht auf die Gefahr der Stigmatisierung hingewiesen, wenn Einzelpersonen möglicherweise unberechtigt zu statistisch ermittelten Gruppen gezählt werden. So wurde beispielsweise angenommen, dass ein schlechtes Elternhaus ein so genannter Risikoprädiktor für Jugendliche sei. Es war zwar zutreffend, dass viele der straffälligen Jugendlichen, die aus „schlechtem Elternhaus" kamen, auch später rückfällig wurden. Es gab aber auch solche, die nicht wieder straffällig wurden, und andere Rückfällige, die aus gutem Elternhaus stammen. Solche und ähnliche Ergebnisse führten zu einer gewissen Ernüchterung bezüglich der Möglichkeiten der statistischen Prognosemethoden [9].

### Klinische Methode

Die klinische Methode verfolgt den Ansatz, den Einzelfall möglichst genau und differenziert zu erfassen, um darauf aufbauend eine individuelle Prognose bilden zu können, in der die spezifischen Anteile der Persönlichkeit angemessen berücksichtigt werden. Dabei spielen Vergleichsgruppen von Straftätern keine Rolle. Es wird also nicht gefragt, welche empirisch ermittelten Risikomerkmale eine Person aufweist, sondern die Risikoeinschätzung erfolgt anhand einer genauen Erfassung der Persönlichkeit. Die wissenschaftliche Güte der klinischen Methode ist mittlerweile vor allem im angelsächsischen Raum nahezu diskreditiert, weil in Untersuchungen überdurchschnittlich hohe Fehlerquoten im Vergleich zu anderen Vorgehensweisen nachgewiesen werden konnten [12, 13, 14, 15].

Der Nachweis der geringen Genauigkeit klinischer Einschätzungen lässt allerdings nicht den Schluss zu, dass der grundsätzliche Ansatzpunkt falsch wäre. Die schlechten Prognoseergebnisse beruhen vielmehr auf einer unsachgemäßen Anwendung und mangelhaften Konzeptionalisierung. Zwei Punkte seien hier genannt: Oft bezogen sich die klinischen Einschätzungen auf spekulative Konzepte und es erfolgte eine einseitige Ausrichtung auf psychiatrische und psychologische Faktoren bei einer gleichzeitig sträflichen Vernachlässigung tatbezogener oder kriminologischer Variablen. Das hatte zur Folge, dass der Einzelfall nicht wie angestrebt möglichst vollständig, sondern im Gegenteil oft in seinen wesentlichen Anteilen nur höchst rudimentär erfasst wurde.

## 1.2.2. Aktuelle Prognoseinstrumente

Aktuell können vor allem zwei Vorgehensweisen diskutiert werden: Erstens die kriteriengeleitete Beurteilung und zweitens das „Actuarial Risk-Assessment“.

### Kriterienkataloge

Bei Kriterienkatalogen mit verschiedenen Beurteilungsebenen, welche sich vor allem im deutschsprachigen Raum etabliert haben, handelt es sich um klinische Verfahren. Sie können als Weiterentwicklung früherer Kriterienkataloge verstanden werden [16, 10].

Nach Dittmann [1] ist in der modernen forensisch-psychiatrischen Prognostik die kriterienorientierte Risikokalkulation auf der Grundlage klinisch-empirischer Erfahrung Methode der Wahl, weil sie auch dynamische Aspekte einbezieht. Schon früh wurde der Versuch unternommen, in Kriterienkatalogen positive und negative Merkmale für eine günstige Legalprognose zusammen zu fassen. Lange Zeit bezogen sich diese Merkmalskataloge vorwiegend oder ausschließlich auf kriminologische Daten. 1986 wurden erstmals im deutschsprachigen Raum klinisch hergeleitete Kriterien zur Beurteilung von Sexualstraftätern vorgelegt [17, 18]. Der Determinations- und Intensitätsgrad einer sexuellen Devianz, die Objektbezogenheit der Impulse bzw. Fantasien und die ichsyntone Integration in das Selbstbild [19] waren dabei Beurteilungsebenen, die sich aus einem psychodynamischen Verständnis ableiteten.

Zunehmend wurde von einem dimensionalen Ansatz ausgegangen, in dem relevante Beurteilungsebenen durch den Untersucher bewertet werden müssen. Zu erwähnen sind hier die vier von Rasch genannten Beurteilungsebenen: Bekannte Kriminalität, Persönlichkeitsquerschnitt, Zwischenanamnese und Perspektiven [20, 21]. 1985 legte Nedopil einen vor allem auf klinischen Kriterien beruhenden Merkmalskatalog vor [22, 23, 16], 1988 extrahierte er aus zwölf früheren Prädiktorenkatalogen die häufigsten Merkmale [24].

Aus dem angelsächsischen Raum haben unter anderem der HCR 20 [25] und die Merkmalsliste von Browne und Howells [26] in der Praxis Verbreitung gefunden. Weber et al. [27] veröffentlichten einen statistisch ideografischen Bogen mit insgesamt 123 Einzelmerkmalen. Diese wurden auf neun Beurteilungsdimensionen verteilt: Aktuelles Unterbringungsdelikt, aktuelle Symptomatik, Sozialverhalten, Belastungsfaktoren der Persönlichkeit, Anpassungsverhalten, Emotion/Motivation, Leistungs- oder Kontrollbereich, Entwicklung/Verlauf und forensische „Sonntagsfragen“. Diese Kriteriensammlung ist vor allem für die Beurteilung von Verläufen bei Maßregelvollzugspatienten konstruiert [27].

In jüngster Zeit hat für den deutschsprachigen Raum insbesondere ein von Dittmann [10] zusammengestellter Katalog praktische Bedeutung gewonnen. Auf insgesamt zwölf Beurteilungsdimensionen werden für jede Dimension jeweils günstige und ungünstige Prognosekriterien genannt.

So sind beispielsweise bei der ersten Dimension, „Analyse der Anlasstat", als günstig folgende Kriterien genannt: Einzeldelikt ohne übermäßige Gewalt, spezifische Täter-Opfer-Beziehung und Mittäterschaft unter Gruppendruck. Als ungünstig werden aufgeführt: Besonders grausame Tatbegehung, Overkill, Deliktserie, zufällige Opferwahl und hohe Basisrate.

Die verfügbaren Kriterienkataloge weisen zwar bezüglich ihrer Merkmale einige Unterschiede auf, folgen aber alle einem ähnlichen Ansatz: Für die Legalprognose werden günstige und ungünstige Merkmale genannt. Die Kriterienkataloge stellen Beurteilungsebenen dar und verfolgen nicht zuletzt das Ziel, den Entscheidungsbildungsprozess des Untersuchers in strukturierter Weise zu leiten und damit transparent zu machen.

Für den Unerfahrenen ist damit der Vorteil verbunden, dass er keine als wichtig zu erachtende Beurteilungsebene vergisst. Für den erfahrenen Beurteiler ist der Kriterienkatalog hingegen entbehrlich, da dieser sowieso in der Lage sein sollte, alle wichtigen Aspekte des Falles selbständig erfassen und gewichten zu können.

Wie schon bei anderer Gelegenheit dargestellt [28], weisen die derzeit verfügbaren Kriteriensammlungen einige Schwächen auf:

- Die Zusammenstellung der Kriterien wirkt bisweilen beliebig, da sie keiner durchgängig konzeptionalisierten Hypothesenbildung folgt.
- Es existieren keine Auswertungsregeln. Dies führt dazu, dass der Untersucher in den meisten Fällen vor dem Problem steht, einige positive und einige negative Kriterien feststellen zu müssen. Welchen Schluss er daraus für die Prognose ableitet, bleibt ihm überlassen. Diese Schwierigkeit und der Umstand, dass die genannten Kriterien oft nicht hinreichend operationalisiert sind, lassen Zweifel an der Interrater-Reliabilität aufkommen.
- Problematisch ist ferner, dass kaum Tatmustervariablen in die Bewertung einbezogen werden. Gerade das Tatmuster, das heißt die Art der Tatbegehung, ist eine wesentliche Informationsquelle, die später noch zu diskutieren sein wird.
- Da außerdem keine Gewichtung der Variablen erfolgt, entsteht das praktisch relevante Problem der „Scheinrelevanzen". Damit ist gemeint, dass durch die an den Einzelfall nicht flexibel angepasste Bewertung von Kriterien, Merkmale als günstig oder ungünstig eingestuft werden, die mög-

licherweise für den entsprechenden Einzelfall keinerlei Relevanz aufweisen. Als Beispiel kann ein Sexualstraftäter beschrieben werden, der sich aus einem kompensatorischen Bedürfnis heraus Kindern zuwendet. Im Kontakt mit Erwachsenen fühlt er sich unsicher, hat Angst und ist sozial inkompetent. Mädchen sind für ihn vielleicht die „kleineren, leichter erreichbaren und leichter manipulierbaren Frauen". Wird dieser Täter sozial kompetenter, verfügt er über sozial stabile Betätigungsfelder in der „Erwachsenenwelt", reduziert sich bei ihm Angst, dann verändert sich die Prognose günstig. Ebenso ist aber ein anderer Sexualstraftäter denkbar, der im „Erwachsenenleben" kompetent ist, keine Mühe am Arbeitsplatz oder in der Gestaltung seiner Beziehungen zu Erwachsenen hat. Dennoch verübte er in der Vergangenheit Übergriffe auf Kinder. Die Kriterien, die beim ersten Täter von hoher Relevanz sind, sind für die Deliktbegehung des zweiten Täters völlig bedeutungslos. Werden beim zweiten Täter soziale Kompetenz, Partnerschaft oder andere soziale Bedingungen als günstig gewertet, so wäre dies die oben beschriebene „Scheinrelevanz", die zu falschen Schlussfolgerungen führen würde.

So verhält es sich letztlich mit jedem Kriterium. So können beispielsweise die üblicherweise als positiv gewerteten Merkmale „stabile Beziehung", „sicherer Arbeitsplatz", „Wohnung" und ähnliches in bestimmten Fällen völlig irrelevant sein, weil ein Täter in der Vergangenheit gänzlich unabhängig von diesen Kriterien delinquierte. Werden diese nun als positive Merkmale „mitgezählt", wird die Prognose fälschlicherweise in eine günstige Richtung gelenkt, obwohl die genannten Kriterien hinsichtlich legalprognostischer Gesichtspunkte völlig bedeutungslos sind.

Zusammengefasst lässt sich das Problem der „Scheinrelevanzen" so beschreiben: Kriterien, die bei einem Täter X von hoher Bedeutung sind, können bei einem Täter Y völlig bedeutungslos sein. Darum muss ein Untersucher stets entscheiden, welche Kriterien für einen Einzelfall bedeutungsvoll und welche bedeutungslos sind. Die Methode der idealtypisch vergleichenden Einzelfallanalyse, in der Einzelfälle anhand einer differenzierten vergleichenden Typologie prognostisch eingeordnet werden, berücksichtigt die notwendige, auf den Einzelfall bezogene Flexibilisierung in ihrem Konzept unter den früher vorhandenen Kriterienkatalogen noch am weitgehendsten [29, 30]. Allerdings findet hier eine Beschränkung auf soziologische und einige wenige kriminologische Variablen unter Ausklammerung klinischer Einflussgrößen statt, womit eine wichtige Beurteilungsdimension unberücksichtigt bleibt.

Zusammenfassend eignen sich die vorgestellten Kriterienkataloge vor allem als Hilfe für den unerfahrenen Untersucher [31]. Sie ermöglichen es, den Bewertungsvorgang anhand der kriteriengeleiteten Vorgehensweise transparent zu machen. Die aufgezeigten Schwächen kennzeichnen allerdings die in der Praxis auftretenden Schwierigkeiten und begrenzen den Anwendungsbereich der Kriterienkataloge.

**Actuarial-Risk-Assessment**

Diese letztlich statistischen (statistisch generierten oder evaluierten) Verfahren stammen aus dem angelsächsischen Raum. Sie bestehen zumeist aus wenigen Kriterien, die anhand meist bivariater statistischer Untersuchungen von Kollektiven rückfälliger und nicht rückfälliger Straftäter konzipiert wurden. Kennzeichnend ist dabei, dass es sich weitgehend um Kriterien handelt, die „aus den Akten" ermittelt werden können. Die Instrumente unterscheiden sich hinsichtlich ihrer Vorhersagegenauigkeit für allgemeine Kriminalität, gewalttätige Rückfälle oder Sexualstraftaten. Für diese drei Rückfallkategorien weist beispielsweise die „Statistical Information on Recidivism Scale (SIR)" [32] folgende Korrelationen auf: 0.41, 0.34, 0.09 [33, 34].

Um spezifischere Aussagen treffen zu können, wurden unter anderem verschiedene Instrumente entwickelt, die speziell das Risiko für Sexualstraftaten prognostizieren sollen: Rapid Risk Assessment for Sexual Offence Recidivism (RRASOR) [35], Sex Offender Risk Appraisal Guide (SORAG) [36], Minnesota Sex Offender Screening Tool-Revised (MinSOST-R) [37], Thornton´s Structured Anchored Clinical Judgement (SACJ) [38], Static 99 [39, 40], The Sex Offender Need Assessment Rating (SONAR) [41]. Auch für die Risikoeinschätzung von Gewaltstraftaten stehen den Beurteilern unterschiedliche Verfahren zur Verfügung. Jüngst wurden zur Einschätzung des Risikos für Gewalttätigkeit psychiatrischer Patienten die Ergebnisse der MacArthur Study of Mental Disorder and Violence in Form des iterative-classification-tree (ICT) Modells vorgelegt [42].

Bonta [34] unterscheidet von den vorangehend erwähnten Verfahren die Psychopathie-Checkliste nach Hare [43, 44], die ein Messinstrument für die von Cleckley [45] beschriebene psychopathische Persönlichkeit darstellt. Sie zählt nach Bonta zum zweiten Typ der Instrumente dritter Generation, die auf ein sozio- und psychopathisches Persönlichkeitskonstrukt abzielen. Die Psychopathie-Checkliste (PCL-R), wie auch der vergleichbare Violence Risk Appraisal Guide (VRAG) [46, 47, 48] wurden zwar nicht primär aus einem Vergleich nicht rückfälliger und rückfälliger Straftäterkollektive entwickelt. Aber die Merkmalslisten erlangten durch eben solche Gruppenvergleiche, in denen sie ihre prognostische Aussagekraft unter Beweis stellten, weitreichende Bedeutung und sind daher mit den klassischen Instrumenten des Actuarial-Risk-Assessments vergleichbar.

Ihrer Natur nach handelt es sich beispielsweise bei den Merkmalen der Psychopathie-Checkliste um Konstrukte, die nicht darauf abzielen, die prognoserelevanten Faktoren des Einzelfalls möglichst genau abzubilden. Vielmehr bilden sie „quasi diagnostische" Kategorien. Wendet man die Psychopathie-Checkliste in einem Untersuchungskollektiv an, dann wird die Stichprobe mit Hilfe der Checkliste nach Psychopathen „durchsucht". Wird ein festgelegter Schwellenwert überschritten, dann gilt die „Diagnose" Psychopathie als gestellt. Die Psychopathie-Checkliste sucht also eine bestimmte Untergruppe von Straftätern, die zumindest in der Theorie durch einen einheitlichen Mechanismus miteinander verbunden sind. Dieser Mechanismus – die Psychopathie – ist mit einer hohen Penetranz für gewalttätiges Verhalten verbunden und wird somit zu Recht als Risikodisposition beschrieben. Die Frage ist, ob ein Einzelindividuum zu dieser Kategorie gehört oder nicht.

Alle hier angeführten Verfahren stammen aus dem angelsächsischen Raum und ihnen liegen folgende Annahmen zugrunde:

- Rückfalldispositionen korrelieren mit persönlichen und identifizierbaren Merkmalen.
- Solche aussagekräftigen Merkmale oder Merkmalskombinationen lassen sich durch statistische Vergleichsuntersuchungen ermitteln.
- Auch wenn in jüngster Zeit verstärkte Bemühungen auf die Integration dynamischer Variablen abzielen [49, 50, 51, 52, 41], wird statisch biografischen Faktoren eine größere Bedeutung zugemessen.
- Die Gemeinsamkeit aller hier genannten Ansätze besteht somit in einem letztlich statistischen Forschungsansatz.

Angesichts der Verbreitung der statistischen oder statistisch begründeten Prognoseinstrumente im angelsächsischen Raum und ihrer derzeit dominierenden Position in der Forschung finden sich nur vereinzelt kritische Auseinandersetzungen, die auf die Schwächen und Grenzen dieser Prognoseninstrumente hinweisen. Die Stärke der Verfahren des Actuarial Risk-Assessements ist die Einfachheit der Kriterien. Sie eignen sich somit als Screening-Verfahren auch für den wenig erfahrenen Beurteiler. Ein entscheidender Nachteil besteht aber darin, dass fast alle aktuarischen Instrumente methodische Schwächen aufweisen und somit zuverlässig nur Höchstrisikopopulationen identifiziert werden können, welche ohnehin erkannt werden sollten.

Die Schwächen der gegenwärtigen statistischen Verfahren lassen sich wie folgt zusammenfassen: Bei den eindeutig identifizierbaren Gruppen handelt es sich nur um einen kleinen, extremen Teil aller zu beurteilenden Straftäter. Dahle [53] spricht in diesem Zusammenhang z. B. von der „begrenzten Reichweite“ der Psychopathie-Checkliste. Es besteht daher bei diesen Verfahren gegenwärtig das immer wieder angesprochene „Mittelfeldproblem“, also die sinkende Aussagekraft prognostischer Bewertungen bei der Mehrheit der zu beurteilenden Straftäter, die nicht extrem hohe Risiken repräsentieren [53]. Tendenziell sind die genannten Verfahren zudem eher biografielastig und wenig differenziert, wenngleich es jüngste Bemühungen gibt, dynamische Variablen miteinzubeziehen. Eine Konzeptionalisierung hat außerdem bislang lediglich für den Begriff des „Psychopathen“, im angelsächsischen Begriffskonzept stattgefunden. Ansonsten ist keine Konzeptionalisierung im Sinne einer umfassenden Hypothesenbildung des zugrunde liegenden Konstruktes verfügbar.

In verschiedenen Studien konnte gezeigt werden, dass Risikobeurteilungen, die sich lediglich oder weitgehend auf statische Variablen stützen, den Beurteilungen klinischer Psychiater weit überlegen waren [54, 13, 14, 15]. Dies ist ein bemerkenswerter Befund. Aber es stellt sich die Frage, ob diese schlechten Ergebnisse an der klinischen Methode oder an der Vorgehensweise der Beurteiler liegen. Manche Psychiater und Psychologen neigen dazu, sich vorwiegend auf die Persönlichkeit und die Lebensgeschichte des Täters zu konzentrieren. Akten werden gar nicht, unvollständig oder im Hinblick auf die Systematik oder Tatmusteranalysen mit unzureichendem Sachverstand gelesen. Es besteht zum Teil die Tendenz, sich vorwiegend auf die Ausführungen des Exploranden abzustützen. Es liegt auf der Hand, dass die unter solchen Bedingungen generierten klinischen Prognosen zu gravierenden Fehleinschätzungen führen. Das wiederholte Nichterkennen von Klienten mit einem sehr hohen Rückfallrisiko führt dazu, dass der statistische Schnitt bei solchen klinischen Prognosen ausgesprochen negativ ausfallen kann. Deshalb ist es nicht verwunderlich, dass die Psychopathie-Checkliste oder vergleichbare Verfahren in der Vergangenheit zu so deutlich überlegenen Ergebnissen gegenüber den klinischen Prognosemethoden geführt haben. Das hat nach Ansicht des Verfassers aber zu einer Überschätzung der gegenwärtig verfügbaren aktuarischen Instrumente geführt. Etwas provokant formuliert, könnte man sagen, dass mit Verfahren wie der Psychopathie-Checkliste jene Täter als Hochrisiko-Populationen erkannt werden, die so „kriminell" sind, dass eigentlich auch jeder Laie mit gesundem Menschenverstand und ohne ein entsprechendes Prognoseinstrument zum gleichen Ergebnis kommen würde.

Da sich aufgrund des statistischen Ansatzes die Kategorienbildung auf vergleichsweise wenige Einzelkriterien abstützt, erfolgt keine Einzelfallerfassung und somit implizit eine Fokussierung auf nur wenige bestimmte Tätertypen bzw. Tatdynamiken. Viele aktuarische Instrumente stellen in einem Kollektiv nicht das individuelle Risiko oder das spezifische Risiko bestimmter Subgruppen dar, sondern testen, welche der Individuen einer einzigen spezifischen Kategorie zuzuordnen sind. Nun sind selbstverständlich nicht alle denkbaren Risikodispositionen, die bei Menschen vorkommen können, z. B. mit der speziellen Kategorie der Psychopathie gleichzusetzen. Vielmehr dürfte es eine große Vielzahl unterschiedlicher Arten persönlicher Risikodispositionen geben. Die wenigsten haben etwas mit der Psychopathie-Entität zu tun, die mit einem hohen Risiko assoziiert wird. Nur diese können aber durch das Psychopathiekonstrukt erfasst werden. Die vergleichsweise hohe Vorhersagekraft der Psychopathie für Gewaltdelikte ist demnach Resultat des Umstandes, dass mit der Psychopathie eine Hochrisikodisposition beschrieben wird, die möglicherweise in einer 80-90%igen Penetranz besteht. Andere relevante Risikodispositionen, die vielleicht eine 40-70%ige Penetranz zur Folge haben und auf einem anderen Mechanismus beruhen, werden nicht erfasst. Ebenso würden höchste Risikodispositionen nicht erfasst, wenn sie selten vorkommen. Diese Betrachtungsweise erklärt den Umstand, dass mit der Psychopathie zwar hohe Rückfälligkeitsraten assoziiert sind, aber nur ein beschränkter Teil tatsächlich rückfällig gewordener Straftäter erfasst wird. Sie erklärt ferner, dass die Assoziation zwischen Psychopathie und Sexualdelikten erheblich geringer ist, weil hier andere Mechanismen als die Psychopathie die individuelle Risikodispositionen bestimmen. Auch dass in bisherigen statistischen Untersuchungen dynamische Prädiktoren eine untergeordnete

Vorhersagekraft hatten, dürfte mit dem Umstand zu tun haben, dass sie noch stärker als statische in unterschiedlichen Fällen unterschiedliche Bedeutung haben.

Zusammenfassend haben die aktuellen Verfahren der klinischen Ansätze und jene der im erweiterten Sinne statistischen Ansätze zu Fortschritten geführt. Beide Methoden haben Vor- und Nachteile. Ausgehend vom derzeitigen Stand kann überlegt werden, auf welchem Weg weitere Verbesserungen prognostischer Verfahren erreicht werden könnten. Vor einer Erörterung möglicher Antworten, ist es zunächst sinnvoll, sich mit einigen grundsätzlichen Aspekten der Prognosewissenschaft zu beschäftigen.

## 1.3. Grundlagen forensischer Prognostik

Die Vier-Felder-Tafel gehört unabhängig von den verschiedenen Ansätzen zu den geltenden Grundlagen der Prognoseforschung [55, 56, 57, 58, 59, 60, 61, 62, 36].

Über die Vier-Felder-Tafel wird häufig die Vorhersagegenauigkeit von Prognosen beurteilt. Dabei werden die prognostischen Urteile den folgenden vier Kategorien zugeteilt: Richtig-Positiv, Falsch-Positiv, Richtig-Negativ, Falsch-Negativ. Die Personen, die straffällig wurden, obwohl ihnen eine günstige Prognose gestellt wurde, werden als „Falsch-Negative“ (fn) gewertet. Die Personen, die nicht straffällig wurden, obwohl ihnen eine ungünstige Prognose gestellt wurde, werden als „Falsch-Positive“ (fp) bezeichnet. Die Vier-Felder-Tafel wird verwendet, um auf grundsätzliche Beschränkungen der Zuverlässigkeit prognostischer Urteile und die mit ihr verbundenen theoretischen Fehlermöglichkeiten hinzuweisen. Sie dient zu-

Abbildung 1.1.: Vier-Felder-Tafel [36]

| **Beurteilung** | **Gewaltdelikt** | **Kein Gewaltdelikt** |
|---|---|---|
| Gefährlich | "Treffer"<br>Richtig Positive | "Falscher Alarm"<br>Falsch Positive |
| Ungefährlich | "Nicht Erkannte"<br>Falsch Negative | "Treffer"<br>Richtig Negative |

dem als Grundlage zur Bestimmung der Spezifizität und der Sensitivität. Die Verminderung der Häufigkeit falsch-positiver Urteile wird mit einer Erhöhung der Spezifität und weniger falsch-negative Urteile mit einer Erhöhung der Sensitivität gleich gesetzt. Sofern vorhandene Instrumente evaluiert werden, sind ihnen Kennzahlen für die Spezifität und Sensitivität gemäß diesem Ansatz zugeordnet [39, 56]. Nedopil [59] führt unter Bezug auf die Vier-Felder-Tafel aus, dass bei einer Basisrate von 20% und einer Trefferquote von 75% bei 100 Einschätzungen, „5 Fehlprognosen zulasten der Allgemeinheit und 20 Fehlprognosen zulasten der Verurteilten“ gehen würden. „Eine Erhöhung der Sensitivität, so dass nur eine Fehlprognose zulasten der Allgemeinheit (fn) gestellt wird, führt zu 68 Fehlprognosen, die von den Verurteilten (fp) zu tragen sind“.

Hinsichtlich der rechtsdogmatischen Diskussion, die auf die Problematik der so genannt Falsch-Positiven Bezug nimmt, kann im Rahmen dieser Einleitung lediglich auf die entsprechende juristische Literatur verwiesen werden [63, 64, 65, 9, 55]. Die vermeintlich hohe Rate „Falsch-Positiver“ führt in der Literatur immer wieder zu grundsätzlicher Kritik an der Verwertbarkeit von Prognosen für rechtliche Entscheidungen. So bezieht sich z. B. Cornel [66] auf zwei Studien. Regulär Entlassene einer Diagnose- und Behandlungseinrichtung wiesen eine Rückfallquote von 8% auf, wohingegen bei den gegen die Empfehlung der Einrichtung entlassenen Gefangenen 34,7% rückfällig wurden [67]. In einer anderen Studie zeigte sich eine Differenz in der Rückfälligkeit von 7% zu 46% [68]. In einer aktuelleren niederländischen Studie wurden nach Entlassung 10 von 26 (38%) als hochrückfallgefährdet eingeschätzte TBS-Patienten rückfällig, hingegen nur 2 von 30 (7%) der nicht als rückfallgefährdet eingeschätzten Patienten [69]. Cornel weist – wie im Übrigen auch Monahan in einer speziell an der Arbeit von Kozol formulierten Kritik [70] – darauf hin, dass bei den als gefährlich bezeichneten Personen 65% bzw. 54% keine Straftaten mehr begingen und folgert unter anderem daraus, dass es zuverlässige Prognosen nicht gibt. Wenn sich die prognostizierte Gewalttätigkeit nur in jedem dritten Fall bestätige, gäbe es nur die Auswahl zwischen zwei Fehlern. „Sollen 2/3 der Täter wegen unzutreffender Prognosen weiter in Haft sitzen, quasi ein Sonderopfer für die Gesellschaft bringen oder riskiert man in jedem 3. Fall Rückfälle mit erheblichen Rechtsgutverletzungen?“

Mit Hinweis auf Klapdors Prädiktorenansatz mit einer „Trefferquote“ von 65% [71] kritisieren Kühl und Schumann [55], dass die Fehlerrate immer noch so hoch sei, „dass auf zwei zutreffend als rückfällig Prognostizierte ein falscher Positiver (nicht rückfällig) kommt". In einem Beschluss der deutschen Strafverteidiger und Richter wurde geschätzt, dass bei 300.000 prognosegestützten Entscheiden im Jahr 1988, bei 90.000 Personen Fehlentscheide getroffen wurden, weil nach empirischen Untersuchungen von einer 30% Fehlerquote auszugehen sei [72]. Zusammenfassend finden sich in Psychiatrie, den Rechtswissenschaften und der Kriminologie in zahlreichen Publikationen ähnliche Argumentationen, bei denen aus der Häufigkeit der vermeintlich „Falsch-Positiven" unmittelbar abgeleitet wird, dass eine diesem Wert entsprechende Gruppe ungerechtfertigter Weise sanktioniert würde und – sofern aufgrund einer Risikoeinschätzung inhaftiert – entlassen werden müsste. Diese praktisch bedeutsame Schlussfolgerung ist in dieser Weise unzutreffend.

### 1.3.1. Risikokalkulationen beschreiben Persönlichkeitsdispositionen

In einem einfachen Denkmodell lassen sich Aussagen über die Wahrscheinlichkeit strafrechtlich relevanter Verhaltensweisen theoretisch zwei determinierenden Größen zuordnen: der personenbezogenen Disposition und situativen, außerhalb der Person anzusiedelnden Faktoren.

Auf den Extrempolen lassen sich zwei Arten von Taten unterscheiden: Taten bzw. Täter, die weitgehend durch eine hochspezifische, situative Konstellation geprägt sind und Taten, bei denen „die Situation stark durch den Täter geprägt ist". Im ersten Fall geht die Handlungsdetermination wesentlich von der Situation aus. Die Situation ist handlungskonstellierend. Darum gibt es eine Vielzahl möglicher „unspezifischer" Personen, die in der hochspezifischen Situation zum Täter werden könnten. Im zweiten Fall geht die Tatdetermination auf die Persönlichkeitsdisposition des Täters zurück. Aus der Persönlichkeitsdisposition entsteht der Handlungsimpuls. Der Täter prägt oder konstelliert die Situation, um seinem Handlungsimpuls Ausdruck zu verleihen. Beim zweiten Tattypus sind die situativen Faktoren für die Entstehung der Tat weitgehend unbedeutend. Prägend ist die spezifische Persönlichkeitsdisposition des Täters und es gibt eine Vielzahl möglicher Situationen, in denen die Tat geschehen kann. Im berühmten Milgram-Experiment übte eine große Zahl von Versuchspersonen zum Teil massive quasi „sadistisch wirkende" Gewalt über die vermeintliche Verabreichung von Stromstößen an entsprechend instruierten „Schülern" aus [73]. Das Milgram-Experiment könnte – ähnlich wie hoch spezifische Beziehungsdelikte – beispielhaft als ein „Tatverhalten" angesehen werden, dass vor allem durch situative Faktoren determiniert wurde. Durch eine sehr spezielle Situation handelt ein großer Prozentsatz von Menschen „sadistisch-gewalttätig". Die Determination des Verhaltens liegt größtenteils in der hohen Spezifität und Differenziertheit der Situation. Für die Mehrheit der dort so handelnden Personen ist nicht zu erwarten, dass ein anderer weniger spezifischer Reiz sie zu einem ähnlichen Verhalten bringen würde. Im Gegensatz dazu trägt eine Person mit dem Persönlichkeitsmerkmal eines ausgeprägten, differenzierten Sadismus „so viel" Handlungsmotivation in sich, dass die situativen Auslöser in den Hintergrund treten bzw. beliebig werden. Deshalb gäbe es auch sehr viele Situationen, in denen diese Person stimuliert würde und sadistisch handelt bzw. würde diese Person Situationen sogar zielgerichtet konstellieren, um dem aus der Persönlichkeitsdisposition resultierenden Handlungsimpuls Ausdruck zu verleihen.

Für die Prognose bedeutet dies: Die Wahrscheinlichkeit für die beschriebenen Verhaltensweisen hat im ersten Fall [73] mehr mit der Wahrscheinlichkeit des Eintreffens der spezifischen Situation zu tun, als mit einer genuinen persönlichkeitsstrukturellen Eigenmotivation. Anders ausgedrückt: Umso stärker eine sadistische Prädisposition besteht, desto unwahrscheinlicher ist es, dass dieser Mensch erst ein Milgram-Experiment braucht, um sadistisch zu handeln. Umso schwächer diese Disposition ist, desto spezifischer und direktiver muss ein Auslösereiz sein, um eine solche „schlummernde Disposition" zu konkretisieren.

Bei einer prognostischen Risikokalkulation werden Persönlichkeitsdispositionen erfasst, aus denen heraus strafrechtlich relevante Handlungsmotivationen entstehen und die somit ein bestimmtes Risiko repräsentieren. In der Regel werden zusätzlich situative Faktoren beschrieben, durch die Handlungsimpulse in besonderer Weise generiert, verstärkt oder Hemmschwellen gesenkt werden. Eine Risikokalkulation bleibt aber vor allem das Erkennen der Art und Ausprägung einer individuellen tatbegünstigenden Persönlichkeitsdisposition und der handlungsrelevanten Konsequenzen.

Es gilt zusammenfassend folgender Zusammenhang: Umso stärker eine handlungsbestimmende Persönlichkeitsdisposition ausgeprägt ist, desto

- wahrscheinlicher wird in Zukunft ein daraus entstehendes Verhalten auftreten,

- stärker wird die Auftretenswahrscheinlichkeit des entsprechenden Verhaltens von der Wahrscheinlichkeit für ein solches Verhalten bei der durchschnittlichen Normalbevölkerung abweichen,
- geringer ist der Einfluss situativer Faktoren.

### 1.3.2. Problematik der vermeintlich „Falsch-Positiven“

Aus dem Gesagten folgt, dass Risikoeinschätzungen letztlich immer auf ein einzelnes Individuum bezogen sein müssen. Es ist naheliegend, dass ausgeprägte Dispositionen, also die Fälle, die auf den Extrempolen liegen (Handlungsdetermination stark auf der Seite der Persönlichkeitsdisposition oder stark auf der Seite der situativen Faktoren), „günstige Voraussetzungen für Verhaltensprognosen“ bieten, weil „die Bedeutung situationaler Einflüsse (...) entweder gering ist (...), oder aber die für ein (...) atypisches Verhalten erforderlichen Rahmenbedingungen sind so außergewöhnlich, dass es von vornherein unwahrscheinlich erscheint“ [8].

Als ausgesprochen kritisch wird hingegen immer wieder das „Mittelfeld-Problem“ bezeichnet, bei dem es sich um die Fälle handle, „in denen Prognosen (...) weder eindeutig positiv, noch eindeutig negativ ausfallen, so dass die Täterbeurteilung im ungeklärten Bereich verbleibt“ [74] .

Dahle weist auf empirische Untersuchungen hin, „in denen neben prognostisch relativ gut zuzuordnenden Fällen immer wieder nicht geringe Personengruppen verbleiben, deren Rückfallquoten keine eindeutig gute oder schlechte Prognose zulassen“ und spricht in diesem Zusammenhang von einem „Irrtumsrisiko“, das „unvermeidbar und mit der Aufgabe einer individuellen Verhaltensprognose untrennbar verknüpft“ sei [8]. Frisch schlug daher vor in diesem „breiten Feld unsicherer Prognosen“ auf Rückfallprognosen ganz zu verzichten und stattdessen der Beurteilung ein „spezifisch normativ konstruiertes Substrat von Wahrscheinlichkeit“ zugrunde zu legen [63]. Problematisch an der an den genannten Beispielen sichtbar werdenden, weit verbreiteten Sichtweise, die letztlich auf das Modell der Vier-Felder-Tafel zurückgeführt werden kann, ist zweierlei: Die Vier-Felder-Tafel, wie sie in der oben dargestellten Art üblicherweise in der Prognosewissenschaft angewendet wird, entspricht einem dichotomen Prognoseverständnis ohne dimensionale Grundlage, in dem die Prognose als binäres Merkmal angesehen wird. Es wird argumentiert, Prognosen im Strafrecht seien „immer binär (Freiheit ja oder nein) (...). Dementsprechend ergibt sich für Prognosetreffsicherheit allgemein eine Vier-Felder-Tafel ..." [55]. Es gäbe zwei Gruppen von Personen: diejenigen, die rückfällig werden und jene, die nicht rückfällig werden. „Die Aufgabe des Prognostikers besteht darin zu entscheiden, zu welcher Gruppe ein Individuum gehört." [60].

Das Problem besteht demnach darin, dass die Risikokalkulation auf eine dichotome Bewertung reduziert wird (rückfällig – nicht rückfällig bzw. günstig – ungünstig), obwohl sie ihrem Wesen nach die Beschreibung einer Persönlichkeitsdisposition darstellt, die in unterschiedlichen risikorelevanten Ausprägungsgraden vorliegen kann. Außerdem wird das mögliche Ergebnis (Rückfall) der Disposition, mit ihrer Beschreibung, also mit der Beschreibung des Risikoausprägungsgrades gleichgesetzt. Im Gegensatz dazu wäre als Ergebnis eines theoretisch idealen Modells jede individuelle Risikodisposition mit einer bestimmten Wahrscheinlichkeit zu beschreiben, z. B. 11%, 25% oder 78%. In der Praxis werden Legalprognosen derzeit so vorgenommen, dass die Wahrscheinlichkeit für ein bestimmtes Tatverhalten bei einer bestimmten Person in bestimmten Wahrscheinlichkeitsgraden angegeben wird, z. B.: sehr gering, gering, moderat, hoch oder sehr hoch. Solche Angaben können noch durch qualitative Aussagen ergänzt werden, durch die eine noch genauere Einordnung und Interpretation ermöglicht wird. Ordnen wir den hier exemplarisch angegebenen ordinalen Risikostufen zur modellhaften Veranschaulichung quantitative Wahrscheinlichkeiten zu, dann könnte näherungsweise bei der Risikostufe „hoch" etwa von einer prozentualen Wahrscheinlichkeit von 70% für ein bestimmtes Tatverhalten ausgegangen werden, in der ersten Gruppe.

Wären diesem Modell nach 100 Gewalttäter völlig zutreffend in einer prognostischen Beurteilung gemäß ihrem Risiko mit „hoch" eingeschätzt worden, dann wäre im statistischen Idealfall zu erwarten, dass nach einer ausreichend langen Beobachtungsdauer 70 Personen mit einem Gewaltdelikt straffällig geworden wären. 30 Personen wären nicht straffällig geworden. In der „Vier-Felder-Tafel" würden diese 30 Personen als die Gruppe falsch-positiver Beurteilungen gekennzeichnet und somit als Fehlerquote der ursprünglichen Prognosebeurteilung angesehen. Diese Bewertung ist unzutreffend. Von „tatsächlich falsch-positiven Prognosen" wäre nur dann zu sprechen, wenn schließlich nicht 70, sondern nur 60 Personen straffällig geworden wären. Die Quote „falsch-positiver Prognosen" würde in diesem Fall 10% betragen. Noch offensichtlicher wird das unzutreffende Verständnis der „Vier-Felder-Tafel", wenn darauf aufbauende Schlussfolgerungen betrachtet werden. So wird – wie eingangs aufgezeigt –, auf unser Beispiel übertragen argumentiert, die 30 nicht straffällig gewordenen Personen seien zu Unrecht prognostisch negativ beurteilt worden [66]. Diese Aussage würde nur dann zutreffen, wenn die ursprünglich 100 beurteilten Personen aus 2 Gruppen bestanden hätten: eine Gruppe von 70 Personen mit einem 100%igen Risiko und eine andere Gruppe von 30 Personen mit dem Risiko 0%. Wenn wir aber annehmen, dass die ursprüngliche prognostische Beurteilung für alle Individuen zutreffend eine Persönlichkeitsdisposition erkannte, die einem 70%igen Risiko entspricht, dann gibt es nur eine einzige Gruppe, in der jedes Individuum dieses 70%ige Risiko repräsentiert. Folglich existiert zum Zeitpunkt der Einschätzung nicht eine einzige Person, die bedenkenlos entlassen werden könnte. Wenn aus der retrospektiven Betrachtung heraus argumentiert wird, die später nicht rückfällig gewordenen 30 Personen seien von den 70 tatsächlich später straffällig gewordenen Personen zu unterscheiden, dann wird übersehen, dass es zum Beurteilungszeitpunkt gar nicht zwei unterschiedliche Risikogruppen gibt. Würden die später nicht straffällig gewordenen 30 Personen am Ausgangspunkt der zutreffenden Beurteilung entlassen, dann repräsentiert diese Gruppe ebenso das 70%ige Risiko wie die Gruppe der 70 Personen. Im statistischen Idealfall würden in beiden Gruppen Täter rückfällig werden.

Die anhand des Outcomes analog der Vier-Felder-Tafel retrospektiv abgeleiteten Schlussfolgerungen sind in der häufig vorgetragenen Weise daher methodisch unzulässig. Sie führen sowohl in der strafpolitischen als auch in der prognosewissenschaftlichen Diskussion zu praktisch bedeutsamen Missverständnissen. In keinem vergleichbaren Themenbereich wird eine ähnliche Argumentation aufrechterhalten.

So ist es selbstverständlich akzeptiert, dass ein erheblicher Alkoholisierungsgrad eines Autofahrers polizeilich geahndet wird und zum Entzug der Fahrerlaubnis führt. Ähnlich wie bei den prognostischen Einschätzungen von Straftätern erfolgt die Maßnahme aufgrund einer Risikodisposition. Im Fall des Autofahrers besteht die Risikodisposition im Alkoholisierungsgrad, weil erwiesen ist, dass alkoholisierte Autofahrer sehr viel häufiger Unfälle verursachen als nüchterne Fahrzeuglenker. Niemand würde davon sprechen, dass nur solchen alkoholisierten Autofahrern der Führerausweis entzogen werden darf, die tatsächlich einen Unfall verursachen. Ebenso würde niemand behaupten, man müsse in einer Risikoanalyse genau diejenigen Autofahrer erkennen können, die tatsächlich einen Unfall verursachen und alle anderen dürften alkoholisiert weiterfahren.

Theoretisch gibt es drei Ursachen dafür, dass in einer Stichprobe, der eine relevante Risikodisposition zugeschrieben wird, sprich die als gefährlich taxiert wurde, eine bestimmte Anzahl von Personen dennoch nicht straffällig wird.

- Der gemäß der theoretisch anzunehmenden prozentualen Risikodisposition im statistischen Idealfall zu erwartende Anteil nicht straffälliger Personen bildet die Ausprägung der Risikodisposition ab (70% Risikodisposition = 30 nicht rückfällige Täter von 100). Dieser Anteil ist umso größer, je geringer ausgeprägt die anzunehmende Risikodisposition ist.
- Die Zuschreibung der Risikodisposition war unzutreffend. Nur der Anteil, der auf diese Ursache zurückzuführen ist, wäre zutreffend als falsch positive Wertung zu beschreiben.
- Es ist zu Straftaten gekommen, diese wurden jedoch offiziell nicht registriert (keine Anzeige, der Täter wurde nicht ermittelt oder nicht verurteilt). Die Differenz zwischen registrierten Rückfällen und der Dunkelziffer ist demnach eine weitere Ursache für die Abweichung einer ungünstigen prognostischen Einschätzung vom tatsächlichen Outcome.

Umgekehrt gibt es analog für die Anzahl derjenigen Personen, die trotz günstiger Prognose straffällig wurden, theoretisch ebenfalls drei Gründe:

- Der statistisch zu erwartende Anteil gemäß der als günstig klassifizierten Risikodisposition (wenn „günstig" einer „nur" 10%igen Risikodisposition entspräche = 10 von 100).
- Eine Anzahl von Personen, bei denen die günstige Prognose zu unrecht gestellt wurde, also eine vorhandene Risikodisposition übersehen oder zu gering eingeschätzt wurde. Nur dieser Anteil der Straffälligen unter den als ungefährlich eingeschätzten entspricht den „Falsch-Negativen".
- Es wurden Personen zu Unrecht verurteilt, die somit als rückfällig registriert werden, ohne es tatsächlich geworden zu sein. Dies dürfte gegenüber dem Phänomen der „Dunkelziffer" bei ungünstiger Prognose ein wesentlich geringer ausgeprägter Effekt sein.

Üblicherweise wird in der forensischen Prognoseforschung bei der Analyse der Vier-Felder-Tafel nicht zwischen den genannten drei verschiedenen Möglichkeiten unterschieden. Es werden somit unter den Begriffen Falsch-Positiv und Falsch-Negativ jeweils alle drei Gruppen unzulässigerweise subsumiert.

### 1.3.3. Das Basisratenphänomen

In der Literatur wird immer wieder die Bedeutung der Basisrate sowohl bei der Entwicklung wie auch bei der Evaluierung von Prognoseverfahren betont [55, 58, 59, 36]. Es wird auf die Schwierigkeit hingewiesen, dass bei niedriger oder hoher Basisrate in einem empirisch untersuchten Kollektiv erschwert Rückschlüsse auf die Zuverlässigkeit eines zu testenden Risiko-Beurteilungsverfahrens gezogen werden können bzw. dass die Häufigkeit vermeintlich Falsch-Positiver und Falsch-Negativer von der Basisrate abhängt. Am günstigsten wird daher in der Theorie für die Evaluierung eines Verfahrens eine Basisrate von 0.5 (= durchschnittliche Rückfallrate 50%) für die Rückfälligkeit im Untersuchungskollektiv angesehen.

Dabei entspricht die Basisrate dem Durchschnitt aller individuellen Risikodispositionen. Die Basisrate spiegelt das Risiko einzelner Personen in der Stichprobe umso besser, je homogener das Kollektiv bezüglich der Risikodispositionen seiner Mitglieder ist und umso weniger, je heterogener. Es ist zutreffend, dass der Effekt eines Verfahrens anhand eines Kollektivs besser untersucht werden kann, wenn eine Basisrate nahe der 50% Quote besteht. Ergänzend wäre aber hinzuzufügen, dass auch die Streuung eine Rolle spielt. Je höher die Streuung, desto klarer wären unterschiedliche Untergruppen von Risikodispositionen zu unterscheiden. Bei einer völlig homogen verteilten Stichprobe individueller Risikodispositionen in Höhe von 50% wird gemäß der statistischen Idealsituation die Hälfte der Täter rückfällig, die andere nicht. Hinsichtlich der Risikodispositionen gibt es zwischen den Individuen keinen Unterschied. Ein Instrument, dass in diesem Fall zwischen Rückfälligen und Nicht-Rückfälligen diskriminiert, würde einen Unterschied messen, der gar nicht vorhanden ist. Mit diesem Beispiel soll gezeigt werden, dass für die Erfassung der Validität eines Prognoseverfahrens generell nicht nur die Höhe der Basisrate, sondern außerdem die Verteilung der individuellen Risikodispositionen im untersuchten Kollektiv bedeutsam ist.

### 1.3.4. Konsequenzen für die Praxis

Bei der statistischen Evaluation von Prognoseinstrumenten wird allgemein die Erhöhung der Spezifität mit einer Verringerung der vermeintlich falsch-positiven Urteile gleichgesetzt und analog dazu eine Erhöhung der Sensitivität mit einer Verringerung vermeintlich falsch-negativer Urteile. Als Qualitätsmerkmal und Maßstab weiterer Optimierungsbemühungen gilt es als Ziel, Spezifität und Sensitivität in dieser Weise soweit wie möglich zu verbessern.

Die völlige Vermeidung „falsch-positiver" Prognosen im angesprochenen Sinne ist nur mit Personen zu erreichen, deren Risikodisposition so hoch ist, dass sie zu einer 100%igen Verhaltenspenetranz führt. Anders ausgedrückt: Nur Personen, bei denen die persönlichkeitsbezogene Risikodisposition so ausgeprägt ist, dass demgegenüber sämtliche situativen Faktoren bis zur Bedeutungslosigkeit in den Hintergrund treten, werden zu 100% rückfällig. Eine Optimierung mit dieser Zielrichtung hat daher zur Folge, dass sie lediglich auf eine kleine Gruppe gefährlicher Täter abzielt, nämlich auf diejenigen mit extrem hohen Risiken. Schon eine Tätergruppe mit einer theoretisch angenommenen Risikodisposition von 90% für ein bestimmtes Straftatverhalten „produziert" automatisch eine in diesem Sinne als Fehlerquote gekennzeichnete Häufigkeit von 10% falsch-positiven Bewertungen.

Die geschilderte Problematik hat zur Folge, dass statistisch generierte, aber auch viele statistisch evaluierte Verfahren, insbesondere solche des Actuarial-Risk-Assessments, die naturgemäß auf eine geringe Anzahl möglichst signifikanter Einzelmerkmale abzielen, vor allem auf hohe und höchste Risiken fokussieren, wie dies beispielsweise auch bei der Psychopathie-Checkliste geschieht. Das hat die bereits vorgängig erwähnte Konsequenz zur Folge, dass diese Verfahren nicht geeignet sind, individuelle Risiken einer möglichst großen Anzahl von Personen mit Rückfallrisiken differenziert abzubilden. Vielmehr sind sie darauf angelegt, einige wenige Individuen zu identifizieren, die zu einer zahlenmäßig kleinen, mit höchsten Risiken assoziierten Subgruppe gehören. Die „Mittelfeldproblematik" wird somit verschärft.

### 1.3.5. Weiterentwicklung von Prognoseinstrumenten

Für die Validierung von Prognoseverfahren, aber auch für die Einordnung der Verfahren durch Entscheidungsträger wäre es einerseits von großer Wichtigkeit, die „richtigen" Falsch-Postiven von den „falschen" Falsch-Positiven zu unterscheiden und andererseits die Rate der tatsächlich Falsch-Positiven und Falsch-Negativen möglichst zu minimieren. In der Praxis stellen sich verschiedene Probleme. Zumindest theoretisch gibt es Ansatzpunkte, um den nachfolgend aufgezeigten Problemen zu begegnen bzw. ihre Wirkung einzugrenzen.

#### Möglichst genaue Annäherung an das individuelle Risikoprofil

Wie erwähnt, ist es als unwahrscheinlich anzunehmen, dass die selben Kriterien für alle Täter die gleiche Bedeutung haben. Daher kann die Mittelfeldproblematik nur mit erheblich differenzierteren Vorgehensweisen angegangen werden, statt lediglich eine grobe dichotome Unterscheidung zwischen „gefährlich" und „ungefährlich" zu treffen. Ziel muss es sein, die risikorelevanten Merkmale des Einzelfalles so differenziert und vollständig wie nur möglich zu erfassen, umso in einem Kollektiv Untergruppen mit verschieden ausgeprägten Risikodispositionen erkennen zu können.

Nehmen wir an, in einem Kollektiv weisen 100 Personen Masturbationsfantasien mit Minderjährigen auf und 100 andere Personen haben keine solchen Masturbationsfantasien. Es liegt auf der Hand, dass in der Gruppe mit Masturbationsfantasien von Minderjährigen ein sehr viel höherer Prozentsatz sexuelle Übergriffe auf Kinder verüben wird, als in der Gruppe, in der dieses Kriterium als nicht vorhanden bewertet würde. Als Gruppenkriterium wird es sich um einen signifikanten Prädiktor handeln, wie dies im Übrigen in Untersuchungen zum Vorhandensein devianter Fantasien verschiedentlich nachgewiesen wurde [75, 41].

Nun ist aber anzunehmen, dass in der Gruppe derjenigen, die Masturbationsfantasien von Minderjährigen aufweisen, ein relevanter Prozentsatz keine Übergriffe verübt. Um hier eine weitere Risikodifferenzierung herstellen zu können, ist eine Subspezifizierung notwendig. Das Kriterium „Fantasien vorhanden – nicht vorhanden" ist hierfür viel zu grob. So spielt es z. B. eine Rolle, inwieweit eine Person Fantasie und Handlung durch die so genannte Handlungsschwelle unterscheiden kann, ob diese permanent für diese Person vorhanden und erkennbar ist, welchen Konkretisierungsgrad die Fantasien haben, ob sie handlungsvorbereitenden Charakter haben usw. [28]. Die Annahme ist plausibel, dass eine Annäherung an das individuelle Risikoprofil besser gelingt, wenn Subdifferenzierungen von prinzipiell risikorelevanten Kriterien angewendet werden.

### Fluktuationen des Risikos im Verlauf

Eine andere Schwierigkeit bei der Evaluierung von Prognoseverfahren besteht darin, dass das aktuelle Risiko in Abhängigkeit von veränderlichen Verlaufsvariablen variieren kann, die sowohl persönlichkeitsbezogen als auch situativ sein können. Die daraus für das Prognoseverfahren resultierende Herausforderung besteht darin, sowohl die Verlaufsvariablen in die Prognose einzubeziehen als auch die Größe der Beeinflussbarkeit der Risikodisposition. Dem kann in der Praxis auf zwei Wegen begegnet werden: Es werden zum einen immer wieder aktualisierte Beurteilungen im Längsverlauf vorgenommen, in die der aktuelle Stand der dynamischen Merkmale in das summarische Prognoseurteil einfließt.

Für die Evaluierung einer Prognosemethode könnten zum anderen verschiedene Größen zugrunde gelegt werden, durch die ein eher statischer und ein eher veränderlicher Teil unterschiedlich konzeptionalisiert werden: So kann z. B. ein persönlichkeitsdispositioneller, weitgehend unveränderlicher Teil, der die individuelle Risikodisposition repräsentiert (im FOTRES das so genannte „Strukturelle Rückfallrisiko (ST-R)“) von der Größe der „Beeinflussbarkeit“ unterschieden werden. Die „Beeinflussbarkeit“ ist (im FOTRES) ein Maß dafür, „wie gut oder wie wenig“ die strukturelle Rückfalldisposition durch dynamisch risikomindernde Faktoren beeinflussbar ist (Der von Frisch bereits früher entwickelte Begriff der „Wirkprognosen“ stellt gewissermaßen den sanktionsbezogenen Teilbereich der Beeinflussbarkeit dar [63]). Es wäre anzunehmen, dass der im Verlauf zu erwartenden Fluktuation des Risikos zumindest in einem Teil der Fälle durch die Größe der Beeinflussbarkeit Rechnung getragen würde, weil mit ihr der Einfluss, den Verlaufsparameter potenziell haben können, mit in die Evaluierung eingerechnet würde. Ideal wäre es bei einer Evaluation, Aspekte beider vorgeschlagenen Vorgehensweisen kombinieren zu können.

## Unterscheidungen verschiedener Risikostufen

Die dritte Schwierigkeit wurde bereits eingehend dargestellt. Der Anteil nicht rückfälliger Personen an der Gesamtheit ungünstiger Prognosen auf einem bestimmten Niveau kann – wie erwähnt – theoretisch auf drei Ursachen zurückgeführt werden: 1. Anteil der ideal-statistischen Verteilung gemäß der Höhe der individuellen Risikodispositionen, 2. Falsch-positive Beurteilungen, 3. Dunkelziffer.

Es besteht keine direkte Möglichkeit, allein aus der Höhe der Häufigkeit nicht rückfällig gewordener Straftäter an der Gesamtheit ungünstig prognostizierter Fälle die möglichen, verschiedenen Ursachen für diese Größe zu unterscheiden. So kann eine 40%ige Häufigkeit gegen die Beurteilungsqualität sprechen, wenn es sich um „falsch-positive" Einschätzungen handelt. Dieselbe Differenz könnte aber auch für die exakte Genauigkeit der Beurteilungsqualität sprechen, hoch ausgeprägte Risikodispositionen zu erfassen, die einer 60%igen Penetranz gleichzusetzen wären. Die Dunkelziffer ist ein zusätzlicher, möglicher „Verzerrungsfaktor". Analoge Verhältnisse gelten für den Anteil rückfälliger Personen bei günstigen Prognoseurteilen.

Um den Verzerrungsfaktor „Dunkelziffer" abzuschätzen, kann auf die Vorgehensweise von Marshall und Barbaree verwiesen werden. Sie legten einen Vergleich von Rückfallzahlen aus „offiziellen" und „inoffiziellen" Quellen vor [76]. Zudem können allgemeine Dunkelzifferschätzungen für bestimmte Deliktgruppen herangezogen werden, um deliktspezifische Größenordnungen des Phänomens einzuschätzen. Da nicht anzunehmen ist, dass die Dunkelziffer systematisch durch die Höhe verschiedener Risikodispositionen beeinflusst wird, kann von einer risikounabhängigen Variablen ausgegangen werden. Sie führt zur Annahme, dass die Rate der Falsch-Positven real auf jeder Stufe gleichmäßig um einen Faktor X vermindert ist. Praktisch dürfte dem Faktor „Dunkelziffer" auf lange Sicht gegenüber den beiden anderen Differenzursachen eine untergeordnete Bedeutung zukommen.

Die zwei wichtigsten Einflussvariablen für die Häufigkeit Nicht-Rückfälliger sind „der Anteil gemäß der statistischen Idealverteilung" und falsch-positive Urteile. Zwischen ihnen gibt es einen Unterschied. Die erste Variable hängt strikt von der Höhe der Risikodisposition ab, bei der zweiten handelt es sich um eine unabhängige bzw. anderweitig abhängige Variable. Demzufolge sind unterschiedliche Verteilungsmuster beider Variablen in einem

Untersuchungskollektiv anzunehmen.

Nicht wenige Verfahren beschränken sich auf die Festlegung eines dichotom definierten Cut-off-Wertes. Oberhalb einer bestimmten (Punktwert-) Grenze wird eine ungünstige Prognose, unterhalb dieses Wertes eine günstige Prognose definiert. Diese Definition wird durch den Anteil der tatsächlich Rückfälligen oberhalb dieser Grenze festgelegt. Im Prinzip resultiert hieraus die Einteilung in zwei Gruppen. Eine Unterscheidung zwischen dem Anteil falsch-positiver Wertungen und demjenigen des statistischen Idealfalles korrespondierend zur Risikodisposition wird dadurch unmöglich gemacht. Je weniger nach unterschiedlichen Risikodispositionen differenziert wird, desto weniger ist es möglich, den von der Größe der Risikostufen abhängigen Faktor erkennen zu können.

Theoretisch könnte man sich ein Modell vorstellen, in dem es n Risikoabstufungen zwischen 0 und 100 gibt, wobei n gegen Unendlich geht. Gäbe es jetzt wiederum zu jeder einzelnen Risikostufe z Probanden, wobei z wiederum gegen Unendlich geht, dann ließen sich die unterschiedlichen Verteilungsmuster der abhängigen Variable (Häufigkeit Nicht-Rückfälliger aufgrund der statistischen Idealverteilung) und der unabhängigen bzw. anderweitig abhängigen Variable (Falsch-Positive) am besten nachweisen.

Selbstverständlich wird man in der Praxis von der theoretischen Modellsituation immer weit entfernt bleiben. Wünschenswert ist aber mindestens eine dimensionale Einteilung mit fünf oder mehr Stufen, um zwischen den beiden Variablen, die sich nach der plausiblen Erwartung unterschiedlich verhalten dürften (linear abhängig vs. unabhängig bzw. nicht linear abhängig) differenzieren zu können.

### Große und unterschiedliche Stichproben

Die Bestimmung der Validität eines Prognoseverfahrens in der hier angeregten Differenzierung zwischen den unterschiedlichen Variablen sollte umso besser möglich sein, je größer die verwendete Stichprobe ist. Nach dem Gesetz der großen Zahlen würde sich die statistische Idealverteilung gemäß der Größe der einzelnen Risikodispositionen in Abhängigkeit vom Umfang der Stichprobe genauer abbilden.

Lässt sich bei einem Prognoseverfahren gemäß den hier dargestellten Kriterien eine Korrelation im Sinne einer sukzessiven Abnahme von Nicht-

Rückfälligen, bei diskriminant unterschiedenen steigenden Risikodispositionen herstellen, dann würde die Annahme, dass es sich dabei um ein Validitätskriterium des Verfahrens handelt, dadurch gestützt, dass sich dieses Phänomen in unterschiedlichen Stichproben nachweisen lässt. Praktisch gesprochen: Wenn im Minnesota Sex Offender Screening Tool [37] bei 17 Punkten von 12 Individuen 11 rückfällig werden und einer nicht und sich dieses Ergebnis in anderen Stichproben wiederholen lässt, dann spricht dies dafür, dass die eine rückfallfreie Person nicht einer „falsch-positiven Wertung" entspricht, sondern dem statistisch zu erwartenden Nicht-Rückfälligen bei 12 Personen mit einer 92%igen Risikodisposition.

**Validitätskriterien**

Die Validität eines Prognoseverfahrens im hier dargelegten Sinne besteht nicht im Prozentsatz der Rückfälligen oberhalb eines festgelegten Cut-offs. Die Validität würde sich daran messen, dass

- eine möglichst gleichmäßige und stetige Verteilung nicht rückfälliger Personen korrespondierend mit und in Abhängigkeit von den jeweiligen Risikodispositionen bestehen würde (lineare Abhängigkeit) und
- sich ein ähnliches Verteilmuster an unterschiedlichen Stichproben zeigen ließe.

Für die Zukunft könnte u. a. der Versuch unternommen werden, bei dafür geeigneten Prognoseverfahren und Stichproben Modelle zu rechnen, in denen sich die hier mehrfach beschriebenen beiden Variablen aufgrund ihrer unterschiedlichen Merkmale und daraus resultierenden unterschiedlichen Verteilmuster differenzieren ließen. In Frage kämen hierfür u. a. die Untersuchungen bzw. Prognoseverfahren, die eine Differenzierung nach verschiedenen Stufen ermöglichen (Minnesota Sex Offender Screening Tool, V-RAG, Static 99, FOTRES).

**Die Zukunft wird komplizierter**

Der nächste qualitative Schritt in der Prognoseforschung könnte dadurch erfolgen, dass Instrumente entwickelt werden, die dazu dienen, den Einzelfall möglichst differenziert und genau in seinen prognoserelevanten Faktoren abzubilden. Hierzu können grundsätzlich zwei Ansatzpunkte gewählt werden:

- Die Entwicklung neuer klinischer Beurteilungsverfahren, die durch eine weitergehende Operationalisierung und eine Erhöhung des Differenzierungsniveaus geeignet sind, das breite Spektrum möglicher individueller Risikodispositionen nicht zuletzt auch in ihren dynamischen Aspekten genauer zu erfassen.
- Die Entwicklung komplexerer statistischer Modelle, die z. B. auf der Grundlage multivariabler regressionsanalytischer Verfahren geeignet sind, die Vielzahl möglicher Einflussvariablen im Einzelfall zu erfassen und angemessen in ihrer individuellen Risikorelevanz für eine Einzelperson zu berechnen.

Für die klinischen Ansätze ist es in der Praxis wichtig, sich vom allgemeinen psychiatrisch-psychologischen Verständnis zu lösen und zu verstehen, dass die moderne forensische Psychiatrie / Psychologie eine Spezialdisziplin ist. Um Prognosen anzufertigen, braucht es psychiatrisches, psychologisches und kriminologisches Wissen. Ebenso wichtig ist aber, Tatmusteranalysen vornehmen zu können, in denen die Tatabläufe und Tatmerkmale unter prognostischen Gesichtspunkten ausgewertet werden. Die Tat an sich ist dabei eine wesentliche Informationsquelle. Ferner geht es nicht in erster Linie darum, eine psychiatrische Diagnose für die Persönlichkeit zu finden. Viel wichtiger ist es, Problembereiche aufzuspüren, die unter prognostischen Gesichtspunkten bedeutsam sind (z. B. Dominanzstreben, Impulsivität, Aggressionsproblematik, Tötungsbereitschaft u. Ä.). Nicht zuletzt sind Intuition und gesunder Menschenverstand, vor allem aber spezielle Erfahrung in der Gefährlichkeitsbeurteilung notwendig, um die relevanten, manchmal auch nur subtilen Informationen zu erkennen und in eine flexible und kreative Gesamterfassung einzuarbeiten. Ziel ist die möglichst akribische Erfassung aller in einem Einzelfall erkennbaren Faktoren, die für die Prognose von Bedeutung sind.

Wenn einerseits die „statistischen Methoden“ bisher zu spezifisch auf zahlenmäßig kleine Subgruppen fokussieren und daher in diesen Systemen nur die Extremgruppen zuverlässig abgebildet werden und andererseits die klinischen Verfahren in vielen Fällen zu grob und zu wenig operationalisiert sind, um den Einzelfall durch ein eindeutig strukturiertes Prozedere differenziert zu erfassen, dann wäre es für einen nächsten Schritt wünschenswert, mit einem feiner differenzierenden Instrument der Verschiedenartigkeit unterschiedlicher Einzelfälle besser gerecht zu werden. Eine neue Generation von Instrumenten sollte daher weitergehende Hilfestellungen für diese Feinerfassung bieten.

Die zukünftige Entwicklung in der Prognoseforschung bedeutet also, dass die klinischen Instrumente oder die statistischen Modelle komplizierter werden. Das ist nicht vermeidbar, wenn man sich der möglichst genauen Erfassung des Einzelfalls weiter annähern will.

### 1.3.6. Zusammenfassung der grundsätzlichen Überlegungen

Legalprognostische Risikokalkulationen sind stets Wahrscheinlichkeitsaussagen. Sie setzen sich zusammen aus der Einschätzung einer Wahrscheinlichkeit, mit der ein Täter eine Straftat verüben wird und einer Aussage, auf welche Art von Straftat sich diese Wahrscheinlichkeitsangabe bezieht. Jede Risikokalkulation ist letztlich immer auf ein bestimmtes Individuum bezogen. Die Risikokalkulation beschreibt damit eine Risikodisposition oder genauer die Handlungspenetranz dieser Risikodisposition. Jede Risikodisposition ist eine individuelle Eigenschaft, die sich aus personenbezogenen Merkmalen ergibt. Die Risikodisposition mit ihrem Ergebnis der Handlung gleichzusetzen, ist eine nicht gerechtfertigte Vereinfachung. Ihr entspricht die dargelegte Problematik der unzutreffend angewandten Vier-Felder-Tafel, aus der Schlüsse über die Validität von Prognoseurteilen und deren gesellschaftlichen Konsequenzen abgeleitet werden, die in dieser Form überaus fragwürdig sind.

Es ist darum in der Diskussion um die Bedeutung prognostischer Einschätzungen zwischen falsch-positiven bzw. falsch-negativen Einschätzungen und den Häufigkeiten, die sich komplementär aus der (semi-) quantitativen Beschreibung einer bestimmten Risikodisposition ergeben, zu unterscheiden. In einer Gruppe von 100 Personen, bei der eine mit 60%iger Penetranz zu beschreibende Risikodisposition anzunehmen ist, werden 40 Personen nicht straffällig. Es wäre falsch, diese 40 Personen als falsch-positive Wertungen zu begreifen und ihnen damit theoretisch ein Null-Prozent-Risiko zuzuschreiben. Vielmehr würden alle 100 Personen – sofern es sich bei keiner der Personen tatsächlich um eine falsch-positive Wertung handelt – mit einer 60%igen Wahrscheinlichkeit rückfällig werden.

Selbstverständlich muss jede strafrechtliche oder im weiteren Sinne gesellschaftliche Konsequenz aus einer prognostischen Einschätzung immer eine Güterabwägung der rechtsstaatlichen und gesamtgesellschaftlichen Instanzen sein. Im Strafrecht handelt es sich um eine rechtsnormative Einordnung, bei der „eine Abwägung zwischen den Interessen des Täters (bzw. potenziellen Täters) an der für ihn günstigeren Rechtsfolge und dem Schutzbedürfnis der Allgemeinheit“ erfolgen muss [77].

Der Prognostiker kann hierfür lediglich Entscheidgrundlagen liefern, nicht aber diese Bewertung vornehmen. Es wurde kritisiert, es sei „eher inadäquat“, wenn die Prognose als Grundlage der normativen Bewertung bezeichnet werde, weil „die in nicht wenigen Fällen verbleibende Ungewissheit (...) doch eher irritierend“ sei [65]. Dem ist entgegenzuhalten, dass eine Prognose nicht nur dann eine tragfähige Entscheidungsgrundlage darstellt, wenn sie eine (im übertragenden Sinn) 90 oder 100%ige Handlungspenetranz feststellt. Sie ist dies auch, wenn sie eine „nur“ 60%ige Risikodisposition beschreibt, sofern dies zutreffender Weise geschieht und es sich nicht um eine tatsächliche falsch-positive Bewertung handelt. Die entsprechenden Rechtsfolgen mögen schwieriger abzuwägen sein. Es bleibt aber genau dies das Wesen der normativen Wertung, nämlich zu entscheiden, was mit einem Täter zu geschehen hat, mit dessen Persönlichkeitsdisposition sich beispielsweise „nur“ ein 60%iges Risiko verbindet. Ein Risiko, das z. B. im Hinblick auf ein Vergewaltigungsdelikt immerhin gegenüber der durchschnittlichen männlichen Bevölkerung auf einen Zeitraum von zehn Jahren um mehrere hundert Male erhöht ist. Dass es nicht damit getan sein kann, sich nur auf sehr hoch ausgeprägte Rückfall-Risikodispositionen zu konzentrieren, wird auch dadurch deutlich, dass für die normative Bewertung die Art der Rechtsgütergefährdung eine gewichtige Rolle spielt. Wäre eine auch nur in übertragener Weise mit 30% zu kennzeichnende Rückfall-Risikodisposition festzustellen, dann wäre es ein großer Unterschied, ob sich diese Einschätzung auf allgemeine Körperverletzungstaten oder Sexualmorde bezieht. In jedem Fall sind ein differenzierteres Validitätsverständnis von Prognoseverfahren, die Entwicklung von Verfahrensweisen, die mittels Subspezifizierung besser in der Lage sind, den Charakter individueller Risikodispositionen zu erfassen, und nicht zuletzt langfristige empirische Studien für die Zukunft wünschenswert.

Zusammenfassend können somit stichwortartig folgende Schlussfolgerungen dargestellt werden:

- Risiken sind individuelle Risikodispositionen im Sinne von Wahrscheinlichkeitsaussagen.
- Der Rückschluss von Rückfälligkeit bzw. Nicht-Rückfälligkeit auf die Validität ungünstiger bzw. günstiger Prognoseurteile im Sinne der „Vier-Felder-Tafel" ist eine nicht zulässige Vereinfachung tatsächlicher Zusammenhänge.
- Es sollten Prognoseverfahren angestrebt werden, die möglichst flexibel in der Lage sind, individuelle Risikoprofile zu erfassen, statt nur „eine Risikoentität" in einem bestimmten Kollektiv zu diagnostizieren.
- Für das Basisratenphänomen ist nicht nur die Höhe der Basisrate, sondern auch die Homogenität bzw. Inhomogenität im Verteilmuster individueller Risikodispositionen bedeutsam.
- Um die Validität von Prognoseverfahren außerhalb des Bereichs sehr geringer und sehr hoher Risiken zu evaluieren, sind Prognoseverfahren, die dimensional sind, Untersuchungen mit möglichst hohen Fallzahlen, der Einbezug des Ausmaßes der „Beeinflussbarkeit" der Risikodisposition und Aktualisierungen prognostischer Urteile im Längsverlauf wünschenswert.
- Es sind Reproduktionen der Rückfallhäufigkeiten gemäß den Risikoabstufungen an unterschiedlichen Untersuchungskollektiven anzustreben.

### 1.3.7. Der nächste Schritt in der Weiterentwicklung von Prognoseverfahren: Klinisch oder statistisch?

Es wurde bereits dargelegt, dass in der prognosewissenschaftlichen Literatur immer wieder zwei vermeintlich unterschiedliche Ansätze gegenübergestellt werden: Die statistische und die klinische Methode.

Wie vorgängig dargestellt basiert die statistische Methode auf dem Prinzip des Gruppenvergleichs rückfälliger und nicht rückfälliger Straftäter. Mittels verschiedener methodischer Ansätze werden so Kriterien ermittelt, die als Prädiktoren mit späterer Rückfälligkeit korrelieren. Instrumente, die auf Kriterien beruhen, die durch solche statistischen Analysen gewonnen oder evaluiert wurden, werden gewöhnlich dem statistischen Ansatz zugerechnet. Die klinische Methode hingegen fokussiert auf die möglichst genaue

Erfassung des Einzelfalles und versteht sich in diesem Sinne als individuumsbezogene Methodik.

An anderer Stelle wurde bereits darauf hingewiesen, dass zwischen den Grundannahmen des im angelsächsischen Raum verbreiteten Actuarial-Risk-Assessments (letztlich ein statistischer Ansatz) und den im deutschsprachigen Raum – zum Teil unter Anwendung dimensionaler Kriterienkataloge – verbreiteten Mehr-Schritt-Prognosen (klinischer Ansatz) eine bemerkenswerte Diskrepanz besteht, die bislang in den wissenschaftlichen Arbeiten kaum zu einer Diskussion geführt hat. Das mag nicht zuletzt an der mangelhaften gegenseitigen fachlichen Rezeption und dem damit verbundenen ebenfalls nur beschränkten fachlichen Austausch der unterschiedlichen Kulturräume liegen [58, 78].

Die qualitative Weiterentwicklung der Prognoseforschung über den Ansatz einer weiteren Differenzierung und feineren Operationalisierung der klinischen Methode anzugehen, folgt einer einfachen Überlegung: Eine Prognose kann umso genauer ausfallen, je vollständiger und in ihren deliktrelevanten Bedeutungen möglichst angemessen alle prognoserelevanten Faktoren des Einzelfalles erfasst werden. Das FOTRES stellt einen Versuch für eine solche, mögliche Weiterentwicklung dar.

Ist demnach das Potenzial der klinischen Methode, demjenigen der statistischen überlegen? Bei genauerer Betrachtung wird deutlich, dass die scheinbar sich gegenseitig ausschließende Polarität des klinischen und des statistischen Ansatzes in dieser Weise gar nicht existiert.

Denkt man über die gegenwärtige Situation hinaus, dann müsste ein langfristig anzustrebendes Ziel darin bestehen, die Trennung zwischen statistischer und klinischer Methodik zu überwinden bzw. überflüssig zu machen. Denn letztlich geht es ja darum, eine Methodik zu entwickeln, die möglichst exakt in der Lage ist, eine vorhandene individuelle Risikodisposition zu erkennen und zu beschreiben. Die anzustrebende Methodik ist daher weder rein klinisch noch statistisch, sondern möglichst genau und differenziert.

Mit dieser Aussage soll zum Ausdruck kommen, dass der Gegensatz zwischen klinischem und statistischem Ansatz letztlich künstlicher Natur ist. Die ideale statistische Methode müsste in der Lage sein, ein möglichst breites Spektrum von Einzelfällen so differenziert zu erfassen, dass auch außerhalb der Höchstrisikogruppen eine genaue Einschätzung der individuellen Risikodisposition erfolgen kann. Umgekehrt wäre von der Weiterentwicklung der klinischen Methode zu erwarten, dass sie ihre Validität auch in statistisch-empirischen Untersuchungen unter Beweis stellen könnte.

Am Ende wäre der – vermutlich nicht erreichbare – Idealzustand von der Art, dass ein statistisch generiertes System aus einer Vielzahl geprüfter Kriterien ein vielschichtiges Modell liefert, das in hoher Differenzierung und der dem Einzelfall angemessenen flexiblen Anwendbarkeit individuelle prognostische Bewertungen ermöglicht. Diese Bewertungen wiederum ließen sich in quantitativen Wahrscheinlichkeitsangaben ausdrücken (z. B. 60%iges Risiko für ein zu bewertendes Tatverhalten).

Der sich der statistischen Überprüfung stellende, weiter differenzierte klinische Ansatz würde zu der gleichen quantitativ messbaren Prognoseaussage kommen, wobei die Kriterien und die Auswertungsregeln, die zum Urteil führen, möglichst explizit und transparent sind. Führt man sich diesen Idealzustand vor Augen, dann wird deutlich, dass es auf diesem Niveau keinen Unterschied mehr zwischen einem klinischen und statistischen Ansatz gäbe. Es wäre lediglich so, dass die differenzierte, flexibel auf den Einzelfall anwendbare, in ihrem Entscheidungsvorgang explizit und transparent darstellbare und in ihrem Ergebnis quantifizierbare Vorgehensweise einmal vom Ausgangspunkt der statistischen und einmal vom Ausgangspunkt der klinischen Methodik entwickelt worden wäre.

Von diesem Idealzustand ist die Prognoseforschung noch weit entfernt und wird ihn vermutlich in Reinform nie erreichen. Es soll aber mit diesen Überlegungen verdeutlicht werden, dass die klinische und statistische Vorgehensweise lediglich unterschiedliche Ausgangspunkte darstellen, von denen aus versucht werden kann, sich dem Idealzustand anzunähern. Die Eigenschaften dieses Idealzustandes wurden bereits genannt. Ein Prognoseinstrument sollte nach Möglichkeit in der Lage sein,

- eine möglichst differenzierte und dem Einzelfall angemessene Beurteilung abgeben zu können
- im Befunderhebungs- und Entscheidbildungsvorgehen durch möglichst klar darstellbare und definierte Regeln strukturiert sein
- den Entscheidungsgang transparent und nachvollziehbar darstellen und dokumentieren können
- in der Beschreibung der Ausprägung von Risikodispositionen eine Quantifizierung ermöglichen

- und schließlich die Validität der prognostischen Bewertungen empirisch belegen können

Auf dem Weg hin zu diesem idealen Ziel ist es eine strategische Entscheidung, ob die Annäherung vom Ausgangspunkt primär statistisch generierter Prädiktoren(-modelle) oder vom Ausgangspunkt einer weiteren Differenzierung des klinisches Ansatzes unternommen wird. Die statistischen Ansätze haben den Vorteil klarer Operationalisierung im Sinne eindeutig definierter Kriterien und Auswertungsregeln. Sie kämpfen dafür mit dem Problem der eingeschränkten Reichweite. Die klinischen Verfahren haben durch die Fokussierung auf den individuellen Einzelfall – dessen Risiko ja abzubilden ist –, das Potenzial größtmöglicher Reichweite und auf den Einzelfall bezogener Differenzierung. Sie haben gegenwärtig Schwächen im Bereich der Operationalisierung (Definition der Merkmale, Gewichtungen, Auswertungsregeln) und überlassen vor dem Hintergrund eher grober Kriterien die Feindifferenzierung dem Geschick und der Erfahrung des jeweiligen Beurteilers.

Sowohl die statistischen Ansätze als auch die klinischen Ansätze haben Vor- und Nachteile bzw. Stärken und Schwächen. Es handelt sich daher nicht um ein „Entweder-Oder". Die Weiterentwicklung ist vielmehr mit Vorteil von beiden Ansatzpunkten aus zu betreiben.

**Ausgangspunkt und Ziele des FOTRES**

Das FOTRES unternimmt diesen Schritt vom Ansatzpunkt eines klinischen Verfahrens aus. Mit diesem Weg sind aus wissenschaftlicher Sicht einige Vorteile verbunden. Eine möglichst genaue Erfassung des individuellen Risikoprofils eines Einzelfalls erfordert eine sehr große Anzahl von Kriterien, die zudem noch flexibel nach unterschiedlichen Problemstellungen gewichtet und angewendet werden müssen. Es ist zwar langfristig auch möglich, sich dieser allgemeinen Zielvorstellung primär durch die Generierung statistischer Modelle zu nähern. Statistische Modelle werden in ihrer Weiterentwicklung aber auf absehbare Zeit eher helfen, bestimmte Subgruppen zu identifizieren, die einen einheitlichen risikorelvanten Mechanismus repräsentieren. Auch hierfür sind große Fallzahlen und ausreichend lange Beobachtungszeiträume erforderlich. Der Ansatz, ein differenzierteres klinisches Bewertungsschema vorzulegen und mit diesem den Weg permanenter Optimierung und empirischer Evaluierung zu beschreiten, bietet die Möglichkeit von Anfang an, das individuelle Risiko und damit die Mittelfeldproblematik stärker zu fokussieren.

Dies entspricht einem Prozess, der dem einer Software-Entwicklung vergleichbar ist. Es wird ein System konstruiert, in das ein möglichst breiter Erfahrungshintergrund eingearbeitet ist und das sich an Praktikabilität, Plausibilität und Funktionalität orientiert. Dieses System wird dann durch den praktischen Gebrauch einem Optimierungsprozess durch Anwendung ausgesetzt, der zu fortschreitenden Leistungsverbesserungen führt. Vergleichbar mit der Evolution von Betriebssystemen oder Anwenderprogrammen. So wie Windows 3.0 früher einen Fortschritt bedeutete und die heute aktuelle Version dieses Betriebssystems aber wesentliche Weiterentwicklungen aufweist. Angesichts der Komplexität der beschriebenen Herausforderung, aber auch in Anbetracht des hohen praktischen Bedürfnisses erscheint diese – der Softwareentwicklung vergleichbare – Vorgehensweise zur Erreichung praktisch relevanter Verbesserungen aussichtsreich. Dies nicht zuletzt auch deshalb, weil es nicht möglich ist, die nächsten 30 Jahre im Labor zu forschen und – mit welchem Erfolg auch immer – ein Beurteilungssystem entwickeln zu können und bis dahin sämtliche prognostischen Beurteilungen zu sistieren. Es besteht ein fortwährend hoher Bedarf an prognostischen Beurteilungen. Auch liegen bereits vielfache Erfahrungen vor und die heute bekannten spezialisierten forensischen Beurteilungsverfahren zeigen in ihrer Anwendung durch qualifizierte Experten eine beachtliche Zuverlässigkeit.

Deswegen ist es sinnvoll, von dieser Basis ausgehend und sich auf die schon vorhandenen Erkenntnisse beziehend, einen Schritt zur weiteren Differenzierung zu unternehmen. Das heißt keineswegs, dass empirische Versuche zur statistischen Generierung von Prognosemodellen in diesem Ansatz keinen Platz finden würden. Im Gegenteil: Dort gewonnene Erkenntnisse können sehr wertvoll sein und wieder in ein sich fortentwickelndes System eingearbeitet werden.

Das FOTRES ist demnach der Versuch, einen Differenzierungsschritt im Rahmen der klinischen Prognosemethode zu unternehmen. Die damit verbundenen Ziele (Differenzierung, Transparenz, Nachvollziehbarkeit, expliziter Entscheidungsgang, möglichst genaue Annäherung an ein individuelles Risikoprofil usw.) wurden bereits erläutert. Ein weiteres damit keineswegs konkurrierendes Ziel erschließt sich aus der Historie des FOTRES. Ursprünglich entstand das Instrument aus dem Bedürfnis eine Methode zu finden, mit der Mitarbeiter für Risikobeurteilungen qualifiziert werden können und mit dem eine Standardisierung erfolgen könne, im Sinne des Qualitätsmanagements für solche Beurteilungsprozesse. Die ursprünglichen Ziele waren also Ausbildung und Qualitätsmanagement durch die Standardisierung und Dokumentation des Beurteilungsprozesses. Ein Beurteiler, der das FOTRES beherrschen lernt, sollte damit gleichzeitig sein prognostisches Wissen und seine prognostischen Fähigkeiten deutlich verbessern können. Diese Erwartung hat sich durch die bisher durchgeführte Anwendung bestätigt, auch wenn dies bislang nur im begrenzten Umfang geschah. Auf Fallebene ist ein ähnlicher Effekt zu verzeichnen. Um das FOTRES in einem bestimmten Fall auswerten zu können, ist eine sehr genaue Fallkenntnis und eine intensive Auseinandersetzung mit unterschiedlichen Aspekten des Einzelfalles erforderlich. Das FOTRES „zwingt" also den Untersucher zu einer tiefen Auseinandersetzung mit dem Einzelfall. Es macht damit dem Untersucher bewusst, über welche Informationen er bereits verfügt und welche zur Beurteilung notwendigen Informationen möglicherweise noch fehlen. Beide hier genannten Aspekte beinhalten für den jeweiligen Untersucher ein allgemeines und ein fallspezifisches Qualifizierungselement.

Jedes Instrument kann nur ein Hilfsmittel sein, um die Prognose-Beurteilungsfähigkeiten eines Untersuchers zu entwickeln, zu fördern und in die Form eines transparenten und nachvollziehbaren Entscheidungsganges zu bringen. Es wird aber nie in der Lage sein, die persönliche Beurteilungskompetenz des Untersuchers zu ersetzen. Darum bleibt das auf den Untersucher bezogene Qualifizierungsziel vielleicht am Ende der Schlüssel für ein optimales Prognoseverfahren. Das Instrument, das den Untersucher auf allgemeiner und fallspezifischer Ebene so qualifiziert bzw. seine Fähigkeit und Intuition in der Weise lenkt und fördert, dass sein Potenzial optimiert wird, ist somit vielleicht schlussendlich das vielversprechendste Verfahren.

Das Ziel der Qualifizierung von Fachpersonen und das Ziel eines effektiven und validen Prognoseverfahrens sind demnach nicht gegensätzlich, sondern zwei Seiten derselben Medaille. Wenn ein Instrument einen Untersucher in die Lage versetzt, möglichst genaue Prognosen vornehmen zu können (auf welchem Weg auch immer das Instrument dies fördert), dann wäre das Hauptziel erreicht. In diesem Sinne kann das FOTRES durchaus als ein Vehikel zur Ausbildung und Qualifizierung angesehen werden. Möglicherweise liegt hierin sogar sein größter Anwendungsnutzen.

Das FOTRES ist damit zusammenfassend der Versuch, ein klinisches Prognoseinstrument einer neuen Generation vorzustellen, das ausgehend vom derzeitigen Stand der Prognosewissenschaft einen sinnvollen nächsten Schritt im Bemühen um die weitere Optimierung von Verfahren zur Risikobeurteilung darstellt. Der geübte Anwender kann das FOTRES in 30 bis 45 Minuten abarbeiten, vorausgesetzt – und das ist unbedingt erforderlich – er verfügt über ausreichende Fall- (inklusive Akten-) Kenntnisse. Mit der Anwendung des FOTRES wird ein Qualifizierungs- und Standardisierungsprozess durchlaufen, sowohl auf allgemein professioneller als auch auf der jeweiligen fallspezifischen Ebene.

Ein klinisches Instrument vorzulegen ist auch eine wissenschaftsstrategische Entscheidung, von welchem Ansatzpunkt ausgehend ein Verbesserungsschritt unternommen wird. Dies schließt den Einbezug zukünftiger Entwicklungen bei statistischen Modellen aber keineswegs aus. Im Gegenteil können sich beide Ansätze gegenseitig ergänzen. Das FOTRES wird sich – sofern sich das Instrument bewährt – ähnlich einer Software fortlaufend weiter anpassen und optimieren. Ein Prozess, der nie abgeschlossen sein wird.

# 2. Forensisches Operationalisiertes Therapie-Risiko-Evaluations-System (FOTRES)

## Inhaltsangabe



## 2.1. Anwendungsgebiet

Das FOTRES ist ein Instrument, das bei Straftätern zur Beurteilung folgender Aspekte eingesetzt werden kann:

- Rückfallrisiko
- zu erwartender Therapieerfolg
- Therapieverlauf

Das bedeutet, dass das FOTRES bei Menschen angewendet werden kann, die bereits einmal straffällig in Erscheinung getreten sind. Bezugspunkte der Bewertung sind frühere und aktuelle Deliktbegehungen. Es wird also in aller Regel das Rückfallrisiko bestimmt. Dabei kann das Risiko für andere als die bisherigen Tatbegehungen dann bewertet werden, wenn von einem gemeinsamen Deliktmechanismus ausgegangen werden kann. So kann z. B. allgemein das Risiko für zukünftige Gewalthandlungen unter Einschluss von möglichen Tötungsdelikten bestimmt werden, auch wenn bislang lediglich schwere Körperverletzungen bekannt sind, deren zugrunde liegender Mechanismus aber Gewalttaten in einem breiteren Spektrum ermöglichen. Bei Risikobeurteilungen für Delikte, die in dieser oder ähnlicher Form vom Täter noch nie begangen wurden (z. B. Ausführungsgefahr bei Drohungen) müssen zusätzlich andere Instrumente, wie z. B. das „Drohungs-FOTRES“ (noch nicht publiziert) angewendet werden.

Wenn ein Täter in verschiedenen Deliktbereichen in Erscheinung getreten ist, muss eine Festlegung auf einen spezifischen Deliktbereich erfolgen. Sind prognostische Aussagen über die Wahrscheinlichkeit verschiedenartiger Delikte gewünscht, muss das FOTRES für die unterschiedlichen Deliktarten jeweils separat angewendet werden. Dabei ist individuell zu entscheiden, ob das Zieldelikt, also das Delikt, für das eine Rückfallwahrscheinlichkeit ermittelt wird, global (z. B. Gewaltdelikt) oder eng umgrenzt beschrieben wird (z. B. Raubdelikte, Körperverletzung, häusliche Gewalt). Entscheidend für die Festlegung des Zieldeliktes ist, ob die unterschiedlichen Bereiche dem gleichen Deliktmechanismus folgen oder nicht.

Bislang wurde das FOTRES überwiegend bei Gewalt- und Sexualstraftaten eingesetzt. Grundsätzlich ist das FOTRES aber für die Einschätzung der Rückfallgefahr jedes Straftatbestandes geeignet. Auch wenn das Instrument bei einer Vielzahl von Delikten angewendet werden kann, ist das anhand des FOTRES ermittelte Rückfallrisiko jeweils deliktspezifisch. Deshalb muss zu Beginn der Anwendung festgelegt werden, auf welches Zieldelikt sich die Anwendung bezieht. In der Regel entspricht das Zieldelikt dem Anlassdelikt, also dem aktuellen Straftatbestand, welcher Anlass zur Anwendung des FOTRES gibt.

# 2.2. Aufbau

## 2.2.1. Beurteilungsebenen

Das FOTRES setzt sich aus drei Beurteilungsebenen zusammen:

- Strukturelles Rückfallrisiko (ST-R)
- Beeinflussbarkeit (BEE)
- Dynamische Risikoverminderung (DY-R) und
- Aktuell wirksame Faktoren (AWF)

Das *„Strukturelle Rückfallrisiko" (ST-R)* bezieht sich auf Merkmale, die zum Untersuchungszeitpunkt vorwiegend aus der Vergangenheit stammen. Sie sind lebenslang unveränderlich oder aber Veränderungen sind – wenn überhaupt – nur allmählich und erst in längeren Zeiträumen möglich. Das „Strukturelle Rückfallrisiko" repräsentiert eine Grunddisposition des Täters, in einem spezifischen Bereich (Zieldelikt) delinquent in Erscheinung zu treten. Es ist die basale und langfristig anhaltende Disposition, die auf einen erneuten Rückfall ausgerichtet ist. Das „Strukturelle Rückfallrisiko" ist somit auch ein Indikator für eine deliktpräventive Therapiebedürftigkeit. Zudem werden explizit jene Problembereiche in der Persönlichkeit des Täters extrahiert, die besondere Deliktrelevanz besitzen und in einer Therapie bearbeitet werden sollten. Die Beurteilung der Merkmale im „Strukturellen Rückfallrisiko" bezieht sich auf einen tatzeitnahen Zeitraum. Zur Ermittlung des „Strukturellen Rückfallrisikos" werden folgende drei Bereiche untersucht: (1) „Delinquenznahe Persönlichkeitsdisposition", (2) „Spezifische Problembereiche mit Tatrelevanz" und (3) „Tatmuster".

In einer weiteren Beurteilungsebene wird die *„Beeinflussbarkeit" (BEE)* untersucht. Mit der „Beeinflussbarkeit" soll eine Einschätzung darüber getroffen werden, wie gut und inwieweit das „Strukturelle Rückfallrisiko" durch Veränderungsprozesse beeinflusst werden kann. Die Ausprägung der „Beeinflussbarkeit" gilt somit zumeist als Maß für einen zu erwartenden Therapieerfolg. Die „Beeinflussbarkeit" setzt sich aus den Hauptgruppen „Erfolgsaussicht" und (der mit Veränderungsmöglichkeiten assoziierten) „Ressourcen" zusammen.

Abbildung 2.1.: Aufbau FOTRES

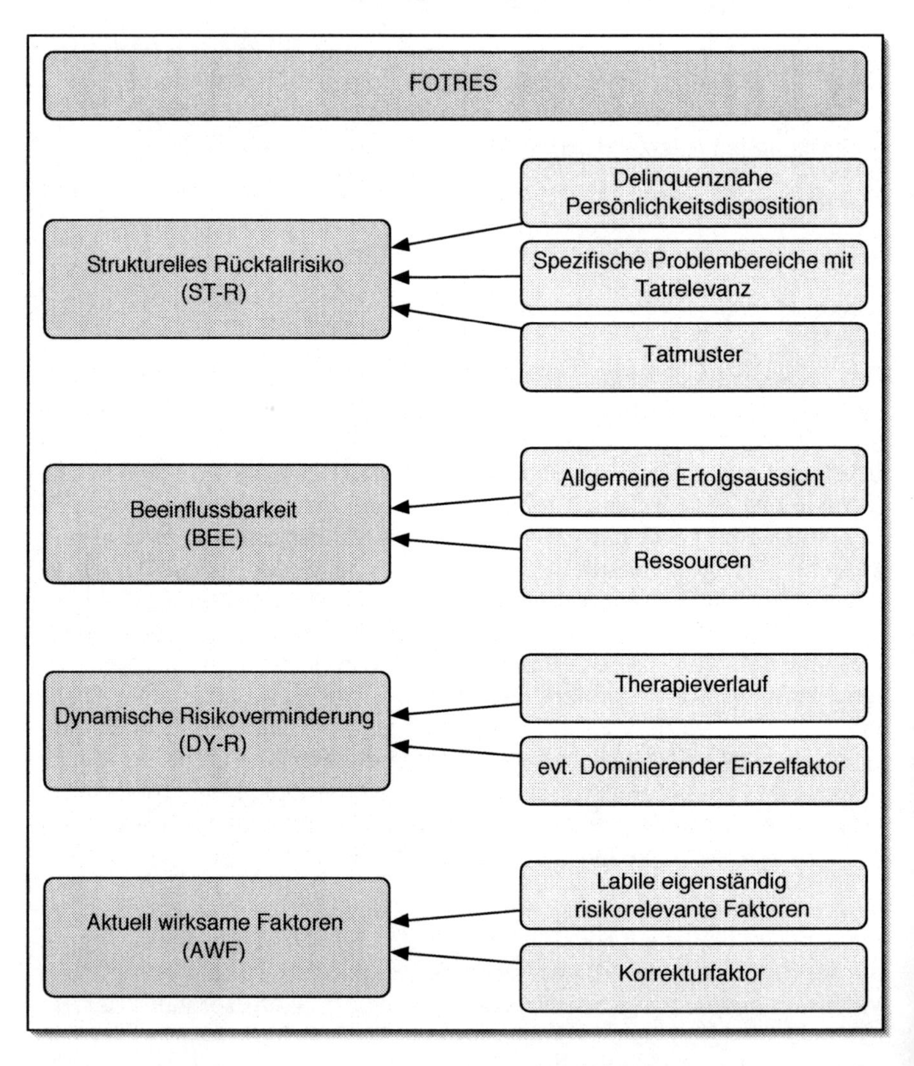
FOTRES
Strukturelles Rückfallrisiko (ST-R)
Delinquenznahe Persönlichkeitsdisposition
Spezifische Problembereiche mit Tatrelevanz
Tatmuster
Beeinflussbarkeit (BEE)
Allgemeine Erfolgsaussicht
Ressourcen
Dynamische Risikoverminderung (DY-R)
Therapieverlauf
evt. Dominierender Einzelfaktor
Aktuell wirksame Faktoren (AWF)
Labile eigenständig risikorelevante Faktoren
Korrekturfaktor

Die dritte Beurteilungsebene ist die *„Dynamische Risikoverminderung“ (DY-R)*. In ihr werden die Veränderungen im Verlauf, also die risikomindernden Prozesse nach dem Anlassdelikt abgebildet. Die „Dynamische Risikoverminderung“ erfasst somit Veränderungsprozesse – sofern vorhanden – und bezieht sich somit auf einen Zeitraum, der frühestens kurz nach der Tatbegehung (meist aber erst geraume Zeit nach der Tatbegehung) beginnt und hauptsächlich den gegenwärtigen Stand zum Zeitpunkt der Beurteilung durch das FOTRES beschreibt. Dementsprechend enthält die „Dynamische Risikoverminderung“ vielfältige rückfallrelevante Parameter, die sich im Bereich der „Therapievariablen“ auf eine deliktpräventive Auseinandersetzung des Täters mit der Tat und die in diesem Zusammenhang sichtbaren Ergebnisse beziehen. In Einzelfällen kann der „Dominierende Einzelfaktor“ in die Berechnung der „Dynamischen Risikoverminderung“ eingehen. Dies ist dann der Fall, wenn es einen kausal mit dem Deliktmechanismus verbundenen Faktor oder Faktorenkomplex gibt, der für die langfristige deliktpräventive Strategie von Bedeutung ist und dessen Wirkung nicht zumindest indirekt durch die „Therapievariablen“ abgedeckt wird. Theoretisch bildet die „Dynamische Risikoverminderung“ das durch die „Beeinflussbarkeit“ vermittelte Gegengewicht zum „Strukturellen Rückfallrisiko“.

Neben den vorwiegend aus Therapieprozessen ableitbaren Verlaufsparametern der „Dynamischen Risikoverminderung“ werden zusätzlich die „Aktuell wirksamen Faktoren“ (AWF) erfasst, die einen relevanten Einfluss auf das aktuelle Risiko ausüben können. Es handelt sich um Faktoren, durch die der Effekt der langfristig wirksamen Faktoren *aktuell* abgeschwächt, verstärkt oder gar völlig überlagert werden kann. Da diese Faktoren abrupt veränderbar sind, kann auf ihnen keine langfristige Präventionsstrategie aufgebaut werden. Ihr Einfluss auf die aktuelle Risikoeinschätzung wird im Rahmen der „Labilen eigenständig risikorelevanten Faktoren“ bewertet. Zudem werden durch den so genannten „Korrekturfaktor“ sich abzeichnende risikomindernde Persönlichkeitsveränderungen erfasst. Zu diesem Zweck werden die innerhalb des „Strukturellen Rückfallrisikos“ festgestellten spezifischen Problembereiche einer aktuellen Querschnittsbewertung unterzogen. Dabei werden Veränderungen in diesen spezifischen Problembereichen insofern dokumentiert, als deren zum Bewertungszeitpunkt aktuelle Ausprägung bewertet wird. Da solche Veränderungen noch nicht als stabil angesehen werden können, bringt der „Korrekturfaktor“ ebenfalls einen potenziell labilen und daher nur das aktuelle Risiko modifizierenden Effekt zum Ausdruck. Der „Korrekturfaktor“ dient in laufenden Therapien demnach dazu, den Therapieverlauf durch Gegenüberstellung der tatzeitnahen Ausprägung der „Spezifischen Problembereiche“ (im ST-R) und der Ausprägung zum jeweiligen Bewertungszeitpunkt zu evaluieren.

Auf der Ebene der Merkmale erfolgt die Bewertung der Ausprägung auf einer fünfstufigen Skala: 0 = nicht vorhanden oder sehr gering, 1 = gering, 2 = moderat, 3 = deutlich, 4 = sehr stark.

*Ergebnis des FOTRES:* In einer Schlussauswertung liegen Kennzahlen für das „Strukturelle Rückfallrisiko“, die „Beeinflussbarkeit“, die „Dynamische Risikoverminderung“ und möglicherweise zusätzlich für die „Aktuell wirksamen Faktoren“ vor.

## 2.2.2. Kritische Diskussion der Skalierung

Auf der Ebene der Einzelmerkmale wird eine fünfstufige Skalierung (0-4) verwandt. Sie führt bei der zusammenfassenden Bewertung auf den Ebenen „Strukturelles Rückfallrisiko“, „Beeinflussbarkeit“, „Dynamische Risikoverminderung“ und „Aktuell wirksame Faktoren“ zu einer achtstufigen Bewertung (0= sehr gering, 1= gering, 2= moderat, 3= erheblich, 4= sehr hoch), bei der Zwischenstufen möglich sind (erheblich bis sehr hoch = 3.5, moderat bis erheblich = 2.5 etc.).

Es kann kritisch diskutiert werden, ob diese Einteilungen (fünfstufig auf der Ebene der Einzelmerkmale und achtstufig auf der Ebene der Gesamtwertung) nicht einen zu hohen Differenzierungsgrad darstellen und ob die einzelnen Stufen durch einen Beurteiler tatsächlich ausreichend diskriminiert werden können. Es kann zum jetzigen Zeitpunkt nicht ausgeschlossen werden, dass anhand der praktischen Erfahrungen in der Verwendung des FOTRES zu irgendeinem Zeitpunkt in der Zukunft jetzt unterschiedene Stufen zusammengelegt werden und es damit zu einer Reduzierung des Stufensystems auf der einen oder anderen Ebene kommen kann.

Diese denkbare Entwicklung der Evaluierung der Anwendungspraxis zu überlassen und nicht bereits jetzt eine Stufenreduktion vorzunehmen, hat verschiedene Gründe: Das FOTRES verfolgt das Ziel, sich mit seinem Operationalisierungsansatz möglichst weit einem einzelfallbezogenen subtilen Differenzierungsniveau anzunähern, das sich bei feinen Akzentsetzungen am Schluss auch oder möglicherweise hauptsächlich in einem intuitiv geprägten Wahrnehmungs- und Erkenntnisbereich bewegt. Das

FOTRES verfügt über so viele Kriterien und bietet immer wieder neue, veränderte Betrachtungswinkel in einem vorliegenden Fall an, dass sich die schlussendliche Bewertung zu einer gesamthaften Gestalt zusammensetzt. Damit kann die Erwartung verbunden werden, dass im Unterschied zu einem grobmaschigeren Prognoseinstrument eine größere Komplexität abgebildet werden kann, durch die auch subtilere Differenzierungen als Ergebnis sensibler Wahrnehmungsvorgänge einen Ausdruck finden. Es mag sein, dass in einem Einzelfall bei einem Merkmal beispielsweise die Entscheidung zwischen der Bewertung mit 3 (= deutlich) oder 4 (= sehr stark) nicht zuletzt auch einer gefühlsmäßigen Wahrnehmung entspricht. Insgesamt könnte sich durch die Vielzahl verschiedener fokaler Bewertungsvorgänge in den unterschiedlichen Merkmalsgruppen aber eine Tendenz kristallisieren, die einer realistischen Feindifferenzierung zwischen auch nur gering unterscheidbaren Stufen entspricht. Gerade bei Merkmalsgruppen, die nur aus drei Merkmalen bestehen (z. B. „Sadistische Devianz“: „Sadismus“, „Bedeutung für vergangenes Tatverhalten“, „Bedeutung für zukünftiges Tatverhalten“), mag die Anwendung der fünfstufigen Bewertungsskala besonders problematisch erscheinen. Umgekehrt ist aber nicht auszuschließen, dass sich z. B. im Unterschied zwischen der Vergabe von zwölf und elf Punkten nicht doch ein berechtigter Differenzierungsschritt konkretisiert. Wenn es auch eine mehr gefühlsmäßig intuitive Unterscheidung sein mag, bei einem der drei Einzelmerkmale statt einer Bewertung mit 4 (= sehr stark) nur eine solche mit 3 (= deutlich) vorzunehmen, könnte sich gerade in dieser mehr gefühlsmäßig vorgenommenen, subtilen Akzentsetzung eine feine, aber vielleicht nicht unbedeutende Differenzierung konkretisieren. Dann würde in der gefühlsmäßig stimmigen Vergabe von zwölf Punkten eine letztendlich nicht mehr gänzlich auflösbare Wahrnehmung ihren Ausdruck finden, die auf einem zwar geringen, aber dennoch relevanten Unterschied im Vergleich zu einem Täter beruht, bei dem der Untersucher in einem der drei Merkmale eine leichte Abschwächung durch eine Bewertung mit 3 (= deutlich) vornimmt.

Solange durch die Praxis oder durch Untersuchungen zur Validität der prognostischen Einschätzungen nicht nahe gelegt wird, die jetzt vorgenommene feine Skalierung zugunsten „breiterer“ Stufen aufzulösen, sollte die hier beschriebene theoretische Option einer tatsächlich vorhandenen Abstufung, die sich in den Zwischenstufen konkretisiert, offen gehalten werden.

Eine vergleichbare Argumentation kann für das achtstufige Bewertungssystem auf Stufe der Beurteilungsebenen („Strukturelles Rückfallrisiko", „Beeinflussbarkeit" und „Dynamische Risikoverminderung" sowie „Aktuell wirksame Faktoren") ins Feld geführt werden. Solange durch Evaluationen nicht nachgewiesen wird, dass es keinen Unterschied zwischen einem Täter mit einem „Strukturellen Rückfallrisiko" von 3.5 und einem mit 4 bzw. 3.5 und 3 usw. gibt, wird eine möglichst feine Differenzierung der einzelfallbezogenen prognostischen Einschätzung aufrechterhalten. Dies entspricht einerseits der Zielsetzung des FOTRES, der flexiblen und dem Einzelfall angemessenen Erfassung einer individuellen Risikodisposition möglichst nahe zu kommen. Andererseits sprechen auch die grundsätzlichen Überlegungen zu Validitätsuntersuchungen dafür, ein möglichst hohes Differenzierungsniveau der prognostischen Bewertungen anzustreben. Wie bei den Ausführungen zur Vier-Felder-Tafel erläutert, ist die Unterscheidung zwischen der Anzahl nicht rückfälliger Straftäter aufgrund der idealstatistischen Verteilung und falsch-positiver Einschätzungen theoretisch umso besser möglich, je feiner differenziert eine Bewertungsskala aufgebaut wird [79].

Zwar wäre auch schon ein fünfstufiges Bewertungssystem zufriedenstellend. Ein achtstelliges, sofern sich darin geringe, tatsächlich in den Fällen vorhandene Unterscheidungen abbilden lassen, wäre aber demzufolge noch besser. Es würde eine noch genauere Differenzierung verschiedener Risikodispositionen zulassen.

Aus den hier dargelegten theoretischen Überlegungen wird auf Merkmals- und Hauptgruppenebene durchgehend eine fünfstufige Skala und auf den Beurteilungsebenen eine achtstufige Skala verwandt.

### 2.2.3. Überschneidung von Merkmalen

Verschiedene Merkmale bilden Themenbereiche ab, die eng mit anderen verbunden sind. Manche Merkmale tauchen in identischer oder sehr ähnlicher Begrifflichkeit an unterschiedlichen Stellen des FOTRES auf. Dieser Konstruktion des FOTRES liegen verschiedene Überlegungen zu Grunde: Ein wichtiges Prinzip besteht in der strikten Trennung zwischen „Strukturellem Rückfallrisiko", „Beeinflussbarkeit" und „Dynamischer Risikoverminderung". Es kann sein, dass ähnliche Merkmale in allen drei Bereichen eine Rolle spielen. Ein Unterschied ergibt sich aber aus dem jeweiligen Blickwinkel bzw. aus dem Bezugszeitpunkt. Für die Beurteilung der Merkmalsgruppen innerhalb des „Strukturellen Rückfallrisikos“ sind die Anlasstat und die bis zu diesem Zeitpunkt bestehende Vorgeschichte maßgeblich. Bewusst wird das „Strukturelle Rückfallrisiko“ somit überwiegend aus historischen Informationen abgeleitet. Diese Vorgehensweise folgt der Annahme, dass sich aus diesen historischen Daten am klarsten eine grundlegende Disposition beschreiben lässt. Diese Disposition hat ihre Kristallisationspunkte im Anlassdelikt und der jeweiligen deliktischen Vorgeschichte.

Die „Beeinflussbarkeit“ stützt sich auf die Informationsgrundlage, die auch für das „Strukturelle Rückfallrisiko“ maßgeblich ist. Die „Beeinflussbarkeit“ ist tendenziell aber offener für eine Korrektur durch Erkenntnisse aus dem weiteren Verlauf (frühestens nach drei Jahren).

Von einem anderen Blickwinkel geht die Bewertung der „Dynamischen Risikoverminderung“ aus. Hier spielen in sehr viel stärkerem Maße Beobachtungen und Erkenntnisse aus dem aktuellen Verlauf eine Rolle.

Neben der in der Grundkonzeption begründeten Überlegung, ähnliche oder gleiche Merkmale an verschiedenen Stellen des FOTRES unter unterschiedlichem Blickwinkel zu bewerten, ist noch ein zweites Prinzip zu nennen. Die vielen verschiedenen Einzelmerkmale des FOTRES sollen dazu dienen, einen Fall bzw. einen speziellen Problembereich mit besonderer Genauigkeit zu erfassen. Manchmal lenkt ein Einzelaspekt den Blick des Betrachters in eine andere Richtung und führt dadurch zu einem vertieften Verständnis. Die Merkmale „zwingen“ zu einer differenzierten Auseinandersetzung und Überlegung und erhöhen damit die Qualität des Prognoseurteils. Nicht selten würde die Beurteilung anders aussehen, wenn ein bestimmter Aspekt auf einer abstrakteren Grundlage oder mit einem weniger differenzierten Begriff bewertet würde. Die Betonung unterschiedlicher Facetten eines Problembereiches führt den Beurteiler tiefer in die Komplexität des jeweiligen Phänomens hinein und so automatisch zu einer genaueren Rezeption.

Als letztes Prinzip ist in diesem Zusammenhang zu erwähnen, dass es bei einer prognostischen Einschätzung darum gehen muss, vor allem ungünstige Kriterien möglichst vollständig zu erfassen. Das Nichtvorhandensein eines bestimmten prognostisch ungünstigen Merkmals beinhaltet noch keine prognostisch günstige Aussage. Die Aufteilung des „Strukturellen Rückfallrisikos“ in die drei Hauptgruppen „Delinquenznahe Persönlichkeitsdisposition“, „Spezifische Problembereiche mit Tatrelevanz“ und „Tatmuster“

kann so verstanden werden, dass der Fall und die Persönlichkeit des Täters mit drei unterschiedlichen „Suchmaschinen“ oder „Filtern“ analysiert werden. Damit ist die Annahme verbunden, dass dadurch die Wahrscheinlichkeit verringert wird, relevante Faktoren zu übersehen, die sich in einer bestimmten Betrachtungsebene im Hintergrund befinden. Das kann umgekehrt den Effekt haben, dass sich eine bestimmte Problemkonstellation in allen drei „Suchfiltern“ oder in verschiedenen Merkmalsgruppen gleichzeitig abbildet. Für die sachgerechte Einschätzung ist dies aber kein Nachteil. Ein viel gravierenderer Nachteil wäre es, wenn ein relevanter Problembereich bei eindimensionaler Prüfung übersehen werden würde.

Bestimmte Problembereiche offenbaren sich eher über die Analyse des Tatmusters, andere wiederum sind dort weniger, dafür in den „Spezifischen Problembereichen mit Tatrelevanz“ leichter abzubilden. Die Analyse des Falles oder eines bestimmten Einzelaspekts unter verschiedenen Blickwinkeln mit jeweils – manchmal nur leicht – veränderter Akzentsetzung führt zu einer differenzierteren Auseinandersetzung, zu einem vertieften Verständnis und zu einer höheren Bewertungsgenauigkeit des Falles.

### 2.2.4. Nachträgliche Korrekturen

*Anpassung an neue Informationen:* Für den gesamten FOTRES gilt die Empfehlung, nachträgliche Korrekturen an einmal getroffenen Einschätzungen nur mit ausgesprochener Zurückhaltung anzubringen. Korrekturmöglichkeiten sind jederzeit dann legitim, wenn sich im Nachhinein herausstellt, dass eine frühere Einschätzung auf falschen oder unvollständigen Informationen beruhte. Dabei sollten diese Informationen möglichst objektivierbar sein. Als Beispiel wäre zu nennen, dass bei der Bewertung des „Tatmusters“ von Tatumständen ausgegangen wurde, die sich im Zuge weiterer Ermittlungen als objektiv falsch herausstellten. Die Korrektur von Einschätzungen, die auf falschen Fakten beruhten, ist stets unproblematisch.

*Korrektur der „Beeinflussbarkeit“:* Schon bei einer nachträglichen Korrektur der „Beeinflussbarkeit“ ist aber größte Vorsicht geboten. Zunächst sollten auch divergierende Einschätzungen in einzelnen, ähnlichen Merkmalen zwischen der „Beeinflussbarkeit“ und der „Dynamischen Risikoverminderung“ als solche hingenommen werden. Erst wenn sich nach genügend langer Beobachtungszeit und mit genügender Gewissheit der Erkenntnisbildung eindeutig zeigt, dass eine frühere Einschätzung im Rahmen der „Beeinflussbarkeit" nachträglich als zu optimistisch oder zu pessimistisch beurteilt angesehen werden muss, kann an eine Änderung gedacht werden. Eine solche Änderung sollte jedoch frühestens nach drei Jahren vorgenommen werden.

*Korrektur des „Strukturellen Rückfallrisikos":* Die höchsten Anforderungen gelten für nachträgliche Korrekturen der ursprünglichen Bewertung des „Strukturellen Rückfallrisikos". Diese sollten nur vorgenommen werden, wenn lange Beobachtungszeiträume und eine hohe Verlässlichkeit der zugrunde gelegten Informationen vorliegen. Als Regel gilt, dass vor dem Ablauf einer *fünf Jahre* langen, meist deliktabstinenten Phase, über die dem Beurteiler eine valide Informationsgrundlage zur Verfügung steht, keine Korrekturen an der Einschätzung des „Strukturellen Rückfallrisikos" vorgenommen werden sollten.

### 2.2.5. Aufbau der Merkmalsbeschreibungen

Die Beschreibung jedes Merkmals beginnt mit einer knappen Definition. Daran schließen sich ergänzende Beschreibungen des Merkmals, Beispiele oder Wertungshinweise an. Am Ende jeder Merkmalsbeschreibung sind Leitfragen aufgeführt. Die Leitfragen beziehen sich auf jene unterschiedlichen Facetten des Merkmals, die besondere Beachtung verdienen. Bei der Zusammenstellung der Leitfragen handelt es sich nicht um eine abschließende Aufzählung. Genausowenig sind die Fragen so zu verstehen, dass alle Punkte erfüllt sein müssen. Die Leitfragen sollen lediglich Beispiele dafür sein, welche Fragen sich der Untersucher selbst stellen und in welchen Richtungen gesucht werden kann. Oft genügt für eine starke Ausprägung also eine Bewertung mit 4 (= sehr stark), wenn nur einer der genannten Aspekte prägnant vorliegt. Ebenso gibt es je nach Einzelfall auch andere, z. B. ähnliche oder in die gleiche Richtung zielende bedeutsame Aspekte, die in den beispielhaften Leitfragen nicht explizit genannt sind, aber dennoch die Bewertung einer starken Ausprägung legitimieren.

Die Bewertung bleibt immer Aufgabe des Untersuchers, der sie auf der Basis seiner Fallkenntnis und seines Verständnisses des jeweiligen Einzelmerkmals vornimmt.

## 2.2.6. Ermutigung zur Einschätzung

Oft ist gerade bei einer Ersteinschätzung festzustellen, dass bestimmte Informationen fehlen oder bezüglich der Bewertung eines Einzelmerkmals Unsicherheit auf Grund einer unvollständigen Informationsbasis vorhanden ist. Der Beurteiler sollte hier dem Prinzip folgen, die Merkmale offensiv einzuschätzen. Selbstverständlich ist damit bei der weiteren Beschäftigung mit dem Fall die Verpflichtung verbunden, tatsächliche Informationslücken durch entsprechende Dokumentationen aufzufüllen.

Geht man von der Annahme aus, dass die im FOTRES vorkommenden Merkmale für die legalprognostische Beurteilung relevant sind, dann kann die Konsequenz nicht lauten, sie wegzulassen, wenn die entsprechenden Informationen fehlen. Die Konsequenz kann daher nur sein, die Information zu beschaffen, die zur Beurteilung der Merkmale und damit zur sachgerechten Einschätzung der Legalprognose notwendig sind. Überspitzt könnte formuliert werden, dass das FOTRES einen Prozess sichtbar macht, der auch normalerweise Bedeutung besitzt, dann aber verdeckt bleibt. Wenn ein Fall nicht kriteriengeleitet analysiert wird, fällt es dem Beurteiler möglicherweise gar nicht auf, dass ihm bestimmte, relevante Informationen fehlen und er sein Urteil daher auf einer unvollständigen Informationsgrundlage aufbaut. Durch die Beurteilung der Merkmale im FOTRES werden Informationsdefizite offensichtlich, die auch unabhängig vom FOTRES bestehen.

# 3. Was bedeutet ...

**ANLASSDELIKT** Delikt, das Anlass zur Anwendung des FOTRES gab (ggf. mehrere Delikte).

**BEDEUTUNGSVARIABLEN** Zwei Variablen, die immer am Schluss eines Problembereichs unter „Spezifische Problembereiche mit Tatrelevanz" stehen und die Bedeutung des jeweiligen Problembereichs (z. B. „Dominanzfokus") für das Zieldelikt quantifizieren: „Bedeutung für das vergangene Tatverhalten" und „Bedeutung für das zukünftige Tatverhalten".

**BEURTEILUNGSEBENEN** Das FOTRES besteht aus drei primären Beurteilungsebenen, deren Ausprägungen ermittelt werden: „Strukturelles Rückfallrisiko" (ST-R), „Beeinflussbarkeit" (BEE) und „Dynamische Risikoverminderung" (DY-R), sowie der sekundären Beurteilungsebene „Aktuell wirksame Faktoren" (AWF).

**DELIKTART** Spezifisches Delikt, das – wenn auch nicht in streng juristischem Sinne – strafrechtlich relevanten Verhaltensweisen entspricht. Beispiele: Sexuelle Handlungen mit Kindern, Vergewaltigung, Exhibitionismus, schwere Körperverletzung u. a.

**DELIKTKATEGORIE** Verschiedene Deliktarten, denen ein gemeinsamer Deliktmechanismus zugrunde liegt. Bespiele: Sexualdelikte, Gewaltdelikte, Eigentumskriminalität etc. In Einzelfällen kann eine Deliktkategorie auch Sexual- und Gewaltdelikte umfassen, wenn z. B. der zugrunde liegende Mechanismus eine Impulskontrollstörung ist, die sich gleichermaßen als Sexual- oder Gewaltdelikt manifestieren kann.

**HAUPTGRUPPE** Beurteilungsebenen setzen sich aus Hauptgruppen zusammen. Die Ausprägung einer Hauptgruppe wird durch die Bewertungen der jeweils zur Hauptgruppe gehörenden Merkmalsgruppen bestimmt. Hauptgruppen im „Strukturellen Rückfallrisiko": „Delinquenznahe Persönlichkeitsdisposition", „Spezifische Problembereiche mit Tatrelevanz" und „Tatmuster". Hauptgruppen der „Beeinflussbarkeit": „Erfolgsaussicht" und „Ressourcen". Hauptgruppen „Dynamische Risikoverminderung": „Therapievariablen" und „Dominierender Einzelfaktor". Die beiden Hauptgruppen der „Aktuell wirksamen Faktoren" (AWF) sind die „Labile eigenständig risikorelevante Faktoren" (LERF) und der „Korrekturfaktor" (KF).

**MERKMAL** Einzelkriterium, dessen Ausprägung auf einer fünfstufigen Bewertungsskala einzuschätzen ist. Es bildet zusammen mit anderen Merkmalen eine Merkmalsgruppe.

**MERKMALSGRUPPE** Merkmalsgruppen sind Zusammenstellungen von Einzelmerkmalen. Die Summe der Ausprägungen der Einzelmerkmale bestimmt die Ausprägung der Merkmalsgruppe.

**RELEVANZPRÜFUNG** Prüfung, ob ein Einzelmerkmal oder eine Merkmalsgruppe ursächliche Bedeutung für den Deliktmechanismus hat und darum zu werten ist.

**ZIELDELIKT** Deliktgruppe, für die anhand des FOTRES eine Prognose / Evaluation erfolgen soll (Gewaltdelikte, Sexualdelikte, Tötungsdelikte, Körperverletzung, sexuelle Handlungen mit Kindern oder Vergewaltigungen u. a.). Es kann sich um eine Deliktkategorie oder auch nur um eine Deliktart handeln.

# Teil II.

# STRUKTURELLES RÜCKFALLRISIKO (ST-R)

# 4. Einleitung

## Inhaltsangabe



## 4.1. Aufbau des „Strukturellen Rückfallrisikos"

Das „Strukturelle Rückfallrisiko" bezieht sich auf die Vergangenheit einschließlich des Zeitpunkts der Tatbegehung (maximal zusätzlich einer kurzen Zeitspanne danach). Die Beurteilungsebene „Strukturelles Rückfallrisiko" besteht aus drei Hauptgruppen: (1) „Delinquenznahe Persönlichkeitsdisposition", (2) „Spezifische Problembereiche mit Tatrelevanz" und (3) „Tatmuster". Die Ausprägungen dieser Hauptgruppen bestimmen die Höhe des „Strukturellen Rückfallrisikos".

In der Hauptgruppe „Delinquenznahe Persönlichkeitsdisposition" wird eine Persönlichkeitsdisposition erfasst, die eine grundsätzliche Nähe zu delinquenten Verhaltensweisen bzw. zu entsprechenden Handlungsbereitschaften aufweist. Je mehr Merkmale und je ausgeprägter diese erfüllt sind, umso stärker ist das Vorhandensein der zu erfassenden Persönlichkeitsdisposition anzunehmen und umso wahrscheinlicher wird sie handlungswirksam. Der hier erfasste Persönlichkeitskomplex ist mit Phänomenen wie Soziopathie, Dissozialität, Psychopathie oder einer Persönlichkeit mit allgemeiner unspezifischer Nähe zu kriminellen Erscheinungsformen assoziiert.

In der Hauptgruppe „Spezifische Problembereiche mit Tatrelevanz" wird eine Vielzahl von Problembereichen genannt, denen Risikorelevanz zukommen kann. Prognostik ist gleichzusetzen mit dem möglichst genauen Erfassen risikorelevanter Persönlichkeitsdispositionen. Der Beurteiler hat jeweils eine Relevanzprüfung durchzuführen: „Gibt es den jeweils genannten Problembereich in der Persönlichkeit des Täters und kommt ihm gleichzeitig eine relevante Bedeutung für den Deliktmechanismus zu?" Wenn beide Voraussetzungen zutreffen, dann ist der jeweilige Problembereich zu werten.

In den „Spezifischen Problembereichen mit Tatrelevanz" gibt es zwei Merkmalsgruppen, die als Einzelkriterium bereits in der ersten Hauptgruppe „Delinquenznahe Persönlichkeitsdisposition" bewertet wurden. Es handelt sich um (1) die „Dissoziale Persönlichkeitsstörung", und um (2) die „Suchtmittelproblematik". Als Problembereiche innerhalb der „Spezifischen Problembereiche mit Tatrelevanz" kommt den Merkmalsgruppen eine eigenständige Bedeutung zu. Sie sind für sich alleine genommen Problembereiche der Persönlichkeit, die als prognostisch ungünstig gewertet werden müssen. Im Unterschied dazu geht es bei der Hauptgruppe „Delinquenznahe Persönlichkeitsdisposition" darum, gesamthaft ein prognostisch negatives Persönlichkeitsprofil zu erfassen. Umso mehr Merkmale der Hauptgruppe eine hohe Ausprägung aufweisen, desto wahrscheinlicher liegt auch das Persönlichkeitsprofil in hoher Ausprägung vor. Alle Merkmale sind damit diagnostische Merkmale, um dieses Persönlichkeitsprofil zu erfassen. In diesem Sinne sind die Merkmale „Dissoziale Persönlichkeitsstörung" und „Suchtmittelproblematik" im Rahmen der Hauptgruppe „Delinquenznahe Persönlichkeitsdisposition" wie die übrigen dort aufgeführten Merkmale keine eigenständigen Problembereiche, denen unabhängig von der Hauptgruppe Bedeutung zukommt. Da die „Dissoziale Persönlichkeitsstörung" und die „Suchtmittelproblematik" als eigenständige Problembereiche aber auch unabhängig von der „Delinquenznahen Persönlichkeitsdisposition" prognostisch negative Konsequenzen haben, werden sie als Merkmalsgruppen erneut in den „Spezifischen Problembereichen mit Tatrelevanz" aufgeführt. Sie haben also zusammenfassend in den beiden Hauptgruppen eine unterschiedliche Funktion: Zum einen als diagnostisches Merkmal für die „Delinquenznahe Persönlichkeitsdisposition", zum anderen als eigenständig prognostisch ungünstige Problembereiche.

Die dritte Hauptgruppe ist das „Tatmuster". Die Analyse früherer Verhaltensweisen bietet sich als Informationsquelle prognostischer Bewertungen in besonderer Weise an. Konkret beobachtbare Verhaltensweisen stellen das Ergebnis von Handlungsmotivationen dar. Das, was ein Mensch tut und wie er es tut, sagt etwas darüber aus, was er denkt und was er fühlt, was er wahrnimmt. Für die Kriminalprognose ist die Analyse des Tatverhaltens und tatrelevanter Handlungsweisen von besonderer Bedeutung. Das Tatverhalten ist die Folge der Risikodisposition des Täters, die mit der prognostischen Beurteilung eingeschätzt werden soll. Das Delikt ist demnach eine Art „Experimentalmodell" der Situation, deren Wahrscheinlichkeit für ihr erneutes Zustandekommen in der Zukunft prognostiziert werden soll. Es liegt somit aus der Vergangenheit mindestens eine Beobachtung über den Mechanismus vor, der die Grundlage für eine gleich oder ähnlich gelagerte Handlungsweise in der Zukunft bildet.

Es gibt Merkmale des Tatmusters, die für eine höhere oder für eine geringere Wahrscheinlichkeit einer erneuten Tatbegehung sprechen. Tendenziell sind Tatmustermerkmale, die z. B. auf ein höheres Chronifizierungsniveau der zugrunde liegenden Tatdisposition in der Persönlichkeit oder auf eine leichte Auslösbarkeit der Tathandlung hindeuten, Hinweise auf ein höheres Wiederholungsrisiko. Aufgrund des direkten kausalen Zusammenhangs zwischen der Risikodisposition eines Täters und den Merkmalen der Tatausführung sind Tatmusteranalysen eine wesentliche Informationsquelle für die Beurteilung der in der Persönlichkeit verankerten Tatdisposition. Aus diesem Grund bildet die Analyse des „Tatmusters" die dritte Hauptgruppe innerhalb des „Strukturellen Rückfallrisikos". Im Zentrum der Beurteilung des „Tatmusters" steht das jeweilige Anlassdelikt, wobei die bisherige Vorgeschichte delinquenter und delinquenznaher Handlungsweisen mit in die Bewertung einzubeziehen ist.

## 4.2. Auswertungshinweise

*Zu Beginn jeder FOTRES-Wertung werden Anlass- und Zieldelikt festgelegt.* Das bedeutet konkret, dass sich der Beurteiler z. B. bei einem Täter, der sowohl durch Gewalt- als auch Sexualdelinquenz aufgefallen ist, entscheiden muss, für welche Deliktgruppe die Einschätzung erfolgen soll. Falls Prognoseurteile für beide Deliktbereiche erwünscht sind, ist es erforderlich, das FOTRES für beide Deliktbereiche getrennt zu bearbeiten, sofern ihnen nicht derselbe Delikmechanismus zugrunde liegt.

*Im gesamten Bereich des „Strukturellen Rückfallrisikos" erfolgt die Wertung unter einem retrospektiven Blickwinkel.* Bei den Hauptgruppen „Delinquenznahe Persönlichkeitsdisposition", „Spezifische Problembereiche mit

Tatrelevanz" und „Tatmuster" bezieht sich die Einschätzung auf eine Ausgangssituation, so wie sie zum Zeitpunkt der Begehung der Anlasstaten oder kurz danach bestand.

*Alleine von der Tatsache der Tatbegehung kann nicht auf hohe Ausprägungen der Merkmale geschlossen werden.* Die Tatsache der Tatbegehung allein ist noch kein ausreichender Grund, von hohen Ausprägungen auszugehen oder automatisch die Bedeutung eines als relevant beurteilten Problembereiches als erheblich oder sehr hoch einzuschätzen. Es sind theoretisch alternativ vorhandene Handlungsspielräume einzubeziehen, selbst wenn diese angesichts der Tatbegehung schließlich nicht überwiegen konnten. Umso stärker ausgeprägt alternative Handlungsspielräume aus retrospektiver Sicht waren, desto geringer ist die Zwangsläufigkeit zu beurteilen, mit der ein Merkmal zu einer Tatbegehung führen „musste" und desto stärker ist der Einfluss situativer Faktoren. Stark ausgeprägte alternative Handlungsspielräume sprechen tendenziell gegen eine hochgradige Ausprägung eines prognoserelevanten Merkmals. Die Zwangsläufigkeit, mit der ein Problembereich zu Tathandlungen führt, ist nicht das einzige Merkmal, das zu einer hohen Ausprägung führen kann. Weitere Kriterien sind z. B., wie stark der Einfluss eines Merkmals auf das Leben des Täters ist, welchen Umfang das Merkmal in der Persönlichkeit des Täters einnimmt, wie stark die Ausprägung im Vergleich zu anderen Personen mit dem gleichen Merkmal zu beurteilen ist etc. Mit dem Hinweis, sich die vorhandene oder fehlende Zwangsläufigkeit, mit der ein Merkmal verhaltensrelevant wird, bewusst zu machen, soll vor dem Zirkularschluss gewarnt werden, dass eine „Tatbegehung immer mit einer hohen Ausprägung" einhergeht.

Insbesondere bei den im „Relevanzfaktor" zu bewertenden Merkmalen („Ausprägung", „Steuerungsfaktor", „Determinierungskraft", „Tatumstände") besteht die Gefahr eines Zirkularschlusses: Weil der Täter das Delikt beging, müssen die Ausprägung hoch oder die Steuerungsfähigkeit und/oder -motivation gegenüber Handlungsimpulsen gering, die Determinierungskraft hoch und die Merkmale der Tatumstände deutlich ausgeprägt gewesen sein.

Bei einem solchen Schluss würde die Tatsache der Tatbegehung im Sinne einer beweisenden Finalität automatisch zu negativen Wertungen führen. Um dies zu vermeiden, müssen Erkenntnisse aus unterschiedlichen zeitlichen Perspektiven einbezogen werden und Eingang in die Einschätzung finden: aus der Vergangenheit unabhängig von der Tatbegehung, aus dem

Deliktvorlauf sowie nach der Tat (tatzeitnaher Beobachtungszeitraum) etc. Wenn Erkenntnisse aus dem Zeitraum nach der Tat einfließen, soll allerdings vermieden werden, dass ausgeprägte Verlaufsentwicklungen – z. B. durch eingetretene Therapieerfolge – bereits beim „Strukturellen Rückfallrisiko“ eingearbeitet werden.

*Verlaufsentwicklungen werden nicht innerhalb des „Strukturellen Rückfallrisikos“ gewertet.* Therapievariablen dürfen nicht in die Bewertung des „Strukturellen Rückfallrisikos“ einfließen. So ist z. B. bei einem Täter, der aus der Therapie bekannt ist, darauf zu achten, dass insbesondere im Hinblick auf die Motivation und die Fähigkeit zur Steuerung und Kontrolle von Handlungsimpulsen nicht Bewertungen einfließen, die eher dem späteren Verlauf entsprechen als der ursprünglichen Ausgangssituation in zeitlicher Nähe des Anlassdelikts.

Für das „Strukturelle Rückfallrisiko“ ist stets die tatzeitnahe Ausgangssituation von Bedeutung – was je nach Fall durchaus auch einige Monate nach dem Delikt einschließen kann. Entwicklungsbedingte Verbesserungen gegenüber dieser Situation werden später bei den Verlaufsvariablen der „Dynamischen Risikoverminderung“ bewertet. Ihr Einfluss macht sich dann bei der „Dynamischen Risikoverminderung“ bemerkbar. Sie wird dem Ausgangsrisiko gegenüber gestellt, welches im „Strukturellen Rückfallrisiko“ zum Ausdruck kommt.

Risikomindernd wirkende Phänomene oder Ressourcen, die grundsätzlich der Persönlichkeitsdisposition zuzuordnen sind, müssen vor dem Delikt, im Deliktverhalten oder direkt im Anschluss an das Delikt erkennbar sein, um im „Strukturellen Rückfallrisiko“ berücksichtigt zu werden. Es kann sich z. B. auch um eine stabile und nachhaltige Veränderung durch die Tat selbst und durch die damit zusammenhängenden Geschehnisse handeln. Der Persönlichkeitsdisposition, der das „Strukturelle Rückfallrisiko“ entspricht, sind stets tendenziell zeitstabile Merkmale und Beobachtungen zuzuordnen. Sie werden vorzugsweise aus einer vergangenheitsorientierten Betrachtungsweise ermittelt, deren Zeitfenster meist kurz, d. h. spätestens wenige Monate nach der Tatbegehung endet. Die in der „Dynamischen Risikoverminderung“ dokumentierten Merkmale sind demgegenüber auf einen Veränderungsprozess bezogen, der zeitlich frühestens kurz, meist aber erst einige Zeit nach der Tatbegehung beginnt und langfristige, zum Teil mehrjährige oder gar lebenslange Veränderungsprozesse (häufig Therapieerfolge) umfasst.

## 4.3. Veränderungsregel

Da das „Strukturelle Rückfallrisiko“ eine lang anhaltende Persönlichkeitsdisposition abbildet, ist naturgemäß nicht von schnellen Veränderungen in diesem Bereich auszugehen. Risikomindernde Veränderungsprozesse, die ein Gegengewicht zum „Strukturellen Rückfallrisiko“ bilden, werden im Bereich der „Dynamischen Risikoverminderung“ gewertet. Nicht selten ist das „Strukturelle Rückfallrisiko“ lebenslang unveränderlich. Wenn Veränderungen der ursprünglichen Bewertung des „Strukturellen Rückfallrisikos“ vorgenommen werden, dann muss es sich per definitionem um tiefgreifende persönlichkeitsstrukturelle Veränderungen handeln. Es ist nicht ausgeschlossen, dass sich solche im Laufe des Lebens (vor allem im Rahmen erfolgreich durchgeführter Therapien) ergeben können. Allerdings sollte eine solche persönlichkeitsstrukturelle Veränderung äußerst zurückhaltend und nur dann angenommen werden, wenn hierfür eine sehr ergiebige Informationsgrundlage vorliegt. Dies setzt in aller Regel eine mehrjährige Beobachtung des Täters, seiner Verhaltensweisen und Lebensumstände voraus. Solche Informationsgrundlagen können sich z. B. in langjährigen Therapien oder im Zuge umfassender Neubegutachtungen ergeben. Generell ist eine Veränderung des „Strukturellen Rückfallrisikos“ *frühestens nach Ablauf von fünf Jahren* vorzunehmen und dies – wie erwähnt – nur bei sehr überzeugender Evidenz. Veränderungen im „Strukturellen Rückfallrisiko“ vor dem Ablauf von fünf Jahren sind nur dann angezeigt, wenn sich im Nachhinein herausstellt, dass der früheren Bewertung eine eindeutige Fehlannahme zugrunde lag. Dies kann z. B. der Fall sein, wenn durch Ermittlungsergebnisse neue Sachverhalte aufgedeckt werden oder andere in den Akten enthaltene Informationen sich nachträglich als falsch herausstellen.

# 5. ST-R: Delinquenznahe Persönlichkeitsdisposition

## Inhaltsangabe



In der Hauptgruppe „Delinquenznahe Persönlichkeitsdisposition“ soll eine Persönlichkeitsdisposition erfasst werden, die eine grundsätzliche Nähe zu delinquenten Verhaltensweisen bzw. für entsprechende Handlungsbereitschaften aufweist. Der hier erfasste Persönlichkeitskomplex ist mit Phänomenen wie Soziopathie, Dissozialität, Psychopathie (wobei sich der Begriff der Psychopathie auf die Definition von Cleckley bezieht [45]) oder mit einer Persönlichkeit mit allgemeiner unspezifischer Nähe zu kriminellen Erscheinungsformen assoziiert. Diese Hauptgruppe ist in der Regel bei Tätern mit Beziehungsdelikten oder sexuellen Übergriffen auf Kindern gering ausgeprägt.

## 5.1. Delinquenznahe Persönlichkeitsdisposition

### 5.1.1. Identifizierung mit delinquenter Kultur und krimineller Sozialisationsgrad

*Identifizierung mit delinquenter Kultur:* Ausmaß einer positiv bejahenden Einstellung gegenüber delinquenten Erscheinungsformen und/oder delinquenznahen subkulturellen Phänomenen.
*Krimineller Sozialisationsgrad:* Ausmaß einer stattgefundenen Sozialisation im kriminellen Kontext. Beim Grad der „Kriminellen Sozialisation" ist auf Aussehen, Auftreten und Verhaltensweisen zu achten.
Bei einer unterschiedlichen Ausprägung der beiden Aspekte des Merkmals wird die höhere Ausprägung der Bewertung zugrunde gelegt.

*Identifizierung mit delinquenter Kultur:* Die „Identifizierung mit delinquenter Kultur" bezeichnet eine Haltung, mit der ein Täter[1] delinquenter Kultur und ihren Erscheinungsformen gegenüber steht. Unter einer positiv bejahenden Einstellung zu Delinquenz wird verstanden, dass der Täter bestimmte delinquente Phänomene gutheißt, sie als erstrebenswert erachtet, sich ihrer bedient und sie als zu seiner Persönlichkeit zugehörig oder mit ihr kompatibel erlebt. Der „Identifizierung mit delinquenter Kultur" entspricht ein Gefühl der Übereinstimmung mit delinquenten Erscheinungsformen bzw. delinquenznahen (subkulturellen) Phänomenen. Sie ist oft assoziiert mit Gruppenzugehörigkeiten (real oder in übertragendem Sinn), bestimmten Formen des Freizeitverhaltens (Aufenthalt in milieutypischen Kneipen, Alkohol- und Drogenkonsum, Gangaktivitäten, gemeinschaftlich oder alleine provozierte Gewalthandlungen wie z. B. Schlägereien, Waffengebrauch etc.), der Idealisierung oder zustimmenden Kommentierung delinquenter Erscheinungsformen.

Die „Identifizierung mit delinquenter Kultur" korrespondiert häufig mit einer generellen Abkehr von allgemeinen Regeln und Normen und kann sich z. B. in einer Affinität zu Eigentumskriminalität oder in der Akzeptanz gewalttätiger Verhaltensweisen zeigen. Auch Vorstrafen, andere Formen von Re-

[1] Das FOTRES dient in der Regel dazu, Rückfallrisiken bereits strafrechtlich auffällig gewordener Personen zu bestimmen. Darum und weil die große Mehrheit solcher Personen männlichen Geschlechts ist, wird der Begriff des Täters (anstatt Proband, Explorand etc.) durchgehend verwandt. Je nach Einzelfall kann der Begriff sowohl Täterinnen, als auch potenzielle Täter einschließen.

gelverletzungen oder Suchtmittelkonsum sind häufig. Es bedarf also einer Haltung, mit der Distanz zu allgemein gültigen Normen und Regeln ausgedrückt wird, oder es bestehen Affinitäten zu subkulturellen bzw. delinquenznahen Phänomenen und Verhaltensweisen. Ein streng nur auf sich selbst orientierter Einzeltäter, der sich in keinerlei Bezügen zu anderen delinquenten Erscheinungsformen sieht bzw. über keinerlei entsprechende Kontakte verfügt, wäre der klassische Gegenpol zu einem Täter, der sich mit seinem delinquenten Verhalten identifiziert.

Beispiele:

- ✗ *Hohe Ausprägung:* Ein pädosexueller Täter, der neben dem übergriffigen Verhalten gegenüber Kindern selbst kinderpornographisches Material herstellt, die Kinder an andere Pädosexuelle vermittelt und auch noch in anderen Delinquenzbereichen wie Eigentumskriminalität oder Betrugsdelikten in Erscheinung tritt.
- ✗ *Moderate Ausprägung:* Ein pädosexueller Täter, der Kontakt zu anderen Pädosexuellen pflegt und sich subkulturell in diesem Bereich (Chats, Austausch von Kinderpornografie, Kampf gegen die repressiven Regeln des Staates) stark identifiziert. Sofern sich die delinquenznahe Identifizierung in keinem anderen Bereich zeigt (Eigentumskriminalität, Bejahung anderer Delinquenzformen, andere delinquenznahe Freizeitaktivitäten bzw. soziale Kontakte etc.), wäre die Wertung 2 (= moderat) angemessen.
- ✗ *Geringe Ausprägung:* Demgegenüber würde ein nicht in dem hier beschriebenen Sinne gedanklich oder personell vernetzter Pädosexueller, der sich lediglich mit seiner eigenen Pädosexualität identifiziert, aber sich beispielsweise gegen andere Täter oder Phänomene (Kinderpornografie etc.) abgrenzt, nur aufgrund seiner Pädosexualität nicht aber bei dem Merkmal der „Identifikation mit delinquenter Kultur“ gewertet.

Leitfragen:

- ✓ Bezieht der Täter seine Vorbilder aus kriminellen Bereichen bzw. einer kriminellen Subkultur?
- ✓ Fühlt er sich mit anderen delinquenznahen Erscheinungsformen oder Personen verbunden?
- ✓ Sieht sich der Täter grundsätzlich in einer deutlichen Distanz zu gelten-

den Normen und Regeln und bejaht deren Verletzung?

✓ Idealisiert und glorifiziert er bestimmte Deliktarten?

✓ Idealisiert und glorifiziert er konkrete, ihm bekannte Taten anderer?

✓ Brüstet er sich mit Delikten oder milieutypischen Verhaltensweisen?

*Krimineller Sozialisationsgrad:* Der „Kriminelle Sozialisationsgrad" lässt sich theoretisch von der „Identifizierung mit delinquenter Kultur" unterscheiden. Geht es bei der „Identifizierung mit delinquenter Kultur" um eine Einstellung des Täters, so beschreibt der „Kriminelle Sozialisationsgrad" das Ausmaß einer stattgefundenen Sozialisation im kriminellen Kontext. Im Blickpunkt der Sozialisation steht also weniger die Haltung des Täters, sondern stärker das, was er tut: Sein Freundeskreis, sein Auftreten und seine allgemeinen Verhaltensweisen. So klischeehaft es erscheint, es gibt die typischen kriminellen oder milieuspezifischen Verhaltensweisen und praktizierten Kulturen: Nicht wenige Zuhälter fahren in der Tat große Autos, treten prahlerisch auf, bevorzugen einen bestimmten Kleidungsstil, tragen auffälligen Goldschmuck usw. In der Regel fällt es leicht, den Grad krimineller Sozialisation anhand von Auftreten, typischen Verhaltensweisen, Vorstrafen und Einbindung in einen kriminellen Sozialkontext festzustellen, wenn die kriminelle Sozialisation eine gewisse Ausprägung hat.

Theoretisch gibt es zwei Typen von Tätern, bei denen sich die Bewertungen der „Identifizierung mit delinquenter Kultur" und die des „Kriminellen Sozialisationsgrades" voneinander unterscheiden. Erstens Täter, die eng in einen Delinquenzkontext eingebunden sind (z. B. Rotlichtmilieu, Gang, Diebesbande etc.), dies aber keineswegs bejahen und sich innerlich in ihrer Haltung davon distanzieren. Zweitens Täter, die sich im Geiste hochgradig mit einer Subkultur identifizieren und kriminelle Aktivitäten gutheißen, real aber über keinerlei Kontakte verfügen und keine für den Delinquenzbereich typischen Verhaltensweisen zeigen.

Meist wird es aber so sein, dass beide Aspekte eine große Überschneidung aufweisen oder die Differenzierung zwischen Haltung und tatsäch-

Bewertungsregel für das Merkmal „Krimineller Sozialisationsgrad":

☞ Wenn sich die „Identifizierung mit delinquenter Kultur" nur auf einen thematisch sehr eng umschriebenen Bereich bezieht, dann sollte die Wertung nicht über 2 (= moderat) hinausgehen.

licher Sozialisation in der Praxis nur schwer gelingt. Darum erfolgt das Rating beider Aspekte gemeinsam unter diesem Merkmal.

Leitfragen:

✓ In welchen Kneipen verkehrt der Täter?

✓ Welches ist sein Freundeskreis?

✓ Wie strukturiert der Täter seinen Tag (z. B. Tag-Nacht-Rhythmus)?

✓ Eifert er bestimmten Tätern nach?

✓ Wie kleidet sich der Täter?

✓ Wie verhält sich der Täter in sozialen Interaktionen?

### 5.1.2. Polymorphe Kriminalität

*Polymorphe Kriminalität:* Ausmaß, in dem ein Täter in verschiedenen Deliktbereichen in Erscheinung tritt.

Polymorphe Kriminalität bedeutet, dass ein Täter nicht nur mit einem Deliktmuster bzw. einer Deliktart in Erscheinung getreten ist, sondern Delikte in einem breiteren Spektrum verschiedenartiger Mechanismen und Arten begangen hat. Somit ist eine polymorphe Kriminalität ein Hinweis auf eine grundlegende kriminelle Disposition des Täters. Das Vorliegen einer polymorphen Kriminalität kann sich zum Einen in Form verschiedener Deliktbegehungen zeigen, zum Anderen aber auch innerhalb einer Einzeltat, in der verschiedene Deliktarten zum Ausdruck kommen. Ein Beispiel hierfür wäre, wenn ein Täter sein Opfer nach einer Vergewaltigung ausraubt.

Der Bewertung werden sämtliche strafrechtlich relevanten Aktivitäten des bisherigen Lebens zugrunde gelegt. Insbesondere sind auch Taten aus der Jugendzeit zu berücksichtigen. In die Bewertung einbezogen werden nicht nur rechtskräftige Verurteilungen, sondern auch Anklagen, bei denen es nicht zu einer Verurteilung kam. Es sei denn, der Täter konnte in einer Gerichtsverhandlung eindeutig anhand klarer Beweise als Täter ausgeschlossen werden (z. B. eindeutige Negativ-Identifikation). Erfolgt ein solch klarer Ausschluss nicht, werden auch Delikte mitbewertet, für die lediglich Anklage erhoben oder nach einer Anzeige Ermittlungen eines Strafverfolgers aufgenommen wurden.

Bewertungsregeln für das Merkmal „Polymorphe Kriminalität“:

☞ Die Ausprägung ergibt sich durch die Anzahl erfüllter Tatbestände.

☞ Für jeden der in der nachfolgenden Liste genannten Tatbestände, die der Täter begangen hat, wird ein Punkt vergeben. Pro Tatbegehung werden jedoch maximal zwei Tatbestände berücksichtigt, also höchstens zwei Punkte vergeben.

- Sexualdelikte: Sexuelle Handlungen mit nicht verwandten Minderjährigen, Inzesttaten oder sexuelle Handlungen mit Abhängigen, Vergewaltigung Erwachsener, Exhibitionismus, andere Sexualdelikte (einschließlich Besitz strafbarer Pornografie).
- Gewaltdelikte: Brandstiftung, Tötung oder versuchte Tötung im Rahmen eines BeziehungsDelikts, Tötung und/oder versuchte Tötung unabhängig von einem Beziehungsdelikts, Raubdelikte, Körperverletzung, häusliche Gewalt, Waffeneinsatz, illegaler Waffenbesitz, Drohung, andere Gewaltdelikte.
- Straßenverkehrsdelikte: Fahren in angetrunkenem Zustand oder grobe Verletzung von Verkehrsregeln.
- Sonstige Delikte.

☞ Die Summe aller Punkte abzüglich eins ergibt den Ausprägungsgrad des Merkmals: ein Punkt: 1 (= gering), zwei Punkte: 2 (= moderat), drei Punkte: 3 (= deutlich), vier und mehr Punkte: 4 (= sehr stark).

☞ Liegt nur eine einzige Tatbegehung vor, kann die Wertung nie höher als 1 (= gering) sein, da höchstens zwei Tatbestände gewertet und damit maximal zwei Punkte erzielt werden können.

Beispiele:

✗ Bei einem Sexualmord, bei dem eine fremde Person vergewaltigt, getötet und ausgeraubt wird, sind drei der aufgeführten Tatbestände erfüllt: Tötung oder Tötungsversuch unabhängig von einem Beziehungsdelikt, Vergewaltigung und Diebstahl. Es dürfen nur zwei Tatbestände berücksichtigt werden und damit werden zwei Punkte vergeben. Handelt es sich um das einzige bekannte Delikt des Täters, erfolgt somit nach Abzug von einem Punkt die Wertung mit 1 (= gering).

✗ Anders ist der Fall zu werten, wenn unabhängig vom beschriebenen Sexualmord zu einem anderen Zeitpunkt ein weiteres Raubdelikt seitens des Täters begangen wird. Dann beträgt die Summe drei Punkte (zwei

Punkte aus dem Sexualmord plus einem Punkt aus dem Raub) und die Gesamtwertung erfolgt mit 2 (= moderat).

✗ Tritt der Täter zusätzlich mit einem Einbruch und einer Urkundenfälschung (Betrug) in Erscheinung, dann beträgt die Summe fünf Punkte. Abzüglich eines Punktes ergibt dies eine Ausprägung des Merkmals von 4 (= sehr hoch).

✗ Ein Täter, der sexuelle Handlungen an Kindern begeht, zu einem früheren Zeitpunkt eine ihm unbekannte Frau vergewaltigt und im Rahmen dieses Delikts noch eine Körperverletzung begangen hat, erfüllt insgesamt drei der genannten Tatbestände. Die Wertung (drei Punkte abzüglich einem ergibt zwei) erfolgt mit 2 (= moderat).

Leitfragen:

✓ Hat der Täter unterschiedliche Arten von Straftaten begangen (Sexual-, Eigentums-, Betrugs-, Straßenverkehrs-, Gewaltdelikte)?

✓ Wenn ja, in welchem Ausmaß (Anzahl der unterschiedlichen Straftaten)?

✓ Lassen sich unter das Anlassdelikt des Täters verschiedene Straftatbestände subsumieren?

### 5.1.3. Jugendliche Delinquenz

*Jugendliche Delinquenz*: Ausmaß delinquenten Verhaltens, das im Kindes- und Jugendalter – bis zum vollendeten 18. Lebensjahr – ausgeübt wird.

Das Auftreten jugendlicher Delinquenz kann bereits frühzeitig einen dispositionellen Persönlichkeitsfaktor offenbaren, der auf eine Affinität zu delinquenten Verhaltensmustern hinweist. Häufig fallen Personen mit dissozialen Verhaltensweisen oder solche, die hohe Psychopathiewerte erreichen, schon im Kindes- oder Jugendalter mit normabweichendem Verhalten auf (im DSM-IV [80] notwendiges Merkmal für die Diagnose der dissozialen Persönlichkeitsstörung).

Früher Beginn delinquenten Verhaltens wird in verschiedenen Risikobeurteilungsverfahren als ein prognostisch ungünstiger Faktor gewertet. Zwar ist es richtig, dass längst nicht jedes jugendlich delinquente Verhalten in

Bewertungsregeln für das Merkmal „Jugendliche Delinquenz":

- ☞ Mit 0 (= nicht vorhanden oder sehr gering) sollte dieses Merkmal nur bewertet werden, wenn es keine oder nur singuläre Gesetzesübertretungen mit bagatellhaftem Charakter gibt (z. B. einmaliger Ladendiebstahl).
- ☞ Von einer geringen Ausprägung ist dann zu sprechen, wenn sich jugendliche Straftaten einzig im Bagatellbereich bewegen und eine klar begrenzte zeitliche Dimension (z. B. mehrere Monate) erkennbar ist.
- ☞ Kriterien, die in Richtung hoher Ausprägung weisen, sind: verschiedenartige Straftaten, Gewaltdelikte, Sexualdelikte, Wiederholungstaten, insbesondere nach vorangegangener pädagogischer oder strafrechtlicher Intervention. Des Weiteren sind zu nennen: Delinquentes Verhalten zu verschiedenen Zeitpunkten oder über einen längeren Zeitraum, Bandenkriminalität, hoher Organisationsgrad von Straftaten und eine Schwere der Delinquenz.
- ☞ Tötungsdelikte im Jugendalter werden stets mit 4 (= sehr stark) gewertet.
- ☞ Wenn keine verlässlichen Informationen über das Jugendalter vorliegen, dann wird das Merkmal „Jugendliche Delinquenz" nicht gewertet. In diesem Fall wird die Ausprägung der Hauptgruppe „Delinquenznahe Persönlichkeitsdisposition" durch zehn statt durch elf Merkmale bestimmt.

eine stabile Kriminalitätskarriere mündet. Singuläre Gesetzesübertretungen mit Bagatellcharakter (z. B. Ladendiebstahl) stellen ein typisches entwicklungspsychologisches Phänomen dar, das bei fast allen Jugendlichen auftritt. Ebenso richtig ist es aber, dass einerseits viele schwer kriminelle Erwachsene schon im Kindes- und Jugendalter delinquentes Verhalten zeigten und andererseits bestimmte jugendliche Straftäter bereits in frühen Jahren ein chronifiziertes Verhaltensmuster aufweisen, das über Jahrzehnte ohne erkennbare Abschwächung zu Straftaten von zum Teil erheblicher Schwere führt. Festzuhalten bleibt, dass jugendliche Delinquenz – insbesondere im Zusammenhang mit anderen Negativfaktoren – ein prognostisch wichtiger Prädiktor ist.

### 5.1.4. Grenzverletzung gegenüber Fremden

*Grenzverletzung gegenüber Fremden:* Ausmaß der Bereitschaft des Täters, fremde Personen zu schädigen oder zu attackieren.

Mit dem Merkmal „Grenzverletzung gegenüber Fremden“ wird auf einen Verhaltensaspekt in der Deliktdurchführung Bezug genommen. Dieser dient in direkter Weise als Indikator für die Fähigkeit des Täters, ihm fremde Menschen deliktrelevant anzusprechen, ihnen deliktrelevant aggressiv gegenüberzutreten bzw. sie gewalttätig zu attackieren. Umgekehrt könnte formuliert werden, dass es um einen Mangel an Hemmschwellen gegenüber fremden Personen geht. Täter, denen ein aggressives Verhalten gegenüber fremden Personen leicht fällt, besitzen anderen Menschen gegenüber entweder keine oder nur gering ausgeprägte Hemmschwellen oder aber Hemmschwellen stellen für sie kein verhaltensrelevantes Hindernis dar.

Es gibt Tatdynamiken, bei denen die Beziehung zum Opfer eine Voraussetzung für die Tatbegehung darstellt. Beispielsweise Erwachsene, die Kinder vor dem Hintergrund ihrer Beziehung zu diesen (Bekannter, Onkel, Vater) sexuell ausbeuten, begehen eine massive Grenzüberschreitung und verletzen damit eine für viele andere Menschen bestehende Hemmschwelle. Es könnte daher argumentiert werden, dass in manchen Fällen die Verletzung der Integrität einer bekannten – statt einer fremden – Person vielen Menschen schwerer fällt, als grenzverletzende Handlungen gegenüber einem fremden Opfer. Warum ist also gerade die Wahl eines unbekannten Opfers ein prognostisch ungünstiges Merkmal? Zum einen ist es so, dass bei Taten mit bekannten Opfern durchschnittlich (auch wenn das im Einzelfall anders sein kann) ein stärkerer Anteil situativer Bedingungen für die Tatbegehung eine Rolle spielt (sich unvorhersehbar ergebende Gelegenheiten, spezifische Faktoren vor dem Hintergrund der Beziehung). Das spricht tendenziell gegen eine starke Determination der Tatdynamik durch persönlichkeitsdispositionelle Faktoren. Es handelt sich vielmehr in der Regel um Tatdynamiken, die sich von Taten mit fremden Opfern unterscheiden.

Nun soll aber wie eingangs erläutert mit der Hauptgruppe „Delinquenznahe Persönlichkeitsdisposition“ ein Persönlichkeitskomplex erfasst werden, der mit Phänomenen wie Soziopathie, Dissozialität, Psychopathie und allgemein kriminellen Persönlichkeitsdispositionen assoziiert ist. In diesem Bereich ist das Merkmal „Fremde Opfer“ typisch für die mit diesem Per-

Bewertungsregeln für das Merkmal „Grenzverletzung gegenüber Fremden“:

- ☞ *0 (= nicht vorhanden oder sehr gering):* Es sind (inklusive Anlassdelikt) keine Taten mit fremden oder bedingt fremden Opfern bekannt.
- ☞ *1 (= gering):* Es gibt mindestens eine Tat mit höchstens leichter Gewaltanwendung bei fremden Opfern oder mindestens eine (gewalttätige oder gewaltfreie) Tat bei bedingt fremden Opfern.
- ☞ *2 (= moderat):* Es liegt (inklusive Anlassdelikt) eine Tat mit schwerer Gewaltanwendung bei fremden Opfern vor, es gibt zwei schwere Gewalttaten bei bedingt fremden Opfern oder mindestens vier Delikte mit höchstens leichter Gewaltanwendung bei fremden oder bedingt fremden Opfern.
- ☞ *3 (= deutlich):* Es gibt (inklusive Anlassdelikt) mindestens zwei schwere Gewalttaten bei fremden Opfern oder drei schwere Gewalttaten mit bedingt fremden Opfern.
- ☞ *4 (= sehr stark):* Es gibt (inklusive Anlassdelikt) mindestens drei schwere Gewalttaten bei fremden Opfern.
- ☞ Eine Tatserie, in der mehrere schwere Gewalttaten bei fremden Opfern vorkommen, wird maximal mit 3 (also nie höher als zwei Einzeldelikte) gewertet.
- ☞ Taten, bei denen keinerlei direkter Kontakt zwischen Tätern und Opfern und auch kein Einbruch in die Privatsphäre stattfindet (z. B. Autodiebstahl, Internetbetrug etc.) werden mit 0 (= nicht vorhanden oder sehr gering) bewertet. Taten, bei denen kein direkter Kontakt, aber ein Einbruch in die Intimsphäre erfolgt (z. B. Einbruch in eine Wohnung), können bis maximal 2 (= moderat) gewertet werden.

sönlichkeitsprofil verbundenen Handlungen. Abschließend sei darauf hingewiesen, dass das Merkmal „Grenzverletzung gegenüber Fremden“ für sich allein in verschiedenen Untersuchungen prädiktiv für Rückfälligkeit war [35, 37, 81].

Die Bedeutung dieses Merkmals vor dem dargestellten theoretischen Hintergrund gewinnt an praktischer Plausibilität, wenn man sich verdeutlicht, dass es einer gewissen Tendenz zur Grenzüberschreitung bedarf, fremde Personen zu attackieren oder zu schädigen. Manchen Menschen fällt es schwer, eine fremde Person anzusprechen und um Rat oder einen Gefallen zu fragen. Tendenziell leichter ist es, einer bekannten Person näher zu kommen. Die bekannte Person ist vertrauter, ihre Reaktionen besser einschätzbar, man verfügt über ein höheres Repertoire der Einflussnahme und weiß, mit wem man es zu tun hat. Diese Vertrautheit, die letztlich auf einer größeren Informationsdichte beruht, ist geeignet, potenzielle Angst und Unsicherheit zu reduzieren. Einem fremden Menschen näher zu kommen, ihn gar in aggressiver Weise zu attackieren oder anderweitig zu schädigen, setzt also eine höhere Bereitschaft zur Grenzüberschreitung voraus. Diese wiederum ist ein Indiz für eine potenziell geringere Hemmschwelle. Aus diesem Grund wird die Bereitschaft, fremde Personen zu attackieren, gemäß ihrer Ausprägung als ein risikoassoziierter Faktor in der Hauptgruppe „Delinquenznahe Persönlichkeitsdisposition" beschrieben. Denn für die in dieser Hauptgruppe anvisierte Persönlichkeitsproblematik ist die mangelhafte Handlungsrelevanz von Hemmschwellen ein typisches Merkmal.

Dabei spielt für die Bewertung dieses Merkmals keine Rolle, ob alle oder nur ein Teil der Opfer fremd oder bedingt fremd für den Täter sind. Um die Ausprägung dieses Merkmals zu bestimmen, sind zwei Aspekte zu berücksichtigen: (a) Der Grad der Fremdheit des Opfers bzw. umgekehrt der Grad der Bekanntheit und (b) das Ausmaß des grenzverletzenden Potenzials einer Handlung gegenüber Opfern.

**Grad der Fremdheit:**

Die hinter dem Merkmal „Fremde Opfer" stehende Fähigkeit bzw. Unfähigkeit des Täters bildet sich umso deutlicher ab, je „fremder" ihm die Opfer sind. Dabei sind theoretisch drei Möglichkeiten zu unterscheiden, in welcher Beziehung der Täter zum Opfer steht:

- *Bekanntes Opfer:* Dem Täter ist das Opfer vor der Tatbegehung bekannt. Der Beziehungsaspekt spielt – wenn auch nicht ursächlich – zumindest eine tatkonstellierende Rolle.
- *Bedingt fremdes Opfer:* Dem Täter ist das Opfer vor der Tatsituation noch nicht bekannt. Allerdings entwickelt sich die Deliktdynamik vor dem Hintergrund einer sich zumindest situativ konstellierenden Beziehung. Von bedingter Fremdheit kann dann gesprochen werden, wenn sich situativ eine Beziehung gestaltet, die nicht von vornherein instrumentell auf die Ausübung eines Delikts angelegt ist.
- *Fremdes Opfer:* Dem Täter ist das Opfer völlig unbekannt. Die Tat ist

Ausdruck einer spezifischen persönlichen Handlungsmotivation, in deren Rahmen das Opfer „zufällig" bzw. „ohne eigenes Zutun" zum Opfer wird und ohne das eine zumindest situativ entstehende Beziehung einen tatkonstellierenden Einfluss hat.

Beispiele:

✗ Bedingt fremdes Opfer:

- Ein Täter gerät in einer Kneipe in einen Konflikt mit einem anderen Gast und wendet im Verlauf dieses Streits Gewalt an. Zwar ist dem Täter das Opfer vor Beginn der Situation nicht bekannt, die Tatausgangssituation entwickelt sich aber aus der situativen Kontakt- und Beziehungsaufnahme. Es besteht bei der Tatausgangssituation also nicht eine völlige Fremdheit, sondern es spielen Beziehungsaspekte (wenn auch nur situativ geprägte) bei der Deliktbegehung eine Rolle. Andererseits unterscheidet sich diese Situation aber von einer Straftatbegehung gegenüber Personen, die dem Täter unabhängig von der Tatsituation bereits früher bekannt sind.
- Von bedingter Fremdheit könnte auch gesprochen werden, wenn es seitens eines Freiers gegenüber einer Prostituierten im Verlaufe des Kontaktes zu Gewalthandlungen kommt, diese aber vor der Aufnahme des Kontaktes nicht beabsichtigt waren. Wieder bedarf es vor dem Verständnishintergrund des hier dargelegten Merkmals einer größeren Überwindung von Hemmschwellen gegenüber einer weitgehend fremden Person als gegenüber Bekannten. Der Sprung über diese Hemmschwelle ist aber dann kleiner, wenn situative Beziehungsaspekte für die Tatbegehung eine Rolle spielen.

✗ Fremdes Opfer:

- Ein Täter hat einen Betrugsplan. Er sucht sich zufällig oder nach bestimmten Kriterien ein ihm unbekanntes Opfer, um diesen Plan umzusetzen. Die Aufnahme einer Beziehung folgt instrumentell dem Ziel der Deliktbegehung.
- Ein Vergewaltiger, der ein ihm unbekanntes Opfer überfällt, sucht sich ein seiner Handlungsmotivation entsprechendes Opfer – unabhängig davon, ob es initial zu einer Beziehungsaufnahme kommt oder nicht.

- Ein Gewalttäter, der mit dem Gefühl von Unzufriedenheit und Wut in eine Kneipe geht, bricht dort einen Streit vom Zaun und gerät im Verlauf des Streits in eine gewalttätige Auseinandersetzung mit einem anderen Gast. Dabei spielt es keine Rolle, ob es zunächst einen Wortwechsel oder eine vorausgehende anderweitige Beziehungsaufnahme gibt. Entscheidend für das Merkmal „Fremde Opfer" ist, dass der Täter eine vorbestehende Handlungsmotivation hat und diese mit einem ihm zuvor unbekannten Opfer realisiert.

**Ausmaß des grenzverletzenden Potenzials einer Handlung gegenüber Opfern:**

Neben dem Bekanntheits- bzw. Fremdheitsgrad ist das Ausmaß, in dem eine Hemmschwelle überwunden wird, auch durch das Aggressivitätspotenzial geprägt. Unterschieden wird zwischen Taten ohne Gewaltanwendung, mit leichter und mit schwerer Gewaltanwendung. Schwere Gewaltanwendung liegt dann vor, wenn die Tathandlungen geeignet sind, schwere Körperverletzungen hervorzurufen oder wenn es sich um gewalttätige Sexualdelikte handelt. Handgreiflichkeiten und Tätlichkeiten im Bereich einfacher Körperverletzungsdelikte werden als leichte Gewalthandlungen qualifiziert.

### 5.1.5. Mangelndes Einfühlungsvermögen

*Mangelndes Einfühlungsvermögen:* Ausmaß des Mangels der Fähigkeit, sich in andere Personen, deren Bedürfnisse, Interessen und Wahrnehmungen einzufühlen.

Die mangelnde Fähigkeit, sich in andere Personen, deren Bedürfnisse, Interessen und Wahrnehmungen einzufühlen, ist ein Persönlichkeitsmerkmal (situationsbezogen oder persönlichkeitsdispositionell), das in besonderer Weise kriminelle Verhaltensweisen begünstigt. Sie kann mit dem Begriff des Empathiemangels beschrieben werden. Insbesondere bei Gewalt- und Sexualstraftätern lässt sich dieses Defizit im Kontakt mit anderen Menschen zumindest situations- oder personenspezifisch oft zu beobachten. Empathiemangel ist naturgemäß häufig assoziiert mit einer starken Fokussierung auf eigene Wahrnehmungen und Bedürfnisse.

Es ist ein interessanter Diskussionspunkt, ob der Empathiemangel darauf zurückzuführen ist, dass ein Wahrnehmungsdefizit besteht oder aber ein Defizit, die Wahrnehmung innerlich in ein bestimmtes Gefühl umzusetzen. Ob es aus diagnostischer oder auch therapeutischer Sicht sinnvoll ist, diese beiden Mechanismen zu unterscheiden, muss an dieser Stelle offen bleiben.

Um die Ausprägung dieses Merkmals zu bewerten, ist es sinnvoll, auch Verhaltensweisen unabhängig vom konkreten Tatverhalten einzubeziehen. Diese zeigen sich z. B.

- im allgemeinen Beziehungsverhalten,
- in Verhaltensbeobachtungen in Institutionen,
- am Arbeitsplatz oder
- in zufällig entstehenden Situationen des alltäglichen Lebens.

Leitfragen:

✓ Kann der Täter die Bedürfnisse anderer Menschen wahrnehmen?

✓ Gelingt es dem Täter, sich in das emotionale Erleben einer anderen Person einzufühlen und dementsprechend zu handeln?

✓ Welche Handlungsweisen sind feststellbar, die für oder gegen die Fähigkeit des Einfühlens sprechen?

### 5.1.6. Allgemeine Rücksichtslosigkeit / Grausamkeit

*Allgemeine Rücksichtslosigkeit:* Ausmaß, in dem die Handlungsauswahl zumeist nach ihrer Zweckmäßigkeit zur Durchsetzung eigener Interessen erfolgt. Körperliche oder psychische Nachteile anderer Menschen oder Unangemessenheit des eigenen Verhaltens werden in Kauf genommen bzw. haben keine hemmende Wirkung.
*Grausamkeit:* Ausmaß der durch besondere Brutalität gekennzeichneten Handlungsweisen im Delikt.
Bei einer unterschiedlichen Ausprägung der beiden Aspekte des Merkmals wird die höhere Ausprägung der Bewertung zugrunde gelegt.

Zum vorangegangenen Merkmal „Mangelndes Einfühlungsvermögen“ mag es Überschneidungen geben. Während bei diesem der Fokus auf einer Fähigkeit gegenüber anderen Menschen liegt, bezeichnet das Merkmal „Allgemeine Rücksichtslosigkeit/Grausamkeit“ eine Qualität der Handlungen des Täters. Dieses Merkmal sagt also etwas darüber aus, wie ein Täter etwas tut. Ist diese Handlungsqualität ausgeprägt vorhanden, so wird sie sich immer im Tatmuster zeigen. Aber auch in anderen Situationen werden „Allgemeine Rücksichtslosigkeit und Grausamkeit“ im Umgang mit Menschen oder Tieren auffallen.

#### Allgemeine Rücksichtslosigkeit

Der rücksichtslose Täter denkt an sich, ist im Einsatz seiner Mittel nicht wählerisch und zeigt diesbezüglich kaum ein Problembewusstsein. Er ist sich selbst der Nächste und verletzt andere Menschen auf psychischer oder physischer Ebene. Weder die Nachteile, die andere Menschen durch sein Verhalten erleiden, noch eine mögliche soziale Unangemessenheit seiner Handlungen hemmen den Täter in seinem Tun. Rücksichtslosigkeit weist häufig einen eng funktionellen, zweckgerichteten Bezug auf. Dem Täter geht es um die Durchsetzung seiner eigenen Interessen.

#### Grausamkeit

Grausamkeit geht über den Aspekt der Rücksichtslosigkeit hinaus. Grausamkeit bezeichnet einen qualitativen Verhaltensaspekt, der seinen Ausdruck durch besondere Brutalität findet. Grausamkeit legt häufig einen wie auch immer gearteten Lustgewinn am Quälen, Erniedrigen oder Schädigen anderer Lebewesen nahe, kann im Einzelfall aber auch lediglich die Folge besonders ausgeprägter Gleichgültigkeit sein. Ist die Grausamkeit mit einem Lustgewinn verbunden, entspringt aus dem Akt der Schädigung, der in der Regel mit einer besonderen Brutalität durchgeführt wird, ein psychischer Gewinn, der über den reinen Zweck der Handlung hinausgeht. Unter Umständen gibt es einen weitergehenden Zweck der Handlung auch gar nicht, sondern der Zweck ist allein die lustvolle Erlebensqualität der grausamen Handlung. Grausamkeit kann sich in diesem Sinne in der psychischen oder körperlichen Schädigung von Menschen, aber auch in Tierquälereien ausdrücken.

Rücksichtslosigkeit und Grausamkeit sind beides Verhaltensweisen, die in hohem Maße selbstzentriert sind und in denen sich auch eine mangelnde Empathie des Täters zeigen kann. Entscheidend für die Bewertung dieses Merkmals ist, dass Rücksichtslosigkeit und Grausamkeit einen verhaltensrelevanten Charakter haben, also unabhängig von der zugrunde liegenden Ursache an Handlungsmerkmalen erkennbar sind.

Bewertungsregel:

☞ Stellt eine grausam / rücksichtslos ausgeübte Tat eine absolute Ausnahmesituation dar, in dem sich in anderen Lebenssituationen bzw. bei anderen Delikten keine Anzeichen für Grausamkeit / Rücksichtslosigkeit finden lassen, so bewerten Sie dieses Merkmal nie höher als mit 2 (= moderat).

Leitfragen:

✓ Verletzt der Täter im Kontakt mit anderen Menschen deren physische oder psychische Grenzen?

✓ Nimmt der Täter bei der Durchsetzung eigener Interessen eine Schädigung Dritter in Kauf?

✓ Strebt er diese Schädigung gar an?

✓ Sind die Handlungen des Täters stark auf die Realisierung eigener Bedürfnisse konzentriert, ohne dass damit verbundene Nachteile für andere Menschen oder die soziale Unangemessenheit des eigenen Tuns eine hemmende Wirkung entfalten?

✓ Gibt es Handlungen, die durch ein hohes Ausmaß an Brutalität gekennzeichnet sind?

## 5.1.7. Instrumentalisierung von Beziehungen

*Instrumentalisierung von Beziehungen:* Ausmaß, in dem der Täter in der Beziehungsaufnahme und Beziehungsgestaltung strategisch und zweckgerichtet vorgeht und sein Verhalten im persönlichen Kontakt manipulativ ist.

Manche Täter nehmen Beziehungen vor allem oder ausschließlich deswegen auf, weil diese ihnen einen Vorteil verschaffen. Dieser strategische, zweckgerichtete Hintergrund der Beziehungsaufnahme (und des weiteren Verlaufs der Beziehungsgestaltung) kann dem Täter bewusst, aber auch unbewusst sein: Er wird Beziehungen dann aufnehmen oder intensivieren, wenn er sich von ihnen einen Nutzen verspricht. In der Beziehungsgestaltung wird er darauf hinwirken, dass die andere Person ihm bestimmte Vorteile verschafft oder Dienstleistungen für ihn erbringt. Geschieht dies nicht, reagiert er mit Ärger, Wut oder bricht die Beziehung ab. Häufig lässt sich auch beobachten, dass Personen als Beziehungspartner in dem Moment uninteressant werden, in dem sich der potenzielle Nutzen für den Täter vermindert oder gänzlich verloren geht.

Auch lässt sich im Rahmen dieser Beziehungsqualität manipulatives Verhalten nachweisen, das dazu dient, die andere Person gemäß den eigenen Interessen zu lenken. Das Repertoire manipulativer Verhaltensweisen umfasst dabei mannigfaltige Interventionen:

- Charmantes, gewinnendes Auftreten
- Drohungen
- fluktuierende Beziehungsgestaltung
- Belohnung und Bestrafung
- Provokation
- Hervorrufen von Schuldgefühlen
- Lügen
- Anbieten von Gegenleistungen

Manche Täter verfügen neben dieser zweckgerichteten Beziehungsgestaltung kaum oder gar nicht über alternative Beziehungsmechanismen. Bei ihnen sind mehr oder weniger alle Beziehungen vor diesem strategisch und zweckgerichteten Hintergrund zu verstehen.

Es gilt zu beachten, dass das Merkmal der „Instrumentalisierung von Beziehungen" mit mehr oder minder ausgeprägter mangelnder Ansprechbarkeit und mangelnder emotionaler Involvierung in Beziehungen korreliert. Zeigt sich dieses Verhalten in verschiedenen Lebenssituationen oder in deutlicher Prägnanz, dann wird es mit einem entsprechend hohen Ausprägungsgrad bewertet.

Beispiele:

✗ *Geringe Ausprägung:* Instrumentalisierung zeigt sich lediglich in der Kontaktaufnahme zu Opfern, z. B. bei einem Pädosexuellen, der Kinder beschenkt. Die Beziehungsgestaltung in anderen Lebensbereichen ist nicht durch eine Instrumentalisierung gekennzeichnet.

✗ *Hohe Ausprägung:* Nahezu alle Beziehungsgestaltungen sind durch eine strategisch-zweckgerichtete Handlungsmotivation geprägt. Alternative Beziehungsmechanismen existieren kaum oder gar nicht bzw. stehen häufig im Hintergrund.

Leitfragen:

✓ Hat der Täter in der Vergangenheit Beziehungen / Kontakte abgebrochen, weil sein Gegenüber nicht bereit war, bestimmten Erwartungen von ihm gerecht zu werden?

✓ Reagiert der Täter leicht oder mit deutlich ausgeprägter Wut bzw. mit Ärger, wenn er erhoffte Vorteile nicht erhält?

✓ Sind Kontaktaufnahmen und Beziehungsgestaltungen zu anderen Menschen zweckgerichtet?

✓ Versucht der Täter das Verhalten anderer Menschen interessengeleitet zu manipulieren?

### 5.1.8. Taten mit überproportionaler Gewaltanwendung

*Taten mit überproportionaler Gewaltanwendung:* Ausmaß von Gewalthandlungen, die nicht in direkter Weise funktionell notwendig wären, um das materielle, objektive oder unmittelbare Tatziel zu erreichen, oder Gewaltausprägungen, die über das durchschnittlich zu erwartende Ausmaß vergleichbarer Straftaten hinausgehen.

Zu beurteilen ist die Tendenz des Täters zum Machtmissbrauch und zur zusätzlichen Demütigung, Schädigung, bzw. Misshandlung eines Opfers in den Straftaten. Das Referenzdelikt kann das Anlassdelikt oder eine Straftat aus der Vergangenheit sein.

Es mag im ersten Moment im Hinblick auf bestimmte Delikte zynisch klingen, von „Überproportionaler Gewaltanwendung" zu sprechen. Mit diesem Merkmal soll aber keine moralische Wertung verbunden werden oder eine angemessene von einer unangemessenen und daher vermeintlich legitimen Gewaltanwendung abgegrenzt werden. Vielmehr soll eine Aussage über die Qualität der angewendeten Gewalt innerhalb eines Delikts getroffen werden.

Es soll ermittelt werden, ob beim Täter die Bereitschaft zur überproportionalen Gewaltanwendung vorhanden ist. Ausgehend von einem Handlungsplan oder einem sich situativ entwickelnden Deliktverlauf ließe sich eine Gewaltanwendung beschreiben, die rein funktionell zur Erreichung des Tatziels eingesetzt wird. Diese Gewaltanwendung beschränkt sich dann auf ein Mindestmaß, das aufgewendet werden muss, um das Deliktziel zu realisieren. Ein Täter, der keine Tendenz zu überproportionaler Gewaltanwendung zeigt, wird sich auf dieses Mindestmaß an Gewalt beschränken, das in der Tatlogik streng funktionell definiert ist. „Überproportionale Gewaltanwendung" liegt vor, wenn Gewalthandlungen vorkommen, die nicht in direkter Weise funktionell notwendig wären, um das Tatziel zu erreichen. Der Täter geht also über den sparsam zweckgerichteten Anteil von Gewalt hinaus.

Beispiele:

✗ *Moderate Ausprägung:* Ein Bankräuber erschießt einen Angestellten in einem sich situativ entwickelnden Handgemenge. Gemessen am ursprünglichen Tatziel, dem Bankraub, ist die Gewaltanwendung überproportional. Allerdings ist die Tötung eine Reaktion auf eine Zuspitzung im

Bewertungsregeln für das Merkmal „Taten mit überproportionaler Gewaltanwendung"

- ☞ Wenn der Beurteilung Taten zugrunde gelegt werden, die per se sehr grausam sind, dann kann die Unterscheidung zwischen funktioneller Angemessenheit und Überproportionalität schwer fallen. So könnte beispielsweise argumentiert werden, dass die sadistische Tatausführung eines sadistischen Täters generell nicht überproportional sein kann, weil die ausgeprägte Gewaltanwendung in engem Zusammenhang mit dem Tatziel des sadistischen Täters steht. In solchen Fällen sollte eine ausgeprägte Gewaltanwendung oder eine besonders auffallende Brutalität bei der Tatdurchführung dennoch als überproportional bewertet werden, auch wenn diesen eine direkte Funktion für das Tatziel zugeordnet werden kann (z. B. Sadisten, hassmotivierte Rachetaten etc.). Als Bezugsgröße kann in diesen Fällen die durchschnittliche Gewaltanwendung in der Tatbegehung bei vergleichbaren Delikten herangezogen werden (z. B. Tötungsdelikte, Vergewaltigungen, Raubdelikte, Körperverletzungen etc.).
- ☞ Wenn sich demnach ein Tötungsdelikt durch Details besonders ausgeprägter Gewaltanwendung auszeichnet (z. B. hohe Brutalität, Erniedrigungen, zeitlich überproportional lang hingezogenes Tatgeschehen etc.), dann wäre die Überproportionalität gegenüber einem durchschnittlichen, möglichst effizient durchgeführten Tötungsdelikt zu bewerten. Ein Tötungsdelikt mit klar sadistischen Handlungselementen würde dementsprechend mit 4 (= sehr stark) bewertet.

Tatverlauf und steht in diesem Sinne in einem funktionellen Bezug zu der sich ergebenden Situation.

✗ *Hohe Ausprägung:*

- Schießt der Täter auf den verletzten oder bereits getöteten Angestellten, tritt er auf dessen Körper ein oder schießt unmotiviert auch auf andere Personen, dann nimmt die Überproportionalität zu. Die Wertung erfolgt mit 3 (= deutlich, z. B. Tritte) oder mit 4 (= sehr stark, z. B. bei weiteren Schüssen).
- Für eine hohe Ausprägung spricht, wenn der Täter das Opfer beschimpft, tritt oder schlägt. Er hält es länger fest als nötig, misshandelt es, nachdem er beispielsweise einen Raubgegenstand schon in

seinem Besitz weiß. Bei einer Vergewaltigung demütigt er das Opfer zusätzlich, zieht das Geschehen in die Länge oder begeht Gewalttätigkeiten, die für das Erreichen des eigentlichen Tatziels entbehrlich wären.

- Die Gewaltanwendung ist überproportional, wenn ein Täter das Opfer misshandelt oder demütigt, nachdem es bereits tot ist. Er sticht weiter auf den leblosen Körper ein, misshandelt die Leiche oder missbraucht sie sexuell.

Leitfragen:

✓ Wie stark ausgeprägt ist die Gewaltanwendung beim Anlassdelikt oder bei früheren Straftaten?

✓ Kam es zu Gewaltexzessen oder zu besonderer Brutalität bzw. Erniedrigungen?

✓ Wurde durch den Täter Gewalt angewendet, ohne dass diese für die Erreichung des primären Tatziels in dieser Weise erforderlich gewesen wäre?

✓ Sind sadistische Handlungselemente im Tatverlauf erkennbar?

✓ Wie stark ist das Ausmaß der Gewaltanwendung gegenüber dem Durchschnitt vergleichbarer Straftaten zu beurteilen?

### 5.1.9. Persönlichkeitsstörung

*Persönlichkeitsstörung:* Das Vorliegen einer Persönlichkeitsstörung beim Täter. Orientieren Sie sich bei der Beurteilung an den allgemeinen Kriterien der diagnostischen Standardwerke ICD-10 und DSM-IV [82, 80].

Psychiatrische Diagnosen haben generell nur eine ausgesprochen beschränkte Bedeutung für die forensische Prognostik. Die Bedeutung einer psychiatrischen Diagnose wird jedoch häufig überschätzt. Wenn prognostische Aussagen fast ausschließlich auf psychiatrische Diagnosesysteme gestützt werden, hat dies regelmäßig systematische Fehlbeurteilungen zur Folge. Nur in wenigen Fällen erlaubt die Diagnose allein eine zuverlässige Aussage über das Risiko einer Straftatbegehung. Das kann z. B. bei

Bewertungsregeln für das Merkmal „Persönlichkeitsstörung“:

- ☞ Relevanzprüfung: Beachten Sie, dass dieses Merkmal nur dann zu bewerten ist, wenn ein Zusammenhang zwischen dem Merkmal und den Tathandlungen besteht. Andernfalls ist dieses Merkmal mit 0 (= nicht vorhanden oder sehr gering) zu bewerten.
- ☞ Sind gewisse Merkmale einer Persönlichkeitsstörung erkennbar, die Schwelle zur Diagnosestellung wird aber klar nicht erreicht, dann ist die Bewertung mit 1 (= gering) zutreffend.
- ☞ Sind einige Merkmale der Diagnose deutlich erkennbar, die Schwelle zur Diagnosestellung wird aber knapp verfehlt, dann wird die Ausprägung 2 (= moderat) gewählt.
- ☞ Sind die Merkmale der Persönlichkeitsstörung in genügend deutlicher Ausprägung vorhanden, so dass die Diagnose gestellt werden kann, dann ist eine 3 (= deutlich) festzuhalten.
- ☞ Sind die Merkmale der Persönlichkeitsstörung in sehr deutlicher Ausprägung vorhanden (also gemessen an der Diagnoseschwelle entweder bezüglich Häufigkeit oder Intensität deutlich überschwellig), dann ist eine Wertung mit 4 (= sehr stark) angebracht.

schizophrenen Erkrankungen der Fall sein, bei denen die Rückfallgefahr in enger Weise an den Verlauf des Krankheitsgeschehens gekoppelt ist.

Gleichwohl ist es so, dass die Diagnose einer Persönlichkeitsstörung, wenn sie – wie hier gefordert – in Zusammenhang mit dem Tatgeschehen steht, ein negatives prognostisches Merkmal in der Hauptgruppe „Delinquenznahe Persönlichkeitsdisposition“ darstellt. Verschiedene Untersuchungen, aber auch das praktische Erfahrungswissen, bieten Belege dafür, dass die Diagnose einer Persönlichkeitsstörung in Zusammenhang mit einem entsprechenden Tatverhalten zu einer Erhöhung der Rückfallwahrscheinlichkeit führen kann [83, 84].

Es sei an dieser Stelle aber noch einmal einschränkend darauf hingewiesen, dass das psychiatrische Diagnosekonzept der Persönlichkeitsstörungen für viele forensisch relevante Phänomene nur ein ausgesprochen rudimentäres Bezugssystem ist. Es muss unter prognostischen Gesichtspunkten schon der Ansatz als fraglich gelten, alle länger dauernden, persönlichkeitstypologischen Auffälligkeiten, die unter den Persönlichkeitsstörungen subsumiert sind, in eine geringe Anzahl verschiedener Untertypen zu unterteilen. Die Unterteilung geht noch in wesentlichen Teilen

Bewertungsregeln für das Merkmal „Dissoziale Persönlichkeitsstörung“:

- ☞ Relevanzprüfung: Beachten Sie, dass dieses Merkmal nur dann zu bewerten ist, wenn ein Zusammenhang zwischen dem Merkmal und den Tathandlungen besteht. Andernfalls ist dieses Merkmal mit 0 Ê(= nicht oder sehr gering) zu bewerten.
- ☞ Für die Bewertung der Ausprägung gelten die gleichen Richtlinien, die unter dem allgemeinen Merkmal „Persönlichkeitsstörung“ dargestellt wurden. Eine Bewertung kann nicht niedriger, jedoch höher ausfallen als die unter dem vorangegangen Merkmal „Persönlichkeitsstörung“.

auf alte Charakterlehren oder die Unterscheidung verschiedener Temperamente zurück. Viele durchaus relevante und vor allem forensisch bedeutsame persönlichkeitstypologische Problembereiche einer Person werden durch das grobe Konzept der Persönlichkeitsstörung nicht erfasst. Ein weiteres Problem besteht darin, dass es unter der diagnostischen Kategorie einer bestimmten Persönlichkeitsstörung die unterschiedlichsten Typen und Merkmalsausprägungen geben kann. Dies bringt schon das System der minimal zu erfüllenden Merkmale mit sich. Wird beispielsweise zur Diagnosestellung verlangt, dass drei von sechs vorgegebenen Merkmalen erfüllt sein müssen, dann lassen sich schon allein aufgrund dieser Vorgabe zwei Personen unterscheiden, die beide die Diagnosemerkmale erfüllen, aber kein einziges gemeinsames Merkmal besitzen.

Im Wissen um die Eingeschränktheit der psychiatrischen Diagnosekonzeption und vor allem angesichts ihrer häufig begrenzten Brauchbarkeit für forensische Fragestellungen bleibt auf rein deskriptiver Ebene festzuhalten, dass die Diagnose einer Persönlichkeitsstörung oder einer relevanten störungsnahen Merkmalsausprägung zumindest für sich genommen ein prognostisch negatives Merkmal darstellt.

### 5.1.10. Dissoziale Persönlichkeitsstörung

*Dissoziale Persönlichkeitsstörung:* Ausmaß, in dem Kriterien für die Diagnose einer dissozialen Persönlichkeitsstörung erfüllt sind.

Aufgrund ihrer forensischen Bedeutung wird die Diagnose einer dissozialen Persönlichkeitsstörung gesondert gewichtet, wenn sie einen relevanten Zusammenhang zum Tatverhalten aufweist. Liegt eine solche Diagnose im

Zusammenhang mit einem Tatverhalten vor, dann ist dies stets ein gewichtiger negativer Faktor, der eine Disposition zu normabweichendem Verhalten zeigt.

Es sei an dieser Stelle nur kurz auf die mit der dissozialen Persönlichkeitsstörung verbundene Grundsatzproblematik hingewiesen. Gerade bei der dissozialen Persönlichkeitsstörung wurde kontrovers diskutiert, ob hier tatsächlich eine Diagnose mit Krankheitswert geschaffen oder aber letztlich sozial abweichendes Verhalten zu einer Krankheit gemacht wurde. Schließlich ist nicht jeder, der kriminell ist, automatisch krank. Da sich die Merkmale der dissozialen Persönlichkeitsstörung weitgehend aus einer Vorgeschichte sozial abweichenden Verhaltens ergeben, besteht die Gefahr des Zirkularschlusses: Weil jemand kriminell ist, ist er krank, weil jemand krank ist, ist er kriminell. Oder anders formuliert: Weil jemand in der Vergangenheit kriminelle Verhaltensweisen zeigte, ist die Diagnose einer dissozialen Persönlichkeitsstörung zu stellen. Weil die Diagnose einer dissozialen Persönlichkeitsstörung besteht, zeigt eine Person kriminelle Verhaltensweisen.

Da sich – wie beim Merkmal „Persönlichkeitsstörung" erläutert – aber auch in der Gruppe dieser Diagnose sehr unterschiedliche Tätertypen finden lassen, ist es sinnvoll, die abschließende legalprognostische Bewertung anhand der Summe der unter der Hauptgruppe „Delinquenznahe Persönlichkeitsdisposition" aufgeführten Merkmale vorzunehmen. Weil die dissoziale Persönlichkeitsstörung einen größeren Stellenwert besitzt als alle anderen Persönlichkeitsstörungen, ist sie als einziger Subtyp der Persönlichkeitsstörungen als separates Merkmal aufgeführt. Sie erhält damit ein höheres Gewicht.

## 5.1.11. Suchtmittelgebrauch

*Suchtmittelgebrauch:* Ausmaß einer bestehenden Suchtmittelproblematik und die Ausprägung des Zusammenhangs zwischen Suchtmittelgebrauch und Tatverhalten.

Es handelt sich um einen negativen Faktor, wenn Suchtmittelgebrauch in einem relevanten Zusammenhang mit dem Tatverhalten steht. Bisweilen trifft man auf das Missverständnis, dass Suchtmittelkonsum eine prognostisch positive Bedeutung habe, weil ein Täter ein Delikt beispielsweise

„nur deshalb verübt hat, weil er betrunken gewesen ist". Durch verschiedene Studien wurde jedoch nachgewiesen, dass genau der gegenteilige Zusammenhang besteht. „Suchtmittelgebrauch" – sei es Drogen- oder Alkoholkonsum – ist als Risikofaktor anzusehen [85].

Wie schon angedeutet, ist es für dieses Merkmal unerheblich, um welches Suchtmittel es sich handelt. Entscheidend ist, dass ein Zusammenhang zwischen dem „Suchtmittelgebrauch" und dem Tatgeschehen besteht. Ist dieser Zusammenhang gegeben, dann wird die Ausprägung dieses Merkmals entweder durch das Ausmaß einer bestehenden Suchtmittelproblematik oder durch die Ausprägung des Zusammenhangs zwischen dem „Suchtmittelgebrauch" und dem Tatverhalten bestimmt. Wohlgemerkt führt ein hoher Ausprägungsgrad in einem der beiden genannten Bereiche (Stringenz des Zusammenhangs oder Ausmaß einer tatrelevanten Suchtmittelproblematik) zu einer entsprechenden Bewertung des Merkmals. Selbstverständlich ist es als komplizierend anzusehen, wenn eine ausgeprägte Suchtmittelproblematik vorliegt, die zudem einen ausgeprägten Zusammenhang mit dem Tatverhalten aufweist.

Beispiele:

✗ *Geringe Ausprägung:* In Fällen, in denen Tatbegehungen bisweilen mit Suchtmittelkonsum erfolgen, dies aber nicht durchgehend der Fall ist, ist der Zusammenhang zwischen Tatbegehung und Suchtmittelkonsum geringer ausgeprägt. Sofern angenommen wird, dass dem Suchtmittelkonsum zumindest bei einigen Delikten eine taterleichternde Bedeutung zukommt, erfolgt eine Wertung mit 1 (= gering).

✗ *Moderate Ausprägung:* Bei einem Täter, der sich vor der Begehung eines Raubdelikts Mut antrinkt, bei einem Betrüger, der Kokain konsumiert, um selbstsicherer aufzutreten, oder bei einem Pädosexuellen, der mit seinen Opfern gemeinsam Cannabis raucht, um eine „entspannte Atmosphäre" herzustellen, ist der Suchtmittelkonsum ein taterleichternder, konstellierender Faktor. Der Suchtmittelkonsum steht zielgerichtet mit der Tatbegehung in Zusammenhang, die Tatmotivation besteht aber unabhängig von dieser Suchtmittelproblematik. Die erwähnten Täter sind von den jeweiligen Suchtmitteln nicht abhängig. In den beschriebenen Fällen wird eine Wertung aufgrund des deutlich gegebenen Zusammenhangs mit 2 (= moderat) erfolgen.

✗ *Hohe Ausprägung:* Ein Drogenabhängiger, der zur Geldbeschaffung Diebstähle und Raubüberfälle begeht, weist einen direkten und engen Zusammenhang seiner Suchtmittelproblematik mit der Deliktbegehung auf. Da zudem von einer hoher Ausprägung der Problematik auszugehen ist, würde eine Wertung mit 4 (= sehr stark) erfolgen. Gleiches gilt für einen Alkoholiker, dessen akuter Alkoholismus den Hintergrund für Inzesthandlungen mit seiner Stieftochter bildet. Einerseits wäre die Ausprägung des Suchtmittelkonsums aufgrund der bestehenden Abhängigkeit als hoch einzuschätzen, andererseits besteht in dem beschriebenen Fall ein stringenter Zusammenhang zwischen der Problematik und der Deliktbegehung.

Bewertungsregeln:

☞ Relevanzprüfung: Beachten Sie, dass dieses Merkmal nur dann zu bewerten ist, wenn ein Zusammenhang zwischen dem Merkmal und den Tathandlungen besteht. Andernfalls ist dieses Merkmal mit 0 (= nicht vorhanden oder sehr gering) zu bewerten.

☞ Bei einer unterschiedlichen Ausprägung der beiden Aspekte wird der Bewertung die höhere Ausprägung zugrunde gelegt.

Leitfragen:

✓ Hat der Täter Drogen, Alkohol, Medikamente oder anderweitig psychotrope Substanzen konsumiert und steht dieser Konsum in irgendeinem Zusammenhang mit seinem Deliktverhalten?

✓ Hat der Suchtmittelkonsum einen taterleichternden Einfluss auf die Deliktbegehungen oder besteht sogar ein stringenter ursächlicher Zusammenhang?

✓ Wie stark ausgeprägt ist die Suchtmittelproblematik? Besteht beispielsweise eine Abhängigkeit?

✓ Tritt das Deliktverhalten auch unabhängig vom Suchtmittelkonsum auf?

✓ Plant der Täter den Suchtmittelkonsum bewusst im Sinne der Tatvorbereitung ein?

# 6. ST-R: Spezifische Problembereiche mit Tatrelevanz

## Inhaltsangabe

Die Hauptgruppe „Spezifische Problembereiche mit Tatrelevanz“ besteht aus 34 Merkmalsgruppen und dem „Relevanzfaktor“. Bei den Merkmalsgruppen handelt es sich um stark persönlichkeitsbezogene Eigenschaften, die u.a. den Themen Gewalt, sexuelle Devianzen, Sozialverhalten, Defizite im Erleben oder Persönlichkeitsstörungen zugeordnet werden können. Es sind Eigenschaften, die auch bei Menschen ohne strafrechtlichen Hintergrund vorliegen können. Ihre besondere Bedeutung im FOTRES erlangen sie aber erst als Eigenschaften, die in Zusammenhang mit möglichem strafrechtlichen Verhalten stehen, also erst durch ihre deliktfördernde Qualität. Jeder einzelne Problembereich (z. B. „Dominanzfokus“, „Steuerungsfokus“) muss eine Relevanzprüfung durchlaufen, damit er dem Täter als deliktrelevanter Problembereich zugeordnet werden kann. Die alleinige Existenz eines Problembereiches rechtfertigt nicht seine Bewertung im FOTRES. Die Anzahl und die Ausprägung der bewerteten Merkmalsgruppen führen zu einer Art Persönlichkeitsprofil. In einer bestimmten Mischung werden die problematischen Eigenschaften einer Person abgebildet, aus denen sich eine Risikodisposition ergibt.

Die Verbindung zwischen einer bestimmten Konstellation „Spezifischer Problembereiche mit Tatrelevanz“ und einer möglichen Tatausführung kann unterschiedlich stark ausgeprägt sein. Der „Relevanzfaktor“ ist das Bindeglied zwischen der Ausprägung der einzeln erfassten und bewerteten Merkmalsgruppen und einem gesamthaft daraus entstehenden spezifischen Rückfallrisiko. Denn der „Relevanzfaktor“ bezieht sich auf die Gesamtheit der „Spezifischen Problembereiche mit Tatrelevanz“, wie sie sich in ihrer speziellen Ausprägung als Gesamtprofil bei einer bestimmten Person darstellen.

## Auswertungsregeln und andere Anmerkungen zur Hauptgruppe „Spezifische Problembereiche mit Tatrelevanz“

Jede der 34 Untergruppen der „Spezifischen Problembereiche mit Tatrelevanz“ enthält neben den Merkmalen, die den Problembereich charakterisieren (z. B. „Affektlabilität“ im Problembereich „Steuerungsfokus“) zwei Bedeutungsvariablen: „Bedeutung für das vergangene Tatverhalten“ und „Bedeutung für das zukünftige Tatverhalten“. Diese zwei in jeder Gruppe vorhandenen Merkmale dienen dazu, das Ausmaß der Bedeutung des jeweiligen Problembereichs für das Zieldelikt zu spezifizieren.

Bei der Bearbeitung dieser Hauptgruppe des FOTRES sind folgende Regeln zu beachten:

**Die aufgeführten Problembereiche dürfen nur dann gewertet werden, wenn sie Deliktrelevanz aufweisen.**

Das Vorhandensein eines Problembereichs bei einem Täter allein ist kein ausreichender Grund, ihn als spezifischen Problembereich im FOTRES zu werten. Erforderlich ist vielmehr ein verursachender oder zumindest deutlich begünstigender Zusammenhang zwischen dem Problembereich und dem Deliktverhalten. Diese erforderliche Tatrelevanz sollte dergestalt sein, dass der beschriebene Problembereich einen maßgeblichen Beitrag zur Deliktdynamik liefert. Von einem maßgeblichen Beitrag kann gesprochen werden, wenn der Problembereich einen relevanten Anteil der Varianz des Mechanismus aufklärt, der die Grundlage für das Deliktverhalten bildet. Häufig lässt sich ein Deliktmechanismus nicht nur auf einen verursachenden oder begünstigenden Aspekt zurückführen. Häufig setzt sich ein Deliktmechanismus aus verschiedenen Faktoren zusammen. Diese Faktoren, die in der vorliegenden Hauptgruppe den jeweiligen Problembereichen entsprechen, haben für die Entstehung des Deliktverhaltens unterschiedliche Bedeutung. Es gibt Problembereiche, die den Deliktmechanismus zu einem wesentlichen Teil erklären bzw. deren Einfluss auf die Deliktentstehung sehr groß ist. Daneben lassen sich häufig Problembereiche finden, die demgegenüber von erheblich geringerer Bedeutung sind und einen dementsprechend geringeren Erklärungswert für den Deliktmechanismus aufweisen. Theoretisch könnte man sich ein Kuchendiagramm vorstellen, das alle an der Deliktentstehung beteiligten Problembereiche darstellt. Dies könnte so aussehen, dass z. B. zwei Problembereiche 80% des Deliktmechanismus erklären und fünf weitere Problembereiche begünstigende Faktoren darstellen, aus denen sich die restlichen 20% zusammensetzen. Selbstverständlich wird es in der Praxis nie möglich sein, eine solche 100%ige Aufklärung des Deliktmechanismus mit der Zuweisung genauer Prozentzahlen zu erreichen. Das Beispiel soll lediglich verdeutlichen, dass es bei der Bewertung der spezifischen Problembereiche nicht auf Vollständigkeit ankommt. Vielmehr geht es darum die wesentlichen Problembereiche zu erfassen, die den erwähnten „maßgeblichen Anteil“ am Deliktmechanismus repräsentieren. In vorliegendem Beispiel würde es ausreichen, die erwähnten zwei maßgeblichen spezifischen Problembereiche zu bewerten und dementsprechend auf die Bewertung der übrigen fünf Problembereiche zu verzichten. Bei den meisten FOTRES-Bewertungen werden in der Hauptgruppe „Spezifische Problembereiche mit Tatrelevanz" zwei bis drei Problembereiche bewertet, nur in seltenen Fällen handelt es sich um mehr als vier Problembereiche. Bei unerfahrenen Untersuchern besteht zunächst die Tendenz, zu viele Problembereiche zu bewerten, anstatt sich auf die wesentlichen zu beschränken.

Zusammenfassend liegt damit der Entscheidung, ob ein Problembereich gewertet wird oder nicht, ein dreistufiges Vorgehen zugrunde:

- Liegt der Problembereich vor?
- Hat der Problembereich Deliktrelevanz?
- Hat der Problembereich maßgeblichen Anteil am Deliktmechanismus?

Gemäß diesem Vorgehen entscheidet der Untersucher zunächst, ob ein bestimmter Problembereich (z. B. „Mangelnde soziale Kompetenz") beim Täter vorliegt. Ist diese Voraussetzung gegeben, wird in einem zweiten Beurteilungsschritt entschieden, ob ein Zusammenhang zwischen dem vorliegenden Problembereich und dem Tatverhalten erkennbar ist. In einem dritten Beurteilungsschritt geht der Beurteiler nun die Liste der von ihm so festgestellten Problembereiche durch und sortiert die einzelnen Merkmale nach ihrer Wichtigkeit für das Zustandekommen der Tathandlung. Gewertet werden schließlich nur die Problembereiche, die zu einem wesentlichen Teil den Deliktmechanismus erklären. Die Liste wird demnach um die Merkmale reduziert, die nur einen begrenzten Einfluss haben bzw. deren Wirkung treffender durch einen anderen Problembereich beschrieben werden kann.

Beispiele:

✗ Auch wenn bei einem Täter ein ausgeprägtes Impulssteuerungsdefizit beobachtet werden kann, wird der Problembereich „Steuerungsfokus" nur dann gewertet, wenn die Impulssteuerungsdefizite in einem relevanten Zusammenhang mit dem Tatverhalten stehen.

✗ Ebenso kann es sein, dass bei einem Täter, der die diagnostischen Merkmale einer narzisstischen Persönlichkeitsstörung erfüllt, der Problembereich „Narzisstische Persönlichkeitsstörung" nicht gewertet werden darf, weil dieser keine Deliktrelevanz besitzt.

**Ist ein Täter in mehreren unterschiedlichen Deliktkategorien in Erscheinung getreten, dann werden stets alle deliktrelevanten Problembereiche in ihrer Ausprägung bewertet.**

Wenn ein Täter in verschiedenen Deliktbereichen in Erscheinung getreten ist (z. B. Gewalt- und Sexualdelikte), denen unterschiedliche Deliktmechanismen zu Grunde liegen, dann werden bei der Beurteilung eines jeden Zieldelikts alle für das delinquente Verhalten relevanten Problembereiche bewertet. Dies kann bedeuten, dass in einem Bewertungsdurchgang Problembereiche gewertet werden, die zwar für ein Delikt des Täters (aktuelle oder frühere Straftaten), jedoch nicht für das Zieldelikt von Bedeutung sind. Die in jedem Problembereich aufgeführten Bedeutungsvariablen bringen das Ausmaß der Bedeutung eines Problembereichs für eine bestimmte Deliktkategorie zum Ausdruck. Wenn die Bedeutung eines Problembereichs für das Zieldelikt geringer ist als für eine andere – in diesem Durchgang nicht bewertete – Deliktkategorie, wird dies durch eine verminderte Ausprägung der beiden Bedeutungsvariablen abgebildet. Die Bedeutungsvariablen können dann sogar für ein bestimmtes Zieldelikt mit 0 (= nicht vorhanden oder sehr gering) gewertet werden, wenn der spezifische Problembereich zwar für ein anderes (z. B. früheres), aber nicht für das aktuell zu bewertende Zieldelikt relevant ist. Nur in diesem Fall kann ein Problembereich, der für das Zieldelikt keine Relevanz besitzt, überhaupt bewertet werden. Ein Problembereich, der für das Zieldelikt bedeutungslos ist, aber gewertet werden muss, weil er für ein anderes Deliktverhalten relevant ist, kann in dieser Bewertung gesamthaft nie zu einer maximalen Bewertung führen. Denn selbst wenn er wegen einer maximalen Ausprägung in den Ausprägungsparametern mit 4 (= sehr stark) eingeschätzt wird, stehen dem geringe Bewertungen in den Bedeutungsparametern entgegen, da er nur für den anderen Deliktbereich relevant ist.

In den meisten Fällen ist es so, dass der Problembereich in einer relevanten Beziehung zum gesamten Tatgeschehen steht. Der Problembereich ist aber auch dann als tatrelevant zu bewerten, wenn er lediglich einen Bezug zu relevanten Teilaspekten des Delikts aufweist. Es kann sich dabei um spezielle, zeitlich begrenzte Tatsequenzen, bestimmte Verhaltensweisen in der Tatvorlaufphase oder aber bedeutsame Teilausprägungen des Delikts handeln.

Beispiel:

✗ Ein Täter, der mit hohem Planungsaufwand Vergewaltigungen begeht, wird in aller Regel im gesamten Tatgeschehen keine Verbindung zu einer Steuerungsproblematik aufweisen. Dagegen spricht das lange geplante und auf anderen Mechanismen beruhende Gesamtgeschehen. Allerdings kann es sein, dass es im Tatablauf regelhaft zu Gewalthandlungen kommt, immer dann, wenn sich das Opfer ihm in den Weg stellt oder seine Wünsche nicht direkt befolgt. Hier tritt der Planungsanteil gänzlich gegenüber einem von Wut getragenen Affektverhalten in den Hintergrund. Es wird deutlich, dass der Täter in diesen Tatsequenzen, die zwar nicht bestimmend für die Gesamtdeliktdynamik sind, aber einen wichtigen Teilaspekt der Ausprägung ausmachen, Kontrolle und Steuerung über sein Verhalten verliert. Daher wäre es in diesem Falle gerechtfertigt, eine Steuerungsproblematik zu bewerten, weil sie in einem relevanten Zusammenhang zu einem bedeutungsvollen Teilaspekt der Ausprägung des Deliktverhaltens steht.

**Wann wird ein Problembereich gewertet?**

Wenn das delinquente Verhalten eines Täters verschiedenen Deliktkategorien zugeordnet werden kann, die auf verschiedenen Deliktmechanismen beruhen, ist die Beurteilung des Rückfallrisikos für die unterschiedlichen Deliktkategorien separat vorzunehmen, d. h. es erfolgt eine FOTRES - Anwendung für jede Deliktkategorie.

Bei der Hauptgruppe der „Spezifischen Problembereiche mit Tatrelevanz" gilt die Regel, dass alle Problembereiche, die generell deliktrelevant sind, bewertet werden müssen. Nur wenn ein Problembereich für das Zieldelikt keinen, jedoch für andere Delikte Relevanz hat, kann es vorkommen, dass eine Wertung im Ausnahmefall sogar mit 0 (= nicht vorhanden oder sehr gering) erfolgt.

Beispiel:

✗ Ein Täter verübt Einbrüche, ist seit über zehn Jahren immer wieder mit Exhibitionismus-Delikten auffällig und schlägt und bedroht verschiedentlich seine Lebenspartnerinnen im Rahmen von Konflikten, bei denen er zu Wutanfällen neigt. Diese drei unterschiedlichen Deliktbereiche entsprechen folgenden Zusammenhängen: (a) Die Eigentumsdelikte stehen vor allen Dingen mit einer dissozialen Persönlichkeitsstörung in Zusammenhang und sind dann wahrscheinlicher, wenn der Täter Drogen konsumiert hat. (b) Die Exhibitionismus-Delikte betrachtet der Täter als eine Art Hobby, das für ihn mit Empfindungen der Aufregung und nach einer Tat auch mit Entspannung verbunden ist. Ähnlich einem Suchtverhalten erlebt er das Exhibitionieren aber auch immer wieder als Kontrollverlust. (c) Körperverletzungen und Drohungen sind auf eine in bestimmten Konfliktsituationen erkennbare Steuerungsproblematik zurückzuführen, die sich bislang nur im Rahmen von Partnerschaften manifestiert hat. Bei dieser Ausgangslage empfiehlt es sich, drei verschiedene FOTRES-Bewertungen für die Zieldelikte Eigentumskriminalität, Exhibitionismus und häusliche Gewalt vorzunehmen. Alle bei dieser Person mit delinquenten Verhaltensweisen in Beziehung stehenden Problembereiche werden in jedem Durchgang bei den „Spezifischen Problembereichen" bewertet. Das bedeutet, es kommt in allen drei Beurteilungsdurchgängen zur Bewertung nachfolgender „Spezifischer Problembereiche": „Steuerungsfokus", „Exhibitionistische Devianz", „Suchtproblematik", „Dissoziale Persönlichkeitsstörung". Die Bewertung der Ausprägung der Merkmale ist abgesehen von den Bedeutungsfaktoren in allen drei Wertungen gleich. Eine Differenzierung findet jeweils bei den beiden Bedeutungsvariablen statt, die am Ende jedes Problembereichs aufgeführt sind. Durch sie erfolgt eine Einschätzung der Bedeutung des Problembereichs für das definierte Zieldelikt.

- Steuerungsfokus:
  Steuerungsproblematik: 3 (= deutlich)
  Affektlabilität: 2 (= moderat)
  Frustrationsintoleranz / Auslösebereitschaft: 2 (= moderat)
  Bedeutung für das vergangene Tatverhalten: Ausprägung abhängig vom Zieldelikt.
  Bedeutung für das zukünftige Tatverhalten: Ausprägung abhängig vom Zieldelikt.

- Exhibitionistische Devianz:
  Exhibitionismus: 4 (= sehr stark)
  Bedeutung für das vergangene Tatverhalten: Ausprägung abhängig vom Zieldelikt.
  Bedeutung für das zukünftige Tatverhalten: Ausprägung abhängig vom Zieldelikt.

- Suchtproblematik:
  Suchtproblematik: 2 (= moderat)
  Bedeutung für das vergangene Tatverhalten: Ausprägung abhängig vom Zieldelikt.
  Bedeutung für das zukünftige Tatverhalten: Ausprägung abhängig vom Zieldelikt.

- Dissoziale Persönlichkeitsstörung:
  Dissoziale Persönlichkeitsstörung: 3 (= deutlich)
  Bedeutung für das vergangene Tatverhalten: Ausprägung abhängig vom Zieldelikt.
  Bedeutung für das zukünftige Tatverhalten: Ausprägung abhängig vom Zieldelikt.

Für jedes Zieldelikt muss also die Bedeutung des Problembereichs separat beurteilt werden.

✗ Zieldelikt: Eigentumsdelikte

  - Steuerungsfokus:
    Bedeutung für das vergangene Tatverhalten: 0 (= nicht vorhanden oder sehr gering)
    Bedeutung für das zukünftige Tatverhalten: 0 (= nicht vorhanden oder sehr gering)

  - Exhibitionistische Devianz:
    Bedeutung für vergangenes Tatverhalten: 0 (= nicht vorhanden oder sehr gering)
    Bedeutung für zukünftiges Tatverhalten: 0 (= nicht vorhanden oder sehr gering)

  - Suchtmittelproblematik:
    Bedeutung für das vergangene Tatverhalten: 3 (= deutlich)
    Bedeutung für das zukünftige Tatverhalten: 3 (= deutlich)

  - Dissoziale Persönlichkeitsstörung:
    Bedeutung für das vergangene Tatverhalten: 4 (= sehr stark)
    Bedeutung für das zukünftige Tatverhalten: 4 (= sehr stark)

✗ Zieldelikt: Exhibitionismus

- Steuerungsfokus:
  Bedeutung für das vergangene Tatverhalten: 0 (= nicht vorhanden oder sehr gering)
  Bedeutung für das zukünftige Tatverhalten: 0 (= nicht vorhanden oder sehr gering)

- Exhibitionistische Devianz: Bedeutung für vergangenes Tatverhalten: 4 (= sehr stark)
  Bedeutung für zukünftiges Tatverhalten: 4 (= sehr stark)

- Suchtproblematik:
  Bedeutung für das vergangene Tatverhalten: 0 (= nicht vorhanden oder sehr gering, keine Korrelation zu Suchtmitteleinnahmen und Exhibitionismus)
  Bedeutung für das zukünftige Tatverhalten: 0 (= nicht vorhanden oder sehr gering)

- Dissoziale Persönlichkeitsstörung:
  Bedeutung für das vergangene Tatverhalten: 2 (= moderat, allgemein fördernder Einfluss der dissozialen Persönlichkeitsstörung auf normabweichendes Verhalten, mangelnde Opferempathie etc.)
  Bedeutung für das zukünftige Tatverhalten: 2 (= moderat)

✗ Zieldelikt: Gewaltdelikte

- Steuerungsfokus:
  Bedeutung für das vergangene Tatverhalten: 4 (= sehr stark)
  Bedeutung für das zukünftige Tatverhalten: 4 (= sehr stark)

- Exhibitionistische Devianz:
  Bedeutung für das vergangene Tatverhalten: 0 (= nicht vorhanden oder sehr gering)
  Bedeutung für das zukünftige Tatverhalten: 0 (= nicht vorhanden oder sehr gering)

- Suchtmittelproblematik:
  Bedeutung für vergangenes Tatverhalten: 3 (= deutlich, erheblich erhöhte Wahrscheinlichkeit zur Manifestierung der Steuerungsproblematik bei aktuellem Suchtmittelkonsum).
  Bedeutung für zukünftiges Tatverhalten: 3 (= deutlich)

- Dissoziale Persönlichkeitsstörung:
  Bedeutung für das vergangene Tatverhalten: 1 (= gering, keine genuine Gewaltbereitschaft, kein aus dissozialen Vorstellungen abgeleitetes Recht zur Aggression gegenüber der Partnerin, im Gegensatz zum Exhibitionismus und den Einbrüchen erlebt der Täter diese Handlungen als Kontrollverlust und bedauert sie später. Eine dispositionelle Begünstigung aufgrund der dissozialen Persönlichkeit liegt daher nur leicht hintergründig vor.
  Bedeutung für das zukünftige Tatverhalten: 1 (= gering)

Das Beispiel verdeutlicht, dass bei den „Spezifischen Problembereichen" alle Problembereiche gewertet werden, die in einem relevanten Zusammenhang zu einem strafrechtlich interessierenden Verhalten des Täters stehen. Je nach Zieldelikt erfolgt eine Relativierung im Hinblick auf das jeweils zu beurteilende Rückfallrisiko durch die „Bedeutungsvariablen" in der jeweiligen Merkmalsgruppe des einzelnen „Spezifischen Problembereichs".

## 6.1. Aggressionsfokus

Der „Aggressionsfokus" beschreibt eine hohe Bereitschaft zu aggressivem Verhalten. Es liegt also eine niedrige Schwelle zur Generierung von verhaltensrelevanten Aggressionen vor. Meist zeigen Personen mit diesem Problembereich eine einschlägige Vorgeschichte, in der sie mit Problemen konfrontiert worden sind, die sich auf ihre aggressiven Handlungen zurückführen lassen. Zu beurteilen ist, ob es einen Zusammenhang zwischen Aggressionsausbrüchen und dem Tatgeschehen gibt.

### 6.1.1. Aggressionsproblematik

*Aggressionsproblematik:* Ausmaß einer aggressiven Disposition, die sich in einer generellen Problematik mit Aggression und ihren Erscheinungsformen zeigt. Zu achten ist auf Anzeichen einer Aggressionsproblematik im Verhalten, in Fantasien, Vorstellungen und Gedanken sowie in Einstellungen zu Aggressivität, die sich im Delikt oder im Alltag zeigen.

Unter der hier fokussierten deliktrelevanten Aggressivität wird eine aktiv feindselige und in ihren Erscheinungsformen destruktive Handlungsbereitschaft gegenüber Personen und Sachen verstanden. Meist ist sie assoziiert mit gewalttätigen Handlungen oder tritt als Gewalt in Erscheinung. Die „Aggressionsproblematik“ ist aber nicht deckungsgleich mit einer grundsätzlichen Gewaltbereitschaft. Einerseits ist die „Aggressionproblematik“ nicht auf die Ausdrucksform einer Gewalthandlung beschränkt, sondern umfasst ein weiteres Spektrum von Phänomenen wie beispielsweise Beleidigungen, selbstschädigendes Verhalten oder grenzverletzendes Auftreten. Andererseits ist die „Aggressionsproblematik“ im hier verstandenen Sinn stets mit einem nennenswerten affektiven Anteil, dem Wutempfinden, verknüpft. Die „Aggressionsproblematik“ kann vom Täter zwar auch idealisierend oder positiv bewertend wahrgenommen werden. Häufig finden sich gegenüber den Folgen aggressiver Handlungsweisen jedoch ambivalente bis hin zu distanzierenden Einstellungen.

Oft wird die „Aggressionsproblematik“ in vielen deliktrelevanten und alltäglichen Situationen sichtbar werden. Zudem ist häufig eine erhöhte Tendenz zu aggressiven Verhaltensweisen schon im Kindes- oder Jugendalter nachweisbar.

Eine Aggressionsproblematik zeigt sich immer im Handeln, muss aber nicht auf die Handlungsebene beschränkt bleiben. Personen mit einer Aggressionsproblematik neigen zu aggressiven Fantasien, Vorstellungen oder Gedanken. Einige von ihnen verbinden aggressives Verhalten mit positiv besetzten Attribute wie z. B. Stärke, Durchsetzungsvermögen etc. Liegt eine „Aggressionsproblematik“ vor, so werden sich sowohl in der Vorgeschichte – teilweise mit kriminellen Verhaltensweisen verknüpft –, als auch in der Beobachtung des aktuellen Verhaltens Hinweise auf diese aggressive Persönlichkeitsdisposition finden lassen.

Leitfragen:

- ✓ Neigt der Täter zu aggressiven Ausdrucksformen, z. B. zu Drohungen, Beleidigungen oder Tätlichkeiten?
- ✓ Greift er schnell zu aggressiven Handlungsmustern?
- ✓ Hat er einen erhöhten Pegel an Aggressivität gegenüber dem Durchschnitt der Bevölkerung?
- ✓ Neigt er zu ausgeprägten verbalen Attacken?

✓ Neigt der Täter zu Selbstverletzungen?

✓ Wird aus Äußerungen des Täters deutlich, dass er aggressive Verhaltensweisen als legitim oder Kennzeichen von Durchsetzungsvermögen erlebt?

✓ Sind aggressive Verhaltensweisen von starken Affekten begleitet?

### 6.1.2. Wutproblematik

*Wutproblematik:* Ausmaß an leichter Auslösbarkeit, hoher Intensität oder langer zeitlicher Dauer von Wutempfinden.
Bei einer unterschiedlichen Ausprägung der verschiedenen Aspekte des Merkmals wird die höchste Ausprägung der Bewertung zugrunde gelegt.

Eine ausgeprägte Bereitschaft Wut zu empfinden, ist ein emotionaler Teilbereich, der sich in forensischer Sicht komplizierend auf die allgemeine „Aggressionsproblematik" auswirkt. Jeder Mensch empfindet in bestimmten Situationen Wut. Die Bereitschaft, Wutgefühle zu entwickeln, ist individuell allerdings sehr unterschiedlich ausgeprägt. Bei manch einem wird ein Wutempfinden nur höchst selten und nur durch entsprechend schwerwiegende oder lang andauernde Ereignisse ausgelöst. Bei anderen ist die basale Bereitschaft, Wut zu entwickeln, so hoch, dass Anlässe von geringer Intensität bereits geeignet sind, diese Wut hervorzurufen.

Ist die Auslösbarkeit gering, die Intensität des empfundenen Gefühls aber sehr hoch, liegt ebenso eine starke Ausprägung der „Wutproblematik" vor wie in dem Fall, in dem die Intensität zwar begrenzt, aber die Auslösbarkeit so hoch ist, dass eine unübersehbare Vielzahl verschiedener Situationen immer wieder dieses Gefühl mobilisiert. Auf das gleiche Resultat kann es z. B. hinauslaufen, wenn es zwar wenige Situationen sind, in denen die Wut ausgelöst wird, dieses Gefühl aber einen sehr langen Zeitraum überdauert und sich nicht in adäquater Weise zurückbildet.

Leitfragen:

✓ Gibt es einen beständigen „Grundpegel" wütender Gefühle?

✓ Welches Ausmaß und welche Intensität hat die Wut des Täters?

✓ Lässt sich das Wutempfinden in vielen verschiedenen Situationen, vor allem aber in deliktrelevanten Bereichen, leicht auslösen?

✓ Welche Handlungsbereitschaft und welche Ausdrucksmöglichkeiten sind mit der Wut verbunden?

### 6.1.3. Feindseligkeit

*Feindseligkeit:* Ausmaß des Vorliegens feindseliger Gefühle oder der Bereitschaft des Täters, feindselige Gefühle zu entwickeln.

Dieses Phänomen lässt sich sowohl in deliktrelevanten Situationen als auch anlässlich vieler alltäglicher Situationen erkennen – wie dem Kontaktverhalten oder Positionen zu grundsätzlichen Lebensfragen.

Leitfragen:

✓ Wie reagiert der Täter auf seine Mitmenschen, auf bestimmte Situationen und auf die Welt im Allgemeinen?

✓ Neigt er in verschiedenen Situationen zur Angriffslust?

✓ Kritisiert er gerne?

✓ Erlebt sich der Täter schnell persönlich angegriffen und glaubt sich oft in einer Verteidigungssituation?

✓ Denkt und fantasiert er in vielfältigen „kämpferischen" Szenarien? Diese können Rachefantasien oder tatsächlich ausgeführte psychische oder physische Attacken beinhalten.

### 6.1.4. Bedeutung für das vergangene Tatverhalten

Bedeutungsvariablen sind Gewichtungsvariablen. Sie geben dem Problembereich ein Gewicht hinsichtlich seiner praktischen Relevanz für das Rückfallrisiko. Eine erste globale Gewichtung wird bereits in dem Moment vorgenommen, in dem sich der Untersucher entscheidet, einen spezifischen Problembereich überhaupt zu bewerten. Eine Wertung kann nur dann erfolgen, wenn der Problembereich eine (stärkere) Bedeutung für das Deliktverhalten hat. Durch die Relevanzprüfung erfolgt also eine Gewichtung aller Merkmalsgruppen der „Spezifischen Problembereiche mit Tatelevanz" nach dem Schema: Die Merkmalsgruppe ist bedeutsam für das Deliktverhalten und darum zu bewerten oder sie ist nicht (genügend) bedeutsam für das Deliktverhalten und entsprechend bei der Bewertung nicht zu berücksichtigen.

Mit den Bedeutungsvariablen wird die Relevanzprüfung verfeinert. Die Frage ist nun nicht mehr, ob der Problembereich Bedeutung für das Tatverhalten besitzt, sondern in welchem Ausmaß. Implizit ist damit auch die Frage verbunden, wie stark deliktrelevante Motivationsgrundlagen ausgeprägt sind, die sich aus dem Problembereich ergeben. Im Bedeutungsfaktor ist daher stets auch ein Determinationsaspekt enthalten, der je nach Merkmalsgruppe mehr oder weniger ausgeprägt ist.

Für jeden spezifischen Problembereich ist eine Einschätzung darüber vorzunehmen, wie ausgeprägt der Problembereich ist. Diese Einschätzung kann summarisch durch ein Merkmal erfolgen (z. B. Pädosexualität) oder sich aus der Summe mehrerer Merkmale ergeben (z. B. „Aggressionsfokus"). „Bedeutungsvariablen" ergänzen die Ausprägung mit einem Gewichtungsfaktor, der die Bedeutung und Risikorelevanz des Problembereiches widerspiegelt. Ausprägungsgrad und Gewichtung ergeben zusammen die Gesamtausprägung des jeweiligen Problembereiches, wie sie Eingang in die Berechnung des Wertes für die Hauptgruppe „Spezifische Problembereiche mit Tatrelevanz" findet.

Beide Bedeutungsvariablen sind Bestandteile aller Merkmalsgruppen unter den „Spezifischen Problembereichen". Mit beiden Merkmalen wird die Bedeutung eines Problembereichs für den Deliktmechanismus beurteilt: Zum einen wird mit dem Merkmal „Bedeutung für das vergangene Tatverhalten" eine Bewertung zum Zeitpunkt der Anlasstat vorgenommen, zum anderen wird im Merkmal „Bedeutung für das zukünkftige Tatverhalten" die Bedeutung des Problembereichs unter Berücksichtigung einer eventuellen Entwicklung für zukünftige Delikte eingeschätzt.

*Bedeutung für das vergangene Tatverhalten:* Ausmaß der Bedeutung des Problembereichs für das Zustandekommen des Zieldelikts.

Mit dem Merkmal „Bedeutung für das vergangene Tatverhalten" wird retrospektiv das Ausmaß der Bedeutung des Problembereichs für das Zustandekommen des Zieldelikts eingeschätzt. Individuell kann es unterschiedliche Problembereiche geben, die in einer sehr engen Beziehung zu einem spezifischen Tatverhalten stehen und solche, bei denen der Problembereich zwar das Tatverhalten begünstigt, aber in seiner Relevanz nur mäßig oder gar gering ausgeprägt ist. Dieses Merkmal steht mit einer Entstehungshypothese über das Tatverhalten in Zusammenhang, bzw. mit einer Vorstellung über den zugrunde liegenden Deliktmechanismus. Es beschreibt, „welchen Anteil" der bewertete Problembereich am Deliktmechanismus hat. Gleichzeitig ist damit implizit aber auch eine Aussage darüber verbunden, wie stark die Verhaltenspenetranz des Problembereiches ist. Damit ist eine Beurteilung darüber gemeint, in welchem Ausprägungsgrad eine aus dem Problembereich resultierende Handlungsmotivation eingeschätzt werden muss.

Die Stärke der Verhaltenspenetranz eines Problembereichs, also die Wahrscheinlichkeit mit der ein Problembereich zu einem Delikt oder zu einer deliktnahen Handlungsweise führt, wird als „Determinationskraft" bezeichnet. Die „Determinationskraft" wird später im „Relevanzfaktor" explizit in Bezug auf das gesamte Problemprofil, wie es sich in der Wertung der „Spezifischen Problembereiche mit Tatrelevanz" darstellt, bewertet. In den Merkmalsgruppen werden die Determinationsfaktoren aus folgendem Grund nicht explizit bewertet: Bei einigen Merkmalsgruppen ist es leicht, einen Bezug zwischen der Ausprägung des Problembereiches und einer daraus folgenden Handlungsmotivation herzustellen. So lassen sich beispielsweise aus dem „Steuerungs- oder Aggressionsfokus" in direkter Weise deliktrelevante Handlungsimpulse ableiten. Schwieriger ist dieser direkte Zusammenhang für Problembereiche wie „Mangelnde soziale Kompetenz" oder „Selbstwertproblematik". Zudem ist für die prognostische Bewertung schließlich nicht die „Determinationskraft" einer einzelnen Merkmalsgruppe entscheidend, sondern die „Determinationskraft" des gesamten Problemprofils, wie es sich in der individuellen Zusammensetzung der unterschiedlichen einzelnen Problembereiche ergibt.

Da es aber Überschneidungen zwischen der Bedeutung eines Problembereiches und seiner „Determinationskraft" gibt, kann die Verhaltenspenetranz auch bei der Bewertung der Bedeutung einer Merkmalsgruppe in gewissem Umfang einfließen. Denn es besteht folgender Zusammenhang: Ein Problembereich mit hoher Verhaltenspenetranz („Determinationskraft") hat zwangsläufig eine hohe Bedeutung. Umgekehrt gilt dies aber nicht in gleicher Weise. Ein Problembereich kann eine hohe Bedeutung für den Deliktmechanismus haben, aber eine geringe „Determinationskraft". Dies ist dann der Fall, wenn der Problembereich erst durch spezifische Faktoren „deliktrelevant aktiviert" und damit hinsichtlich der Tat handlungsrelevant wird, diese Faktoren aber nur selten vorkommen (siehe auch „Determinierungskraft" im „Relevanzfaktor").

Bei dem Merkmal „Bedeutung für das vergangene Tatverhalten" geht es um eine Einschätzung der Bedeutung des Problembereichs für das vergangene Deliktverhalten. Bei der Beurteilung ist darauf zu achten, dass nicht im Sinne eines Zirkularschlusses allein aus der Tatsache der Deliktbegehung auf eine hohe oder sehr hohe Bedeutung des Problembereichs für den Deliktmechanismus geschlossen wird. Vielmehr sind bei der Bewertung der Bedeutung des Problembereichs zumindest theoretisch anzunehmende Freiräume für alternative Handlungsverläufe ebenso zu gewichten wie die Bedeutung anderer Problembereiche.

Da grundsätzlich bei den „Spezifischen Problembereichen" nur Problembereiche bewertet werden, die Deliktrelevanz aufweisen, liegt die Ausprägung des Merkmals „Bedeutung für das vergangene Tatverhalten" meistens mindestens bei „moderat". Wenn jedoch – wie eingangs erläutert – verschiedene Anlassdelikte vorliegen, sind dieses und das folgende Merkmal mit 0 (= nicht vorhanden oder sehr gering) ausgeprägt zu bewerten, wenn der spezifische Problembereich keine Relevanz für das definierte Zieldelikt, wohl aber für ein anderes vom Täter begangenes Delikt aufweist.

Leitfragen:

✓ Wie eng ist der Zusammenhang zwischen dem Problembereich und dem zu beurteilenden Tatverhalten (Zieldelikt)?

✓ In welcher Ausprägung bzw. in welcher Stärke entstehen aus dem Problembereich deliktrelevante Handlungsmotivationen?

✓ Wie relevant ist der Problembereich für das bisherige Deliktverhalten?

✓ Wie hoch ist die Bedeutung im Vergleich zu anderen Problembereichen

✓ Welchen Anteil der Varianz der Verursachung der Tathandlungen erklärt der Problembereich?

### 6.1.5. Bedeutung für das zukünftige Tatverhalten

*Bedeutung für das zukünftige Tatverhalten:* Ausmaß der Bedeutung des Problembereichs für das Zustandekommen weiterer, dem Zieldelikt entsprechender Handlungen.

Ein anderer Blickwinkel ist bei der Beurteilung des Merkmals „Bedeutung für das zukünftige Tatverhalten" einzunehmen. Hier soll bewusst ein Entwicklungsaspekt und damit ein prognostisches Element in die Beurteilung einfließen. Ausgehend von der Kenntnis des Problembereiches wird bewertet, ob die für die Vergangenheit (bzw. zum Untersuchungszeitpunkt) eingeschätzte Bedeutung auch für die Zukunft fortgeschrieben werden muss, oder ob sich Anhaltspunkte für eine veränderte Bewertung ergeben. Eine Änderung wäre theoretisch sowohl als Verminderung als auch als Erhöhung der zum Untersuchungszeitpunkt beschriebenen Bedeutung denkbar.

Häufig ist die Bewertung der Bedeutung des Problembereichs für zukünftiges Deliktverhalten deckungsgleich mit der Ausprägung des Merkmals „Bedeutung für das vergangene Tatverhalten". Eine von der Beurteilung der „Bedeutung für das vergangene Tatverhalten" abweichende Wertung sollte auf beobachtbares Verhalten oder sehr fundierte, sichere Einschätzungen über den Täter beruhen. Es gilt sich zu verdeutlichen, dass auch wenn es sich bei dieser Wertung um eine prognostische Einschätzung handelt, das Merkmal Bestandteil des „Strukturellen Rückfallrisikos" ist. Darum muss auch die Beurteilung dieses Merkmals auf Faktoren beruhen, die aus der tatzeitnahen, vorwiegend retrospektiven Betrachtung stammen.

Eine von der Bewertung des vorangegangen Merkmals abweichende Beurteilung sollte sich u. a. auf folgende Aspekte abstützen:

- Einschätzung der Struktur und Ausprägung des Problemprofils inklusive seiner Veränderungsmöglichkeiten,
- Aspekte des Tatgeschehens bzw. sich abzeichnende Veränderungen des Problembereiches oder dessen Handlungsrelevanz,
- anzunehmende prägende Einflüsse durch die Anlasstat selbst oder deren Konsequenzen (Strafuntersuchung, Inhaftierung u. a.) – zu denken ist an Effekte wie höhergradige Sensibilisierung oder aber auch eigene Traumatisierung,
- Äußerungen oder sichtbare Verhaltensänderungen (dokumentiert oder in der Exploration) durch den (potenziellen) Täter,
- einschneidende Änderungen bei tatanlassgebenden Faktoren (Änderungen sozialer Bedingungen, spezieller Beziehungskonstellationen, Krankheit o. ä.).

Beispiel:

✗ Bei einem pädosexuellen Wiederholungstäter mit jahrelangen deliktfreien Intervallen existiert ein Zusammenhang zwischen verschiedenen situativ belastenden Faktoren und dem Ansteigen des Übergriffsrisikos. Der Täter selber hat bereits ein gewisses Einsehen in die Problematik seines Verhaltens und hat dementsprechend Versuche unternommen, den Kontakt zu Minderjährigen einzugrenzen. Dieses Bemühen ist nicht ausreichend wirksam, um das neuerliche Anlassdelikt zu verhindern. Selbstverständlich hat der Problembereich „Pädosexuelle Devianz" eine hohe Bedeutung für das neue Delikt und damit für das vergangene Tatverhalten. Es wäre aber falsch, nur aufgrund der neuerlichen Tatbegehung automatisch von einer generell geringen Steuerungsbereitschaft und/oder geringen Steuerungsfähigkeit auszugehen bzw. die jetzt feststellbare hohe Bedeutung für das vergangene Tatverhalten ungeprüft für die Zukunft fortzuschreiben. Möglicherweise hat eine erneute Inhaftierung zu einer spürbaren Distanzierung des Täters von seinen Verhaltensweisen und zu einem authentischen Wunsch nach Veränderung geführt, zumal schon aus der Vergangenheit längere deliktfreie Intervalle bekannt sind. Je nach individueller Ausgangslage wäre es legitim, diese Veränderung bei dem Merkmal „Bedeutung für das zukünftige Tatverhalten" durch eine Bewertung mit 3 (= deutlich) statt 4 (= sehr stark) zu berücksichtigen.

Leitfragen:

✓ Gibt es zum tatzeitnahen Beurteilungszeitpunkt Hinweise auf gravierende Einstellungs- oder zu erwartende Verhaltensveränderungen?

✓ Sind allgemeine Umstände erkennbar, durch die sich die Bedeutung des Problembereiches für das zukünftige Deliktverhalten verändert hat?

✓ Spricht das Tatverhalten oder sprechen anderweitige Verhaltensbeobachtungen dafür, dass sich die Bedeutung des Problembereichs in Zukunft verändern wird?

## 6.2. Chronifizierte Gewaltbereitschaft

*Chronifizierte Gewaltbereitschaft:* Ausmaß der dispositionellen Bereitschaft des Täters Gewalt anzuwenden. Die Disposition zeigt sich in der leichten Auslösbarkeit oder in der Häufigkeit oder im Schweregrad gewalttätiger Handlungen.

Die „Chronifizierte Gewaltbereitschaft" wird als eine persönlichkeitsstrukturelle Disposition zur häufigen oder schwerwiegenden Gewaltanwendung verstanden. Der Täter zeigt eine hohe Ausgangsbereitschaft Gewalt einzusetzen, um damit eigene Interessen durchzusetzen. Zwar weist die „Chronifizierte Gewaltbereitschaft" Überschneidungen zum Aggressionsfokus auf. Im Unterschied zu diesem ist bei der Gewaltbereitschaft tendenziell ein stärker instrumentelles, zweckgerichtetes Verhältnis zur Gewaltanwendung zu beobachten. Der beim „Aggressionsfokus" stets vorhandene affektive Anteil, der sich u. a. in der Merkmalsgruppe in den Merkmalen der „Wutproblematik" und „Feindseligkeit" ausdrückt, ist für die Gewaltbereitschaft nicht zwingend und oft in dieser Form gar nicht nachweisbar. Ein weiterer Unterschied besteht darin, dass die „Chronifizierte Gewaltbereitschaft" stärker als der „Aggressionsfokus" auf – zumindest potenziell strafrechtlich relevante – konkrete Gewalthandlungen in der Vergangenheit bezogen ist. Es ist stets die Entscheidung zu treffen, ob eine Tendenz zu Gewalthandlungen treffender durch den „Aggressionsfokus" oder durch die „Chronifizierte Gewaltbereitschaft" beschrieben werden kann oder welche Merkmalsgruppe die höhere Bedeutung bzw. den höheren Erklärungswert für das Deliktverhalten besitzt. Ausgeprägtere affektive Anteile und ein breiteres Spektrum allgemein aggressiver Erscheinungsformen sprechen für den „Aggressionsfokus". Eine stärkere Betonung des instrumentellen, bedürfnis- oder zweckgerichteten Einsatzes von Gewalt legt die Annahme der „Chronifizierten Gewaltbereitschaft" nahe.

Ein zweiter Überschneidungsbereich besteht zu den Merkmalsgruppen „Gewalteinsatz" und „Waffeneinsatz" in der Hauptgruppe „Tatmuster". Im Unterschied zur „Gewaltbereitschaft" in den „Spezifischen Problembereichen mit Tatrelevanz" sind „Gewalteinsatz" und „Waffeneinsatz" stärker auf Handlungsmerkmale in aktuellen und in früheren „Tatmustern" bezogen. Außerdem entfällt die für die Merkmalsgruppen in den „Spezifischen Problembereichen mit Tatrelevanz" obligatorische Gewichtung durch Bedeutungsfaktoren.

Selbstverständlich werden relevante Ausprägungen im „Aggressionsfokus" oder bei der „Gewaltbereitschaft" auch in tendenziell höheren Bewertungen in den Merkmalsgruppen „Gewalteinsatz" und möglicherweise „Waffeneinsatz" ihren Ausdruck finden.

Die „Chronifizierte Gewaltbereitschaft" zeigt sich stets in der Vorgeschichte und im Anlassdelikt des Täters. Die „Chronifizierte Gewaltbereitschaft" ist nur dann zu werten, wenn für das Zieldelikt relevante Gewalthandlungen aus der Vergangenheit bekannt sind.

## 6.2.1. Gewalteinsatz

*Gewalteinsatz:* Häufigkeit bisheriger – im Sinne der Zieldelikte relevanter – Gewalthandlungen.

Gezählt werden sämtliche zumindest potenziell strafrechtlich relevanten und im Sinne des Zieldelikts bedeutsamen Gewaltanwendungen.

Leitfragen:

✓ Ist die Gewaltanwendung ein integraler Bestandteil der Tatausführung des Zieldelikts?

✓ Wenn ja, in welchem Ausmaß ist die Gewaltanwendung ein typischer bzw. unverzichtbarer Bestandteil des Deliktverhaltens, der damit eine Wiederholungswahrscheinlichkeit nahe legt?

✓ War der tatsächliche oder mögliche Einsatz von Gewalt im Rahmen des Zieldelikts geplant oder in Kauf genommen?

✓ Wie schwer waren die Folgen der Gewaltanwendung für die Opfer?

✓ Wie entschlossen bzw. gewaltbereit wurde Gewalt angewendet?

✓ Idealisiert der Täter gewalttätige Handlungsweisen?

✓ Haben Gewaltanwendungen eine belohnende (z. B. selbstbewusstseinsstärkende) Wirkung auf den Täter?

✓ In welchem Ausmaß beschäftigt sich der Täter mit Gewalt oder idealisiert diese?

✓ Wie häufig hat er in der Vergangenheit Gewalt angewendet?

✓ Geht er Freizeitbeschäftigungen nach, in denen die Affinität zur Gewalt zum Ausdruck kommt?

✓ Ist der Täter Mitglied eines Kampfsportvereins?

✓ Gibt es aus der strafrechtlichen Vorgeschichte oder aus der Schilderung von Erlebnissen Hinweise auf das Verhältnis des Täters zur Gewalt?

✓ Wie groß ist die Neigung des Täters, mit Gewalt zu drohen oder diese einzusetzen?

✓ Sind es viele Situationen, in denen er das potenziell in Betracht zieht?

✓ Gibt es Hinweise auf den Einsatz von Gewalt im sozialen Nahraum, wie beispielsweise Partnerschaft und Familie?

Bewertungsregeln:

☞ In die Bewertung sind nicht nur strafrechtlich geahndete Vorkommnisse, sondern auch sonstige mit ausreichender Plausibilität dokumentierte Gewalthandlungen einzubeziehen (z. B. glaubwürdige Aussagen von Drittpersonen, Institutionsberichte etc.).
☞ Bislang keine nennenswerten Gewalthandlungen bekannt: 0 (= nicht vorhanden oder sehr gering)
☞ Ein- oder mehrmaliges Androhen nennenswerter Gewalthandlungen: 1 (= gering)
☞ Einmalige im Sinne des Zieldelikts relevante Gewaltanwendung: 2 (= moderat)
☞ Zweimalige im Sinne des Zieldelikts relevante Gewaltanwendung: 3 (= deutlich)
☞ Mindestens dreimalige im Sinne des Zieldelikts relevante Gewaltanwendung: 4 (= sehr stark)

### 6.2.2. Waffeneinsatz

*Waffeneinsatz:* Häufigkeit des bisherigen Einsatzes von Waffen.

Als Waffen gelten Schuss-, Stich- und Schlagwaffen sowie sämtliche andere Gegenstände, die zum Zwecke einer Gewaltanwendung mitgeführt (z. B. Baseballschläger) oder zurecht gelegt werden (z. B. Bereitlegen des Küchenmessers mit der Absicht, dieses evtl. als Waffe einzusetzen). Gegenstände, die im Rahmen einer situativen, nicht vorab geplanten oder in Kauf genommenen Eskalation als Waffe zum Einsatz kommen (z. B. eine Bierflasche bei einer Kneipenschlägerei oder eine spontan abgebrochene Autoantenne bei einem Straßenkampf), gelten nicht als Waffen.

Bewertungsregeln:

- ☞ Bislang kein „Waffeneinsatz", auch nicht zu Drohungszwecken: 0 (= nicht vorhanden oder sehr gering)
- ☞ Ein- oder mehrmaliger Einsatz von Waffen zu Drohungszwecken: 1 (= gering)
- ☞ Einmaliger „Waffeneinsatz" (z. B. Versuch des Zustechens, Schussabgabe, Schlagversuch mit als Waffe eingesetztem Gegenstand etc.): 2 (= moderat)
- ☞ Zweimaliger „Waffeneinsatz" (s. o.): 3 (= deutlich)
- ☞ Mindestens dreimaliger „Waffeneinsatz" (s. o.): 4 (= sehr stark)

Leitfragen:

- ✓ Erachtet der Täter den Waffengebrauch als eine legitime oder naheliegende Verhaltensoption?
- ✓ Gibt es Äußerungen oder Verhaltensweisen aus der Vergangenheit, die auf die Verankerung des Waffeneinsatzes als festen Bestandteil im Verhaltensrepertoire des Täters hinweisen?
- ✓ Besitzt oder sammelt der Täter Waffen?
- ✓ Trägt der Täter Waffen regelmäßig bei sich?
- ✓ Übt er den Gebrauch von Waffen oder hat einen Waffenschein?
- ✓ Idealisiert der Täter Waffen und deren Gebrauch?
- ✓ Haben Waffen eine belohnende (z. B. selbstbewusstseinsstärkende) Wirkung auf den Täter?
- ✓ Wie groß ist die Neigung des Täters, mit einer Waffe zu drohen oder diese einzusetzen?
- ✓ In wievielen Situationen zieht der Täter die Drohung mit einer Waffe oder den Einsatz einer Waffe potenziell in Betracht?
- ✓ Gibt es Hinweise auf den Einsatz von Waffen bei strafrechtlich relevanten oder auch nicht verfolgten Taten?

### 6.2.3. Schweregrad von Gewalthandlungen

*Schweregrad von Gewalthandlungen:* Ausmaß der Schwere bisheriger Gewalthandlungen im Hinblick auf das Verletzungspotenzial für Opfer.

Das Merkmal „Schweregrad von Gewalthandlungen" bei der Bestimmung des Ausprägungsgrades der „Chronifizierten Gewaltbereitschaft" mit einzubeziehen, kann kritisch diskutiert werden. So spielt es streng genommen für das Rückfallrisiko keine Rolle, wie schwer Gewalthandlungen sind, sofern es sich um den Ausprägungsgrad von Gewalt handelt, der dem für das Zieldelikt zu prognostizierenden Ausmaß entspricht. Soll z. B. das Rückfallrisiko für Körperverletzungen bestimmt werden, dann ist die Häufigkeit solcher bisheriger Gewaltanwendungen wichtiger als die Tatsache, dass es vielleicht einmal zu einer sehr schweren Gewalttat gekommen ist. Nun wird aber die Häufigkeit bisheriger im Hinblick auf das Zieldelikt relevanter Gewalthandlungen bereits unter „Gewalteinsatz" erfasst. Es ist darüber hinaus plausibel anzunehmen, dass der Schweregrad von Gewaltanwendungen auch mit der Ausprägung bzw. dem Fehlen von Hemmschwellen korreliert und damit einen Teilaspekt abbildet, der prognostische Bedeutung für die Einschätzung der Gewaltbereitschaft besitzt. Aus diesem Grund fließt dieser Aspekt gemäß dem nachfolgend dargestellten Schema mit in die Bewertung dieser Merkmalsgruppe ein.

Bewertungsregeln für das Merkmal „Schweregrad von Gewalthandlungen":

- ☞ Bislang weder Inkaufnahme, noch reale Gewalthandlungen mit schweren Verletzungen der Opfer: 0 (= nicht vorhanden oder sehr gering)
- ☞ Ein- oder mehrmals Inkaufnahme schwerer Verletzungen der Opfer, zu denen es – allerdings ohne Zutun des Täters – bislang nicht gekommen ist: 1 (= gering)
- ☞ Einmal schwere Verletzungen der Opfer als Folge von Gewalthandlungen des Täters: 2 (= moderat)
- ☞ Zweimal schwere Verletzungen der Opfer als Folge von Gewalthandlungen des Täters: 3 (= deutlich)
- ☞ Mindestens dreimal schwere Verletzungen der Opfer als Folge von Gewalthandlungen des Täters: 4 (= sehr stark)

Als schwere Verletzungen werden sämtliche Verletzungen gewertet, die zumindest theoretisch eine Krankenhausbehandlung notwendig machen oder zu merklichen Beeinträchtigungen der Lebensqualität über einen Zeitraum von mehr als 2 Wochen führen. Tötungen werden ebenfalls als schwere Verletzung gezählt, wobei stets zu prüfen ist, ob der Problembereich dann nicht angemessener in der Merkmalsgruppe „Chronifizierte Tötungsbereitschaft" zu bewerten ist.

### 6.2.4. Gewalthandlungen im Jugendalter

*Gewalthandlungen im Jugendalter:* Häufigkeit von Gewalthandlungen des Täters bis zum 18. Lebensjahr. Es werden die Gewalthandlungen gezählt, die hinsichtlich des Zieldelikts als relevant zu betrachten sind.

Die Häufigkeit im Sinne des Zieldelikts relevanter „Gewalthandlungen im Jugendalter" ist ein Hinweis auf die Entwicklung einer „Chronifizierten Gewaltbereitschaft" und deutet auf eine frühe entsprechende Prägung hin. Dies ist vor allem dann anzunehmen, wenn sich gewalttätige Handlungen mit einer mehr oder minder erkennbaren Kontinuität auch im Erwachsenenalter fortsetzen. Sofern eine unzureichende Informationsbasis vorliegt, um diesen Punkt zu beurteilen, erfolgt eine Wertung mit 0 (= nicht vorhanden oder sehr gering). Ansonsten wird der Ausprägungsgrad anhand des nachfolgend dargestellten Schemas bestimmt.

Bewertungsregeln für das Merkmal „Gewalthandlungen im Jugendalter":

- ☞ Keine im Sinne des Zieldelikts relevanten Gewalthandlungen bis zum 18. Lebensjahr des Täters: 0 (= nicht vorhanden oder sehr gering)
- ☞ Eine im Sinne des Zieldelikts relevante „Gewalthandlung des Täters im Jugendalter": 1 (= gering)
- ☞ Zwei im Sinne des Zieldelikts relevante Gewalthandlungen des Täters in der Jugendzeit: 2 (= moderat)
- ☞ Drei im Sinne des Zieldelikts relevante Gewalthandlungen des Täters: 3 (= deutlich)
- ☞ Mindestens vier im Sinne des Zieldelikts relevante Gewalthandlungen des Täters: 4 (= sehr stark)

### 6.2.5. Gewalt als Handlungsstrategie

*Gewalt als Handlungsstrategie:* Es wird bewertet, inwieweit Gewalt im Denken des Täters ein legitimes Mittel in Handlungsstrategien darstellt. Besonders zu denken ist hierbei an Konfliktsituationen, in denen Gewalt als mögliche Reaktion für den Täter grundsätzlich in Frage kommt bzw. „Gewalt als eine Handlungsstrategie" zum Erreichen gesteckter Ziele und in diesem Sinne als zweckgerichtete und instrumentell eingesetzte Verhaltensoption etabliert ist.

Dieses Merkmal kommt in identischer Form auch in der Merkmalsgruppe „Gewalteinsatz" in der Hauptgruppe „Tatmuster" vor. Als Gewalt werden hier sowohl das Anwenden physischer Gewalt als auch deren Androhung verstanden.

Die Orientierung erfolgt an der o. g. Definition. Es soll die Ausprägung einer Verhaltensoption bewertet werden. In welchem Ausmaß ist für den Täter die Anwendung von „Gewalt eine naheliegende Handlungsstrategie", um Konflikte zu lösen oder eigenen Bedürfnissen Geltung zu verschaffen?

Beispiele:

- ✗ Vielleicht wird ein Täter einen mehr aggressionsbetonten und egozentrischen Zugang zur Gewaltanwendung haben, in dem ihm die Bedürfnisse anderer Menschen wenig wichtig sind, er von der Legitimität eigener Ansprüche überzeugt ist („Der Zweck heiligt die Mittel.") oder für ihn Grenzverletzungen zu einem üblichen Verhaltensrepertoire gehören.
- ✗ Vielleicht wird der Täter einen möglichen „Gewalteinsatz" aber auch als Schutz- bzw. Verteidigungsmaßnahme deklarieren und dies möglicherweise auch so empfinden. Wie Gewaltanwendung durch den Täter in einer Legitimitätsüberlegung begründet wird, ist für die Bewertung unerheblich. Das Merkmal soll lediglich die Ausprägung dokumentieren, in der Gewaltanwendung eine dem Täter vertraute, als legitim und nützlich erlebte Handlungsweise darstellt. Anhand von Äußerungen oder früheren Verhaltensweisen ist zumeist erkennbar, wie nahe einem Täter die Anwendung von Gewalt als eine selbstverständliche Verhaltensoption liegt. Die eigenen Legitimationsstrategien hierzu mögen unterschiedlich sein und bisweilen sogar von äußerer Distanzierung von Gewalt zeugen. Solche Kognitionen können sein:

- „Ich habe mit Gewalt gedroht, weil ich weitere Gewalttätigkeiten vermeiden wollte."
- „Ich habe Gewalt nur angewendet, um den anderen einzuschüchtern, weil er keine andere Sprache versteht."
- „Es ist in unserer Gegend so üblich, Teil unserer Kultur, eine Frage der Ehre etc., dass man sich handgreiflich wehrt."

In der Vorgeschichte werden sich möglicherweise Delikte finden lassen, in denen Gewalt z. B. als Mittel zur Drohung verwendet wurde. Bei mehreren Delikten in der Vergangenheit kann es aufschlussreich sein zu prüfen, wie häufig es zu Gewalthandlungen kam.

Leitfragen:

✓ Hat der Täter die Tendenz, bei Konflikten oder drohenden Konflikten den Einsatz von Gewalt in seine Handlungsstrategien einzubeziehen?

✓ Erachtet der Täter Gewaltanwendung als eine legitime naheliegende Verhaltensoption?

✓ Welche Rolle spielt Gewaltanwendung im Denken des Täters?

✓ Wie hoch ist eine grundsätzliche Bereitschaft des Täters zur Gewaltanwendung in für ihn relevanten Situationen einzuschätzen?

✓ Gibt es Äußerungen oder Verhaltensweisen aus der Vergangenheit, die die Verankerung der Gewaltanwendung als festen Bestandteil im Verhaltensrepertoire des Täters nahe legen?

### 6.2.6. Bedeutung für das vergangene Tatverhalten

*Bedeutung für das vergangene Tatverhalten:* Ausmaß der Bedeutung des Problembereichs für das Zustandekommen des Zieldelikts.

Eine genaue Erläuterung dieses Merkmals ist unter dem gleichnamigen Merkmal in der Merkmalsgruppe „Aggressionsfokus" aufgeführt und kann auf die Anwendung dieses Merkmals übertragen werden.

### 6.2.7. Bedeutung für das zukünftige Tatverhalten

*Bedeutung für das zukünftige Tatverhalten:* Ausmaß der Bedeutung des Problembereichs für das Zustandekommen weiterer, dem Zieldelikt entsprechender Handlungen.

Eine genaue Erläuterung dieses Merkmals ist unter dem gleichnamigen Merkmal in der Merkmalsgruppe „Aggressionsfokus" aufgeführt und kann auf die Anwendung dieses Merkmals übertragen werden.

## 6.3. Tötungsbereitschaft

Die „Tötungsbereitschaft" ist eine Persönlichkeitsdisposition, die dazu führt, dass der Täter den möglichen Tod seines Opfer anstrebt, als attraktiv empfindet oder in Kauf nimmt. Der Problembereich der „Tötungsbereitschaft" liegt nicht vor, wenn tötungsnahe Handlungen primär als situatives einzelfallspezifisches Reagieren verstanden werden können. Die Disposition zeigt sich dementsprechend entweder auch in deliktunabhängigen Verhaltensweisen oder sie ist ein regelhaft bei Deliktbegehungen vorkommendes Element des Handlungsmusters in Form gewalttätiger Handlungen.

Für die Bewertung ist es unerheblich, ob ein Opfer tatsächlich zu Tode kam oder aber der Tod möglich gewesen wäre und aber nur aufgrund von Faktoren nicht eingetreten ist, die unabhängig vom Täter sind. Solche Faktoren bestehen z. B. in der erfolgreichen Behandlung eines Opfers, das in Lebensgefahr schwebte, dessen Tod der Täter aber in Kauf genommen hätte. In gleicher Weise sind auch Delikte zu bewerten, in denen es zum Abbruch der Gewalthandlung kam, weil etwas Unvorhergesehenes geschah, es aber zu einer lebensgefährlichen Verletzung des Opfers gekommen wäre, wenn die Handlungen des Täters nicht unterbrochen worden wären. Keineswegs liegt bei jedem zumindest einmaligem Tötungsdelikt eine solche grundlegende Disposition vor.

Die in die Planung der Tat eingebettete, beabsichtigte oder bewusst in Kauf genommene Tötung spricht häufig für eine Persönlichkeitsdisposition, die auch in anderen Situationen in ähnlicher Weise zum Ausdruck kommen könnte. Umgekehrt: Umso spezifischer die situativen Faktoren sind, die eine relevante Rolle für die tötungsnahen Tathandlungen spielen, umso weniger beabsichtigt bzw. in Kauf genommen die Tötung des Opfers ist, desto unwahrscheinlicher ist das Vorliegen einer „Tötungsbereitschaft".

Beispiele:

✗ Handlungen mit Vorliegen einer Tötungsbereitschaft:

- Bei einem Täter, der ein Delikt mit einem zufällig ausgewählten Opfer plant und dabei die Tötung beabsichtigt oder in Kauf nimmt, ist in aller Regel von einer relevant ausgeprägten „Tötungsbereitschaft" auszugehen.

- Einem Bankräuber geht es in seiner Hauptmotivation darum, Geld zu rauben. Schusswaffen führt er nach eigener Ansicht nur zur Abschreckung und als Drohungsmittel mit sich. Die Tötung von Angestellten ist nicht bewusster Teil der Planung des Banküberfalls. Allerdings neigt der Täter dazu, in Situationen, in denen er sich in die Enge getrieben fühlt, „kopflos" zu reagieren und sich so schnell und nachdrücklich wie möglich aus dieser Situation zu befreien. Er trägt auch außerhalb von deliktischen Handlungen eine Schusswaffe mit sich. Diese hat er bereits zweimal zur Drohung in Situationen eingesetzt, in denen er wütend war. Einmal macht er bei einem Banküberfall von der Schusswaffe Gebrauch, als er das Gefühl hat, eine Angestellte würde den Alarmknopf drücken. Dem Täter geht es nicht generell um die Tötung von Opfern. Aber es ist aufgrund der Handlungsmuster und der Vorgeschichte bekannt, dass er mit sehr kurzer Entschlusszeit nahezu reflexartig von der Schusswaffe Gebrauch macht, wenn er in einer Situation in der Gefahr ist, die Kontrolle zu verlieren. Ob das Opfer dann zu Tode kommt oder nicht, ist von zufälligen, nicht näher vorab bestimmbaren Faktoren abhängig.

- Bei einem anderen Täter besteht eine ausgeprägte sadistische Stimulierbarkeit. Diese bleibt überwiegend auf die Fantasie beschränkt. In zwei Fällen gibt es aber sexuell gewalttätige Übergriffe. Dabei

Bewertungsregel für das Merkmal „Tötungsbereitschaft ":

☞ Der Bewertung soll das Anlassdelikt oder das Delikt zugrunde liegen, bei dem die Tötungsbereitschaft am deutlichsten zum Ausdruck kommt und das demselben Deliktmechanismus folgt wie das Zieldelikt.

verletzt der Täter die Opfer zwar, geht aber in der Realität nicht so weit wie in der Fantasie, in der er sich bereits oft die Tötung seines Opfers vorstellt und dies als erregend und damit attraktiv empfindet.

- Ein anderer Täter verletzt seine Freundin mit mehreren Messerstichen. Sie ist schwer verletzt, kann aber durch eine rechtzeitige Behandlung gerettet werden. Hintergrund ist eine Trennungssituation, in der der Täter ohnmächtige Wut und damit verbundene Rachegefühle empfindet. Diese affektive Konstellation verbunden mit dem Wunsch, die Freundin gewalttätig zu bestrafen, bisweilen gepaart mit dem Wunsch, sie zu töten, kann bei dem Täter im Prinzip in jeder Trennungssituation erneut auftreten. Er selber erlebt dieses Empfinden zwar als völlig persönlichkeitsfremd, beschreibt aber in Trennungssituationen Gefühle, gegen die er sich kaum zur Wehr setzen könne. Bereits einmal – bei der eben erwähnten letzten Trennung – setzt der Täter dies mit einer Waffe in die Tat um. Obwohl er sich ansonsten von Gewalt deutlich distanziert und noch in keiner anderen Situation aktiv Gewalt angewendet hat, ist eine Persönlichkeitsdisposition vorhanden. Denn die Konstellation der Ausgangssituation, die zu Tötungsabsichten oder zumindest zur Inkaufnahme von Tötungen führte ist wenig spezifisch, weil sie im weiteren Leben des aktuell 22-jährigen Mannes noch oft auftreten kann.

✗ Tötungshandlung ohne Vorliegen einer Tötungsbereitschaft:

- Ein anderer Täter lebt seit vielen Jahren im Drogenmilieu, dies allerdings sozial relativ kompensiert. Zur Verteidigung trägt er häufig eine Schusswaffe, wobei er diese lediglich als letztes Selbstverteidigungsmittel ansieht. Bis auf das nachfolgend beschriebene Anlassdelikt hat er zuvor von dieser Schusswaffe noch nie Gebrauch gemacht. Der Täter distanziert sich von Gewalt und vertritt, wie dies auch durch verschiedene Beschreibungen von Drittpersonen nachweisbar ist, eher die Auffassung, „der Klügere gibt nach“. Einige Wochen vor dem Anlassdelikt zieht in der wenig bevorzugten Wohngegend, in der der Täter lebt, in unmittelbarer Nachbarschaft ein unberechenbarer Schläger ein. Wegen Nichtigkeiten kommt es zu drei Vorfällen. Zweimal wird der Täter von seinem neuen Nachbarn heftig mit der Faust ins Gesicht geschlagen. Ein Anlass besteht z. B. darin, dass dieser sich auf der Treppe durch einen Blick provoziert fühlt. Als die Freundin des späteren Täters ihm berichtet, dass sie ebenfalls von dem Nachbarn zunächst wüst beschimpft und dann geschlagen worden sei, spürt er Wut, lässt die Angelegenheit aber zunächst auf sich beruhen. Nach einem zweiten ähnlich gelagerten Vorfall, bei dem seine Freundin aufgelöst zu ihm in die Wohnung kommt und ihm von einem neuerlichen Zwischenfall berichtet, steckt er sich seine Schusswaffe in den Hosenbund und will den Nachbarn zur Rede stellen. Die Waffe führt er – durch die spätere Tatrekonstruktion und die Aussage von Drittpersonen durchaus glaubhaft bestätigt – als Selbstverteidigungsmöglichkeit mit sich, weil er die Gewalttätigkeit des Nachbarn fürchtet. Den Einsatz der Schusswaffe möchte er aber nach Möglichkeit vermeiden und sich im Zweifelsfall sogar eher in Sicherheit bringen, falls sich die Situation zuspitzen würde. Als der Täter den Nachbarn zur Rede stellt, schlägt dieser sofort zu. Es ergibt sich ein Handgemenge, in dessen Verlauf der Täter die Waffe aus dem Hosenbund zieht und nach mehrfachen Verwicklungen und gewaltätigen Auseinandersetzungen, in die auch noch die Freundin des Nachbarn eingreift, mehrere Schüsse abgibt. Einige Schüsse werden später in der Treppenhausdecke gefunden. Ein während des Gerangels gezielt abgegebener Schuss auf den Nachbarn führt zu dessen Tode. Durch eine andere Schussabgabe, die weniger gezielt im Rahmen des Handgemenges erfolgt, wird die Freundin des Nachbarn getötet. Die hier kurz geschilderten Abläufe sind in dieser Weise plausibel und werden durch die Tatrekonstruktion und Aussagen von Drittpersonen gestützt. Der Täter zeigt sich durch die eigene Tat traumatisiert und distanziert sich prinzipiell von Gewaltanwendung. Ohne die genaue prognostische Bewertung dieses Falles hier darlegen zu können, ist bei diesem Täter keine Tötungsdisposition zu bewerten. Zwar kann argumentiert werden, dass durch den Selbstverteidigungswunsch und das Mitführen der Waffe mit höherer Wahrscheinlichkeit Situationen entstehen können (zumal sich der Täter im Drogenmilieu bewegt), in denen es zu Eskalationen kommen kann. Andererseits distanziert sich der Täter aber in solchen Fällen von Gewalt, sieht seine Waffe als Ultima Ratio zur Selbstverteidigung an und setzte sie vor dem beschriebenen Delikt nie ein. Zudem ist die Anlasstat durch verschiedene spezifische, stark situativ geprägte Umstände gekennzeichnet. Gesamthaft kann – auch wenn der Täter bezüglich weiterer Gewaltanwendungen nicht als völlig problemlos eingeschätzt werden kann – nicht davon gesprochen werden, dass eine genuin mit der Persönlichkeit verbundene Disposition im Sinne der Tötungsbereitschaft besteht, durch die er (regelmäßig) entweder durchgehend oder in bestimmten Situationen eine Tötungsabsicht verfolgt, tötungsnahe Handlungen als attraktiv erlebt oder Tötungsimpulsen regelmäßig keinen ausreichenden Widerstand mehr entgegensetzen kann. In der Abwägung der geschilderten Grunddisposition gegenüber spezifischen, situativ geprägten Umständen ist hier eine allfällige Disposition zu schwach und sind situative Faktoren zu stark ausgeprägt, als dass von einer persönlichkeitsstrukturell verankerten Tötungsbereitschaft gesprochen werden könnte.

## 6.3.1. Persönlichkeitsdisposition für Tötungsbereitschaft

*Persönlichkeitsdisposition für Tötungsbereitschaft:* Ausmaß zeitlich stabiler Persönlichkeitsmerkmale, die einer grundsätzlichen Bereitschaft des Täters für tötungsnahe Handlungen entsprechen.

Zusammenfassend ist die Persönlichkeit des Täters anhand der Frage zu beurteilen, ob bei ihm eine grundsätzliche Disposition für Tötungshandlungen besteht. Das kann z. B. der Fall sein, wenn ein Täter die Tötung eines Widersachers oder Opfers grundsätzlich als eine legitime Möglichkeit oder sogar als ein angestrebtes Ziel ansieht. Es kann sein, dass ein Täter mit dieser Vorstellung eine emotional-stimulierende Qualität (Lust, Machtgefühl usw.) empfindet und tötungsnahe Handlungen demnach einem inneren Bedürfnis entsprechen und zumindest situativ als attraktiv erlebt werden.

Beispiele:

- ✗ *Hohe Ausprägung:* Die „Persönlichkeitsdisposition für Tötungsbereitschaft“ kann als besonders hoch angesehen werden, wenn der Täter den Tod des Opfers beabsichtigt oder durch den Tod sogar stimuliert wird. Auch die bewusste Inkaufnahme eines tödlichen Ausganges deliktischer Handlungen kann als mindestens deutlich ausgeprägte „Persönlichkeitsdisposition für Tötungsbereitschaft“ gewertet werden.
- ✗ *Geringe Ausprägung:* Von einer geringeren Ausprägung ist immer dann auszugehen, wenn das Tatgeschehen stärker durch situative Faktoren gekennzeichnet ist, die vom Täter in dieser Form nicht konstelliert werden, so dass die Tötungshandlung weniger den persönlichen Eigen-

Bewertungsregel für das Merkmal „Persönlichkeitsdisposition für Tötungsbereitschaft“:

☞ Bei der Einschätzung soll jenes Delikt in besonderer Weise gewichtet werden, bei dem eine Tötungsbereitschaft am ausgeprägtesten erkennbar war. Stellen Sie bei Ihren Überlegungen einen Bezug zu Persönlichkeitseigenschaften her, die unabhängig vom Tatverhalten existieren oder in tötungsnahen Handlungen Ihren Ausdruck finden.

schaften des Täters, als vielmehr speziellen spezifischen Umständen zuzuordnen ist. Immer ist aber zu fordern, dass die „Tötungsbereitschaft“, wenn sie als solche gewertet wird, auf persistierende Persönlichkeitsaspekte zurückzuführen ist und nicht vollständig als situativ determinierte Reaktion oder als eine vorwiegend situativ geprägte Handlungssequenz zu verstehen ist. Die „Tötungsbereitschaft“ ist also als gering oder gar als nicht gegeben einzuschätzen, wenn es sich kaum oder nicht um eine grundsätzlich vorhandene Persönlichkeits- und Verhaltensdisposition handelt.

Leitfragen:

✓ Ist bei dem aktuellen Delikt das Opfer gestorben?

✓ Hätte das Opfer bei dem aktuellen Delikt sterben können?

✓ Hat der Täter den Tod des Opfers billigend in Kauf genommen oder gar beabsichtigt?

✓ Korreliert die tötungsnahe Handlung mit spezifischen Persönlichkeitseigenschaften des Täters?

✓ Entspricht die tötungsnahe Handlung einer inneren, zeitlich stabilen, nicht nur situativ geprägten Motivationslage des Täter?

✓ Sind tötungsnahe Verhaltensaspekte erkennbar, die über die einzelne Situation im Sinne eines Musters bzw. einer typischen Handlungsdisposition hinausweisen?

✓ Sind tötungsnahe Handlungen aus der Vergangenheit bekannt?

✓ Zeigt sich eine progrediente Entwicklung, die auf eine sich verstärkende Realisierungstendenz hindeutet? Oder ist umgekehrt eine rückläufige Realisierungstendenz festzustellen?

✓ Gibt es aus der Vorgeschichte des Täters Hinweise auf entsprechende Fantasien?

✓ Reagiert er mit Todesdrohungen oder hat er in der Vergangenheit entsprechende Verhaltensweisen gezeigt?

✓ Hat bereits die Vorstellung zu töten in irgendeiner Weise Attraktivität für den Täter?

## 6.3.2. Lustgewinn durch tötungsnahe Handlungen

*Lustgewinn durch tötungsnahe Handlungen:* Ausmaß, in dem tötungsnahe Handlungen für den Täter mit einem subjektiv positiven Erleben verbunden sind.

Hier ist noch einmal konkret zu beurteilen, in welchem Ausmaß sich der Täter durch tötungsnahe Handlungen stimuliert fühlt oder diese einem emotional als attraktiv wahrgenommenen Erleben entsprechen. Dies kann offensichtlich bei sadistisch strukturierten Tätern der Fall sein, die durch Gewaltanwendung bis hin zur Tötung einen Lustgewinn erzielen. Emotionale Stimulierung kann aber auch bei Tätern eine Rolle spielen, die sich dadurch in ihrem Dominanz- oder Machtgefühl gestärkt fühlen oder sich in dem Bild des unerschrockenen, harten Kämpfers inszenieren.

In aller Regel sind Hinweise auf eine affektive Stimulierung bzw. ein positives Empfinden in Verbindung mit tötungsnahen Handlungen durch die Analyse des Handlungsablaufes im Delikt erkennbar. Möglicherweise wird der Täter dies entsprechend kommentieren. Es kann sich bei solchen Kommentaren um zustimmende oder positiv besetzte Äußerungen zu eigenen tötungsnahen Handlungen oder denen anderer Personen handeln. Vielleicht werden tötungsnahe Handlungen z. B. als nachahmenswert bezeichnet, als Ausdruck von Stärke und Unerschrockenheit gewertet, als erregend oder als eine Reaktion, die in einer bestimmten Situation „angebracht" oder eine „Frage der Ehre" sei und daher mit einem dementsprechend positiven Empfinden verbunden sind. Neben den Äußerungen des Täters kommt die affektive Attraktivität solcher Handlungen meist in der Art der Ausgestaltung bestimmter Verhaltenssequenzen (Sadismus, Macht, Kontrolle etc.) zum Ausdruck.

Leitfragen:

- ✓ Wird der Täter durch tötungsnahe Handlungen emotional stimuliert?
- ✓ Genießt der Täter tötungsnahe Handlungen, weil diese ihm ein von ihm positiv erlebtes und darum angestrebtes Gefühl der Macht oder Kontrolle bieten?
- ✓ Sind im Tatablauf sadistische Elemente identifizierbar?

### 6.3.3. Niedrige Hemmschwelle für tötungsnahe Handlungen

*Niedrige Hemmschwelle für tötungsnahe Handlungen:* Ausmaß der grundsätzlichen Bereitschaft des Täters zu tötungsnahen Handlungen sowie des Fehlens von Kontrollfähigkeit oder -bereitschaft.

Es empfiehlt sich, die einschlägige strafrechtliche Vorgeschichte ebenso zu berücksichtigen, wie die Schilderungen von Drittpersonen oder des Täters selbst. Die niedrige Hemmschwelle orientiert sich an beobachtbarem Verhalten und rückt die „leichte Auslösbarkeit" einer tötungsnahen Handlungsweise in den Beurteilungsfokus.

Leitfragen:

- ✓ Wie leicht und wie schnell sind exzessive Gewalthandlungen, in denen Tötungen möglich sind, auslösbar?
- ✓ Gibt es eine grundsätzliche moralische Barriere gegen tötungsnahe Handlungen, bzw. ist sie regelmäßig in bestimmten Situationen außer Kraft gesetzt?
- ✓ Neigt der Täter dazu, andere Menschen auch bei verhältnismäßig geringen Anlässen ernsthaft mit dem Tode zu bedrohen?
- ✓ Sind gegen tötungsnahe Handlungen gerichtete Kontrollbemühungen erkennbar oder ist ein Fehlen von Kontrollfähigkeit oder -bereitschaft festzustellen?

### 6.3.4. Bedeutung für das vergangene Tatverhalten

*Bedeutung für das vergangene Tatverhalten:* Ausmaß der Bedeutung des Problembereichs für das Zustandekommen des Zieldelikts.

Eine genaue Erläuterung dieses Merkmals ist unter dem gleichnamigen Merkmal in der Merkmalsgruppe „Aggressionsfokus“ aufgeführt und kann auf die Anwendung dieses Merkmals übertragen werden.

### 6.3.5. Bedeutung für das zukünftige Tatverhalten

*Bedeutung für das zukünftige Tatverhalten:* Ausmaß der Bedeutung des Problembereichs für das Zustandekommen weiterer, dem Zieldelikt entsprechender Handlungen.

Eine genaue Erläuterung dieses Merkmals ist unter dem gleichnamigen Merkmal in der Merkmalsgruppe „Aggressionsfokus“ aufgeführt und kann auf die Anwendung dieses Merkmals übertragen werden.

## 6.4. Pyromanie

### 6.4.1. Pyromanie

*Pyromanie:* Ausmaß einer Persönlichkeitsdisposition, bei der Feuer und Brandlegungen besondere Attraktivität besitzen.

Die „Pyromanie“ bezeichnet eine Persönlichkeitsdisposition, die sich dadurch auszeichnet, dass Feuer und Brandlegungen für den Täter eine besondere Attraktivität besitzen.

Die „Pyromanie“ ist im ICD-10 als ein Verhalten gekennzeichnet, das durch häufige anscheinend unmotivierte vollendete oder versuchte Brandstiftungen an Häusern oder an anderen Objekten charakterisiert ist. Ferner ist eine Beschäftigung festzustellen mit allem, was mit Feuer in Zusammenhang steht. „Die betreffenden Personen interessieren sich auch übermäßig für Löschfahrzeuge und Gegenstände zur Brandbekämpfung sowie für andere mit Feuer in Verbindung stehende Themen und alarmieren die Feuerwehr." (ICD-10 F 63.1)[82].

Die Definition des pyromanischen Fokus im Rahmen der „Spezifischen Problembereiche" ist nicht deckungsgleich mit der Definition der ICD-10 [82]. „Pyromanie" liegt vor, wenn Brandstiftung ein persönliches Reaktionsmuster ist, starkes Interesse an der Beobachtung von Bränden vorliegt und/oder die Person über Gefühle zunehmender Anspannung vor und Erregung nach der Tat berichtet. Diese gegenüber der ICD-10 etwas erweiterte Definition schließt keineswegs aus, dass bei einer Brandbegehung Motive wie z. B. Rache eine Rolle spielen. Wesentlicher ist aber, dass es sich um ein Handlungsmuster handelt, das für den Täter attraktiv ist und auf das er in bestimmten Situationen oder emotionalen Verfassungen zurückgreift. Gemäß dieser Definition werden sich bei einer ausgeprägten „Pyromanie" entweder eine Vielzahl von Brandstiftungen in der Vergangenheit zeigen oder aber eine einzelne Brandstiftungstat ist so ausgeprägt, dass damit ein typisches, mit der Persönlichkeit des Täters verbundenes Muster nahe gelegt wird. Nicht selten ist die pyromanische Disposition mit einem Impulssteuerungsdefizit oder einer höheren Frustrationsintoleranz verknüpft.

Beispiele:

- ✗ Einmalige, schwere Brandlegung mit großem Sachschaden oder der Gefährdung von Leben. Der Täter beabsichtigt bewusst das Anrichten eines großen Sachschadens und die Gefährdung von Leben oder nimmt dies billigend in Kauf. In der Brandstiftung drückt sich ein starkes emotionales Interesse des Täters aus (Rache, Aufsehen erregen, Kompensation von Frustration, Spannungsabbau etc.), wodurch eine Wiederholungsgefahr in vergleichbaren Situationen nahe gelegt wird. Auch wenn es sich in diesem Fall „nur" um eine einmalige Brandstiftung handelt, ist die Intensität der Tat und der mit ihr verbundenen Emotionen Anhaltspunkt für ein mit der Persönlichkeit verbundenes Reaktionsmuster.
- ✗ Täter, die häufig bzw. durch beliebige Situationen ausgelöst den Impuls verspüren, Brände zu legen. Dies kann sich in häufigen Ankündigungen zeigen oder in einer Vielzahl konkreter Tathandlungen, z. B. Brandstiftungen bei Scheunen, Gartenhäusern u. a.
- ✗ Deutlich erkennbare Faszination des Täters für Feuer und mit Feuer

zusammenhängende Phänomene (Rettungsarbeiten, Faszination durch Kaminfeuer, Bericht über Brandkatastrophen etc.) in alltäglichen Situationen. Diese Faszination korreliert mit häufigen oder schwerwiegenden Tathandlungen.

Leitfragen:

✓ Ist eine Tendenz zu Brandstiftungen im Sinne eines Handlungs- bzw. Reaktionsmusters des Täters anhand der deliktischen Vorgeschichte oder anhand der Anlasstat erkennbar? Hat sich dieses wiederholt gezeigt?

✓ Können unspezifische, häufig vorkommende auslösende Stimuli dazu führen, dass der Täter Brandstiftungen begeht? Wie leicht kann dieses Verhalten ausgelöst werden? Wie hoch ist demnach die Reaktionsbereitschaft?

✓ Besteht in diesem Sinne eine geringe Hemmschwelle für Brandstiftungen?

✓ Ist das Verhältnis des Täters zu Feuer durch Faszination, Stimulierung oder sexualisierte Komponenten gekennzeichnet?

✓ Kommentiert der Täter Brandstiftungen positiv oder sind nonverbale Zeichen innerlich erlebter Attraktivität erkennbar?

## 6.4.2. Bedeutung für das vergangene Tatverhalten

*Bedeutung für das vergangene Tatverhalten:* Ausmaß der Bedeutung des Problembereichs für das Zustandekommen des Zieldelikts.

Eine genaue Erläuterung dieses Merkmals ist unter dem gleichnamigen Merkmal in der Merkmalsgruppe „Aggressionsfokus" aufgeführt und kann auf die Anwendung dieses Merkmals übertragen werden.

## 6.4.3. Bedeutung für das zukünftige Tatverhalten

*Bedeutung für das zukünftige Tatverhalten:* Ausmaß der Bedeutung des Problembereichs für das Zustandekommen weiterer, dem Zieldelikt entsprechender Handlungen.

Eine genaue Erläuterung dieses Merkmals ist unter dem gleichnamigen Merkmal in der Merkmalsgruppe „Aggressionsfokus" aufgeführt und kann auf die Anwendung dieses Merkmals übertragen werden.

# 6.5. Sadistische Devianz

## 6.5.1. Sadismus

*Sadismus:* Ausmaß des Vorliegens von folgendem Tat-, Reaktions- und Erlebensmuster: Eine Handlung des Erniedrigens, Quälens oder sonstigen Schädigens löst eine Reaktion des Opfers aus. Die Wahrnehmung dieser Reaktion löst bei dem Täter eine subjektiv positiv erlebte affektive Resonanz aus.
Das Schema des Sadismus lautet also: Aktion ➛ Reaktion ➛ Emotion.

Bisweilen wird der Begriff des „Sadismus" inflationär gebraucht. Es lohnt sich, diesen aber von der Handlungsqualität „Grausamkeit" abzugrenzen. Zwar wird eine sadistische Handlung in vielen Fällen grausam sein. Nicht jede grausame Handlung ist allerdings sadistischen Ursprungs. Sadismus setzt voraus, dass eine „irgendwie geartete" Beziehung zwischen Täter und Opfer zumindest während der sadistischen Handlung zustande kommt. Der sadistische Täter sucht in seinen Handlungen ein Feedback, eine Reaktion des Opfers. Sein Handeln soll etwas bestimmtes beim Opfer auslösen, was er als Feedback registrieren will.

„Sadismus" in der hier verwandten Bedeutung liegt dann vor, wenn Quälen und Erniedrigen in irgendeiner Weise mit einem bewusstseinsnahen affektiven Gewinn verbunden sind. In dieser Definition liegt der affektive Gewinn nicht notwendigerweise in einer sexuellen Stimulierbarkeit, kann diese aber einschließen.

Beispiel:

✗ Ein Täter misshandelt oder erniedrigt das Opfer. Es kann sein, dass er als Ergebnis seiner Handlungen Schmerzschreie hören oder Angst in den Augen des Opfers sehen will. Dies mag in ihm, im Rahmen des sexuell motivierten Sadismus, eine Resonanz der sexuellen Stimulation erzeugen. Es kann aber – auch gemäß der oben dargelegten Definition – eine andere für ihn positiv affektive Reaktion im Täter ausgelöst werden. Vielleicht ist es ein Überlegenheitsgefühl, vielleicht verspürt er eine stimulierende Aufregung, vielleicht kann er lang gehegte Rachegefühle wie durch ein Ventil entladen und erlebt affektiv eine „angenehme" Erleichterung.

Liegen in einer Handlung sadistische Elemente vor, so ist immer davon auszugehen, dass es entsprechende vorausgehende Fantasien des Täters gibt. Sadistische Handlungen, die dem oben beschriebenen Schema folgen, entwickeln sich nie nur „quasi zufällig" aus dem Moment heraus. Gerade Täter, die keine Offenheit bezüglich ihrer sadistischen Motivation zeigen, neigen dazu, jegliche Fantasien oder anderweitig vorausgehende Vorstellungen zu verneinen. Der erfahrene Untersucher hat allerdings in der Regel keine Mühe, sadistische Handlungselemente in einer genauen Tatmusteranalyse zu identifizieren. Diese sollten dann alleiniger Leitfaden für die Bewertung sein.

Hinzuweisen ist in diesem Zusammenhang auf eine spezielle Situation, die immer wieder anzutreffen ist: Ein Täter beschreibt sadistische Fantasien und Vorstellungspräferenzen. Nun darf aber dennoch bei einer Gewalt- oder Sexualstraftat nicht vorschnell der Schluss gezogen werden, diese sei nun klarerweise sadistisch strukturiert. Es kann durchaus vorkommen, dass der Täter zwar sadistische Fantasien hat, die Tathandlung aber keiner sadistischen Motivation folgt. So kann der Einsatz von Gewalt „zweckgerichtet" auf das Ziel einer Vergewaltigung sein, ohne dass auf der Handlungsebene notwendigerweise sadistische Handlungen erfolgen müssen. Aufschluss darüber gibt eine detaillierte Tatmusteranalyse, in der insbesondere der genaue Einsatz und die Funktion von Gewalthandlungen analysiert werden, ebenso wie Situationsstrukturierung und andere Detailmerkmale der Tathandlung.

Beispiele:

✗ *Geringe Ausprägung:* Der Sadismus ist bislang lediglich auf die Fantasie beschränkt und noch nicht in Handlungen umgesetzt worden.

✗ *Hohe Ausprägung:* Umgekehrt dürfen höhergradige Ausprägungen des Problembereichs „Sadistische Devianz" nur dann angenommen werden, wenn die sadistische Persönlichkeitsdisposition bereits auch in Handlungen ihren Niederschlag gefunden hat und nicht nur auf die Fantasie begrenzt ist. Dies kann in Form von Erniedrigungen oder Misshandlungen von Menschen, aber auch in Form von Tierquälereien der Fall sein. Gleiches gilt für den Fall, dass sadistische Handlungselemente differenziert oder prägnant sind oder die Tat insgesamt vorwiegend Ausdruck einer sadistischen Handlungsmotivation ist.

*Sekundärer Sadismus:* Unter bestimmten Voraussetzungen werden unter dem Problembereich „Sadismus" auch Tatmuster bewertet, denen kein primär sadistisches Bedürfnis zugrunde liegt. So können z. B. bei bestimmten Gewalt- oder Sexualstraftaten regelmäßig dem Sadismus ähnliche Muster und Interaktionsweisen vorkommen. Ein in der beschriebenen Weise als „sekundärer Sadismus" anzusprechender Problembereich sollte (bei Abwesenheit einer primär sadistischen Motivation) allerdings nie höher als mit 2 (= moderat) bewertet werden. Ein ausführliches Beispiel für solch einen „sekundären Sadismus" finden Sie bei der Darstellung des Problembereichs „Chronifizierte Vergewaltigungsdisposition".

Leitfragen:

✓ Sind in den Handlungen des Täters sadistische Tatmerkmale erkennbar, die auf den dargestellten Erlebnisbogen (Aktion ➛ Reaktion ➛ Emotion) hindeuten?

✓ Bestehen in diesem Sinne Tatausgestaltungen, die nicht als zweckgerichtet auf ein anderes Ziel erklärt werden können?

✓ Sind Tierquälereien bekannt?

✓ Folgt das Tatgeschehen einem differenzierten Handlungsplan, der auf einen ausgestalteten Fantasievorlauf schließen lässt?

## 6.5.2. Bedeutung für das vergangene Tatverhalten

*Bedeutung für das vergangene Tatverhalten:* Ausmaß der Bedeutung des Problembereichs für das Zustandekommen des Zieldelikts.

Eine genaue Erläuterung dieses Merkmals ist unter dem gleichnamigen Merkmal in der Merkmalsgruppe „Aggressionsfokus" aufgeführt und kann auf die Anwendung dieses Merkmals übertragen werden.

### 6.5.3. Bedeutung für das zukünftige Tatverhalten

*Bedeutung für das zukünftige Tatverhalten:* Ausmaß der Bedeutung des Problembereichs für das Zustandekommen weiterer, dem Zieldelikt entsprechender Handlungen.

Eine genaue Erläuterung dieses Merkmals ist unter dem gleichnamigen Merkmal in der Merkmalsgruppe „Aggressionsfokus“ aufgeführt und kann auf die Anwendung dieses Merkmals übertragen werden.

## 6.6. Exhibitionistische Devianz

### 6.6.1. Exhibitionismus

*Exhibitionismus:* Ausmaß der Neigung, die eigenen Geschlechtsorgane in der Öffentlichkeit vor fremden Personen zu entblößen.

Die „Exhibitionistische Devianz“ wird gemäß dieser Definition zwar als ein homogenes Syndrom betrachtet, es gibt aber ein großes Spektrum unterschiedlicher Tatmodi, Verlaufsformen und prognostischer Wertigkeiten. Bei manchen Tätern dient das Exhibitionieren einer direkten Spannungsabfuhr und steht dementsprechend in einem klar erkennbaren Zusammenhang zu Auslösesituationen. Auf dem entgegengesetzten Pol von Entstehungsbedingungen befinden sich Exhibitionsmuster, die manchmal über Jahrzehnte chronifiziert sind und in ihrem Mechanismus große Ähnlichkeiten zu nicht stoffgebundenen Süchten aufweisen. Diese Formen zeichnen sich durch das zwanghaft erlebte Bedürfnis sich zu exhibitionieren und die damit zusammenhängenden, sich aufdrängenden Gedanken und Fantasien aus.

Der Exhibitionismus kann eine eigenständige, in sich geschlossene Devianz sein. Es kann sich aber auch um ein Symptom in einer umfassenderen sexuellen Devianzentwicklung handeln. So gibt es immer wieder Fälle, in denen exhibitionistische Handlungen Vorläufer späterer gewalttätiger Sexualdelikte darstellen oder parallel im selben Zeitraum zu einem anderen Sexualdelikt auftreten. Es ist bei der Bewertung von exhibitionistischen Handlungen daher im Längsverlauf auch stets auf Progredienzzeichen zu achten. Diese können sich u. a. in zunehmender Kontaktaufnahme mit

Drittpersonen (z. B. Verringerung der Distanz, nicht mehr oder späteres Weglaufen, Zeichen machen oder Ansprechen von Geschädigten, Berührungen), Ausweitung der Zielgruppe (z. B. Kinder), zunehmend direktiven Verhaltensweisen und durch eigenes Masturbieren oder Ejakulieren während des Exhibitionierens ausdrücken.

Mit dieser Aufzählung sind bereits verschiedene Kennzeichen genannt, nach denen unterschiedliche Exhibitionsmodi unterschieden werden können. Es gibt Täter, die sich auf bestimmte Zielgruppen oder Situationen konzentrieren oder einem individuellen, speziell differenzierten Handlungsmuster folgen. Das Exhibitionieren kann sich auf das reine Zeigen (aus unterschiedlicher Entfernung) beschränken, mit Masturbationshandlungen einhergehen oder auch Aufforderungen an die geschädigten Personen enthalten.

*Hohe Ausprägung:* Für eine tendenziell hohe Ausprägung sprechen ein eingeschliffenes Verhaltensmuster, eine ausgeprägte Handlungsmotivation, eine starke affektive „Aufladung“ des Exhibitionismus (starke Entlastungsgefühle, Excitement, sexuelle Stimulation etc.), ein ausgeprägter Kontrollverlust gegenüber den Handlungsimpulsen und eine hohe kompensatorische Bedeutung des Tatverhaltens für die Persönlichkeit (z. B. Steigerung des Selbstwerterlebens).

Leitfragen:

✓ Handelt es sich bei dem exhibitionistischen Verhalten des Täters um ein eingeschliffenes Handlungsmuster?

✓ Ist ein individuelles, für ihn typisches und einem ausgeprägten inneren Bedürfnis entsprechendes Verhaltensmuster feststellbar?

✓ Verfügt der Täter über Kontrollmechanismen, die es ihm erlauben, das exhibitionistische Bedürfnis effektiv zu steuern?

✓ Ist von einer permanenten Handlungsbereitschaft auszugehen oder tritt das exhibitionistische Bedürfnis nur in umschriebenen, selten vorkommenden Situationen in Erscheinung?

✓ Wie hoch ist die gedankliche Beschäftigung, wie hoch der Stimulierungs- bzw. emotionale Attraktivitätseffekt?

### 6.6.2. Bedeutung für das vergangene Tatverhalten

*Bedeutung für das vergangene Tatverhalten:* Ausmaß der Bedeutung des Problembereichs für das Zustandekommen des Zieldelikts.

Eine genaue Erläuterung dieses Merkmals ist unter dem gleichnamigen Merkmal in der Merkmalsgruppe „Aggressionsfokus" aufgeführt und kann auf die Anwendung dieses Merkmals übertragen werden.

### 6.6.3. Bedeutung für das zukünftige Tatverhalten

*Bedeutung für das zukünftige Tatverhalten:* Ausmaß der Bedeutung des Problembereichs für das Zustandekommen weiterer, dem Zieldelikt entsprechender Handlungen.

Eine genaue Erläuterung dieses Merkmals ist unter dem gleichnamigen Merkmal in der Merkmalsgruppe „Aggressionsfokus" aufgeführt und kann auf die Anwendung dieses Merkmals übertragen werden.

## 6.7. Pädosexuelle Devianz

### 6.7.1. Pädosexualität

*Pädosexualität:* Ausmaß, in dem Minderjährige mit ihren kindlichen Merkmalen (optische Aspekte und/oder kindliche Eigenschaften) für den Täter in irgendeiner Weise ein primäres oder zeitweise im Vordergrund stehendes Ziel von Beziehungs- und Sexualitätswünschen darstellen.

Im international anerkannten psychiatrischen Diagnoseschlüssel ICD-10 wird die Diagnose Pädophilie (F 65.4) [82] als „sexuelle Präferenz für Kinder, die sich zumeist in der Vorpubertät oder im frühen Stadium der Pubertät befinden" definiert. Generell ist zu bemerken, dass die gültigen Diagnosesysteme das Phänomen der Pädosexualität nur unzureichend beschreiben. Schon der Begriff der Pädophilie ist im fachlichen Sprachgebrauch durch den Begriff der Pädosexualität ersetzt worden. Zudem werden in den gängigen Diagnosesystemen zu wenige Differenzierungen beim Phänomen der Pädosexualität vorgenommen. Untergruppen, verschiedenartige Verläufe und Dispositionen sind nicht ausgearbeitet.

In diesem Zusammenhang darf auf ein mehr als fragwürdig zu bezeichnendes Diagnosekriterium des DSM-IV hingewiesen werden. Hier ist unter der Diagnose Pädophilie (302.2) u. a. das Merkmal aufgeführt, dass „die Fantasien, sexuell dranghaften Bedürfnisse oder Verhaltensweisen in klinisch bedeutsamer Weise Leiden oder Beeinträchtigungen in sozialen, beruflichen oder anderen wichtigen Funktionsbereichen verursachen". Ein fixierter Pädosexueller, der vielleicht seit Jahrzehnten ausschließlich auf Kinder ausgerichtete Beziehungs- und Sexualitätsfantasien hat, hierunter aber nicht leidet, wird demnach nicht als Pädophiler im Sinne des DSM-IV diagnostiziert [80].

Längst nicht alle Täter, die Übergriffe auf Kinder verüben, sind pädosexuell im Sinne einer Kernpädosexualität, also einer primären oder gar ausschließlichen Orientierung auf Kinder. Zahlenmäßig stellen vielmehr diejenigen Täter den Hauptanteil bei diesen Straftaten, die Defizite im Umgang mit Erwachsenen kompensieren, bzw. für die Kinder situationsspezifisch oder lebensphasisch bedingt „leicht erreichbare Sexualziele" darstellen. Diese Täter richten nicht wie Kernpädosexuelle ihre Beziehungswünsche primär auf Minderjährige, sondern ihre Wünsche nach dem Kontakt zu Minderjährigen (Beziehung/Sexualität) entsprechen einem kompensatorischen Bedürfnis. Häufig handelt es sich um Menschen, bei denen der Beziehungsaufnahme zu gleichaltrigen Partnern psychische Hürden im Wege stehen (Angst, mangelndes Selbstvertrauen, unrealistisches, nicht zu befriedigendes Geltungsbedürfnis, ebensolches Dominanzstreben u. a.). Diese Personen wenden sich Minderjährigen zu, weil die Kontaktaufnahme zu Minderjährigen weniger angstbesetzt ist (Unlustvermeidung) – bzw. im Vergleich zu einer solchen mit Erwachsenen – einen leichteren Weg zur Bedürfnisbefriedigung verspricht. Da jedoch auch bei diesen so genannten „Kompensationspädosexuellen" ein relevantes Rückfallrisiko vorliegen kann, entspricht der Problembereich „Pädosexualität", wie er hier verstanden wird, nicht streng der entsprechenden diagnostischen Kategorie Pädophilie im ICD-10 bzw. DSM-IV [82, 80]. Im Unterschied zu den diagnostischen Einordnungen sollen mit „Pädosexualität" hier alle Dispositionen bewertet werden, die „einen Handlungsimpuls" in Richtung Beziehungsaufnahme und Sexualität mit Minderjährigen entstehen lassen. Darum würden unter dieser Merkmalsgruppe auch Täter bewertet, die als

„Kompensationspädosexuelle“ bezeichnet werden können.

Von einer „Pädosexualität“ ist demnach immer dann zu sprechen, wenn Minderjährige mit ihren kindlichen Merkmalen (optische Aspekte und/oder kindliche Eigenschaften) in irgendeiner Weise ein primäres oder sekundäres Ziel von Beziehungs- und Sexualitätswünschen darstellen. Dabei kommt es nicht darauf an, dass Bedürfnisse ausschließlich auf Kinder gerichtet sind. Eine pädosexuelle Affinität kann auch neben Wünschen nach erwachsener Sexualität vorkommen. Bisweilen finden sich auch Täter, deren Bedürfnisse „rund um die Schutzaltergrenze von 16 Jahren“ angesiedelt sind. So können sie manchmal Sexualpartner suchen, die über der Schutzaltergrenze liegen, je nach Situation und Möglichkeit aber auch darunter. In allen Fällen kann aber eine mehr oder weniger umfassende pädosexuelle Disposition vorliegen.

Stabile pädosexuelle Bedürfnislagen lassen sich auch bei manchen dissozialen oder psychopathischen Tätern feststellen. Für sie können Minderjährige zur Befriedigung eigener sexueller Bedürfnisse aufgrund einer leichteren „Erreichbarkeit“ als Opfer attraktiv sein. „Sie missbrauchen alles und jedes“ [86]. Die Ausprägung ist umso höher, je stabiler bei einem solchen Täter ein pädosexuelles Bedürfnis mit der Persönlichkeit verbunden ist. Ähnlich wie bei Kompensationspädosexuellen wird die Ausprägung der Pädosexualität in diesen Fällen tendenziell geringer als bei Kernpädosexuellen sein.

Der Ausprägungsgrad bemisst sich daran, wie stark ausgeprägt und in der Persönlichkeit verankert diese Disposition ist und mit welcher Wahrscheinlichkeit sie handlungsrelevant ist.

Selbstverständlich sind reale Übergriffshandlungen an Kindern ein Merkmal, das auf eine stärkere Ausprägung des pädosexuellen Problembereichs hinweist. Aber auch wenn es bislang noch nie zu – zumindest aktenkundig gewordenen – Handlungen gekommen ist, kann das Merkmal Pädosexualität in hoher Ausprägung vorkommen. Manchmal geben Hobbys oder Freizeitaktivitäten, die in indirekter oder direkter Weise etwas mit der Affinität zu Kindern zu tun haben, Aufschluss über das Ausmaß des Bedürfnisses nach Beziehungs- oder Sexualitätswünschen mit Kindern.

Bei so genannten Kernpädosexuellen wird man häufig bereits eine frühe Bedürfnisstruktur und auf Kinder gerichtete Beziehungswünsche finden. Oft spüren die Betroffenen diese Affinität bereits während der eigenen Pubertät, ohne dass diese sich in den nachfolgenden Jahren vermindert. Bei typischen Kompensationspädosexuellen und dissozial soziopathischen Tätern mit pädosexueller Disposition ist die Ausprägung der Pädosexualität nur höchst selten hochgradig ausgeprägt.

Nach diesem Verständnis von Pädosexualität kann es durchaus vorkommen, dass bei einer moderat ausgeprägten Problematik noch nicht im eigentlichen Sinne von der Diagnose „Pädosexualität“ gesprochen würde, sondern lediglich von einem pädosexuellen Bedürfnisanteil in der Persönlichkeit des Täters. Ebenso kann es sein, dass bei zwei Personen, die beide die Diagnosekriterien einer „Pädosexualität“ erfüllen, die Einordnung der Ausprägung höchst unterschiedlich ausfällt. Eine Person würde aufgrund des geringen Ausprägungsgrades in den unteren Bereich eingeordnet, während bei der anderen Person ein hoher Ausprägungsgrad festzustellen wäre, weil beispielsweise Ausmaß und Erlebnisintensität pädosexueller Beziehungs- und Sexualitätswünsche eine entsprechend hohe Ausprägung erreichen.

Leitfragen:

- ✓ Welche affektive Intensität erreicht die Beschäftigung mit Kindern / Minderjährigen sowohl in der Fantasie als auch im tatsächlichen Kontakt?
- ✓ Mit welcher Ausschließlichkeit beschäftigt sich der Täter mit Kindern / Minderjährigen oder mit welcher Ausschließlichkeit sind bestimmte Erlebnisqualitäten für den Täter lediglich mit Kindern/ Minderjährigen vorstellbar – und eben mit Erwachsenen nicht?
- ✓ Ist es bereits zu Übergriffshandlungen gekommen?
- ✓ Wie häufig und in welcher Intensität haben diese stattgefunden?

## 6.7.2. Bedeutung für das vergangene Tatverhalten

*Bedeutung für das vergangene Tatverhalten:* Ausmaß der Bedeutung des Problembereichs für das Zustandekommen des Zieldelikts.

Eine genaue Erläuterung dieses Merkmals ist unter dem gleichnamigen Merkmal in der Merkmalsgruppe „Aggressionsfokus“ aufgeführt und kann auf die Anwendung dieses Merkmals übertragen werden.

### 6.7.3. Bedeutung für das zukünftige Tatverhalten

*Bedeutung für das zukünftige Tatverhalten:* Ausmaß der Bedeutung des Problembereichs für das Zustandekommen weiterer, dem Zieldelikt entsprechender Handlungen.

Eine genaue Erläuterung dieses Merkmals ist unter dem gleichnamigen Merkmal in der Merkmalsgruppe „Aggressionsfokus" aufgeführt und kann auf die Anwendung dieses Merkmals übertragen werden.

## 6.8. Chronifizierte Vergewaltigungsdisposition

### 6.8.1. Chronifizierte Vergewaltigungsdisposition

*Chronifizierte Vergewaltigungsdisposition:* Ausmaß von Wünschen und Handlungsimpulsen, sexuelle Handlungen (gegen oder unabhängig vom Willen des Opfers) zu erzwingen. Gewaltsam herbeigeführte Sexualkontakte werden als attraktiv erlebt oder als legitime Strategie der eigenen Bedürfnisbefriedigung angesehen.

Die „Chronifizierte Vergewaltigungsdisposition" ist mit anderen Sexualdevianzen wie beispielsweise der „Pädosexualität", dem „Sadismus" oder dem „Exhibitionismus" vergleichbar. Im Unterschied zu diesen Devianzen entspricht der devianten Vergewaltigungsdisposition jedoch keine Diagnosekategorie in den psychiatrischen Klassifikationssystemen ICD-10 und DSM-IV [82, 80].

Eine „Chronifizierte Vergewaltigungsdisposition" liegt vor, wenn durch die Art der Vergewaltigungsdelikte deutlich wird, dass ein stabiles Handlungsmuster besteht, das auf ein mit der Persönlichkeit verbundenes „Grundbedürfnis" zum Erzwingen sexueller Handlungen (gegen oder unabhängig vom Willen des Opfers) hinweist. Es gibt im Spektrum des Verhaltensrepertoires eines Täters einen „stabilen Bereich oder Teilbereich", der mit Vergewaltigungswünschen oder entsprechenden Vorstellungen assoziiert ist. Über eine bestimmte Situation hinausgehend empfindet der Täter – durchgehend oder zeitlich immer wiederkehrend (z. B. in bestimmten Verfassungen, nach Suchtmittelkonsum, etc.) – Vorstellungen über gewaltsame Sexualkontakte als attraktiv bzw. zeigt eine dispositionelle Bereitschaft, Gewalt als zweckgerichtetes Mittel zur Befriedigung seiner sexuellen Bedürfnisse einzusetzen. Meist wird diese mit einer entsprechenden Fantasietätigkeit einhergehen – mit oder ohne Masturbationsaktivitäten.

Die Vergewaltigungsdisposition kann primär sexuell motiviert oder sekundär mit sexuellen Wünschen und Impulsen verbunden sein. Im ersten Fall richten sich sexuelle Wünsche ausschließlich oder teilweise auf die Durchführung von Vergewaltigungen. Vergewaltigungsszenarien sind für den Täter durchgängig oder zu unterschiedlichen Zeitpunkten attraktiv. Im zweiten Fall liegt eine deutlich erkennbare, nicht primär sexuell geprägte Ausgangslage vor (Wut, allgemeine Dissozialität mit egoistischer Bedürfnisausrichtung etc.), die eine sekundäre Sexualisierung erfährt und über diesen Weg eine immer wiederkehrende, stabil im Persönlichkeitsgefüge verankerte Motivationsgrundlage für erzwungene Sexualkontakte schafft.

Nicht bei jeder Vergewaltigung und auch nicht in jedem Fall von mehrfachen Vergewaltigungen liegt eine Sexualdevianz in Form einer „Chronifizierten Vergewaltigungsdisposition“ in der hier beschriebenen Weise vor. Die „Chronifizierte Vergewaltigungsdisposition“ ist umso eher anzunehmen, je stärker der Handlungsimpuls genuin mit der Persönlichkeit verbunden und je weniger spezielle, situationsbezogene Auslöser tatkonstellierend sind, also je stärker ihm eine gewisse Eigenständigkeit zuzuschreiben ist. Es spielt dabei keine Rolle, ob die (chronifizierte) Disposition, wie vorgängig erwähnt, primär sexuell motiviert ist oder sich aus anderen Persönlichkeitsbedürfnissen speist (z. B. „Dominanzfokus“) und erst sekundär mit sexuellen Wünschen und Impulsen verbunden wird. Kennzeichnend ist eine stabile, mit der Persönlichkeit verbundene Disposition. Die „Chronifizierte Vergewaltigungsdisposition“ wird sich in aller Regel in Handlungen (häufig in einer einschlägigen Vorgeschichte) manifestieren. Mehrfach- oder Serienvergewaltigungen sind ein wichtiges Indiz für das Vorliegen einer devianten Disposition.

Hinweise auf das Vorliegen einer „Chronifizierten Vergewaltigungsdisposition“ sind:

- Wiederholungstaten (mehr als zwei einzelne Sexualdelikte)
- Gleiche oder ähnliche Handlungsmuster bzw. gleiche oder ähnliche Tatmerkmale bei verschiedenen Tatbegehungen

- Durchgängig oder immer wieder auftauchende Vergewaltigungsfantasien

- Tendenziell höherer Planungsanteil

Die Orientierung erfolgt bei der Bewertung an der Frage, ob die Taten einem stabilen Handlungsmuster entsprechen, das in seiner Primärmotivation tendenziell unabhängig von bestimmten Zeitpunkten, Situationen oder konstellativen Einflussfaktoren existiert. Anders ausgedrückt: Ist das Vergewaltigungsmuster überwiegend Ausdruck vorbestehender Handlungsimpulse innerhalb der Persönlichkeit des Täters und wird es durch diese (im Gegensatz zu situativen und konstellativen Einflussfaktoren) geprägt?

Leitfragen:

✓ Sind aus der Vorgeschichte mehrfache Vergewaltigungen oder Serienvergewaltigungen bekannt?

✓ Besitzen Vergewaltigungsvorstellungen für den Täter Attraktivität?

✓ Wie ausgeprägt (differenziert, zeitlich ausgedehnt, gewalttätig etc.) sind die beobachteten Vergewaltigungshandlungen?

✓ Sind aus der Vergangenheit Handlungen bekannt, die als Vorstufen oder versuchte Vergewaltigungen anzusehen sind (z. B. Handtaschen-Raub u. Ä.)?

## 6.8.2. Bedeutung für das vergangene Tatverhalten

*Bedeutung für das vergangene Tatverhalten:* Ausmaß der Bedeutung des Problembereichs für das Zustandekommen des Zieldelikts.

Eine genaue Erläuterung dieses Merkmals ist unter dem gleichnamigen Merkmal in der Merkmalsgruppe „Aggressionsfokus“ aufgeführt und kann auf die Anwendung dieses Merkmals übertragen werden.

### 6.8.3. Bedeutung für das zukünftige Tatverhalten

*Bedeutung für das zukünftige Tatverhalten:* Ausmaß der Bedeutung des Problembereichs für das Zustandekommen weiterer, dem Zieldelikt entsprechender Handlungen.

Eine genaue Erläuterung dieses Merkmals ist unter dem gleichnamigen Merkmal in der Merkmalsgruppe „Aggressionsfokus" aufgeführt und kann auf die Anwendung dieses Merkmals übertragen werden.

### 6.8.4. Anmerkung: Differenzialbewertung zwischen „Chronifizierter Vergewaltigungsdisposition", „Sadismus" und „Tötungsbereitschaft"

*Differenzialbewertung zwischen „Chronifizierter Vergewaltigungsdisposition", „Sadismus" und „Tötungsbereitschaft":* Eine wichtige Abgrenzung der „Chronifizierten Vergewaltigungsdisposition" existiert zum Devianzfokus des „Sadismus" und zur „Tötungsbereitschaft". Zwischen der „Chronifizierten Vergewaltigungsdisposition", dem „Sadismus" und der (sexuell assoziierten) „Tötungsbereitschaft" können in manchen Fällen Überschneidungen existieren.

Die bereits im Problembereich „Sadistische Devianz" beschriebene Definition von „Sadismus" stützt sich im Wesentlichen auf den Mechanismus Aktion ➛ Reaktion ➛ Emotion. Für den Täter ist das Wahrnehmen der Reaktionen des Opfers auf sein Quälen und Schädigen primär stimulierend, und seine Handlungen werden durch das Ziel bestimmt, spezielle Reaktionen des Opfers hervorzurufen. Dem sadistischen Bedürfnis soll eine sadistische Befriedigung vermittelt werden. Nun könnte argumentiert werden, dass jede Vergewaltigung per se sadistisch ist, weil mit ihr die Schädigung des Opfers unauflösbar verbunden ist. Der dargestellten Definition liegt aber die Auffassung zugrunde, dass es für eine Bewertung als Sadismus einer engeren Beziehung des Tatverhaltens zu dem Bedürfnis zu quälen und zu schädigen bedarf, das attraktiv und stimulierend erlebt wird. Damit ist längst nicht jede Vergewaltigung, auch nicht jede Erniedrigung oder jedes Quälen eines Opfers dem Problembereich des „Sadismus" zuzuordnen. Überschneidungen können aber vorliegen, wenn zwar keine primär sadistische Motivation (Stimulierung durch Quälen und Erniedrigung) vorliegt, aber durch einen verwandten Problembereich eine ähnliche Handlungskette entsteht.

Beispiel:

✗ Häufigstes Beispiel sind Vergewaltigungen, die auf der Grundlage einer „chronifizierten Vergewaltigungsdisposition" und beispielsweise der Problematik eines „Dominanzfokus" erfolgen. Bei solchen kann es vorkommen, dass durch das Bedürfnis der Dominanz und des Ausübens von Kontrolle ein ähnlicher Reaktionszyklus von Aktion-Reaktion-Emotion entsteht. So führt der Täter unter Umständen dominierende und kontrollierende Handlungen aus. Er fühlt sein Dominanz- und Kontrollbedürfnis dadurch befriedigt, dass er entsprechende Reaktionen des Opfers hervorruft bzw. die totale Kontrolle über sein Opfer genießt. In der tatsächlichen Ausgestaltung der Tat können solche Delikte einer primär sadistischen Handlung sehr ähnlich sein. Man könnte von einem „sekundären Sadismus" vor dem Hintergrund eines primär anderen handlungsmotivierenden Problembereichs (z. B. „Dominanzfokus") sprechen. Es ist möglich, dass mit einem solchen primär dominanzorientierten chronifizierten Vergewaltigungsmechanismus auch eine sexuell assoziierte „Tötungsbereitschaft" verbunden ist. Auch wenn es sich bei einer solchen Tat nicht um einen „primären Sadismus" handelt, sollte eine Wertung unter der Merkmalsgruppe des „Sadismus" erfolgen, wenn durch einen „sekundären Sadismus" in den Tathandlungen regelmäßig „sadismusähnliche" Muster und Interaktionsweisen entstehen. Ein in der beschriebenen Weise als „sekundärer Sadismus" anzusprechender Problembereich sollte (bei Abwesenheit einer primär sadistischen Motivation) allerdings nie höher als mit 2 (= moderat) bewertet werden. Sollte aber der „sekundäre Sadismus", der mit 2 (= moderat) bewertet wurde, in seinen Auswirkungen auf der Handlungsebene sehr ausgeprägt sein und eine hohe Realisierungswahrscheinlichkeit für das vergangene zu beurteilende und das zukünftige zu beurteilende Tatverhalten haben, könnte dies zu folgender Wertung führen:

- Sadismus: 2 (= moderat)
  Bedeutung für das vergangene Tatverhalten: 4 (= sehr stark)
  Bedeutung für das zukünftige Tatverhalten: 4 (= sehr stark)

Um die hier skizzierten Überschneidungen und Abgrenzungen zwischen den Merkmalsgruppen „Sadismus", „Chronifizierte Vergewaltigungsdisposition“ und sexuell assoziierte „Tötungsbereitschaft“ zu veranschaulichen, seien einige Beispiele aufgeführt:

✗ Ein Täter verübt in einer Serie drei Vergewaltigungen. Innerhalb des Tatgeschehens zeigt sich eine progrediente Gewaltanwendung. Das letzte Opfer könnte theoretisch an den Handlungen des Täters sterben. Es besteht ein „Dominanzfokus“, der zu erniedrigenden und quälerischen Handlungen im Tatablauf führt. Anhand des Tatmusters sind vorausgehende Planungen und dementsprechend vorausgehende Fantasien wahrscheinlich, auch wenn der Täter dies in Abrede stellt. Es liegt ein „sekundärer Sadismus“ vor, weil die erniedrigenden und quälenden Tatmerkmale auf der Handlungsebene ausgeprägt sind, das Tatverhalten in der Vergangenheit deutlich geprägt haben und auch für die Zukunft zu erwarten ist, dass der „sekundäre Sadismus“ eine hohe Realisierungsstärke besitzt. Bewertung:

- *Sadistische Devianz:*
  Sadismus: 2 (= moderat, weil sekundärer Sadismus)
  Bedeutung für das vergangene Tatverhalten: 4 (= sehr stark)
  Bedeutung für das zukünftige Tatverhalten: 4 (= sehr stark)
- *Chronifizierte Vergewaltigungsdisposition:*
  Chronifizierte Vergewaltigungsdisposition: 3 (= deutlich, weil bislang „erst“ eine Serie)
  Bedeutung für das vergangene Tatverhalten: 4 (= sehr stark)
  Bedeutung für das zukünftige Tatverhalten: 4 (= sehr stark)
- *Tötungsbereitschaft:*
  Persönlichkeitsdisposition für Tötungsbereitschaft: 3 (= deutlich)
  Lustgewinn durch tötungsnahe Handlungen: 2 (= moderat)
  Niedrige Hemmschwelle für tötungsnahe Handlungen: 3 (= deutlich)
  Bedeutung für vergangenes Tatverhalten: 3 (= deutlich)
  Bedeutung für zukünftiges Tatverhalten: 3 (= deutlich)

✗ Ein Täter begeht im Abstand von fünf Jahren zwei Vergewaltigungen. Es liegt eine deutliche Selbstwertproblematik vor. Die Taten beziehen sich auf konkrete Lebensumstände, die Opfer sind dem Täter vorher bekannt. Bei der Tatbegehung spielen stark situative Auslöser eine Rolle. Es gibt keine Anhaltspunkte für einen fantasiegeleiteten Vorlauf oder entsprechende Planungshandlungen. Bei der Tatdurchführung sind die Handlungselemente stringent auf den Vollzug des Geschlechtsverkehrs ausgerichtet. Eine darüber hinausgehende Gewaltanwendung ist nur in geringem Maße feststellbar. Bewertung:

- *Sadistische Devianz:* Nicht zu werten.
- *Chronifizierte Vergewaltigungsdisposition:* Nicht zu werten.
- *Tötungsbereitschaft:* Nicht zu werten.

✗ Ein Täter begeht in einem Zeitraum von zehn Jahren vier Vergewaltigungsdelikte. Es kommt zu zwei Verurteilungen, wobei bei der ersten Verurteilung drei Vergewaltigungsdelikte verhandelt werden. Der Täter weist eine massive Selbstwertproblematik, verbunden mit einem deutlichen „Aggressionsfokus", auf. Die Vergewaltigungsdelikte lassen sich labilisierten Lebensphasen zuordnen. Sie zeigen ähnliche Tatmuster. Es handelt sich um fremde Opfer. Die Tatsituation wird stark durch den Täter konstelliert. Tatvorbereitende Fantasien, ein planerischer Vorlauf und ein spezifisches Suchverhalten können zum Teil ermittelt werden und sind durch die Tathandlungen nahe gelegt. Im Tatablauf selber übt der Täter Gewalt aus. Er wird wütend, wenn sich seinen Wünschen Hindernisse in den Weg stellen. Die Gewaltausübung liegt aber in der Stringenz der Tatbegehung und Zielerreichung. Er „probiert" keine besonderen Handlungsweisen aus, die speziell auf starkes Dominanzerleben, Erniedrigen oder Quälen ausgerichtet sind. Es liegen somit kein primärer und auch kein „sekundärer Sadismus" vor. Bewertung:

- *Sadistische Devianz:* Nicht zu bewerten
- *Chronifizierte Vergewaltigungsdisposition:*<br>Chronifizierte Vergewaltigungsdisposition: 3 (= deutlich)<br>Bedeutung für das vergangene Tatverhalten: 4 (= sehr stark)<br>Bedeutung für das zukünftige Tatverhalten: 4 (= sehr stark)
- *Tötungsbereitschaft:* Nicht zu werten.

✗ Ein Täter begeht in den letzten fünfzehn Jahren fünf Vergewaltigungsversuche. Zwei der Versuche bricht der Täter selbst aufgrund ambivalenter Gefühle ab. Es liegen ein „Aggressionsfokus" und „Mangelnde soziale Kompetenz" vor. Der Täter macht bislang außerhalb seiner Delikte kaum sexuelle Erfahrungen. Er sucht lediglich einige Male Prostituierte auf. Die versuchten Vergewaltigungen begeht der Täter in Phasen, in denen seine soziale Situation destabilisiert ist. Dann ist eine Zunahme seiner diesbezüglichen Fantasietätigkeit zu verzeichnen. Erst kurz vor den Taten setzt ein situatives Suchverhalten ein. Bei zwei Vergewaltigungsversuchen ist der Täter mit einem Messer bewaffnet. Einmal verletzt er eine Frau mit Schnitten an der Hand, als diese versuchte ihn abzuwehren. Der Täter möchte jeweils den Geschlechtsverkehr vollziehen. Alle Tatmerkmale dienen dem Erreichen dieses Ziels. Eine darüber hinausgehende Gewaltanwendung findet nicht statt. Insbesondere fehlen jegliche Zeichen des Erniedrigens, des Quälens oder einer besonderen Dominanzausübung. Laut eigenen Angaben sind sadomasochistische Fantasien für den Täter während der Masturbation erregend. Ebenfalls laut eigenen Angaben beabsichtigte der Täter während der Vergewaltigungsversuche nicht, die in der Fantasie erregenden sadomasochistischen Fantasien umzusetzen, sondern "normalen Geschlechtsverkehr" zu vollziehen. Bewertung:

- *Sadistische Devianz:*
  Sadismus: 2 (= moderat, im Sinne unspezifisch vorbereitender Sexualisierung und Stimulierung)
  Bedeutung für das vergangene Tatverhalten: 1 (= gering)
  Bedeutung für das zukünftige Tatverhalten: 1 (= gering)

- *Chronifizierte Vergewaltigungsdisposition:*
  Chronifizierte Vergewaltigungsdisposition: 3 (= deutlich)
  Bedeutung für das vergangene Tatverhalten: 4 (= sehr stark)
  Bedeutung für das zukünftige Tatverhalten: 4 (= sehr stark, je nach Fall könnte eine Abstufung erfolgen, z. B. für die Zukunft 3 (= deutlich), wenn möglicherweise zu gewichtendes gestiegenes Problembewusstsein, Alterseffekte, eine abnehmende Dynamik oder andere Faktoren eine Differenzierung zwischen Vergangenheit und Zukunft nahe legen würden)

- *Tötungsbereitschaft:* Nicht zu bewerten.

✗ Ein Täter begeht innerhalb von zehn Jahren sechs Vergewaltigungen bzw. Vergewaltigungsversuche. In drei Fällen tötet er das Opfer im Zuge der Vergewaltigung. Da es bei den Tötungsdelikten keine Tatzeugen gibt und der konkrete Ablauf unklar ist, kann nicht beurteilt werden, aus welchem Motiv die Tötung erfolgt. Spuren deutlicher Misshandlung sind nicht feststellbar. Die Opfer werden nach der Vergewaltigung mit den Händen oder mit einem Strick erwürgt. Als wahrscheinlichstes Motiv kommt eine schon vorher in Kauf genommene oder beabsichtigte Tötung (z. B. zur Zeugenbeseitigung) in Frage. Die Muster aller Tathandlungen, auch die der versuchten Vergewaltigungen gleichen sich im Ablauf. Es fand vorher ein gezieltes Suchverhalten statt. Anzunehmen sind ausgestaltete Vergewaltigungsfantasien im Vorlauf. Bewertung:

- *Sadistische Devianz:* Nicht zu bewerten (keine genauen Anzeichen für sadistische Handlungsmotivation, weder primär noch sekundär. Die Tötung allein ist kein ausreichender Anhaltspunkt).
- *Chronifizierte Vergewaltigungsdisposition:*
  Chronifizierte Vergewaltigungsdisposition: 4 (= sehr stark)
  Bedeutung für das vergangene Tatverhalten: 4 (= sehr stark)
  Bedeutung für das zukünftige Tatverhalten: 4 (= sehr stark)
- *Tötungsbereitschaft:*
  Persönlichkeitsdisposition für Tötungsbereitschaft: 4 (= sehr stark)
  Lustgewinn durch tötungsnahe Handlungen: 4 (= sehr stark)
  Niedrige Hemmschwelle für tötungsnahe Handlungen: 4 (= sehr stark)
  Bedeutung für das vergangene Tatverhalten: 4 (= sehr stark)
  Bedeutung für das zukünftiges Tatverhalten 4 (= sehr stark) (Lustgewinn durch tötungsnahe Handlungen wird mit 4 bewertet, da der genaue Stimulierungseffekt unklar ist, bei der tötungsnahen Handlung aber das gesamte Vergewaltigungsmuster, das von seiner Struktur her tötungsnah angelegt ist, bewertet wird.)

# 6.9. Andere (unklare) Sexualdevianz

## 6.9.1. Andere Sexualdevianz

*Andere Sexualdevianz:* Ausmaß, in dem ein stabiles Handlungsmuster zu sexualdevianten Verhaltensweisen erkennbar ist, das mit keiner der übrigen Merkmalsgruppen adäquat erfasst werden kann. Es muss sich um ein eigenständiges, mit der Persönlichkeit des Täters verbundenes Verhaltensmuster handeln, das im weitesten Sinne mit sexueller Aktivität assoziiert ist.

Beispiel:

✗ Ein Täter empfindet seit seiner Kindheit die Vorstellung attraktiv, spitze

Gegenstände auf der Haut zu spüren. Dies probiert er zunächst am eigenen Körper aus und spürt dabei eine stimulierende Wirkung. Im Laufe der Jahre verdichtet sich diese Vorstellung immer weiter zu einer konkreten Fantasie. In dieser Fantasie dringt ein Messer in den Bauch einer anderen Person ein, wobei der Täter dies als hoch erregend erlebt und auch zur Masturbationsstimulierung einsetzt. In einer langjährigen Entwicklung mit den üblichen Progredienz- und Differenzierungszeichen führt diese Fantasie zu immer konkreteren Umsetzungsszenarien. Es kommt zu ersten Probehandlungen mit Attacken auf Frauen, die der Täter abbricht. Später setzt er im Zusammenhang mit dem Besuch einer Prostituierten ein Messer ein, wobei er die Frau verletzt. Schließlich realisiert er die für ihn hoch erregende Fantasie, in dem er einer Frau ein langes, mitgeführtes Messer in den Bauch sticht. Das Opfer stirbt noch am Tatort. Gutachterlicherseits wird bei dem Täter „Sadismus" diagnostiziert. Streng genommen handelt es sich aber nicht um eine sadistische Devianz, da es dem Täter nicht um das Quälen des Opfers geht. Ebenso wenig liegt ein Vergewaltigungswunsch vor. In seiner Fantasie spielen die Reaktionen des Opfers keine Rolle. Der Täter ist auf den Bauch und den Moment, in dem das Messer in den Bauch eindringt, fokussiert und empfindet diese Vorstellung als sexuell hoch erregend.

### 6.9.2. Bedeutung für das vergangene Tatverhalten

*Bedeutung für das vergangene Tatverhalten:* Ausmaß der Bedeutung des Problembereichs für das Zustandekommen des Zieldelikts.

Eine genaue Erläuterung dieses Merkmals ist unter dem gleichnamigen Merkmal in der Merkmalsgruppe „Aggressionsfokus" aufgeführt und kann auf die Anwendung dieses Merkmals übertragen werden.

### 6.9.3. Bedeutung für das zukünftige Tatverhalten

*Bedeutung für das zukünftige Tatverhalten:* Ausmaß der Bedeutung des Problembereichs für das Zustandekommen weiterer, dem Zieldelikt entsprechender Handlungen.

Eine genaue Erläuterung dieses Merkmals ist unter dem gleichnamigen

Merkmal in der Merkmalsgruppe „Aggressionsfokus" aufgeführt und kann auf die Anwendung dieses Merkmals übertragen werden.

## 6.10. Steuerungsfokus

Unter dem „Steuerungsfokus" werden Fähigkeitsdefizite zur Steuerung von Handlungsimpulsen verstanden, die zu Delikten führen können. Die Merkmalsgruppe „Steuerungsfokus" nimmt eine qualitative Unterscheidung des Steuerungsverhaltens mit den Unterpunkten „Steuerungsproblematik", „Affektlabilität" und „Affektive Reaktionsbereitschaft" vor. Bei diesem Problembereich wird nicht zwischen einer mangelnden Fähigkeit und einer mangelnden Motivation zur Steuerung von Impulsen unterschieden. Da beide Defizite am Ende das gleiche Resultat zeigen – die mangelnde Steuerung von Impulsen – ist eine Differenzierung hier ohne weiteren Aussagewert für das „Strukturelle Rückfallrisiko".

Meist zeigen Personen mit diesem Problembereich bereits eine einschlägige Vorgeschichte. Im Vordergrund stehen eruptiv ausbrechende oder zumindest situativ getriggerte Gewalttaten (zumeist Tätlichkeiten, bisweilen jedoch auch mit Waffeneinsatz).

Bei Tätern mit einem anderen Deliktmuster ist dieser direkte Zusammenhang nicht gegeben. Die Steuerungsproblematik zeigt sich dann vielmehr in Süchten, verbalen Attacken, Weglaufen oder Sachbeschädigungen.

Beispiel:

✗ Ein Sexualstraftäter plant Vergewaltigungen. Die Taten entstehen also nicht aus einem situativen Impulsdurchbruch. Während der Unterbringung in Institutionen neigt der Täter jedoch dazu, verbal beleidigend zu werden und in bestimmten Situationen ein völlig unangemessenes Verhalten zu zeigen. In diesen Situationen scheint er – zumindest begrenzt – die Kontrolle über die Steuerung seines Verhaltens zu verlieren. Er wird insgesamt als frustrationsintolerant und kränkungsbereit beschrieben. Für die Einschätzung der Rückfallgefahr von Sexualdelikten ist die stabile sexualdeviante Problematik von hauptsächlicher Relevanz. Darüber hinaus existiert aber auch ein Zusammenhang zwischen der „Steuerungsproblematik" und dem Deliktgeschehen. Einerseits ist zu beobachten, dass der Täter während der Vergewaltigungen auf kleinste

Außeneinflüsse hin mit einem hohen Ausmaß von Wut reagiert, welche dann sofort aufgrund mangelnder Steuerungsfähigkeit und -willigkeit ihren Ausdruck in einem entsprechenden Verhalten findet. Der Tatablauf ist demnach zusätzlich durch zwei weitere Problembereiche kompliziert. Dies sind der bereits angesprochene „Aggressionsfokus" und der hier diskutierte „Steuerungsfokus". Die erhöhte Bereitschaft zum Wutempfinden stellt den emotionalen Nährboden dar. Das Defizit im Bereich der Steuerung wirkt sich als potenzierender und handlungsbahnender Faktor aus.

Neben diesen situativen Spuren im Tatgeschehen existiert manchmal noch ein weiterer Zusammenhang. Bisweilen konstellieren Personen mit einer Steuerungsproblematik Deliktsituationen, in denen sie „völlig ungesteuert" reagieren können. Neben anderen Motivationen für die Tat wird somit eine Möglichkeit geschaffen, Impulsen in einem „subjektiv legitimierten Raum" freien Lauf lassen zu können. Die Defizite der Steuerung werden im Delikt nicht kompensiert oder ihnen wird nicht entgegengesteuert, sondern in „subjektiv entlastender Weise" kann auf die lästige Steuerung verzichtet werden.

Es muss aber davor gewarnt werden, zu viele Gewaltdelikte automatisch mit einem Defizit in der Impulssteuerung zu verbinden. Erforderlich ist entweder der situativ eruptive Zusammenhang zwischen Impuls, mangelnder Steuerung und Delikt oder eine spezifische Vorgeschichte, in der sich die „Steuerungsproblematik" zumindest im Bereich verbaler Aggression und situationsinadäquatem Verhalten zeigt.

### 6.10.1. Steuerungsproblematik

*Steuerungsproblematik:* Ausmaß von Verhaltensdefiziten des Täters im Umgang mit Handlungsimpulsen, die sich meist innerhalb einer kurzen Zeitspanne aufbauen und die zumeist von starken Affekten begleitet werden.

Die Fähigkeit, Handlungsmotivationen bzw. Handlungsimpulse zu steuern, ist eine wichtige Voraussetzung für der Situation angemessene Verhaltensweisen. Steuerungsdefizite sind durch ein Missverhältnis zwischen der Stärke bestimmter Handlungsmotivationen und den individuellen Möglichkeiten, mit den damit verbundenen Impulsen umzugehen und diese zu regulieren, gekennzeichnet. Theoretisch kann ein Missverhältnis dadurch entstehen, dass ein Täter eine *zu hohe* Intensität in seinen problematischen Handlungsmotivationen aufweist, sie also mit überdurchschnittlicher Stärke auftreten können oder dass umgekehrt seine Steuerungsmöglichkeiten zu schwach ausgeprägt sind. Steuerungsdefizite erschweren es demnach, Handlungsmotivationen und -impulse adäquat und situationsangemessen regulieren zu können. Eine „Steuerungsproblematik" bezieht sich tendenziell auf Handlungsmotivationen bzw. -impulse, die sich rasch aufbauen, zumeist situativ ausgelöst sind und bei denen meist starke handlungsbegleitende Affekte auftreten. Aus dieser Definition ergibt sich, dass bei Handlungen, denen längere Planungsvorläufe vorausgehen und die somit einer mehr kognitiv sich strukturierenden Motivationsbildung und -realisierung entsprechen, nicht von einer „Steuerungsproblematik" gesprochen werden kann.

Zu berücksichtigen sind – wenn der Problembereich Relevanz für das Zieldelikt aufweist – bei der Bewertung auch Steuerungsdefizite, die nicht in direktem Zusammenhang mit dem Deliktverhalten stehen. Denken Sie unter anderem auch an die Bereiche Essen, Trinken, Spielen, Freizeitbeschäftigungen, Verhalten im Straßenverkehr. Oft liegt bei einer „Steuerungsproblematik" auch ein „Aggressionsfokus" vor.

Häufige Kennzeichen von Tätern mit einem Steuerungsdefizit sind: Der Täter

- lässt seinem Ärger freien Lauf,
- kann ärgerliche oder wütende Emotionen nicht verarbeiten,
- schimpft, brüllt und ist dann nur noch schwer zu beruhigen.

Leitfragen:

✓ Zeigt sich die mangelnde Steuerungsfähigkeit als konstante Problematik in verschiedenen Situationen und unterschiedlichen Personen gegenüber?

✓ Wann wurde die Problematik erstmals beschrieben?

✓ Gibt es Hinweise auf Steuerungsdefizite in Kindheit, Schule, am Arbeitsplatz oder in der Familie?

✓ Gelingt es dem Täter in anderen Lebensbereichen ebenfalls nicht, Bedürfnisse bzw. Impulse adäquat zu steuern?

✓ Neigt er beispielsweise zu hoher Geschwindigkeit (entsprechende Bußen), Alkohol am Steuer oder dazu, andere Straßenverkehrsteilnehmer zu beschimpfen oder zu nötigen?

✓ Sind aus der Vergangenheit Drohungen gegenüber Nachbarn oder Mitbewohnern bekannt?

✓ Gilt der Täter als „cholerische Person"?

### 6.10.2. Affektlabilität

*Affektlabilität:* Ausmaß einer hohen Variabilität in der Stimmung des Täters oder einer hohen Intensität bei auftretenden Affekten.
Zu Berücksichtigen sind Intensität der Affektzustände, Häufigkeit des Affektwechsels, Auslösbarkeit des Affektwechsels und Managementfähigkeit des Täters gegenüber den Affekten.

Gefühle haben einen starken Einfluss auf Verhaltensweisen. Sie prägen maßgeblich die Entstehung von Handlungsmotivationen und die Wahrscheinlichkeit ihrer Umsetzung in konkretes Verhalten. Gefühle können in Form von länger anhaltenden Stimmungen oder tendenziell kurzzeitigeren Affekten auftreten. Es gibt Deliktmechanismen, bei denen die zugrunde liegende oder auslösende Emotion eine wesentliche Rolle spielt. Bei solchen emotionsgefärbten Taten kann „Affektlabilität" ein wichtiger Risikofaktor im Rahmen einer „Steuerungsproblematik" sein. Mit „Affektlabilität" ist gemeint, dass Affektzustände eine hohe Intensität erreichen, Affekte häufig und abrupt wechseln können oder der Täter geringe Möglichkeiten aufweist, seine Affekte bzw. die daraus folgenden Handlungen zu steuern.

Steuerungsfähigkeiten müssen umso ausgeprägter vorhanden sein, je stärker die Ausprägung von Affekten ist oder je häufiger und unvermittelter Affektwechsel auftreten können. „Affektlabilität" zeigt sich neben dem konkreten Deliktverhalten im Vorfeld der Tat und in vielen alltäglichen Situationen, in denen Konflikte oder Frustrationen eine Rolle spielen. Im Tatverlauf sind bei affektlabilen Personen häufig situationskonstellierte Reaktionen z. B. auf vermeintlich widrige Umstände oder nicht den Erwartungen entsprechende Reaktionen des Opfers zu beobachten.

Leitfragen:

- ✓ Kann der Täter schnell zwischen verschiedenen Affekten wechseln und aus „heiterem Himmel" die Stimmung ändern?
- ✓ Bedarf es nur geringer „Störeinflüsse" von außen, um eine solche Stimmungsänderung herbeizuführen?
- ✓ Wie ausgeprägt sind dann diese Affektzustände?
- ✓ Wie häufig kommen solche Affektwechsel vor?
- ✓ Wie gut oder wie schlecht kann der Täter diese Affekte selber beeinflussen?
- ✓ Wird er von Bekannten als launisch, schnell zu verunsichern oder leicht irritierbar beschrieben?

## 6.10.3. Affektive Reaktionsbereitschaft

*Affektive Reaktionsbereitschaft:* Ausmaß der Bereitschaft des Täters, auf objektiv geringfügige Umwelteinflüsse leicht mit negativen, handlungsrelevanten Affekten und unangemessenen Verhaltensweisen zu reagieren.

Der häufig gebrauchte Begriff der Frustrationsintoleranz ist eine der möglichen Entstehungsursachen für leicht auslösbare negative Affekte als Reaktion auf äußere Reize. Menschen, die einerseits dazu neigen, leicht ein Gefühl der Frustration zu erleben, andererseits intensiv auf dieses Erleben reagieren und sich davon nicht lösen können, sind in Kombination mit einer „Steuerungsproblematik" stärker gefährdet, auf der Grundlage negativer Affekte zu handeln. Erweitern Sie aber den Blickwinkel über die Frustrationsintoleranz hinaus auf sämtliche Bereitschaften des Täters, auf Umwelteinflüsse leicht mit negativen, potenziell handlungsrelevanten Affektlagen zu reagieren.

Folgende Eigenschaften können Bedingungen sein, die zu einer affektiven Reaktionsbereitschaft führen:

- Frustrationsintoleranz,
- Kränkungsbereitschaft,
- paranoide Wahrnehmungsmuster,

- generelle Überempfindlichkeit,
- Stressintoleranz,
- Autoritätskonflikte.

Leitfragen:

✓ Wie gut gelingt es dem Täter, vermeintliche Frustrationen zu verarbeiten?

✓ Wie hoch ist seine Kränkbarkeit mit daraus folgenden destruktiven Verhaltensweisen?

✓ Wie häufig hat der Täter bereits in der Vergangenheit aufgrund von Verstimmungen, subjektivem Belastungsempfinden oder anderweitig konflikthaften Situationen unbeherrscht, verbal oder tätlich aggressiv reagiert?

✓ Neigt der Täter aufgrund paranoider Verarbeitungsmechanismen dazu, andere Personen zu beschimpfen, verbal oder in anderer Weise zu attackieren?

✓ Gilt der Täter in verschiedenen Lebenssituationen als „überempfindlich" mit der daraus folgenden Bereitschaft, sozial unangemessene Verhaltensweisen zu zeigen?

## 6.10.4. Bedeutung für das vergangene Tatverhalten

*Bedeutung für das vergangene Tatverhalten:* Ausmaß der Bedeutung des Problembereichs für das Zustandekommen des Zieldelikts.

Eine genaue Erläuterung dieses Merkmals ist unter dem gleichnamigen Merkmal in der Merkmalsgruppe „Aggressionsfokus" aufgeführt und kann auf die Anwendung dieses Merkmals übertragen werden.

### 6.10.5. Bedeutung für das zukünftige Tatverhalten

*Bedeutung für das zukünftige Tatverhalten:* Ausmaß der Bedeutung des Problembereichs für das Zustandekommen weiterer, dem Zieldelikt entsprechender Handlungen.

Eine genaue Erläuterung dieses Merkmals ist unter dem gleichnamigen Merkmal in der Merkmalsgruppe „Aggressionsfokus" aufgeführt und kann auf die Anwendung dieses Merkmals übertragen werden.

## 6.11. Dominanzfokus

Der „Dominanzfokus" ist eine Persönlichkeitsdisposition, durch die der Täter das Gefühl eigener Überlegenheit, vor allem aber das Erleben der Unterlegenheit Dritter als in besonderer Weise attraktiv empfindet. Es kann sowohl sein, dass sich der Täter neben dem Tatverhalten auch in anderen Lebenssituationen dominant verhält oder gezielt dominante Positionen anstrebt, als auch, dass er sich in anderen Lebenssituationen überhaupt nicht dominant verhält, seinen Wünschen nach Dominanz dann aber im Tatverhalten kompensatorisch Ausdruck verleiht. Der „Dominanzfokus" liegt also vor, wenn Dominanz im Tatverhalten ein Handlungsmotiv ist.

Der „Dominanzfokus" kann insbesondere bei Gewalt- und Sexualstraftaten ein relevanter spezifischer Problembereich sein. Gerade diese Taten bieten sich in ihrer Struktur an, Dominanzbedürfnisse zu befriedigen. Ein solches Bedürfnis wird dann in der Struktur und in der Art der Tatbegehung zum Ausdruck kommen. Häufig finden sich Anhaltspunkte für das Vorhandensein des „Dominanzfokus" aber auch in alltäglichen Bereichen außerhalb des direkten Deliktbezugs. Familie, Arbeit und Freizeitverhalten sollten dabei Beachtung finden.

### 6.11.1. Kontrollbedürfnis

*Kontrollbedürfnis:* Ausmaß des Bedürfnisses, Menschen und Situationen zu kontrollieren, welches in Verhaltensweisen, Wünschen und Einstellungen deutlich wird.

Das Kontrollbedürfnis zeigt sich in Form von Wünschen und Verhaltensweisen, Menschen und Situationen zu kontrollieren. Die Mechanismen, diese Kontrolle auszuüben, können höchst unterschiedlich sein. Neben direktiven und offensiv in Erscheinung tretenden Mechanismen finden sich auch subtile Strategien, die zur Kontrolle von Situationen und Menschen eingesetzt werden.

Subtile, eher indirekte Kontrolle kann beispielsweise geschehen über das Auslösen von Schuldgefühlen durch depressive Reaktionsmuster oder durch die Selektion von Gesprächsthemen. Selbstverständlich kann sich ein Kontrollbedürfnis auch direkt zeigen in Form von Anweisungen, Anforderungen, Drohungen oder anderweitig grenzüberschreitendem Verhalten (bis hin zur Tätlichkeit).

Es gibt kaum eine Verhaltensweise, die, wenn sie entsprechend eingesetzt wird, nicht im Sinne eines „Kontrollbedürfnisses" funktionalisiert werden könnte. Um diese Aussage zu illustrieren sei z. B. darauf hingewiesen, dass es Menschen gibt, die Lachen in dieser Weise einsetzen. Sie lachen häufig und verbinden ihr eigenes Lachen mit der subtilen Aufforderung an andere mitzulachen. Lacht der Gesprächspartner nicht, fügt sich also nicht dem Erwartungsdruck, der durch den Lacher generierten Situation, dann können Gefühle der Schuld oder das Empfinden eigener Unhöflichkeit ausgelöst werden. Freilich ist nicht jeder, der häufig lacht oder Witze erzählt, eine Person, die dies im Dienst des eigenen Kontrollbedürfnisses tut. Meist kann durch die Analyse verschiedener Situationen oder durch das Gefühl im direkten Kontakt mit dem Täter sehr schnell beurteilt werden, ob ein Bedürfnis zur Kontrolle von Personen oder Situationen besteht. Zu bewerten ist der Ausprägungsgrad dieses Kontrollbedürfnisses, das sich in verschiedenen Situationen, oft aber auch in der gesamten Lebensgestaltung des Täters finden lässt.

Bewertungsregel für das Merkmal „Kontrollbedürfnis":

☞ Zu achten ist sowohl auf direktive (z. B. Anweisungen), als auch auf subtile Verhaltensweisen, die als auffällige Kontrollmechanismen imponieren, weil sie situationsinadäquat sind, sich konstant bei verschiedenen Gelegenheiten zeigen oder in irgendeiner – und sei es atmosphärischer – Weise einen „Kontrolldruck" erzeugen (z. B. das Auslösen von Schuldgefühlen).

Leitfragen:

✓ Ist das Verhalten des Täters situationsinadäquat?

✓ Zeigt es sich konstant bei verschiedenen Gelegenheiten?

✓ Erzeugt der Täter in irgendeiner Weise einen „Kontrolldruck“?

✓ Handelt es sich bei dem Verhalten des Täters um einen unflexiblen Verhaltensmechanismus?

✓ Wie reagiert der Täter, wenn andere Personen nicht erwartungsgemäß nachgeben?

## 6.11.2. Dominanzstreben

*Dominanzstreben:* Ausmaß eines (zweckgerichteten) Bedürfnisses, eine bestimmende Position in Relation zu (einem / mehreren) Menschen oder in einer bestimmten Situation zu erreichen, unabhängig von dessen Umsetzungswirksamkeit. Dominanzstreben ist das Streben nach einer asymmetrischen Machtverteilung, die durch eigene Überlegenheit gekennzeichnet ist.

In gleicher Weise wie das „Kontrollbedürfnis“ lässt sich auch das „Dominanzstreben“ sowohl in deliktspezifischen als auch in vielerlei alltäglichen Situationen feststellen. „Dominanzstreben“ ist ein Bedürfnis, durch das eine Person eine bestimmende Position in Relation zu einem oder mehreren anderen Menschen oder in einer bestimmten Situation anstrebt. Es geht darum Situationen herzustellen, die (zumindest zeitlich oder situativ begrenzt) durch ein asymmetrisches Machtverhältnis gekennzeichnet sind. Häufig werden die oben erwähnten Kontrollmechanismen zu diesem Zweck eingesetzt. Das „Dominanzstreben“ geht aber über den Kontrollmechanismus hinaus. Das Bedürfnis, Situationen und Menschen zu kontrollieren, unterscheidet sich vom Bedürfnis, Situationen und Menschen zu dominieren.

„Dominanzstreben“ bedingt im engeren Sinne ein finalistisches Konzept, da eine Person eine bestimmende Position anstrebt, in der sie sich wohl fühlt und auf andere Rollen mit negativ empfundenen Gefühlen und negativen Kognitionen reagiert.

Dominante Positionen eines Täters in der Familie oder dem Beruf können ein Hinweis auf „Dominanzstreben“ sein. Es gilt jedoch zu berücksichtigen, dass solche dominanten Positionen eher eine Aussage über die Effektivität der Umsetzung des „Dominanzstrebens“ erlauben. Nicht jeder, der Dominanz anstrebt, ist daran zu erkennen, dass er in Familie oder im Beruf dominante Positionen einnimmt. Häufig besteht bei Personen mit einem Dominanzfokus eine Diskrepanz zwischen dem Ausmaß des „Dominanzstrebens“ und den realen Machtverhältnissen, wobei dann das „Dominanzstreben“ v. a. in den deliktischen Handlungen in kompensatorischer Weise seinen Ausdruck findet. Unabhängig davon, ob „Dominanzstreben“ im sonstigen Leben erfolgreich oder nicht erfolgreich realisiert werden kann, lässt es sich immer in der Art der Ausgestaltung deliktischer Handlungen feststellen. Im Delikt verwirklicht der Täter einen Handlungsplan, der ihn in die dominante Rolle bringt. In nicht deliktischen Situationen, beispielsweise in der Familie oder am Arbeitsplatz, wird er in aller Regel auch subjektiv geeignet erscheinende Strategien anwenden, um zumindest situativ begrenzt, dominante Positionen oder Haltungen einzunehmen. Diese können – wie erwähnt – aber zu durchaus ambivalenten Erfahrungen führen, da sie in der Realität mit Frustrationen vermischt sind. Häufig wird sich das aber daran erkennen lassen, dass der Täter eben aufgrund mangelnder Dominanz frustriert ist, weil er sich an dem Ideal der angestrebten Dominanz misst. Beurteilen Sie also das Bedürfnis nach Dominanz und nicht den tatsächlich eingetretenen „Erfolg“.

Leitfragen:

✓ Strebt der Täter (in spezifischen Lebensbereichen) in auffälliger Weise durch eigene Überlegenheit charakterisierte Positionen an?

✓ Reagiert der Täter mit als aversiv erlebten Gefühlen auf Situationen, in denen er nicht die von ihm angestrebte Rolle einnehmen kann?

✓ Ist Dominanzstreben als zweckgerichtetes Bedürfnis erkennbar, das typisch für die Persönlichkeit des Täters ist, und verschiedenen Verhaltensweisen zugrunde liegt?

## 6.11.3. Ignorieren der Bedürfnisse anderer

*Ignorieren der Bedürfnisse anderer:* Ausmaß, in dem die Bedürfnisse anderer Menschen (oder Lebewesen) ignoriert werden oder keine Relevanz für die Handlungen des Täters besitzen.

Meistens lassen sich in der Vergangenheit Berichte von Bezugspersonen aus dem privaten oder beruflichen Umfeld oder aus Institutionen finden, in denen dieses Merkmal – wenn es vorhanden ist – beschrieben wird.

Auch das Delikt gibt beispielsweise Hinweise darauf, ob und in welchem Maß es dem Täter möglich war, Bedürfnisse des Opfers wahrzunehmen und diese zu berücksichtigen. Da Delikte allerdings naturgemäß immer durch eine mehr oder minder bestehende Ignoranz gegenüber den Bedürfnissen des Opfers gekennzeichnet sind, sollte sich die Bewertung nicht nur auf das Deliktgeschehen stützen. Es sei denn, das „Ignorieren der Bedürfnisse anderer“ tritt hier in besonders ausgeprägter und handlungsleitender Weise in Erscheinung.

Leitfragen:

✓ In welchem Ausmaß stellt der Täter seine eigenen Bedürfnisse unter Ignorierung der Bedürfnisse anderer Menschen auffällig in den Vordergrund?

✓ Vermag er die Bedürfnisse anderer Menschen wahrzunehmen?

✓ Wenn er sie wahrnehmen kann, vermag er nach den dadurch gewonnenen Erkenntnissen zu handeln?

## 6.11.4. Bedeutung für das vergangene Tatverhalten

*Bedeutung für das vergangene Tatverhalten:* Ausmaß der Bedeutung des Problembereichs für das Zustandekommen des Zieldelikts.

Eine genaue Erläuterung dieses Merkmals ist unter dem gleichnamigen Merkmal in der Merkmalsgruppe „Aggressionsfokus“ aufgeführt und kann auf die Anwendung dieses Merkmals übertragen werden.

### 6.11.5. Bedeutung für das zukünftige Tatverhalten

*Bedeutung für das zukünftige Tatverhalten:* Ausmaß der Bedeutung des Problembereichs für das Zustandekommen weiterer, dem Zieldelikt entsprechender Handlungen.

Eine genaue Erläuterung dieses Merkmals ist unter dem gleichnamigen Merkmal in der Merkmalsgruppe „Aggressionsfokus" aufgeführt und kann auf die Anwendung dieses Merkmals übertragen werden.

## 6.12. Mangelnde soziale Kompetenz

Unter dem Überbegriff der sozialen Kompetenz wird eine Vielzahl von Fähigkeiten subsumiert, welche u. a. Beziehungsgestaltung und Alltagsbewältigung im beruflichen und privaten Bereich betreffen.

„Mangelnde soziale Kompetenz" kann ein persönliches Defizit darstellen, welches einen Bedürfnisdruck in Richtung deliktischer Kompensation entstehen lässt, weil durch dieses Defizit die Befriedigung eigener Bedürfnisse im Rahmen legaler und altersadäquater Felder erheblich erschwert ist. Privat und beruflich wird der sozial inkompetente Täter subjektiv eine Vielzahl frustrierender Erlebnisse „sammeln". Weil die Befriedigung seiner Bedürfnisse mit Erwachsenen, im Beruf und in der legalen Freizeitgestaltung schwer fällt oder gar unmöglich erscheint, verlagern sich Bedürfnisse in kriminelle Bereiche. Hier kann der Täter plötzlich seinem Ärger und seiner Wut Ausdruck verleihen. Er findet Möglichkeiten, kompetent und beherrschend zu sein, anstatt sich unterlegen fühlen zu müssen. Er kann Angst in Macht verwandeln und sich Dinge beschaffen, zu denen er sonst glaubt, keinen Zugang zu haben. Die möglichen Verbindungslinien zwischen mangelnder sozialer Kompetenz und deliktischen Verhaltensweisen sind vielfältig.

## 6.12.1. Verwahrlosung

*Verwahrlosung:* Ausmaß der Vernachlässigung von Körperpflege, Nahrungsaufnahme, allgemeiner Ordnung und Sauberkeit, Tagesstrukturierung und anderen Bereichen. Nicht selten sind mit der Verwahrlosung eine Suchtproblematik oder andere psychiatrische Erkrankungen verknüpft. Beide Merkmale können aber auch unabhängig voneinander vorkommen.

Verwahrlosung ist ein deutliches Zeichen mangelnder sozialer Kompetenz. Verwahrlosungstendenzen sind in aller Regel so deutlich erkennbar und führen über kurz oder lang zu sozialen Auffälligkeiten, dass sie meist in der Vergangenheit an irgendeiner Stelle dokumentiert sind oder auch in der Gegenwart augenfällig in Erscheinung treten.

Neben der aktuellen Situation soll bei der Bewertung dieses Merkmals auch die überdauernde Tendenz zur Verwahrlosung zugrunde gelegt werden. Hierzu werden in vielen Fällen die Informationen aus der Vergangenheit, z. B. entsprechende Berichte oder Selbstschilderungen größeren Aufschluss geben, als eine möglicherweise – auch durch externe Hilfe – aktuell stabilisierte Situation.

Leitfragen:

- ✓ Zeigt der Täter Defizite in der Bewältigung alltäglicher und basaler Anforderungen?
- ✓ Sorgt er für eine regelmäßige, ausreichende Ernährung?
- ✓ Kann er die eigene Körperhygiene sicherstellen?
- ✓ Ist er in der Lage, seine Wohnung oder sein Zimmer in einer minimalen Ordnung zu halten, oder gibt es dort größere Probleme im Bereich Reinigung und Sauberkeit?
- ✓ Wie kleidet sich der Täter?
- ✓ Gab es in der Vergangenheit Probleme mit Wohnungen oder als Bewohner in Institutionen?
- ✓ Kam der Täter seinen Fürsorge- und Aufsichtspflichten als Elternteil nach?
- ✓ Gewährleistet der Täter eine ausreichende Versorgung und Pflege seiner Haustiere?

### 6.12.2. Defizite in der Kontaktaufnahme

*Defizite in der Kontaktaufnahme:* Ausmaß der Schwierigkeiten des Täters, Kontakt zu anderen Menschen zu knüpfen und soziale Begegnungen so zu gestalten, dass es zu positiver sozialer Resonanz kommt.

Das Merkmal fokussiert auf die Fähigkeit, Kontakte mit anderen Menschen knüpfen zu können. Es geht damit nicht um Fähigkeiten oder Kompetenzen in der Beziehungsgestaltung, sondern allein in der Kontaktaufnahme. Diese Fähigkeit bzw. ihr Mangel ist in vielen alltäglichen Situationen zu beobachten: Kontakte mit Nachbarn, Arbeitskollegen, fremde Personen ansprechen können, soziale Interaktion beim Einkaufen, bei Fahrten mit öffentlichen Verkehrsmitteln, am Kiosk etc.

Die mangelnde Kompetenz kann sich im Verhalten dadurch zeigen, dass der Täter entweder erst gar nicht versucht, Kontakte aufzunehmen oder die Art und Weise, wie er es versucht, unangemessen ist und zu Ablehnung führt.

Leitfragen:

✓ Wie leicht fällt es dem Täter, Kontakt zu anderen Menschen aufzunehmen?

✓ Kann er im sozialen Kontakt seine Bedürfnisse deutlich machen und verwirklichen?

✓ Wirkt er auf andere Menschen anziehend und erhält Anerkennung?

✓ Besteht die Tendenz, dass sich der Täter zurückzieht und bemüht ist, jeglichen Kontakt zu vermeiden?

✓ Ist er ängstlich, unsicher und kann sich durch die Art seiner Kontaktaufnahme keine positive soziale Resonanz verschaffen?

### 6.12.3. Defizite in der praktischen Lebensbewältigung

*Defizite in der praktischen Lebensbewältigung:* Ausmaß von Defiziten im Umgang und in der Bewältigung von Alltagssituationen und alltäglichen Anforderungen.

Die „Mangelnde soziale Kompetenz“ ist in vielen Bereichen der praktischen Lebensbewältigung wahrzunehmen. Sie muss sich nicht gleich in Form einer Verwahrlosungstendenz niederschlagen. In vielfältigen praktischen Alltagssituationen können sich die Defizite offenbaren.

Dabei kann es sich um verschiedene Schwierigkeiten handeln: Probleme,

- sich in einer Stadt zu orientieren,
- eine Fahrkarte zu lösen,
- eine Reise zu planen,
- eine adäquate Wohnmöglichkeit zu finden und diese wohnlich zu gestalten,
- Freizeitbeschäftigungen zu realisieren,
- einzukaufen,
- die eigenen Finanzen sinnvoll zu organisieren und übermäßige Schulden zu vermeiden,
- sich in Bewerbungsgesprächen zu präsentieren, etc.

Die Aufzählung könnte um viele zusätzliche Punkte erweitert werden. Defizite in der praktischen Lebensgestaltung werden oft nicht nur in einem Bereich, sondern in verschiedenen Bereichen der praktischen Alltagsbewältigung auftreten. Je nachdem, wie konstant das Merkmal anzutreffen ist und wie stark es einer angemessenen Lebensgestaltung beeinträchtigend entgegensteht, ist seine Ausprägung einzuschätzen.

Leitfragen:

✓ Ist der Täter bei der Bewältigung alltäglicher Anforderungen auf fremde Hilfe angewiesen?

✓ Hat der Täter eine Beistandschaft?

✓ Zeigen sich Defizite in der Bewältigung alltäglicher Anforderungen isoliert (z. B. nur im finanziellen Bereich) oder in verschiedenen Lebensbereichen?

### 6.12.4. Defizite in der Beziehungsgestaltung

*Defizite in der Beziehungsgestaltung:* Ausmaß eines Mangels an sozialer Kompetenz in Bezug auf die Gestaltung von Beziehungen.
Dieser Aspekt mangelnder sozialer Kompetenz kann sich darin zeigen, dass keine stabilen Beziehungen aufgebaut werden können bzw. Beziehungen durch immer wiederkehrende Konflikte im Rahmen der defizitären Möglichkeiten des Täters gekennzeichnet sind.

Je ausgeprägter die Schwierigkeiten in der Beziehungsgestaltung sind, desto stärker werden bestehende Beziehungen in ihren Möglichkeiten limitiert bzw. werden die Möglichkeiten, Beziehungen überhaupt erst zu knüpfen oder aufrechtzuerhalten, eingeschränkt.

Die Schwierigkeiten, die in der Beziehungsgestaltung auftreten können, sind mannigfaltig:

- Rückzugstendenzen von jeglichem Kontakt,
- Sprachlosigkeit zwischen den Beziehungspartnern,
- die Unfähigkeit, kleine Störeinflüsse befriedigend zu beseitigen,
- die mangelnde Fähigkeit, auf den Partner oder den Freund einzugehen,
- Hemmungen, eigene Bedürfnisse und Interessen anzusprechen und einzufordern,
- Schwierigkeiten, Gefühle für den Partner oder Freund zu verbalisieren und zu zeigen,
- fehlendes Interesse an gemeinsamen Betätigungen,
- Verantwortungslosigkeit.

Unter diesem Teilaspekt soll der Mangel an sozialer Kompetenz in Bezug auf die Gestaltung von Beziehungen bewertet werden. Dabei sollten sowohl die Beziehungen des engeren sozialen Umfeldes (Familie, Partner, Freunde), als auch die Beziehungen am Arbeitsplatz oder im Rahmen einer „lockeren Freizeitgestaltung" betrachtet werden.

Leitfragen:

✓ Kann der Täter tragfähige, langfristige Beziehungen aufbauen?

- ✓ Kann er Verbindlichkeit im Kontakt zu Freunden oder Partnern schaffen?
- ✓ Erhält der Täter in seinen Beziehungen emotional positive Zuwendung?
- ✓ Kann er eine solche emotional wichtige Zuwendung selber seinen Freunden und Partnern bieten?
- ✓ Ist er verlässlich?
- ✓ Ist er in der Lage, vertrauensvolle Nähe zu seinen engsten Bezugspersonen aufzubauen und aufrecht zu erhalten?

## 6.12.5. Defizite in der Konfliktbewältigung

*Defizite in der Konfliktbewältigung:* Mangel an Fertigkeiten, auf Konflikte adäquat zu reagieren und zu deren Lösung und Bewältigung beizutragen.

Die Fähigkeit zum konstruktiven Umgang mit Konflikten ist wichtig, um sich im sozialen Kontext zu behaupten, aber auch um sich im Kontakt mit anderen Menschen wohl fühlen zu können. Da Konflikte in jedem menschlichen Kontakt auftreten können, ist diese Fähigkeit wesentlich, um befriedigende soziale Bezüge aufrechterhalten zu können.

Die Defizite können sich im Unvermögen zeigen, mit Konflikten konstruktiv umzugehen (eigene Interessen wahren und Kompromisse eingehen), Beziehungen trotz Konflikten aufrechterhalten oder Konflikte abschließen zu können.

Leitfragen:

- ✓ Wie geht der Täter mit Konflikten um?
- ✓ Kann er sie konstruktiv angehen?
- ✓ Geht er Konflikten eher aus dem Weg, machen sie ihm Angst?
- ✓ Neigt er in Konflikten zu aufbrausendem, grenzüberschreitendem Verhalten und hinterlässt er „ein Trümmerfeld"?
- ✓ Gibt es ein „Leben nach dem Konflikt"? Dies bedeutet: Ist nach einer konstruktiven Konfliktlösung eine unbelastete Weiterführung der Beziehung möglich?
- ✓ Kann der Täter in einem Konflikt seine Interessen vertreten?

✓ Gelingt es ihm, die Interessen seines Gegenübers zu berücksichtigen?

✓ Ist er kompromissfähig?

✓ Fällt es ihm leicht, einen Beitrag zu Lösungen zu leisten?

### 6.12.6. Defizite in der emotionalen Kompetenz

*Defizite in der emotionalen Kompetenz:* Mangel an der Fähigkeit oder der Bereitschaft, Beziehungen situationsangemessen und fair zu gestalten.

Emotionale Kompetenz ist ein weitläufig verwandter Begriff geworden, in dem viele heterogene Eigenschaften bzw. Erwartungen an ein adäquates Verhalten subsumiert werden. Auch hier wird die emotionale Kompetenz als eine Grundfähigkeit verstanden, die sich aus vielen, zum Teil schwer fassbaren Teilfähigkeiten zusammensetzt. Zu einigen der bereits vorher besprochenen Punkte existieren zweifellos Überschneidungen.

Mangelnde emotionale Kompetenz wird sich sowohl in Feldern der Konfliktbewältigung, der Beziehungsgestaltung als auch der allgemeinen Lebensgestaltung und praktischen Alltagsbewältigung zeigen: Einfühlungsvermögen gegenüber den Bedürfnissen anderer Menschen oder anderer Lebewesen, Fähigkeit zu situationsangemessenem Verhalten, Wahrnehmungsfähigkeiten für Atmosphären, Stimmungen, feine Zwischentöne und subtile Wahrnehmungen gehören ebenso dazu, wie Grundhaltungen der Fairness, der Respektierung von Grenzen und der zumindest teilweisen Offenheit gegenüber Kritik.

Emotionale Kompetenz wird vorliegend als eine weiter gefasste Begrifflichkeit verstanden, als die später genannte und mit ihr verwandte affektive Kompetenz. Affektive Kompetenz bezieht sich vorwiegend auf die Wahrnehmung und den adäquaten Umgang mit eigenen Affekten oder Körperwahrnehmungen. Sicherlich ist es aber so, dass affektive Kompetenz auch ein wichtiger Bestandteil emotionaler Kompetenz ist.

Im Unterschied zur affektiven Kompetenz ist die emotionale Kompetenz aber in ihrem Fokus stärker als eine Fähigkeit zu verstehen, die sich in der Beziehungsgestaltung einer Person zu ihrer Umwelt ausdrückt.

Emotionale Kompetenz ist also eine Bereitschaft, diese Beziehungen situationsangemessen und „fair“ zu gestalten. Neben der Bereitschaft muss eine Person dazu über die Fähigkeit verfügen, die dafür notwendigen Informationen aus der eigenen Befindlichkeit und aus den Bedürfnissen der Umwelt wahrnehmen und in entsprechende Handlungen umsetzen zu können. Die somit hier als komplexe Fähigkeit beschriebene emotionale Kompetenz fließt in die Ausstrahlung einer Person ebenso ein, wie sie sich in der Gestaltung sämtlicher Aktivitäten zeigen wird.

Bewertungsregeln: Geringe emotionale Kompetenz zeigt sich in einem der beiden Punkte:

- ☞ Defizite in der Fähigkeit, sich in Bedürfnisse anderer Menschen einzufühlen und situationsangemessenes Verhalten, Stimmungen, „Zwischentöne", Atmosphären wahrnehmen zu können.
- ☞ Fehlende Bereitschaft gemäß der Wahrnehmung zu handeln, oder Grundhaltungen der Fairness, der Respektierung von Grenzen, der Offenheit gegenüber Kritik u. a. sind nicht internalisiert bzw. nicht handlungsleitend.

Leitfragen:

- ✓ Gelingt es dem Täter, sich in die Bedürfnisse anderer Menschen einzufühlen, Situationen und Stimmungen angemessen wahrzunehmen?
- ✓ Ist der Täter bemüht, sich mit den Bedürfnissen anderer Menschen oder den Erfordernissen von Situationen auseinander zu setzen?
- ✓ Wirkt das Verhalten des Täters in vielen sozialen Situationen unangemessen, grenzverletzend oder gleichgültig?
- ✓ Erscheint der Täter in Beziehungen oder in verschiedenen sozialen Situationen taktlos, übertrieben selbstbezogen oder uneinfühlsam?
- ✓ Fühlt sich der Täter im Beruf, in seinem Privatleben oder in Freizeitaktivitäten dem Gebot der Fairness verpflichtet?
- ✓ Interessiert sich der Täter für die Schicksale anderer Menschen im persönlichen Umfeld oder in gesellschaftspolitischer Hinsicht (Katastrophen, soziales Engagement etc.)?
- ✓ Gibt es im Deliktverhalten Anzeichen für emotionale Kompetenzen oder für das Fehlen emotionaler Kompetenz, z. B. in der Art, wie der Täter mit Opfern oder zufällig anwesenden Personen umgeht?

### 6.12.7. Generelle Kontaktarmut oder Rückzugstendenzen

*Generelle Kontaktarmut oder Rückzugstendenzen:* Ausmaß an Defiziten in der Beziehungsgestaltung und in anderen Lebensbereichen, die durch extrem geringe Aktivität gekennzeichnet ist. Soziale Kontakte werden vernachlässigt oder aktiv gemieden.

Der Bedarf an Kontakt zu anderen Menschen ist individuell verschieden ausgeprägt. Bisweilen finden sich deutliche Kontaktarmut oder stark ausgeprägte Rückzugstendenzen als Merkmale bestimmter Formen von sozialer Inkompetenz. Personen verfügen dann kaum oder gar nicht über Bekannte oder Freunde. Dieser Aspekt hat (soweit vorhanden) schon beim Merkmal „Defizite in der Beziehungsgestaltung" Berücksichtigung gefunden. Darüber hinaus sind Kontaktarmut und Rückzugstendenzen zusätzlich aber dadurch geprägt, dass viele Lebensbereiche durch eine extrem geringe Aktivität gekennzeichnet sind:

- Häufig verbringen solche Personen einen Großteil ihrer Zeit in der eigenen Wohnung, wenn sie diese nicht zwingend verlassen müssen.
- Sie sind einsam, gehen eher monotonen Beschäftigungen nach, z. B. exzessivem Fernsehen.
- Zum Teil wandern sie ziellos durch die Straßen, ohne dabei irgend einen Kontakt aufzunehmen, der mehr als nur flüchtige Begegnungen umfasst.

Zu bewerten ist – wie schon bei der Verwahrlosung – bei diesem Merkmal nicht der aktuelle Zustand, sondern die Bereitschaft bzw. die Tendenz eines Täters sich zurückzuziehen und sozial zu isolieren.

Beispiel:

✗ Ein Täter, der nach zweijähriger Arbeitslosigkeit seine schon vorher bestehenden Tendenzen zum Rückzug und zur sozialen Isolation erheblich verstärkt, gerät immer mehr in eine eigene Fantasietätigkeit, die nicht mehr durch reale Bezugspunkte relativiert werden kann. Mangels anderer, emotional stimulierender Erlebnisse nimmt die Beschäftigung mit Sexualität in seiner Fantasietätigkeit einen immer größeren Stellenwert ein. Als er schließlich beginnt, sich mit Kinderpornografie zu beschäftigen, verlagern sich seine Fantasien mehr und mehr in diese Richtung und gestalten sich zunehmend aus. Tatsächlich, und das war in diesem Falle keine Schutzbehauptung, rechnet der Täter damit, bei Kindern sexuelle Bedürfnisse zu wecken, wenn er sie nur deutlich genug darauf anspricht. Anlässlich zweier Übergriffe macht er Kindern sexuelle Avancen und verlangt, dass sie seinen Penis in den Mund nehmen. Mangels realitätsgerechter Feedbacks sind realitätsbezogene psychische Funktionen soweit geschwächt, dass der in der Isolation ausgebauten Fantasie keine Korrekturmöglichkeit mehr entgegengesetzt werden kann. Der Täter geht beispielsweise davon aus, dass die Kinder, die er auf der Straße anspricht, so reagieren werden, wie er das in den Filmen gesehen hat. Eine lang anhaltende Entwicklung zu ausgeprägter Kontaktarmut und zum Rückzug von jeglichen sozialen Bezugspunkten hat hier der delinquenten Entwicklung den Boden bereitet.

## 6.12.8. Bedeutung für das vergangene Tatverhalten

*Bedeutung für das vergangene Tatverhalten:* Ausmaß der Bedeutung des Problembereichs für das Zustandekommen des Zieldelikts.

Eine genaue Erläuterung dieses Merkmals ist unter dem gleichnamigen Merkmal in der Merkmalsgruppe „Aggressionsfokus“ aufgeführt und kann auf die Anwendung dieses Merkmals übertragen werden.

## 6.12.9. Bedeutung für das zukünftige Tatverhalten

*Bedeutung für das zukünftige Tatverhalten:* Ausmaß der Bedeutung des Problembereichs für das Zustandekommen weiterer, dem Zieldelikt entsprechender Handlungen.

Eine genaue Erläuterung dieses Merkmals ist unter dem gleichnamigen Merkmal in der Merkmalsgruppe „Aggressionsfokus“ aufgeführt und kann auf die Anwendung dieses Merkmals übertragen werden.

## 6.13. Offenheitsfokus

Wie bei allen spezifischen Problembereichen soll auch der „Offenheitsfokus“ nur dann gewertet werden, wenn er in einem deutlich erkennbaren Zusammenhang zu delinquenten Verhaltensweisen steht.

Die Merkmalsgruppe „Offenheitsfokus“ ist ein weiteres Mal (mit anderen Merkmalen) in der Hauptgruppe „Ressourcen“ (BEE) und auch in der „Dynamischen Risikoverminderung“ (DY-R) aufgeführt. Dort wird der „Offenheitsfokus“ in jedem Fall bewertet. Die dort vorgenommenen Bewertungen von Aspekten dieser Merkmalsgruppe unterscheiden sich aber hinsichtlich ihres Bezugspunktes für die Bewertung vom hier im Rahmen der „Spezifischen Problembereiche“ genannten „Offenheitsfokus“. Bei der Merkmalsgruppe „Offenheitsfokus“ innerhalb der „Beeinflussbarkeit“ und innerhalb der „Dynamischen Risikoverminderung“ geht es um die Beurteilung einer grundsätzlichen Offenheit des Täters. Hingegen ist zur Bewertung des „Offenheitsfokus“ bei den „Spezifischen Problembereichen“ ein relevanter Zusammenhang zwischen mangelnder Offenheit und dem Deliktmechanismus erforderlich. Es ist also in einem ersten Schritt zu prüfen, ob ein solcher Zusammenhang besteht. Häufig sind Defizite in der Offenheit zu finden, ohne dass diese in einem deutlich ursächlichen Verhältnis zum Deliktgeschehen stehen.

In bestimmten Fällen ist es aber durchaus möglich, dass dieser Zusammenhang zwischen „Offenheitsfokus“ und Deliktrelevanz besteht. Finden sich beispielsweise im Rahmen der kriminellen Verhaltensweisen Betrugsdelikte – ausschließlich oder mit anderen Delikten assoziiert –, wird oft ein Zusammenhang zwischen diesen Deliktmechanismen und der Wahrscheinlichkeit ihrer Umsetzung und einem generellen Problem der Offenheit bestehen, das ein kennzeichnendes Merkmal der Persönlichkeit darstellt. Der „Mangel an Offenheit“ und die hohe Ausprägung der „Lügenbereitschaft“ können persönlichkeitstypische Grundbedingungen des Täters sein, die in einer engen Beziehung mit der Begehung von Betrugsdelikten stehen. Auch ein Täter, der sich durch „den Aufbau von Scheinwelten“ über kurz oder lang in Situationen hinein manövriert, in denen bestimmte kriminelle Handlungen wahrscheinlicher werden (Raubdelikte zur Geldbeschaffung, erhöhte Aggressivität durch die Diskrepanz von „Schein und Sein“, Zuspitzung depressiver Zustände mit nachfolgendem Drogenkonsum und spätere Beschaffungskriminalität oder Verminderung von Hemmschwellen usw.), zeigt einen engen Zusammenhang zwischen der grundlegenden Offenheitsproblematik und den delikttypischen Entwicklungen.

Beispiele:

✗ Vorliegen eines Offenheitsfokus:

- Ein 38-jähriger Mann, am Arbeitsplatz integriert, mit einem „normalen“ Familienleben und in vielen lokalen Vereinen aktiv, bewahrt sich seit vielen Jahren zur Steigerung eigener Allmachtsfantasien und um einen Nervenkitzel zu suchen, immer eine parallele „dunkle Welt“. Über sie spricht er nie und schützt sie konsequent vor einer transparenten, offenen Auseinandersetzung, z. B. mit engen Bezugspersonen. So geht er bisweilen nachts auf Einbruchstouren, wobei eine Progredienz in Richtung zunehmender Grenzüberschreitungen festzustellen ist. Die Handlungen werden immer genauer geplant und nehmen einen zunehmend höheren Komplexitätsgrad an. Schließlich verübt der Mann anlässlich zweier Einbrüche zwei Sexualdelikte. Ausgangspunkt ist eine langjährige Entwicklung, in der mangelnde Offenheit einen zentralen, deliktrelevanten Mechanismus darstellt. Die in dieser deliktischen Entwicklung zum Ausdruck kommende Abspaltungstendenz korrelierte mit Persönlichkeitsmerkmalen, die der Täter seit vielen Jahren kultiviert: Allgemein mangelnde Offenheit, hohes Misstrauen und die Bereitschaft zu lügen, wenn ihm dies nutzbringend erscheint. Nach mehrjähriger Therapie benennt dieser Täter als einen seiner Hauptrisikofaktoren, seine Bereitschaft zu lügen. So sei in Zukunft der Einstieg in eine neue delinquente Entwicklung seine erste Lüge und der nachfolgende Automatismus sich verfestigende mangelnde Offenheit. Ein wesentliches Ziel der Therapie sei es, genau einer solchen, drohenden Entwicklung große Beachtung zu schenken. Würde er lügen, so wäre die Therapie der Raum, in der er das so schnell wie möglich offen legen und die entsprechende Situation analysieren müsste. Bei diesem Täter ist der „Offenheitsfokus“ als spezifischer Problembereich in direkter und ursächlicher Weise mit der Deliktproblematik verknüpft.
- Eine junge türkische Frau emigriert gemeinsam mit ihrem Ehemann, ihren Kleinkindern und ihrem Schwiegervater in die Schweiz. Die Großfamilie bewohnt eine kleine Dreizimmer-Wohnung. Gemäß dem türkischen Familienverständnis sorgt ihr Ehemann für den Unterhalt der gesamten Familie – inklusive des eigenen Vaters. Dieser verspielt einen Grosßteil des Einkommens an Spielautomaten und gibt einen

weiteren erheblichen Teil des Einkommens für Gasthausbesuche aus. Während der beruflich bedingten Abwesenheit des Ehemannes versucht der Schwiegervater wiederholt, sich in sexueller Weise der jungen Türkin zu nähern. Dies führt dazu, dass sich diese oft über mehrere Stunden im Schlafzimmer einschließt und schließlich auch in ihrem Kleiderschrank ein Messer deponiert, um sich im Falle eines Angriffs zur Wehr setzen zu können. Immer wieder bittet die junge Türkin ihren Ehemann, dafür zu sorgen, dass der Schwiegervater auszieht. Das Zusammenleben mit dem Schwiegervater, der durch sein Verhalten die Familie in finanzielle Schwierigkeiten bringt, wird für die junge Frau zunehmend unerträglich. Sie teilt ihre Ängste jedoch niemandem mit. Bei einem abendlichen Streit zwischen ihrem Ehemann und ihrem Schwiegervater geht sie ins Schlafzimmer, holt das Messer und sticht mit diesem auf ihren Schwiegervater ein. Die Unfähigkeit der Täterin, eigene Interessen zu formulieren und sich der Auseinandersetzung mit dem späteren Opfer zu stellen, bereitet eine entscheidende Grundlage für die emotionale Verfassung, die schließlich zur Tathandlung führt.

✗ *Kein Offenheitsfokus:*

- Ein dissozialer Täter begeht wiederholt Eigentums- und Gewaltdelikte. Er zeigt im Rahmen der Ermittlungsverfahren wenig Offenheit und gesteht allenfalls jene Sachverhalte, die ihm eindeutig nachgewiesen werden können. Die mangelnde Offenheit ist strategisch im Rahmen des Untersuchungsverfahrens motiviert. Es besteht aber kein ursächlicher Zusammenhang zwischen der geringen Offenheit des Täters und dem Entstehungsmechanismus für das Deliktverhalten.

### 6.13.1. Mangel an Offenheit

*Mangel an Offenheit:* Mangelnde Bereitschaft, relevante Inhalte zu kommunizieren und anderen Menschen Einblick in das eigene Sein und Erleben zu geben.

Offenheit wird als Merkmal ausführlich unter der Merkmalsgruppe „Ehrlichkeit und Offenheit" als Therapievariable beschrieben. Der Unterschied zwischen Offenheit, Ehrlichkeit und Wahrheitstreue ist hier zu verdeutlichen. Mit Offenheit wird eine grundsätzliche Bereitschaft bezeichnet, relevante

Inhalte zu kommunizieren und anderen – Vertrauenspersonen – Einblick in das eigene Sein und Erleben zu geben. Es gibt Menschen, die sich gegenüber ihrer Umwelt verschlossen und in ihrer Informationsweitergabe hoch selektiv präsentieren.

Für den „Mangel an Offenheit" lassen sich viele Belege aus der Vergangenheit und im aktuellen Kontakt mit dem Täter finden. Mangelnde Offenheit zeigt sich in deliktrelevanten, aber auch anderweitigen alltäglichen Situationen. Sofern hierüber Informationen verfügbar sind, lohnt es sich, die „Informationspolitik" des Täters gegenüber Familienangehörigen oder anderen Bezugspersonen zu untersuchen.

Leitfragen:

✓ Ist die spontane Kommunikation eingeschränkt?

✓ Werden bestimmte Themen selektiv ausgespart, verzerrt oder verschleiert?

✓ Setzt der Täter bewusste Kommunikationsstrategien ein, um relevanten Fragen auszuweichen?

## 6.13.2. Misstrauen

*Misstrauen:* Ausmaß einer misstrauischen Grundhaltung in (fast) allen Lebensbereichen und gegenüber (fast) allen Personen. Die Grundhaltung zeigt sich in misstrauischen Verhaltensweisen oder auch ängstlichen Gefühlen, die durch oft ans Paranoide heranreichende misstrauische Kognitionen ausgelöst werden.

Der misstrauische Mensch bringt in aller Regel diese Haltung durchgehend seiner gesamten Umgebung entgegen. Bestenfalls durchbricht er die misstrauische Grundhaltung nur bei wenigen, sehr ausgewählten Personen oder in sehr spezifischen Situationen. Misstrauen ist mit ängstlichen oder paranoid- heranreichenden Gefühlen assoziiert.

Menschen mit ausgeprägtem „Misstrauen" erwarten von ihrer Umwelt – insbesondere von bestimmten Menschen und Institutionen – nichts Gutes. Sie sind vorsichtig und glauben, niemandem vertrauen zu können. Diese Lebenseinstellung sehen sie durch zahlreiche Erlebnisse in der Vergangenheit bestätigt. Sie fühlen sich verletzt, enttäuscht und rechtfertigen die misstrauische Grundhaltung – sofern hierüber überhaupt eine Kommunikation möglich ist – als Schutz vor weiteren Enttäuschungen. Bisweilen ist eine zynische, latente oder offen ablehnende Konzeptionalisierung der Welt und ihrer Bewohner festzustellen. Das Misstrauen wird somit als eine adäquate Einstellung wahrgenommen, die auf eine dem Täter gegenüber latent oder offensichtlich feindlich gesonnene Welt zurückgeführt wird. Vor diesem Wahrnehmungs- und Erlebenshintergrund sehen sich misstrauische Personen häufig zu „Kontroll-, Vorsichts- und Gegenmaßnahmen" berechtigt, wie z. B.: Angriffe, Nachspionieren oder der Versuch, das vermeintliche Fehlverhalten anderer Personen nachzuweisen und diese zu überführen.

„Misstrauen" wird sich in aller Regel im persönlichen Kontakt mit dem Täter ebenso offenbaren wie in der Beschreibung von Situationen aus der Vergangenheit. Bisweilen finden sich auch Schriftstücke oder dokumentierte mündliche Äußerungen, die die misstrauische Grundhaltung des Täters zum Ausdruck bringen. Täter, die ein gewisses Maß an subkultureller oder speziell krimineller Sozialisation aufweisen, zeigen nahezu immer ein mehr oder minder ausgeprägtes Maß an „Misstrauen".

Leitfragen:

✓ Ist es leicht das Vertrauen des Täters gewinnen zu können oder ist er ständig auf der Hut und glaubt, niemandem vertrauen zu können?

✓ Trifft der Täter Vorsichtsmaßnahmen, um von anderen Personen erwartete Schädigungen an seiner Person zu verhindern?

✓ Zeigen sich im Verhalten des Täters Gegenmaßnahmen, die er als legitime Reaktion auf feindseliges Verhalten anderer rechtfertigt?

✓ Wie konzeptualisiert der Täter die Welt (zynisch, ablehnend etc.)?

### 6.13.3. Lügenbereitschaft

*Lügenbereitschaft:* Ausmaß, in dem Lügen als legitime Verhaltensoption angesehen und häufig (zweckgerichtet) eingesetzt werden.

Auch dieses Merkmal wird an anderer Stelle ausführlich beschrieben („Fehlen von Lügen in der Vorgeschichte" in der Beurteilungsebene „Beeinflussbarkeit").

Anhand des aktuellen Eindrucks und der dokumentierten Ereignisse aus der Vorgeschichte ist zu bewerten, wie ausgeprägt die Bereitschaft des Täters ist, zu lügen. In die Überlegungen sind auch die Erkenntnisse aus der Analyse des Aussageverhaltens miteinzubeziehen. Insbesondere durchgehend strategisches Lügen in der Aussagesituation ist oft mit einer hohen, grundsätzlichen Bereitschaft zum Lügen verknüpft.

Leitfragen:

- ✓ Entsteht bei aktuellen Schilderungen der Eindruck, dass der Täter Lügen als strategisches Mittel einsetzt?
- ✓ Inwieweit ergeben sich aus den vorliegenden Dokumenten Verdachtsmomente oder konkrete Nachweise von Lügen?
- ✓ Gibt es Beschreibungen oder Aussagen von Bezugspersonen, Familienmitgliedern, Institutionen, aus welchen die „Lügenbereitschaft" hervorgeht?

## 6.13.4. Bedeutung für das vergangene Tatverhalten

*Bedeutung für das vergangene Tatverhalten:* Ausmaß der Bedeutung des Problembereichs für das Zustandekommen des Zieldelikts.

Eine genaue Erläuterung dieses Merkmals ist unter dem gleichnamigen Merkmal in der Merkmalsgruppe „Aggressionsfokus" aufgeführt und kann auf die Anwendung dieses Merkmals übertragen werden.

## 6.13.5. Bedeutung für das zukünftige Tatverhalten

*Bedeutung für das zukünftige Tatverhalten:* Ausmaß der Bedeutung des Problembereichs für das Zustandekommen weiterer, dem Zieldelikt entsprechender Handlungen.

Eine genaue Erläuterung dieses Merkmals ist unter dem gleichnamigen Merkmal in der Merkmalsgruppe „Aggressionsfokus" aufgeführt und kann auf die Anwendung dieses Merkmals übertragen werden.

# 6.14. Delinquenzfördernde Weltanschauung

## 6.14.1. Delinquenzfördernde Weltanschauung

*Delinquenzfördernde Weltanschauung:* Ausmaß an Überzeugungen, Glaubenssätzen, Haltungen und Einstellungen zu politischen, religiösen, weltanschaulichen, geschlechterspezifischen oder anderen grundsätzlichen Fragen, die eine kognitive Motivationsgrundlage für delinquentes Verhalten darstellen.

Der Problembereich „Delinquenzfördernde Weltanschauung" weist eine Verwandtschaft zum Merkmal „Identifizierung mit delinquenter Kultur" in der Hauptgruppe „Delinquenznahe Persönlichkeitsdisposition" auf. Auch bei diesem Merkmal geht es um eine Haltung oder Lebenseinstellung, die sich im Ergebnis deliktfördernd auswirkt. Die „Identifizierung mit delinquenter Kultur" weist einen direkten Bezug zu delinquenznahen Phänomenen auf, in dem bestimmte kriminelle Erscheinungsformen positiv bejahend bewertet werden. Im Unterschied dazu betrifft die „Delinquenzfördernde Weltanschauung" allgemeine Einstellungen zu politischen, religiösen, weltanschaulichen, geschlechtsspezifischen oder anderen grundsätzlichen Themen. Diese durch bestimmte Kognitionen geprägten Einstellungen zu allgemeinen, nicht primär delinquenznahen Themen haben aber zur Folge, dass die Wahrscheinlichkeit zur Begehung bestimmter Straftaten erheblich erhöht wird. Die „Delinquenzfördernde Weltanschauung" bildet eine Motivationsgrundlage für die Entstehung delinquenter Handlungsmotivationen. Meist fühlt sich ein entsprechender Täter in seinem Selbstbild nicht primär einer kriminellen Grundhaltung verbunden. Vielmehr erlebt er die „Delinquenzfördende Weltanschauung" als eine legitime, zumeist nicht kritisch hinterfragbare Überzeugung. Die damit zusammenhängenden delinquenten Motivationen und die daraus folgenden Handlungen werden dementsprechend ebenfalls als legitimes Verhalten wahrgenommen. Zu denken ist z. B. an kulturelle, politische und glaubensbedingte Einstellungen, sofern durch sie strafbare Handlungen wahrscheinlicher werden.

Beispiele:

✗ Wenn es ein Täter gemäß seinem Kultur- oder seinem Glaubensverständnis als sein Recht ansieht, seine Frau zu sexuellen Handlungen zu zwingen (und dies nicht als Vergewaltigung versteht), dann macht diese kulturell oder glaubensbedingt begründete Einstellung zukünftige Vergewaltigungen der eigenen Ehefrau wahrscheinlicher.

- ✗ Ein anderes Beispiel wäre ein Terrorist, der im Namen einer religiösen oder politischen Überzeugung schwere Gewaltdelikte begeht.
- ✗ Genauso wäre auch der Aberglaube eines HIV-positiven Menschen zu werten, der meint, dass durch ungeschützten Geschlechtsverkehr mit einer Jungfrau eine Heilung von AIDS erfolge.

Bei der Bewertung sind auch Erkenntnisse über den Zusammenhang der angesprochenen Haltungen und Überzeugungen zu früheren Straftaten, insbesondere aber auch zu Drohungen, Beleidigungen oder anderen grenzverletzenden Verhaltensweisen zu beachten.

Leitfragen:

- ✓ Besteht beim Täter irgendeine grundsätzliche Überzeugung – sei es eine politische, religiöse, weltanschauliche oder andere Überzeugung – oder ein Wertesystem, wodurch bestimmte deliktrelevante Verhaltensweisen gefördert werden?
- ✓ Inwieweit waren diese Überzeugungen für das vergangene Deliktverhalten maßgebend?
- ✓ Wie starr oder wie flexibel ist diese Haltung oder Überzeugung?
- ✓ Welche Emotionen sind mit der delinquenzfördernden Überzeugung oder Haltung verbunden?
- ✓ Mit welchem Grad subjektiver Legitimität leitet der Täter aus seiner Überzeugung oder Haltung das Recht für deliktrelevante Verhaltensweisen ab?
- ✓ Wird die delinquenzfördernde Haltung oder Überzeugung nur selten angesprochen oder handelt es sich um Inhalte, die durch viele verschiedene Auslöser (Beziehung, Familie, Arbeitsplatz, alltägliche Situationen etc.) aktiviert werden?

### 6.14.2. Bedeutung für das vergangene Tatverhalten

*Bedeutung für das vergangene Tatverhalten:* Ausmaß der Bedeutung des Problembereichs für das Zustandekommen des Zieldelikts.

Eine genaue Erläuterung dieses Merkmals ist unter dem gleichnamigen Merkmal in der Merkmalsgruppe „Aggressionsfokus“ aufgeführt und kann auf die Anwendung dieses Merkmals übertragen werden.

### 6.14.3. Bedeutung für das zukünftige Tatverhalten

*Bedeutung für das zukünftige Tatverhalten:* Ausmaß der Bedeutung des Problembereichs für das Zustandekommen weiterer, dem Zieldelikt entsprechender Handlungen.

Eine genaue Erläuterung dieses Merkmals ist unter dem gleichnamigen Merkmal in der Merkmalsgruppe „Aggressionsfokus“ aufgeführt und kann auf die Anwendung dieses Merkmals übertragen werden.

## 6.15. Selbstwertproblematik

Eine „Selbstwertproblematik“ kann angenommen werden, wenn Unsicherheiten und Zweifel bezüglich der eigenen Person oder den eigenen Fähigkeiten ein überdauerndes Muster darstellen und in verschiedenen Situationen ausgelöst werden. Situationsspezifische oder lebensphasisch auftretende Zweifel und Unsicherheiten, wie sie bei fast allen Menschen anzutreffen sind, sind demnach nicht unter diesem Problembereich zu werten.

Wie stets bei den „Spezifischen Problembereichen“ muss auch hier vorab geklärt werden, ob ein stringenter Zusammenhang zwischen dem Risiko zu Delinquenzentwicklungen und einer Selbstwertproblematik besteht. Selbstwertproblematiken sind weit verbreitet. Bei weitem nicht immer ist das Vorhandensein einer solchen Problematik aber in genügend direkter Weise mit delinquenten Verhaltensmustern verknüpft, um eine Bewertung dieses Problembereichs zu rechtfertigen. Vorsicht ist auch an einem anderen Punkt geboten. Es besteht die Tendenz, Selbstwertproblematiken zu häufig zu diagnostizieren. Viele Täter sind es gewohnt, entsprechende Probleme anzugeben, vielleicht nicht zuletzt weil sie wissen, dass Therapeuten besonders gerne auf die sogenannte „Selbstwertproblematik“ einsteigen.

Der Problembereich „Selbstwertproblematik“ kann gewertet werden, wenn das Deliktverhalten sich eignet, diesen Mangel zu kompensieren. Ebenso kann sich ein Zusammenhang derart gestalten, dass die „Selbstwertproblematik“ die Möglichkeiten zur Bedürfnisbefriedigung in einem legalen Rahmen einschränkt, wodurch der Weg in delinquente Verhaltensweisen zu einer attraktiven Option wird. Ein solcher Mechanismus kann bei manchen Vergewaltigern vorliegen. Noch häufiger zu beobachten ist er bei einer Untergruppe von Tätern, die sexuelle Übergriffe auf Kinder verüben, bei einigen adoleszenten Tätern oder bei bestimmten Betrugsdelikten. Nicht selten ist die „Selbstwertproblematik“ dann mit einem Mangel an sozialer Kompetenz verknüpft, wie dieser bei der entsprechenden Merkmalsgruppe beschrieben ist.

## 6.15.1. Mangel an Selbstsicherheit im Verhalten

*Mangel an Selbstsicherheit im Verhalten:* Ausmaß, in dem legitime eigene Interessen und Bedürfnisse in sozialen Interaktionen nicht angemessen deklariert, durchgesetzt oder befriedigt werden können.

Der „Mangel an Selbstsicherheit im Verhalten“ sollte anhand des Fehlens oder Vorhandenseins der Fähigkeit beurteilt werden, sich in bestimmten Situationen oder Personen gegenüber selbstsicher verhalten zu können. Selbstsicherheit bzw. der „Mangel an Selbstsicherheit im Verhalten“ zeigt sich v. a. in Situationen, in denen eine Person zur Befriedigung ihrer Interessen und Bedürfnisse diese deklarieren und durchsetzen muss. Selbstsicherheit lässt sich von aggressivem Verhalten dadurch abgrenzen, dass bei selbstsicherem Verhalten die Grenzen anderer Personen nicht verletzt werden.

Selbstsicherheit ist eine Fähigkeit in Bezug auf das Verhalten im Kontakt mit anderen Personen. Ein Gefühl der Überzeugung über den Wert der eigenen Person und der eigenen Fähigkeiten kann hier hilfreich sein, muss aber nicht vorhanden sein, um Selbstsicherheit in bestimmten Situationen oder bestimmten Personen gegenüber ausdrücken zu können. Aus diesem Grund ist dieses Merkmal nicht deckungsgleich mit dem Begriff des „Selbstwertgefühls". Die Fähigkeit zur Selbstsicherheit in bestimmten Situationen oder bestimmten Personen gegenüber, die sich in selbstsicherem Auftreten zeigen kann, ist nicht notwendigerweise an ein hohes Selbstwertgefühl gebunden. Es gibt Personen, die ein hohes Maß an Selbstsicherheit zeigen können, das kompensatorisch gerade aus einem tief empfundenen Zweifel am eigenen Selbstwert entsteht.

Ein „Mangel an Selbstsicherheit im Verhalten" kann sich auch im Deliktverhalten in Form von Interaktionsmustern zeigen, die durch Unsicherheit gekennzeichnet sind. Allerdings ist auch das Gegenteil möglich, wenn das Deliktverhalten kompensatorische Elemente enthält.

Leitfragen:

✓ Wie selbstsicher wirkt der Täter im Kontakt mit Institutionen, Behörden, Freunden, Familienangehörigen oder ihm unbekannten Personen?

✓ Wie souverän bewältigt er herausfordernde Aufgabenstellungen, Prüfungen, öffentliche Auftritte, Konfliktsituationen oder neue, ungewohnte Situationen?

✓ Wie reagiert er auf ungerechte Behandlung?

✓ Wie reagiert der Täter, wenn seine legitimen Bedürfnisse (z. B. nach Aufmerksamkeit und Anerkennung) übergangen werden oder er ungerechtfertigte Zurücksetzung erlebt?

✓ Ist er extrovertiert und wirkt überzeugend auf andere?

✓ Wie verhält er sich am Arbeitsplatz, welche Situationen sucht er, welche meidet er?

✓ Wie wirkt der Täter auf Unbeteiligte, wie wurde er in der Vergangenheit in der Wahrnehmung verschiedener Personen geschildert?

## 6.15.2. Mangel an Zutrauen in eigene Fähigkeiten

*Mangel an Zutrauen in eigene Fähigkeiten:* Ausmaß, in dem die eigenen Fähigkeiten und Handlungsmöglichkeiten in der Selbstwahrnehmung als wenig kompetent eingeschätzt werden.

Das Merkmal „Mangel an Zutrauen in eigene Fähigkeiten" beschreibt die Wahrnehmung der eigenen Person bezüglich ihrer Fähigkeiten und Möglichkeiten als defizitär. Mangelndes Vertrauen in eigene Fähigkeiten manifestiert sich in der Biographie und im eingeschlagenen Lebensweg ebenso, wie in vielfältigen sozialen Situationen (am Arbeitsplatz, in der Familie oder im Freizeitverhalten).

Leitfragen:

- ✓ Glaubt der Täter an eigene Möglichkeiten und eigene Ressourcen?
- ✓ Glaubt er daran, einzigartige oder zumindest durchschnittliche Qualitäten zu besitzen, oder erlebt er sich im Vergleich zu anderen defizitär?
- ✓ Nimmt er sich im Vergleich zu anderen Personen generell unter- oder überlegen wahr?
- ✓ Neigt er zu einer übertrieben schlechten Bewertung der eigenen Möglichkeiten?
- ✓ Wie verhält sich der Täter gegenüber neuen, unbekannten Situationen oder Personen?
- ✓ Wie geht er Vorhaben und Projekte an?
- ✓ Wie aktiv stellt er sich Herausforderungen?
- ✓ Wie überzeugt ist er vom Gelingen einer eigenen Arbeit oder eines eigenen Plans?
- ✓ Was traut er sich zu, was nicht?
- ✓ Glaubt er, in Diskussionen und Konflikten bestehen zu können?
- ✓ Was glaubt der Täter, denken andere Personen über seine Möglichkeiten und Fähigkeiten?
- ✓ Mit welchen Themen beschäftigt er sich in der Arbeit und der Freizeit, was konnte er dort erreichen, was nicht?
- ✓ Hofft er immer dann, wenn eine Aufgabe verteilt wird, „der Kelch möge an ihm vorbeigehen"?

### 6.15.3. Mangel an Selbstwertgefühl

*Mangel an Selbstwertgefühl:* Ausmaß, in dem der Täter Bilder, Vorstellungen und Gedanken über die eigene Person herabsetzend, zynisch oder in anderer Weise negativ erlebt und sich aufgrund dessen minderwertig fühlt.

Zu den beiden vorgenannten Merkmalen gibt es Überschneidungen. Im Unterschied zum „Mangel an Zutrauen in die eigenen Fähigkeiten" beschreibt das Merkmal „Mangel an Selbstwertgefühl" nicht primär die Wahrnehmung der eigenen Fähigkeiten, sondern die grundlegende Wahrnehmung der eigenen Person, das Gefühl zum eigenen Selbst. Das Selbstwertgefühl ist das Gefühl einer Person über den eigenen Wert in bestimmten Situationen im Vergleich zu anderen Personen oder in Bezug auf die Existenz in dieser Welt. Beim ausgeprägten Mangel an Selbstwertgefühl finden sich häufig destruktive oder traumatische Erfahrungen in der Kindheit. Wieder kann sich ein „Mangel an Selbstwertgefühl" in direkt erkennbarer Weise in der Ausgestaltung des Delikts zeigen – oder aber, wenn kompensatorische Mechanismen vorliegen, im genauen Gegenteil.

Leitfragen:

- ✓ Glaubt der Täter, für andere Personen bedeutsam zu sein?
- ✓ Welche Bedeutung gibt er sich selber in Bezug auf bestimmte Situationen oder Personen?
- ✓ Finden sich Hinweise auf depressive Verarbeitungsmodi, latente oder phasenweise manifeste Suizidalität?
- ✓ Gibt es dokumentierte Aussagen des Täters über die eigene Person (Berichte aus der Vergangenheit, Äußerungen in der Untersuchung u. a.), in denen sich die Einstellung bezüglich des Selbstwertgefühls ausdrückt?
- ✓ Wie beschreibt sich der Täter gegenüber Therapeuten, Freunden oder anderen Bezugspersonen? Fühlt er sich anerkannt und wertgeschätzt?
- ✓ Welchen Wert gibt er seinen eigenen Leistungen oder Arbeitsresultaten?
- ✓ Rechnet er mit Zuwendung, z. B. damit, dass jemand an seinen Geburtstag denkt?
- ✓ Neigt er zu Zweifel bzw. Unsicherheit bezüglich der Dinge, die er tut, oder gegenüber seiner Person im Allgemeinen?

### 6.15.4. Bedeutung für das vergangene Tatverhalten

*Bedeutung für das vergangene Tatverhalten:* Ausmaß der Bedeutung des Problembereichs für das Zustandekommen des Zieldelikts.

Eine genaue Erläuterung dieses Merkmals ist unter dem gleichnamigen Merkmal in der Merkmalsgruppe „Aggressionsfokus“ aufgeführt und kann auf die Anwendung dieses Merkmals übertragen werden.

### 6.15.5. Bedeutung für das zukünftige Tatverhalten

*Bedeutung für das zukünftige Tatverhalten:* Ausmaß der Bedeutung des Problembereichs für das Zustandekommen weiterer, dem Zieldelikt entsprechender Handlungen.

Eine genaue Erläuterung dieses Merkmals ist unter dem gleichnamigen Merkmal in der Merkmalsgruppe „Aggressionsfokus“ aufgeführt und kann auf die Anwendung dieses Merkmals übertragen werden.

## 6.16. Opferproblematik

### 6.16.1. Opferproblematik

*Opferproblematik:* Opfererfahrungen des Täters – wie physische, sexuelle oder emotionale Misshandlungen – stehen in relevantem Zusammenhang mit dem Deliktgeschehen.

Bereits an anderer Stelle wurde auf den nicht selten zu beobachtenden Zusammenhang zwischen eigenem sexuellen Missbrauch in der Kindheit und späterem Tatverhalten hingewiesen [87, 88, 89]. Der sexuelle Missbrauch ist für Kinder ein oft nicht zu verarbeitendes Gemisch unterschiedlicher Gefühle. Die damit assoziierten Szenarien und Wahrnehmungen von affektiv hoher Intensität „brennen“ sich in die eigene Vorstellungswelt ein und haben somit einen stark prägenden Charakter. Entsprechende Gedanken, Bilder und Vorstellungsmuster sind somit mit starker affektiver Besetzung gekoppelt, so dass sich über spätere zirkuläre, sich selbst verstärkende

Prozesse stabile Vorstellungsszenarien aus dem Bereich sexueller Übergriff bzw. sexuelle Handlungen bei asymmetrischer Machtverteilung ergeben können. Auch wenn diese vom Täter ausgesprochen ambivalent erlebt werden, kann damit die Basis für stabile Vorstellungsmuster mit hoher affektiver Aufladung gebildet werden, die schließlich zum Wiederholungswunsch auf der Täterseite führen können.

Die Beziehung zwischen der Schwere einer „Opferproblematik" und der direkten tatrelevanten Wirkung wird nur in seltenen Fällen von ausreichender Stringenz sein. Allerdings lassen sich derartige Zusammenhänge manchmal beschreiben. Für die Tatdurchführung relevante Opfererfahrungen bleiben auch nicht auf sexuelle Missbrauchserfahrungen in der Kindheit beschränkt. Auch andere psychische oder physische Opfererfahrungen werden an dieser Stelle berücksichtigt, wenn sie Tatrelevanz besitzen.

Beispiele:

✗ Ein Täter ist als Kind in der eigenen Familie sexuell ausgebeutet worden. Die Spuren der sexuellen Ausbeutung sind in vielerlei Form prägend in die Persönlichkeit eingegangen. Der Täter ist mit negativen, destruktiven Gedanken und Gefühlen vertraut und hat darüber ein negatives Selbstbild aufgebaut. Durch den sexuellen Missbrauch sind Bilder des sexuellen Übergriffs in großer Prägnanz und starker Gefühlsintensität in seinen Vorstellungen vorhanden und werden über Jahre weiter verfeinert. Kognitiv wird dieser Mechanismus von einem Rachegedanken untermauert: „Wenn das mit mir gemacht wird, habe ich auch das Recht, dies selber zu tun". Zusätzlich legitimierend wirkt eine selbstkonstruierte Heilungsvorstellung: „Vielleicht werde ich die quälenden Gedanken dann los, wenn ich es endlich einmal selber tue". Die sexuelle Ausbeutung führt zudem zu Wahrnehmungsdefiziten in verschiedenen Bereichen – wie emphatisches Verhalten, emotionale Kompetenz, das Erkennen und Respektieren von Grenzen etc. Hierdurch wird eine persönlichkeitsbedingte Basis geschaffen, die zu einem hohen Rückfallrisiko für Sexualstraftaten führt. In der Therapie sind in diesem Fall neben den deliktorientierten Präventionsstrategien, die auf die eigene Täteridentität abzielen, Interventionen von hoher Wichtigkeit, welche auf die eigene traumatische Opfergeschichte ausgerichtet sind. In diesem Fall muss eine hohe Ausprägung der Opferproblematik festgestellt werden, weil die Opferthematik auf das Erleben und auf viele Verhaltensweisen einen prägenden Einfluss hat. Die Problematik steht zudem in einem relevanten Bezug zu

eigenen Deliktmechanismen. Die Wertung ergibt:
Ausprägung der Opferproblematik: 3 (= deutlich)
Bedeutung für das vergangene Tatverhalten: 3 (= deutlich)
Bedeutung für das zukünftige Tatverhalten: 3 (= deutlich)

✗ Auch bei einem jungen Täter, der seinen Vater tötet, nachdem er jahrelang erleben musste, wie er selbst, seine Mutter und (nach deren Auszug) spätere Ehefrauen und Freundinnen des Vaters massiv körperlich misshandelt wurden, besteht ein relevanter Zusammenhang zwischen eigener Opfererfahrung und dem Tatgeschehen.

✗ Gleiches gilt für eine Frau, die jahrelang unter den Demütigungen und Impulsausbrüchen ihres Freundes leidet. Aus Angst vor ihrem Freund schließt sie sich oft über Tage im Schlafzimmer ein. Im Laufe ihrer Beziehung kommt es häufig zu körperlichen Auseinandersetzungen zwischen ihr und ihrem Freund. Anlässlich einer erneuten Auseinandersetzung setzt sie sich massiv zur Wehr und verursacht dadurch den Sturz ihres Freundes eine Kellertreppe hinunter, durch den dieser tödliche Verletzungen davonträgt.

Leitfragen:

✓ Gibt es in der Lebensgeschichte des Täters relevante Opfererfahrungen im Sinne körperlicher Misshandlung, sexueller Ausbeutung oder psychischer Traumatisierung?

✓ Wie prägend sind solche Ereignisse für das Erleben und die Verhaltensweisen des Täters?

✓ Speist sich aus der Opfererfahrung eine Motivationsgrundlage für das Deliktgeschehen?

✓ Welche Kognitionen, welche Emotionen und welche Wahrnehmungen, die Bedeutung für das Deliktgeschehen haben, lassen sich in welcher Form auf die Opfererfahrung zurückführen?

✓ Ist die Aktivierung der „Opferproblematik" im Anlassdelikt auf verschiedene spezifische Faktoren zurückzuführen, so dass die Bedeutung des Problembereiches in der Vergangenheit sich von der Bedeutung der Zukunft unterscheiden wird?

### 6.16.2. Bedeutung für das vergangene Tatverhalten

*Bedeutung für das vergangene Tatverhalten:* Ausmaß der Bedeutung des Problembereichs für das Zustandekommen des Zieldelikts.

Eine genaue Erläuterung dieses Merkmals ist unter dem gleichnamigen Merkmal in der Merkmalsgruppe „Aggressionsfokus" aufgeführt und kann auf die Anwendung dieses Merkmals übertragen werden.

### 6.16.3. Bedeutung für das zukünftige Tatverhalten

*Bedeutung für das zukünftige Tatverhalten:* Ausmaß der Bedeutung des Problembereichs für das Zustandekommen weiterer, dem Zieldelikt entsprechender Handlungen.

Eine genaue Erläuterung dieses Merkmals ist unter dem gleichnamigen Merkmal in der Merkmalsgruppe „Aggressionsfokus" aufgeführt und kann auf die Anwendung dieses Merkmals übertragen werden.

## 6.17. Angst- oder Depressionsproblematik

### 6.17.1. Ausprägung der Angst- oder Depressionsproblematik

*Ausprägung der Angst- oder Depressionsproblematik:* Ausmaß von Angst- oder Depressionssymptomen, die in relevantem Zusammenhang zum Delikt stehen.

Nur selten wird zwischen einer solchen Problematik und dem Deliktrisiko allerdings ein genügend enger Zusammenhang bestehen. Die Bewertung dieses Problembereiches stellt also eher eine Ausnahme dar. Ein Zusammenhang kann dann gegeben sein, wenn aus der Vergangenheit oder dem Anlassdelikt bekannt ist, dass eine stark ausgeprägte „Angst- oder Depressionssymptomatik" zu einem Verzweiflungszustand führt, der in erkennbarer Weise mit Deliktmechanismen verknüpft ist.

Depression und Angst finden sich bisweilen in der Vorgeschichte bestimmter Affektdelikte als eine psychische Entwicklung, die das spätere Delikt in entscheidender Weise mitbedingt. Angst- oder Depressionssymptome können sowohl das Erleben als auch die Verhaltensweisen eines Menschen stark beeinflussen. Bei Angstsymptomen kann es sich einerseits um das gelegentliche, möglicherweise situativ ausgelöste Auftreten von Angstgefühlen, andererseits um eine durchgehende ängstliche Gestimmtheit, die zu Vermeidungsverhalten oder kontraphobischen Reaktionen führt, handeln. Depressionssymptome wie mangelnder Antrieb, Gefühl der Gefühllosigkeit, vegetative Störungen, Ratlosigkeit, Hoffnungslosigkeit, Perspektivenlosigkeit, Verzweiflung u. Ä. sind ebenfalls geeignet, Wahrnehmungen und Kognitionen stark zu prägen und zumeist einzuengen. Auch solche Symptome können entweder zu Vermeidungsverhalten oder zu kompensatorischen Handlungen führen. Möglich ist auch, dass durch Gefühle wie Gleichgültigkeit und Hoffnungslosigkeit Hemmschwellen für deliktrelevante Verhaltensweisen reduziert werden.

Für die Bewertung dieses Problembereiches ist es nicht erforderlich, dass die Diagnose einer Depression oder einer Angststörung gestellt werden kann. Wichtig ist lediglich, dass Symptome aus diesem Problembereich deutlich erkennbar, verhaltensrelevant und ursächlich mit dem Deliktmechanismus verbunden sind.

Beispiele:

- ✗ Ein Gefühl der Verzweiflung führt dazu, dass der Täter im Rahmen eines eruptiven Affektausbruchs andere Menschen attackiert, die er für sein eigenes quälendes Erleben verantwortlich macht.
- ✗ Eine andere Möglichkeit eines solchen Zusammenhangs besteht bei Depressionen oder Angstproblematiken, die in suizidale Verzweiflungszustände münden. Begeht der Täter dann einen erweiterten Suizid oder hat früher eine entsprechende Planungsbereitschaft gezeigt, sind solche Deliktmechanismen ebenfalls direkt mit der zugrunde liegenden Depressions- oder Angstsymptomatik verknüpft.

Leitfragen:

- ✓ War beim Täter zum Tatzeitpunkt eine „Angst- oder Depressionproblematik" zu beobachten, die mit dem Tatgeschehen in ursächlichem Zusammenhang stand?

- ✓ Befand sich der Täter zum Tatzeitpunkt (oder kurz davor) wegen einer „Angst- oder Depressionsproblematik" in ärztlicher Behandlung?
- ✓ Welche Symptome bestanden im Vorfeld der Tat, die eine Motivationsgrundlage für das Delikt darstellten oder die Deliktentwicklung begünstigten?

### 6.17.2. Bedeutung für das vergangene Tatverhalten

*Bedeutung für das vergangene Tatverhalten:* Ausmaß der Bedeutung des Problembereichs für das Zustandekommen des Zieldelikts.

Eine genaue Erläuterung dieses Merkmals ist unter dem gleichnamigen Merkmal in der Merkmalsgruppe „Aggressionsfokus" aufgeführt und kann auf die Anwendung dieses Merkmals übertragen werden.

### 6.17.3. Bedeutung für das zukünftige Tatverhalten

*Bedeutung für das zukünftige Tatverhalten:* Ausmaß der Bedeutung des Problembereichs für das Zustandekommen weiterer, dem Zieldelikt entsprechender Handlungen.

Eine genaue Erläuterung dieses Merkmals ist unter dem gleichnamigen Merkmal in der Merkmalsgruppe „Aggressionsfokus" aufgeführt und kann auf die Anwendung dieses Merkmals übertragen werden.

## 6.18. Verfolgungswahn

Verschiedene Untersuchungen haben gezeigt, dass Verfolgungswahn – naturgemäß mehrheitlich auftretend im Rahmen psychotischer Erkrankungen – ein deutlich erhöhtes Risiko für die Begehung von Gewalttaten zur Folge hatte [90]. Ausgehend von Globalaussagen, nach denen psychisch kranke Menschen nicht häufiger straffällig würden als die Normalbevölkerung, halten sich hier hartnäckig unzutreffende Annahmen. Mag eine solche Aussage für die Gesamtheit aller psychiatrisch erkrankten Täter noch zutreffend sein, so ist sie für bestimmte Untergruppen falsch und irreführend.

Es verwundert nicht, dass Menschen mit Verfolgungswahn eher zu gewalttätigen Handlungen neigen. Besonderes Augenmerk verdient dieser Punkt dann, wenn bereits in der Vorgeschichte Gewalthandlungen vorgekommen sind oder der Erkrankte Drohungen formulierte. Immer wieder muss beobachtet werden, dass Alarmzeichen für zum Teil schwere Gewaltdelikte bei schizophrenen Tätern zu lange nicht ernst genommen werden. Die folgenden Punkte dienen dazu, bestimmte Qualitäten eines Wahnsystems näher zu differenzieren, die besondere Relevanz für die forensische Prognose haben.

### 6.18.1. Verfolgungswahn

*Verfolgungswahn:* Ausmaß und Umfang eines Wahns, in welchem sich der Täter verfolgt fühlt und der das Leben des Täters stark prägt und beeinträchtigt.

Mit Verfolgungswahn sind alle inhaltlichen Denkstörungen im Sinne wahnhafter Verfolgungsideen (Verfolgung, Beeinträchtigung, Bedrohung etc.) gemeint. Die damit verbundenen wahnhaft geprägten Erlebensweisen bilden einen Motivationshintergrund für das Deliktgeschehen. Für die Bewertung der Ausprägung des Verfolgungswahns spielt es keine Rolle, welcher Diagnose das Syndrom des Verfolgungswahns zuzuordnen ist (z. B. Schizophrenie, alkohol- und drogeninduzierte wahnhafte Zustände etc.). Beurteilt wird, wie prägend das wahnhafte Erleben für die Lebensgestaltung und die (deliktischen) Verhaltensweisen des Täters ist.

Die diagnostischen Leitlinien des Verfolgungswahns sind nach ICD-10: F 22.0 unter den „wahnhaften Störungen" aufgeführt:

> „Wahnvorstellungen sind das auffälligste oder einzige klinische Charakteristikum. Sie müssen mindestens seit drei Monaten bestehen, eindeutig auf die Person bezogen und nicht subkulturell bedingt sein. Depressive Symptome oder sogar eine vollentwickelte depressive Episode (F 32) können zwischenzeitlich auftreten, vorausgesetzt, dass der Wahn auch dann weiter besteht, wenn keine affektiven Störungen vorhanden sind " [82].

Taten von Personen mit Verfolgungswahn sind meist wenig einfühlbar und können bizarr in der Ausgestaltung ihrer Handlungen wirken. Immer wieder kommen Tötungsdelikte vor dem Hintergrund eines Verfolgungswahns vor.

Beispiele:

✗ Ein paranoider Täter fühlt sich an öffentlichen Plätzen und in öffentlichen Verkehrsmitteln von den meisten männlichen Personen provoziert, bedroht und verfolgt. Er geht davon aus, dass es eine Verschwörung der Homosexuellen gäbe, die mittlerweile die Macht im Staate an sich gerissen hätten. Sie würden ihn nun bedrängen und versuchen, ihn sexuell zu attackieren. Aus diesem Gefühl heraus schlägt er unvermittelt auf unbeteiligte Passanten ein.

✗ Ein anderer Täter fühlt sich durch ehemalige Berufskollegen drangsaliert und bedroht. Er hat den Eindruck, dass ihm nachspioniert und er denunziert wird. Zunächst legt er sich Waffen zu, um sich gegen einen befürchteten Angriff zu verteidigen. Später ändert er seine Strategie, in dem er aufgrund der ständigen, gegen ihn im Hintergrund entfalteten Aktivitäten präventiv vorgehen will. In diesem Zusammenhang erschießt er einen früheren Arbeitskollegen und stellt dies als eine „Notwehr- und Rachemaßnahme“ dar.

Leitfragen:

✓ In welchen Lebensbereichen fühlt sich der Täter verfolgt, beobachtet oder anderweitig beeinträchtigt?

✓ Kann der Täter den Verfolgungswahn relativieren oder sich partiell von diesem distanzieren?

✓ Wie stark werden die Lebensgestaltung und die Wahrnehmungen des Täters durch den Wahn geprägt?

✓ Wie ausgedehnt ist das wahnhafte Erleben?

✓ Gibt es neben dem Wahn „nicht kontaminierte“ Lebens- und Wahrnehmungsbereiche und wenn ja, in welchem Umfang?

✓ Wie prägend ist der Wahn für Entscheidungen und Handlungen des Täters?

## 6.18.2. Spezifische, gegen Personen (-gruppen) gerichtete Feindseligkeit

*Spezifische, gegen Personen (-gruppen) gerichtete Feindseligkeit:* Ausmaß in dem das Wahnsystem zu einer feindseligen Haltung gegenüber bestimmten Personen oder Personengruppen führt.

Es wird bewertet, ob sich eine wahnhafte Feindseligkeit gegen bestimmte Personen oder Personengruppen entwickelt hat. Anzahl, Ausmaß und Qualität von Drohungen (z. B. Grad der Konkretisierung) verdienen besondere Beachtung. Ist es bereits zu Gewalthandlungen gekommen, die Handlungsschwelle also mindestens schon einmal überschritten worden, dann wird eine tendenziell höhere Ausprägung des Merkmals „Spezifische, gegen Personen (-gruppen) gerichteten Feindseligkeit" nahegelegt.

Bewertungsregel für das Merkmal „Spezifische, gegen Personen (-gruppen) gerichteten Feindseligkeit":

- ☞ Zu berücksichtigen sind Spezifität und Ausmaß der Feindseligkeit. Unter Spezifität wird verstanden, wie spezifisch und wie konkret sich die wahnhafte Feindseligkeit auf bestimmte Personen oder Personengruppen bezieht.
- ☞ Wie bei anderen Merkmalen wird die Ausprägung nicht als die Summe aus beiden Anteilen verstanden. Die Bewertung misst sich an dem stärker ausgeprägten Anteil dieses Merkmals (Spezifität oder Ausmaß der Feinseligkeit).

Leitfragen:

- ✓ Liegt eine feindselige Grundhaltung des Täters vor?
- ✓ Weisen Personen, gegen die sich die Feindseligkeit richtet, gemeinsame Merkmale im Sinne der Spezifität auf oder richtet sich die Feindseligkeit gegen eine bestimmte Person?
- ✓ Wie stark ist die Feindseligkeit ausgeprägt?
- ✓ Kam es in der Vergangenheit zu Drohungen oder gar feindseligen Handlungen?
- ✓ Ist die Feindseligkeit durchgängig vorhanden und kann nicht relativiert werden?

✓ Lassen die Art der Feindseligkeit und allfällige Drohungen eine (hohe) Handlungsbereitschaft erkennen?

### 6.18.3. Bedrohungsgefühl

*Bedrohungsgefühl:* Ausmaß eines konkret oder diffus empfundenen Gefühls, in Bezug auf die eigene körperliche oder psychische Unversehrtheit bedroht zu sein. Meist ist dieses Gefühl mit Angstempfinden verbunden.

Da die Wahrscheinlichkeit zu deliktischen Handlungen in aller Regel in einem direkten Zusammenhang zum selbstempfundenen Bedrohungsgefühl steht, ist es wichtig, sich über das Ausmaß dieses Bedrohungsgefühls ein Bild zu verschaffen.

Leitfragen:

✓ Wie kontinuierlich wird das Bedrohungsgefühl erlebt?

✓ Mit welcher Intensität besteht das Bedrohungsgefühl?

✓ Steigert es sich zu akuter Angst, in der sich der Täter „mit dem Rücken an der Wand" fühlt?

✓ Ist die Bedrohung ein ständiger Begleiter, der chronisch Energie und Beachtung fordert?

✓ Ist das Bedrohungsgefühl in seiner Qualität für den normalen Lebensvollzug stark einengend oder handelt es sich gar um ein vitales Bedrohungserlebnis?

### 6.18.4. Intensität des Wahnsystems

*Intensität des Wahnsystems:* Ausmaß der affektiven und kognitiven Bedeutung des Wahnsystems im Erleben des Täters.

Dieser Punkt widmet sich dem Wahngeschehen in seiner Gesamtheit und nicht nur dem Bedrohungserleben, das unter dem vorangegangen Punkt gewertet wurde. Umso höher die Intensität eines Wahnsystems ist, desto größere Bedeutung hat dieser Faktor und desto negativer schlägt dieses Merkmal zu Buche. Die Intensität ist ein Maß dafür, wie stark sich ein Täter mit Inhalten des Wahnsystems beschäftigt, sich mit ihnen identifiziert und ihre affektiven Implikationen gefühlsmäßig wahrnimmt. Die Intensität des Wahnsystems ist damit ein Merkmal der affektiven Rezeption des Wahngeschehens.

Leitfragen:

✓ Welche Bedeutung hat das Wahnsystem im Erleben des Täters?

✓ In welchem Maße bindet es Energien, Gedanken, Wahrnehmungen und Gefühle?

✓ Wie nahe steht das Wahnsystem dem Täter im subjektiven Erleben?

## 6.18.5. Bedeutung für das vergangene Tatverhalten

*Bedeutung für das vergangene Tatverhalten:* Ausmaß der Bedeutung des Problembereichs für das Zustandekommen des Zieldelikts.

Eine genaue Erläuterung dieses Merkmals ist unter dem gleichnamigen Merkmal in der Merkmalsgruppe „Aggressionsfokus" aufgeführt und kann auf die Anwendung dieses Merkmals übertragen werden.

## 6.18.6. Bedeutung für das zukünftige Tatverhalten

*Bedeutung für das zukünftige Tatverhalten:* Ausmaß der Bedeutung des Problembereichs für das Zustandekommen weiterer, dem Zieldelikt entsprechender Handlungen.

Eine genaue Erläuterung dieses Merkmals ist unter dem gleichnamigen Merkmal in der Merkmalsgruppe „Aggressionsfokus" aufgeführt und kann auf die Anwendung dieses Merkmals übertragen werden.

## 6.19. Beziehungstatfokus ohne Tod des Opfers

Der Problembereich „Beziehungstatfokus ohne Tod des Opfers“ bzw. der folgende „Beziehungstatfokus mit Tod des Opfers“ ist immer dann zu werten, wenn das Zieldelikt als eine Beziehungstat eingestuft werden kann. Es werden deshalb zwei Merkmalsgruppen mit Beziehungstatfokus unterschieden, weil sich die beiden Konstellationen hinsichtlich zukünftiger Gefährdungen voneinander unterscheiden. Lebt das Opfer noch, kann es in der Zukunft wieder zum Opfer werden. Ist das Opfer tot, gilt es, die Bedrohung möglicher anderer zukünftiger Opfer zu beurteilen.

Wenn die drei im Kasten genannten Merkmale erfüllt sind, wird eine Tat unter dem Begriff der Beziehungstat eingeordnet. Damit sind explizit auch nicht-familiäre und nicht-partnerschaftliche Beziehungen (Freundschaften, einseitige Projektionsbeziehungen (Stalking), u. a.) eingeschlossen.

Unzutreffenderweise werden Beziehungstaten häufig per se als prognostisch günstig beurteilt. Liegt einer Beziehungstat aber ein bestimmter Persönlichkeitsmechanismus des Täters zu Grunde, stellt sich die Frage, warum derselbe Täter in Zukunft in einer ähnlichen Situation anders reagieren sollte. Handelt es sich um eine Situation, die mit relevanter Wahrscheinlichkeit wieder eintreten kann – z. B. neue Partnerschaft –, dann gilt es besonders genau unverwechselbare, situationsspezifische Faktoren der Anlassstraftat gegenüber weiterbestehenden tatrelevanten Persönlichkeitszügen zu gewichten.

Bewertungsregeln: Eine Beziehungstat in der hier verwandten Bedeutung des Begriffs liegt vor, wenn der Täter

- ☞ das Opfer bereits vor der Tat kannte, d. h. eine freundschaftliche, partnerschaftliche, verwandtschaftliche oder aber auch einseitige Beziehung (Stalker) zwischen Täter und Opfer besteht,
- ☞ eine gewisse emotionale Involviertheit des Täters in Bezug auf die Beziehung zwischen Täter und Opfer vorliegt und
- ☞ sich das Motiv der Tat auf die Beziehung des Täters zum Opfer zurückführen lässt.

Beispiele:

✗ Eine Frau wird von ihrem Ehemann seit vielen Jahren terrorisiert, misshandelt und gedemütigt. Es sind Kleinigkeiten, durch die er außer sich vor Wut gerät, vor allem wenn er Alkohol konsumiert. Da er oft Alkohol trinkt, sind Streitereien und Gewalttätigkeiten an der Tagesordnung. Manchmal wirft er Gegenstände an die Wand, oft schlägt er aber auch mit der Faust auf seine Frau ein. Vernünftige Gespräche sind schon seit vielen Jahren nicht mehr möglich. Neben der gegenseitigen Abhängigkeit stehen bei ihr Gefühle der Ohnmacht, der Angst, aber auch eine grenzenlose Wut im Vordergrund. Vor allem aber ist eine große Abstumpfung eingetreten. Sie fühlt sich in einer Sackgasse, scheint weder vor, noch zurück zu können. Immer öfter bemerkt sie an sich den Gedanken, sich vorstellen zu können, wie es wäre, wenn ihr Ehemann tot sei. Nicht, dass sie wirklich etwas dafür unternehme, dass dies passiert. Aber in ihren Fantasien tauchen vor allem in den letzten Jahren immer häufiger Szenen auf, bei denen ihr Mann betrunken die Kellertreppe herabstürzt, sich das Genick bricht oder etwas Ähnliches geschieht. Sie verurteilt sich für diese Fantasien, bekommt Schuldgefühle und verachtet sich für solche Gedanken. Ihr Selbstwerterleben ist ohnehin seit langer Zeit an einem Nullpunkt angekommen.
In der Nacht, in der sie ihren Mann tötet, gibt es einen besonders fürchterlichen Streit. Die Wut ihres Mannes gilt zunächst gar nicht ihr. Nach etlichen Flaschen Bier fällt ihm ein, dass der Nachbar nun schon seit unerhört langer Zeit versäumt, irgendwelche Sträucher zu beschneiden. Er schimpft und steigert sich immer mehr in eine grenzenlose Wut hinein. Immer weitere charakterliche Schwächen glaubt er an seinem Nachbarn erkennen zu können, der ihn schon seit Ewigkeiten provoziert und herausfordert. Schließlich geht er ins Schlafzimmer, holt den dort liegenden Revolver und will sich auf den Weg zum Nachbarhaus machen. Als die Täterin das sieht, gerät sie in Panik. In einem günstigen Moment kann sie ihm den Revolver entwenden und flüchtet durchs ganze Haus, während ihr Ehemann tobend hinterher läuft. Im Nachhinein kann sie sich nicht mehr gut daran erinnern, wie und warum eigentlich die Schüsse gefallen sind. Sie weiß nur noch, dass sie in heller Panik gewesen ist und an den Nachbarn, aber auch an die ihr drohenden Schläge gedacht hat. Sie hat auf ihn geschossen, als er hinter ihr auf der Treppe gewesen ist. Ob sie ihn hat töten wollen? Sie hat nur daran gedacht, sich ihn vom Leib zu halten, ihn vielleicht zu verletzen, ihm einen Denkzettel zu ver-

passen. Genau kann sich die Täterin aber nicht mehr erinnern. Sie ist nach der Tat zutiefst traumatisiert, entsetzt über ihre Tat und muss zwei Jahre lang psychotherapeutisch aufgrund von Depressionen behandelt werden.
Die beschriebene Tat ist durch eine klassische hochspezifische Täter-Opfer-Beziehung gekennzeichnet. Eine jahrelange Entwicklung ist der Eskalation vorausgegangen, die schließlich zur Tötung des Ehemannes führte. Die Täterin, eine von ihrem Wesen her völlig friedliche und jeder Gewalt abgeneigte Person, zeigt sich nach der Tat schockiert und hat lange mit ihren eigenen Schuldgefühlen zu kämpfen. Nach menschlichem Ermessen ist es nahezu ausgeschlossen, dass sie jemals in ihrem Leben wieder in eine ähnliche Situation kommen wird. Selbst wenn dies der Fall wäre, ist es noch unwahrscheinlicher, dass es mit dieser Vorgeschichte nochmals zu einer vergleichbaren Tat kommen würde. Das Rückfallrisiko für eine neuerliche Gewalttat wäre in diesem Fall als extrem gering zu bezeichnen.

✗ In einem anderen Fall erschießt ein narzisstisch gestörter Mann seine Ehefrau. Der Verlauf ist in mancher Hinsicht typisch für die Probleme, die mit narzisstisch gestörten Partnern auftreten. Die Ehe mit einem narzisstisch gestörten Mann funktioniert so lange gut, solange die Frau ihn in seiner Großartigkeit bestärkt und er sich im Großen und Ganzen bewundert fühlt. Schwierigkeiten können dann auftreten, wenn sie ihre Aufmerksamkeit anderen Bereichen zuwendet, selbständiger wird, vielleicht eigene Erfolge verbuchen kann und zunehmend autonomer wird. Trennungssituationen kann der narzisstisch gestörte Mann als existenzielle Bedrohung des Kerns seiner Persönlichkeit erleben. Er kann dann mit extremer Kränkung und mit unbändiger Wut reagieren. Nicht selten setzt er Himmel und Hölle in Bewegung, um die Trennung rückgängig zu machen. Besonders zugespitzte Situationen entstehen dann, wenn seine Partnerin eine andere Beziehung pflegt bzw. einen Liebhaber hat. Die Wut des narzisstisch gestörten Mannes kann einerseits zu Selbstmordgedanken, andererseits aber auch zu aggressiven Impulsen gegenüber seiner Partnerin führen. So ist es auch in diesem Fall. Der Täter greift in einer Trennungssituation aus dem Gefühl tiefster innerer Verletzung heraus zur Waffe und erschießt seine Partnerin.
Wiederum liegt wie im ersten Falle eine hochspezifische Täter-Opfer-Beziehung vor. Prognostisch ist der Fall aber ganz anders zu bewerten. Denn hier ist das Problem, das zur Tat führt, nicht ursächlich an eine hochspezifische Konstellation in der Beziehung gebunden. Das Hauptri-

sikomerkmal ist eine Eigenschaft, die mit der Persönlichkeit des Täters verbunden ist, welches der Täter somit in sich trägt. Wenn sich an dieser Persönlichkeit bzw. an dieser Eigenschaft nichts ändert, dann wird er mit diesem Risikomerkmal in eine nächste Beziehung gehen. Die Gefahr besteht, dass er in einer ähnlichen Situation genauso reagieren wird, weil sich an der persönlichen Risikokonstellation nichts ändert.

### 6.19.1. Weiterbestehen des zugrunde liegenden Konflikts

*Weiterbestehen des zugrunde liegenden Konflikts:* Ausmaß des Fortbestehens des dem Deliktverhalten zugrunde liegenden Konflikts und der damit verbundenen Gefühle gegenüber dem Opfer oder anderen potenziellen Opfern.

Ist der tatauslösende Grundkonflikt nicht beseitigt, muss grundsätzlich – sofern nicht alle dem Grundkonflikt zuzuordnenden potenziellen Opfer verstorben sind – von einer weiteren strukturellen Tatwahrscheinlichkeit ausgegangen werden. Zu bewerten ist, in welchem Ausmaß der zugrunde liegende Konflikt oder die mit der Tatmotivation in der subjektiven Wahrnehmung des Täters verbundene Problemstellung gegenüber dem Opfer oder gegenüber anderen potenziellen Opfern fortbesteht.

Leitfragen:

- ✓ Besteht der Konflikt, der zur Tathandlung führte, unvermindert fort?
- ✓ Welche Hinweise gibt es dafür, dass der Konflikt entschärft ist?
- ✓ Haben sich Lebensumstände oder andere Bedingungen geändert, so dass der der Tat zugrunde liegende Konflikt als dauerhaft beseitigt oder abgeschwächt gelten kann?
- ✓ Haben sich Einstellungen des Täters geändert, so dass eine erneute Zuspitzung des der Tat zugrunde liegenden Konflikts als unwahrscheinlicher angesehen werden kann?
- ✓ Bestehen die tatauslösenden Gefühle gegenüber dem Opfer nach der Tat fort und werden auf andere potenzielle Opfer übertragen?
- ✓ Hat sich die Intensität der Gefühle verändert, d. h. bestehen diese Ge-

fühle in mindestens unverminderter Form fort, oder gibt es Gründe für eine deutliche Abschwächung?

✓ Ist – bezogen auf die aktuelle oder eine andere ähnlich tatrelevant wirksame Situation – mit einer relevanten Wahrscheinlichkeit mit der gleichen oder einer ähnlichen Konfliktsituation und einem entsprechenden Verhalten des Täters zu rechnen?

✓ Lag der Tat eine Problemstellung (persönlichkeitsspezifisch oder durch spezifische situative Faktoren geprägt) des Täters zugrunde, die sich mit hoher Wahrscheinlichkeit wiederholen kann?

✓ Bedarf es spezifischer, mit nur geringer Wahrscheinlichkeit eintretender Umstände, um den tatauslösenden (oder einen ähnlichen) Konflikt hervorzurufen?

✓ Mit welcher Wahrscheinlichkeit muss davon ausgegangen werden, dass der Täter in eine ähnliche affektive und/oder kognitive Tatausgangssituation mit ähnlichem Konfliktverhalten kommt?

### 6.19.2. Weiterbestehen von feindseligen Gefühlen und tatfördernden Überzeugungen

*Weiterbestehen von feindseligen Gefühlen und tatfördernden Überzeugungen:* Ausmaß, in dem feindselige Gefühle oder tatfördernde Überzeugungen gegenüber dem Opfer oder gegenüber anderen potenziellen Opfern fortbestehen (Intensität und Chronizität).

Bei diesem Merkmal soll bewertet werden, in welchem Ausmaß feindselige Gefühle und tatfördernde Überzeugungen fortbestehen. Das Spektrum reicht hier von Tätern, deren nahezu gesamtes Denken und Fühlen durch feindliche Gefühle und feindselige Kognitionen gegenüber potenziellen Opfern beherrscht wird, bis hin zu Tätern, bei denen dieser Bereich lediglich einen kleinen, gegenüber anderen Lebensbereichen in den Hintergrund getretenen Stellenwert hat.

Wichtig ist, wie oft und mit welcher Gefühlsintensität der Täter über mögliche Opfer redet. Es muss sich dabei nicht in direkter Weise die Feindseligkeit zeigen. Manchmal wird der Täter sein fortbestehendes Interesse dadurch zeigen, dass er sich Gedanken über das jetzige Leben der Opfer oder mögliche Probleme macht, ihnen Schuld zuweist, sich gedanklich nicht von ihnen und ihrer Lebenssituation lösen kann o. ä. Vielleicht schreibt er Briefe, vielleicht hält er eine subtil bedrohende Situation aufrecht oder er versucht, mit bestimmten Handlungen, den Opfern Angst zu machen.

Leitfragen:

- ✓ Bestehen die der Tat zugrunde liegenden feindseligen Gefühle oder tatfördernde Überzeugungen unvermindert fort?
- ✓ Ist es durch die Tat und die aus der Tat resultierenden Konsequenzen zu einer Abschwächung oder zu einer Verstärkung feindseliger Gefühle gegenüber dem Opfer gekommen?
- ✓ Hat ein Einstellungswandel des Täters hinsichtlich tatbegünstigender Meinungen und Haltungen stattgefunden?
- ✓ Hat sich die Auslösbarkeit feindseliger Gefühle gegenüber dem Opfer verändert?
- ✓ Inwieweit bedauert der Täter sein Verhalten und hat risikomindernde Maßnahmen eingeleitet?

## 6.19.3. Weiterbestand tatbegünstigender Persönlichkeitseigenschaften

*Weiterbestand tatbegünstigender Persönlichkeitseigenschaften:* Ausmaß, in dem tatbegünstigende Persönlichkeitseigenschaften, die in ursächlicher Beziehung zum Tatverhalten stehen, fortbestehen.

Es ist zunächst unter diesem Punkt zu bewerten, inwieweit das Tatverhalten auf bestimmte persönliche Eigenschaften und Verhaltensdispositionen des Täters zurückzuführen ist. Hilfreich kann hierbei die Frage sein, wie andere Menschen in derselben Situation reagiert hätten. Wenn es bei anderen Menschen in einer vergleichbaren Situation mit hoher Wahrscheinlichkeit nicht zu solchen Handlungen gekommen wäre, der Einfluss situativer Faktoren also gering ist, ist damit implizit der Bezug des Tatverhaltens zu spezifischen Persönlichkeitseigenschaften des Täters bestätigt. Nach dem Schluss, dass bestimmte Eigenschaften des Täters in ursächlicher

Beziehung zur Beziehungstat stehen, ist einzuschätzen, in welchem Ausmaß diese Persönlichkeitseigenschaften fortbestehen. Gewichtet werden auch hier, höher als verbale Bekenntnisse, Taten oder beobachtbare Verhaltensweisen.

Leitfragen:

✓ Welche Persönlichkeitseigenschaften des Täters bildeten eine Motivationsgrundlage für das Tatgeschehen?

✓ Wie stabil und unabhängig von speziellen situativen Faktoren sind diese Eigenschaften als Teil der Persönlichkeit des Täters anzusehen?

✓ Welches Ausmaß haben diese Eigenschaften?

✓ Wie handlungsbestimmend sind die Eigenschaften und wie prägend sind sie für mögliche Handlungsdispositionen?

✓ Sind Änderungen dieser Eigenschaften zu erwarten oder bestehen sie in Zukunft unvermindert fort?

## 6.19.4. Bedeutung für das vergangene Tatverhalten

*Bedeutung für das vergangene Tatverhalten:* Ausmaß der Bedeutung des Problembereichs für das Zustandekommen des Zieldelikts.

Eine genaue Erläuterung dieses Merkmals ist unter dem gleichnamigen Merkmal in der Merkmalsgruppe „Aggressionsfokus" aufgeführt und kann auf die Anwendung dieses Merkmals übertragen werden.

## 6.19.5. Bedeutung für das zukünftige Tatverhalten

*Bedeutung für das zukünftige Tatverhalten:* Ausmaß der Bedeutung des Problembereichs für das Zustandekommen weiterer, dem Zieldelikt entsprechender Handlungen.

Eine genaue Erläuterung dieses Merkmals ist unter dem gleichnamigen Merkmal in der Merkmalsgruppe „Aggressionsfokus" aufgeführt und kann auf die Anwendung dieses Merkmals übertragen werden.

# 6.20. Beziehungstatfokus mit Tod des Opfers

## 6.20.1. Wahrscheinlichkeit gleicher Konstellation in der Zukunft

*Wahrscheinlichkeit gleicher Konstellation in der Zukunft:* Ausmaß der Wahrscheinlichkeit, mit der eine tatauslösende Situation gleicher Konstellation in der Zukunft erneut eintritt.

Ist es bei einer Beziehungstat gemäß der oben dargelegten Definition zum Tod eines oder mehrerer Opfer gekommen, stellt sich die Frage, wie wahrscheinlich es ist, dass sich in Zukunft eine ähnliche Konstellation ergeben kann, wie jene, die zur Anlassstraftat führte. Wie schon erwähnt, geht es dabei nicht zuletzt darum, das Verhältnis zwischen speziellen, situativ geprägten Tatumständen gegenüber jenen Problembereichen in der Persönlichkeit des Täters zu gewichten, die über den Zeitraum der aktuellen Tatbegehung hinausreichen. Es stellt sich also die in der Einleitung zu Beziehungstaten dargestellte Frage, inwieweit die Tat auf hochspezifische konstellative Faktoren oder auf Risikomerkmale in der Persönlichkeit des Täters zurückzuführen ist.

Je ausgeprägter tatbegünstigende Persönlichkeitsmerkmale des Täters sind, desto wahrscheinlicher ist es, dass diese in Zukunft wieder zu einer Tatausgangssituation führen können. Zur Beurteilung der „Wahrscheinlichkeit einer gleichen Konstellation in Zukunft“ sind daher das Ausmaß und die damit verbundene Handlungspenetranz solcher Risikomerkmale des Täters von großer Bedeutung. Ferner ist in Betracht zu ziehen, wie wahrscheinlich tatbegünstigende Konstellationen aufgrund anderer Faktoren wie z. B. Alter des Täters, soziale Umstände, Lebensperspektiven, körperliche Erkrankungen, Betreuungsverhältnisse u. Ä. eintreten können. Anhand der Kenntnis von Risikomerkmalen in der Persönlichkeit und anhand einer als plausibel anzunehmenden Lebensperspektive des Täters ist zu beurteilen, wie hoch die Wahrscheinlichkeit eingeschätzt werden muss, dass es zu einer vergleichbaren Tatausgangslage im Hinblick auf ein neues potenzielles Opfer kommen kann.

Bei dem im vorangegangenen Problembereich dargestellten Fallbeispiel des narzisstisch gestörten Beziehungstäters muss z. B. die Wahrscheinlichkeit in Betracht gezogen werden, mit der er eine neue, ähnlich gelagerte Beziehung eingehen wird oder ob die Aussicht besteht, dass sich an seinen persönlichen Risikomerkmalen etwas ändert. Gleiche Überlegungen können auch für andere konstellative Faktoren angestellt werden – sofern ihnen eine Bedeutung für die Entstehung von Tatausgangssituationen zukommt (z. B. Alkoholkonsum, finanzielle Schwierigkeiten, Beziehungen zu Bezugspersonen oder Kindern u. Ä.).

Leitfragen:

✓ Wie deutlich sind Risikomerkmale der Persönlichkeit des Täters ausgeprägt, die unabhängig von situationsspezifischen Faktoren der Anlasstat fortbestehen?

✓ Lässt die Lebensperspektive des Täters das Eintreten einer ähnlichen Beziehungskonstellation in Zukunft erwarten?

✓ Welche Anhaltspunkte sind dafür erkennbar, dass Risikomerkmale in der Persönlichkeit des Täters in Zukunft abgeschwächt werden oder an Bedeutung verlieren?

✓ Wie spezifisch sind die Grundbedingungen der Anlasstat?

### 6.20.2. Ausmaß erneuter feindseliger Gefühle oder tatbegünstigender Überzeugungen

*Ausmaß erneuter feindseliger Gefühle oder tatbegünstigender Überzeugungen:* Die Definition des Merkmals „Weiterbestand feindseliger Gefühle und tatbegünstigender Überzeugungen“ unter der Merkmalsgruppe „Beziehungstat ohne Tod des Opfers“ kann auf dieses Merkmal übertragen werden.

Es ist von der Vorstellung einer in Zukunft anzunehmenden gleich gelagerten Tatausgangssituation auszugehen und es gilt das Ausmaß der in dieser zu erwartenden feindseligen Gefühle oder tatbegünstigender Überzeugungen zu bewerten.

Leitfragen:

✓ Welches Ausmaß an feindseligen Gefühlen und tatfördernden Überzeugungen sind für eine zukünftige gleich gelagerte Tatausgangssituation zu erwarten?

- ✓ Ist mit gleicher Ausprägung bzw. mit gleicher Intensität zu rechnen wie bei der Anlasstat?
- ✓ Wenn nein, welche Faktoren sprechen für die Annahme, dass das Ausmaß in Zukunft gegenüber der Anlasstat erhöht oder vermindert ist?

### 6.20.3. Weiterbestand tatbegünstigender Persönlichkeitseigenschaften

*Weiterbestand tatbegünstigender Persönlichkeitseigenschaften:* Siehe Definition unter „Weiterbestand tatbegünstigender Persönlichkeitseigenschaften“ bei der Merkmalsgruppe „Beziehungstatfokus ohne Tod des Opfers.“

### 6.20.4. Bedeutung für das vergangene Tatverhalten

*Bedeutung für das vergangene Tatverhalten:* Ausmaß der Bedeutung des Problembereichs für das Zustandekommen des Zieldelikts.

Eine genaue Erläuterung dieses Merkmals ist unter dem gleichnamigen Merkmal in der Merkmalsgruppe „Aggressionsfokus“ aufgeführt und kann auf die Anwendung dieses Merkmals übertragen werden.

### 6.20.5. Bedeutung für das zukünftige Tatverhalten

*Bedeutung für das zukünftige Tatverhalten:* Ausmaß der Bedeutung des Problembereichs für das Zustandekommen weiterer, dem Zieldelikt entsprechender Handlungen.

Eine genaue Erläuterung dieses Merkmals ist unter dem gleichnamigen Merkmal in der Merkmalsgruppe „Aggressionsfokus“ aufgeführt und kann auf die Anwendung dieses Merkmals übertragen werden.

# 6.21. Paranoide Persönlichkeitsstörung

*Allgemeine Bemerkungen zu Persönlichkeitsstörungen:* Es wurde bereits darauf hingewiesen, dass psychiatrische Diagnosen im forensischen (und dort v. a. im prognostischen) Kontext eine nur beschränkte Bedeutung besitzen. Darum ist das Vorliegen einer Deliktrelevanz auch bei den auf Persönlichkeitsstörungen bezogenen Problembereichen Voraussetzung der Wertung im FOTRES. Ferner ist es für die prognostische Einschätzung nicht ausreichend, die Frage zu beantworten, ob die Diagnoseschwelle überschritten ist oder nicht. Vielmehr werden auch subdiagnostische Ausprägungen der jeweiligen Persönlichkeitsstörung gewertet, wenn die entsprechenden Symptome Deliktrelevanz aufweisen. Für die nachfolgenden Problembereiche existieren entsprechende Diagnosen im Bereich der Persönlichkeitsstörungen.

In den meisten Fällen wird diese Bewertungsregel der Einordnung des Problemfeldes im FOTRES entsprechen. In Einzelfällen steht es dem Beurteiler frei, von dieser Regel abzuweichen. Der Ausprägungsgrad der Deliktrelevanz muss nicht in allen Fällen in paralleler Weise dem klinischen Ausprägungsgrad in diagnostischer Hinsicht entsprechen. So kann eine Persönlichkeitsstörung in klinischer Hinsicht (nur) mäßig ausgeprägt sein und knapp die Diagnoseschwelle überschreiten. In seiner deliktrelevanten Bedeutung ist der Problembereich aber möglicherweise sehr stark ausgeprägt und rechtfertigt daher eine Bewertung auf Stufe 4 (= sehr stark). Dies kann z. B. der Fall sein, wenn eine oder zwei Diagnosekriterien sehr stark ausgeprägt sind, die für das Deliktgeschehen besondere Bedeutung besitzen. Auch der umgekehrte Fall ist denkbar. So können die diagnostischen Merkmale mit hoher Prägnanz erfüllt sein, die Merkmale, die für das Deliktgeschehen besonders wichtig sind, aber eine geringere Ausdrucksform haben. Dann würde in der Bewertung im FOTRES eine tendenziell geringere Einordnung erfolgen, als dies durch das rein klinische Bild nahe gelegt würde.

Es gilt also zusammenfassend, sich zu vergegenwärtigen, dass es bei den meisten der nachfolgenden „Persönlichkeitsproblembereiche“ zwar entsprechende psychiatrische Diagnosen gibt, die Problembereiche aber bewusst z. B. als paranoide Persönlichkeit und nicht als paranoide Persönlichkeitsstörung beschrieben sind, weil das Diagnosekonzept nicht völlig deckungsgleich mit dem Konzept des jeweiligen Problembereichs im FOTRES ist.

Bewertungsregeln: Die diagnostischen Leitlinien des ICD-10 bzw. DSM IV [82, 80] bieten für die jeweilige Persönlichkeitsstörung eine Orientierungshilfe dafür, wie die Ausprägung des Problembereiches zu gewichten ist. Neben der Anzahl der diagnoserelevanten Merkmale ist auch deren Ausprägungsgrad in die Bewertung einzubeziehen. Es kann von folgender Regel ausgegangen werden:

- ☞ Der Problembereich ist gering ausgeprägt und befindet sich deutlich unter der Diagnoseschwelle. Eine Bewertung erfolgt mit 1 (= gering).
- ☞ Der Problembereich ist deutlich ausgeprägt, befindet sich aber (knapp) unter der Diagnoseschwelle. Eine Bewertung erfolgt mit 2 (= moderat).
- ☞ Der Problembereich ist deutlich ausgeprägt. Da die Diagnoseschwelle überschritten ist, könnte in einem diagnostischen System auch die Diagnose der entsprechenden Persönlichkeitsstörung gestellt werden. Eine Bewertung erfolgt mit 3 (= deutlich).
- ☞ Der Problembereich ist sehr stark ausgeprägt. Die Diagnose einer entsprechenden Persönlichkeitsstörung kann deutlich gestellt werden. Ihre Symptome liegen in hoher Prägnanz vor. Eine Bewertung erfolgt mit 4 (= sehr stark).

### 6.21.1. Paranoide Persönlichkeitsstörung

*Die diagnostischen Merkmale der paranoiden Persönlichkeitsstörung nach ICD-10: F 60.0 sind nachfolgend aufgeführt:*

- „Übertriebene Empfindlichkeit bei Rückschlägen und Zurücksetzung.
- Neigung zu ständigem Groll wegen der Weigerung, Beleidigungen, Verletzungen oder Missachtungen zu verzeihen.
- Misstrauen und eine starke Neigung Erlebtes zu verdrehen, in dem neutrale oder freundliche Handlungen anderer als feindlich oder verächtlich missgedeutet werden.
- Streitsüchtiges und beharrliches, situationsunangemessenes Bestehen auf eigenen Rechten.
- Häufiges ungerechtfertigtes Misstrauen gegenüber der sexuellen Treue des Ehe- oder Sexualpartners.
- Tendenz zu stark überhöhtem Selbstwertgefühl, das sich in ständiger Selbstbezogenheit zeigt.

- Inanspruchnahme durch ungerechtfertigte Gedanken an Verschwörungen als Erklärungen für Ereignisse in der näheren Umgebung und in aller Welt." [82].

Die paranoide Persönlichkeit hat meist bei Beziehungstaten Bedeutung (siehe Definition Beziehungstat).

## 6.21.2. Bedeutung für das vergangene Tatverhalten

*Bedeutung für das vergangene Tatverhalten:* Ausmaß der Bedeutung des Problembereichs für das Zustandekommen des Zieldelikts.

Eine genaue Erläuterung dieses Merkmals ist unter dem gleichnamigen Merkmal in der Merkmalsgruppe „Aggressionsfokus" aufgeführt und kann auf die Anwendung dieses Merkmals übertragen werden.

## 6.21.3. Bedeutung für das zukünftige Tatverhalten

*Bedeutung für das zukünftige Tatverhalten:* Ausmaß der Bedeutung des Problembereichs für das Zustandekommen weiterer, dem Zieldelikt entsprechender Handlungen.

Eine genaue Erläuterung dieses Merkmals ist unter dem gleichnamigen Merkmal in der Merkmalsgruppe „Aggressionsfokus" aufgeführt und kann auf die Anwendung dieses Merkmals übertragen werden.

# 6.22. Schizoide Persönlichkeitsstörung

## 6.22.1. Schizoide Persönlichkeitsstörung

*Die diagnostischen Merkmale der schizoiden Persönlichkeitsstörung nach ICD-10: F 60.1 [82] sind nachfolgend aufgeführt:*

- „Wenige oder überhaupt keine Tätigkeiten bereiten Vergnügen.
- Emotionale Kühle, Distanziertheit oder flache Affektivität.
- Geringe Fähigkeit, warme, zärtliche Gefühle oder Ärger anderen gegenüber zu zeigen.
- Anscheinende Gleichgültigkeit gegenüber Lob oder Kritik.
- Wenig Interesse an sexuellen Erfahrungen mit einer anderen Person (unter Berücksichtigung des Alters).
- Übermäßige Vorliebe für einzelgängerische Beschäftigungen.
- Übermäßige Inanspruchnahme durch Fantasie und Introspektion.
- Mangel an engen Freunden oder vertrauensvollen Beziehungen (oder höchstens zu einer Person) und fehlender Wunsch nach solchen Beziehungen.
- Deutlich mangelnde Sensibilität im Erkennen und Befolgen gesellschaftlicher Regeln".

Die schizoide Persönlichkeit wird eher selten als ein deliktrelevanter Problembereich zu bewerten sein. Schizoide Persönlichkeitsdispositionen können Bedeutung erlangen, wenn „Gefühlskälte" oder mangelnde Offenheit gegenüber realitätsnahen Korrekturen aufgrund der geringen Bedeutung, die der Täter anderen Personen oder äußeren Umständen gibt, zu „größenwahnsinnigen Planungen", übertriebenem Nonkonformismus oder erhöhter Gewaltbereitschaft führt.

## 6.22.2. Bedeutung für das vergangene Tatverhalten

*Bedeutung für das vergangene Tatverhalten:* Ausmaß der Bedeutung des Problembereichs für das Zustandekommen des Zieldelikts.

Eine genaue Erläuterung dieses Merkmals ist unter dem gleichnamigen Merkmal in der Merkmalsgruppe „Aggressionsfokus" aufgeführt und kann auf die Anwendung dieses Merkmals übertragen werden.

### 6.22.3. Bedeutung für das zukünftige Tatverhalten

*Bedeutung für das zukünftige Tatverhalten:* Ausmaß der Bedeutung des Problembereichs für das Zustandekommen weiterer, dem Zieldelikt entsprechender Handlungen.

Eine genaue Erläuterung dieses Merkmals ist unter dem gleichnamigen Merkmal in der Merkmalsgruppe „Aggressionsfokus" aufgeführt und kann auf die Anwendung dieses Merkmals übertragen werden.

## 6.23. Dissoziale Persönlichkeitsstörung

### 6.23.1. Dissoziale Persönlichkeitsstörung

*Die diagnostischen Merkmale der dissozialen Persönlichkeitsstörung nach ICD-10: F 60.2 sind nachfolgend aufgeführt:* „Diese Persönlichkeitsstörung fällt durch eine große Diskrepanz zwischen dem Verhalten und den geltenden sozialen Normen auf und ist charakterisiert durch:

- Herzloses Unbeteiligtsein gegenüber den Gefühlen anderer.
- Deutliche und andauernde Verantwortungslosigkeit und Missachtung sozialer Normen, Regeln und Verpflichtungen.
- Unvermögen zur Beibehaltung längerfristiger Beziehungen, aber keine Schwierigkeiten, Beziehungen einzugehen.
- Sehr geringe Frustrationstoleranz und niedrige Schwelle für aggressives, auch gewalttätiges Verhalten.
- Unfähigkeit zum Erleben von Schuldbewusstsein oder zum Lernen aus Erfahrung, besonders aus Bestrafung.
- Neigung, andere zu beschuldigen oder vordergründige Rationalisierungen für das eigene Verhalten anzubieten, durch welches die Person in einen Konflikt mit der Gesellschaft geraten ist.

Anhaltende Reizbarkeit kann ein zusätzliches Merkmal sein. Eine Störung des Sozialverhaltens in der Kindheit und Jugend stützt die Diagnose, muss aber nicht vorgelegen haben" [82].

Bereits unter der Hauptgruppe „Persönlichkeit und Delinquenzaspekte" ist die dissoziale Persönlichkeitsstörung als ein Einzelkriterium aufgeführt.

Sie taucht nun noch einmal unter den „Spezifischen Problembereichen mit Tatrelevanz“ als ein speziell anzusprechender Problembereich auf.

### 6.23.2. Bedeutung für das vergangene Tatverhalten

*Bedeutung für das vergangene Tatverhalten:* Ausmaß der Bedeutung des Problembereichs für das Zustandekommen des Zieldelikts.

Eine genaue Erläuterung dieses Merkmals ist unter dem gleichnamigen Merkmal in der Merkmalsgruppe „Aggressionsfokus“ aufgeführt und kann auf die Anwendung dieses Merkmals übertragen werden.

### 6.23.3. Bedeutung für das zukünftige Tatverhalten

*Bedeutung für das zukünftige Tatverhalten:* Ausmaß der Bedeutung des Problembereichs für das Zustandekommen weiterer, dem Zieldelikt entsprechender Handlungen.

Eine genaue Erläuterung dieses Merkmals ist unter dem gleichnamigen Merkmal in der Merkmalsgruppe „Aggressionsfokus“ aufgeführt und kann auf die Anwendung dieses Merkmals übertragen werden.

## 6.24. Emotional instabile Persönlichkeitsstörung, impulsiver Typus

### 6.24.1. Emotional instabile Persönlichkeitsstörung, impulsiver Typus

*Die diagnostischen Merkmale der emotional instabilen Persönlichkeitsstörung, impulsiver Typus nach ICD-10: F 60.30 sind nachfolgend aufgeführt:*

„Die wesentlichen Charakterzüge sind emotionale Instabilität und mangelnde Impulskontrolle. Ausbrüche von gewalttätigem und bedrohlichem Verhalten sind häufig, vor allem bei Kritik durch andere“ [82]. Als dazugehörige Begriffe werden die „aggressive Persönlichkeit(sstörung)“ oder die „reizbare (explosible) Persönlichkeit(sstörung)“ genannt. Hingewiesen wird darauf, dass die „dissoziale Persönlichkeit(sstörung) (F 60.2)“ eine Ausschlussdiagnose darstellt [82].

Es kann hier zu Überschneidungen mit dem Steuerungsfokus kommen. Da aber ein Steuerungsfokus auch unabhängig von einer emotional instabilen Persönlichkeit bestehen kann, werden im FOTRES beide Kategorien beibehalten.

## 6.24.2. Bedeutung für das vergangene Tatverhalten

*Bedeutung für das vergangene Tatverhalten:* Ausmaß der Bedeutung des Problembereichs für das Zustandekommen des Zieldelikts.

Eine genaue Erläuterung dieses Merkmals ist unter dem gleichnamigen Merkmal in der Merkmalsgruppe „Aggressionsfokus“ aufgeführt und kann auf die Anwendung dieses Merkmals übertragen werden.

## 6.24.3. Bedeutung für das zukünftige Tatverhalten

*Bedeutung für das zukünftige Tatverhalten:* Ausmaß der Bedeutung des Problembereichs für das Zustandekommen weiterer, dem Zieldelikt entsprechender Handlungen.

Eine genaue Erläuterung dieses Merkmals ist unter dem gleichnamigen Merkmal in der Merkmalsgruppe „Aggressionsfokus“ aufgeführt und kann auf die Anwendung dieses Merkmals übertragen werden.

## 6.25. Emotional instabile Persönlichkeitsstörung, Borderline Typus

### 6.25.1. Emotional instabile Persönlichkeitsstörung, Borderline Typus

*Die diagnostischen Merkmale der emotional instabilen Persönlichkeitsstörung, Borderline Typus nach ICD-10: F60.31 sind nachfolgend aufgeführt:* „Einige Kennzeichen emotionaler Instabilität sind vorhanden, zusätzlich sind oft das eigene Selbstbild, Ziele und „innere Präferenzen" (einschließlich der sexuellen) unklar und gestört. Meist besteht ein chronisches Gefühl innerer Leere. Die Neigung zu intensiven, aber unbeständigen Beziehungen kann zu wiederholten emotionalen Krisen führen mit übermäßigen Anstrengungen, nicht verlassen zu werden, und mit Suiziddrohungen oder selbstschädigenden Handlungen (diese können auch ohne deutliche Auslöser vorkommen)" [82].
Darüber hinausgehend soll hier noch darauf hingewiesen werden, dass zumindest kurzzeitige psychosenahe Erlebensweisen bei der Borderline Persönlichkeitsstörung vorkommen können.

### 6.25.2. Bedeutung für das vergangene Tatverhalten

*Bedeutung für das vergangene Tatverhalten:* Ausmaß der Bedeutung des Problembereichs für das Zustandekommen des Zieldelikts.

Eine genaue Erläuterung dieses Merkmals ist unter dem gleichnamigen Merkmal in der Merkmalsgruppe „Aggressionsfokus" aufgeführt und kann auf die Anwendung dieses Merkmals übertragen werden.

### 6.25.3. Bedeutung für das zukünftige Tatverhalten

*Bedeutung für das zukünftige Tatverhalten:* Ausmaß der Bedeutung des Problembereichs für das Zustandekommen weiterer, dem Zieldelikt entsprechender Handlungen.

Eine genaue Erläuterung dieses Merkmals ist unter dem gleichnamigen Merkmal in der Merkmalsgruppe „Aggressionsfokus“ aufgeführt und kann auf die Anwendung dieses Merkmals übertragen werden.

# 6.26. Histrionische Persönlichkeitsstörung

## 6.26.1. Histrionische Persönlichkeitsstörung

*Die diagnostischen Merkmale der histrionischen Persönlichkeitsstörung nach ICD-10: F 60.4 sind nachfolgend aufgeführt:*

- „Dramatisierung bezüglich der eigenen Person, theatralisches Verhalten, übertriebener Ausdruck von Gefühlen.
- Suggestibilität, leichte Beeinflussbarkeit durch andere Personen oder Umstände.
- Oberflächliche und labile Affektivität.
- Andauerndes Verlangen nach Aufregung, Anerkennung durch andere und Aktivitäten, bei denen die betreffende Person im Mittelpunkt der Aufmerksamkeit steht.
- Unangemessen verführerisch in Erscheinung und Verhalten.
- Übermäßiges Interesse an körperlicher Attraktivität.

Egozentrik, Selbstbezogenheit, anhaltendes Verlangen nach Anerkennung, erhöhte Kränkbarkeit und andauernd manipulatives Verhalten zur Befriedigung eigener Bedürfnisse können zusätzliche Merkmale sein“ [82].

Histrionische Persönlichkeitsmerkmale stehen im forensischen Kontext nahezu immer mit betrügerischen oder hochstaplerischen Verhaltensweisen in Verbindung.

## 6.26.2. Bedeutung für das vergangene Tatverhalten

*Bedeutung für das vergangene Tatverhalten:* Ausmaß der Bedeutung des Problembereichs für das Zustandekommen des Zieldelikts.

Eine genaue Erläuterung dieses Merkmals ist unter dem gleichnamigen Merkmal in der Merkmalsgruppe „Aggressionsfokus“ aufgeführt und kann auf die Anwendung dieses Merkmals übertragen werden.

### 6.26.3. Bedeutung für das zukünftige Tatverhalten

*Bedeutung für das zukünftige Tatverhalten:* Ausmaß der Bedeutung des Problembereichs für das Zustandekommen weiterer, dem Zieldelikt entsprechender Handlungen.

Eine genaue Erläuterung dieses Merkmals ist unter dem gleichnamigen Merkmal in der Merkmalsgruppe „Aggressionsfokus" aufgeführt und kann auf die Anwendung dieses Merkmals übertragen werden.

## 6.27. Zwanghafte Persönlichkeitsstörung

### 6.27.1. Zwanghafte Persönlichkeitsstörung

*Die diagnostischen Merkmale der zwanghaften (anankastischen) Persönlichkeitsstörung nach ICD-10: F 60.5 sind nachfolgend aufgeführt:*

- „Übermäßiger Zweifel und Vorsicht.
- Ständige Beschäftigung mit Details, Regeln, Listen, Ordnung, Organisation oder Plänen.
- Perfektionismus, der die Fertigstellung von Aufgaben behindert.
- Übermäßige Gewissenhaftigkeit, Skrupelhaftigkeit und unverhältnismäßige Leistungsbezogenheit unter Vernachlässigung von Vergnügen und zwischenmenschlichen Beziehungen.
- Übermäßige Pedanterie und Befolgung von Konventionen.
- Rigidität und Eigensinn.
- Unbegründetes Bestehen auf der Unterordnung anderer unter eigene Gewohnheiten oder unbegründetes Zögern, Aufgaben zu delegieren.
- Andrängen beharrlicher und unerwünschter Gedanken oder Impulse" [82].

Die forensische Relevanz zwanghafter Persönlichkeitsstörungen beruht zumeist auf dem Mechanismus der Aggressionsunterdrückung, bei innerlich hohem Potential von Wut und Aggressionsempfinden. Der äußerlich sichtbaren Ordnungs- und Regeltreue entsprechen innerlich oft Rachegefühle und bisweilen ausgestaltete Rachefantasien. Zwanghafte Persönlichkeitsdispositionen können darum bei Amoktätern (gemäß dem Alltagsbegriff gemeint als impulsive Tötungshandlung oder gezielter (Massen-) Mord, jeweils rache-, wut- oder eifersuchtsbedingt) oder bestimmten anderen Arten von Beziehungsdelikten eine Rolle spielen.

Im DSM-IV ist zusätzlich zur zwanghaften Persönlichkeitsstörung die so genannte passiv-aggressive Persönlichkeitsstörung (301.84) aufgeführt. Sie ist durch ein durchgängiges Muster passiven Widerstands gegenüber Forderungen nach angemessenen Leistungen im sozialen und beruflichen Bereich gekennzeichnet. Genannt sind unter anderem Verzögerungsmanöver, mürrische Stimmung, Reizbarkeit und Streitsucht, vorsätzliches Langsamarbeiten, unbegründete Beschwerden, die Vermeidung der Erfüllung von Pflichten, der Glaube, sich in den Leistungen nicht genügend anerkannt zu erleben, das Übelnehmen nützlicher Vorschläge zur Steigerung der Produktivität, das Behindern der Bemühungen anderer oder die unmäßige Kritik gegenüber Autoritätspersonen [80].

Da diesem passiv-aggressiven Verhalten in der Praxis häufig eine zwanghafte Persönlichkeitsstruktur zugrunde liegt, werden die letztgenannten Verhaltensweisen ebenfalls unter dem Begriff der zwanghaften Persönlichkeit subsumiert. Sind sie beobachtbar, dann können sie hier (zusätzlich oder anstatt der oben beschriebenen diagnostischen Leitlinien) zur Einschätzung der Ausprägung der zwanghaften Persönlichkeit verwandt werden.

### 6.27.2. Bedeutung für das vergangene Tatverhalten

*Bedeutung für das vergangene Tatverhalten:* Ausmaß der Bedeutung des Problembereichs für das Zustandekommen des Zieldelikts.

Eine genaue Erläuterung dieses Merkmals ist unter dem gleichnamigen Merkmal in der Merkmalsgruppe „Aggressionsfokus“ aufgeführt und kann auf die Anwendung dieses Merkmals übertragen werden.

### 6.27.3. Bedeutung für das zukünftige Tatverhalten

*Bedeutung für das zukünftige Tatverhalten:* Ausmaß der Bedeutung des Problembereichs für das Zustandekommen weiterer, dem Zieldelikt entsprechender Handlungen.

Eine genaue Erläuterung dieses Merkmals ist unter dem gleichnamigen Merkmal in der Merkmalsgruppe „Aggressionsfokus“ aufgeführt und kann auf die Anwendung dieses Merkmals übertragen werden.

# 6.28. Abhängige (Dependente) Persönlichkeitsstörung

## 6.28.1. Abhängige (Dependente) Persönlichkeitsstörung

*Die diagnostischen Merkmale der abhängigen (dependenten) Persönlichkeitsstörung nach ICD-10: F 60.7 sind nachfolgend aufgeführt:*

- „Bei den meisten Lebensentscheidungen wird an die Hilfe anderer appelliert oder die Entscheidung wird anderen überlassen.
- Unterordnung eigener Bedürfnisse unter die anderer Personen, zu denen eine Abhängigkeit besteht und unverhältnismäßige Nachgiebigkeit gegenüber den Wünschen anderer.
- Mangelnde Bereitschaft zur Äußerung angemessener Ansprüche gegenüber Personen, zu denen eine Abhängigkeit besteht.
- Unbehagliches Gefühl beim Alleinsein aus übertriebener Angst, nicht für sich allein sorgen zu können.
- Häufige Angst, von einer Person verlassen zu werden, zu der eine enge Beziehung besteht, und auf sich selbst angewiesen zu sein.
- Eingeschränkte Fähigkeit, Alltagsentscheidungen zu treffen ohne ein hohes Maß an Ratschlägen und Bestätigungen von anderen.

Zusätzlich können sich die Betreffenden selbst hilflos, inkompetent und nicht leistungsfähig fühlen“ [82].

Dependente Persönlichkeitszüge können eine Rolle spielen, wenn ein Täter durch starke Unterordnung unter das Diktat einer „Führungsperson“ Delikte begeht, in denen er sich „zum Werkzeug“ der Person macht, zu der er ein abhängiges Beziehungsmuster aufgebaut hat. Die Dependenzproblematik kann auch in der Beziehungsgestaltung bei manchen Gewalttaten gegenüber dem Intimpartner eine Rolle spielen, wenn dieser z. B. die Trennung wünscht.

Im Unterschied zur Diagnose der „Abhängigen Persönlichkeitsstörung“ sollte bei der Einschätzung der Dependenzproblematik im FOTRES darauf geachtet werden, dass es für die forensische Relevanz nicht unbedingt erforderlich ist, dass eine Dependenz als überdauernder Charakterzug in vielen Lebensbereichen oder konstant in verschiedenen Zeiträumen mit hoher Ausprägung vorhanden ist. So kann es durchaus sein, dass die deliktrelevante Dependenz nur in bestimmten Situationen oder gegenüber bestimmten Personen in deliktrelevanter Weise zum Ausdruck kommt. Die Ausprägung wird dann dadurch bestimmt, wie hoch die persönliche Disposition des Täters ist, möglicherweise nur in solchen speziellen Situationen oder Zeiten eine deliktrelevante Dependenzproblematik zu zeigen.

In diesem Sinne ist die Ausprägung einer dependenten Persönlichkeit in ihrer Bedeutung für eine mögliche Deliktdynamik zu bewerten.

## 6.28.2. Bedeutung für das vergangene Tatverhalten

*Bedeutung für das vergangene Tatverhalten:* Ausmaß der Bedeutung des Problembereichs für das Zustandekommen des Zieldelikts.

Eine genaue Erläuterung dieses Merkmals ist unter dem gleichnamigen Merkmal in der Merkmalsgruppe „Aggressionsfokus“ aufgeführt und kann auf die Anwendung dieses Merkmals übertragen werden.

## 6.28.3. Bedeutung für das zukünftige Tatverhalten

*Bedeutung für das zukünftige Tatverhalten:* Ausmaß der Bedeutung des Problembereichs für das Zustandekommen weiterer, dem Zieldelikt entsprechender Handlungen.

Eine genaue Erläuterung dieses Merkmals ist unter dem gleichnamigen Merkmal in der Merkmalsgruppe „Aggressionsfokus“ aufgeführt und kann auf die Anwendung dieses Merkmals übertragen werden.

# 6.29. Narzisstische Persönlichkeitsstörung

## 6.29.1. Narzisstische Persönlichkeitsstörung

*Die diagnostischen Merkmale der narzisstischen Persönlichkeitsstörung nach DSM-IV: 301.81 sind nachfolgend aufgeführt:* „Ein tiefgreifendes Muster von Großartigkeit (in Fantasie oder Verhalten), Bedürfnis nach Bewunderung und Mangel an Empathie. Die Störung beginnt im frühen Erwachsenenalter und tritt in den verschiedensten Situationen auf. Mindestens 5 der folgenden Merkmale müssen erfüllt sein:

- hat ein grandioses Gefühl der eigenen Wichtigkeit (übertreibt z. B. die eigenen Leistungen und Talente; erwartet, ohne entsprechende Leistungen als überlegen anerkannt zu werden),
- ist stark eingenommen von Fantasien grenzenlosen Erfolgs, Macht, Glanz, Schönheit oder idealer Liebe,
- glaubt von sich, „besonders" und einzigartig zu sein und nur von anderen besonderen oder angesehenen Personen (oder Institutionen) verstanden zu werden oder nur mit diesen verkehren zu können,
- verlangt nach übermäßiger Bewunderung,
- legt ein Anspruchsdenken an den Tag, d. h. übertriebene Erwartungen an eine besonders bevorzugte Behandlung oder automatisches Eingehen auf die eigenen Erwartungen,
- ist in zwischenmenschlichen Beziehungen ausbeuterisch, d. h. zieht Nutzen aus anderen, um die eigenen Ziele zu erreichen,
- zeigt einen Mangel an Empathie: ist nicht willens, die Gefühle und Bedürfnisse anderer zu erkennen oder sich mit ihnen zu identifizieren,
- ist häufig neidisch auf andere oder glaubt, andere seien neidisch auf ihn/sie,
- zeigt arrogante, überhebliche Verhaltensweisen oder Haltungen" [80].

Die „Narzisstische Persönlichkeitsstörung" ist im ICD-10 nicht mehr explizit genannt, sondern fällt in die Kategorie „Sonstige spezifische Persönlichkeitsstörungen (ICD-10: F 60.8). „Grund hierfür war die geringe Interraterreliabilität für diese diagnostische Kategorie" [82]. Da die „Narzisstische Persönlichkeitsstörung" von forensischer Relevanz sein kann, ist sie jedoch im FOTRES enthalten.

Die Persönlichkeit kann zu hochstaplerischem Verhalten, Dominanzstreben, aber auch zu Gewalttaten im zwischenmenschlichen Bereich (z. B. im Rahmen von Beziehungstaten) disponieren. In Beziehungen werden narzisstische Persönlichkeitsdispositionen häufig dann virulent, wenn andere selbstwertstabilisierende Faktoren wegfallen und somit z. B. eine Trennungssituation subjektiv verschärft wird.

Von forensischer Relevanz ist vor allem die hohe Empfindlichkeit gegenüber Kritik bzw. die Kränkungsbereitschaft, die sich in einem entsprechenden Wutimpuls zeigen kann. Narzisstische Persönlichkeiten reagieren nicht selten hochgradig gekränkt, wenn sie durch einen Partner verlassen werden und können dann auf diesen mit großer Wut reagieren. Kommt es zu weiteren sozialen Destabilisierungen (Probleme am Arbeitsplatz, Verlust von Ansehen, Einschränkungen des Kontakts zu den eigenen Kindern, u. a.), dann sind suizidale Handlungen ebenso möglich, wie Gewaltandrohungen oder Gewalttaten gegenüber dem Ex-Partner.

### 6.29.2. Bedeutung für das vergangene Tatverhalten

*Bedeutung für das vergangene Tatverhalten:* Ausmaß der Bedeutung des Problembereichs für das Zustandekommen des Zieldelikts.

Eine genaue Erläuterung dieses Merkmals ist unter dem gleichnamigen Merkmal in der Merkmalsgruppe „Aggressionsfokus“ aufgeführt und kann auf die Anwendung dieses Merkmals übertragen werden.

### 6.29.3. Bedeutung für das zukünftige Tatverhalten

*Bedeutung für das zukünftige Tatverhalten:* Ausmaß der Bedeutung des Problembereichs für das Zustandekommen weiterer, dem Zieldelikt entsprechender Handlungen.

Eine genaue Erläuterung dieses Merkmals ist unter dem gleichnamigen Merkmal in der Merkmalsgruppe „Aggressionsfokus“ aufgeführt und kann auf die Anwendung dieses Merkmals übertragen werden.

# 6.30. Suchtproblematik

## 6.30.1. Suchtproblematik

*Suchtproblematik:* Ausmaß der Suchtproblematik. Bewertungsmaßstäbe, wie die folgenden, sind zur Beurteilung heranzuziehen:

- Beginn der Suchtproblematik,
- Höhe des Konsums,
- Dauer der Suchtproblematik,
- psychosoziale Folgen,
- Rückfallneigung nach Abstinenz,
- Zahl und Länge von Abstinenzphasen,
- Ansprechen auf Therapien,
- subkulturelle Sozialisation usw.

Wird eine „Suchtproblematik" als relevanter Problembereich gewertet, dann wird es sich häufig um Delikte aus dem Bereich der Beschaffungskriminalität handeln. Die Ausprägung der „Suchtproblematik" ist vor allem unter Einbezug der Vorgeschichte zu bewerten, da an dieser Stelle die strukturelle Dimension abgebildet werden soll. Aus der Vergangenheit sollte auch der Zusammenhang hervorgehen, dass und auf welche Weise ein relevanter Suchtmittelkonsum mit Delinquenzverhalten verbunden war (Stringenz).

Aufgrund der geforderten Deliktrelevanz als Voraussetzung einer Bewertung ist die Tatsache einer Alkoholisierung oder eines Drogeneinflusses zum Tatzeitpunkt allein noch nicht ausreichend, um eine Suchtmittelproblematik festzustellen. Folgende Beispiele und Leitfragen wurden als Bewertungshilfe bereits in der Hauptgruppe „Delinquenznahe Persönlichkeitsdisposition" aufgeführt:

Beispiele:

✗ *Hohe Ausprägung:* Ein Drogenabhängiger, der zur Geldbeschaffung Diebstähle und Raubüberfälle begeht, weist einen direkten und engen Zusammenhang seiner Suchtmittelproblematik und der Deliktbegehung auf. Da zudem von einer hohen Ausprägung der Problematik auszugehen ist, würde eine Wertung mit 4 (= sehr stark) erfolgen. Gleiches gilt für einen Alkoholiker, dessen akuter Alkoholismus den Hintergrund für Inzesthandlungen mit seiner Stieftochter bildet. Einerseits wäre die Ausprägung des Suchtmittelkonsums aufgrund der bestehenden Abhängigkeit als hoch einzuschätzen, andererseits besteht in dem beschriebenen Fall ein stringenter Zusammenhang zwischen der Problematik und der Deliktbegehung.

✗ *Moderate Ausprägung:* Bei einem Täter, der sich vor der Begehung eines Raubdelikts „Mut antrinkt", bei einem Betrüger, der Kokain konsumiert, um selbstsicherer aufzutreten oder bei einem Pädosexuellen, der mit seinen Opfern gemeinsam Cannabis raucht, um eine „entspannte Atmosphäre" herzustellen, ist der Suchtmittelkonsum ein taterleichternder, konstellierender Faktor. Der Suchtmittelkonsum steht zielgerichtet mit der Tatbegehung in Zusammenhang, die Tatmotivation besteht aber unabhängig von dieser Suchtmittelproblematik. Die erwähnten Täter sind von den jeweiligen Suchtmitteln nicht abhängig. In den beschriebenen Fällen wird eine Wertung aufgrund des deutlich gegebenen Zusammenhangs mit 2 (= moderat) erfolgen.

✗ *Geringe Ausprägung:* In Fällen, in denen Tatbegehungen bisweilen mit Suchtmittelkonsum erfolgen, dies aber nicht durchgehend der Fall ist, ist der Zusammenhang zwischen Tatbegehung und Suchtmittelkonsum geringer ausgeprägt. Sofern angenommen wird, dass dem Suchtmittelkonsum nichtsdestotrotz in den Fällen, in denen er erfolgt, eine taterleichternde Bedeutung zukommt, erfolgt eine Wertung mit 1 (= gering).

Leitfragen:

✓ Hat der Täter Drogen, Alkohol, Medikamente oder anderweitig psychotrope Substanzen konsumiert und steht dieser Konsum in irgendeinem Zusammenhang mit seinem Deliktverhalten?

✓ Besteht ein enger Zusammenhang zwischen Deliktbegehungen und Suchtmittelkonsum?

✓ Ist der Einfluß des Suchtmittelkonsums taterleichternd oder besteht sogar ein ursächlicher Zusammenhang zur Deliktbegehung?

✓ Wir stark ausgeprägt ist die Suchtmittelproblematik (besteht beispielsweise eine Abhängigkeit)?

✓ Tritt das Deliktverhalten auch unabhängig vom Suchtmittelkonsum auf?

✓ Plant der Täter den Suchtmittelkonsum bewusst im Sinne der Tatvorbereitung ein?

### 6.30.2. Bedeutung für das vergangene Tatverhalten

*Bedeutung für das vergangene Tatverhalten:* Ausmaß der Bedeutung des Problembereichs für das Zustandekommen des Zieldelikts.

Eine genaue Erläuterung dieses Merkmals ist unter dem gleichnamigen Merkmal in der Merkmalsgruppe „Aggressionsfokus“ aufgeführt und kann auf die Anwendung dieses Merkmals übertragen werden.

### 6.30.3. Bedeutung für das zukünftige Tatverhalten

*Bedeutung für das zukünftige Tatverhalten:* Ausmaß der Bedeutung des Problembereichs für das Zustandekommen weiterer, dem Zieldelikt entsprechender Handlungen.

Eine genaue Erläuterung dieses Merkmals ist unter dem gleichnamigen Merkmal in der Merkmalsgruppe „Aggressionsfokus“ aufgeführt und kann auf die Anwendung dieses Merkmals übertragen werden.

## 6.31. Schizophrenie / Wahnhaftes Syndrom

### 6.31.1. Schizophrenie / Wahnhaftes Syndrom

*Schizophrenie / Wahnhaftes Syndrom:* Eine Schizophrenie bzw. ein anderweitiger wahnhafter Zustand steht in relevantem Zusammenhang mit der Tat, ohne dass die Tat weitgehend auf Verfolgungs- und/oder Bedrohungssymptome zurückgeführt werden kann.

Verschiedene Studien haben gezeigt, dass Schizophrenien und/oder wahnhafte Syndrome unter Gewalt- und Sexualstraftätern eine höhere Prävalenz als in der Normalbevölkerung aufweisen [90, 91]. Vor allem bei Gewaltstraftaten besteht erfahrungsgemäß häufig ein Zusammenhang zu Verfolgungs- und Bedrohungssymptomen, so wie sie unter dem Problembereich „Verfolgungswahn“ aufgeführt sind.

Nur wenn dieser spezifische Syndromzusammenhang nicht besteht, sondern die Tatdynamik mit anderen Symptomen einer Schizophrenie bzw.

eines anderweitigen wahnhaften Zustandes in Zusammenhang steht, wird dies an dieser Stelle beim Problembereich „Schizophrenie / Wahnhaftes Syndrom“ kodiert. Es kann sich dabei beispielsweise um Tatdynamiken handeln, die sich zumindest teilweise auf andere Störungen im Denken, in der Wahrnehmung oder im Affekterleben zurückführen lassen. Es sind hier auch solche Wahnsysteme zu bewerten, die zwar nicht mit dem Gefühl der Verfolgung bzw. Bedrohung einhergehen – und daher nicht unter „Verfolgungswahn“ kodiert werden können – aber nichtsdestotrotz eine kognitive und/oder affektive Grundlage für bestimmte Tatbegehungen bereitstellen. Lässt sich ein wesentlicher Teil der Deliktmotivation auf das in der Merkmalsgruppe „Verfolgungswahn“ gewertete Syndrom zurückführen, dann wird der Problembereich „Schizophrenie“ nicht zusätzlich gewertet, auch wenn der Verfolgungswahn Symptom einer schizophrenen Erkrankung ist. Eine zusätzliche Wertung dieses Problembereiches erfolgt nur dann, wenn es wesentliche deliktrelevante Phänomene gibt, die auf andere schizophrene Symptome zurückzuführen sind, wie z. B. Denk-, Antriebs-, Wahrnehmungs- oder Affektstörungen, die unabhängig von Verfolgungsideen bestehen.

Beispiele:

✗ Ein schizophrener Täter versuchte einen Menschen zu töten, weil er der wahnhaften Überzeugung war, ein Erlöser zu sein. In dieser Funktion sei es ihm gegeben, andere Menschen zu töten und diesen damit zu einem paradiesischen Leben im Jenseits zu verhelfen. Mit dieser Retter- und Erlöseridentität sind keine paranoiden Gefühle und Gedanken assoziiert. Dennoch bildet der Wahn die wesentliche Verständnis- und Erlebensgrundlage für die Tatmotivation. Wenn der Wahn in seinen tatrelevanten Merkmalen sehr stark ausgeprägt ist und schon seit mehreren Jahren besteht, so zeigt die Analyse des Tatgeschehens dennoch, dass die Tat nicht eine geradezu zwangsläufige Folge des Wahns darstellt. So hat es bei gleichbleibender Wahnintensität im Verlaufe vieler Jahre nie eine vergleichbare Handlung gegeben. Zudem sind bei der schließlich erfolgten Tat einige zusätzliche konstellative Auslöser zu eruieren und der Täter handelt bis zuletzt nicht zielstrebig, sondern prüft verschiedene alternative Handlungsoptionen. Aus diesem Grunde sollte eine Bewertung der Ausprägung auf Stufe 3 (= deutlich) und nicht – was vom Tatmuster her auf den ersten Blick durchaus denkbar gewesen wäre – auf Stufe 4 (= sehr stark) erfolgen. Die beiden Bedeutungsvariablen werden jeweils mit 4 (= sehr stark) bewertet.

✗ In einem anderen Fall besteht seit vielen Jahren eine chronische paranoid-halluzinatorische Schizophrenie. Sie äußert sich allerdings schon seit langer Zeit nicht mehr in Form einer paranoiden Symptomatik, sondern zeigt sich eher in einer gewissen Verschrobenheit des Denkens, in Antriebsstörungen und Affektverflachungen. Parallel hierzu besteht eine ausgeprägte Pädosexualität, die bereits zu mehrfachen Straftaten geführt hat. Der Pädosexualität kommt die hauptursächliche Bedeutung hinsichtlich der sexuellen Ausbeutung zu. Die Schizophrenie ist für das Tatgeschehen nur insofern von Bedeutung, als sie ein Reservoir für „eigenlogische Gedankenkonstrukte" darstellt. Der Täter konstruiert damit kognitive Verzerrungen (wie z. B.: Kontakte zu Kindern würden erfolgen, weil er deren besondere Schwingungen spüre und daraus ablesen könne, dass sie den Kontakt wünschen). Der Problembereich der „Schizophrenie / Wahnhaftes Syndrom" steht aber nicht in einer ursächlichen Beziehung zur Pädosexualität. Vielmehr ist die Schizophrenie geeignet, eine bestimmte funktionelle Instrumentalisierung für die Pädosexualität zu ermöglichen, wodurch die Tathandlungen erleichtert werden. Zudem ist eine mit der Schizophrenie verbundene „unreife Emotionalität" eine Grundlage dafür, die Pädosexualität stimmig in das Gefüge der Gesamtpersönlichkeit einzuordnen, in dem die damit verbundenen Beziehungs- und Sexualitätswünsche mit der emotionalen Unreife als kompatibel erlebt werden. In dem beschriebenen Fall werden die Problembereiche „Pädosexuelle Devianz" und „Schizophrenie / Wahnhaftes Syndrom" wie folgt gewertet:

- Pädosexuelle Devianz:
  Ausprägung Pädosexualität: 4 (= sehr stark)
  Bedeutung für das vergangene Tatverhalten: 4 (= sehr stark)
  Bedeutung für das zukünftige Tatverhalten: 4 (= sehr stark)

- Schizophrenie / Wahnhaftes Syndrom:
  Ausprägung Schizophrenie / Wahnhaftes Syndrom: 2 (= moderat)
  Bedeutung für das vergangene Tatverhalten: 2 (= moderat)
  Bedeutung für das zukünftiges Tatverhalten: 2 (= moderat)

Leitfragen:

✓ Welche schizophrenen oder wahnhaften Symptome (Denkstörungen, Affektstörungen, Wahrnehmungsstörungen, Antriebsstörungen, Halluzinationen etc.) stehen mit dem Deliktverhalten wie in Zusammenhang?

✓ Haben die Symptome gegenüber dem Syndrom „Verfolgungswahn" einen eigenen, unabhängigen Erklärungswert für das Deliktverhalten?

✓ Wie ausgeprägt sind diese Symptome, wie prägend wirken sie sich auf den Lebensvollzug des Täters aus?

✓ Bestehen Denkinhalte, die nicht unter dem Syndrom des Verfolgungswahns subsumiert werden können, durch die das Deliktverhalten begünstigt wird?

✓ Besteht aufgrund von psychopathologischen Phänomenen eine erhöhte Reaktionsbereitschaft für Delikthandlungen?

## 6.31.2. Bedeutung für das vergangene Tatverhalten

*Bedeutung für das vergangene Tatverhalten:* Ausmaß der Bedeutung des Problembereichs für das Zustandekommen des Zieldelikts.

Eine genaue Erläuterung dieses Merkmals ist unter dem gleichnamigen Merkmal in der Merkmalsgruppe „Aggressionsfokus" aufgeführt und kann auf die Anwendung dieses Merkmals übertragen werden.

## 6.31.3. Bedeutung für das zukünftige Tatverhalten

*Bedeutung für das zukünftige Tatverhalten:* Ausmaß der Bedeutung des Problembereichs für das Zustandekommen weiterer, dem Zieldelikt entsprechender Handlungen.

Eine genaue Erläuterung dieses Merkmals ist unter dem gleichnamigen Merkmal in der Merkmalsgruppe „Aggressionsfokus" aufgeführt und kann auf die Anwendung dieses Merkmals übertragen werden.

# 6.32. Querulatorische Persönlichkeitsstörung

## 6.32.1. Querulatorische Persönlichkeitsstörung

*Querulatorische Persönlichkeitsstörung:* Ausmaß, in dem folgende Merkmale erfüllt sind:

- Charakteristische Persönlichkeitseigenschaften:
  - Misstrauen,
  - Streitsucht und
  - stark subjektiv geprägte Interpretationen von Geschehnissen
- Handlungsebene:
  - Beharrliche, situationsunangemessene und nachtragende Beschäftigung mit vermeintlichen Ungerechtigkeiten
  - Die Aktivität erfolgt vor dem Hintergrund des Gefühls tiefempfundener Ungerechtigkeit
  - Situationsangemessene Lösungswege werden blockiert
  - Die querulatorischen Aktivitäten können zu einem identitätsstiftenden Lebensmittelpunkt werden
- Kognitive Ebene:
  - Starke Wahrnehmungseinengung, die mit kognitiv verzerrten Interpretationen der Geschehnisse einhergeht
- Emotionale Ebene:
  - Affektive Erregung,
  - Feindseligkeit,
  - Wut und
  - Racheimpulse

Zu dieser Persönlichkeit gibt es keine direkte diagnostische Entsprechung. Im ICD-10 [82] wird die „Querulatorische Persönlichkeitsstörung" im Rahmen der „dazugehörigen" Begriffe der „paranoiden Persönlichkeitsstörung" zugeordnet. Es gibt tatsächlich zwischen beiden Bereichen Überschneidungen. Aus prognostischer Sicht rechtfertigt sich aber aufgrund der praktischen forensischen Bedeutung eine begriffliche Unterscheidung.

Bei der querulatorischen Persönlichkeitsdisposition sind zwar ebenfalls Misstrauen, Streitsucht und stark subjektive Interpretationen von Geschehnissen zu finden. Das Spezifische der „Querulatorischen Persönlichkeitsstörung“ besteht aber in einem Problemprofil, das durch eine beharrliche, situationsunangemessene, nachtragende Beschäftigung mit vermeintlichen Ungerechtigkeiten gekennzeichnet ist und immer ausgeprägte, für den Querulanten typische Aktivitäten zur Folge hat. Bei diesen Aktivitäten kann es sich um wiederkehrende juristische Auseinandersetzungen, das Verfassen von Schriften verschiedenster Art, Beschwerden oder um verbale Attacken handeln. Charakteristisch ist die Aktivität aus dem Gefühl tiefempfundener Ungerechtigkeit heraus. Situationsangemessene Lösungswege werden blockiert. Der Querulant investiert Zeit und Energie in seine umfangreichen Aktivitäten. Dabei kann es zu Drohungen kommen. Zielscheibe solcher Aktivitäten sind oft Gerichte, öffentliche Institutionen, Verwaltungen oder Politiker. Die Aktivitäten können zu einem identitätsstiftenden Lebensmittelpunkt werden. Regelmäßig ist eine starke Wahrnehmungseinengung festzustellen, die mit kognitiv verzerrten Interpretationen der Geschehnisse einhergeht. Affektive Erregung, Feindseligkeit, Wut und Racheimpulse können mehrheitlich beobachtet werden.

Die „Querulatorische Persönlichkeitsstörung“ hat forensische Bedeutung, wenn es z. B. um die Beurteilung von Drohungen geht, bei denen häufig Rachemotive eine große Rolle spielen. Liegt „nur“ eine „Querulatorische Persönlichkeitsstörung“ ohne andere komplizierende Faktoren vor, dann ist das nach unserer Erfahrung in aller Regel keine Ausgangslage für schwere Gewalthandlungen [92]. Querulatorische Persönlichkeitsanteile können aber dann zu massiven Gewalttaten disponieren, wenn sie mit weiteren Risikofaktoren kombiniert auftreten, z. B. Progredienz, zunehmende Konkretisierungsgrade von Drohungen, Dissozialität, Psychopathie, Waffenaffinität.

Zusammengefasst gibt es Überschneidungen zwischen paranoiden, querulatorischen und auch zwanghaften Persönlichkeiten. Der innere Erlebnisfokus ist beim querulatorischen Problembereich das Thema Gerechtigkeit, Ungerechtigkeit und im Unterschied dazu beim paranoiden Problembereich Verfolgung und Beeinträchtigung. Die „Querulatorische Persönlichkeitsstörung“ zeichnet sich zudem durch ihren Schwerpunkt im Handeln in typisch überbordenden und in ihrer Art situationsunangemessenen Aktivitäten aus. In diesem Sinne ist der Ausprägungsgrad querulatorischer Persönlichkeitsmerkmale in ihrer forensischen Relevanz zu bewerten.

### 6.32.2. Bedeutung für das vergangene Tatverhalten

*Bedeutung für das vergangene Tatverhalten:* Ausmaß der Bedeutung des Problembereichs für das Zustandekommen des Zieldelikts.

Eine genaue Erläuterung dieses Merkmals ist unter dem gleichnamigen Merkmal in der Merkmalsgruppe „Aggressionsfokus“ aufgeführt und kann auf die Anwendung dieses Merkmals übertragen werden.

### 6.32.3. Bedeutung für das zukünftige Tatverhalten

*Bedeutung für das zukünftige Tatverhalten:* Ausmaß der Bedeutung des Problembereichs für das Zustandekommen weiterer, dem Zieldelikt entsprechender Handlungen.

Eine genaue Erläuterung dieses Merkmals ist unter dem gleichnamigen Merkmal in der Merkmalsgruppe „Aggressionsfokus“ aufgeführt.

## 6.33. Pseudologia fantastica Persönlichkeit

### 6.33.1. Pseudologia fantastica Persönlichkeit

*Pseudologia fantastica Persönlichkeit:* Die Diagnose einer Pseudologia fantastica ist leider in den heutigen Diagnosemanualen nicht mehr vorhanden. Es handelt sich um eine Erkrankung, die sich dadurch auszeichnet, dass die Täter größenhafte Vorstellungen mit Überzeugung nach außen vertreten können, weil sie selber von deren Richtigkeit überzeugt sind. Die kontrollierende und evaluierende Wirkung der Realität ist weitgehend ausgeschaltet. Immer wieder wird die Realität zweckgerichtet so interpretiert, dass das Größenszenario aufrechterhalten werden kann.

Traditionell wurde die „Pseudologia Fantastica“ in Zusammenhang mit der früheren hysterischen Persönlichkeitsstörung gebracht. So schreibt z. B. Huber [93]: „Das Bedürfnis, mehr zu scheinen, als man ist, kann auf sehr verschiedene Weise befriedigt werden. Durch Übertreiben, Renommieren, Aufschneiden und Prahlen, bis hin zur Pseudologie. Die Geltungs- und

Erlebnissucht – die hysterische Persönlichkeit möchte auch innerlich mehr sein, mehr erleben, als sie erlebensfähig ist – äußert sich in der Pseudologia fantastica, zu deren Zustandekommen ein bestimmtes Maß an Einbildungskraft und Aktivität gehört. Es werden Geschichten erfunden, deren Mittelpunkt die Täter selbst sind oder reale Begebenheiten werden fantastisch ausgestaltet und dramatisiert ..." Auch Tölle [94] ordnet die „Pseudologia fantastica" in den Bereich der hysterischen Persönlichkeitsstörungen ein: „Die Wunschvorstellungen sind so lebhaft und zur Selbstbestätigung der Persönlichkeit schließlich so unentbehrlich geworden, dass der Hysterische selbst halb daran glaubt" [94].

Aus meiner Sicht ist die Pseudologie aber nicht ausreichend damit klassifiziert, sie quasi als eine „Spezialausprägung" der hysterischen – heute „Histrionischen Persönlichkeitsstörung" zu sehen. In diesem Sinne findet sich bei Bleuler [95] der Hinweis: „Es ist deshalb begreiflich, wenn diese Zustände häufig (aber nicht notwendig) mit Hysterie zusammen vorkommen " [95].

Hier soll die Pseudologie bzw. die pseudologische Disposition einer Persönlichkeit so klassifiziert werden, dass sie in ihrer Ausprägung derart prägnant ist, um sie als eigenen definierten Problembereich zu rechtfertigen. Der Pseudologiker glaubt an die Richtigkeit seiner zum Teil absurden Konstrukte, zeigt einen derart hohen Chronifizierungsgrad, dass das Geschehen „näher an wahnhaften Erscheinungsformen" anzusiedeln ist, als bei der bloßen hysterieformen Dynamik.

Die Pseudologie ist eine seltene Erscheinungsform. Sie ist nahezu immer mit betrügerischem oder hochstaplerischem Verhalten assoziiert. Wenn der Problembereich vorhanden ist, dann determiniert er mit hoher Wahrscheinlichkeit für entsprechende deliktische Verhaltensweisen und ist daher diesbezüglich von hoher Bedeutung.

## 6.33.2. Bedeutung für das vergangene Tatverhalten

*Bedeutung für das vergangene Tatverhalten:* Ausmaß der Bedeutung des Problembereichs für das Zustandekommen des Zieldelikts.

Eine genaue Erläuterung dieses Merkmals ist unter dem gleichnamigen Merkmal in der Merkmalsgruppe „Aggressionsfokus" aufgeführt und kann auf die Anwendung dieses Merkmals übertragen werden.

auf die Anwendung dieses Merkmals übertragen werden.

### 6.33.3. Bedeutung für das zukünftige Tatverhalten

*Bedeutung für das zukünftige Tatverhalten:* Ausmaß der Bedeutung des Problembereichs für das Zustandekommen weiterer, dem Zieldelikt entsprechender Handlungen.

Eine genaue Erläuterung dieses Merkmals ist unter dem gleichnamigen Merkmal in der Merkmalsgruppe „Aggressionsfokus" aufgeführt und kann auf die Anwendung dieses Merkmals übertragen werden.

## 6.34. Anderes tatrelevantes Syndrom

Die oben genannten spezifischen Problembereiche decken erfahrungsgemäß die Merkmalsschwerpunkte ab, die bei Deliktmechanismen auftreten können und für diese Relevanz besitzen. Sollte es in einem speziellen Fall allerdings einen nicht aufgeführten Problembereich geben, der für das Deliktverhalten von erheblicher Relevanz zu sein scheint, dann kann dies unter der nachfolgenden offenen Kategorie bewertet werden.

Sie ist damit ein Platzhalter für seltene, hier nicht berücksichtigte Syndrome. Nach Möglichkeit sollten aber Merkmale unter den spezifizierten Kategorien subsumiert werden. Nur wenn das völlig unangemessen scheint, eine Bewertung aber dennoch indiziert ist, kann die vorliegende Kategorie hierzu benutzt werden. Aus den gemachten Bemerkungen geht hervor, dass ihre Anwendung nur mit äußerster Zurückhaltung und als gut begründete Ausnahme geschehen sollte.

### 6.34.1. Anderes tatrelevantes Syndrom

*Anderes tatrelevantes Syndrom:* Die generelle Ausprägung und Schwere des Syndroms wird bewertet. Je nachdem, um welche Symptomatik es sich handelt, können Beschreibungen der vorangehenden Problembereiche in analoger Weise Anwendung finden.

## 6.34.2. Bedeutung für das vergangene Tatverhalten

*Bedeutung für das vergangene Tatverhalten:* Ausmaß der Bedeutung des Problembereichs für das Zustandekommen des Zieldelikts.

Eine genaue Erläuterung dieses Merkmals ist unter dem gleichnamigen Merkmal in der Merkmalsgruppe „Aggressionsfokus" aufgeführt und kann auf die Anwendung dieses Merkmals übertragen werden.

## 6.34.3. Bedeutung für das zukünftige Tatverhalten

*Bedeutung für das zukünftige Tatverhalten:* Ausmaß der Bedeutung des Problembereichs für das Zustandekommen weiterer, dem Zieldelikt entsprechender Handlungen.

Eine genaue Erläuterung dieses Merkmals ist unter dem gleichnamigen Merkmal in der Merkmalsgruppe „Aggressionsfokus" aufgeführt und kann auf die Anwendung dieses Merkmals übertragen werden.

## Abschließende Bemerkung

Nachdem im letzten Teil der „Spezifischen Problembereiche mit Tatrelevanz" zunehmend klinische Symptome der klassischen Psychiatrie Eingang fanden, kann die Frage gestellt werden, warum nicht weitere Problembereiche genannt werden, die eng mit psychiatrischen Diagnosen verknüpft sind. Zu denken wäre beispielsweise an Intelligenzminderungen, die bekannterweise in bestimmten Fällen ein aussagekräftiger Prädiktor für zukünftige Rückfälligkeit sein können [40].

Zwei Merkmale haben zur Auswahl der hier vorgestellten Problembereiche geführt.

- Zum einen ist es die Häufigkeit, mit der ein Problembereich forensische Relevanz aufweisen kann. Dieses Merkmal trifft sicherlich für die zuletzt genannte Pseudologie nicht zu.
- Ein anderer Grund – und dieser führte zur Aufnahme der Pseudologie in die spezifischen Problembereiche – besteht darin, ob die Abbildung der praktisch relevanten Problematik in einem anderen Problembereich zu einem wesentlichen Informationsverlust führen würde.

So wird die eingangs erwähnte Intelligenzminderung kaum je der praktisch direkt relevante Haupteinflussfaktor sein. Vielmehr wird sich die forensisch relevante Problematik viel eher im Aggressions-, Dominanz- oder Steuerungsfokus abbilden.

Generell empfehle ich Zurückhaltung bei der Bewertung der „Persönlichkeitsstörungen", die den psychiatrisch-diagnostischen Merkmalen entsprechen. So wird jede emotional-impulsive Persönlichkeit auch den Steuerungsfokus als Problembereich aufweisen. Es gibt aber viele Täter, die einen Steuerungsfokus zeigen, ohne dass es sich bei ihnen um eine emotional-impulsive Persönlichkeit handeln würde. Umgekehrt gibt es die Fälle, in denen die emotional-impulsive Persönlichkeitsdisposition, sofern sie vorhanden ist, für die Deliktdynamik keine über den Steuerungsfokus hinausgehende Bedeutung hat. In diesen Fällen ist stets zu überlegen, ob die emotional-impulsive Persönlichkeit – auch wenn sie in klinischer Terminologie bestehen mag – überhaupt gewertet wird, bzw. ob sie im Hinblick auf ihre deliktdynamische Relevanz geringer zu werten ist als beispielsweise der alleinige Steuerungsfokus.

## 6.35. Relevanzfaktor

Dem „Relevanzfaktor" kommt eine große Bedeutung bei der Berechnung des Wertes der „Spezifischen Problembereiche" zu. Er ist das Bindeglied zwischen der Ausprägung der einzeln erfassten und bewerteten Merkmalsgruppen und einem gesamthaft daraus entstehenden spezifischen Rückfallrisiko.

Die Einflussstärke eines Problembereichs auf deliktrelevantes Verhalten wurde bereits in den jeweiligen Merkmalsgruppen bei den Bedeutungsvariablen berücksichtigt. Hier wird also bereits eine Vermittlungsqualität zwischen der Ausprägung des Problembereiches und einer daraus möglicherweise folgenden Handlungsbereitschaft und -disposition angesprochen. Die Anzahl und die Ausprägung der bewerteten Merkmalsgruppen führt zu einer Art Persönlichkeitsprofil. In einer bestimmten Mischung werden die problematischen Eigenschaften einer Person abgebildet, aus denen sich eine Risikodisposition ergibt.

Der „Relevanzfaktor" bildet das Bindeglied zwischen dem sich so abbildenden Persönlichkeitsprofil und einer daraus ableitbaren Handlungswahrscheinlichkeit. Denn der „Relevanzfaktor" bezieht sich auf die Gesamtheit der „Spezifischen Problembereiche mit Tatrelevanz", wie sie sich in ihrer speziellen Ausprägung als Gesamtprofil bei einer bestimmten Person darstellen. Die Verbindung zwischen einer bestimmten Konstellation „Spezifischer Problembereiche" und einer möglichen Tatausführung kann unterschiedlich stark ausgeprägt sein. Je nachdem, wie stark oder wie wenig stark die Konstellation der „Spezifischen Problembereiche" auf eine mögliche Tatausführung wirkt, ist die Bedeutung der Konstellation ausgeprägt oder weniger ausgeprägt. Je höher der „Relevanzfaktor", desto bedeutungsvoller ist die Konstellation in den „Spezifischen Problembereichen" im Hinblick auf eine konkrete Tatausführung.

Nachdem anhand der Bewertung einer Anlasstat und der entsprechenden Vorgeschichte die für einen bestimmten Täter spezielle Konstellation von deliktrelevanten Problembereichen ermittelt wurde, stellt sich demnach die Frage, welche Relevanz diese Konstellation für die Wahrscheinlichkeit einer Tatausführung besitzt.

Der „Relevanzfaktor" beantwortet demnach u. a. Fragen, die sich wie folgt formulieren lassen:

✓ Wie hoch ausgeprägt ist das Problemprofil hinsichtlich möglicher Deliktpotenz?

✓ Welche Bedeutung hat die Problemkonstellation für eine mögliche Tatausführung?

✓ Wie ausgeprägt sind daraus ableitbare Handlungsimpulse?

✓ Wie eng ist der Zusammenhang zwischen der ermittelten Persönlichkeitsdisposition und einer tatsächlichen Handlungsbereitschaft?

✓ In welcher Übersetzung bzw. „Verdünnung" schlägt sich die Persönlichkeitsdisposition in konkreten Verhaltensweisen nieder?

Der „Relevanzfaktor" setzt sich aus vier Merkmalsgruppen zusammen: „Ausprägung", „Determinierungskraft", „Steuerungsfaktor" und „Tatumstände".

Der Beurteilung der Einzelkriterien des „Relevanzfaktors" ist die gesamte Problemkonstellation, so wie sie sich in der speziellen Zusammensetzung und Ausprägung in den „Spezifischen Problembereichen mit Tatrelevanz" abbildet, zu Grunde zu legen. Es geht also nicht um die Bezugnahme auf ausgewählte Problembereiche, sondern um die Relevanzprüfung der gesamten Disposition in dem ihr eigenen Mischungsverhältnis.

Die „Ausprägung" des spezifischen Problemprofils beschreibt eine Qualität der Risikodisposition. Auf einer Achse zwischen den Polen Persönlichkeitsdisposition (= persönlichkeitsstrukturelle Ausgangslage) und Delikthandlung liegt die Merkmalsgruppe „Ausprägung" nahe dem persönlichkeitsstrukturellen Bereich, also nahe „an der Persönlichkeit". Die „Determinierungskraft" ist etwas weiter in Richtung Tathandlung, also in Richtung der aus dem Problembereich resultierenden Verhaltensweise orientiert. Die „Determinierungskraft" beschreibt eine Qualität der Verbindung zwischen Persönlichkeitsdisposition und daraus resultierender Handlung. Der „Steuerungsfaktor" könnte auf der beschriebenen Achse noch etwas weiter in Richtung Handlung lokalisiert werden. Mit den „Tatumständen" gelangt die Prüfung des „Relevanzfaktors" – ausgehend von der „Ausprägung" in großer Nähe zum Pol der Persönlichkeit und dem mit ihm verbundenen Problemprofil – auf den entgegengesetzten Pol der Tatausführung. Die „Tatumstände" charakterisieren Umstände und Eigenschaften der Handlung.

## 6.35.1. Ausprägung

### Ausprägung des Gesamtprofils

*Ausprägung des Gesamtprofils:* Ausmaß, in dem die gesamthafte Problemkonstellation (Kombination aller deliktrelevanten Problembereiche) im Vergleich zur Normalbevölkerung hinsichtlich Befindlichkeit und psychischer Konstitution auffällig, abweichend oder in den resultierenden Verhaltensweisen sozial unangemessen erscheint.

Mit diesem Merkmal soll eine Bewertung der gesamten Problemkonstellation, wie sie sich in den „Spezifischen Problembereichen" abbildet, vorgenommen werden. In der Bewertung, die auch Wechselwirkungen zwischen den Problembereichen berücksichtigt, können sich Bedeutungsrelativierungen der Ausprägungen der einzelnen als deliktrelevant eingestuften Merkmalsgruppen ergeben. Die Bedeutsamkeit der Ausprägung einzelner Problembereiche für das Rückfallrisiko kann sich durch eine solche Wechselwirkung verringern, verstärken oder gar potenzieren. So kann z. B. ein Problembereich auf die Realisierungstendenz eines anderen hemmend wirken, obwohl er für sich alleine ebenfalls in einem ursächlichen Verhältnis zum Deliktverhalten steht.

✗ Bei einem Täter mit einer „Selbstwertproblematik" und einer depressiven Symptomatik können diese beiden Problembereiche durch eine Antriebsstörung hemmend auf die Realisierung pädosexueller Wünsche wirken und so die Ausprägung des Gesamtprofils vermindern. Eine solche Feststellung sollte sich nicht nur aus einer rein theoretischen Überlegung ergeben, sondern vor allem durch konkrete Beobachtungen aus der Vorgeschichte oder in Einzelfällen auch durch plausibel ableitbare Thesen über die weitere Entwicklung (anhand aktuell beobachtbarer Verhaltensweisen) gestützt werden können.

Leitfragen:

✓ Wie ausgeprägt ist das Problemprofil in seiner Gesamtheit im Hinblick auf eine damit verbundene Handlungsrelevanz?

✓ Welche Ausprägung, welches Gewicht, welche Problemintensität hat das sich abbildende Problemprofil in seiner Gesamtheit?

✓ Gibt es intakte Ressourcen oder positive Wechselwirkungen zwischen einzelnen Problemfeldern, die im Gesamtprofil möglicherweise entgegen den Wertungen einzelner Merkmalsgruppen zu einer milderen Ausprägung führen?

✓ Gibt es wechselseitige Verstärkungen zwischen einzelnen Problemfeldern, so dass es entgegen den Wertungen einzelner Merkmalsgruppen im Gesamtprofil zu einer höheren Bewertung kommt?

✓ Ergibt sich durch eine große Anzahl von Problembereichen eine Komplizierung oder Instabilität des Gesamtprofils, die zu einer steigenden Anfälligkeit des Gesamtprofis für die Entwicklung von Handlungsimpulsen führt und deshalb eine höhere Ausprägung als in den einzelnen Merkmalsgruppen rechtfertigt?

### Stabilität der Handlungsrelevanz

*Stabilität der Handlungsrelevanz:* Ausmaß, in dem das gesamthafte Problemprofil (Mischung aller deliktrelevanten Problembereiche) handlungsrelevant in Erscheinung tritt: entweder dadurch, dass das Problemprofil viele Lebensbereiche beeinflusst oder in längeren Zeiträumen konstant, ohne nennenswerte Fluktuation auftritt.

Unter dem Merkmal „Stabilität der Handlungsrelevanz" soll beurteilt werden, wie konstant das Problemprofil handlungsrelevant präsent ist. Es gibt Problemprofile, die sich in ihrer Handlungsrelevanz fluktuierend präsentieren. Sie können in den Hintergrund treten, ihren Ausprägungsgrad phasen- oder situationsweise vermindern und somit z. B. zu längeren Latenzzeiten führen.

Das Merkmal „Stabilität der Handlungsrelevanz" ist dann als hoch einzuschätzen, wenn das gesamthafte Problemprofil in hohem Maße als präsent und potenziell durchgehend handlungsbestimmend angesehen werden muss. Dies kann der Fall sein, wenn das Problemprofil in vielen Lebensbereichen handlungsrelevant wirkt oder wenn es über einen längeren Zeitraum konstant und ohne nennenswerte Fluktuation in spezifischen Situationen auftritt.

✗ Wenn ein Täter am Arbeitsplatz durchgehend unauffällig ist und sich Impulsivität oder pädosexuelle Bedürfnisse nur zu Hause und an Wochenenden zeigen, ist dies kein hinreichender Grund für die Annahme einer geringen Ausprägung dieses Merkmals. Denn eine solche zeitlich oder örtlich determinierte Kontextabhängigkeit des Problemprofils alleine führt noch nicht zu einer geringeren Handlungsrelevanz über einen längeren Zeitraum. Eine Verringerung wäre dann anzunehmen, wenn eine geringe „Stabilität der Handlungsrelevanz" zu längeren Phasen der Latenz oder geringer ausgeprägten Realisierungswünschen führen würde, also zu einer verminderten Realisierungstendenz in einem längeren Zeithorizont.

Leitfragen:

✓ Gab es in der Vergangenheit Fluktuationen hinsichtlich der Handlungsrelevanz des Problemprofils, d. h. phasen- oder situationsbezogene Latenzzeiten?

✓ Ist das Problemprofil in seiner Bedeutung für mögliche Handlungen „anfällig" für Relativierungen bzw. Entaktualisierungen?

✓ Oder gibt es umgekehrt keine Hinweise darauf, dass das Problemprofil in seiner handlungsprägenden Bedeutung aufgrund situativer Einflüsse in den Hintergrund treten kann?

**Kontinuitätsannahme**

*Kontinuitätsannahme:* Ausmaß an Sicherheit, mit der angenommen werden kann, dass das gesamte Problemprofil – so wie es sich zum Beurteilungszeitpunkt darstellt – in unverminderter Weise zukünftig fortbestehen wird.
Bei der Beurteilung sind Informationen über die bisherige Stabilität bzw. zeitliche Konstanz des Problemprofils und Kenntnisse über die Art und Ausprägung der Problemkonstellation zu berücksichtigen.

Die „Kontinuitätsannahme" ist – im Unterschied zum vorangegangenen Merkmal – eine prognostische Einschätzung für die Zukunft und damit auf die Entwicklung des Problemprofils im zeitlichen Längsschnitt bezogen. Sie bezeichnet die Sicherheit, mit der angenommen werden kann, dass der gesamte Problembereich – so wie er sich zum Beurteilungszeitpunkt darstellt – in unverminderter Weise auch für die Zukunft fortgeschrieben werden kann. Bei dieser Beurteilung werden Informationen aus der Vergangenheit Berücksichtigung finden, die etwas über die Permanenz der

Problemkonstellation im zeitlichen Längsschnitt aussagen. Ferner fließen Kenntnisse über Art und Ausprägung der Problemkonstellation ein, aus denen sich Erkenntnisse für die Prognose des weiteren Verlaufs ergeben. Dabei kann auf Erfahrungswerte in vergleichbaren Konstellationen Bezug genommen werden.

Die „Kontinuitätsannahme“ kann als umso ausgeprägter bewertet werden, je mehr Chronifizierungsmerkmale des Problemprofils erkennbar sind. Eine geringere Einschätzung der „Kontinuitätsannahme“ erfolgt unter anderem in Fällen, in denen eine stärkere situative Prägung oder eine bereits absehbare Veränderung festgestellt werden kann. Es handelt sich damit um das Ausmaß einer bereits eingetretenen oder einer zu erwartenden – nicht durch gezielte Interventionen erreichten – Spontanveränderung in der Ausprägung des Problemprofils. Es soll an dieser Stelle damit noch keine dezidierte Bewertung der Beeinflussbarkeit der Problembereiche vorgenommen werden, wie dies bei der Beurteilung in der zweiten Beurteilungsebene „Beeinflussbarkeit“ (BEE) zu einem späteren Zeitpunkt erfolgt. Gewisse Überschneidungen zu diesem Punkt existieren aber.

Leitfragen:

- ✓ Mit welchem Grad an Sicherheit kann angenommen werden, dass die jetzt festgestellte Problemkonstellation in ihrer Gesamtheit und in ihrer Bedeutung für zukünftiges Handeln in gleicher Weise auch in der Zukunft konstant sein wird?
- ✓ Sind bei den deliktrelevanten Problembereichen Chronifizierungsmerkmale erkennbar?
- ✓ Unterliegen das Problemprofil und seine Handlungsrelevanz situativen Einflüssen?
- ✓ Deutet sich aktuell eine Veränderung des Problemverhaltens an?
- ✓ Als wie sicher und andauernd können Veränderungszeichen angenommen werden?

## 6.35.2. Determinierungskraft

„Bedeutungsfaktoren“ und die „Determinierungskraft“ haben in der Hauptgruppe der „Spezifischen Problembereiche mit Tatrelevanz“ großes Gewicht. Die beiden „Bedeutungsfaktoren“ sind Bestandteil jeder Merkmalsgruppe, während die „Determinierungskraft“ eine eigenständige Merkmalsgruppe im „Relevanzfaktor“ bildet. „Bedeutungsfaktoren“ und „Determinierungskraft“ sind beide Gewichtungsfaktoren. Die „Bedeutungsfaktoren“ gewichten den in einer Merkmalsgruppe dargestellten Problembereich hinsichtlich seiner handlungsrelevanten Bedeutung für den Deliktmechanismus. Die „Determinierungskraft“ ist Teil des „Relevanzfaktors“, der zum Ziel hat, das gesamte Problemprofil, so wie es sich durch die individuelle Zusammensetzung gewerteter Problembereiche darstellt, adäquat in Bezug auf seine Risikorelevanz zu gewichten.

Die „Determinierungskraft“ beschreibt eine Eigenschaft des individuellen Problemprofils im Hinblick auf die Wahrscheinlichkeit, mit der aus dem Problemprofil tatrelevante Handlungsmotivationen mit hoher Ausführungsbereitschaft entstehen. Die „Determinierungskraft“ sagt damit etwas darüber aus, in welchem Ausmaß das Problemprofil starke, deliktrelevante Handlungsmotivationen determiniert.

Das Vorliegen einer starken Handlungsmotivation erhöht die Wahrscheinlichkeit einer Tathandlung, da mit ihr eine relevante Handlungsgrundlage – sei es als Handlungsimpuls oder als komplexes Handlungsgefüge – geschaffen wird. Da eine hohe „Determinierungskraft“ eine starke Handlungsmotivation determiniert, die wiederum definitionsgemäß mit einer relevanten Wahrscheinlichkeit für eine Tatbegehung einhergeht, korreliert die hohe Determinierungskraft mit einer ausgeprägten Wahrscheinlichkeit für Delikthandlungen.

Ferner gilt folgender Zusammenhang: Umso höher die „Determinierungskraft“ des Problemprofils ist, desto geringer ist der Einfluss äußerer, möglicherweise situativer Einflussfaktoren für die Deliktentstehung. Je höher die „Determinierungskraft“ ist, desto stärker führt das Problemprofil bereits allein aufgrund seiner Art und Ausprägung zu einer starken bzw. häufig auftretenden Handlungsmotivation, desto unbedeutender sind spezifische situative Faktoren für eine Deliktbegehung und desto beliebiger sind somit die Situationen, in denen eine Tathandlung wahrscheinlich ist. Daraus folgt, dass die hohe „Determinierungskraft“ eine hohe Intensität deliktrelevanter Handlungsbereitschaft oder das häufige Entstehen deliktrelevanter Handlungsbereitschaften zur Folge hat. Mit der „Determinierungskraft“ wird somit die Ausprägung der deliktrelevanten Verhaltenspenetranz eingeschätzt.

Bei der Bewertung der „Determinierungskraft“ ist folgendermaßen vorzugehen: Es gilt, sich die Struktur und die Ausprägung des individuellen Problemprofils des Täters zunächst zu vergegenwärtigen. Es ist dann zu beurteilen, auf welche Weise, in welcher Häufigkeit und mit welcher Stärke aus dem Problemprofil eine starke Motivationsgrundlage für Delikthandlungen entsteht. Die Frage hierbei ist, wie sehr starke Handlungsmotivationen und (-impulse) aus der Eigendynamik des Problemprofils erwachsen oder in welchem Ausmaß spezifische, nicht beliebig oft und häufig vorkommende zusätzliche Einflussfaktoren für die Entstehung einer starken Handlungsmotivation erforderlich sind. Die Ausprägung der „Determinierungskraft“ wird sowohl für die Vergangenheit als auch für die Zukunft bestimmt.

### Determinierungskraft für vergangenes Tatverhalten

Für die retrospektive Betrachtung ist das vergangene Tatverhalten ausschlaggebend. Es stellt gewissermaßen das Ergebnis der „Determinierungskraft“ des Problemprofils in dem Maße dar, in dem das Problemprofil einen wesentlichen Teil des Deliktmechanismus ausmacht. Bei der Bewertung der „Determinierungskraft für das vergangene Tatverhalten“ ist die zentrale Frage, mit welcher Wahrscheinlichkeit bzw. mit welcher Zwangsläufigkeit die aus dem Problemprofil resultierende Handlungsmotivation zum Tatverhalten führte bzw. mit welcher Wahrscheinlichkeit (Zwangsläufigkeit) aus dem Problemprofil starke deliktrelevante Motivationsgrundlagen entstanden sind.

Je stärker die „Determinierungskraft“ in der retrospektiven Betrachtung eingeschätzt werden muss, desto geringer ist der Anteil spezifischer, äußerer Einflussfaktoren am Tatmechanismus zu veranschlagen.

Leitfragen:

✓ Mit welcher Wahrscheinlichkeit (Zwangsläufigkeit) mussten Art und Ausprägung des Problemprofils (theoretisch und im Nachhinein betrachtet) zur Tat bzw. zu einer tatrelevanten Handlungsmotivation führen?

✓ Als wie ausgeprägt ist die Verhaltenspenetranz des Problemprofils bei retrospektiver Betrachtungsweise einzuschätzen?

✓ Wie stark war der Einfluss spezifischer, möglicherweise situativer Faktoren für die Deliktbegehung?

- ✓ In welchem Ausmaß waren alternative Handlungsmöglichkeiten vorhanden?
- ✓ Mit welcher Wahrscheinlichkeit wäre theoretisch eine Entwicklung möglich gewesen, die nicht zum vergangenen Tatverhalten geführt hätte?

**Determinierungskraft für zukünftiges Tatverhalten**

Wenn die „Determinierungskraft" für die Zukunft eingeschätzt werden soll, dann handelt es sich um eine auf das Problemprofil bezogene prognostische Einschätzung. Es geht um die Einschätzung der Ausprägung der Verhaltenspenetranz des Problemprofils in der Zukunft.

Leitfragen:

- ✓ Mit welcher Wahrscheinlichkeit (Zwangsläufigkeit) werden in Zukunft aus dem Problembereich starke deliktrelevante Handlungsmotivationen entstehen?
- ✓ Mit welcher Wahrscheinlichkeit sind starke Handlungsmotivationen mit hoher Ausführungsbereitschaft als Ergebnis der Art und Ausprägung des Problemprofils zu erwarten?
- ✓ Mit welcher Wahrscheinlichkeit werden spezifische, äußere – möglicherweise spezifisch situative – Faktoren für eine zukünftige Tatbegehung erforderlich sein? Handelt es sich aufgrund der Stärke der „Determinierungskraft" des Problemprofils um beliebige oder um selten vorkommende Auslöser?
- ✓ Wie ausgeprägt werden in Zukunft beim Vorhandensein deliktrelevanter Handlungsmotivationen zusätzlich alternative, nicht deliktische Handlungsspielräume bestehen?

### 6.35.3. Steuerungsfaktor

Der „Steuerungsfaktor" beschreibt einen zentralen Aspekt der Wahrscheinlichkeit, mit der ein mit dem Problemprofil verbundener Handlungsimpuls bzw. eine mit ihm verbundene Handlungsmotivation tatsächlich zu einem Tatverhalten führt.

Hierfür spielt einerseits die Qualität dieses Handlungsimpulses eine Rolle, also in welcher Stärke er zu erwarten ist. Dieses Merkmal wird als „Realisierungsstärke des Handlungsimpulses" bezeichnet. Demgegenüber determinieren die beiden anderen Merkmale, die „Motivation zur Steuerung und Kontrolle von Handlungsimpulsen" bzw. die „Fähigkeit zur Steuerung und Kontrolle von Handlungsimpulsen" die Wahrscheinlichkeit, mit der Handlungsimpulse durch gegen sie mobilisierte Fähigkeiten kontrolliert werden können.

Es liegt auf der Hand, dass ein Problemprofil umso problematischer ist, je weniger der Täter in der Lage ist, daraus resultierende Handlungsimpulse bzw. Handlungsmotivationen zu kontrollieren und zu steuern. Gewissermaßen ist die Fähigkeit, die Problembereiche mittels Steuerung „in Schach zu halten", „die Waffe" gegen die problematischen Persönlichkeitsanteile. Welche Mechanismen der Steuerung ein bestimmter Täter in effektiver Weise einsetzen kann, ist verschieden. Es kann sich z. B. um die Unterdrückung oder die Modifizierung von Fantasien, von Gedankenketten oder Emotionen handeln. Manche Täter vermeiden Risikofaktoren (z. B. Alkoholkonsum) oder sie verfügen über Coping-Strategien, mit denen sie eine Handlungsbereitschaft verändern oder abbrechen können.

Es muss sowohl die Bereitschaft, als auch die Fähigkeit eingeschätzt werden, weil jeder Aspekt für sich alleine die Erfolgsaussichten für eine erfolgreiche Steuerung und Kontrolle – getrennt vom anderen – erheblich einschränken kann. Voraussetzung für eine effektive Steuerung und Kontrolle von Handlungsimpulsen (-motivationen) ist die vorhandene Fähigkeit des Täters dies zu tun. Gleichzeitig muss er auch eine tragfähige Motivation aufweisen, diese Fähigkeit tatsächlich und möglichst umfassend einzusetzen.

Einfach gesagt: Gleichermaßen prognostisch ungünstig zu beurteilen ist sowohl ein Täter, der nicht über diese Fähigkeit verfügt, als auch ein Täter, der zwar über die Fähigkeit verfügt, dem es aber am Willen zum Einsatz dieser Fähigkeit mangelt. Die Handlungsimpulse schlagen in dem Maße in direktes Verhalten durch, in dem es an der Fähigkeit oder dem Willen zur Steuerung und Kontrolle fehlt.

**Realisierungsstärke von Handlungsimpulsen**

*Realisierungsstärke von Handlungsimpulsen:* Ausmaß, in dem deliktische Handlungsimpulse einen psychischen „Realisierungs- bzw. Handlungsdruck" erzeugen.

Der Handlungsimpuls bzw. die Handlungsmotivation ist das sich in Richtung Handlung konkretisierende Korrelat aus der Persönlichkeitsdisposition, wie sie sich in der Mischung von Problembereichen innerhalb des Gesamtprofils ergibt. Beurteilen Sie, wie stark die sich aus diesem Handlungsimpuls und dieser Handlungsmotivation ergebende Realisierungsstärke eingeschätzt werden muss. Entscheidend ist die subjektiv wahrgenommene „Stärke" der Handlungsmotivation, weil Kontrolle und Steuerung umso schwieriger auszuüben sind, je ausgeprägter eine in einer bestimmten Situation auftretende Handlungsmotivation subjektiv zur Realisierung „drängt". Primär steht damit nicht die Häufigkeit des Auftretens von Handlungsmotivationen im Vordergrund. Die Auftretenshäufigkeit solcher Handlungsmotivationen darf lediglich dann ein bewertungsrelevanter Aspekt sein, wenn das häufige Auftreten oder gar durchgehende Vorhandensein der Handlungsmotivation zu einer Steigerung der „Realisierungsstärke" führt und damit erhöhte Kontroll- und Steuerungsfähigkeiten erforderlich macht. Beziehen Sie sich auf Beobachtungen aus der Vergangenheit und auf Kenntnisse des Entstehungsmechanismus und der psychischen Wirksamkeit der Handlungsbereitschaft.

Leitfragen:

✓ Wie ausgeprägt, wie stark, wie „mächtig", wie drängend, wie handlungsbestimmend sind der deliktrelevante Handlungsimpuls und die deliktrelevante Handlungsmotivation, die aus dem Problemprofil resultieren?

✓ Wie groß ist der „Druck", der Handlungsmotivation zu folgen?

✓ Wie handlungsleitend wirkt eine sich konkretisierende Handlungsmotivation?

✓ In welchem Ausmaß können neben der Handlungsmotivation andere nicht deliktfördernde Motivationen und Impulse (ko-)existieren?

✓ Wie beherrschend, wie handlungsbestimmend werden in den dafür entscheidenden Situationen die deliktrelevanten Handlungsmotivationen bzw. -impulse?

## Motivation zur Steuerung und Kontrolle von Handlungsimpulsen bzw. Handlungsmotivationen

*Motivation zur Steuerung und Kontrolle von Handlungsimpulsen bzw. Handlungsmotivationen:* Ausmaß des Bemühens des Täters, deliktrelevante Handlungsimpulse und Handlungsmotivationen zu steuern und zu kontrollieren.

Es ist, wie einleitend dargelegt, getrennt zu bewerten, wie ausgeprägt die Fähigkeit zu den beschriebenen Kontroll- und Steuerungsfunktionen und die Motivation zur Umsetzung der Steuerungs- und Kontrollfähigkeiten vorhanden ist. Zu berücksichtigen ist stets die Ebene der Konstanz. Eine hohe Motivation nützt nichts, wenn sie gerade in deliktspezifischen Situationen massiv beeinträchtigt wird oder gar ganz verschwindet.

Beispiele:

✗ Ein Pädosexueller, der immer im Schwimmbad einen deutlichen Einbruch seiner Wachsamkeit erleidet, hat ebenso ein Steuerungsproblem wie der impulsive Gewalttäter, der zwar in einer Therapie bereit ist, respektvolles Verhalten zu lernen, aber regelmäßig im Konflikt mit bestimmten Problemgruppen keinen Grund mehr sieht sich zu kontrollieren, da diese ja nichts wert seien oder nichts Besseres verdienen. Auch die Fähigkeit kann wie die Motivation situations- oder problemspezifisch herabgesetzt sein.

✗ Ein Täter, der über hervorragende Coping-Strategien verfügt, ist hierzu in keiner Weise mehr in der Lage, wenn er Alkohol trinkt. Da er das regelmäßig tut, ist der Nutzen der ansonsten vorhandenen Kontroll- und Steuerungsfähigkeiten begrenzt.

Leitfragen:

✓ Wie hoch ist das Problembewusstsein des Täters für sein Tatverhalten?

✓ Wie groß ist sein Wunsch ausgeprägt, Deliktimpulsen und -motivationen entgegenzuwirken?

✓ Wie entschlossen ist er, in kritischen Situationen die ihm zur Verfügung stehenden Fähigkeiten tatsächlich einzusetzen?

✓ Wie groß ist seine Bereitschaft, seine Kontroll- und Steuerungsfähigkeiten zu verbessern?

- ✓ Welche Bemühungen hat er hierzu in der Vergangenheit gezeigt?
- ✓ Welche Bemühungen sind in der Zukunft zu erwarten?
- ✓ Wie äußert sich der Täter zu seinem Deliktverhalten?
- ✓ Wie ausgeprägt ist sein Wille zur Prävention?
- ✓ Entspricht die Motivation zur Kontrolle und Steuerung von Handlungsimpulsen (-motivationen) einem inneren Bedürfnis?
- ✓ Welche Beobachtungen aus der Vergangenheit lassen auf seine diesbezügliche Motivation schließen?
- ✓ Welche Äußerungen oder Verhaltensbeobachtungen deuten während der Strafuntersuchung oder zum Untersuchungszeitpunkt auf seine Motivation hin?
- ✓ Welche konkreten Schritte (Änderung von Lebensbedingungen, Vernichtung pornographischer Materialien, Abbruch bestimmter Beziehungen usw.) sprechen für eine authentische Motivation?
- ✓ Hat sich der Täter in der Vergangenheit um Hilfe (z. B. Therapien) bemüht?
- ✓ Wie erfolgreich war der Täter mit Steuerungs- und Kontrollbemühungen gegenüber Handlungsimpulsen (-motivationen) in der Vergangenheit?

**Fähigkeit zur Kontrolle und Steuerung von Handlungsimpulsen bzw. Handlungsmotivationen**

*Fähigkeit zur Steuerung und Kontrolle von Handlungsimpulsen bzw. Handlungsmotivationen:* Ausmaß der Fähigkeit des Täters, deliktrelevante Handlungsimpulse und Handlungsmotivationen zu steuern und zu kontrollieren.

Es ist zu beurteilen, über welche Kontroll- und Steuerungsfähigkeiten ein Täter in Bezug auf seine tatrelevanten Handlungsimpulse (-motivationen) verfügt. Es ist nicht erforderlich, dass der Täter ein möglichst umfassendes Spektrum von Fähigkeiten aufweisen kann, auch wenn dies selbstverständlich im Einzelfall von Vorteil sein mag. Wichtiger ist es aber, dass einige entscheidende Fähigkeiten vorliegen, die effektiv gegen die Handlungsbereitschaft eingesetzt werden und dementsprechend eine bestimmte Wirkung entfalten können. Die Orientierung erfolgt daher an den nachfolgenden Leitfragen, wobei zu berücksichtigen ist, dass es nicht auf Vollständigkeit der genannten Aspekte ankommt, sondern auf das Effektivitätspotenzial der einen oder anderen (möglicherweise hier auch nicht im einzelnen aufgeführten) Fähigkeit.

Leitfragen:

✓ Steht der Täter deliktrelevanten Handlungsbereitschaften(-impulsen) wachsam gegenüber?

✓ Ist er ihnen gegenüber sensibilisiert?

✓ Ist er in der Lage, sich von Handlungsmotivationen abzulenken, sie in den Hintergrund zu drängen?

✓ Lassen sich bei ihm Handlungsmotivationen durch Offenlegung nachhaltig abschwächen?

✓ Ist der Täter in diesem Sinne in der Lage, frühzeitig über Handlungsmotivationen zu reden und damit ihre Realisierungsstärke zu vermindern?

✓ Verfügt der Täter über Früherkennungsmöglichkeiten für deliktrelevante Handlungsmotivationen und sich daraus ergebende Risikosituationen?

✓ Kann der Täter Coping-Strategien einsetzen?

✓ Gelingt es dem Täter, sich zumindest für einen Moment gegenüber der Handlungsbereitschaft in eine distanziert beobachtende und damit Steuerung ermöglichende Position zu begeben?

## 6.35.4. Tatumstände

Die speziellen Charakteristika der Hauptgruppe „Tatumstände“, die für eine Deliktdynamik typisch sind, stellen eine Einflussgröße dar, die die Höhe der Rückfalldisposition in entscheidender Weise mitbestimmt. Darum tauchen sie sowohl beim „Relevanzfaktor“ in den „Spezifischen Problembereichen“ als auch beim „Tatmuster“ auf. Es handelt sich zum Teil um Faktoren, in die prognostische Annahmen über zukünftige Risikoszenarien und deren Wahrscheinlichkeit eingehen. Wie immer bei solchen Merkmalen, die auf die Zukunft ausgerichtete, mit Wahrscheinlichkeitsaussagen verknüpfte Annahmen enthalten, ist der Beurteiler gehalten, sich bewusst zu machen, auf welche Beobachtungen und Befunde er seine Einschätzungen stützt. Umso konkreter sich diese an beobachtbaren Verhaltensweisen und Umständen orientieren, desto besser. Bei der Bewertung sind daher insbesondere die Erkenntnisse über die Anlässe bzw. die Muster und Umstände früherer Delikte zu berücksichtigen.

Zwischen den Merkmalen „Auftretenswahrscheinlichkeit deliktnotwendiger Einflussfaktoren" und „Reproduzierbarkeit der Tat" gibt es Überschneidungen.

Beim Merkmal „Auftretenswahrscheinlichkeit deliktnotwendiger Einflussfaktoren" handelt es sich um einen globalen Parameter, der sowohl persönliche Einflussfaktoren des Täters, als auch Tatumstandsvariablen einschließt. Beim Merkmal „Reproduzierbarkeit der Tat" spielen Tatumstandsvariablen wie Tatort, Opferverfügbarkeit, statische oder infrastrukturelle Gegebenheiten eine größere Rolle.

### Auftretenswahrscheinlichkeit deliktnotwendiger Einflussfaktoren

*Auftretenswahrscheinlichkeit deliktnotwendiger Einflussfaktoren:* Höhe der Wahrscheinlichkeit mit der eine Tatausgangssituation erneut eintreten wird und beim Täter eine deliktische Handlungsbereitschaft entsteht. Als Tatausgangssituation sind sowohl innere Faktoren wie beispielsweise spezifische (affektive) Zustände des Täters als auch äußere Faktoren wie bestimmte situative Merkmale zu berücksichtigen, sofern sie eine Tathandlung begünstigen oder erst möglich machen.

Die „Auftretenswahrscheinlichkeit deliktnotwendiger Einflussfaktoren" bewertet, wie wahrscheinlich das Zustandekommen der Auslösesituation ist, die beim Täter die deliktische Handlungsbereitschaft entstehen lässt. Dabei spielt es eine Rolle, wie spezifisch die Faktoren einer Ausgangskonstellation sind, die zu einer Handlungsbereitschaft beim Täter führen. Je spezifischer, je komplexer, je differenzierter die Ausgangssituation ist, desto geringer ist die Wahrscheinlichkeit anzunehmen, dass sich eine solche Konstellation einstellt. Je weniger innere und äußere deliktnotwendige Einflussfaktoren notwendig sind, desto höher ist die Wahrscheinlichkeit für eine solche Ausgangssituation anzunehmen.

Es werden also sowohl innere, als auch äußere Einflussfaktoren gewichtet. Damit ist die „Wahrscheinlichkeit für das Zutreffen deliktnotwendiger

Einflussfaktoren" ein globaler Faktor, der sämtliche, mit einer möglichen Tatbegehung verbundene Tatfaktoren einschließt.

Die Unwahrscheinlichkeit einer Tatausgangssituation kann sich z. B. aus der Notwendigkeit einer hochspezifischen Beziehungskonstellation ergeben, die möglicherweise sogar nur einmalig in der erforderlichen Weise bei der Anlasstat gegeben war. psychische und äußere, konstellative Faktoren müssen sich in hoher Spezifität erst zu einer so speziellen Situation verdichten, dass deren Eintretenswahrscheinlichkeit als ausgesprochen gering erachtet werden kann (dies gilt selbstverständlich nicht für die Fälle, in denen die wesentliche Konstellierung nicht in der äußeren Situation liegt, sondern in einer konstant anzunehmenden persönlichen Tatdisposition des Täters, die z. B. innerhalb einer nächsten Beziehung wieder alsbald zu einer vergleichbaren Handlungsbereitschaft führen kann).

Beispiele:

- ✗ *Hohe Ausprägung:* Vorstellbar ist ein Täter, für den potenziell jede Frau als Opfer in Frage kommt. Sein Deliktverhalten ist auch nicht erkennbar daran geknüpft, dass bestimmte Lebensumstände zusammenkommen müssen. Beliebig herstellbar sind auch die Situationen, in denen er nach Opfern sucht und Delikte ausübt. Die geringe Spezifität korreliert mit einer hohen „Verfügbarkeit" von Situationen und Opfern. psychische Motivationslagen entstehen häufig. Vergewaltigungsgedanken tauchen regelmäßig auf, werden als attraktiv erlebt und begleitend zur Masturbation eingesetzt.
- ✗ *Geringe Ausprägung:* Spezifität der sozialen Situation: Das Auftreten deliktischer Impulse setzt eine bestimmte soziale Situation voraus. Handlungsimpulse entstehen nur, wenn er seinen Arbeitsplatz verliert und sich zeitgleich seine Lebenspartnerin von ihm trennt.
  Spezifität der Anlasssituation: Ein Deliktimpuls tritt unter diesen Bedingungen nur dann auf, wenn es Vollmond ist und ihm eine rothaarige Frau unvermittelt ein bestimmtes Schimpfwort an den Kopf wirft.
  Spezifität der Opferauswahl: Auch dann setzt er seinen deliktischen Impuls nur um, wenn diese Frau kleiner als 1,70 m ist und einen Vornamen hat, der mit K. beginnt.
  Spezifität der Deliktumsetzung: Der Täter setzt sein Ziel auch dann nicht in die Tat um, sondern baut zunächst mit ihr und ihrem erweiterten Bekanntenkreis einen vertrauensvollen Kontakt auf. Wenn dann im inneren Erleben Verlassenheitsgefühle und Trennungsängste entstehen,

was geschehen kann, aber nicht hoch wahrscheinlich ist, beginnt ein Vorlauf mit zunehmenden Gewaltfantasien. Der lange Vorlauf erweist sich insbesondere deswegen als positiv, weil der Täter in der Vergangenheit frühzeitig über sich solcher Art anbahnende Konstellationen berichtete und in ihm ein Teil vorhanden ist, der bemüht ist, die eingeschlagene Entwicklung zu stoppen.

So wahrscheinlich es für den ersten Täter ist, potenzielle Tatsituationen herzustellen, so unwahrscheinlich und potenziell gut beeinflussbar ist die zuletzt beschriebene Konstellation. Der erste Täter „braucht" keine bestimmten Voraussetzungen. Es gibt beliebig verfügbare Situationen, Opfer und eigene Gefühlszustände, die zu einem Tatverhalten Anlass geben können. Die hohe Spezifität der Umgebungskonstellationen beim zweiten Täter hingegen macht das Eintreffen der tatauslösenden Faktorenkonstellation sehr unwahrscheinlich. Eine wirklich protektive Bedeutung kommt diesem Umstand aber vor allem in Kombination mit weiteren Faktoren zu.

Sind potenzielle Tatsituationen und potenzielle Opfer leicht „herstellbar" bzw. „erreichbar", dann muss dies immer als ein relevanter negativer Prädiktor gelten. Umgekehrt erwächst aber allein aus einer notwendigen unwahrscheinlicheren Konstellation noch keine ausreichende protektive Wirkung. Protektiv wird eine unwahrscheinliche Faktorenkonstellation vor allem dann, wenn sie mit einem anderen Faktor verbunden werden kann, mit dessen Hilfe der „entstehende Spielraum" genutzt werden kann.

Beispiel:

✗ Es ist anzunehmen, dass der Täter grundsätzlich motiviert ist, Taten zu vermeiden. Er weist zudem eine Offenheit auf, die es ermöglicht, den entstehenden Spielraum zum Abbruch der Deliktentwicklung zu nutzen. Dann kombiniert sich die geringe Wahrscheinlichkeit des Eintreffens deliktnotwendiger Faktoren mit einer Bereitschaft, den Handlungsimpulsen steuernd entgegen zu wirken.

Zu berücksichtigen sind Aspekte, dass Taten einen großen logistischen Aufwand erfordern können, eine sehr bestimmte Situation erforderlich sein kann oder möglicherweise andere spezielle Erfordernisse erfüllt werden müssen. Umso spezifischer diese Erfordernisse (Organisation, Deliktorte, spezielle Opfer, spezielle Waffen, Komplizen mit bestimmten, selten anzutreffenden Fähigkeiten, hohe körperliche Fitness usw.) sind, desto schwieriger ist es, die Tat zu reproduzieren. Je beliebiger solche Erfordernisse sind, also ein großes Reservoir an Gelegenheiten und Opfern besteht, die notwendigen logistischen Voraussetzungen „aus dem Stehgreif" zur Verfügung stehen, desto leichter ist eine Tat reproduzierbar.

Leitfragen:

- ✓ Wie spezifisch, komplex und differenziert ist die Ausgangskonstellation des Delikts?
- ✓ Wie hoch ist die Wahrscheinlichkeit für ein erneutes Eintreten der Ausgangskonstellation?
- ✓ Gibt es viele Situationen oder innere Befindlichkeiten, die zu einer Tatausgangslage führen können?
- ✓ Ist eine durchgehende Wahrscheinlichkeit für die Entstehung von Tatausgangssituationen vorhanden oder gibt es lange Latenzzeiten?
- ✓ Verläuft die Entwicklung zu einer Tatausgangssituation schnell oder ist es ein komplexer Vorgang, bei dem die unterschiedlichen Faktoren in bestimmter Weise zusammenspielen müssen?
- ✓ Ist die Entstehung der Tatausgangskonstellation störanfällig, das heißt mit vielen nicht deliktrelevanten Alternativszenarien vergesellschaftet, so dass die Tatausgangssituation eine von vielen möglichen Ergebnissen der Faktorenkonstellation sein kann?
- ✓ Welches Instrumentarium benötigt der Täter für die Tat? Steht dieses Instrumentarium dem Täter noch zur Verfügung?
- ✓ Ist die Tat prinzipiell wiederholbar oder können wichtige Voraussetzungen nicht mehr erfüllt werden?
- ✓ Durch welche spezifischen Beziehungsmerkmale bzw. sozialen Umstände ist die Deliktsituation gekennzeichnet? Wie leicht lassen sich diese Merkmale herstellen bzw. wie wahrscheinlich ist deren erneutes Auftreten?
- ✓ Bei Serientaten bzw. mehreren Taten: Hat sich die Tatausgangskonstellation verändert? Werden die Situationen oder inneren Befindlichkeiten, die zu einer Tatausgangslage führen können unspezifischer?

### Reproduzierbarkeit der Tat

*Reproduzierbarkeit der Tat:* Ausmaß spezifischer äußerer Erfordernisse für eine erneute Tatbegehung.

Dieses Merkmal ist implizit schon in die Bewertung der „Auftretenswahrscheinlichkeit deliktnotwendiger Einflussfaktoren" eingeflossen.

Unter dem speziellen Blickwinkel der „Reproduzierbarkeit der Tat" wird noch einmal konkret bewertet, in welchem Ausmaß spezielle äußere Erfordernisse für eine Tatbegehung erforderlich sind. Dabei kann es sich um einen großen logistischen Aufwand, speziell notwendige Tatgelegenheiten oder spezifische Opfer handeln.

Bei der „Reproduzierbarkeit der Tat" spielen für den Täter typische auslösende Konstellationen keine Rolle. Bewertet wird hier lediglich die prinzipielle Reproduzierbarkeit der Tat im Hinblick auf die für sie erforderlichen äußeren Komponenten.

Leitfragen:

- ✓ Wie spezifisch müssen äußere Bedingungen sein, damit es zur Tatausführung kommen kann?
- ✓ Bedarf es bei der Tatdurchführung eines größeren logistischen Aufwandes, bestimmter Kontakte, ausgeprägter Vorbereitungshandlungen oder spezifischer Auslösesituationen?
- ✓ Ist umgekehrt die Tat an wenige oder gar keine spezifischen Bedingungen geknüpft?
- ✓ Ist für die Tatbegehung ein längerer Beziehungsaufbau notwendig oder kommt eine potenziell große Anzahl beliebiger Opfer in Frage?
- ✓ Ist die Durchführbarkeit der Tat an spezielle Erfordernisse des Täters (körperliche Fitness, Arbeitslosigkeit, finanzielle Schwierigkeiten etc.) gebunden, deren Eintretenswahrscheinlichkeit die Durchführung von Delikten in mittelfristigen Zeiträumen unwahrscheinlicher macht?
- ✓ Sind Bedingungen des vergangenen Tatverhaltens erkennbar, die in der Zukunft nicht ohne weiteres, nur mit größerem Aufwand oder nur unter spezifischen, nicht leicht herstellbaren Ausgangsbedingungen reproduziert werden können?

## Episodische Begrenzung

*Episodische Begrenzung:* Ausmaß, in dem eine zeitliche Begrenzung des Deliktverhaltens wahrscheinlich ist. Die Episodische Begrenzung kann im Lebensalter oder in spezifischen Lebensumständen begründet sein.

Es gibt Delikte, die hochspezifisch für eine bestimmte Situation und für eine damit verbundene Lebensphase sind.

Beispiele:

- ✗ Das klassische Beispiel hierzu ist eine Frau, die in einem Beziehungsdelikt nach 30-jähriger Ehe ihren Ehemann tötet. Selber mittlerweile 65-jährig plant sie nicht, wieder eine gleichgelagerte Ehe einzugehen. Die Tatumstände müssen als lebensphasisch hochspezifisch und damit in ihrer Wiederholungswahrscheinlichkeit entsprechend gering angesehen werden.

- ✗ Delinquenzhandlungen von Jugendlichen, die ursächlich eng mit einer zeitlich beschränkt wirksamen Adoleszenzproblematik verbunden sind. Selbstverständlich sind Delikte von Jugendlichen nicht „automatisch" lebensphasisch begrenzt. Es muss stets geprüft werden, ob es konkrete Anhaltspunkte für die Annahme der lebensphasischen Zuordnung gibt. Stabile Deliktmuster, dissoziale Entwicklungen, Hinweise auf Devianz und viele andere Faktoren würden beispielsweise gegen die Annahme einer lebensphasichen Begrenzung sprechen.

- ✗ In einer bestimmten Lebensphase mit zunehmenden ehelichen Schwierigkeiten, Isolation und Überforderungsgefühlen verbringt ein Mann mehr und mehr Zeit alleine vor dem Computer. Er entdeckt kinderpornografische Seiten und beginnt mit dem Konsum einschlägiger Bilder. Er entwickelt eine Art Sammelleidenschaft und fühlt sich durch den Nervenkitzel angezogen und stimuliert. Er beginnt die Kontrolle über sein Verhalten zu verlieren, mit dem er sich von seiner unbefriedigenden Lebenssituation abzulenken versucht. Das Geschehen verselbständigt sich. Als er verhaftet wird, reagiert er mit großer Scham und kann sich nicht erklären, „wie er überhaupt in so etwas hineingeraten sei, wie es überhaupt soweit mit ihm hatte kommen können." Er ist entschlossen, sich von seinen Aktivitäten für immer zu distanzieren und schafft seinen Computer ab. Eine pädosexuelle Affinität im engeren Sinne ist nicht festzustellen.

Es ist stets anhand von Tat- und Persönlichkeitsmerkmalen zu prüfen, ob und in welchem Ausmaß die Annahme eines ursächlichen Bezugs zu lebensphasischen Aspekten tatsächlich gegeben ist. In solchen Fällen ist das Tatverhalten an spezifische Lebenssituationen gebunden und kaum oder (noch) gar nicht stabil im Persönlichkeitsgefüge etabliert.

Leitfragen:

✓ Ist das Tatverhalten typisch für ein bestimmtes Lebensalter oder eine bestimmte Lebensphase des Täters?

✓ Liegen Zeichen dafür vor, dass das Tatverhalten eng mit den spezifischen lebensphasischen Bedingungen assoziiert ist?

✓ Sind für die in der Zukunft liegenden Lebensphasen des Täters entscheidende Veränderungen in Bezug auf Persönlichkeitsmerkmale, Lebensbedingungen oder Verhaltensdispositionen zu erwarten? Welcher Art sind diese Veränderungen? Welchen Einfluss haben deliktrelevante Aspekte?

# 7. ST-R: Tatmuster

## Inhaltsangabe

Einer genauen Analyse des Tatablaufs kommt bei der Risikobeurteilung eine entscheidende Bedeutung zu. Es ist wichtig, sich bewusst zu machen, dass das Tatverhalten als Experimentalmodell dessen betrachtet werden kann, was vorhergesagt werden soll. Das Tatverhalten ist das Ergebnis aller deliktrelevanten Faktoren und ihres Zusammenspiels. In der Tat verdichtet sich somit exemplarisch genau das, was in der prognostischen Beurteilung erfasst und im Hinblick auf seine zukünftige Bedeutung gewichtet werden muss [96, 78].

Das Tatverhalten, über das häufig eine Vielzahl von Informationen (Vorstrafen, Zeugenaussagen, gerichtsmedizinische Untersuchungen, Tatortbeschreibungen u. a.) vorliegt, stellt eine Quelle hoch relevanter Informationen dar. Diese Informationen sind eine wichtige Ergänzung zu den subjektiv geprägten Schilderungen des Täters. Auf der Grundlage dieser meist in Untersuchungs-, Gerichts- und Vollzugsakten dokumentierten tatbezogenen Informationen lassen sich Plausibilitätsannahmen über Motivationshintergründe und Persönlichkeitsdispositionen des Täters anstellen. Die Tat ist eine direkte und authentische „Aussage“ des Täters über sein Tatverhalten und den Deliktmechanismus.

Ein Verhalten, das einem Täter zu einem bestimmten Zeitpunkt in seinem Leben einen wie auch immer gearteten Gewinn – sei es materiell oder psychisch – verschaffte, ist etwas, das sich in einer ähnlichen Situation unter ähnlichen Bedingungen lebenslang wiederholen kann: Es ist darum eine sinnvolle Arbeitshypothese davon auszugehen, dass ein Mensch, der in seinem Leben eine bestimmte Verhaltensweise gezeigt hat, lebenslang die Disposition behält, das gleiche Verhalten wieder zu zeigen. Diese Grundannahme erweist sich auch in anderer Hinsicht als wertvolles Konstrukt. Ähnlich wie in der Suchttherapie hat es sich als sinnvolle Arbeitsgrundlage in der Therapie vieler Straftäter erwiesen [78], von einer zumindest potenziell lebenslangen Rückfallgefährdung auszugehen, also von der lebenslang erhaltenen Möglichkeit, ein einmal gezeigtes Verhalten wiederholen zu zeigen. Dadurch werden Wachsamkeit und Sensibilität eines Täters im Hinblick auf ein mögliches Rückfallrisiko und einen geeigneten Umgang mit diesem zumindest theoretisch vorhandenen Risiko gefördert. Auch für Risikobeurteilungen ist dieser Ansatz geeignet, um bestehende Risiken und risikomindernde Faktoren vollständig und adäquat zu erfassen. Die Tat an sich stellt dabei eine Informationsquelle von größter Wichtigkeit dar.

Im Folgenden sollen Elemente der Tat, des Tatmusters oder der Verhaltensdispositionen, die eng mit den erkennbaren delinquenten Handlungsmustern assoziiert sind, in ihrer Ausprägung beurteilt werden. Diese Aspekte sind wiederum in Merkmalsgruppen gegliedert.

## 7.1. Tatausgestaltung

### 7.1.1. Planungsgrad

*Planungsgrad:* Ausmaß an Planungselementen, die im Tatvorlauf und in der Art der Deliktbegehung zum Ausdruck kommen. Planungselemente sind beispielsweise

- Vorbereitungshandlungen,
- bewusste Konstellierung der Tatsituation,
- Detaillierungsgrad der Verhaltenssequenzen,
- offensichtliche gedankliche Beschäftigung und ähnliche Merkmale

Ein hoher Planungsgrad spricht für eine tendenziell höhere Ausprägung bewusster Entscheidungs- und Steuerungsmöglichkeiten des Täters während des Tatverhaltens. Er legt zudem die Annahme eines individuell unterschiedlich langen Vorlaufs der Tathandlung in der Fantasie nahe. Meist gehen Taten mit hohem Planungsgrad Stadien mit diffuser Fantasiebildung und zunehmenden Etappen handlungsnäherer Konkretisierung voraus. Sofern Fantasien tatvorbereitenden Charakter haben, sind sie – auch ohne weitere Vorbereitungshandlungen – als relevante Planungsaktivität zu bewerten.

Leitfragen:

✓ Gibt es Anzeichen dafür, dass das Delikt einen langen Fantasievorlauf hat?

✓ Hat der Täter konkrete Vorbereitungshandlungen für die Deliktbegehung getroffen, z. B. das Beschaffen von Waffen oder eines Alibis, den Tatort präparieren?

✓ Ist der Deliktablauf eher durch situativ hervorgerufenes Handeln des Täters gekennzeichnet (der Täter lässt sich z. B. situativ durch das Opfer lenken) oder folgt der Täter einem strategischen, überlegten Plan?

✓ Wie zielgerichtet geht der Täter im Deliktverlauf vor?

✓ Hat der Täter seine Tathandlung gegenüber Drittpersonen angekündigt?

## 7.1.2. Differenzierungsgrad

*Differenzierungsgrad:* Ausmaß, in dem die Tatvorbereitungen differenzierte Überlegungen und der Tatablauf differenzierte Handlungen aufweisen.

Bei der Beurteilung des Differenzierungsgrades des Tatverhaltens ist eine qualitative Analyse der Ausgestaltung verschiedener Tatelemente vorzunehmen. Es gilt, den Differenziertheitsgrad der einzelnen Tatsequenzen und deren Vorbereitungen im Vergleich zum durchschnittlichen Differenzierungsgrad vergleichbarer Delikte und Vorbereitungshandlungen zu beurteilen. Für eine bestimmte Deliktkategorie (Gewalt-, Sexual-, Eigentumsdelikte etc.) ungewöhnliche Handlungen, eine besonders detaillierte Vorbereitung oder Tatdurchführung, sowie eine große Anzahl verschiedener Handlungselemente sind Kennzeichen eines hohen Differenziertheitsgrades des Tatverhaltens.

Ein hoher Differenzierungsgrad spricht tendenziell für einen höheren Planungsaufwand, einen höheren psychischen Energieaufwand im Vorfeld der Tat, eine stärkere Verwurzelung des Tatverhaltens mit der Persönlichkeit und für eine entsprechend größere Bedeutung des Tatverhaltens für die eigene Person. Die Ausprägung des Differenzierungsgrads korreliert daher mit dem Merkmal „Chronifizierungsgrad des Verhaltensmusters“ (wobei zu berücksichtigen gilt, dass dieser Zusammenhang umgekehrt nicht in gleicher Weise besteht). Dies gilt umso mehr dann, wenn sich die Differenziertheit der Tatbegehung über verschiedene Einzeltaten steigert.

Leitfragen:

- ✓ Wie differenziert waren die Überlegungen des Täters im Vorfeld der Tat?
- ✓ Wie differenziert und ausgestaltet waren einzelne Planungselemente?
- ✓ Welche Umstände plante der Täter ein?
- ✓ Welche Sicherungsmaßnahmen hat er in welcher Weise optimiert?
- ✓ Wie ausgestaltet sind einzelne Handlungselemente im Vergleich zu dem bei der jeweiligen Deliktkategorie zu erwartenden Differenzierungsgrad?
- ✓ Weist die Tathandlung ungewöhnliche, sehr spezifische Details auf?
- ✓ Hat der Täter gegenüber früheren Straftaten neue Handlungskomponenten hinzugefügt?

✓ Lassen sich über mehrere Taten Anzeichen einer progredienten Entwicklung im Sinne weiterer Ausgestaltung und Differenzierung von Handlungs- oder Planungselementen feststellen?

## 7.1.3. Spezifität als Ausdruck eines Musters

*Spezifität als Ausdruck eines Musters:* Ausmaß, in dem das Deliktverhalten für den Täter ein typisches Verhalten darstellt, welches sich in einem Tatverhalten mit typischen Tatmerkmalen, einer Ausdifferenziertheit oder gar in einer besonderen Originalität des Tatverhaltens (oder einzelner Tatelemente) zeigen kann.

Die „Spezifität als Ausdruck eines Musters" beinhaltet ein typisches, meistens ausdifferenziertes, oft genuin originelles Tatmuster. Davon unberührt ist die Frage, ob eine hohe Spezifität im Einzelfall dazu führt, dass die Wahrscheinlichkeit für eine Tatbegehung gesenkt wird, weil eine spezifische Auslösesituation vorliegen muss. Sollte ein solcher Effekt mit der Spezifität des Musters verbunden sein, so wird dies beim Merkmal „Auftretenswahrscheinlichkeit deliktnotwendiger Einflussfaktoren" innerhalb der Merkmalsgruppe „Tatumstände" berücksichtigt.

Meist werden hohe Ausprägungen dann erreicht, wenn bereits verschiedene Delikte begangen wurden und sich so das Muster prägnant über verschiedene Einzeltaten abbildet. Das Merkmal kann allerdings auch bereits bei Ersttätern deutlich ausgeprägt sein, wenn die Einzeltat spezifische Eigenheiten aufweist, die darauf schließen lassen, dass hier ein Tatmuster vorliegt, das über die Einzeltat hinausweist.

Es geht also darum, dass das Delikt oder die Delikte Tatmerkmale aufweisen, die einem über die aktuelle Tat hinausgehenden Muster des Täters und damit einer von ihm vorgenommenen Konstellierung entsprechen. In der Umkehrung dieses Satzes ist damit ausgesagt, dass die Tat nicht durch situative oder vom Täter unabhängige konstellative Faktoren gekennzeichnet ist. Das Merkmal „Spezifität als Ausdruck eines Musters" weist auf überdauernde Persönlichkeitsmerkmale des Täters hin, also auf eine Assoziation des Tatverhaltens mit Persönlichkeitsmerkmalen, die in der Tat zum Ausdruck kommen. Sie bilden sich dort in einer speziellen Weise ab, die auf ein auch für die Zukunft wirksames Strukturprinzip hindeuten. Ein solches Prinzip zeigt sich auf der Handlungsebene durch ein bestimmtes Vorgehen, eine bestimmte Opferwahl, ein bestimmtes Ritual, einen speziellen Vorlauf etc.

Beispiel:

✗ Ein junger Mann verübt eine Vergewaltigung. Er hat sein jugendliches, weibliches Opfer in einem Wald überfallen, nachdem er zunächst einige Wochen das Gebiet sondiert hat. Während der Vergewaltigung geht der Täter sehr gezielt vor. Er fesselt sein Opfer und gibt ihm klare Anweisungen. Er führt mitgebrachte Gegenstände in die Vagina ein und scheint aus einem ausgeprägt dominanten Auftreten besondere Befriedigung zu schöpfen. Obwohl es sich um eine Ersttat handelt, zeigt der Tatablauf spezifische Handlungssequenzen (gezieltes geplantes Vorgehen, offensichtliche Realisation vorher fantasierter Handlungselemente), die ein in der Persönlichkeit des Täters angelegtes Muster nahe legen. Ferner sind Merkmale (Fesselung, Einführen von Gegenständen, Dominanzstreben, vermutlicher Fantasievorlauf, Tatort- und Opferwahl) erkennbar, die dem Täter zuzuordnende spezifische Vorgehensweisen andeuten, die über die Einzeltat hinausweisen könnten. Die Spezifität wird daher in diesem Fall, obwohl es sich um eine Ersttat handelt, mit 3 (= deutlich) bewertet.

Leitfragen:

✓ Sind die Delikte des Täters durch gemeinsame Merkmale im Deliktablauf gekennzeichnet, z. B. eine bestimmte Art das Opfer zu quälen oder die Flucht zu ergreifen?

✓ Trägt das Delikt die „Handschrift“ des Täters?

✓ Wäre es aus bestimmten Vorgehensweisen im Tatablauf theoretisch möglich, die Art der Tatbegehung dem Täter zuzuordnen?

✓ Ist ein Muster erkennbar, das sich in verschiedenen Taten in ähnlicher Weise zeigt oder in einer Ersttat zum Ausdruck kommt?

✓ Wie spezifisch, wie prägnant ist dieses Muster?

### 7.1.4. Ausmaß und Intensität von Sicherungsstrategien

*Ausmaß und Intensität von Sicherungsstrategien:* Ausmaß, der vom Täter ergriffenen Maßnahmen, die eine Entdeckung seiner Täterschaft verhindern sollen.

Beim Merkmal „Ausmaß und Intensität von Sicherungsstrategien" wird beurteilt, wie stark sich der Täter damit beschäftigt, eine Entdeckung seiner Täterschaft zu vermeiden. Ausmaß und Qualität von Sicherungsstrategien werden deswegen als negativer Prädiktor betrachtet, weil sie einer bewusstseinsnahen, intentionalen Ausgestaltung des Deliktverhaltens entsprechen. Sie sind Kennzeichen von Ausdifferenzierung, bewusstem Entscheidungsgrad und Persönlichkeitsnähe des Deliktverhaltens.

Es gilt sowohl das Ausmaß der Auseinandersetzung mit Sicherungsstrategien im Vorfeld der Tat als auch das Ausmaß tatsächlich realisierter Sicherungsmaßnahmen hinsichtlich Qualität und Quantität zu berücksichtigen.

Leitfragen:

✓ Wie viel Energie, wie viele Gedanken und welches Ausmaß emotionaler Beteiligung investiert der Täter in Sicherungsstrategien?

✓ Mit welcher Konsequenz betreibt er ihre Umsetzung?

✓ Wie viel Aufmerksamkeit widmet er vor, während und nach der Tat den Sicherungsstrategien?

### 7.1.5. Steuerungsvermögen

*Steuerungsvermögen:* Ausmaß der Fähigkeit des Täters, den Tatverlauf zu bestimmen und zu kontrollieren, in dem es ihm gelingt, auf situative Gegebenheiten zu reagieren und in verschiedenen Phasen des Delikts Entscheidungen über sein weiteres Verhalten zu treffen.

Als ein weiteres Merkmal geplanter Tatausgestaltung ist neben der Tatvorbereitung das Verhalten während des Deliktablaufs zu betrachten. Beurteilt werden soll das Steuerungsvermögen während des Deliktgeschehens. Es zeigt sich in der vorhandenen Fähigkeit des Täters, den Tatablauf zu bestimmen, zu kontrollieren und zu steuern. Achten Sie auf die Möglichkeiten des Täters, auf situative Gegebenheiten zu reagieren und in verschiedenen Phasen des Delikts Entscheidungen über das weitere Verhalten zu treffen.

Im forensischen Sinne kann davon gesprochen werden, dass das Steuerungsvermögen während des Delikts negativ mit einer verminderten Zurechnungsfähigkeit korreliert. Wenngleich die Kategorien nicht gänzlich vergleichbar sind, trifft es zu, dass für die erhaltene Steuerungsfähigkeit ein gewisses Potential bewusster Entscheidungsfähigkeiten gegeben sein muss. Somit schließt die zu bewertende Steuerungsfähigkeit ein nennenswertes Funktionsniveau verschiedener psychischer Fähigkeiten ein. Zu nennen sind beispielsweise: Wahrnehmungsfähigkeit, Reaktionsfähigkeit, planvolles Reagieren, Entscheidungsfähigkeit und Willensbildungsfähigkeiten.

Leitfragen:

- ✓ In welcher Weise war der Täter in der Lage, das Deliktgeschehen gemäß eigener bewusster Entscheidungen zu steuern?
- ✓ Sind die während des Deliktablaufs getroffenen Entscheidungen Ausdruck planvollen Handelns?
- ✓ In welchem Maße gelang es dem Täter während der Tat, auf situative Gegebenheiten zu reagieren?
- ✓ Wie kontrolliert handelte der Täter?
- ✓ Wie intakt waren seine psychischen Funktionen?
- ✓ Wie ausgeprägt waren seine Entscheidungsfähigkeiten während des Delikts?

### 7.1.6. Erkennbarer emotionaler Gewinn

*Erkennbarer emotionaler Gewinn:* Ausmaß, in dem die Tathandlung und ihre Begleitumstände den Täter positiv stimulieren.

Der psychische Gewinn eines Deliktverhaltens entspricht einerseits dem emotionalen Gewinn, den der Täter in der Vorlaufphase des Delikts für die Tathandlung erhält. Ein weiterer Trigger besteht im emotionalen Erleben während der Tathandlung. Neben Erregung und Lust kann auch jedes andere positiv erlebte Gefühl Inhalt eines solchen Gewinns sein. Machterleben kann beispielsweise zu beruhigender Selbstsicherheit oder zu einer positiv inszenierten Wahrnehmung eines begehrten Selbstbildes führen.

Leitfragen:

- ✓ Haben Fantasien bzw. Vorbereitungshandlungen des Delikts für den Täter eine emotionale Attraktivität?
- ✓ Zieht der Täter aus dem Deliktgeschehen einen emotionalen Gewinn?
- ✓ Gibt es Handlungselemente im Tatverlauf, anhand derer sich positive Erlebnisweisen z. B. in Form von Stimulierungen erkennen lassen?

## 7.1.7. Intentionale affekt- (lust-) geprägte Progredienz

*Intentionale affekt- (lust-) geprägte Progredienz:* Ausmaß, in dem der Deliktverlauf durch den Täter (bewusst) progredient gestaltet wird, um eigene positive Emotionen während des Delikts zu verstärken.

Achten Sie bei diesem Merkmal auf die verschiedenen Phasen des Tatgeschehens. Es geht darum, dass der Täter Tatelemente bewusst und absichtsvoll im Sinne einer Steigerung von Handlungsweisen gestaltet.

Beispiele:

- ✗ Ein Vergewaltiger steigert das Ausmaß der Gewaltanwendung in seinem Delikt oder „kostet" sie aus, weil dies für ihn mit einer erregenden Stimulierung verbunden ist.
- ✗ Ein Gewalttäter beschimpft, erniedrigt oder misshandelt das Opfer, weil er damit sein eigenes Machtgefühl steigern kann. Diese Handlungen wären bei nüchterner Betrachtung nicht zur Erreichung des Deliktziels notwendig. Ihr Sinn erschließt sich erst durch den emotionalen Gewinn, den der Täter durch einen bestimmten Aspekt seiner Handlungsweise erreicht.

Sadistische Ausgestaltungen von Tatelementen sind stets als intentionale Progredienz zu werten. Das Merkmal ist aber über die sadistische Motivation hinausgehend anzuwenden. Während beim Sadismus der emotionale Gewinn auf die Feedbackschleife (auf die Handlung des Täters folgt eine

Reaktion des Opfers, welche das positive emotionale Erleben des Täters auslöst) zurückzuführen ist, ist eine „intentionale affekt- (lust-) geprägte Progredienz“ auch dann zu bewerten, wenn der emotionale Gewinn beim Täter allein aus der Tathandlung – unabhängig von den Reaktionen des Opfers – entsteht. Es werden also Progredienzzeichen innerhalb einer Tathandlung bewertet (im Unterschied zum Merkmal der „Progredienz“ in der Merkmalsgruppe „Progredienz und Permanenz“, bei dem eine progrediente Entwicklung über mehrere Taten zu bewerten ist).

Leitfragen:

✓ Gibt es Anzeichen dafür, dass der Täter bestimmte Verhaltensweisen zeigt oder steigert, weil er sich dadurch in irgendeiner Weise stimuliert fühlt?

✓ Sind Handlungen des Täters im Deliktverlauf erkennbar, die zur Erreichung des Deliktzieles nicht notwendig wären, aber der Steigerung des positiven Erlebens des Täters während des Delikts dienen?

## 7.2. Waffeneinsatz

Die Bereitschaft zum Einsatz von Waffen stellt sowohl einen handlungsbezogenen Gefährlichkeitsaspekt als auch ein Merkmal dar, das auf höhere Rückfallgefahr hindeutet. Wer eine Affinität zum Einsatz von Waffen besitzt, weist eine höhere Wahrscheinlichkeit für damit assoziierte Gewalthandlungen auf, was in der Regel vor allem bei entsprechender Vorgeschichte in deliktischen Verhaltensweisen Ausdruck finden wird.

Bei der Merkmalsgruppe „Waffeneinsatz“ soll das Anlassdelikt der Bewertung zu Grunde gelegt werden bzw. das Delikt, bei dem der Waffeneinsatz am deutlichsten zum Ausdruck kam.

### 7.2.1. Aktueller Waffeneinsatz

Aktueller Waffeneinsatz: Ausmaß des Waffeneinsatzes im Anlassdelikt oder in einem früheren Delikt des Täters.

Bewertungsregeln für das Merkmal „Aktueller Waffeneinsatz“:

- ☞ Bezugspunkt soll jenes Delikt sein, bei dem der Einsatz einer Waffe am deutlichsten ausgeprägt war.
- ☞ Zu berücksichtigen sind einerseits die Intensität der mit der Waffe realisierten Gewalt und andererseits die Bedeutung des Waffeneinsatzes für die Struktur der Deliktbegehung.

Unter dem Begriff der Waffe werden neben üblichen Waffen (Schusswaffen, Stichwaffen, Schlagwaffen etc.) auch alle anderen Gegenstände subsumiert, die geeignet sind, bei einem Menschen eine Verletzung hervorzurufen und in diesem Sinne in der Referenztat Einsatz gefunden haben (u. a. Baseballschläger, Küchenmesser, abgebrochener Flaschenhals).

Beurteilung der Gewaltintensität: Während dies bei Tötungsdelikten offensichtlich ist, ist bei anderen Gewalttaten darauf zu achten, wie entschlossen, rücksichtslos, folgenschwer, gewaltbereit etc. die Waffe zum Einsatz kam bzw. aufgrund der durch den Tatablauf erkennbaren Handlungsbereitschaft zum Einsatz hätte kommen können. Ein weiteres relevantes Merkmal zur Beurteilung der Ausprägung dieses Merkmals ist die Bedeutung des Waffeneinsatzes für die Struktur der Deliktbegehung.

Leitfragen:

- ✓ Ist die Waffe ein integraler Bestandteil der Tatausführung? Wenn ja, in welchem Ausmaß ist der Waffengebrauch ein typischer bzw. unverzichtbarer Bestandteil des Deliktverhaltens, der damit eine Wiederholungswahrscheinlichkeit nahe legt.
- ✓ War der tatsächliche oder mögliche Einsatz der Waffe geplant oder in Kauf genommen?
- ✓ Wurde die Tat beispielsweise erst durch die Waffe in dieser Form ermöglicht?
- ✓ Kann der geplante oder in Kauf genommene Waffeneinsatz den Tod oder die schwere Verletzung von Opfern zur Folge haben?
- ✓ Wie schwer waren die Folgen des Waffeneinsatzes für die Opfer?
- ✓ Wie entschlossen, rücksichtslos bzw. gewaltbereit kam die Waffe zum Einsatz?

### 7.2.2. Früherer Waffeneinsatz

*Früherer Waffeneinsatz:* Zu prüfen ist, wie häufig und in welcher Ausprägung Waffen bei früheren Straftaten zum Einsatz kamen.

Zu beurteilen ist in analoger Weise zu den beim Eingangsmerkmal „Aktueller Waffeneinsatz" dargestellten Kriterien, welchen Ausprägungsgrad der frühere Waffeneinsatz erreichte.

Bewertungsregel für das Merkmal „Früherer Waffeneinsatz":

☞ Das Delikt, das bei der Bewertung des Merkmals „Aktueller Waffeneinsatz" zugrunde gelegt wurde, wird in diese Einschätzung nicht mit einbezogen.

### 7.2.3. Waffeneinsatz als Handlungsstrategie

*Waffeneinsatz als Handlungsstrategie:* Ausmaß, in dem im Denken des Täters die Waffe ein legitimes bzw. naheliegendes Mittel in Handlungsstrategien darstellt. Besonders zu denken ist hierbei an Konfliktsituationen, in denen der Waffengebrauch als mögliche Reaktion für den Täter grundsätzlich in Frage kommt.

In der Vorgeschichte werden sich möglicherweise Delikte finden lassen, in denen Waffen z. B. als Mittel zur Drohung verwendet wurden. Aufschlussreich kann es bei mehreren Delikten in der Vergangenheit sein zu prüfen, wie häufig Waffen mitgeführt wurden. Manche Täter tragen nahezu immer eine Waffe und entsprechend wird sich in einer Vielzahl von Delikten eine solche finden.

Vielleicht wird der Täter einen möglichen Waffeneinsatz als Schutz- bzw. Verteidigungsmaßnahme deklarieren und dies möglicherweise auch so empfinden. Wie ein Waffeneinsatz durch den Täter in einer Legitimitätsüberlegung begründet wird, ist für die Bewertung unerheblich. Das Merkmal soll lediglich die Ausprägung dokumentieren, in welcher sich der Waffeneinsatz als eine dem Täter vertraute, als legitim und nützlich erlebte Handlungsweise darstellt. Anhand von Äußerungen oder früheren Verhaltensweisen ist zumeist erkennbar, wie sehr von einem Täter der Waffeneinsatz als eine selbstverständliche Verhaltensoption erlebt wird. Die eigenen Legitimationsstrategien hierzu mögen unterschiedlich und bisweilen sogar

Ausdruck der äußeren Distanzierung von Gewalt sein. Erwähnt wurde bereits der Gedanke „Ich trage eine Waffe, um mich zu schützen". Vergleichbare, eher passive oder Sachzwänge geltend machende Kognitionen sind häufig anzutreffen:

- „Ich habe mit der Waffe gedroht, weil ich weitere Gewalttätigkeiten vermeiden wollte."
- „Ich habe die Waffe nur mitgeführt, um den anderen einzuschüchtern, weil er keine andere Sprache versteht."
- „Es ist in unserer Gegend üblich eine Waffe zu tragen, Teil unserer Kultur, hat nichts mit Gewalt zu tun, wird nicht eingesetzt, ist ungeladen."

Leitfragen:

✓ Hat der Täter die Tendenz, bei Konflikten oder drohenden Konflikten Waffen in seine Handlungsstrategien einzubeziehen?

✓ Erachtet der Täter den Waffengebrauch als eine legitime oder naheliegende Verhaltensoption?

✓ Welche Rolle spielt der Einsatz von Waffen im Denken des Täters?

✓ Wie hoch ist eine grundsätzliche Bereitschaft des Täters zum Waffengebrauch in für ihn dafür in Frage kommenden Situationen einzuschätzen?

✓ Gibt es Äußerungen oder Verhaltensweisen aus der Vergangenheit, die auf die Verankerung des Waffeneinsatzes als festen Bestandteil im Verhaltensrepertoire des Täters hinweisen?

## 7.2.4. Affinität zu Waffen

*Affinität zu Waffen:* Ausmaß der überdurchschnittlichen Beschäftigung des Täters mit Waffen, die für ihn mit positiven Affekten verbunden ist.
Affinität zu Waffen kann sich zeigen im Besitz und Tragen von Waffen, in der Beschäftigung mit Waffen, in Einstellungen gegenüber dem Tragen und Einsetzen von Waffen, in der Freizeitgestaltung.

Eine Affinität zu Waffen zeigt sich in der Tendenz, sie zu tragen und zu benutzen. Sie zeigt sich auch in der darüber hinausgehenden Beschäftigung mit Waffen. So betreiben manche Täter Schießsport, sammeln Waffen oder setzen sich in besonderer Weise mit ihrer Technik auseinander. Sie neigen zur Idealisierung von Waffen und dem Waffengebrauch. Die Affinität kann sich neben dem direkten Besitz und der Beschäftigung mit Waffen auch in Freizeitaktivitäten in Form einer Vorliebe für „waffenintensive" Computerspiele oder Filme zeigen. Oft nehmen solche Täter die Position eines Waffenlobbyisten vor allem in eigener Sache ein. Sie argumentieren, dass der freie Zugang zu Waffen ein Grundrecht sei und deshalb jedem ermöglicht werden sollte. Eingriffe des Staates werden abgelehnt, vor allem wenn sie die eigene Person betreffen.

Leitfragen:

✓ Besitzt oder sammelt der Täter Waffen?

✓ Trägt der Täter Waffen regelmäßig bei sich?

✓ Übt sich der Täter im Gebrauch von Waffen?

✓ Ist der Täter in einem Schießsport-Verein?

✓ Hat der Täter einen Waffenschein?

✓ Idealisiert der Täter Waffen und deren Gebrauch?

✓ Haben Waffen eine belohnende (z. B. selbstbewusstseinsstärkende) Wirkung auf den Täter?

### 7.2.5. Niedrige Hemmschwelle für Waffeneinsatz

*Niedrige Hemmschwelle für Waffeneinsatz:* Ausmaß der grundsätzlichen Bereitschaft des Täters, Waffen einzusetzen.

Eine niedrige Hemmschwelle zum Waffeneinsatz lässt sich an Aussagen, vor allem aber an den Handlungen des Täters ablesen.

Zum Merkmal „Waffeneinsatz als Handlungsstrategie" gibt es Überschneidungen. Der Akzent liegt beim Merkmal „Waffeneinsatz als Handlungsstrategie" stärker auf der kognitiven Haltung zu Waffen. Beim Merkmal „Niedrige Hemmschwelle für Waffeneinsatz" stehen konkrete Handlungsweisen, bei denen Waffen zum Einsatz kamen, im Vordergrund. Wenn es bereits zum Einsatz von Waffen bei Straftaten kam, zeigt die Wertung beider Merkmale häufig ein hohes Maß an Übereinstimmung. Das ist dadurch zu erklären, dass die Haltung, Waffeneinsatz als Teil einer individuellen

Handlungsstrategie anzusehen, oft die Grundlage für den tatsächlichen Waffengebrauch bildet. Unterschiede in der Bewertung treten meist dann auf, wenn es noch nicht zu Straftaten bzw. zum realen Waffengebrauch gekommen ist und daher die kognitiv geprägte Haltung gegenüber dem tatsächlichen Einsatz im Vordergrund steht. Es kann auch sein, dass zwar die Hemmschwelle gering ist und sich dies bereits in Handlungen manifestiert hat, dem aber keine grundsätzliche Haltung im Sinne des ersten Merkmals „Waffeneinsatz als Handlungsstrategie" entspricht. In den meisten Fällen werden beide Merkmale aber eine mehr oder minder starke Parallelität ihrer Ausprägung aufweisen.

Leitfragen:

✓ Wie groß ist die Neigung des Täters, mit einer Waffe zu drohen oder diese einzusetzen?

✓ In wie vielen Situationen zieht der Täter die Drohung mit einer Waffe oder den Einsatz einer Waffe potenziell in Betracht?

✓ Gibt es Hinweise auf den Einsatz von Waffen bei strafrechtlich relevanten oder auch nicht verfolgten Taten?

## 7.3. Gewaltbereitschaft

Unter der Merkmalsgruppe „Gewaltbereitschaft" werden die gleichen Unterpunkte zusammengefasst, die auch schon beim „Waffeneinsatz" verwendet wurden. Sie werden darum im Folgenden zum Teil in nahezu identischer Weise wiederholt, da viele Beschreibungen in analoger Weise angewendet werden können. Es wird im Wesentlichen bei den schon oben dargelegten Erläuterungen der Begriff der Waffe als Bezugspunkt durch den der generellen Gewaltanwendung ersetzt. Wie für den „Waffeneinsatz" gilt auch für die „Gewaltbereitschaft", dass sich in diesem Merkmal ebenfalls ein Risiko im Bereich der Gefährlichkeit und im Bereich der Rückfallwahrscheinlichkeit abbildet.

## 7.3.1. Aktueller Einsatz von Gewalt

*Aktueller Einsatz von Gewalt:* Ausmaß, in dem im Delikt Gewalt realisiert wurde oder die Struktur des Delikts durch Gewalteinsatz geprägt war.

Berücksichtigt werden die Ausprägung der Gewalt und die Bedeutung, welche der Gewalteinsatz für die Struktur des Tatmusters hatte. Während die Ausprägung bei Tötungsdelikten offensichtlich auf der Hand liegt, ist bei anderen Gewalttaten darauf zu achten, wie entschlossen, rücksichtslos und folgenschwer Gewalt angewendet wurde bzw. aufgrund der durch den Tatablauf erkennbaren Handlungsbereitschaft zum Einsatz hätte kommen können. Ein weiteres relevantes Merkmal zur Beurteilung der Ausprägung dieses Merkmals ist die Bedeutung des Gewalteinsatzes für die Struktur der Deliktbegehung, also inwieweit er einen typischen, unverzichtbaren oder prägenden Bestandteil des Tatmusters ausmacht.

Bewertungsregel für das Merkmal „Aktueller Einsatz von Gewalt":

☞ Grundlage der Bewertung bildet wie bei der Merkmalsgruppe „Waffeneinsatz" das Delikt, bei dem der Gewalteinsatz am deutlichsten zum Ausdruck kam. Dies kann das Anlassdelikt oder ein früheres Delikt sein.

Leitfragen:

✓ Ist die Gewaltanwendung ein integraler Bestandteil der Tatausführung?

✓ Wenn ja, in welchem Ausmaß ist die Gewaltanwendung ein typischer bzw. unverzichtbarer Bestandteil des Deliktverhaltens, der damit eine Wiederholungswahrscheinlichkeit nahe legt?

✓ War der tatsächliche oder mögliche Einsatz von Gewalt geplant oder in Kauf genommen?

✓ Wurde die Tat beispielsweise erst durch die Gewaltanwendung in dieser Form ermöglicht?

✓ Kann der geplante oder in Kauf genommene Gewalteinsatz den Tod oder die schwere Verletzung von Opfern zur Folge haben?

✓ Wie schwer waren die Folgen der Gewaltanwendung für die Opfer?

✓ Wie entschlossen, rücksichtslos bzw. gewaltbereit wurde Gewalt angewendet?

## 7.3.2. Frühere Gewaltanwendungen

*Frühere Gewaltanwendungen:* Ausmaß der Gewaltanwendungen in früheren Delikten.

Beurteilt wird in analoger Weise zu den beim Eingangsmerkmal „Aktueller Einsatz von Gewalt" dargestellten Merkmalen, welchen Ausprägungsgrad frühere Gewaltanwendungen erreichten.

Bewertungsregeln für das Merkmal „Frühere Gewaltanwendungen":

☞ Das Delikt, das unter dem Merkmal „Aktueller Gewalteinsatz" als Bezugspunkt diente, geht in diese Wertung nicht ein.
☞ Die Orientierung erfolgt am Ausmaß der eingesetzten Gewalt und an den Folgen für die Opfer, entsprechend den Merkmalen, die bereits bei der Bewertung des aktuellen Gewalteinsatzes zu berücksichtigen waren.
☞ Zu prüfen ist, ob und in welchem Ausmaß es bei früheren Delikten zu Gewalthandlungen des Täters kam.
☞ Neben den strafrechtlich bekannten Delikten sind auch – soweit bekannt – nicht strafrechtlich verfolgte Gewalthandlungen des Täters zu berücksichtigen (häusliche Gewalt, Gewaltanwendungen in Institutionen, nicht angezeigte, durch Drittpersonen glaubhaft geschilderte Gewalthandlungen etc.).

Leitfragen:

✓ War Gewaltanwendung ein integraler Bestandteil der Tatausführung früherer Delikte?

✓ War der tatsächliche oder mögliche Einsatz von Gewalt geplant oder in Kauf genommen?

✓ Wurde die Tat beispielsweise erst durch die Gewaltanwendung in dieser Form ermöglicht?

✓ Kann der geplante oder in Kauf genommene Gewalteinsatz den Tod oder die schwere Verletzung von Opfern zur Folge haben?

✓ Wie schwer waren die Folgen der Gewaltanwendung für die Opfer?

✓ Wie entschlossen, rücksichtslos bzw. gewaltbereit wurde Gewalt angewendet?

✓ Wie häufig neigte der Täter in der Vergangenheit zu gewalttätigen Handlungen?

### 7.3.3. Gewalt als Handlungsstrategie

*Gewalt als Handlungsstrategie:* Ausmaß, inwieweit Gewalt (Anwenden oder Androhen physischer Gewalt) im Denken des Täters ein legitimes bzw. naheliegendes Mittel in Handlungsstrategien darstellt.

Besonders zu denken ist hier an Konfliktsituationen, in denen Gewalt als mögliche Reaktion für den Täter grundsätzlich in Frage kommt bzw. inwieweit Gewalt als eine Handlungsstrategie zum Erreichen gesteckter Ziele und in diesem Sinne als Verhaltensoption etabliert ist.

Wie Gewaltanwendung durch den Täter in einer Legitimitätsüberlegung begründet wird, ist für die Bewertung unerheblich. Das Merkmal soll lediglich die Ausprägung dokumentieren, in der Gewaltanwendung eine dem Täter vertraute, als legitim und nützlich erlebte Handlungsweise darstellt. Vielleicht wird ein Täter einen mehr aggressionsbetonten und egozentrischen Zugang zur Gewaltanwendung haben, in dem ihm die Bedürfnisse anderer Menschen wenig wichtig sind und er von der Legitimität eigener Ansprüche überzeugt ist („der Zweck heiligt die Mittel") oder für ihn Grenzverletzungen zu einem üblichen Verhaltensrepertoire gehören. Es ist aber auch möglich, dass ein Täter einen potenziellen Gewalteinsatz als Schutz- bzw. Verteidigungsmaßnahme deklariert und dies auch so empfindet.

Anhand von Äußerungen oder früheren Verhaltensweisen ist zumeist erkennbar, wie nahe einem Täter die Anwendung von Gewalt als eine selbstverständliche Verhaltensoption liegt. Die eigenen Legitimationsstrategien hierzu mögen unterschiedlich sein und bisweilen sogar von äußerer Distanzierung von Gewalt zeugen.

Erwähnt wurden bereits Gedanken wie „Ich wende Gewalt an, um mich zu schützen." Vergleichbare eher passive oder Sachzwänge geltend machende Kognitionen sind häufig anzutreffen:

✗ „Ich habe mit Gewalt gedroht, weil ich weitere Gewalttätigkeiten vermeiden wollte."

✗ „Ich habe Gewalt nur angewendet, um den anderen einzuschüchtern, weil er keine andere Sprache versteht."

✗ „Es ist in unserer Gegend so üblich, Teil unserer Kultur, eine Frage der Ehre etc., dass man sich handgreiflich wehrt."

Leitfragen:

✓ In welchem Ausmaß ist für den Täter die Anwendung von Gewalt eine naheliegende Handlungsstrategie, um Konflikte zu lösen oder eigenen Bedürfnissen Geltung zu verschaffen?

✓ Hat der Täter die Tendenz, bei Konflikten oder drohenden Konflikten den Einsatz von Gewalt in seine Handlungsstrategien einzubeziehen?

✓ Erachtet der Täter Gewaltanwendung als eine legitime oder naheliegende Verhaltensoption?

✓ Welche Rolle spielt Gewaltanwendung im Denken des Täters?

✓ Wie hoch ist die grundsätzliche Bereitschaft des Täters zur Gewaltanwendung in für ihn dafür in Frage kommenden Situationen einzuschätzen?

✓ Gibt es Äußerungen oder Verhaltensweisen aus der Vergangenheit, die die Verankerung der Gewaltanwendung als festen Bestandteil im Verhaltensrepertoire des Täters nahe legen?

## 7.3.4. Affinität zu Gewalthandlungen

*Affinität zu Gewalthandlungen:* Ausmaß an überdurchschnittlicher Beschäftigung mit Gewalthandlungen, die für den Täter mit positiven Affekten verbunden ist. Affinität zu Gewalthandlungen kann sich in der Beschäftigung mit Gewaltvorstellungen und möglichen Idealisierungen von Gewalthandlungen, Einstellungen gegenüber dem Einsatz von Gewalt und der Art der Freizeitgestaltung zeigen.

Eine Affinität zu Gewaltanwendungen zeigt sich in den Vorstellungen zu gewalttätigen Handlungen, in Freizeitbeschäftigungen, in Idealisierungen von Gewalt, in Äußerungen und positiv kommentierten gewalttätigen Handlungsweisen. Sie findet Ausdruck unter anderem in der Beschäftigung mit gewaltverherrlichenden Filmen oder Videospielen. Manche Täter betreiben Kampfsportarten, um die dort erworbenen Fähigkeiten im Alltag einzusetzen.

Leitfragen:

- ✓ Idealisiert der Täter gewalttätige Handlungsweisen?
- ✓ Haben Gewaltanwendungen eine belohnende (z. B. selbstbewusstseinsstärkende) Wirkung auf den Täter?
- ✓ In welchem Ausmaß beschäftigt sich der Täter mit Gewalt oder idealisiert Gewalt?
- ✓ Wie häufig hat er in der Vergangenheit Gewalt angewendet?
- ✓ Vertritt er Legitimationskonzepte zum eigenen Einsatz von Gewalt? Geht er Freizeitbeschäftigungen nach, in denen die Affinität zur Gewalt zum Ausdruck kommt?
- ✓ Ist der Täter Mitglied eines Kampfsportvereins?
- ✓ Gibt es aus der strafrechtlichen Vorgeschichte oder aus der Schilderung von Erlebnissen Hinweise auf das Verhältnis des Täters zur Gewalt?

### 7.3.5. Niedrige Hemmschwelle für den Einsatz von Gewalt

*Niedrige Hemmschwelle für den Einsatz von Gewalt:* Ausmaß einer grundsätzlichen Bereitschaft, Gewalt einzusetzen.

In die Beurteilung ist die einschlägige, strafrechtliche Vorgeschichte einzubeziehen, aber auch Schilderungen von Drittpersonen oder des Täters selbst. Eine niedrige Hemmschwelle für den Einsatz von Gewalt lässt sich an Aussagen, vor allem aber an den Handlungen des Täters ablesen. Meist ist das durch vorangegangene Straftaten oder durch andere beobachtete Gewalttätigkeiten dokumentiert, die nicht angezeigt oder nicht strafrechtlich gewürdigt wurden. Berücksichtigt wird auch die Schul- und spätere Jugendzeit des Täters, zumal hier oft entsprechende Dokumentationen vorliegen.

Zum Merkmal „Einsatz von Gewalt als Handlungsstrategie“ gibt es Überschneidungen. Der Akzent liegt beim Merkmal „Einsatz von Gewalt als Handlungsstrategie“ stärker auf der Einstellung zum Einsatz von Gewalt. Beim Merkmal „Niedrige Hemmschwelle für den Einsatz von Gewalt“ stehen konkrete gewalttätige Handlungen im Vordergrund. Wenn es bereits zu Gewalthandlungen bei Straftaten kam, zeigt die Wertung beider Merkmale häufig ein hohes Maß an Übereinstimmung. Das ist dadurch zu erklären, dass die Haltung, den Einsatz von Gewalt als Teil einer individuellen Handlungsstrategie anzusehen, oft die Grundlage für reale Gewalthandlungen bildet. Unterschiede in der Bewertung treten meist dann auf, wenn es noch nicht zu Straftaten bzw. zu konkreten Gewalthandlungen gekommen ist und daher die kognitiv geprägte Haltung gegenüber dem tatsächlichen Einsatz von Gewalt im Vordergrund steht. Es kann auch sein, dass zwar die Hemmschwelle gering ist, und sich dies bereits in Handlungen manifestiert hat, dem aber keine grundsätzliche Haltung im Sinne des ersten Merkmals „Einsatz von Gewalt als Handlungsstrategie" entspricht. In den meisten Fällen werden beide Merkmale aber eine mehr oder minder starke Parallelität ihrer Ausprägung aufweisen.

Leitfragen:

- ✓ Wie groß ist die Neigung des Täters, mit Gewalt zu drohen oder diese einzusetzen?
- ✓ Sind es viele Situationen, in denen er das potenziell in Betracht zieht?
- ✓ Gibt es Hinweise auf den Einsatz von Gewalt im sozialen Nahraum, z. B. in Partnerschaft und Familie?

## 7.4. Sadismus

Eine eingehende Beschreibung zum Phänomen des Sadismus findet sich bereits in der Merkmalsgruppe „Sadismus" der Hauptgruppe „Spezifische Problembereiche mit Tatrelevanz".

Wenn auch eine gewisse Redundanz entsteht, sei der Punkt hier dennoch vor allem im Hinblick auf Aspekte des zu untersuchenden Tatmusters noch einmal erläutert. Sadistische Tatelemente sind solche, bei denen folgender Tat-, Reaktions- und Erlebensbogen vorliegt: Der Täter zieht einen offensichtlichen Lustgewinn aus dem Beherrschen, Quälen und Terrorisieren des Opfers. Er provoziert häufig Reaktionen des Opfers und erlebt dieses von ihm hervorgerufene „Handlungs-Feedback" bestätigend, erregend, aufregend oder in anderer Weise mit eigener positiver emotionaler Resonanz. Das Erkennen von Sadismus als Tatelement erfolgt in der Praxis entweder zu selten oder zu häufig. Untersucher, die Sadismus als Tatelement nicht als Fokus konzeptionalisiert haben, neigen dazu, dieses Charakteristikum zu übersehen oder zumindest nicht in der angemessenen Spezifität zu erkennen und anzusprechen. Ist der Betrachtungsfokus erst einmal etabliert, zeigt sich vor allem beim unerfahrenen Untersucher zunächst die umgekehrte Tendenz. Sadismus als handlungsleitendes Merkmal wird dann eher zu häufig „diagnostiziert". Keineswegs entsteht jedes besonders gewalttätige Handlungselement oder besonders grausame Verhalten auf der Grundlage einer sadistischen Handlungsmotivation. Berücksichtigen Sie daher bei der Beurteilung die Definition von Sadismus, die immer eine spezifische Interaktion (Aktion/Reaktion/Emotion) voraussetzt.

Der Sadismus oder eine Affinität zu sadistischen Handlungen ist sowohl hinsichtlich der Gefährlichkeit als auch der Rückfallgefahr eines Täters von höchster Bedeutung. Ausschlaggebend für die Identifizierung sadistischer Aspekte ist vor allem deren Ausprägung im Verhalten des Täters. Aussagen des Täters können irreführend sein, weil es möglich ist, dass dieser sadistische Motivationen, Impulse oder Tatausführungen verbergen will. Selbstverständlich muss es nicht immer eine Diskrepanz zwischen den Aussagen des Täters und beobachtbarem Verhalten geben. Gerade aber bei Tätern mit geringer Veränderungsmotivation oder noch ungenügender Auseinandersetzung mit der Problematik ihres Handelns besteht nicht selten eine ausgeprägte Tendenz zur Verschleierung eines bestehenden Sadismus. Oft verraten Details, die für den beabsichtigten Zweck der Tathandlung bei zielorientierter Durchführung verzichtbar wären, den sadistischen Handlungsimpuls. Es muss als negativer Prädiktor gewertet werden, wenn ein Tatablauf sadistische Handlungselemente offenbart, der Täter diese aber verneint. Sollte der Täter zu einem späteren Zeitpunkt seine falschen Aussagen bezüglich seiner Handlungsmotivation und bezüglich des Vorhandenseins sadistischer Fantasien korrigieren, ist dennoch Vorsicht geboten. Beruht der Sinneswandel darauf, dass dem Täter klar wurde, er habe ansonsten keine Perspektive (z. B. für eine mögliche Entlassung), verändert die neue Einstellung die ursprüngliche Bewertung möglicherweise nicht einmal graduell. Darum sei der Hinweis angebracht, dass sadistische Tatelemente nahezu immer allein durch den Ablauf der Tat erkennbar sind.

Sadistische Tatelemente weisen ein breites Spektrum verschiedener Ausführungen auf. Untersuchen Sie bei der Analyse jeder Einzelheit die Frage, welchem affektiven Reiz ein bestimmtes sadistisch anmutendes Element beim Täter entspricht. Wenn Sie sadistisch motivierte Handlungselemente vor sich haben, werden Sie erkennen, dass der sadistische Impuls die plausibelste Hypothese für die Motivationslage und die entsprechende Handlung des Täters darstellt.

Sadismus kann sich zwar lediglich auf verbale Einflussnahme oder auf die Konstellierung von Situationen beschränken. Bei genauer Analyse finden sich jedoch häufig auch versteckt sadistisch motivierte Handlungen in alltäglichen Verhaltensweisen und damit in vielen nicht delinquenten Bereichen. Bei zu beurteilenden Straftaten liegen in der überwiegenden Anzahl der Fälle aber klare physische Gewalthandlungen vor. Sprachliche und strukturelle Gewalt kann hinzutreten oder als Ergänzung der anderen Maßnahmen gebraucht werden, wenn ein Täter beispielsweise mit Drohungen die Angst seines Opfers verstärkt oder es in speziell demütigender Weise herabsetzt. Sadistische Tatdispositionen haben tendenziell einen progredienten Verlauf. Rein auf struktureller oder verbaler Gewalt beruhende Aktionen bilden hier – wenn überhaupt – lediglich ein Übergangsstadium vor der manifesten Gewalthandlung. Sie können in der physischen Gewalthandlung weiter erkennbar sein, treten in ihrer Bedeutung gegenüber der körperlichen Gewaltanwendung aber in den Hintergrund.

Häufig finden sich auch frühere Handlungen des Täters, die einen sadistischen Handlungsimpuls oder die Disposition dazu zeigen. Als Beispiele seien Tierquälereien, das Unterdrücken oder Quälen von Schwächeren (z. B. in der Schule), besondere Freude an Gewaltdarstellungen u. a. genannt.

Bei sadistischen Sexualstraftätern sind entsprechende Fantasien z. B. bei der Selbstbefriedigung regelmäßig anzutreffen. Aber auch bei Tätern, die bisher nicht durch eine Sexualstraftat in Erscheinung traten, können bei sadistischer Disposition sadistische Sexualfantasien festgestellt werden. Für eine zukünftige Sexualstraftat besteht in diesem Fall auch dann eine erhebliche Wahrscheinlichkeit, wenn das Anlassdelikt bislang noch keine Sexualstraftat war.

Nicht selten finden sich sadistische Handlungsdispositionen kombiniert mit psychopathischen Eigenschaften im Sinne verminderter emotionaler Ansprechbarkeit. Menschen, die wenig fühlen, scheinen eher dazu disponiert zu sein, ein breites Spektrum sadistisch fantasierter Handlungen auszuprobieren als Menschen, denen durch emotionale Hemmschwellen frühzeitig Einhalt geboten wird. Täter mit sadistischer Disposition zeigen nicht selten eine Tendenz zum Detailreichtum, zu ausgeprägter Planung, differenzierten Tatmustern bzw. ritualisiert anmutenden Handlungsabläufen.

### 7.4.1. Ausprägung sadistischer Tatelemente

*Ausprägung sadistischer Tatelemente:* Ausmaß an Tatelementen, in denen der Täter einen offensichtlichen Lustgewinn aus dem Beherrschen, Quälen und Terrorisieren des Opfers zieht.

Leitfragen:

✓ Wie deutlich ist die sadistische Ausprägung einzelner Tatmerkmale?

✓ Wie weit geht der Täter z. B. im Grad der Gewaltanwendung?

✓ Als wie stark ausgeprägt ist die sadistische Motivation anhand der Tatausführungsmerkmale oder hinsichtlich entsprechender Äußerungen des Täters einzuschätzen?

### 7.4.2. Planungsgrad sadistischer Tatelemente

*Planungsgrad sadistischer Tatelemente:* Ausmaß des Planungsaufwandes des Täters für sadistische Elemente der Tat im Hinblick auf die gesamte sadistische Grundanlage des Delikts.

Die Bewertung dieses Merkmals kann mit der Bewertung des Merkmals „Planungsgrad" in der Merkmalsgruppe „Tatausgestaltung" identisch sein, vor allem wenn es sich in der Grundanlage der Tat um ein Delikt handelt, das eindeutig sadistische Züge trägt. Haben Sie allerdings Hinweise darauf, dass sich speziell die sadistischen Elemente in der Tat rein situativ entwickelten, ohne dass für diese Elemente im Unterschied zum Gesamtdelikt irgendeine Vorbereitungshandlung nachweisbar wäre, kann es zu unterschiedlichen Bewertungen kommen. Hier ist aber Vorsicht angebracht. Immer dann, wenn die sadistischen Elemente in der Tatplanung integraler Bestandteil des Delikts sind, schließt der gesamte Planungsaufwand für die Tat auch die im Delikt integrierten sadistischen Elemente mit ein. Eine geringere Bewertung ließe sich in diesen Fällen nicht rechtfertigen. Einzig, wenn die sadistischen Elemente vom sonstigen Tathergang abgekoppelt sind und sich klarerweise mehr situativ entwickelten, kann daran gedacht werden, den Planungsgrad für die sadistischen Tatelemente geringer anzusetzen als den allgemeinen Planungsgrad.

Leitfragen:

- ✓ Wie lange hat der Täter entsprechende Planungen und Vorbereitungshandlungen bereits vor der Tat praktiziert?
- ✓ Mit welcher Energie und welchem Aufwand hat er diese Planungen betrieben?
- ✓ Wie geplant erscheinen einzelne sadistische Tatmerkmale oder der gesamte sadistisch geprägte Tataufbau?

## 7.4.3. Differenzierungsgrad sadistischer Tatelemente

*Differenzierungsgrad sadistischer Tatelemente:* Ausmaß, in dem der Täter Details differenziert, die in direkter oder indirekter Weise sadistische Handlungselemente darstellen oder sie begünstigen.

Genereller Reichtum an Details oder die Spezifität von Details sprechen für einen hohen „Differenzierungsgrad". Ein Anzeichen für Differenzierung kann auch in der zeitlichen Planung von Deliktsequenzen liegen oder in einem speziellen Tatablauf. Differenzierungen können alle Elemente eines Delikts betreffen, angefangen von Vorbereitungshandlungen über die Konstellierung der Situation, mitgebrachte Instrumente bis hin zu Sicherungsstrategien.

Leitfragen:

- ✓ Ist bei Serien von Delikten eine Progredienz im Differenzierungsverhalten sadistischer Tatelemente feststellbar?
- ✓ Entspricht den differenzierten sadistischen Handlungskomponenten eine differenzierte Planung?
- ✓ Sind viele Differenzierungen bzw. viele detaillierte Handlungsaspekte sadistischer Prägung erkennbar?
- ✓ Zeigen bestimmte sadistisch anmutende Details der Tathandlung eine sehr spezifische Ausprägung?

## 7.4.4. Erregbarkeit durch sadistische Handlungen

*Erregbarkeit durch sadistische Handlungen:* Ausmaß der Stimulierung durch sadistische Handlungen bzw. Handlungselemente. Eine Erregbarkeit durch sadistische Handlungen kann sich in einer grundsätzlichen Erregbarkeit durch solche oder in der Reaktion des Täters auf sadistische Tatelemente zeigen.

Häufig wird eine Erregbarkeit durch sadistische Handlungen hauptsächlich oder zumindest teilweise in sexuellen Situationen deutlich. Neben dem Tatgeschehen gilt es auch, Informationen zu Masturbationsfantasien, zum Konsum sadomasochistischer Pornografie, über das Ausüben von Tierquälereien, Selbstbeschädigungen oder über andere Beschäftigungen, mit denen sich der Täter auch unabhängig von einem konkreten Deliktverhalten intensive Erregungserlebnisse verschafft, in die Beurteilung mit einzubeziehen.

Auch bei der Beurteilung dieses Merkmals kommt den Verhaltensweisen des Täters (Tatausgestaltung und Reaktionen auf das Verhalten des Opfers) eine wichtigere Bedeutung zu als dessen eigenen Aussagen über seine Erregbarkeit durch sadistische Tatelemente. Detaillierte, deutlich ausgeprägte sadistische Handlungselemente sprechen stets für ein hohes Maß an Erregbarkeit durch gleichartige Stimuli. Scheuen Sie sich nicht, hohe Bewertungen vorzunehmen, wenn Sie derartige Beobachtungen aus dem Delikt ableiten können, auch wenn der Täter in der Selbstauskunft für das Vorfeld eine entsprechende Erregbarkeit verneint. Sofern keinerlei Selbstauskünfte, Beobachtungen von Drittpersonen oder relevante Dokumentationen über sadistisch anmutende Verhaltensweisen außerhalb des Delikts zur Verfügung stehen, wird die Ausprägung der Stimulierbarkeit häufig dem Ausprägungsgrad des Tatmusters, dem „Planungs-" oder dem „Differenzierungsgrad" entsprechen. In diesen Fällen kann vom sichtbaren Verhalten auf das Stimulierungspotential geschlossen werden.

Leitfragen:

✓ Spielen sadistische Handlungen in Masturbationsfantasien des Täters eine Rolle?

✓ Geben Verhaltensbeobachtungen oder Auskünfte von Drittpersonen Aufschlüsse über eine sadistische Erregbarkeit des Täters?

✓ Konsumiert der Täter sadomasochistische Pornografie?

✓ Hat der Täter schon einmal Tiere gequält, um sich einen emotionalen Gewinn zu verschaffen?

✓ Mit welcher emotionalen Intensität reagiert der Täter auf sadistische Tatelemente?

### 7.4.5. Sadistische Fantasien

*Sadistische Fantasien:* Ausmaß der Differenzierung, der Intensität und des Umfangs sadistischer Fantasien beim Täter.

Ähnliches wie für die „Erregbarkeit bei sadistischen Handlungen" gilt für das Vorliegen sadistischer Fantasien. Zwischen beiden Merkmalen gibt es Überschneidungen. Oft werden in der Praxis gleiche Ausprägungen vorliegen. Gibt es aus den Handlungsabläufen Anhaltspunkte dafür, dass ein deutlich erkennbarer sadistischer Ausprägungsgrad besteht, dann ist wiederum von den Taten auf die Existenz sadistischer Fantasien zu schließen. Auch hier wird es nicht selten der Fall sein, dass der Täter die Existenz entsprechender Fantasien verneint. Anhaltspunkte bieten neben der Tatausführung, dem Planungs- und Differenzierungsgrad auch Informationen über Freizeitbeschäftigungen, Konsum pornographischer Materialien oder die Art von Masturbationsfantasien. Durch verschiedene Fragetechniken lässt sich die Plausibilität der vom Täter angegebenen Masturbationsfantasien beurteilen.

Bestehen keinerlei Hinweise für die Existenz von Fantasien oder sind diese überhaupt nicht beurteilbar, ist dieser Punkt auszulassen, in dem er mit 0 (= nicht vorhanden oder sehr gering) bewertet wird. Das Auswertungsschema ist so konstruiert, dass bei deutlich vorhandenem Sadismus die aus den Tatabläufen erkennbaren Merkmale in der Regel ausreichen sollten, das Phänomen quantitativ adäquat zu klassifizieren. Sofern es direkte Hinweise auf sadistische Fantasien gibt oder diese aus anderen Merkmalen ableitbar sind, erfolgt die Einschätzung über Ausmaß, Differenzierung, Intensität und Umfang der Beschäftigung, um deren Ausprägung zu bewerten.

Obwohl das Merkmal „Sadistische Fantasien" für die quantitative Bewertung verzichtbar ist, wenn in den konkreten Tatausführungspunkten genügend Anhaltspunkte für eine angemessene Einschätzung vorhanden sind, hat es dennoch große Wichtigkeit. Zum einen ergibt sich ein zusätzlicher Informationswert im Hinblick auf prognoserelevante Problembereiche, wenn Rückschlüsse auf die Fantasien gezogen werden können oder direkte Berichte hierzu vorliegen. Zum anderen kommt es vor, dass es noch nicht zu sadistischen Taten gekommen ist oder aber die sadistischen Elemente in den Straftaten noch gering ausgeprägt sind. Dann führt die Berücksichtigung der vorhandenen Fantasien zu einer sachgerechteren Einschätzung des Risikoprofils, als dies durch die alleinige Analyse der Tathandlungen möglich wäre.

Leitfragen:

✓ Welche Art von Masturbationsfantasien hat der Täter?

✓ Gibt es im Tatverlauf sadistische Handlungselemente, so dass auf sadistische Fantasien geschlossen werden kann?

✓ Welche Selbstauskünfte oder Berichte von Drittpersonen deuten auf das Vorhandensein sadistischer Fantasien hin?

## 7.4.6. Spezifität der Opferwahl

*Spezifität der Opferwahl:* Ausmaß, in dem es für den Täter ein gemeinsames Selektionskriterium bei der Auswahl seiner Opfer gibt.

Manche sadistischen Täter neigen dazu, bestimmte Typen von Opfern für ihre Straftaten auszuwählen. Manchmal sind es äußerliche Attribute, manchmal strategische Überlegungen, die sie einen bestimmten Opfertyp bevorzugen lassen. Die Gemeinsamkeiten zwischen den Opfern können auch über die Geschlechtergrenzen hinausgehen und trotzdem Hinweise auf eine hohe Opferspezifität sein.

Das gemeinsame Selektionskriterium auch über die Geschlechtergrenzen hinaus in den Vordergrund zu rücken, macht die Fixierung auf einen bestimmten Opfertyp deutlich. Das Ausmaß der Opferspezifität ist meist ein Hinweis darauf, dass das Opfer Teil einer gut geplanten, vorstrukturierenden Fantasie ist. Der Täter wählt das Opfer, das für ihn am besten geeignet erscheint, als Objekt seiner sadistischen Fantasie zu dienen.

Beispiele:

✗ Ein Täter, der speziell schwache und ihm deutlich unterlegene Opfer aussucht, wählt möglicherweise junge Mädchen ebenso wie körperlich schwach erscheinende männliche Jugendliche.

✗ Ein anderer Täter wählt nach genauer Vorbereitung 15- bis 20-jährige junge Frauen als Opfer aus, die bestimmten äußerlichen Kriterien entsprechen und seinem eigenen sexualisierten Schönheitsideal entgegenkommen. Die Stereotypie, mit der er einen bestimmten Opfertyp für sadistisch geprägte Sexualdelikte bevorzugt, legt nahe, dass es eine entsprechende, in der Fantasie verankerte Vorstellung gibt.

Leitfragen:

✓ Nach welchen Kriterien wählt der Täter seine Opfer aus?

✓ Gibt es stereotyp erscheinende Merkmale eines bestimmten Opfertyps, den der Täter offensichtlich bevorzugt?

✓ Sind die Merkmale eines spezifischen Opfertyps geeignet, bestimmten sadistischen Bedürfnissen des Täters in spezieller Weise entgegenzukommen?

✓ Gibt es gemeinsame Merkmale im Hinblick auf einen bestimmten Opfertyp auch über die Geschlechtergrenzen hinausgehend?

✓ Wie stereotyp oder wie eingegrenzt zeigt sich die Bevorzugung eines bestimmten Opfertyps?

✓ Zeigt sich die Opferspezifität – soweit hierfür Angaben vorhanden sind – nicht nur in Handlungen, sondern auch in Fantasietätigkeiten bzw. dem Konsum von Pornografie?

## 7.5. Tötungsbereitschaft

Wie schon bei den Merkmalsgruppen „Waffeneinsatz“ und „Gewaltbereitschaft“ soll wiederum das Anlassdelikt, bzw. das Delikt der Bewertung zu Grunde gelegt werden, bei dem die Tötungsbereitschaft am deutlichsten zum Ausdruck kam. Die Merkmalsgruppe „Tötungsbereitschaft“ ist in Bezug auf die vorzunehmende Beurteilung nicht deckungsgleich mit der Merkmalsgruppe „Tötungsbereitschaft“ innerhalb der „Spezifischen Problembereiche mit Tatrelevanz“. Während die Merkmalsgruppe „Tötungsbereitschaft“ in der Hauptgruppe „Spezifische Problembereiche mit Tatrelevanz" auf eine grundsätzliche Persönlichkeitsdisposition auch gänzlich unabhängig vom Anlassdelikt abzielt, ist sie innerhalb der Hauptgruppe „Tatmuster" streng auf ein konkretes Delikt bezogen: Entweder auf die Anlasstat oder auf die Tat, in der die Tötungsbereitschaft am deutlichsten zum Ausdruck kam. Die Bewertung dieser Problematik erfolgt hier somit unter einem anderen Blickwinkel.

Die gleichen Einzelmerkmale können nichtsdestotrotz an beiden Orten eine identische Ausprägung aufweisen. In der Hauptgruppe „Spezifische Problembereiche mit Tatrelevanz" erfolgt im Hinblick auf die grundlegende Persönlichkeitsdisposition allerdings eine zusätzliche Gewichtung anhand der Bedeutungsvariablen. Diese Gewichtung wird beim „Tatmuster" nicht vorgenommen, da hier Tatmustermerkmale und nicht die Persönlichkeitsdisposition erfasst werden. Da die gleichlautenden Einzelmerkmale dieser Merkmalsgruppe bereits bei den „Spezifischen Problembereichen mit Tatrelevanz" definiert wurden, erfolgt hier für diese Merkmale eine Wiederholung oder eine analoge Darstellung der dort dargelegten Erläuterungen.

### 7.5.1. Aktuelle Tötungsbereitschaft

*Aktuelle Tötungsbereitschaft:* Ausmaß, in dem der Täter den Tod seines Opfer anstrebt oder in Kauf nimmt. Grundlage der Bewertung ist das Delikt, bei dem eine Tötungsbereitschaft am deutlichsten zum Ausdruck kam. Dies kann sowohl das Anlassdelikt als auch ein früheres Delikt sein.

Für die Bewertung ist es unerheblich, ob ein Opfer tatsächlich zu Tode kam oder der Tod nur auf Grund von Faktoren nicht eingetreten ist, die unabhängig vom Täter sind. Solche Faktoren bestehen z. B. in der erfolgreichen ärztlichen Behandlung eines Opfers, das in Lebensgefahr schwebte, dessen Tod der Täter aber durchaus in Kauf genommen hätte. In gleicher Weise sind auch Delikte zu bewerten, in denen es zum Abbruch der Gewalthandlung kam, weil etwas Unvorhergesehenes geschah, es aber nach dem Willen des Täters zu einer lebensgefährlichen Verletzung des Opfers gekommen wäre.

Beispiele:

- ✗ *Geringe Ausprgägung:* Tendenziell geringer kann die Tötungsbereitschaft sein, wenn das Tatgeschehen stark durch situative Aspekte oder eine hochspezifische, kaum wiederholbare Konstellation geprägt ist.

✗ *Moderate Ausprägung:* Von einer milderen Ausprägung ist dann auszugehen, wenn das Tatgeschehen stark durch situative Faktoren gekennzeichnet ist, die vom Täter in dieser Form nicht konstelliert werden, so dass die Tötungshandlung weniger den persönlichen Eigenschaften des Täters als vielmehr sehr spezifischen Umständen zuzuordnen ist.

✗ *Hohe Ausprägung:* Die „Tötungsbereitschaft" kann dann als hoch ausgeprägt angesehen werden, wenn der Täter den Tod des Opfers beabsichtigt oder durch den Tod sogar stimuliert wird. Auch die Inkaufnahme eines tödlichen Ausganges kann als „Aktuelle Tötungsbereitschaft" gewertet werden.

Leitfragen:

✓ Ist das Opfer beim Referenzdelikt gestorben?

✓ Hätte das Opfer beim Referenzdelikt sterben können?

✓ Hat der Täter den Tod des Opfers billigend in Kauf genommen oder gar beabsichtigt?

✓ Sprechen Planungen oder Vorbereitungshandlungen für eine beabsichtigte Tötung?

✓ Sind die Handlungen des Täters prinzipiell geeignet, den Tod des Opfers zur Folge zu haben? Wenn ja, mit welcher Wahrscheinlichkeit?

✓ Sind Hemmschwellen gegenüber Handlungen erkennbar, die den Tod eines Opfers zur Folge haben können oder sind solche Hemmschwellen in auffälliger Art gerade nicht festzustellen?

## 7.5.2. Frühere Tötungsbereitschaft

*Frühere Tötungsbereitschaft:* Ausmaß der Bereitschaft des Täters zu tötungsnahen Handlungen in der Vergangenheit.

Bei diesem Merkmal soll der Ausprägungsgrad einer Tötungsbereitschaft bei früheren Delikten beurteilt werden.

Bewertungsregel für das Merkmal „Frühere Tötungsbereitschaft“:

- ☞ Das Referenzdelikt für die Beurteilung des Merkmals „Aktuelle Tötungsbereitschaft“ darf bei diesem Merkmal nicht berücksichtigt werden.

Leitfragen:

- ✓ Gibt es frühere Handlungen, bei denen der Täter den Tod des Opfers in Kauf nahm oder beabsichtigte?
- ✓ Konstellierte er Situationen, die den Tod eines Opfers hätten zur Folge haben können?
- ✓ Zeigte er früher Bedauern, merkliche Betroffenheit und Distanzierung hinsichtlich entsprechender Handlungen?
- ✓ Forcierte der Täter in steuernder Art und Weise lebensgefährdende Gewalt?

### 7.5.3. Persönlichkeitsdisposition für Tötungsbereitschaft

*Persönlichkeitsdisposition für Tötungsbereitschaft:* Ausmaß an überdauernden Persönlichkeitsmerkmalen des Täters, die zu einer grundsätzlichen Bereitschaft für tötungsnahe Handlungen führen.

Die Ausprägung dieses Merkmals entspricht derjenigen des gleichlautenden Merkmals der Merkmalsgruppe „Tötungsbereitschaft“ innerhalb der Hauptgruppe „Spezifische Problembereiche mit Tatrelevanz“. Wenn die „Tötungsbereitschaft“ unter den „Spezifischen Problembereichen mit Tatrelevanz“ gewertet wurde, kann dieser Wert bei dem hier vorliegenden Merkmal „Persönlichkeitsdisposition für Tötungsbereitschaft“ übernommen werden.

Zusammenfassend ist die Persönlichkeit des Täters anhand der Frage zu beurteilen, ob bei ihm eine grundsätzliche Disposition für Tötungshandlungen besteht. Das kann z. B. der Fall sein, wenn ein Täter die Tötung eines Widersachers oder Opfers grundsätzlich als eine legitime Möglichkeit oder sogar als ein angestrebtes Ziel ansieht. Es kann sein, dass ein

Täter mit dieser Vorstellung eine emotional stimulierende Qualität (Lust, Machtgefühl usw.) verbindet.

Leitfragen:

- ✓ Gibt es aus der Vorgeschichte des Täters Hinweise auf entsprechende Fantasien?
- ✓ Reagiert er mit Todesdrohungen oder hat er in der Vergangenheit entsprechende Verhaltensweisen gezeigt?
- ✓ Hat bereits die Vorstellung zu töten in irgendeiner Weise Attraktivität für den Täter?

### 7.5.4. Lustgewinn durch tötungsnahe Handlungen

*Lustgewinn durch tötungsnahe Handlungen:* Ausmaß, in dem tötungsnahe Handlungen für den Täter mit einem positiven Erleben verbunden sind.

Hier ist noch einmal konkret zu beurteilen, in welchem Maß sich der Täter durch tötungsnahe Handlungen stimuliert fühlt. Dies kann offensichtlich bei sadistisch strukturierten Tätern der Fall sein, die durch exzessive Gewaltanwendung bis hin zur Tötung einen Lustgewinn erzielen. Emotionale Stimulierung kann aber auch bei Tätern relevant sein, die sich dadurch in ihrem Dominanz- oder Machtgefühl gestärkt fühlen oder sich in der Rolle des unerschrockenen, harten Kämpfers inszenieren.

Leitfragen:

- ✓ Wird der Täter durch tötungsnahe Handlungen emotional stimuliert?
- ✓ Genießt der Täter tötungsnahe Handlungen, weil diese ihm ein angestrebtes Gefühl der Macht oder Kontrolle bieten?
- ✓ Sind im Tatablauf sadistische oder anderweitig besonders gewalttätige Elemente identifizierbar, die auf eine spezifische Stimulierbarkeit des Täters durch derartige Handlungen hinweisen?

### 7.5.5. Niedrige Hemmschwelle für tötungsnahe Handlungen

*Niedrige Hemmschwelle für tötungsnahe Handlungen:* Ausmaß der grundsätzlichen Bereitschaft des Täters zu tötungsnahen Handlungen.

Wie schon bei den vorangegangenen Merkmalsgruppen empfiehlt es sich auch hier, die einschlägige strafrechtliche Vorgeschichte ebenso zu berücksichtigen wie die Schilderungen von Drittpersonen oder des Täters selbst.

Leitfragen:

✓ Wie leicht und wie schnell sind exzessive Gewalthandlungen, bei denen Tötungen möglich sind, auslösbar?

✓ Gibt es eine grundsätzliche moralische Barriere gegen tötungsnahe Handlungen oder ist sie nicht vorhanden, bzw. regelmäßig in bestimmten Situationen außer Kraft gesetzt?

✓ Neigt der Täter dazu, andere Menschen auch bei verhältnismäßig geringen Anlässen ernsthaft mit dem Tode zu bedrohen?

## 7.6. Entschlossenheit zur Tat

### 7.6.1. Motivationsintensität für das Tatverhalten

*Motivationsintensität für das Tatverhalten:* Ausmaß der Motivation, die der Täter zur Realisierung des Tatverhaltens und zur Überwindung bestehender Hindernisse aufbringt.

Wie schon in der Definition dargelegt, soll eine Einschätzung über die Stärke der Handlungsmotivation vorgenommen werden. Diese kann sich in Äußerungen des Täters zeigen. Vor allem konkretisiert sie sich aber im Tatvorlauf und der Tatdurchführung.

Hinweise auf die Ausprägung der motivationalen Grundlage eines Tatverhaltens geben beispielsweise Zeichen der Fixierung auf das Tatziel, mangelnde Ablenkbarkeit auf dem Weg zur Realisierung, die Inkaufnahme von

Nachteilen, die Bereitschaft, Hindernisse zu überwinden bzw. unbedingt am Tatziel festzuhalten, umfangreiche gedankliche und emotionale Beschäftigung mit Tatinhalten, eine starke emotionale Aufladung in Bezug auf die Tatrealisation, eine sich über einen längeren Zeitraum oder stabil in unterschiedlichen Situationen zeigende Tatmotivation.

Beispiele:

- *Moderate Ausprägung:* Ein Täter, der eine gewisse Vorliebe für dominantes Verhalten in der Sexualität mit Frauen zeigt, achtet stets darauf, das Einverständnis seiner Partnerinnen zu erhalten und sorgt sich auch um deren Bedürfnisse. Zudem nimmt die Dominanzaffinität nur einen Teilbereich seiner sexuellen Vorlieben ein und ist daher nicht regelmäßig im Vordergrund sexueller Bedürfnisse und Praktiken. Bei einem Prostituiertenbesuch entgleitet eine sadomasochistisch angelegte Situation, in dem der Täter Zeichen der Abwehr und mangelnden Einverständnisses seiner Sexualpartnerin nicht mehr erkennt bzw. nicht mehr berücksichtigt. Im Rahmen einer sich steigernden Gewaltanwendung verletzt der Täter die Prostituierte erheblich im Vaginalbereich.
  Die Intensität der Tatmotivation ist deshalb nicht mit 3 (= deutlich) oder gar 4 (= sehr stark) bewertet, weil die Tatbegehung auch durch eine situative Entwicklung geprägt war und somit nicht einem in dieser Form vorab gestalteten „Wunschszenario" entsprach und die Dominanzaffinität nicht ausschließlich im Vordergrund der sexuellen Präferenzen stand. Die Intensität wird umgekehrt nicht mit 0 (= nicht vorhanden oder sehr gering) oder 1 (= gering) bewertet, weil die Tat eine auch unabhängig von der Tatsituation bestehende Motivation bildet.

- *Hohe Ausprägung:* Ein typischer Fall für eine sehr starke Ausprägung ist ein pädosexueller Täter, der eine hohe Motivation für Übergriffe auf Kinder besitzt, die in einer nahezu gleich bleibenden Intensität auch unabhängig von einem konkreten Deliktverhalten besteht. Dieser Täter setzt viel Zeit und Energie dafür ein, Kinder kennen zu lernen. Er investiert Geld für Geschenke. Kinder sind sein Lebensinhalt und er hat eine hohe Motivation, mit ihnen in Kontakt zu kommen.

Leitfragen:

- ✓ Wie hoch ist die Intensität der Tatmotivation?
- ✓ Wie wichtig ist dem Täter das Delikt?
- ✓ Wie stark bestehen motivationale Phänomene im Hinblick auf die Tatbegehung wie z. B. ein Bedürfnis, ein Wunsch, Verlangen, Lust, „Besessenheit“ etc.?
- ✓ Was tut der Täter für die Möglichkeit der Tatbegehung, was nimmt er hierfür in Kauf?
- ✓ Wie ablenkbar ist der Täter im Hinblick auf eine mögliche Tatausführung?

## 7.6.2. Tatankündigungen oder klare Tatvorbereitung

*Tatankündigung oder klare Tatvorbereitung:* Ausmaß einer verbalen oder nonverbalen Interaktion, welche darauf abzielt, einer Drittperson das bevorstehende Vorhaben mitzuteilen. Als äquivalent sind klare Tatvorbereitungen oder jegliche Art der Dokumentation des Tatvorhabens zu bewerten, auch wenn sie keinen Mitteilungscharakter gegenüber Drittpersonen aufweisen.

Tatankündigungen deuten auf eine grundsätzliche Persönlichkeits- und Bewusstseinsnähe entsprechender Handlungen hin. Möglicherweise wird das Tatverhalten darüber hinaus durch die Mitteilung instrumentell eingesetzt.

Ähnliches gilt für klare tatvorbereitendende Handlungen, die deutlich auf die Deliktbegehung ausgerichtet sind. Sie werden wie die explizite Tatankündigung durch ihren faktischen Ankündigungscharakter bewertet. Bei den Vorbereitungshandlungen ist zu prüfen, ob sie ähnlich wie die Tatankündigung den bereits vor der Deliktbegehung gefassten Entschluss nahe legen bzw. dokumentieren.

Es mag bei diesem Merkmal größere Überschneidungen zum Merkmal des „Planungsgrades“ geben. Im Unterschied zu diesem liegt bei dem hier dargestellten Merkmal der Akzent weniger auf der Intensität der Vorbereitungshandlungen, als vielmehr auf der Erkennbarkeit des Entschlusses zur Deliktbegehung. Der Entschluss im Vorfeld der Tat lässt sich auf die

Motivation und die Bereitschaft, diese in eine Handlung umzusetzen, zurückführen. Sie ist damit eine Facette der „Entschlossenheit zur Tat“. In einem hohen Planungsgrad wird sich regelhaft ebenfalls eine deutliche Entschlussausprägung manifestieren. Umgekehrt gibt es aber Tatankündigungen, die nicht mit einer entsprechenden Planung des Delikts einhergehen. Auch Vorbereitungshandlungen können zwar deutlich sein, müssen aber nicht notwendigerweise einer klaren bzw. detaillierten Planung im Tatvorfeld entsprechen. So kann es beispielsweise sein, dass sich ein Täter mit Mittätern an einem Treffpunkt verabredet oder sich in Erwartung einer partnerschaftlichen Auseinandersetzung eine Waffe griffbereit zurecht legt. Es liegen damit Vorbereitungshandlungen vor, ohne dass damit automatisch eine Planung mit hohem Planungsgrad einhergehen muss. Wichtig im Zusammenhang mit dem hier zu bewertenden Merkmal ist lediglich die Tatsache der Vorbereitungshandlung, die ähnlich wie die Tatankündigung ein Zeichen der Persönlichkeits- und Bewusstseinsnähe darstellt. Aus den erwähnten Gründen wird zur Einschätzung der „Entschlussausprägung“ sowohl das Merkmal „Tatankündigung“ als auch das der „klaren Tatvorbereitung“ herangezogen. Je höher ausgeprägt eines der Phänomene ist, desto eher spricht dies für eine stärkere Bewusstseins- und Persönlichkeitsnähe des Tatverhaltens. Das wiederum ist als negativer Prädiktor zu werten.

Zu bewerten sind die „Tatankündigung“ und die „klare Tatvorbereitung“ hinsichtlich Häufigkeit, Beständigkeit oder Deutlichkeit, mit der sie vorgetragen werden. Taten können sich ankündigen durch:

- Drohungen
- Äußerungen gegenüber Drittpersonen
- Demonstrative bzw. klar erkennbare Vorbereitungshandlungen
- Jegliche Art der Dokumentation der Tatvorhaben

### 7.6.3. Tatankündigungen mit Drohungscharakter

*Tatankündigung mit Drohungscharakter:* Ausmaß, in dem der Täter durch verbale oder nonverbale Mitteilungen Druck auf eine andere Person ausübt.

Als zusätzliche eigenständige Variante einer Tatankündigung wird mit diesem Merkmal die Ausprägung verbaler oder nonverbaler Mitteilungen festgehalten, mit denen der Täter im Vorfeld der Tat oder mit der Tat selbst Druck auf eine andere Person ausübt. Hier steht die Ankündigung in handlungsnaher Absicht zu einer Gewaltanwendung oder zu einer anderen Art der Tatbegehung, mit der er der bedrohten Person zu schaden glaubt. Es kommt hierin gegenüber der reinen Mitteilung über die beabsichtigte Tat eine zusätzliche Disposition zur Gewaltanwendung zum Ausdruck. Möglicherweise sind für den Täter Druck und Gewalt, die mit der späteren Tatbegehung assoziiert sind, legitime Verhaltensoptionen oder Ausdruck einer starken, meist affektiv geprägten Motivationsintensität.

Die Tatankündigung mit Drohungscharakter im Vorfeld einer tatsächlich begangenen Tat wird als zusätzlicher negativer Prädiktor angesehen, weil hiermit eine verstärkte Qualität der Persönlichkeits- und Bewusstseinsnähe des Tatverhaltens zum Ausdruck kommt.

Die Bewertung dieses und des vorherigen Merkmals erfolgt unter der Zielsetzung, dass anhand des FOTRES eine Einschätzung der Rückfallgefahr – und nicht die einer Ausführungsgefahr bei einem noch nicht straffällig in Erscheinung getretenen Menschen – vorgenommen wird. Im Vorfeld einer noch nicht begangenen Tat, bei der es zu Tatankündigungen oder klaren Vorbereitungshandlungen kommt, ist bei der Einschätzung der beiden Merkmale Vorsicht geboten. Keineswegs wäre der Schluss gerechtfertigt, dass Tatankündigungen mit Drohungscharakter gegenüber solchen ohne Drohungscharakter generell als gefährlicher hinsichtlich einer Tatrealisation zu bewerten sind. Das Gegenteil kann zutreffend sein. Ähnlich einem Suizidgefährdeten, der in dem Moment, in dem er den Entschluss zum Suizid gefasst hat, der Außenwelt weniger Zeichen auf die bevorstehende Gefahr gibt, sind ähnliche Phänomene auch bei bevorstehenden schweren Gewalttaten möglich. Der Täter, welcher sich unzweifelhaft für die Begehung der Tat entschieden hat, teilt dies vielleicht beiläufig und eher emotionslos mit oder er begibt sich an die klare Vorbereitung seiner Tat, ohne das Opfer vorher durch Drohungen zu warnen. Demgegenüber können Drohungen im Einzelfall auch Ausdruck der noch relativen Offenheit des Geschehens sein, in dem der Täter z. B. durch die Drohungen noch versucht, irgendein subjektiv Sinn machendes Ziel zu erreichen. Für eine bevorstehende noch nicht stattgefundene Gewalttat kann daher eine unterschiedliche Akzentsetzung der zwei dargestellten Merkmale sinnvoll sein. Diese Vermutung wird u. a. durch die Untersuchung von Fein und

Vossekuil gestützt, in welcher der Grosßteil der untersuchten Attentäter im Vorfeld nicht gedroht hatte [97]. Für das Merkmal „Tatankündigungen mit Drohungscharakter" ist zu bewerten, wie deutlich die Drohung auf ein bevorstehendes Delikt hinweist, wie intensiv durch die Drohung Druck ausgeübt wird, bzw. wie massiv und konkret die Drohung ist.

Leitfragen:

✓ Droht der Täter potenziellen Opfern verbal?

✓ Setzt der Täter Drittpersonen durch demonstrative Vorbereitungshandlungen unter Druck?

✓ Wie massiv droht der Täter, wie stark ist der Druck, den er ausübt?

✓ Wie konkret ist die Drohung?

✓ Scheint der Täter Drohungen oder damit verbundene Gewalthandlungen als legitime Verhaltensoption anzusehen?

✓ Waren im Vorfeld der Tat starke Affekte die treibende Kraft für Drohungen, die später im Delikt realisiert wurden?

✓ Welche emotionale Intensität erreichte diese Motivationsgrundlage für das Drohungsverhalten?

## 7.6.4. Erkennbare Zweifel und Ambivalenz

*Erkennbare Zweifel und Ambivalenz:* Ausmaß, in dem im Tatvorfeld oder während des Tatablaufs beim Täter Zweifel und ambivalente Gefühle oder Kognitionen erkennbar sind.

Dieser Unterpunkt hilft, den Grad der Identifikation des Täters mit dem Tatverhalten bzw. mit dem Entschluss zur Tatbegehung genauer einzuschätzen. Umso ausgeprägter Zeichen für erkennbare Zweifel und Ambivalenz erkennbar sind, desto schwächer ist eine durchgängige Identifikation anzunehmen und umgekehrt.

Erkennbare Zweifel und Ambivalenz können sich z. B. in einem „Hin- und Hergerissensein" im Vorfeld der Tat zeigen, in einer diskontinuierlichen Tatvorbereitung, in zweifelnden Äußerungen gegenüber Drittpersonen, in der Suche nach alternativen Handlungsmöglichkeiten u. Ä. Auch bei der Tatbegehung selbst können Zeichen der Unsicherheit auftreten – z. B. in dem der Täter sein Verhalten gegenüber Opfern kommentiert oder sich entschuldigt. Zur Beurteilung dieser Aspekte können Zeugenaussagen über das konkrete Verhalten des Täters oder auch über die Kommunikation mit Komplizen hilfreich sein.

Bei Taten, deren Entstehung stark durch situative Faktoren geprägt ist, kann es sein, dass aufgrund fehlender Planungs- und Entscheidbildungselemente im Vorfeld der Tat nur wenig Raum für Zweifel und Ambivalenz bleibt.

Wenn zudem die Tat selbst durch eine starke Affektbeteiligung des Täters geprägt ist, kommt durch fehlende Zweifel und Ambivalenz während des Tatgeschehens möglicherweise weniger eine starke Identifikation als eine starke – vielleicht auch nur situativ geprägte – Handlungsmotivation zum Ausdruck. Dennoch würde auch in diesen Fällen ähnlich wie bei Tätern mit hoher Identifikation eine Wertung mit 0 (nicht vorhanden oder sehr gering) erfolgen. Diese sollte sich aber gesamthaft in den situativen, affektgeprägten Fällen durch die Ausprägung anderer Merkmale („Tatankündigung“, „Ausführungsbereitschaft“ etc.) relativieren.

Leitfragen:

✓ In welchen Situationen, vor allem in welchen Verhaltenssequenzen der Tat, zeigt der Täter Ambivalenz oder anderweitige Distanz zu seinem Vorhaben?

✓ Welche seiner Handlungen drücken Ambivalenz und Zweifel aus?

✓ Sind es Handlungen, die sich nicht durch andere Motivationslagen erklären lassen?

✓ Sucht der Täter im Vorfeld der Tat nach alternativen Handlungsmöglichkeiten?

✓ Zögert er die Deliktbegehung hinaus?

✓ Sind im Vorfeld der Tat psychische Belastungssymptome beschrieben?

## 7.6.5. Ausführungsbereitschaft

*Ausführungsbereitschaft:* Ausmaß einer grundsätzlichen Bereitschaft und Zielstrebigkeit des Täters bezogen auf die Tatrealisation:

- Ideen und Handlungsimpulse in delinquentes Verhalten umzusetzen
- das Tatverhalten konsequent zu Ende zu führen
- das Tatverhalten in nahezu jeder Situation und an jedem Ort zu zeigen

Die Zielstrebigkeit für die Tatrealisation ist ein Teilaspekt der „Ausführungsbereitschaft“: Dieser beschreibt, wie zielstrebig und konsequent der Täter Ideen einer möglichen Tatausführung aktiv und bewusst in eine Tatrealisation umsetzt und während des Deliktverlaufs diesen gemäß seinen Fantasien und Deliktzielen gestaltet. Die Zielstrebigkeit ist eine Qualität der Tatrealisation. Sie charakterisiert die Konsistenz und Effektivität der Tatrealisation und damit eine technische Qualität auf der Strecke vom Entschluss zur Tat bis zu ihrer Realisierung.

Die Ausführungsbereitschaft ist in gewissen Anteilen das Gegenteil der Beeinflussbarkeit. Sie umfasst aber mehr als das. Die Ausführungsbereitschaft ist ein Maß dafür, wie nah ein Täter an der Handlungsschwelle zur Tat steht bzw. im Tatvorfeld gestanden hat.

Zum Merkmal „Motivationsintensität“ gibt es Überschneidungen, wobei der Akzent beim Merkmal „Ausführungsbereitschaft“ näher an der Außenwelt und damit an der Konkretisierung des Tatgeschehens liegt. Die „Motivationsintensität“ ist subjektives Erleben, die „Ausführungsbereitschaft“ die Ausprägung der Disposition, auf der Grundlage der „Motivationsintensität“ zu handeln.

Unter dem Merkmal der „Ausführungsbereitschaft“ ist auch die Zielstrebigkeit, mit der ein Täter beim Tatverhalten vorgeht zu berücksichtigen. Nicht immer bedeutet eine hohe Ausführungsbereitschaft, dass der Täter bei der Umsetzung zielstrebig vorgeht. Umgekehrt spricht eine hohe Zielstrebigkeit aber stets für eine hohe Ausführungsbereitschaft. Aus diesem Grund empfiehlt es sich, wann immer beide Aspekte gut unterscheidbar sind, zunächst allgemein die Ausführungsbereitschaft zu bewerten und anschließend die Zielstrebigkeit zu untersuchen. Die höhere Ausprägung bestimmt schließlich die Gesamtwertung der „Ausführungsbereitschaft“. Bei großen Überschneidungen können die beiden Merkmale (Zielstrebigkeit und Ausführungsbereitschaft) von Anfang an gemeinsam untersucht werden.

Leitfragen:

✓ Wie sehr will der Täter die Tat?

✓ Wie sehr lässt er sich durch einen Impuls, durch die entsprechende Situation, durch „gute Gründe" in eine Handlungsbereitschaft bringen?

✓ Mit welcher Konsequenz verfolgt der Täter den Handlungsimpuls?

✓ Wie stark entspricht die Handlung einem inneren Bedürfnis?

✓ Wie schnell und wie stringent kommt es von einer Idee, von einem Handlungsimpuls zur Umsetzung der Tat?

# 7.7. Persönlichkeitsverwurzelung

## 7.7.1. Bedeutung des Tatverhaltens für die Persönlichkeit

*Bedeutung des Tatverhaltens für die Persönlichkeit:* Ausmaß der Bedeutung, die das Tatverhalten für das psychische Gleichgewicht des Täters hat.

Taten können Ausdruck flüchtiger, nur lose mit der Persönlichkeit verbundener Phänomene sein. Sie können aber auch – und das ist häufiger der Fall – in einer festen Beziehung zu stabilen Persönlichkeitsanteilen stehen. Die „Bedeutung eines Tatverhaltens für die Persönlichkeit" fokussiert auf den funktionellen Aspekt der Beziehung zwischen Persönlichkeitsanteilen und Tatverhalten. Um die Bedeutung des Tatverhaltens für die Persönlichkeit einschätzen zu können, gilt es zunächst sich zu vergegenwärtigen, mit welchen Persönlichkeitsanteilen das Deliktverhalten verbunden ist und zu welchem „psychischen Gewinn" es demnach im Persönlichkeitsgefüge führt. Je größer dieser Gewinn und je weniger er anderweitig erzielbar ist, umso stärker ausgeprägt ist die Bedeutung des Tatverhaltens für die Persönlichkeit.

Beispiele:

✗ Das primäre Beziehungs- und Sexualziel eines kompensatorischen Pädosexuellen sind erwachsene Frauen. Kinder stellen für ihn „kleinere, leichter erreichbare Frauen“ dar. Hat dieser Täter erhebliche Mängel in der sozialen Kompetenz, wird er das, was er im Kontakt mit Kindern erfahren kann (eigene Größe erleben, Kontrolle besitzen, bewundert werden, selbstsicher auftreten können, eigene Wünsche artikulieren, sich durchsetzen etc.) nicht ohne Weiteres im Kontakt zu Erwachsenen in einem anderen Lebensbereich erreichen können. Ein Verzicht auf das Deliktverhalten würde für ihn Verzicht auf ein positives Erlebensspektrum bedeuten. Muss zudem der Bereich der Sexualität dafür genutzt werden, Defizite im Freizeitverhalten oder im sonstigen Beziehungsumfeld und Beruf zu kompensieren, entsteht ein zusätzlicher Bedürfnisdruck auf das Tatverhalten hin. Ein Täter, der hier über grundsätzlich bessere soziale Möglichkeiten verfügt, für den der Tatbereich nicht noch zusätzlich mit weiteren Bedeutungen überlastet ist (Ausgleich mangelnder Möglichkeiten zur Freizeitgestaltung, Kompensation für Selbstwertprobleme etc.), hat bessere Möglichkeiten für alternative – nicht delinquente – Verhaltensmodelle.

✗ Ein dissozialer Täter hat bereits vielfach Raubdelikte und diverse Gewalttaten begangen. Er neigt zur Überschätzung eigener Möglichkeiten und hat das Gefühl, die Welt schulde ihm etwas. Den eigenen Bedürfnissen und Verhaltensweisen steht er unkritisch gegenüber. Zwischen Ansprüchen und realen (legalen) Möglichkeiten besteht bei ihm eine große Diskrepanz. Zur Aufrechterhaltung seines Selbstbildes, zur unkritischen und nicht umweltvermittelten Realisierung seiner Bedürfnisse und um nicht die eigenen Ansprüche relativieren zu müssen, sind Delikte nahezu unausweichlich und wichtiger Bestandteil zur Umsetzung des eigenen Persönlichkeitskonzepts. In der Vielzahl und in der Art der bisherigen Taten drückt sich dieser Zusammenhang aus. Umgekehrt könnte formuliert werden: Es müssten sich viele zentrale Persönlichkeitsanteile und deren Zusammenspiel ändern, um den Bedürfnisdruck hinsichtlich weiterer Straftaten zu reduzieren. Der Bedeutungsgehalt des Deliktverhaltens für die Persönlichkeit ist daher außerordentlich hoch.

Leitfragen:

✓ Mit welchen Persönlichkeitsanteilen ist das Tatverhalten verbunden?

✓ Welcher psychische Gewinn ist mit dem Tatverhalten verbunden?

✓ Kommt dem Tatverhalten eine kompensatorische, gratifizierende oder stabilisierende Funktion zu?

✓ Auf was müsste der Täter ohne das Tatverhalten verzichten?

✓ Welche Ressourcen könnten an die dann vakante Stelle treten?

✓ Welche Erlebnisqualitäten stellt das Tatverhalten dem Täter zur Verfügung, die er sich anderweitig nur eingeschränkt oder gar nicht verschaffen kann?

## 7.7.2. Identifikation mit dem Tatmuster

*Identifikation mit dem Tatmuster:* Ausmaß, in dem sich der Täter mit seinem Tatverhalten identifiziert oder es als kongruent mit seinem Selbsterleben wahrnimmt, in dem er diesem – zumindest in Teilaspekten – positiv wertend gegenüber steht.

Täter, die sich mit ihrem Tatverhalten identifizieren, benennen für ihr Verhalten nachvollziehbare, berechtigte und prinzipiell positiv bewertete Gefühlslagen (z. B. das Bedürfnis nach Zuwendung, das Bedürfnis sich gegenüber einem Angriff oder einer Ungerechtigkeit zur Wehr zu setzen, Hilflosigkeit, Einsamkeit, Helfen wollen, etc.). Sie finden im Tatverhalten legitime Ziele umgesetzt, finden vielleicht die Ausführung „unteroptimal" oder übertrieben, erklären sich aber mit dem Prinzip einverstanden.

Beispiele:

✓ So kann ein Räuber vielleicht sagen, die angewendete Gewalt sei falsch gewesen. Aus anderen seiner Äußerungen oder Handlungen geht aber hervor, dass er es grundsätzlich als legitim erachtet, anderen Menschen etwas wegzunehmen, wenn es ihm nützt.

✓ Ein Ehemann bedauert zwar, seine Frau immer wieder zu schlagen, grundsätzlich glaubt er aber, dass eine handgreifliche Auseinandersetzung manchmal ein „reinigendes Gewitter" sein kann oder ein Mann sich nicht alles gefallen lassen dürfe.

✓ Ein junger Mann stiehlt in wiederholten Serien Autos – vorzugsweise teurer Marken. Oberflächlich setzt er sich zwar kritisch mit seinem Verhalten und den für ihn negativen Konsequenzen auseinander. Anderseits ist er davon überzeugt, dass er im Leben ungerechtfertigter Weise „zu kurz" gekommen sei. Mit Neid und unverhohlener Wut blickt der Täter auf die Menschen, die er als wohlhabend bezeichnet. Er tue ihnen am Ende

sogar einen Gefallen, wenn er das Auto stehle, da jene den Wert des Autos von der Versicherung erstattet bekämen. Hinter der oberflächlichen Distanzierung zeigt sich eine hochgradige Identifikation mit dem Tatverhalten. Der Täter distanziert sich mehr von den für ihn negativen Konsequenzen, nicht aber von seinem affektiven und kognitiven Grundmuster, das dem Tatverhalten zugrunde liegt.
Dies ist ein typisches Symptom für bestehende Identifikation: Der Täter distanziert sich von den Folgen der Tat oder einzelnen Teilaspekten. In seiner grundsätzlichen Einstellung steht er der Tat aber zustimmend, billigend, zumindest aber ohne prinzipielle Einwände gegenüber.

Es empfiehlt sich, den Identifikationsgrad auch an konkreten Handlungen und nicht nur anhand der Stellungnahmen eines Täters abzuschätzen. Diese Handlungen müssen nicht unbedingt delinquenten Charakter haben.

Es kann sich z. B. um Beobachtungen handeln, wie ein Täter in anderen Situationen mit der Respektierung von Grenzen, den Ansprüchen Schwächerer, dem Eigentumsanspruch, dem Recht auf persönliche Unversehrtheit u. Ä. umgeht.

Leitfragen:

- ✓ Distanziert sich der Täter von der Tathandlung?
- ✓ Oder distanziert er sich lediglich von den für ihn negativen Konsequenzen der Tat?
- ✓ Wie stark identifiziert sich der Täter mit dem Tatmuster?
- ✓ Gibt es zustimmende Äußerungen zum Tatverhalten oder zu Teilaspekten der Tat?
- ✓ Gibt es in der Tat Phänomene, die der Täter subjektiv als positive Werte internalisiert hat?
- ✓ An welchen Verhaltensweisen aus der Vergangenheit oder im Tatablauf lässt sich allenfalls die Missbilligung des Deliktverhaltens durch den Täter erkennen?

### 7.7.3. Umfang der Beschäftigung mit tatassoziierten Inhalten

*Umfang der Beschäftigung mit tatassoziierten Inhalten:* Ausmaß des zeitlichen Umfangs, den die Beschäftigung des Täters mit tatassoziierten Inhalten im Tagesablauf einnimmt.

Tatassoziierte Inhalte sind sämtliche gedanklichen (z. B. Fantasien, Planungen, Gedanken an das Opfer, den Widersacher, die deliktassoziierten Themen etc.) oder physischen Aktivitäten (Vorbereitungshandlungen, Pornografiekonsum, Schießübungen, Sammelaktivitäten, Filmaufnahmen, Internetaktivitäten etc.), die in enger Beziehung zu deliktbezogenen Themen stehen und denen in irgendeiner Weise ein deliktbegünstigender bzw. deliktvorbereitender Charakter zukommt.

So kann z. B. die weitgehende Freizeitgestaltung im subkulturellen oder delinquenznahen Milieu mit entsprechenden Gesprächen, Problemstellungen, gedanklicher und gefühlsmäßiger Beschäftigung unter diesem Punkt subsumiert werden. Schließlich gilt folgender, einfacher Zusammenhang: Je größer der gedankliche und emotionale Bezug zu tatassoziierten Inhalten ist, desto geringer werden die Möglichkeiten zur Entwicklung alternativer Denk- und Gefühlsmuster sein, umso eher werden Ideen und Handlungsimpulse in dem bevorzugten tatassoziierten Wahrnehmungs- und Erlebensbereich entstehen.

Beispiele:

✗ Bei einem Drogenabhängigen, der sich den ganzen Tag damit beschäftigt, wie er das Geld für seinen Drogenkonsum beschaffen kann, nimmt das Denken und Fühlen im Bereich tatassoziierter Inhalte einen sehr großen Umfang ein, auch wenn er (noch) kein Delikt begangen hat.

✗ Ähnliches gilt für einen schießwütigen Gewalttäter, dessen größtes Hobby die eigene Waffensammlung, der Gebrauch von Waffen und die Mitgliedschaft in verschiedenen Schießvereinen ist.

Leitfragen:

✓ Welchen Umfang nimmt die Beschäftigung mit tatassoziierten Inhalten im Leben des Täters ein?

✓ Spricht die Freizeitgestaltung des Täters (z. B. Milieu, Pornografiekonsum, Bekannte, Internet, Vereine etc.) für eine eingehende Beschäftigung mit tatassoziierten Inhalten?

✓ Wie sehr sind die Denk- und Gefühlsmuster des Täters durch tatassoziierte Inhalte geprägt?

✓ Wie groß sind Erlebens- und Wahrnehmungsmöglichkeiten außerhalb tatassoziierter Beschäftigungen, innerhalb derer alternative Denk- und Handlungsoptionen entwickelt werden können?

### 7.7.4. Intensität der Beschäftigung mit tatassoziierten Inhalten

*Intensität der Beschäftigung mit tatassoziierten Inhalten:* Ausmaß, in dem die Beschäftigung mit tatassoziierten Inhalten und die Motivation der Beschäftigung mit diesen Inhalten eine hohe Qualität im emotionalen Erleben aufweist.

Für den Aspekt der Intensität gelten in gleicher Weise die bereits beim vorangegangen Merkmal dargelegten allgemeinen Erläuterungen zu tatassoziierten Inhalten. Die Intensität beschreibt gegenüber dem vorangegangen quantitativen Merkmal einen qualitativen Aspekt der tatassoziierten Inhalte. Sie beschreibt damit eine vorwiegend emotionale Qualität, die mit den tatassoziierten Inhalten verbunden ist.

Neben dem Umfang dieser Beschäftigung lässt auch die emotionale Besetzung der Themen bzw. Aktivitäten einen Rückschluss darauf zu, wie stark die Verankerung der Inhalte in der Persönlichkeit des Täters zu vermuten ist.

Leitfragen:

✓ Ist die Beschäftigung von hoher Motivation oder großer Gefühlsintensität (Erregung, Aufregung, Begeisterung, süchtiges Erleben, Wut, Faszination etc.) getragen?

✓ Wie intensiv ist das mit der Beschäftigung verbundene Erleben des Täters?

✓ Wie stark ist die Motivation des Täters, mit der er sich den tatassoziierten Inhalten zuwendet?

✓ Wie hoch ist die emotionale Beteiligung (Erregung, Wut, Faszination etc.) im Zuge der Beschäftigung mit den tatassoziierten Inhalten?

### 7.7.5. Chronifizierungsgrad des Verhaltensmusters

*Chronifizierungsgrad des Verhaltensmusters:* Ausmaß, in dem das Tatverhalten in der Persönlichkeit bzw. im Verhaltensspektrum des Täters verankert ist.

Ein Tatverhalten kann unterschiedlich stark in die Persönlichkeit und das Verhaltensrepertoire eines bestimmten Täters integriert sein. Je nachdem, in welchem Umfang das Tatverhalten Teil der Persönlichkeit ist, steigt die Wahrscheinlichkeit bzw. die Selbstverständlichkeit, mit der auf das Tatverhalten zurückgegriffen wird. Im Umkehrschluss bedeutet dies, dass ein mit der Persönlichkeit stark verbundenes Tatverhalten mit hoher Wahrscheinlichkeit bereits in der Vergangenheit in entsprechenden Handlungsweisen sichtbar wurde. Es besteht also ein enger – wenn auch nicht absoluter – Zusammenhang zur (relativen) Häufigkeit bisheriger Straftaten.

Der Umfang der Persönlichkeitsverwurzelung ist dann als hoch einzuschätzen, wenn sich deliktrelevantes Verhalten in mehreren voneinander unterschiedlichen Situationen zeigt. Dabei sind nicht nur strafrechtlich relevante Ereignisse einzubeziehen, sondern alle Verhaltensweisen, die als Ausdruck des dem Tatverhalten entsprechenden Grundmusters eingestuft werden können (z. B. aggressives Verhalten im familiären Umfeld, aggressive Sexualität gegenüber Intimpartnern etc.).

Im Extremfall kann ein Täter tatrelevante Verhaltensmuster aber auch lediglich in umschriebenen, hoch spezifischen Tatsituationen zeigen. In allen anderen Situationen ist er in der Lage, andere Fähigkeiten zu demonstrieren.

Die Persönlichkeitsverwurzelung kann dennoch hoch sein, wenn dieses Muster stabil in der umschriebenen Tatsituation auftritt und dieses Verhalten fester Bestandteil des delinquenten Verhaltensrepertoires des Täters ist. Der Gegenpol zu einem solchen Tätertyp wäre eine Person, bei der sich tatrelevante Dispositionen in allen wesentlichen Lebensbereichen nachweisen lassen.

Beispiele:

- ✗ Ein Täter, der auf Grund einer Impulskontrollstörung gewalttätig wird, zeigt diese Impulskontrollstörung auch in vielen anderen Lebensbereichen. Er isst zu viel, hat Suchtprobleme, verliert Arbeitsstellen, weil er sich nicht beherrschen kann und wird im Gespräch schnell aufbrausend.

- ✗ Ein anderer Täter, dessen Taten sich durch besondere Skrupellosigkeit auszeichnen, ist auch in vielen anderen sozialen Situationen dadurch aufgefallen, dass er einzig auf seinen Vorteil orientiert ist und diesen durchsetzt, ohne in seinen Mitteln wählerisch zu sein.

Der Chronifizierungsgrad hat über die erwähnten Verbindungen zur (relativen) Häufigkeit bisheriger Taten hinaus z. B. auch Überschneidungen zum Bedeutungsgehalt des Tatverhaltens für die Persönlichkeit, zum Ausmaß und der Qualität von Fantasien und zu ähnlichen Parametern, die auf die Einbettung des tatrelevanten Verhaltensmusters in die Gesamtpersönlichkeit hinweisen.

Unabhängig davon, wie oft das Tatverhalten auftritt und ob es ein situationsspezifisches oder in vielen Lebensbereichen anzutreffendes Phänomen darstellt, ist der entscheidende Aspekt das Ausmaß einer stabilen Verankerung des Tatverhaltens in der Persönlichkeit und im Verhaltensrepertoire des Täters.

Leitfragen:

- ✓ In welcher Weise ist das Tatverhalten mit der Persönlichkeit assoziiert und in ihr verwurzelt?

- ✓ Wie stark ist das Tatverhalten Teil der Persönlichkeit bzw. wie stabil in das Verhaltensrepertoire des Täters eingebettet?

- ✓ Wie regelmäßig treten das Tatverhalten oder verwandte Verhaltensweisen auf?

- ✓ Zeigen sich die entscheidenden Elemente des Tatverhaltens auch in anderen, nicht strafrechtlich relevanten Situationen?

### 7.7.6. Einschlägige Wiederholungstaten

*Einschlägige Wiederholungstaten:* Wiederholungstaten in derselben Deliktkategorie wie das definierte Zieldelikt.

Es versteht sich von selbst, dass die Häufigkeit von einschlägigen Straftaten eine enge Beziehung zum Grad der „Persönlichkeitsverwurzelung" des entsprechenden Tatverhaltens aufweist. Ein ähnliches Merkmal wird in der Merkmalsgruppe der „Progredienz und Permanenz" erfasst. Dort wird ein gewisser Interpretationsspielraum geöffnet, in dem auf die relative Häufigkeit von Straftaten Bezug zu nehmen ist. Dieser richtet sich auch nach der Schwere der Straftat und der faktisch zur Verfügung stehenden Zeit für Deliktbegehungen (z. B. Berücksichtung von Haftzeiten etc.). Dem Merkmal „Einschlägige Wiederholungstaten" als Unterpunkt der Merkmalsgruppe „Persönlichkeitsverwurzelung" liegt demgegenüber ein starres, rein quantitatives Schema zu Grunde.

*Tatserien:* Eine Tatserie ist definiert als eine Summe von Einzeltaten, die zueinander in einer tatdynamischen Kontinuität stehen. Wesentliches Merkmal der Tatserie ist, dass alle Taten einem einheitlichen Grundmechanismus folgen und es zu keiner relevanten Unterbrechung der Handlungskontinuität kommt. Das bedeutet, dass der Handlungsmechanismus durchgängig ohne relevanten Unterbruch „in Aktion" sein muss. Es spielt bei dieser Betrachtung keine Rolle, ob sich die so definierte Handlungskontinuität über wenige Tage oder in Extremfällen sogar über mehrere Jahre vollzieht. Wichtig ist einzig, ob die Handlungskontinuität unterbrochen wurde oder nicht.

Beispiele für Tatserien mit erhaltener Handlungskontinuität:

- ✗ Ein 40-jähriger Mann lernt in einer für ihn destabilisierenden Trennungssituation einen 14.5-jährigen Knaben kennen, zu dem er in kompensatorischer Weise eine Beziehung aufbaut. Im Rahmen dieser Beziehung kommt es wiederholt zu sexuellen Handlungen. Das Tatverhalten, in dessen weiterem Verlauf es auch zu sexuellen Übergriffen auf Freunde des Knaben kommt, dauert ein knappes Jahr. Es wird erst durch die Inhaftierung des Mannes unterbrochen.
- ✗ Ein Täter begeht Raubüberfälle, bei denen er auch Schusswaffen einsetzt. Die Raubüberfälle dienen ihm dazu, seinen Lebensunterhalt zu bestreiten, wobei es zu einer immer wiederkehrenden Tatdynamik kommt.

Raubüberfälle werden immer dann geplant und umgesetzt, wenn das Geld knapp wird.

- ✗ Ein Täter gerät während einer Phase fortgesetzten Drogenkonsums in mehrere körperliche Auseinandersetzungen, in denen es auch zu Waffeneinsätzen kommt.

- ✗ Ein pädosexueller Täter knüpft eine mehrjährige Beziehung zu einem minderjährigen Knaben an. Es kommt regelmäßig zu sexuellen Handlungen.

Ein Unterbruch kann bei den genannten Beispielen u. a. angenommen werden,

- ✗ wenn der erste Täter die Beziehung zum Knaben nach einer die Handlungskontinuität unterbrechenden Inhaftierung wieder aufnimmt,

- ✗ wenn der Räuber durch eine Änderung seiner sozialen Situation im Zusammenhang mit dem Eingehen einer neuen Partnerschaft keine Straftaten mehr begeht und erst nach Trennung vom neuen Partner oder nach Arbeitsplatzverlust wieder mit dem früheren Tatverhalten beginnt,

- ✗ wenn der drogenabhängige Täter nach einer zwischenzeitlich erfolgten Entwöhnungsbehandlung wieder Drogen konsumiert,

- ✗ wenn beim Pädosexuellen nach der Trennung vom „bisherigen Freund" und einer nachfolgenden „Abstinenzphase" die Wiederaufnahme einer Beziehung zu einem anderen Knaben erfolgt.

Alle hier dargestellten Beispiele würden die Kriterien für eine Serie erfüllen, deren Handlungskontinuität nicht unterbrochen wurde. Unterbrüche, durch welche die Handlungskontinuität verändert wird, können sämtliche Phasen sein, durch die der Täter einen relevanten Abstand zu den bisherigen Handlungsmechanismen gewinnt. Diese Qualität ist entscheidender als die reine Zeitdauer einer Unterbrechung. Das muss nicht nur durch eine Änderung äußerer Umstände geschehen. Es kann sich dabei auch um ein aktuelles Erlebnis oder neue Vorsätze handeln. Entscheidend ist, dass der Täter eine emotionale und gedankliche Distanz zur Dynamik des aktuellen Tatverhaltens gewinnt.

Bewertungsregeln für das Merkmal „Einschlägige Wiederholungstaten“:

- ☞ Die Taten sind separat in folgenden Deliktkategorien des Zieldelikts zu kodieren:
  - Gewaltstraftaten,
  - Sexualstraftaten,
  - Brandstiftungen,
  - Raubdelikte
  - Eigentumsdelikte
  - Andere Delikte in der Kategorie der zu beurteilenden Anlassstraftat
- ☞ 0 (= nicht vorhanden oder sehr gering), wenn es sich um ein Erstdelikt handelt,
- ☞ 1 (= gering), wenn das Anlassdelikt den ersten Rückfall darstellt,
- ☞ 2 (= moderat), bei zwei vorhergehenden Taten,
- ☞ 3 (= deutlich), bei drei Vordelikten
- ☞ 4 (= sehr stark), bei mehr als drei früheren Delikten
- ☞ *Bewertung von Tatserien:* Eine Wertung mit maximal 2 (= moderat) kann erfolgen, wenn das Merkmal „Einschlägige Wiederholungstaten“ nur auf Taten bezogen wird, die innerhalb einer Tatserie stattgefunden haben. Eine höhere Bewertung ist nur dann zulässig, wenn von der Tatserie eine andere Tatserie oder aber eine Einzeltat unterschieden werden kann. Es muss sich also auch bei Serientaten als Bezugspunkt, ähnlich dem Vergleich unterschiedlicher Einzeltaten untereinander, um verschiedene, voneinander abgrenzbare Tatereignisse handeln.
- ☞ *Ohne Verurteilung keine Wertung über 3 (= deutlich):* Als letzte Regel bei der Bewertung gilt, dass nicht höher als 3 (= deutlich) gewertet werden soll, wenn noch keine Verurteilung – unabhängig von der Anzahl der bis dahin verübten Straftaten – vorliegt. Nicht rechtskräftige z. B. erstinstanzliche Urteile können „provisorisch“ als Verurteilung gewertet werden. Sollte sich später ein Freispruch ergeben, dann wäre die Wertung nachträglich zu korrigieren. Diese Regel gilt nur für den Umstand der Verurteilung, eine damit verbundene Inhaftierung ist nicht erforderlich, um die Begrenzung auf 3 (= deutlich) aufzuheben.

### 7.7.7. Ausmaß der Defizite, wenn Kompensationsanteil vorhanden

*Ausmaß der Defizite, wenn Kompensationsanteil vorhanden:* Zu bewerten sind die Defizite in der Persönlichkeit hinsichtlich Größe und Bedeutsamkeit für den Täter, für die das Tatverhalten (bewusst oder unbewusst) als Kompensation eingesetzt wird.

Es gibt Taten, die für den Täter eine deutlich erkennbare kompensatorische Funktion haben. Sie ermöglichen es, Defizite in der Persönlichkeit des Täters auszugleichen bzw. deren Auswirkungen (zumindest zeitweise) zu vermindern.

Beispiele:

- ✗ Mehrfach wurde schon auf pädosexuelle Täter hingewiesen, die sich Kindern kompensatorisch aus einem Insuffizienzgefühl im Umgang mit Erwachsenen zuwenden.
- ✗ Ähnliche Mechanismen können aber auch anderen Taten zugrunde liegen: Ein Vergewaltiger, der in seinem Tatverhalten Insuffizienz oder Ohnmachtgefühle kompensiert, ein Betrüger, der eine Selbstwertproblematik durch die Zufuhr von Anerkennung und Bewunderung zeitweise ins Gegenteil verkehrt u. a. Nur wenn in solcher Hinsicht dem Tatverhalten eine klar kompensatorische Funktion zukommt, erfolgt unter diesem Merkmal in Verbindung mit dem nachfolgenden eine Wertung, größer als 0 (= nicht vorhanden oder sehr gering).

Um bei diesem und dem nächsten Merkmal eine Wertung größer als 0 (= nicht vorhanden oder sehr gering) vornehmen zu können, bedarf es konkreter Anhaltspunkte sowohl für vorhandene Defizite, als auch für den kompensatorischen Charakter des Deliktverhaltens. Unzulässig sind hingegen vorschnelle Schlussfolgerungen vom Vorliegen vermeintlicher Defizite auf eine kompensatorische Funktion des Deliktverhaltens. Dem immer wieder genannten Defizit im Selbstwerterleben als vermeintlicher Ursache diverser Straftaten muss ebenso mit großer Skepsis begegnet werden, wie dem Mechanismus, allein aufgrund der Straftat auf ein damit notwendigerweise verbundenes Defizit in der Persönlichkeit zu schließen.

Eine klare kompensatorische Funktion trifft nur auf eine Minderheit der Straftäter zu. Es müssen vom Tatverhalten unabhängige Defizite feststellbar sein, die in der Regel mit einem Leidens- bzw. Bedürfnisdruck verbunden sind. Das Tatverhalten muss in einer ursächlichen Beziehung zum Tatverhalten stehen und den oben beschriebenen, klar erkennbaren kompensatorischen Charakter besitzen. Umso größer und bedeutsamer die Defizite für die Gesamtpersönlichkeit sind, desto ungünstiger muss dies gewertet werden bzw. desto höher ist die Ausprägung dieses Merkmals.

Leitfragen:

- ✓ Besteht ein klar erkennbarer, ursächlicher Zusammenhang zwischen den Defiziten in der Persönlichkeit des Täters und dem Tatverhalten?
- ✓ Hat das Tatverhalten in diesem Sinne eine kompensatorische Funktion?
- ✓ Wie ausgeprägt sind die Defizite?
- ✓ Gibt es andere, intakte Funktionsbereiche? Wenn ja, in welchem Umfang?
- ✓ Betreffen die Defizite verschiedene soziale Funktionen und viele verschiedene Situationen?
- ✓ Sind die Defizite situationsgebunden oder situationsunabhängig dauerhaft nachweisbar?

### 7.7.8. Korrigierbarkeit der Defizite, wenn Kompensationsanteil vorhanden

*Korrigierbarkeit der Defizite, wenn Kompensationsanteil vorhanden:* Ausmaß, in dem die Defizite behoben werden können, die durch das Tatverhalten kompensiert werden.

Es wird eingeschätzt, mit welcher Aussicht auf Erfolg die Defizite, die durch ein Tatverhalten kompensiert werden, korrigiert oder anderweitig ausgeglichen werden können. Je besser dies möglich ist, desto aussichtsreicher dürfen Veränderungsmöglichkeiten beurteilt werden, desto stärker kann das vorangegangene Merkmal „neutralisiert" werden.

Es gilt die Regel, dass das Merkmal „Korrigierbarkeit der Defizite, wenn Kompensationsanteil vorhanden" nicht höher bewertet werden darf, als das vorangegangene Merkmal „Ausmaß der Defizite, wenn Kompensationsanteil vorhanden". Die Summe beider Merkmale kann also im güns-

Bewertungsregel für das Merkmal „Korrigierbarkeit der Defizite, wenn Kompensationsanteil vorhanden":

☞ Die Bewertung dieses Merkmals kann nicht höher ausfallen, als die des vorangegangen Merkmals.

tigsten Fall 0 (= nicht vorhanden oder sehr gering) betragen, nie aber zu einem Minuswert führen.

Leitfragen:

✓ Wie chronifiziert sind die Defizite und wie eng sind sie mit der Persönlichkeit des Täters verbunden?

✓ Wie sind die spontanen Veränderungsmöglichkeiten (ohne spezifische Einflüsse, Spontanheilung) der Defizite zu beurteilen?

✓ Wie sind die Veränderungsmöglichkeiten durch gezielte Interventionen (z. B. Therapieverfahren) einzuschätzen?

✓ Gibt es zum Tatverhalten alternative und legale Handlungsmöglichkeiten, die ebenfalls in der Lage sind, die Defizite zu kompensieren oder deren Auswirkungen zu vermindern?

✓ Verfügt der Täter bereits über Handlungsstrategien, die es ihm ermöglichen, in nicht delinquenter Weise mit seinen Defiziten umzugehen?

✓ Gibt es Hinweise darauf, dass es dem Täter gelingen kann, die Defizite zu beseitigen oder ihre Auswirkungen zu vermindern?

✓ Welche Schritte hat er hierzu in der Vergangenheit unternommen, welches Veränderungspotenzial ist bereits deutlich geworden?

## 7.8. Chronifizierte Tatbereitschaft

Durch die in der Merkmalsgruppe „Tatausgestaltung" erfolgende Schwerpunktsetzung auf Planungs- und Entscheidungsvorgänge erreicht ein Täter mit massiver Gewaltproblematik, die sich aber eher kurzfristig und situativ konstelliert, naturgemäß eine geringe Wertung.

Die nachfolgend dargestellte Merkmalsgruppe verzichtet auf Planungsmerkmale und fokussiert darum eher auf den unorganisierten, situativ handelnden Tätertyp, dessen Risiko in der Merkmalsgruppe der „Tatausgestaltung“ nicht angemessen abgebildet wird. Deshalb soll hier vor allem – wenn auch nicht ausschließlich – eine ausgeprägte und chronifizierte Tatdisposition erfasst werden, die sich zwar in einer starken Persönlichkeitsverwurzelung, aber nicht unbedingt in der „Tatausgestaltung“ in adäquater Weise ausdrückt.

Beispiel:

✗ Ein chronischer Gewalttäter, der sich Geld immer dann mit dem Einsatz großer physischer Gewalt beschafft, wenn sich ihm hierfür eine Gelegenheit bietet, weist ein hohes Rückfallrisiko auf. Dies zeigt sich derart in seinem Tatmuster, dass er bei unterschiedlichen Gelegenheiten, in sehr ähnlicher Weise mit delinquentem Verhalten reagiert. Sein Verhalten ist wenig differenziert und wenig geplant.

Bei der jetzt zu besprechenden Merkmalsgruppe liegt daher das Augenmerk auf einer solchen chronifizierten Disposition und dem Ausprägungsgrad einer daraus folgenden Deliktdynamik. Die Einzelmerkmale zielen aber nicht ausschließlich auf einen solchen „unorganisierten Täter“ ab. Sie sind ebenfalls geeignet, Täter mit einer ausgeprägten Permanentdisposition zu erfassen, die planerisches Handeln zeigen.

## 7.8.1. Permanentdisposition

*Permanentdisposition:* Ausmaß, in dem der Täter eine überdauernde Persönlichkeitsstruktur aufweist, die deliktförderlich wirkt.

Zu beurteilen ist, in welchem Ausprägungsgrad eine mit der Persönlichkeit verbundene Permanentdisposition für Delikthandlungen besteht, die in einer Beziehung zum beurteilenden Zieldelikt steht. Hinweise hierfür finden sich in ähnlichen Deliktdynamiken zu unterschiedlichen Zeitpunkten oder in deliktrelevanten Verhaltensweisen, die durch Drittpersonen berichtet werden (Wutausbrüche, Sexualisierung, Pornografiekonsum, Faszination durch Feuer, Fixierung auf Kinder etc.) bzw. in den Akten anderweitig dokumentiert sind (Führungsberichte, Eheschutzverfahren, Heim-, Therapieberichte etc.). Auch eigene Beobachtungen können Rückschlüsse auf die Ausprägung einer Permanentdisposition erlauben (Auftreten, Unruhe, Ungeduld, aufbrausendes Verhalten etc.). Einstellungen des Täters zu seiner Deliktdynamik oder gering ausgeprägte Copingstrategien können zu einer Permanentdisposition beitragen oder diese verschärfen. Möglich ist eine mangelnde Distanzierung des Täters vom Deliktgeschehen oder ein erhebliches Steuerungsdefizit, das ihn in ähnlichen Situationen zu immer wieder gleichen Verhaltensweisen führt. Das aktuelle Delikt, die nicht selten einschlägige Vorgeschichte, Verhaltensbeobachtungen und allgemeine Erkenntnisse über Persönlichkeitsmerkmale geben Hinweise auf eine solcher Art vorhandene permanente Persönlichkeitsdisposition.

Leitfragen:

✓ Sind aus der Vergangenheit ähnliche Delikte mit ähnlichen Deliktdynamiken bekannt?

✓ Distanziert sich der Täter vom Deliktgeschehen?

✓ Sind Defizite in der Steuerungsfähigkeit bekannt?

✓ Liegen Beobachtungen von Drittpersonen oder anderweitige Dokumentationen über deliktrelevante Verhaltensweisen (Impulsivität, Sexualisierung, Affinität zu Kindern, Faszination von Feuer etc.) vor?

✓ Welche Beobachtungen aus dem direkten Kontakt mit dem Täter lassen sich als Ausdrucksform der deliktrelevanten Permanentdisposition verstehen?

✓ Welche allgemeinen Erkenntnisse über deliktrelevante Persönlichkeitsmerkmale (Verhaltensbeobachtungen, biographische Ereignisse, Untersuchungsergebnisse, Persönlichkeitshypothesen etc.) geben Hinweise auf den Ausprägungsgrad der Permanentdisposition?

✓ Wie stabil, wie fest in der Persönlichkeit verankert ist die Permanentdisposition?

✓ Wie gut bzw. wie wenig ist die Permanentdisposition durch den Täter selbst zu beeinflussen?

**Abgrenzung dieses Merkmals zu Merkmalen mit ähnlichen Inhalten**

- Bei der Merkmalsgruppe der „Progredienz und Permanenz" wird gewissermaßen die Folge dieser Disposition bewertet, in dem die Ausprägung dieser Tatbereitschaft einzuschätzen ist. Sie zeigt sich in entsprechenden delinquenten Erscheinungsformen und daher ist das Merkmal der „Permanenz" eng auf das bisherige Delinquenzmuster bezogen. Beim Merkmal „Permanentdisposition" rückt das der Tatbereitschaft zugrunde liegende Persönlichkeitsprofil, das im Delinquenzmuster seinen Ausdruck findet, stärker in den Vordergrund. Theoretisch bietet sich dadurch beim Merkmal „Permanentdisposition" die Möglichkeit, sich etwas vom bisherigen Delinquenzmuster zu lösen und auch unabhängig davon Erkenntnisse über die Persönlichkeit stärker zu gewichten.
- Im Unterschied zur „Permanenz" deren Wertung mindestens zwei Delikte voraussetzt, könnte das Ausmaß einer Permanentdisposition auch bei einer Ersttat oder im Extremfall sogar ohne bisherige strafrechtliche Vorgeschichte gewertet werden und stark ausgeprägt vorliegen.

Beispiel:

✗ Ein Jugendlicher zeigt seit Jahren eine außerordentlich hohe Erregbarkeit. Bei geringsten, für den Beobachter nicht nachvollziehbaren Anlässen gerät er in extreme Wutzustände, in denen er verbal ausfällig wird, Gegenstände zerstört und sich kaum noch steuern kann. Aktuell hat er im Rahmen eines solchen Wutausbruchs einen anderen Straßenverkehrsteilnehmer brutal zusammengeschlagen und erheblich verletzt.

  - Beim Merkmal der „Permanenz" würde, da es sich um eine Ersttat handelt und auch außerhalb strafrechtlicher Vorgänge bisher keine physischen Gewalthandlungen berichtet wurden keine Wertung erfolgen.
  - Hingegen ist das Merkmal „Permanentdisposition" mit 3 (= deutlich) als erheblich einzuschätzen. Dass es sich um eine Ersttat handelt und daher bislang von einer gewissen Vermeidungsfähigkeit bezüglich körperlicher Auseinandersetzungen ausgegangen werden kann, schlägt insofern zu Buche, als dass zum aktuellen Zeitpunkt die Permanentdisposition (noch) nicht mit 4 (= sehr stark) bewertet wird.

Zusammenfassend kann festgehalten werden, dass es zwischen dem Merkmal „Permanentdisposition“ und dem Merkmal der „Permanenz“, sowie den Merkmalen „Einschlägige Wiederholungstaten“ und „Einschlägige Vorgeschichte gleicher Deliktdynamik“ enge Zusammenhänge gibt. Wobei zu berücksichtigen ist, dass nur zwei Merkmale – die „Permanentdisposition“ und die „Einschlägige Vorgeschichte gleicher Deliktdynamik“ – der vier genannten in einer Merkmalsgruppe zusammenkommen und damit nur dort direkt aufeinander bezogen werden. Theoretisch könnte dies so formuliert werden:

- Das Merkmal „Permanentdisposition“ (Fokus: Persönlichkeitsprofil) führt zur Ausprägung einer individuellen Tatbereitschaft (Handlungsmotivation). Die Tatbereitschaft findet ihren Ausdruck im Delinquenzmuster, wobei bei Vorliegen einer Permanentdisposition ein Muster wahrscheinlich ist, das die Kriterien der „Permanenz“ (qualitativ: stabiles Delinquenzmuster) erfüllt. Trifft dies zu, sind „Einschlägige Wiederholungstaten“ (quantitativ: Delinquenzmuster) wahrscheinlich.

- Die „Vorgeschichte gleicher Deliktdynamik“ ist dem Merkmal „Einschlägige Wiederholungstaten“ sehr ähnlich und erfasst ebenso wie dieses die auf der Handlungsebene sichtbare quantitative Folge einer Permanentdisposition. Die „Einschlägige Vorgeschichte gleicher Deliktdynamik“ ist der Terminus, der für diese Handlungsfolge in der Merkmalsgruppe „Erkennbare chronifizierte Tatbereitschaft“ verwendet wird, also das Merkmal, das sich direkt auf das „Ausmaß einer Permanentdisposition“ bezieht. Die Bewertung des Merkmals „Einschlägige Vorgeschichte gleicher Deliktdynamik“ folgt dabei ähnlichen Regeln wie die Bewertung des Merkmals „Einschlägige Wiederholungstaten“. Im Unterschied zu diesem können der Bewertung der „Einschlägigen Vorgeschichte gleicher Deliktdynamik“ aber Taten unterschiedlicher Deliktart zugrunde gelegt werden, wenn sie jeweils dem gleichen Deliktmechanismus entsprechen. Die „Einschlägige Vorgeschichte gleicher Deliktdynamik“ erfasst zudem neben dem quantitativen Aspekt (Häufigkeit) auch qualitative Aspekte der Vorgeschichte (Deliktschwere im Sinne des Ausmaßes und der Folgewirkungen der Tat(-en)).

Aufgrund der dargelegten Zusammenhänge werden die Wertungen der beschriebenen Merkmale häufig gleich ausfallen oder in eine ähnliche Richtung weisen. Im Einzelfall können aber Differenzen bestehen, wie u. a. im oben angeführten Beispiel veranschaulicht.

### 7.8.2. Auslösbarkeit der Tathandlung

*Auslösbarkeit der Tathandlung:* Ausmaß, in dem die Delikthandlung unabhängig von spezifischen Kontexten oder situativen Konstellationen ausgelöst werden kann.

Eine hohe Ausprägung des Merkmals „Auslösbarkeit der Tathandlung" kann dann angenommen werden, wenn eine Delikthandlung theoretisch zu jeder Zeit und an jedem Ort möglich ist. Einer prinzipiellen Auslösbarkeit der Delikthandlung stehen wenige oder eher zufällig zu nennende limitierende Mechanismen entgegen. Es existiert also eine Vielzahl möglicher Auslöser oder aber es sind gar keine speziellen Auslöser angesichts einer theoretisch permanenten Tatbereitschaft erforderlich.

Wenn Delikthandlungen hingegen nur in wenigen Situationen oder nur schwer auslösbar sind oder eine bestimmte Konstellation spezifischer Faktoren erforderlich ist, liegt eine geringe Ausprägung des Merkmals vor.

Die „Auslösbarkeit einer Tathandlung" ist einerseits Ausdruck des Ausprägungsgrades der „Permanentdisposition" und spiegelt andererseits ein konkretes Kennzeichen des Tatverhaltens wider. Eine hohe Ausprägung der „Auslösbarkeit der Tathandlung" geht immer mit einem hohen Ausprägungsgrad der „Permanentdisposition" einher. Allerdings gibt es starke Permanentdispositionen, die sich z. B. in ausgeprägter Fantasietätigkeit, im Konsum pornografischer Erzeugnisse, in der Beschäftigung mit Rachegedanken etc. zeigen, eine strafrechtliche Tatumsetzung aber dennoch nicht in beliebig vielen Situationen und zu nahezu jeder Zeit erfolgt. Zwischen beiden Merkmalen besteht somit zwar ein starker Zusammenhang, sie sind aber nicht deckungsgleich. Die „Permanentdisposition" legt einen Akzent auf die grundlegende Persönlichkeitsdisposition, die nicht ausschließlich am Delinquenzverhalten orientiert ist, die „Auslösbarkeit der Tathandlung" hingegen ist ein stark tatbezogenes Merkmal. Das kann in Einzelfällen zu unterschiedlichen Wertungen führen.

Leitfragen:

✓ In welchen (verschiedenen) Situationen kommt die Permanentdisposition des Täters zum Ausdruck?

✓ Sind limitierende Mechanismen einer Delikthandlung erkennbar?

✓ Sind spezifische situationsgebundene Bedingungen für die Auslösung der Tathandlung erforderlich?

✓ Ist zu erwarten, dass die für die Tathandlung entscheidenden Auslöser im Laufe der Zeit zwangsläufig wegen der hohen Wahrscheinlichkeit ihres Vorkommens auftreten werden bzw. ist die Tatbereitschaft so stark ausgeprägt, dass spezifische Auslöser gar nicht erst erforderlich sind?

✓ Ist die Hemmschwelle für eine Tathandlung hoch, gering oder gar nicht vorhanden?

### 7.8.3. Einschlägige Vorgeschichte gleicher Dynamik

*Einschlägige Vorgeschichte gleicher Dynamik:* Ausmaß, in dem aus der Vergangenheit Delikte mit einer vergleichbaren Deliktdynamik identifizierbar sind.

Bei diesem Merkmal ist keine strenge Unterscheidung der Deliktkategorien gefordert – wie dies beim Merkmal „Einschlägige Wiederholungstaten" der Fall ist. Es können beim Merkmal „Einschlägige Vorgeschichte gleicher Dynamik" (so wie bei der Merkmalsgruppe „Progredienz und Permanenz") wieder Taten übergreifend über die Deliktkategorien gewertet werden, sofern ihnen der gleiche – in der „Permanentdisposition" angesprochene – Deliktmechanismus zugrunde liegt.

In der Definition der „Permanentdisposition" wurde dargelegt, dass bei Vorliegen einer Permanentdisposition die Wahrscheinlichkeit einer einschlägigen Vorgeschichte hoch ist. Kennzeichnend für diese Vorgeschichte ist die im Wesentlichen vergleichbare und sehr ähnliche Deliktdynamik, die dem Anlassdelikt entspricht oder die für das Zieldelikt relevant ist. Sie ist bestimmt durch die Struktur der Permanentdisposition und in sehr viel geringerem Maße abhängig von anderen Faktoren.

Es ist zu beurteilen, in welcher Prägnanz eine solche einschlägige Vorgeschichte gleicher Dynamik – zumeist aus den Akten ersichtlich – festgestellt werden kann.

Bewertungsregeln für das Merkmal „Einschlägige Vorgeschichte gleicher Dynamik“:

- ☞ Die Bewertung kann nicht höher ausfallen, als die des vorangegangen Merkmals.
- ☞ 0 (= nicht vorhanden oder sehr gering), wenn es sich um ein Erstdelikt handelt,
- ☞ 1 (= gering), wenn das Anlassdelikt den ersten Rückfall darstellt,
- ☞ 2 (= moderat), bei zwei vorhergehenden Taten,
- ☞ 3 (= deutlich), bei drei Vordelikten,
- ☞ 4 (= sehr stark), bei mehr als drei früheren Delikten
- ☞ *Bewertung von Tatserien:* Eine Wertung mit maximal moderat (2) kann erfolgen, wenn das Merkmal „Einschlägige Vorgeschichte gleicher Dynamik“ nur auf Taten bezogen wird, die innerhalb einer Tatserie stattgefunden haben. Eine höhere Bewertung ist nur dann zulässig, wenn von der Tatserie eine andere Tatserie oder aber eine Einzeltat unterschieden werden kann. Es muss sich also auch bei Serientaten als Bezugspunkt, ähnlich dem Vergleich unterschiedlicher Einzeltaten untereinander, um verschiedene, voneinander abgrenzbare Tatereignisse handeln.
- ☞ *Ohne Verurteilung keine Wertung über 3 (= deutlich):* Als letzte Regel bei der Bewertung gilt, dass das Merkmal „Einschlägige Vorgeschichte gleicher Dynamik“ nicht höher als 3 (= deutlich) gewertet werden soll, wenn noch keine Verurteilung unabhängig von der Anzahl der bis dahin verübten Straftaten vorliegt. Nicht rechtskräftige z. B. erstinstanzliche Urteile können „provisorisch“ als Verurteilung gewertet werden. Sollte sich später ein Freispruch ergeben, dann wäre die Wertung nachträglich zu korrigieren. Diese Regel gilt nur für den Umstand der Verurteilung, eine damit verbundene Inhaftierung ist nicht erforderlich, um die Begrenzung auf 3 (= deutlich) aufzuheben.

Beispiele:

- ✗ Ein Täter mit der „Permanentdisposition“ Impulsivität ist in einer Verurteilung wegen zwei voneinander unabhängigen Delikten verurteilt: Körperverletzung und sexuelle Nötigung. Aktuell wird ihm eine Brandstiftung vorgeworfen. Alle drei Delikte sind auf den „Impulsivitätsmechanismus“ zurückzuführen. Die Bewertung würde mit 3 (= deutlich) erfolgen.

- ✗ Ein anderer Täter mit der „Permanentdisposition“ Dissozialität, Egozentrik und mangelnde Empathiefähigkeit ist wegen Raub-, Sexual- und anderen Gewaltdelikten bereits mehrfach verurteilt. Es liegt eine permanente Tatbereitschaft vor und die Gewaltbereitschaft war jeweils hoch. Die Wertung erfolgt mit 4 (= sehr stark).

Leitfragen:

✓ Ist der Täter Wiederholungstäter?

✓ Sind aus der Vergangenheit Handlungen (Tathandlung, Vorbereitungshandlung, Tatanlaufphase) gleicher Deliktdynamik bekannt?

✓ Welche Taten aus der Vergangenheit (gleicher Deliktmechanismus über verschiedene Deliktkategorien, gerichtswirksam – bzw. in Einzelfällen anderweitig plausibel – dokumentiert) sind der quantitativen Bewertung zugrunde zu legen?

### 7.8.4. Erkennbarer Mangel an Steuerungsbereitschaft oder Steuerungsfähigkeit im Tatablauf

*Erkennbarer Mangel an Steuerungsbereitschaft im Tatablauf:* Ausmaß, in dem ein Bemühen des Täters fehlt, sein Deliktverhalten abzuschwächen, zu beenden oder einer Forcierung des Tatgeschehens entgegenzuwirken. *Erkennbarer Mangel an Steuerungsfähigkeit im Tatablauf:* Ausmaß, in dem beim Täter eine mangelnde Fähigkeit identifizierbar ist, die Deliktdynamik im Tatverlauf abzumildern oder einzuschränken.

Die beiden angesprochenen Merkmale sind Ihnen bereits aus den „Spezifischen Problembereichen mit Tatrelevanz“ als Teil des „Relevanzfaktors“ bekannt. Steuerungsbereitschaft und Steuerungsfähigkeit sind dem Täter zuzuordnende Eigenschaften. Sie wirken sich moderierend, begrenzend und realitätsvermittelnd auf die Deliktmotivation und damit den Tatablauf aus. Beide Merkmale sind hier zusammengefasst, weil der Mangel auf der einen oder anderen Seite ausreicht, um die effektive Steuerungswirksamkeit zu begrenzen. Daher geht in die Ausprägung dieses Merkmals derjenige Unterpunkt ein, bei dem der Mangel am stärksten ausgeprägt ist.

*Erkennbarer Mangel an Steuerungsbereitschaft im Tatablauf:* Ausmaß der Anzeichen im Tatverlauf, die zeigen, dass der Täter einer Forcierung des Deliktablaufes steuernd entgegenwirken will. Die Art der Deliktbegehung,

Reaktionen, Haltungen und Äußerungen des Täters können Hinweise dafür bieten, ob beim Täter eine grundsätzliche Bereitschaft dafür besteht, die Deliktdynamik im Tatablauf zu vermindern oder abzumildern.

Leitfragen:

- ✓ Wirkt der Täter motiviert, den Schaden zu begrenzen?
- ✓ Zeigt er eine Bereitschaft, den Deliktablauf abzukürzen?
- ✓ Distanziert er sich während des Tatablaufes vom Geschehen?
- ✓ Zeigt er deeskalierende Handlungselemente?
- ✓ Distanziert sich der Täter nach dem Delikt vom Tatgeschehen und unternimmt er Schritte, um zukünftige Delikte zu verhindern, die dann bei weiteren deliktrelevanten Situationen in veränderten Haltungen und Reaktionsweisen sichtbar werden?
- ✓ Zeigt der Täter umgekehrt keine Bereitschaft, die Auswirkungen seines Deliktverhaltens in irgendeiner Form zu begrenzen?

*Erkennbarer Mangel an Steuerungsfähigkeit im Tatablauf:* Wie beim vorangegangenen Punkt soll das Ausmaß des Steuerungspotentials während des Tatablaufes beurteilt werden. Hier geht es allerdings um das Ihnen bereits bekannte Moment der Steuerungsfähigkeit. Zeichen für eine fehlende Fähigkeit können darin bestehen, dass der Täter selbst „vom Deliktgeschehen überrollt wird“ oder aber in seiner Permanentdisposition so starke deliktfördernde Anteile vorhanden sind, dass es ihm nur unzureichend möglich ist, „diese im Zaum zu halten“.

Leitfragen:

- ✓ Finden sich Anzeichen dafür, dass der Täter zwar bereit wäre, die Deliktdynamik abzumildern und steuernd einzugreifen, ihm aber die Fähigkeiten hierfür fehlen?
- ✓ Wird der Täter durch seine Deliktimpulse überrollt?
- ✓ Ist das Deliktverhalten mit einer zwanghaften Okkupation verbunden?
- ✓ Zeigten sich in der Vergangenheit immer wieder neue, ähnliche Deliktabläufe, obwohl der Täter jeweils den Vorsatz fasste, sein Verhalten zu steuern?

Bewertungsregeln für das Merkmal „Dynamik der ausgelösten Handlungskette“:

☞ Zu bewerten ist die Ausprägung der Dynamik einer deliktischen Handlungskette anhand eines oder aller der nachfolgend genannten Aspekte, wobei die höchste Ausprägung eines der Kriterien die Ausprägung des Gesamtmerkmals bestimmt.

☞ Schweregrad der möglichen Folgewirkungen des Deliktverhaltens

- 0 (= nicht vorhanden oder sehr gering): Schwere Opferschäden nahezu ausgeschlossen,
- 1( = gering): Schwere Opferschäden eher unwahrscheinlich,
- 2 (= moderat): Schwere Opferschäden durchaus möglich,
- 3 (= deutlich): Schwere Opferschäden wahrscheinlich,
- 4 (= sehr stark): Schwere Opferschäden sehr wahrscheinlich
- Bei der Beurteilung des Rückfallrisikos von Straftaten ohne Gewaltanwendung gegen Personen können die Folgewirkungen statt auf Opferschäden auf Sachschäden bezogen werden.

☞ Ausprägung des Momentes der Selbstverstärkung im Handlungsablauf und der damit einhergehenden Unkontrolliertheit der Entwicklung.

☞ Grad der Unberechenbarkeit einer einmal in Gang gesetzten Entwicklung.

## 7.8.5. Dynamik der ausgelösten Handlungskette

*Dynamik der ausgelösten Handlungskette:* Ausmaß der Dynamik einer deliktischen Handlungskette, die initial entweder situativ ausgelöst oder bewusst intendiert in Gang gesetzt wurde.

Die Ausprägung des Merkmals „Dynamik der ausgelösten Handlungskette“ ist das Ergebnis aus der Stärke des Deliktimpulses bzw. der Motivationsgrundlage sowie der gegen diese Motivation gerichteten Steuerungsbereitschaft und -fähigkeit. Sie ist damit eine Charakteristik des Deliktmechanismus, also ein Handlungsphänomen – wohingegen Handlungsmotivation, Steuerungsbereitschaft und -fähigkeit Eigenschaften bzw. Fähigkeiten des Täters darstellen.

Es gibt einerseits Täter, deren Deliktdynamik im Ausmaß begrenzt und im Ablauf kontrolliert bleibt. Andererseits gibt es auch Täter, deren Deliktdynamik sich stets durch eine hohe Intensität oder einen hohen Schweregrad

(z. B. von Gewalthandlungen) auszeichnet. Dabei kann die schwere Gewaltausübung Teil einer absichtsvollen Strategie sein und in diesem Sinne der „Permanentdisposition" entsprechen. Es ist aber auch möglich, dass ein Kennzeichen der Permanentdisposition in der Unfähigkeit zu überlegtem, planvollen Handeln besteht. Diese als unvollständige bzw. ineffiziente Planer [98] gekennzeichneten Tätertypen zeichnen sich dadurch aus, dass ihre Delikte nach dem Domino-Prinzip ablaufen. Sie planen und überlegen lediglich von einem Stein zum nächsten und müssen darum oft in einer affektiv angespannten Situation viele kurzfristige Entscheidungen treffen. Auf Grund der unvollständigen Planung entgleitet ihnen das Gesamtgeschehen, so dass das Ende offen ist und es zu schwersten Delikthandlungen kommen kann, sobald einmal „der erste Dominostein" gefallen ist.

Die Deliktdynamik ist dann als ausgeprägt zu beurteilen, wenn eine einmal in Gang gesetzte Handlungskette entweder von Anfang an intendiert oder über einen Mangel an Kontrolle hinsichtlich des Schädigungspotenzials ungehemmt, eskalierend oder nicht mehr begrenzbar verläuft oder schwere Folgewirkungen wahrscheinlich sind. Solche Steigerungszeichen einer ausgeprägten Dynamik können z. B. nicht mehr kontrollierbare Aggressionen im Zuge einer situativ ausgelösten Gewalthandlung oder kaum mehr begrenzbare neuerliche Sexualdelikte nach einer ersten Handlung sein. Es geht also um einen Mangel der Fähigkeit, ein – durch einen Auslöser bzw. eine erste Handlung – einmal begonnenes Deliktverhalten in seinem Fortgang (Häufigkeit, Intensität, Schädigungspotenzial) begrenzen zu können oder zu wollen.

Zu bewerten ist der Ausprägungsgrad der „Dynamik der ausgelösten Handlungskette", die sich auf Grund der Permanentdisposition entwickelt, nachdem sie initial ausgelöst wurde. Sowohl das Anlassdelikt wie auch die Vorgeschichte werden durch den Tatablauf den Ausprägungsgrad dieses Merkmales deutlich. Als Handlungskette gelten die Handlungselemente innerhalb eines Tatgeschehens vom Beginn der Delikthandlung bis zu ihrem Ende. Auch bei Serientaten ist das Merkmal auf die Struktur der Einzelhandlungen zu beziehen.

Beispiele:

✗ *Geringe Ausprägung:* Ein Raubtäter plant Überfälle – inklusive möglicher Störeinflüsse oder potenzieller Hindernisse – und setzt diese gemäß seinen Planungen in die Tat um. Beim Überfall verwendet droht er mit einer ungeladenen Waffe. Vereinzelt zeigt er gezielte verbale Einschüchterungen: Schweregrad der Folgewirkung: 1, Selbstverstärkung: 0, Unberechenbarkeit: 1. Die Ausprägung des Merkmals ist 1 (= gering).

✗ *Moderate Ausprägung:* Ein Raubtäter plant Überfälle – inklusive möglicher Störeinflüsse oder potenzieller Hindernisse – detailliert, ist bei deren Umsetzung in die Tat aber nervös und irritierbar. Bei mehreren Überfällen verwendet er eine geladene Schusswaffe zur Drohung, die bislang aber nie – auch nicht in unübersichtlichen Situationen – zum Einsatz kommt: Schweregrad der Folgewirkung: 2, Selbstverstärkung: 2, Unberechenbarkeit: 2. Die Ausprägung des Merkmals ist 2 (= moderat).

✗ *Hohe Ausprägung:*

- Eine junge Frau wird während mehrerer Monate durch ihren in derselben Wohnung lebenden Schwiegervater körperlich misshandelt und sexuell belästigt. Die Frau reagiert darauf mit depressiver Verstimmung, fortwährender Angst und dem Versuch, dem Schwiegervater alles Recht zu machen und sich möglichst zurückzuziehen. In einer für die junge Frau sehr bedrohlich wirkenden Konfliktsituation sticht sie zunächst einmalig mit einem Messer auf ihren Schwiegervater ein. Als diese Handlungsschwelle überschritten ist, eskaliert die Situation, so dass sie den Schwiegervater schließlich tötet und die Leiche – um die Beseitigung zu erleichtern – auch zerteilt: Schweregrad der Folgewirkung: 4, Selbstverstärkung: 4, Unberechenbarkeit: 4. Die Ausprägung des Merkmals ist 4 (= sehr stark).

- Ein Raubtäter, der den Ablauf seines Delikts nur wenig geplant hat. Wenn unvorhergesehene Ereignisse eintreten (z. B. der Kassierer verweigert die Herausgabe des Geldes) und der Täter flexibel auf die Situation reagieren muss, kann eine hohe Eigendynamik mit Schusswaffeneinsatz auftreten: Schweregrad der Folgewirkung: 3, Selbstverstärkung: 2, Unberechenbarkeit: 4. Die Ausprägung des Merkmals: 4 (= sehr stark).

- Ein dissozialer Täter, der monatelang ausgeprägte Vergewaltigungsfantasien hat und den Ablauf der von ihm verübten Vergewaltigung exakt nach dem Ablauf seiner Fantasien ausrichtet: Schweregrad der Folgewirkung: 4, Selbstverstärkung: 0, Unberechenbarkeit: 0. Die Ausprägung des Merkmals ist 4 (= sehr stark).

# 7.9. Mangelnde Beeinflussbarkeit

## 7.9.1. Generelle Beeinflussbarkeit

*Generelle Beeinflussbarkeit:* Ausmaß der generellen Ansprechbarkeit des Täters für konstruktive Verhaltensmodifikationen – sei dies durch Personen, Umstände oder eigene Einsichten.

Mit „Generelle Beeinflussbarkeit" wird bewertet, wie gut ein Täter in verschiedenen Situationen seines Lebens durch andere Personen oder Umstände in positiver Hinsicht beeinflusst werden kann. Es kann sich dabei um die Veränderung grundsätzlicher Lebensperspektiven handeln oder darum, dass er durch Einsicht oder den Rat von Bekannten, Verwandten oder anderen für ihn bedeutsamen Bezugs- oder Autoritätspersonen von einem für ihn negativen oder schädlichen Vorhaben abgebracht werden kann. Es geht hier also keinesfalls um Manipulierbarkeit oder abhängige Beziehungsgestaltungen, sondern um eine Verhaltensänderung oder -ausrichtung auf der Basis eigener Einsicht oder der Intervention „wohlmeinender" Bezugs- oder Autoritätspersonen.

Neben den eigenen Auskünften eines Täters sollten auch Erkenntnisse aus der Vorgeschichte (Institutionen, Lehrer, Freunde, Eltern u. a.) – sofern verfügbar – herangezogen werden.

Leitfragen:

✓ Haben oder hatten Personen Einfluss auf das Verhalten des Täters?

✓ Führte der Einfluss dieser Personen zu einer „positiven", sozialverträglichen Verhaltensänderung des Täters?

✓ Ist der Täter in der Lage und Willens Verhaltensweisen zu ändern, die er als änderungswürdig erkennt? Welche Beispiele gibt es hierfür aus der Vergangenheit?

✓ Wie empfänglich zeigt sich der Täter generell für Verhaltensänderungen?

✓ Gibt es aus der Vergangenheit Zeichen für Veränderbarkeit (Bewältigung einer Suchtproblematik, Beenden einer destruktiven Beziehung, Beendigung delinquenter Lebensphasen, Nachholen einer Schul- oder Berufsausbildung über den zweiten Bildungsweg etc.)?

- ✓ Neigt der Täter umgekehrt zu Trotz und Eigenwillen und ist jemand, „der sich nichts sagen lässt“, der sich stets im Recht und die Umwelt im Unrecht sieht?
- ✓ Gibt es eher eine Tendenz zur Beibehaltung einmal praktizierter Verhaltensweisen unabhängig von Einsicht, sozialen Auswirkungen oder Interventionen von Freunden, Familienangehörigen, Institutionen u. a.?
- ✓ Übernimmt der Täter Verantwortung für sein Verhalten und ist er bereit, das eigene Verhalten zu hinterfragen?

## 7.9.2. Deliktspezifische Beeinflussbarkeit

*Deliktspezifische Beeinflussbarkeit:* Ausmaß, in dem Umstände, Personen oder eigene Einsichten den Täter von einem Tatvorhaben abbringen und damit deliktpräventive Wirkung haben können.

Die im vorangegangen Abschnitt bewertete „Generelle Beeinflussbarkeit“ ist bei diesem Merkmal gezielt auf deliktspezifische Verhaltensweisen und Kognitionen zu beziehen. Es gibt Täter, die in ihrem Tatvorhaben weder durch Personen, noch durch Umstände nennenswert beeinflusst werden können. Bei anderen Tätern ist die Möglichkeit zur Einflussnahme sehr groß, so dass dieser Mechanismus von hoher Effektivität sein kann. Trifft letzteres zu, so zeigt sich dies in aller Regel auch in anderen sozialen Situationen und im Umgang mit dem Täter. Er wird erkennbar Distanz zum Tatverhalten zeigen und auch in einem gewissen Ausmaß motiviert sein, an der Verhinderung eines Rückfalls mitzuarbeiten.

Es soll damit beurteilt werden, wie hoch die Ansprechbarkeit des Täters ist, sich durch Umstände, Personen oder eigene Einsichten von einem Tatvorhaben abbringen zu lassen oder tatvorbereitende Verhaltensweisen zu ändern. Mit dem Merkmal der „Deliktspezifischen Beeinflussbarkeit“ ist nicht so sehr gemeint, dass der Täter in kurzfristiger, aktueller Reaktion auf situative Umstände mit einer schnellen Anpassung seines Verhaltens reagiert. Vielmehr sollen eher stabilere, mittelfristige Einflussfaktoren auf ihre deliktpräventive Wirksamkeit hin untersucht werden. Als klassische Einflussfaktoren gelten beispielsweise Familie, Freunde, Arbeit, Freizeit, andere Bezugs- und Autoritätspersonen und Therapeuten.

Aus der Vergangenheit sind Hinweise darauf zu finden, inwieweit das deliktspezifische Verhalten in Abhängigkeit von solchen Faktoren steht oder aber wenig beeinflussbar ist. Auch Eindrücke, die aus eigener tatzeitnaher Beobachtung – z. B. im Rahmen von Explorationen – gewonnen werden, können – wie beim „Strukturellen Rückfallrisiko" üblich – als Informationsquelle verwendet werden. Stets sollten diese Erkenntnisse vor allem im Bereich der Beeinflussbarkeit auch mit beobachtbarem Verhalten aus der Vergangenheit, Erkenntnissen über sonstige Persönlichkeitsmerkmale und Verhaltensdispositionen des Täters in Einklang stehen.

Mittelfristig wirksame Einflussfaktoren sollen darum in den Vordergrund gerückt werden, weil eine situationsabhängige, aktuelle Anpassungsflexibilität meist keinen nachhaltigen Effekt auf das Rückfallrisiko aufweist. Im Gegenteil könnte die schnelle, akut situative Beeinflussbarkeit so gedeutet werden, dass der Täter durch eine andersgeartete Situation in ebenso schneller und gleicher Weise in eine negative Richtung gelenkt werden könnte.

Hier geht es also vor allem um den Einfluss identifizierbarer, mittelfristig wirkender Einflussfaktoren und in besonderer Weise um ihre Wirkung auf deliktrelevante Verhaltensbereiche.

Leitfragen:

- ✓ Ist der Täter durch Drittpersonen bezüglich seines Tatverhaltens oder tatvorbereitender Handlungen beeinflussbar?
- ✓ Wurde der Täter in der Vergangenheit bereits durch Drittpersonen von Delikthandlungen abgehalten?
- ✓ Sucht der Täter im Vorfeld der Tat womöglich selbst Hilfe von Drittpersonen, um eine risikohafte Entwicklung zu stoppen?
- ✓ Sind Situationen / Lebensperspektiven / Personen identifizierbar, die deliktpräventive Auswirkungen auf das Verhalten des Täters haben?
- ✓ Wie empfänglich zeigt sich der Täter generell für deliktspezifische Verhaltensänderungen? Auf welche Erfahrungen aus der Vergangenheit bezieht sich die getroffene Einschätzung?
- ✓ Steht die Bewertung der „Deliktspezifischen Beeinflussbarkeit" im Einklang mit bekannten Persönlichkeitsmerkmalen und Verhaltensdispositionen des Täters?

### 7.9.3. Beeindruckbarkeit durch Sanktionen

*Beeindruckbarkeit durch Sanktionen:* Ausmaß, in dem drohende Sanktionen deliktpräventive Wirkung auf den Täter haben.

Die Wirkung von Sanktionen auf Täter ist je nach individueller Ansprechbarkeit sehr unterschiedlich. Es gibt Täter, die durch Sanktionen in keiner Weise zu beeindrucken sind. Bei Tätern mit dissozialen oder gar psychopathischen Merkmalen gilt die Unfähigkeit, aus Bestrafung zu lernen als eine charakteristische Eigenschaft. Ebenso gibt es aber auch Täter, die durch den Kontakt mit der Justiz oder durch eine Inhaftierung nachhaltig beeindruckt, bisweilen sogar traumatisiert sind. Gerade in letzteren Fällen kann dies über ein kurzfristiges, von Angst geprägtes Vermeidungsverhalten hinausgehend zu einer nachhaltigen Motivation zur Deliktprävention führen.

Auch hier sind neben aktuellen Reaktionen des Täters auf eine Sanktion, wie z. B. eine Inhaftierung, Erfahrungen aus der Vergangenheit zu berücksichtigen. Wiederum sollte für die Einschätzung ein plausibler Bezug zu bekannten Persönlichkeitsmerkmalen und typischen Verhaltensweisen des Täters herstellbar sein.

Leitfragen:

- ✓ Hatten in der Vergangenheit Sanktionen von Eltern, Lehrern, anderen Autoritätspersonen oder der Justiz einen erkennbaren (deliktpräventiven) Einfluss auf das Verhalten des Täters?
- ✓ Was änderte sich durch die Sanktion?
- ✓ Wie stark ist der Täter durch Sanktionen wie z. B. Inhaftierungen beeindruckbar?
- ✓ Wie nachhaltig ist die Wirkung einer Sanktion auf den Täter?
- ✓ Führt die Beeindruckbarkeit durch Sanktionen zu Deliktfreiheit oder zu einer Optimierung der Deliktdurchführung (z. B. Verringerung der Wahrscheinlichkeit, entdeckt zu werden)?

# 7.10. Progredienz und Permanenz

Mit „Progredienz und Permanenz“ werden zwei unterschiedliche Qualitäten des delinquenten Verhaltens beschrieben. Die beiden Merkmale zur Progredienz fokussieren auf Steigerungsaspekte, das Merkmal der Permanenz fokussiert auf die (zeitlich stabile) Intensität kriminellen Verhaltens. *Progredienz:* Ausmaß der Steigerungstendenz einer Delinquenzentwicklung wird durch das Merkmal der „Progredienz“ beschrieben. Eine erkennbare Steigerung des delinquenten Verhaltens ist mit einer zunehmenden Chronifizierung des Verhaltensmusters und damit assoziierten, tatbegünstigenden, psychischen Prozessen verbunden. Je weiter ausdifferenzierend die Kriminalitätsentwicklung ist, desto schwieriger kann sie günstig beeinflusst werden. *Permanenz:* Ausmaß eines stabilen Delinquenzmusters, das sich auf einem annähernd gleich bleibenden Intensitätsniveau bewegt. Es wird die Ausprägung dieses stabilen Delinquenzniveaus bewertet.

Zur Bestimmung der „Progredienz und Permanenz“ sind mindestens zwei Beobachtungszeitpunkte (Taten) erforderlich, um durch Vergleich entsprechende Entwicklungstendenzen oder das über die Zeit stabile Delinquenzniveau feststellen zu können. Es gelten einige Auswertungsregeln für die gewählten Beobachtungspunkte, also die Taten, die miteinander verglichen werden sollen.

Beispiele für Tatserien mit erhaltener Handlungskontinuität:

- ✗ Ein 40-jähriger Mann lernt in einer für ihn destabilisierenden Trennungssituation einen 14.5-jährigen Knaben kennen, zu dem er in kompensatorischer Weise eine Beziehung aufbaut. Im Rahmen dieser Beziehung kommt es wiederholt zu sexuellen Handlungen. Das Tatverhalten, in dessen weiterem Verlauf es auch zu sexuellen Übergriffen auf Freunde des Knaben kommt, dauert ein knappes Jahr. Es wird erst durch die Inhaftierung des Mannes unterbrochen.

- ✗ Ein anderer Täter begeht Raubüberfälle, bei denen er auch Schusswaffen einsetzt. Die Raubüberfälle dienen ihm dazu, seinen Lebensunterhalt zu bestreiten, wobei es zu einer immer wiederkehrenden Tatdynamik kommt. Raubüberfälle werden immer dann geplant und umgesetzt, wenn das Geld knapp wird.

- ✗ Ein weiterer Täter gerät während einer Phase fortgesetzten Drogenkon-

Bewertungsregeln für das Merkmal „Progredienz und Permanenz" Teil 1:

☞ *Bewertung von Einzeltaten:* Für eine einzelne Ersttat eines Täters ohne jede kriminelle Vorgeschichte erfolgt stets die Wertung 0 (= nicht vorhanden oder gering).

☞ *Bewertung von Tatserien:* Eine Wertung mit maximal 2 (= moderat) kann erfolgen, wenn „Progredienz" und „Permanenz" nur auf Taten bezogen werden, die innerhalb einer Tatserie stattgefunden haben. Eine höhere Bewertung ist nur dann zulässig, wenn von der Tatserie eine andere Tatserie oder aber eine Einzeltat unterschieden werden können. Es handelt sich also auch bei Serientaten – als Bezugspunkt ähnlich dem Vergleich unterschiedlicher Einzeltaten untereinander – um verschiedene, voneinander abgrenzbare Tatereignisse. Eine Tatserie ist definiert als eine Summe von Einzeltaten, die zueinander in einer tatdynamischen Kontinuität stehen. Wesentliches Merkmal der Tatserie ist, dass alle Taten einem einheitlichen Grundmechanismus folgen und es zu keiner relevanten Unterbrechung der Handlungskontinuität kommt. Das bedeutet, dass der Handlungsmechanismus durchgängig ohne relevanten Unterbruch „in Aktion" sein muss. Es spielt bei dieser Betrachtung keine Rolle, ob sich die so definierte Handlungskontinuität über wenige Tage oder in Extremfällen sogar über mehrere Jahre vollzieht. Wichtig ist einzig, ob die Handlungskontinuität unterbrochen wurde oder nicht.

sums in mehrere körperliche Auseinandersetzungen, in denen es auch zu Waffeneinsätzen kommt.

✗ Ein pädosexueller Täter knüpft eine mehrjährige Beziehung zu einem Minderjährigen. Es kommt regelmäßig zu sexuellen Handlungen.

Alle hier dargestellten Beispiele würden die Kriterien für eine Serie erfüllen, deren Handlungskontinuität nicht unterbrochen wurde. Unterbrüche, durch welche die Handlungskontinuität verändert wird, können sämtliche Phasen sein, durch die der Täter einen relevanten Abstand zu den bisherigen Handlungsmechanismen gewinnt. Diese Qualität ist entscheidender als die reine Zeitdauer einer Unterbrechung. Dies muss nicht nur durch eine Änderung äußerer Umstände geschehen. Es kann sich dabei auch um ein aktuelles Erlebnis oder neue Vorsätze handeln. Entscheidend ist, dass der Täter eine emotionale und gedankliche Distanz zur Dynamik des aktuellen Tatverhaltens gewinnt.

Bewertungsregeln für das Merkmal „Progredienz und Permanenz" Teil 2:

☞ *Gleiche Deliktkategorien aufeinander beziehen:* Sowohl für die „Progredienz" als auch für die „Permanenz" gilt, dass Vergleiche immer nur auf Tatmerkmale bezogen werden sollten, die dem zu prüfenden Rückfallrisiko (also dem Zieldelikt) entsprechen. Konkret heißt das, dass bei der Beurteilung des Risikos für Sexualstraftaten nur auf jene Elemente Bezug genommen werden sollte, in denen sexuelle Handlungen zum Ausdruck kommen, die dem gleichen Mechanismus entsprechen (z. B. Voyeurismus, Exhibitionismus, Vergewaltigung). Grundsätzlich ist darauf zu achten, dass der Bewertung stets gleiche Deliktkategorien (z. B. Gewaltdelikte, Sexualdelikte) zugrunde gelegt werden. In der Regel wird es sich dabei auch um die gleichen Deliktarten (z. B. innerhalb der Deliktart Sexualdelikte: Exhibitionismus oder sexuelle Handlungen mit Kindern) handeln. Es ist jedoch auch möglich, dass es sich bei den beiden Taten bzw. Tateinheiten, die zu einem Vergleich herangezogen werden, um verschiedene untergeordnete Deliktarten innerhalb der gleichen Deliktkategorie handelt.

☞ *Ohne Verurteilung keine Wertung über 3 (= deutlich):* „Permanenz" und „Progredienz" sollen nicht höher als 3 (= deutlich) gewertet werden, wenn noch keine Verurteilung unabhängig von der Anzahl der bis dahin verübten Straftaten vorliegt. Nicht rechtskräftige z. B. erstinstanzliche Urteile können „provisorisch" als Verurteilung gewertet werden. Sollte sich später ein Freispruch ergeben, dann wäre die Wertung nachträglich zu korrigieren. Diese Regel gilt nur für den Umstand der Verurteilung, eine damit verbundene Inhaftierung ist nicht erforderlich, um die Begrenzung auf 3 (= deutlich) aufzuheben.

Ein Unterbruch könnte bei den genannten Beispielen u. a. dann angenommen werden, wenn:

✗ der erste Täter nach einer, die Handlungskontinuität unterbrechenden Inhaftierung, die Beziehung zum Knaben wieder aufnehmen würde,

✗ der Räuber durch eine Änderung seiner sozialen Situation im Zusammenhang mit dem Eingehen einer neuen Partnerschaft keine Straftaten mehr begehen würde und erst nach Trennung oder Arbeitsplatzverlust wieder mit dem früheren Tatverhalten beginnen würde,

✗ beim drogenabhängigen Täter eine zwischenzeitlich erfolgreiche Entwöhnungsbehandlung stattfinden würde

- beim Pädosexuellen die Wiederaufnahme einer Beziehung zu einem anderen Knaben erfolgt, nachdem es zur Trennung vom „bisherigen Freund“ und zu einer nachfolgenden „Abstinenzphase“ kommt.

Beispiel für gleiche, aufeinander bezogene Deliktkategorien:

- Wenn beispielsweise sexuelle Übergriffe auf Kinder und Vergewaltigungen (Deliktarten) dem gleichen Deliktmuster, also der gleichen Handlungsdisposition folgen, können sie zusammenfassend als Sexualdelikte (Deliktkategorie) eingestuft und aufeinander bezogen werden.
  Analoges gilt für die summarische Kategorie Gewaltdelikte. In ihr können Brandstiftungen, Körperverletzungen, Tötungsdelikte, ja sogar Sexualdelikte zusammengefasst werden, wenn die unterschiedlichen Erscheinungsformen auf den gleichen Tatmechanismus zurückgeführt werden können.
  Je nachdem, ob ein solcher gemeinsamer Tatmechanismus auch bei unterschiedlichen Erscheinungsformen existiert oder nicht, werden die Deliktkategorien allgemeiner zusammengefasst oder müssen als spezifische Ausprägungsformen voneinander unterschieden und damit getrennt bewertet werden (z. B. müssen je nach Fall sexuelle Übergriffe auf Kinder getrennt von Vergewaltigungen bewertet werden, wenn die Delikte einem unterschiedlichen Mechanismus folgen).

- Eine Entwicklung vom Diebstahl hin zu einem Gewaltdelikt ist also nur dann als Kennzeichen einer progredienten Entwicklung zu werten, wenn sich schon im früheren Verhalten Hinweise für Gewaltmerkmale gezeigt haben. Handelt es sich um konsequent „gewaltfreie Diebstähle“, dann ist die neue, einmalige Gewalttat nicht als progrediente bzw. permanente Entwicklung zu beschreiben. Sie wäre es aber dann, wenn bei den früheren Diebstählen bereits eine Tendenz zu Gewaltanwendung (Impulsivität, Schläge, Demütigungen o. Ä.) oder die Inkaufnahme von Gewalthandlungen erkennbar gewesen wäre.
  „Progredienz“ oder „Permanenz“ liegen demnach nur dann vor, wenn sich in handlungslogischer Weise entweder gesamte Taten oder auch nur bestimmte Tatmerkmale aufeinander beziehen lassen.

### 7.10.1. Qualitative Progredienz über mehrere Taten

*Qualitative Progredienz über mehrere Taten:* Ausmaß einer qualitativen Steigerung über mehrere Taten.

Qualitative Progredienz kann bestehen in

- einem Näherrücken an eine konkrete Tatumsetzung,
- einer differenzierteren Ausgestaltung der Tat,
- einer zunehmenden Gewaltanwendung, oder
- einem Wechsel der Deliktarten in Richtung schwererer Delikte

Das Tatmuster wird differenzierter, wenn sich z. B. ein höherer Planungsgrad, ein größerer Detailreichtum, eine stärkere, bewusstere Konstellierung der Tatsituation, „bessere“ Vorbereitungshandlungen, überlegtere Sicherungstendenzen (z. B. Fluchtvorbereitung, Vernichten von Spuren u. a.), eine zunehmende Gewaltanwendung oder beispielsweise einen Übergang von Eigentums- zu Sexualdelikten zeigen.

Beispiele:

✗ Beschränkt sich ein Täter zu Beginn auf Drohungen, so wird er im weiteren Verlauf dazu übergehen, seine Drohungen durch Schläge, später durch Waffeneinsatz zu verstärken.

✗ Ein Täter beginnt damit, bisweilen Vergewaltigungsfantasien zur Stimulation beim Masturbieren zu entwickeln. Einen ersten Schritt zur Handlungsnähe macht er in dem Moment, als er sich entsprechende Produkte verschafft. Später stiehlt er Dessous. Er wählt die Situationen so aus, dass das Entdeckungsrisiko gering ist. in dem diese handlungsleitende Priorität in den Hintergrund tritt und sich seine Zielobjekte auf Dessous ihm bekannter Personen verlagern, ist ein weiterer Schritt zur Konkretisierung und stärkeren Handlungsnähe getan. Theoretisch könnte dieser Täter nun in ein Stadium des Exhibitionismus übergehen. Auch hier lässt sich eine mögliche qualitativ progrediente Entwicklungslinie aufzeigen. Während sich der Täter zunächst an den Situationen mit dem geringsten Risiko der Entdeckung orientiert und nach Entdeckung sehr schnell verschwindet, bleibt er in einer weiteren Phase stehen und erfreut sich daran, dass das Opfer flüchtet. In einer weiteren graduellen

Steigerung nimmt er im Moment des Exhibitionismus verbalen Kontakt zum Opfer auf. Später sucht er die Orte des Exhibitionismus danach aus, um mit größerer Wahrscheinlichkeit eine entsprechende Zielgruppe zu erreichen (z. B. Kinder in der Nähe eines Spielplatzes). Vom Exhibitionismus ausgehend könnte eine weitere qualitative Progredienz konstruiert werden, in dem der Täter sich zunehmend aggressiven Übergriffen bis hin zu Vergewaltigungshandlungen annähert.

Wichtig in dem dargestellten exemplarischen Fall ist die Analyse der „Qualitativen Progredienz", die beginnend von der bloßen Fantasie, über die konkretere Fantasiegestaltung, hin zu immer größerer Handlungsnähe und Konkretisierung weist. Da sich das Merkmal der „Qualitativen Progredienz" am sichtbaren Verhalten orientiert, wären die Stadien der „Progredienz": Dessous von unbekannten Frauen, Dessous von bekannten Frauen, „Exhibitionismus", Exhibitionismus mit Kontaktaufnahme etc.

Leitfragen:

✓ Verändert sich das Verhalten des Täters über mehrere Taten?

✓ Wendet der Täter schneller oder mehr Gewalt an?

✓ Verändert sich über mehrere Taten das erkennbare Tatziel des Täters? (Kann man beispielsweise von einem Täter begangene Handtaschenraubdelikte mit der Zeit als Vergewaltigungsversuche identifizieren?)

✓ Verändert sich die Handlungsschwelle des Täters?

✓ Weist die Tatvorbereitung des Täters einen zunehmenden Planungsgrad auf, oder konstelliert er die Tatsituation besser?

✓ Finden „Handlungsoptimierungen" im Hinblick auf die Verfeinerung der Vorgehensweisen oder effektivere Sicherungsstrategien statt?

✓ Nimmt der Täter Verletzungen des Opfers zunehmend in Kauf?

## 7.10.2. Quantitative Progredienz über mehrere Taten

*Quantitative Progredienz über mehrere Taten:* Ausmaß einer Steigerung in der Frequenz der Tatbegehungen.

In dem Maße, in dem eine Steigerung der Frequenz der Tatbegehung oder

der Dauer der einzelnen Taten festgestellt werden kann, wird die „quantitative Progredienz“ über mehrere Taten in ihrer Ausprägung festgehalten.

Leitfragen:

✓ Verringert sich der zeitliche Abstand zwischen den Delikten?

✓ Kommt es im Unterschied zu früheren Einzeltaten nun zu Serien von Tatbegehungen oder zu einer Mehrzahl von Einzeltaten innerhalb eines bestimmten Zeitraums, die so früher nicht vorkamen?

## 7.10.3. Permanenz

*Permanenz:* Zusammenfassend das Ausmaß eines stabilen Delinquenzmusters, das sich in mindestens zwei Taten (bzw. Tatserien, siehe Auswertungsregel) gezeigt hat. Bei höheren Ausprägungsgraden ist es bereits zu mehrfachen bzw. vielfachen Tatbegehungen gekommen.

Die „Permanenz“ ist dann als hoch anzusehen, wenn es in relativ kurzer Zeit häufig zu Wiederholungstaten gekommen ist. Dabei ist die Bewertung der Häufigkeit auch abhängig von der Art bzw. der Schwere der Taten: Delikte, die “ leicht“, “ schnell“ oder typischerweise in Serien begangen werden, sind anders zu bewerten als komplexe und schwerwiegende Einzeltaten aus dem Bereich der Gewalt- und Sexualkriminalität.

Beispiele:

✗ Zwei Tötungsdelikte innerhalb von fünf Jahren (effektive risikorelevante Zeit, abzüglich möglicher Inhaftierungen) sprechen für eine sehr hohe „Permanenz“.

✗ Wohingegen zwei Diebstahldelikte in fünf Jahren meist einer geringen bis maximal moderaten „Permanenz“ entsprechen würden.

Tendenziell sprechen also – in Bezug auf das jeweilige Deliktverhalten – lange oder häufige deliktfreie Intervalle gegen eine ausgeprägte „Permanenz“, ebenso wie eine geringe Anzahl bisheriger Taten. Umgekehrt sprechen häufige Tatbegehungen, wenige oder kurze deliktfreie Zeitintervalle für eine hohe Ausprägung des Faktors „Permanenz“.

Leitfragen:

- ✓ Gibt es eine stabile, andauernde Tatbereitschaft?
- ✓ Gibt es Wiederholungstaten, die auf demselben Deliktmuster beruhen?
- ✓ Wie häufig ist es bislang zu Tatbegehungen gekommen, denen ein einheitlicher Mechanismus zugrunde liegt?
- ✓ Wie häufig bzw. wie selten kommt es zu deliktfreien Zeitintervallen?
- ✓ Wie kurz bzw. wie lang sind deliktfreie Zeitintervalle?
- ✓ Wie präsent ist der Deliktmechanismus in Bezug auf seine Handlungsrelevanz bzw. wie sehr kann er über längere Zeit in den Hintergrund treten?
- ✓ Gibt es Hinweise darauf, dass der Deliktmechanismus spezifische Auslösesituationen benötigt, um handlungsrelevant zu werden?
- ✓ Wie stabil ist der Deliktmechanismus mit der Persönlichkeit des Täters verbunden?
- ✓ Wie ausgeprägt tritt das dem Deliktmechanismus entsprechende Verhalten (qualitativ und quantitativ) in Erscheinung?

## 7.11. Tatumstände

Diese Merkmalsgruppe ist identisch mit der gleichnamigen beim „Relevanzfaktor“ innerhalb der „Spezifischen Problembereiche mit Tatrelevanz“ (Definition der einzelnen Kriterien und allgemeine Erläuterungen siehe dort).

Sie ist beim „Tatmuster“ deshalb nochmals aufgeführt, weil sie einen Merkmalskomplex des „Tatmusters“ abbildet, der einen generellen Einfluss auf alle anderen Faktoren ausübt. Zeigen sich in den Tatumständen Ausprägungen der einzelnen Merkmale, die das Risiko vermindern, so hat das Einfluss auf die Gewichtung bzw. die Risikorelevanz aller Tatmustervariablen. Aus diesem Grund werden die „Tatumstände“ zum gesamten übrigen Tatmuster in Beziehung gesetzt. Damit ist die Merkmalsgruppe „Tatumstände“ so etwas wie der Relevanzfaktor des „Tatmusters“. Die Bewertung der „Tatumstände„innerhalb der „Spezifischen Problembereiche mit Tatrelevanz" ist, da es sich um die identische Gruppe handelt, für die Merkmalsgruppe „Tatumstände" im „Tatmuster" zu übernehmen.

Im Auswertungsprogramm wird die Bewertung automatisch übertragen.

# Teil III.

# BEEINFLUSSBARKEIT

Die Einschätzung der „Beeinflussbarkeit“ basiert auf den Hauptgruppen „Allgemeine Erfolgsaussicht“ und„Ressourcen“, die sich insgesamt in fünf bzw. sechs Merkmalsgruppen gliedern, je nachdem, ob bereits früher Therapien stattgefunden haben oder nicht. Es sind dies „Allgemeine Erfolgsaussicht“ und unter der Hauptgruppe „Ressourcen“, „Aussageanalyse“, „Offenheitsfokus ohne notwendige Tatrelevanz“, „Veränderungspotential“, „Veränderungsfördernde Faktoren“ und gegebenenfalls „Frühere Therapien“.

Die „Beeinflussbarkeit“ soll eine Aussage darüber erlauben, wie gut das „Strukturelle Rückfallrisiko“ (ST-R) günstig beeinflusst werden kann. Rückschlüsse auf die „Beeinflussbarkeit“ sollten sich vor allem auf die eingehende Aktenanalyse und nicht so sehr auf die aktuellen Aussagen des Täters während eines Explorationsgespräches stützen.

Neben der hier erfolgten theoretischen Einschätzung der „Beeinflussbarkeit“ vor allem aufgrund der Erfahrungen aus der Vergangenheit kann sich im Verlauf einer Behandlung möglicherweise eine genauere Einschätzungsgrundlage gegenüber der ursprünglichen Bewertung ergeben. Insbesondere die Merkmalsgruppen „Offenheitsfokus“ und „Veränderungspotential“ können dann eventuell zu einem späteren Zeitpunkt abweichend zur Ersteinschätzung neu bewertet werden. Auch hier ist vor übertrieben optimistischen Einschätzungen zu warnen. Weichen die Verlaufseinschätzungen deutlich von der Erstbeurteilung ab, so sollten diese erst bei längerer und entsprechend engmaschiger Beobachtungsmöglichkeit angepasst werden. Für das „Strukturelle Rückfallrisiko (ST-R)“ gilt der Ablauf eines Fünfjahreszeitraums als frühestmöglicher Zeitpunkt für eine nachträgliche Korrektur einer einmal vorgenommenen Bewertung. Für die „Beeinflussbarkeit“ ist dieser Zeitraum auf drei Jahre verkürzt. Ausgenommen sind jeweils nachträgliche Änderungen, die auf klar identifizierbaren Fehleinschätzungen z. B. angesichts einer neuen, zum ersten Beurteilungszeitpunkt noch nicht bekannten Informationslage beruhen.

Sofern keine Erkenntnisse über frühere Therapien vorhanden sind, können nur vier Merkmalsgruppen („Allgemeine Erfolgsaussicht“, „Offenheitsfokus“, „Veränderungspotential“ und „Veränderungsfördernde Faktoren“) in die Bestimmung der „Beeinflussbarkeit“ einbezogen werden.

# 8. Allgemeine Erfolgsaussicht

## Inhaltsangabe



### 8.0.1. Klarheit , Vermittelbarkeit und Angehbarkeit des Veränderungsfokus

*Klarheit, Vermittelbarkeit und Angehbarkeit des Veränderungsfokus: Klarheit des Veränderungsfokus:* Ausmaß, in dem Persönlichkeitsanteile und Verhaltensweisen identifizierbar sind, die Deliktrelevanz aufweisen. *Vermittelbarkeit des Veränderungsfokus:* Ausmaß, in dem diese dem Täter nahe gebracht und in konstruktiver Weise vermittelt werden können. *Angehbarkeit des Veränderungsfokus:* Ausmaß, in dem diese einem günstigen Veränderungsprozess zugänglich erscheinen. Wenn die Wertungen der drei Komponenten voneinander abweichen, bestimmt die geringste Ausprägung den Wert dieses Merkmals.

In diesem Merkmal sind drei Aspekte zusammengefasst. Sie haben untereinander einen engen Zusammenhang und eine vergleichbare Wirkung auf die Voraussetzungen konstruktiver Veränderungsprozesse. Sie können – vor allem, wenn sie eine ähnliche Ausprägung besitzen oder ihre Abgrenzung schwer fällt – zusammenfassend geprüft werden. Sollten sich in den Ausprägungen Unterschiede ergeben, so bestimmt die geringste Ausprägung einer der drei Aspekte die Gesamtwertung des Merkmals „Klarheit, Vermittelbarkeit und Angehbarkeit des Veränderungsfokus". Die schwache Ausprägung eines jeden Einzelaspekts limitiert unabhängig davon, um welchen der drei Aspekte es sich handelt, die Voraussetzungen für Veränderungsmöglichkeiten in gleicher Weise.

**Klarheit des Veränderungsfokus:**

Zu beurteilen ist, wie klar und eindeutig die Persönlichkeitsanteile und Verhaltensweisen, die Deliktrelevanz haben, identifiziert werden können. Es geht dabei nicht um die Frage, wie viele deliktrelevante Problembereiche lokalisiert werden können, ob es sich also nur um einen oder mehrere zu identifizierende Bereiche handelt. Eingeschätzt werden soll, wie klar die zu verändernden Bereiche erkannt, beschrieben und in ihrer Charakteristik und in ihrer Wirkung eingeordnet werden können. Dies setzt ein Verständnis der Deliktmechanismen voraus, die in einen nachvollziehbaren und erkennbaren Zusammenhang zu Persönlichkeitsanteilen des Täters gebracht werden müssen.

Diesem Merkmal liegt die theoretische Überlegung zugrunde, dass Veränderungen erleichtert werden, wenn der Veränderungsfokus und damit auch das Ziel eines Prozesses erkannt, lokalisiert und beschrieben werden kann. Umgekehrt ist eine Veränderung umso schwieriger zu erreichen, je diffuser, „subtiler" und letztlich unüberschaubarer zu verändernde Persönlichkeitsbereiche, Verhaltensweisen und deren Zusammenhänge zu Deliktmechanismen sind.

Beispiele:

✗ Ein akut schizophrener Täter, der Delikte in einem engen Zusammenhang zu psychotischen Erlebensweisen begeht, zeigt einen klar erkennbaren und dementsprechend nachvollziehbar beschreibbaren Veränderungsfokus. Dieser besteht in der psychotischen Symptomatik. Möglicherweise treten noch weitere persönlichkeitsbedingte Handlungsweisen oder Dispositionen wie beispielsweise Rückzugstendenzen, soziale Verwahrlosung o. Ä. hinzu. Es wird gesamthaft aber leicht fallen, aus dem klar beschreibbaren Veränderungsfokus eine nachvollziehbare Zielvorstellung zu definieren, die in ihrer Beziehung zum Deliktverhalten gut einzuordnen ist.

✗ Auch ein Pädosexueller, dessen Affinität zu Kindern eventuell kombiniert mit begrenzten sozialen Kompetenzen den wesentlichen Deliktmechanismus darstellt, weist in diesem Sinne eine hohe Ausprägung des

Merkmals „Klarheit des Veränderungsfokus“ auf.

✗ Ein dissozialer Straftäter, bei dem verschiedene Problembereiche, die mit typischen Persönlichkeitseigenschaften oder Verhaltensweisen verbunden sind, nur in einem diffusen Zusammenhang zu seinem Deliktverhalten und einer evt. erreichbaren Deliktabstinenz stehen. Es fällt schwer, haraus eine identifizierbare Zielvorstellung zu formulieren, aus der mit hoher Wahrscheinlichkeit Deliktabstinenz abzuleiten wäre.

Leitfragen:

✓ Sind die wesentlichen Deliktmechanismen identifiziert, die in einen Zusammenhang mit Persönlichkeitsanteilen gebracht werden können?

✓ Wie deutlich sind Verhaltensweisen oder Persönlichkeitsanteile identifizierbar, die zur Rückfallverhinderung verändert werden müssen?

✓ Gibt es umgekehrt unklare Punkte bzw. ungeklärte Entstehungshypothesen über die Deliktdynamik und damit entsprechende Unklarheiten darüber, welche Aspekte wie verändert werden müssten, um Risikodispositionen günstig zu beeinflussen?

**Vermittelbarkeit und Angehbarkeit des Veränderungsfokus:**

In diese beiden Aspekte fließen verschiedene Phänomene ein. Damit ein Veränderungsfokus gegenüber dem Täter gut vermittelbar und im Weiteren auch angehbar ist, muss dieser soweit möglich klar erkennbar sein. Diese Qualität wird im Aspekt der „Klarheit“ beschrieben. Sie spielt auch als Grundlage für die „Vermittelbarkeit“ und „Angehbarkeit“ eine Rolle.

Darüber hinaus bedarf es zusätzlich bestimmter Eigenschaften des Täters, damit er den Veränderungsfokus erkennen und als einen zu verändernden Persönlichkeits- bzw. Verhaltensbereich akzeptieren kann. Es sind beim Täter damit kognitive Fähigkeiten ebenso angesprochen, wie persönliche Einstellungen und eine grundsätzliche Akzeptanz gegenüber einem Veränderungsprozess.

Es spielen zudem Eigenschaften der deliktrelevanten Problembereiche in Kombination mit den erwähnten Eigenschaften des Täters eine Rolle dafür, wie gut die Problembereiche praktisch bearbeitbar und damit einem Veränderungsprozess zugänglich sind.

Beispiele:

- ✗ Es ist vorstellbar, dass ein Veränderungsfokus zwar klar erkennbar ist, ein Täter aber kognitiv nicht über die Möglichkeiten verfügt, diesen entsprechend wahrzunehmen. So wird es einem psychotischen Patienten beispielsweise je nach Ausgangslage des Falles mehr oder weniger möglich sein, den Veränderungsfokus als solchen wahrzunehmen und zu akzeptieren.

- ✗ Ebenso ist ein Täter vorstellbar, der in seiner Wahrnehmungsstruktur diffus ist oder gelernt hat, unangenehme Affekte grundsätzlich von sich zu weisen und der damit nicht über eine angemessene Grundlage verfügt den Veränderungsfokus anzunehmen.

Vielleicht ist der Veränderungsfokus aber auch derart kompliziert oder vielschichtig, dass seine Vermittelbarkeit gegenüber dem Täter deshalb schwer fällt. Zusammenfassend ist anhand der dargestellten Überlegungen zu bewerten, wie groß die Erfolgsaussicht dafür ist, dass der Täter, nachdem er den Veränderungsfokus erkannt hat, dem deliktrelevanten Fokus adäquate Bedeutung zumisst und ihm mit einer angemessenen Veränderungsbereitschaft begegnen kann und in welchem Ausmaß damit unter Berücksichtigung der Charakteristik der Problembereiche die Voraussetzungen für den Einstieg in eine konstruktive Veränderungsarbeit bestehen.

Leitfragen:

- ✓ Besitzt der Täter ausreichende kognitive Fähigkeiten, um die veränderungsbedürftigen Verhaltensweisen und Persönlichkeitsanteile als solche erkennen zu können?

- ✓ Liegt bei dem Täter eine grundsätzliche Bereitschaft vor, daran zu arbeiten sich zu verändern?

- ✓ Weist der Täter Persönlichkeitsmerkmale auf, die eine Veränderungsarbeit an den deliktrelevanten Bereichen erleichtern, erschweren oder gar verunmöglichen?

## 8.0.2. Erfolgsförderndes Potenzial und Veränderungsresistenz

Durch die separate Bewertung der Merkmale „Erfolgsförderndes Potential" und „Veränderungsresistenz" sollen explizit die Ausprägung sowohl der für eine positive als auch der für eine negative Veränderungsprognose sprechenden Faktoren in die Bewertung einbezogen werden. Das nachfolgende Merkmal „Erfolgsaussicht" ist zwar eine summarische Bewertung, in der die negativen und positiven Faktoren bereits in gewisser Weise enthalten sind. Es handelt sich bei der „Erfolgsaussicht" aber nicht um die durch zwei geteilte Summe dieser beiden Faktoren. In dem Moment, in dem separat und selektiv die für eine deliktpräventive Veränderung positiven Faktoren mit dem Merkmal „Erfolgsförderndes Potenzial" und die negativen Faktoren mit dem Merkmal „Veränderungsresistenz" zu gewichten sind, sollen beide Bereiche durch den Vorgang des bewussten Fokussierens klar in ihrer Ausprägung ins Bewusstsein des Beurteilers gerückt werden.

Die Reihenfolge, zuerst die negativen und positiven Erfolgsfaktoren und dann erst die allgemeine „Erfolgsaussicht" zu bewerten, ist beabsichtigt. Es sollen zunächst getrennt voneinander positive und negative Faktoren differenziert wahrgenommen werden, bevor sie in ihrem Zusammenspiel und in der ihnen eigenen Gewichtungen in ein globales Urteil einfließen. Bei einer anderen Reihenfolge bestünde die Gefahr der unterschwelligen Angleichung der Ausprägung positiver und negativer Faktoren unter dem Eindruck der bereits erfolgten übergeordneten Wertung.

### Erfolgsförderndes Potenzial

*Erfolgsförderndes Potenzial:* Ausprägung der Faktoren, die für einen positiven Veränderungsprozess im Sinne der Risikominderung sprechen.

Bei diesem Merkmal vergegenwärtigt sich der Beurteiler selektiv alle diejenigen Faktoren, die für einen erfolgreichen Veränderungsprozess sprechen. Fähigkeiten und andere Merkmale des Täters, Lebensumstände, Faktoren des Spontanverlaufs sind ebenso zu beachten, wie Merkmale des Tatmusters. Stets geht es dabei um die Frage, welche Faktoren für einen risikomindernden Veränderungsprozess der risikorelevanten Persönlichkeitsdisposition sprechen und anschließend darum, die Ausprägung aller in solcher Weise erkannten Faktoren zu bewerten.

Leitfragen:

✓ Welche Persönlichkeitsmerkmale sprechen für einen in deliktpräventiver Hinsicht positiven Veränderungsprozess?

✓ Welche Haltungen oder Lebensumstände des Täters sprechen für einen in deliktpräventiver Hinsicht positiven Veränderungsprozess?

✓ Welche Erkenntnisse aus der Art der Tatbegehung oder dem Nachtatverhalten sprechen für einen in deliktpräventiver Hinsicht positiven Veränderungsprozess?

✓ Gibt es Erfahrungen aus der Vergangenheit, die für einen in deliktpräventiver Hinsicht positiven Veränderungsprozess sprechen?

**Veränderungsresistenz**

*Veränderungsresistenz:* Ausprägung der Faktoren, die gegen einen risikomindernden Veränderungsprozess sprechen.

Dieses Merkmal beschreibt das Gegenteil des vorangegangenen Merkmals. Der Beurteiler soll zunächst selektiv alle diejenigen Faktoren identifizieren, die hemmend auf einen risikomindernden Veränderungsprozess Einfluss nehmen können. Anschließend ist die Ausprägung der Gesamtheit dieser Faktoren zu bewerten. Wiederum sind Merkmale der Persönlichkeit ebenso in die Bewertung einzubeziehen wie Lebensumstände, Spontanverlaufsfaktoren und Merkmale des Tatmusters.

Leitfragen:

✓ Welche Persönlichkeitsmerkmale sprechen gegen einen in deliktpräventiver Hinsicht positiven Veränderungsprozess?

✓ Welche Haltungen des Täters oder Lebensumstände sprechen gegen einen in deliktpräventiver Hinsicht positiven Veränderungsprozess?

✓ Gibt es Erfahrungen aus der Vergangenheit, die gegen einen in deliktpräventiver Hinsicht positiven Veränderungsprozess sprechen?

✓ Welche Erkenntnisse aus der Art der Tatbegehung oder dem Nachtatverhalten sprechen gegen einen in deliktpräventiver Hinsicht positiven Veränderungsprozess?

## 8.0.3. Erfolgsaussicht

*Erfolgsaussicht:* Allgemeine Erfolgsausicht einer rückfallprophylaktischen Arbeit.

Bei der Bewertung der „Erfolgsaussicht“ handelt es sich um ein globales Urteil, in das sowohl die allgemeine Erfolgsaussicht für die Veränderung rückfallrelevanter Problembereiche (allgemeine Erfahrungswerte) als auch die spezifischen Faktoren des Täters (Fähigkeiten und Limitationen des Täters sowie besondere Umstände und Ausprägungen des Einzelfalls) eingehen.

In einem ersten Schritt ist sich Klarheit darüber zu verschaffen, wie hoch die Erfolgsaussicht für relevante Veränderungen in den erkannten Problembereichen ist. Dabei spielt die Schwere der Problematik ebenso eine Rolle wie eine Vielzahl von Faktoren, die als eine mehr oder minder typisch anzutreffende Konstellation auch in Vergleichsfällen zumindest hypothetisch vorkommen könnte. Es spielen hier aus der Kriminologie bekannte allgemeine Raten für deliktspezifische Rückfallwahrscheinlichkeiten eine Rolle [99]. So ist z. B. bekannt, dass bei Exhibitionisten mit jahrelanger Vorgeschichte, bei Betrügern mit suchtartig chronifiziertem Betrugsverhalten oder bei dissozialen Tätern mit einer Vielzahl verschiedener Delikte die Erfolgsaussicht einer Behandlung generell zurückhaltend bewertet werden muss.

In einem zweiten Schritt ist die Höhe der generellen Erfolgsaussicht in Relation mit spezifischen Besonderheiten des Täters zu setzen. Unter diesem Gesichtspunkt treten die allgemeinen Faktoren in den Hintergrund. Bewertet werden sollen vor allem spezifische Faktoren, die mit der individuellen Persönlichkeit des Täters oder besonderen Konstellationen oder Ausgangsbedingungen zusammenhängen. Dabei ist es wesentlich, diese spezifischen Faktoren, die unter Umständen zu einer Modifizierung der allgemeinen Einschätzung führen, transparent benennen und darstellen zu können. Solche spezifischen Besonderheiten können beispielsweise Erfahrungen mit Veränderungsprozessen des Täters aus der Vergangenheit sein, Motivationen, fördernde oder erfolgshemmende Lebensbedingungen, Komorbiditäten etc. Selbstverständlich sind die individuellen positiven und negativen Faktoren zu berücksichtigen, die bereits jeweils bei der selektiven Fokussierung unter den Merkmalen „Erfolgsfördernde Faktoren“ und „Veränderungsresistenz“ bewertet wurden. Der Zusammenzug in einer globalen Bewertung unter dem allgemeinen Merkmal „Erfolgsaus-

Bewertungsregeln für das Merkmal „Erfolgsaussicht“:

- ☞ Eine Einschätzung der der Ausprägung der allgemeinen Erfolgsaussicht für die Veränderung rückfallrelevanter Problembereiche, die beim Täter vorliegt.
- ☞ Eine Einschätzung der Erfolgsaussicht vor dem Hintergrund der spezifischen Fähigkeiten und Limitationen des Täters.

sicht“ ist aber immer etwas anderes als die Summe dieser beiden Faktoren, durch die getrennt voneinander die Ausprägung zweier Teilbereiche bestimmt wird. Bei der globalen Einschätzung der allgemeinen „Erfolgsaussicht“ spielen Interaktionen zwischen erfolgsfördernden und erfolgshemmenden Faktoren ebenso eine Rolle, wie ihre relative Stärke im Verhältnis zueinander, also ihre Gewichtung. Außerdem geht bei der allgemeinen „Erfolgsaussicht“ aufgrund des globaleren, nicht näher nach Kriterien unterteilten Beurteilungsansatzes ein stärkerer Anteil eines intuitiven gesamthaften Erfassens in die Bewertung ein. Schließlich gilt darüber hinausgehend der bekannte Satz, dass das Ganze mehr oder etwas anderes ist als die Summe seiner Teile.

Eher selten sind die Fälle, in denen die Erfolgsaussicht einer rückfallpräventiven Arbeit eng und direkt mit nur wenigen Kriterien korreliert. Das kann z. B. dann der Fall sein, wenn das deliktrelevante Risiko in streng kausaler Weise mit der Behandelbarkeit umschriebener Krankheitssymptome verknüpft ist.

Beispiele:

- ✗ Begeht ein Schizophrener eine Straftat, die ursächlich auf ein wahnhaftes Geschehen im Rahmen einer Exazerbation seiner Psychose zurückzuführen ist, dann ist die Rückfallgefahr mit der Erfolgsaussicht einer Behandlung der zu Grunde liegenden Erkrankung gleichzusetzen. In einem solchen Fall sind sogar die spezifischen Zielsymptome (Wahn und damit zusammenhängender negativer Affektstatus) die Punkte, deren Behandelbarkeit den Ausschlag für die Bewertung gibt. Wenn die Behandelbarkeit dieser Subsymptome, die als Ausdruck einer Verschlimmerung einer Grunderkrankung ursächlich für das Tatverhalten verantwortlich waren, hoch ist, so ist dies als ein sehr günstig zu bewertender prognostischer Faktor anzusehen. Entsprechend skeptischer müssen Bewertungen ausfallen, die sich auf tatrelevante Störungen beziehen, deren Behandelbarkeit unsicher oder von zu erwartenden Rückschlägen gekennzeichnet ist. Häufiger sind Fälle zu beurteilen, in denen neben der generellen Veränderbarkeit einiger weniger Problemmerkmale (z. B. Krankheitssymptome) verschiedene individuelle Faktoren zu berücksichtigen sind, die sich fördernd oder hemmend auf einen möglichen Veränderungsprozess auswirken können.

- ✗ Vielleicht verfügt der Täter auf Grund einer speziellen Stabilität seiner sozialen Situation, besonders guter Motivation und therapiefördernder Persönlichkeitsfaktoren, einer möglicherweise ausgeprägten Offenheit und einer hohen Bereitwilligkeit zur Veränderung über besonders günstige Ausgangsbedingungen. Deshalb kann das Merkmal der allgemeinen „Erfolgsaussicht" u. U. als hoch eingeschätzt werden, obwohl die generelle personenunabhängige Erfolgsaussicht lediglich im Mittelbereich liegt.
- ✗ Umgekehrt ist es möglich, dass spezifische Aspekte eines Täters erkennbar sind, die seine Veränderungs-/Therapieaussichten gegenüber der generellen Einschätzung erheblich verschlechtern. Vielleicht eine ausgesprochene Irritierbarkeit, starkes Abwehrverhalten, oder aus der Vergangenheit sind spezielle Persönlichkeitseigenschaften bekannt, die in diesem individuellen Fall eine größere Skepsis gegenüber der Erfolgsaussicht nahe legen.

Neben allgemeinen Fallkenntnissen sind insbesondere für die Gewichtung fallspezifischer Erfolgs- oder Misserfolgsfaktoren Erfahrungswerte aus Therapien und Langzeitbeobachtungen bedeutsam. Derzeit fehlen in der Literatur aber noch differenzierte Typologien hinsichtlich der Erfolgsquoten von Behandlungen unter Berücksichtigung individueller Fall- und Täteraspekte. Darum stellt für die Einordnung eines bestimmten Falles die eigene Behandlungserfahrung mit entsprechenden Beobachtungszeiträumen eine wichtige Ressource dar, um unangemessene schematische Einordnungen zu vermeiden. Für Untersucher, die selber noch nicht über einen solchen Erfahrungshintergrund verfügen, empfiehlt sich die intervisorische Besprechung oder aber zumindest vorübergehend die regelmäßige Unterstützung durch einen behandlungserfahrenen Supervisor.

Leitfragen:

- ✓ Welche generelle Erfolgsaussicht ist bei einer Problematik anzunehmen, wie sie im zu bewertenden Fall vorliegt?

✓ Welche Faktoren sprechen für die Annahme eines positiven, welche für die Annahme eines negativen Behandlungsverlaufes?

✓ Welche spezifischen tat-, persönlichkeits- oder umgebungsbezogenen Faktoren erlauben eine von der generellen Erfolgsaussicht abweichende Bewertung?

✓ In welcher Weise interagieren erfolgsfördernde und erfolgshemmende Faktoren? In welcher relativen Stärke und damit Gewichtung gehen sie in die Gesamtbewertung der Erfolgsausicht ein?

✓ Welche Erfahrungen können aus der Vergangenheit herangezogen werden (z. B. Änderungen von Lebensverhältnissen, Realisierung von Zielen, Aufgeben schädlicher Angewohnheiten etc.), die für positive oder negative Veränderungsannahmen sprechen?

### 8.0.4. Entlassungssimulation

*Entlassungssimulation:* Ergebnis eines intuitiven Bewertungsprozesses mit Hilfe einer gedanklichen, kriteriengeleiteten Simulation: Die Wahrscheinlichkeit, mit der ein ausreichend risikovermindernder Erfolg eintritt unter der Annahme, dass das beim Täter als angemessen erachtete Veränderungsprocedere (meist eine Therapie) durchlaufen wurde.

Dieses Merkmal verfolgt das Ziel, durch eine kriteriengeleitete, gedankliche Simulation eine eher emotional geprägte Informationsverarbeitung zu aktivieren und fassbar zu machen. Das Ergebnis dieses Wahrnehmungsprozesses wird – der stärker emotional geprägten Informationsverarbeitung entsprechend – zumeist ein Gefühl beim Untersucher sein. Sofern dieses Gefühl deutlich genug ist, kann es mit einer dann stärker ausgeprägten kognitiven Komponente als positive oder negative Überzeugung zum Ausdruck kommen.

Es könnte eingewendet werden, dass die betont intuitive Prägung des Simulationskriteriums nicht ausreichend operationalisierbar und damit nicht genügend transparent sei. Da die Simulation aber eine anhand klarer Kriterien standardisierte „Provokation" der Intuition darstellt, besteht Anlass zur Vermutung, dass es bei einem forensisch geübten Beurteiler eine ausreichende Reliabilität aufweist. Da zudem die Beurteilung der „Erfolgsaussicht" unter einem anderen Blickwinkel erfolgt, kann mit diesem Kriterium eine zusätzliche Information generiert werden.

Bewertungsregeln für das Merkmal „Entlassungssimulation“:

- ☞ Ausgangspunkt ist die Vorstellung, dass der Täter zum Beurteilungszeitpunkt aufgrund des bei ihm bestehenden Risikos auf unbestimmte Zeit inhaftiert ist (ungeachtet der Einschätzung einer Verhältnismäßigkeit einer solchen Inhaftierung).
- ☞ Es gilt schon heute definitiv ein Votum dafür abzugeben, ob der Täter nach Abschluss der als angemessen angesehenen Veränderungsmaßnahme (meist eine Therapie) entlassen werden soll.
- ☞ Die Verhinderung einer neuerlichen Straftat ist oberstes Gebot.
- ☞ Wenn das Votum gegen eine Entlassung spricht, wird der Täter langfristig inhaftiert bleiben. Das Votum ist anhand des Verlaufs zu einem späteren Zeitpunkt nicht mehr änderbar.
- ☞ 0 (= nicht vorhanden oder sehr gering): Die Entscheidung erfolgt eindeutig gegen eine Entlassung. Eine relevante Veränderungswahrscheinlichkeit erscheint als zu gering. Das mit einer Entlassung verbundene Risiko erscheint unzweifelhaft als zu hoch.
- ☞ 1 (= gering): Die Entscheidung erfolgt zugunsten einer Entlassung um die sehr langfristige Inhaftierung des Täters zu vermeiden. Die Entscheidung ist jedoch von einem eher schlechten Gefühl begleitet und es besteht Skepsis, ob der Täter nach seiner Entlassung tatsächlich rückfallfrei bleiben wird.
- ☞ 2 (= moderat): Die Entscheidung erfolgt zugunsten einer Entlassung. Gemischte Gefühle liegen vor. Chancen für die Rückfallfreiheit nach einer Entlassung sind durchaus existent, aber „die Sache kann auch schief gehen“.
- ☞ 3 (= deutlich): Die Entscheidung erfolgt zugunsten einer Entlassung. Vorbehalte sind gering. Das gute Gefühl liegt vor, die richtige Entscheidung getroffen zu haben.
- ☞ 4 (= sehr stark): Die Entscheidung erfolgt zugunsten einer Entlassung. Ein eindeutig gutes Gefühl, die richtige Entscheidung getroffen zu haben liegt vor. Es gibt keinerlei Vorbehalte.

## 8.0.5. Wert Delinquenznahe Persönlichkeitsdisposition

*Delinquenznahe Persönlichkeitsdisposition:* Wert der Hauptgruppe „Delinquenznahe Persönlichkeitsdisposition“ mit einem negativen Vorzeichen.

Die Ausprägung des Wertes unter der Hauptgruppe „Delinquenznahe Persönlichkeitsdisposition“ spiegelt eine Persönlichkeitsdisposition wieder, die mit Begriffen wie kriminelle Identität, Chronifizierung, Dissozialität, Soziopathie und Psychopathie assoziiert werden kann. Hohe Werte in diesem Bereich des „Strukturellen Rückfallrisikos“ stellen eine Hypothek für die Effektivität von Veränderungsprozessen (z. B. Therapiemaßnahme) dar. Dieses durch die Ausprägung der Hauptgruppe zum Ausdruck kommende negative Potenzial wird an dieser Stelle derart berücksichtigt, dass die Punktzahl des Wertes unter der Merkmalsgruppe „Erfolgsaussicht“ abgezogen wird.

# 9. Ressourcen

## Inhaltsangabe



Die Ausprägung der „Ressourcen" wird aus der Summe der Endwerte der vier bzw. – bei bereits früher stattgefundenen Therapien – fünf Merkmalsgruppen gebildet.

## 9.1. Aussageanalyse

*Allgemeine Bemerkungen zum Aussageverhalten:* Straftäter, die mit der Justiz in Kontakt kommen, werden in verschiedenen Situationen zum Tatverhalten befragt. In der Regel werden im polizeilichen Ermittlungsverfahren gegenüber der Polizei, im Untersuchungsverfahren gegenüber dem Staatsanwalt, im Gerichtsverfahren gegenüber dem Richter und möglicherweise gegenüber einem Gutachter Aussagen zum Tatverhalten gemacht. In den jeweiligen Situationen können selbstverständlich immer strategische Überlegungen des Täters eine mehr oder minder große Rolle für sein Aussageverhalten spielen. Neben diesen strategischen Überlegungen bringt der Angeschuldigte mit seinem Verhalten aber auch Einstellungen zum Tatverhalten und zu seinen Opfern zum Ausdruck. Die kriteriengeleitete Analyse des Aussageverhaltens kann somit Informationen über Charaktereigenschaften des Täters, seines Tatverhaltens und auch allgemeine Verhaltensdispositionen aufdecken.

Von besonderem Interesse kann die zeitliche Entwicklung des Aussageverhaltens sein. Dies vor allem dann, wenn es in dieser Entwicklung deutliche Änderungen oder Widersprüche gibt. Es kann vorkommen, dass Aussagen, die zu einem frühen Zeitpunkt im Ermittlungsverfahren gemacht wurden, in einem engeren zeitlichen Zusammenhang zum Tatgeschehen stehen und eher spontane, weniger durch den Untersuchungsgang und anwaltliche Interventionen beeinflusste Einstellungen und Verhaltensmuster des Täters zeigen. In solchen Fällen steht das frühe Aussageverhalten in einem engeren Bezug zum emotionalen Erleben hinsichtlich der Tat, als dies mitunter bei späteren Sachverhaltsdarstellungen der Fall sein kann, wenn spontane Äußerungen durch ein strengeres strategisches Kalkül modifiziert worden sind. Dissoziations- und Abspaltungsvorgänge, Mythenbildungen sowie kognitive Verzerrungen können dann deutlicher ausgebildet sein, so dass es dem Angeschuldigten selbst schwerer fällt, den ursprünglichen Bezug zur Tat im Bewusstsein abzubilden.

Um die gesamte Entwicklung des Aussageverhaltens beurteilen und die oben dargestellten Aspekte einschätzen zu können, kann es sinnvoll sein, die gesamte Aktenlage zu berücksichtigen und sich nicht lediglich auf spätere Zusammenfassungen zu stützen. Eine hinreichend abgestützte Beurteilung des Aussageverhaltens kann je nach Fall aber auch anhand von Urteilen erfolgen, sofern in diesen Aspekte des Aussageverhaltens genügend klar dokumentiert oder daraus plausibel ableitbar sind.

Bei der Analyse des Aussageverhaltens ist zu berücksichtigen, dass es zur adäquaten Erfassung von Merkmalen des Tatmusters und tatbezogener Persönlichkeitskriterien bisweilen nicht ausreicht, allein die im Gerichtsurteil strafrechtlich gewürdigten Sachverhalte zu analysieren und zu gewichten: Bei einem Gerichtsverfahren geht es um die strafrechtliche Würdigung. Sie erfolgt im Rahmen strafrechtlicher Systematik und Verfahrensregeln. Die dort generierten Bewertungen können in vielen Fällen der forensisch-prognostischen Tatbeurteilung entsprechen und eine ausreichende Informationsgrundlage bereitstellen. Sie können in Einzelfällen aber auch merklich von diesen abweichen, wenn beispielsweise in die forensisch-prognostische Tatbeurteilung Informationen einfließen, die von den Gerichten als nicht gerichtsverwertbar eingestuft werden.

Werden nun solche (nicht gerichtsverwertbaren) Sachverhalte in die prognostische Beurteilung bei Strafrechtsgutachten mit einbezogen, kann der rechtsstaatliche Einwand ins Feld geführt werden, dass sich der Gutachter streng auf die Informationen beschränken muss, die dem Urteil zugrunde gelegt wurden. Lässt sich diese Position schon bei einer Beurteilung im Rahmen eines Untersuchungsverfahrens nicht aufrecht erhalten, da hier noch gar kein rechtskräftiges Urteil vorliegt, so ist auch aus inhaltlicher Perspektive darauf hinzuweisen, dass eine Prognose alle Informationen einbeziehen sollte, die für das Prognoseurteil relevant sind und bezüglich ihres Realitätsgehaltes eine ausreichende Plausibilität aufweisen. Bei der Prognose geht es schließlich nicht darum, ein Tatverhalten rechtsnormativ mit den entsprechenden Verfahrens- und Bewertungsmaßstäben zu beurteilen. Die Prognose, die im Wissenschaftsfeld der forensischen Psychiatrie und nicht von der Jurisprudenz gebildet wird, sollte die größtmögliche Genauigkeit zum Ziel haben. Eine Einschränkung der Informationen auf diejenigen, die gerichtsverwertbar und gerichtsbeweisbar sind, würde die Grundlagen der Prognosebildung in manchen Fällen qualitätsmindernd einschränken.

In einer prognostischen Beurteilung – vor allem aber bei strafrechtlichen Gutachten – ist immer darauf hinzuweisen, welche Informationen möglicherweise zusätzlich berücksichtigt wurden (Berichte von Institutionen, Berichte von Drittpersonen gegenüber dem Gutachter, Polizeirapporte, Anklagetatbestände etc.) und für welche Schlussfolgerungen diese von Bedeutung sind. Gegebenenfalls müssen Bewertungen in mehreren Varianten (mit und ohne Einbezug bestimmter Informationen) oder in Hypothesenbildungen dargestellt werden unter der Annahme, dass dieser Tatvorwurf durch das Gericht bestätigt wird. Die Problematik der Differenzierung zwischen gerichtlich erstellten Sachverhalten und den für eine Prognose relevanten Informationen soll im Folgenden verdeutlicht werden.

Beispiele:

- ✗ Im Untersuchungsverfahren gegen einen Sexualstraftäter stellt sich heraus, dass dieser vor vielen Jahren sexuelle Ausbeutungsdelikte an Kindern verübt hat. Der Täter ist bezüglich dieser Delikte geständig. Allerdings können diese Delikte strafrechtlich nicht verfolgt werden, da sie mittlerweile verjährt sind. Es wäre verfehlt, würde auch der Gutachter diese Informationen in seiner prognostischen Beurteilung nicht berücksichtigen, obwohl sie in offensichtlicher und nachvollziehbarer Plausibilität einem realen Verhalten entsprechen und erhebliche Prognoserelevanz aufweisen.

- ✗ Eine Zeugin berichtet bei den Ermittlungen zu einem Tötungsdelikt gegenüber der Polizei, dass der Verdächtige schon früher durch gewalttätiges Verhalten aufgefallen sei und verschiedentlich Morddrohungen ausgestoßen habe. Da die Zeugin im Verlaufe des Ermittlungsverfahrens verstirbt, kann sie weder beim Staatsanwalt, noch bei der späteren Gerichtsverhandlung einvernommen werden. Ihre bei der Polizei gemachte Aussage ist somit für die Gerichtsverhandlung nicht verwertbar. Für den Beurteiler, der eine genaue Prognose stellen will, handelt es sich jedoch um hoch relevante Informationen. Soll eine Prognose im Rahmen einer psychiatrischen Begutachtung formuliert werden, so müssten allerdings in diesem Fall gegenüber dem Gericht zwei Varianten deklariert werden. Die Schlüsse des psychiatrischen Gutachtens müssten einmal in der Variante mit Berücksichtigung der nicht gerichtlich verwertbaren Zeugenaussage und einmal in der Variante ohne Berücksichtigung der nicht gerichtlich verwertbaren Zeugenaussage formuliert werden. Denn die Rechtssprechung ist hier noch nicht zu einer einheitlichen Auffassung gelangt. Offen ist die Frage, ob für ein gerichtspsychiatrisches Gutachten Aussagen von Drittpersonen einbezogen werden können, die sich „nachteilig“ für den Angeschuldigten auswirken, aber in dieser Weise nicht gerichtsverwertbar sind oder ob dies nicht möglich sein soll. Aus fachlicher Sicht sollte dies möglich sein. Schließlich geht es im psychiatrischen Gutachten darum, eine möglichst exakte psychiatrische Befunderhebung und forensische Bewertung vorzunehmen und nicht um die strafrechtliche Beurteilung. Aus diesen Gründen ist der Anspruch fraglich, an die Aussagen von Drittpersonen im Rahmen einer psychiatrisch-forensischen Begutachtung die gleichen Kriterien anzulegen, die für eine Zeugenaussage im Gericht gelten, bei der das Ziel des Verfahrens die strafrechtliche Beurteilung ist. Die Bewertung einer solchen Vorgehensweise bleibt bei strafrechtlichen Gutachten aber dem Gericht vorbehalten. In dem Fall, der hier verkürzt als Beispiel dargestellt wurde, entscheidet schließlich das Kassationsgericht (im Unterschied zur zweiten Instanz), ob der Einbezug der polizeilichen Aussage der Zeugin sowohl für das Gutachten als auch für das gesamte Strafverfahren gestattet ist, weil sinngemäß eine ordentliche staatsanwaltliche Befragung mit rechtlichem Gehör durch „höhere Gewalt" verhindert worden ist.

Bewertungsregeln:

☞ Strafrechtlich relevante Sachverhalte, die nicht gerichtsverwertbar verfügbar sind (Verjährung, Fallenlassen von Sachverhalten aufgrund von Vereinbarungen der Prozessparteien, glaubhafte Berichte von Institutionen und Drittpersonen etc.), können in bestimmten Fällen dann in eine prognostische Bewertung einbezogen werden, wenn sie mit ausreichender Plausibilität anzunehmen sind.

☞ Bei der Bewertung der „Aussageanalyse" ist das Anlassdelikt miteinzubeziehen, sofern dieses eine enge Beziehung zu der zu stellenden Prognose aufweist, oder ansonsten das jüngste Delikt der Vergangenheit, das einen solchen Bezug hat.

Beispiele zum Aussageverhalten:

✗ Bei einem Täter, der mit verschiedenen Gewalt- und Sexualdelikten in Erscheinung tritt, sind über einen Zeitraum der letzten zehn Jahre 27 Polizeirapporte verzeichnet. Diese betreffen Körperverletzungs- und Sachbeschädigungsdelikte. Ein Grosßteil der erfolgten Anzeigen wird nicht weiterverfolgt. Entweder ziehen die Geschädigten die Anzeige zurück oder es steht Aussage gegen Aussage, so dass das weitere Verfahren im Sinne der Verhältnismäßigkeit eingestellt wird. Selbstverständlich können die Anzeigen nicht wie gerichtlich erstellte Sachverhalte gewertet werden. Umgekehrt wäre es aber auch falsch, die gemessen an der Normalbevölkerung überaus auffällige Häufung polizeilicher Vorkommnisse für eine prognostische Bewertung zu ignorieren. Sie ist zumindest dahingehend zu interpretieren, dass der Täter eine generelle Tendenz zu sozialer Auffälligkeit aufweist und dazu, mit geltenden Regeln und

Normen in Konflikt zu geraten. Auffallend ist zudem, dass sich nahezu alle Anzeigen im Bereich aggressiven Agierens bewegen und damit eine Korrelation zum Zieldeliktverhalten zeigen, bei dem es um Gewalt- und Sexualstraftaten geht. Dies ist als Hinweis dafür zu werten, dass mit der Persönlichkeit des Täters eine Disposition zu aggressiven Verhaltensweisen verbunden ist, was sich zudem mit Berichten aus Institutionen und Aussagen aus dem Familien- und Bekanntenkreis deckt.

✗ Wenn bei Sexualstraftätern im Rahmen strafrechtlicher Ermittlungen der Besitz pornographischen Materials z. B. in Form von Hausdurchsuchungen oder der Analyse von PC-Festplatten untersucht wird, dann geschieht dies unter strafrechtlich relevanten Aspekten. Es erfolgt also bei der Auswertung eine Selektion auf die – z. B. kinderpornographischen oder gewalttätigen – Darstellungen, die für das Strafverfahren Bedeutung haben. Es handelt sich dabei um eine hochgradige Selektion. So kann z. B. anhand des sichergestellten Materials der Eindruck entstehen, dass es eine kinderpornographische oder sadomasochistische Präferenz des Täters gibt. In Wirklichkeit bestehen aber vielleicht 99% des gesammelten pornographischen Materials aus anderen Darstellungen. Die sichergestellten pornographischen Produkte würden ohne Kenntnis des gesamten Pornografiebestandes zu fehlerhaften Schlussfolgerungen bezüglich der Präferenzen des Täters führen können. Umgekehrt kann es auch der Fall sein, dass der Täter zehntausende Fotos von minderjährigen Knaben sammelt, bei denen es sich aber nicht um explizite kinderpornographische Darstellungen handelt. Für die strafrechtliche Bewertung sind diese Informationen möglicherweise uninteressant, für die prognostische Einordnung hingegen sehr bedeutsam.

Im Rahmen von Vereinbarungen zwischen der Anklagevertretung und der Rechtsvertretung des Täters gibt es Übereinkünfte, dass bestimmte Straftatbestände „fallen gelassen“ oder in anderer Weise rechtlich klassifiziert werden. Dies kann hinsichtlich verfahrensrechtlicher Strategien überaus sinnvoll sein. Es besteht in Einzelfällen aber die Gefahr, dass damit dem Beurteiler sehr prognoserelevante Informationen entzogen werden, wenn er sich beispielsweise nur auf die dann schließlich im Gerichtsurteil dargestellten Sachverhalte abstützt, ohne Ermittlungsakten oder Anklageschriften in seine Überlegungen mit einzubeziehen.

### 9.1.1. Übernahme von Verantwortung

*Übernahme von Verantwortung:* Möglichst vollständiges Anerkennen des autonomen und aktiven Tatbeitrags des Täters, der die Tathandlung und deren Konsequenzen für alle Beteiligten zur Folge hatte. Die Übernahme von Verantwortung schließt zudem die Bereitschaft ein, selber die Konsequenzen der verursachten Folgen zu tragen. Bewertet wird die Qualität und Kontinuität der Verantwortungsübernahme des Täters für sein Tatverhalten.

Eingeschätzt werden soll, in welchem Maße der Angeschuldigte Verantwortung für sein Tatverhalten übernimmt. Bereits an dieser Stelle sei angemerkt (siehe auch „Übername von Verantwortung" und „Externalisierung von Verantwortung" in der Merkmalsgruppe „Deliktbewusstsein" innerhalb der Hauptgruppe „Therapieverlauf"), dass die Bereitschaft zur Übernahme von Verantwortung und die Tendenz zur Externalisierung von Verantwortung zwar häufig in gegenläufiger Richtung miteinander korrelieren, dies aber nicht immer so sein muss. Die Übernahme von Verantwortung soll als ein „aktives in Bezug setzen der eigenen Person" zur Handlung verstanden werden. Bildlich gesprochen „nimmt" der Angeschuldigte etwas aus der Richtung der Tat Kommendes aktiv an. Verantwortungsübernahme ist demnach ein aktiver Vorgang des Annehmens im Sinne der Herstellung einer direkten Beziehung zwischen Person und Tat. Externalisierung von Verantwortung ist hingegen eine aktive Abwehrstrategie, um Verantwortungsübernahme zu vermeiden. Derjenige, der Verantwortung externalisiert, weist Verantwortung von sich weg, „weist also etwas von der eigenen Person weg, in Richtung Umgebung".

So ist es theoretisch durchaus denkbar, dass ein Täter einerseits zwar keine Verantwortung für seine Tat übernimmt, andererseits aber Verantwortung nicht aktiv externalisiert. Selbstverständlich ist schon bei der Bewertung der „Übernahme von Verantwortung" nach Externalisierungsmechanismen zu suchen. Sind sie vorhanden, dann reduziert das automatisch den Anteil an eigener aktiver Verantwortungsübernahme. Aber auch unabhängig vom Vorhandensein oder Fehlen von Externalisierungshandlungen ist zu prüfen, inwieweit der Angeschuldigte explizit die Verantwortung für seine Handlungen übernimmt.

Ein Täter, der Verantwortung übernimmt, steht zu seinem aktiven Tatbeitrag. Ist die Verantwortungsübernahme ausgeprägter, schließt dies auch

Bewertungsregeln für das Merkmal „Übernahme von Verantwortung“:

☞ Bei der Beurteilung sind auch die Tatumstände zu berücksichtigen: So ist z. B. der Tatbeitrag bei einem gemeinschaftlich ausgeführten Delikt individuell unterschiedlich. Das Ausmaß der Verantwortungsübernahme wird nur für die eigenen Handlungen bewertet.

ein Anerkennen des Zusammenhangs der eigenen Handlung mit den daraus folgenden Konsequenzen ein.

Wichtig ist, dieses Merkmal nicht mit demjenigen der „Distanzierung von der Tat“ zu vermischen. Die „Übernahme von Verantwortung“ schließt nicht automatisch die Distanzierung von der Tat (z. B. in Form von Bedauern) ein.

Beispiel:

✗ Ein rechtsradikaler Schläger gesteht seine Tat. Er erkennt die Autonomie seiner Entscheidung zur Tat an, sieht die Folgen der Tat auf unterschiedlichen Ebenen und ist bereit, die daraus folgenden Konsequenzen auf sich zu nehmen. Gleichzeitig ist er aber der Meinung, die Tat sei berechtigt gewesen. Er hält sie auch im Nachhinein für richtig und bedauert sie nicht. Dieser Täter übernimmt Verantwortung für sein Tun, distanziert sich aber nicht von der Tat. Er würde also beim Merkmal “Distanzierung von der Tat“ mit 0 (= nicht vorhanden oder sehr gering) bewertet. Bei der Übernahme von Verantwortung könnte er sich aber – je nach Ausprägungsgrad der Verantwortungsübernahme – in einem Wertungsbereich von 2 (= moderat) oder 3 (= deutlich) bewegen. Höhere Wertungen wären solange ausgeschlossen, bis er nicht auch Verantwortung für die Folgen seines Handelns bei seinen Opfern übernimmt. Das ist ohne eine gewisse Distanzierung aber nicht möglich. Mit dem letztgenannten Punkt wird veranschaulicht, dass eine mangelnde Distanzierung von der Tat in einem gewissen Ausmaß auch bei dem Merkmal der Verantwortungsübernahme Spuren hinterlässt. Die Konsequenzen einer Tat anzuerkennen, differenziert zu erfassen und sich den daraus folgenden Konsequenzen zu stellen, bedingt immer auch eine zumindest moderat erkennbare Bereitschaft, zukünftige Taten zu vermeiden. Die Übernahme von Verantwortung bei dem hier beschriebenen Täter beschränkt sich bezüglich der Konsequenzen aber nur auf den strafrechtlichen Teil, den er zu tragen bereit ist. Der Ausprägungsgrad für die „Übernahme von

Verantwortung" kann daher nicht sehr hoch sein. Da der Täter mit seiner Stellungnahme im Sinne eines „aktiven In-Beziehung-Setzens" zur Handlung und deren Konsequenzen in anderen Bereichen aber durchaus Verantwortung für sein Handeln übernimmt, ist die Ausprägung 2 (= moderat) oder 3 (= deutlich) möglich.

Es gilt, sich bei der Bewertung des Merkmals am tatsächlichen Geschehen zu orientieren. Es muss daher beurteilt werden, inwieweit der Angeschuldigte angesichts der Tatumstände in angemessener Weise Verantwortung für sein Verhalten übernimmt. Manche Täter entwickeln erst im Laufe der Untersuchung eine adäquate Verantwortungsübernahme gegenüber dem eigenen Tatbeitrag, was sich in einem entsprechenden Aussageverhalten zeigt. Auch wenn sich also die Verantwortungsübernahme erst im Verlauf der Untersuchung deutlicher herauskristallisiert, ist eine höhere Bewertung dieses Merkmals gerechtfertigt. Wichtig ist nicht primär der Zeitpunkt, sondern die Qualität und die Konsistenz der Verantwortungsübernahme, nachdem zunächst ein bestimmtes Niveau erreicht ist.

Eher selten kommt es vor, dass ein Täter mehr Verantwortung übernimmt, als im Hinblick auf die Tatumstände gerechtfertigt wäre. Gewertet würde dies ebenso wie bei ausgeprägter, angemessener Verantwortungsübernahme mit dem Ausprägungsgrad 4 (= sehr hoch). „Zu hoch" ist keine sinnvoll zu treffende Differenzierung. Da in der Hauptgruppe „Beeinflussbarkeit" Prädiktoren für Veränderungsbereitschaft dargestellt werden, kann auch die „zu hohe" Verantwortungsübernahme für diese Veränderungsbereitschaft als ein ebenso günstiger Prädiktor gewertet werden, wie die angemessen hohe Verantwortungsübernahme.

Leitfragen:

- ✓ Übernimmt der Täter Verantwortung für seine Delikthandlungen?
- ✓ Bekennt er sich zu seinem aktiven und autonomen Tatbeitrag?
- ✓ Anerkennt er seine Verantwortung für mögliche Folgen seiner Handlungen, z. B. bei seinen Opfern?
- ✓ Neigt der Täter zur Externalisierung seiner Verantwortung oder zu anderen Formen der Verantwortungsabwehr?
- ✓ Ist der Täter an Wiedergutmachung interessiert?
- ✓ Übernimmt der Täter Verantwortung für all seine Handlungsweisen oder

unternimmt er den Versuch, bestimmte Tatbereiche auszublenden, zu verdrängen oder zu externalisieren?

✓ Entlastet der Täter die Opfer von Verantwortungs- oder Schuldzuweisungen?

✓ Verändert sich der Grad der Verantwortungsübernahme während der Untersuchung?

### 9.1.2. Distanzierung von der Tat

*Distanzierung von der Tat:* Explizite Bewertung des Tatgeschehens durch den Täter als etwas Negatives.
Es ist das Ausmaß zu bewerten, in dem sich der Täter von der Tat distanziert unter Berücksichtigung des Vorhandenseins oder Fehlens folgender Merkmale:

- Zeichen des Bedauerns
- Entschuldigungen
- eigene Verurteilung der Tat

Wie bereits erwähnt, ist die „Distanzierung von der Tat" nicht bedeutungsgleich mit der „Verantwortungsübernahme für die Tat". Die Distanzierung drückt immer eine emotional und kognitiv getragene Bewertung des Geschehens aus. Sie ist also nicht nur ein „Sich-In-Beziehung-Setzen" zur Tat, sondern eine bestimmte Art, sich gegenüber dem Tatgeschehen zu positionieren. Die Distanzierung ist eine explizite Bewertung des Tatgeschehens. Damit wird auch deutlich, dass dieses Merkmal keineswegs mit dem Begriff der Ich-Dystonie deckungsgleich ist. So kann beispielsweise ein Pädosexueller sein Verhalten als durchaus ich-synton erleben und dementsprechend in seinem Denken und Fühlen gänzlich mit der Affinität zu Kindern identifiziert sein. Gleichzeitig kann er sich aber überaus deutlich von seinem Tatverhalten distanzieren, in dem er beispielsweise sexuelle Handlungen mit Kindern verurteilt und seine Taten bedauert. Was er ich-synton als zu sich gehörig erlebt, kann nichtsdestotrotz in negativer Weise bewertet werden. Die „Distanzierung von der Tat" drückt sich darin aus, dass der Täter die Tat einer eigenen, negativen Bewertung unterzieht. Für diese Einordnung spielt es keine Rolle, ob der Täter dabei die Tat als seiner eigenen Persönlichkeit vertraut oder fremd erlebt.

Leitfragen:

- ✓ In welchem Maße zeigt der Angeschuldigte Distanz zum Tatverhalten?
- ✓ Bedauert der Täter sein Tatverhalten?
- ✓ Wie stark ist sein Bedauern emotional getragen?
- ✓ Welche Äußerungen, Verhaltensweisen oder Aussagen Dritter sprechen für die Distanzierung des Täters vom Tatgeschehen?
- ✓ Äußert sich der Täter dahingehend, in Zukunft neuerliche Straftaten in jedem Fall verhindern zu wollen? Welche Schritte unternimmt er, um dieses Ziel zu erreichen?

### 9.1.3. Schnelles rationales Tateingeständnis

*Schnelles rationales Tateingeständnis:* Zeitdauer bis zu einem rationalen Tateingeständnis. Dabei sind die Umstände des Geständnisses zu berücksichtigen.

Unter diesem Merkmal sollen keine Qualitäten des Tateingeständnisses (Emotionalität, Differenziertheit o. a.) bewertet werden. Es wird lediglich ein „Geschwindigkeitsfaktor" festgehalten: Je schneller das Tateingeständnis erfolgt, desto höher ist die Ausprägung des Merkmals zu bewerten. Dabei gilt es jedoch, den Kontext zu berücksichtigen, in dem das Geständnis abgelegt wird. Im vorangegangenen Schema wird zwischen zwei Fällen differenziert:

- Ein Tateingeständnis, das vorrangig als Reaktion auf eine Konfrontation mit einer „erdrückenden Beweislast" zu verstehen ist oder
- ein Tateingeständnis, das nicht vorrangig als Reaktion auf eine Konfrontation mit einer „erdrückenden Beweislast" zu verstehen ist.

Der Terminus der „erdrückenden Beweislast" ist nicht endgültig genau zu definieren. Er misst sich daran, ob angesichts der dem Täter zur Kenntnis gebrachten Beweislage nach normalpsychologischem Empfinden jeder Spielraum für ein weiteres Leugnen der Tatbeteiligung unsinnig, haltlos oder nicht mehr im Geringsten erfolgversprechend erscheint. Es ist also zu beurteilen, ob dem Täter zum Zeitpunkt seines Geständnisses noch in

Bewertungsregeln für das Merkmal „Schnelles rationales Tateingeständnis“:

- ☞ Vollständiges oder in wesentlichen Teilen erfolgendes rationales Tateingeständnis unmittelbar nach der Tat und nicht vorrangig als Reaktion auf die Konfrontation mit einer „erdrückenden Beweislast“: 4 (= sehr stark)
- ☞ Vollständiges oder in wesentlichen Teilen erfolgendes rationales Tateingeständnis in den ersten Ermittlungssequenzen (maximal bis zu vier Wochen nach Ermittlungsbeginn), nicht vorrangig als Reaktion auf die Konfrontation mit einer „erdrückenden Beweislast“: 3 (= deutlich)
- ☞ Vollständiges oder in wesentliches Teilen erfolgendes rationales Tateingeständnis vor Abschluss der Untersuchungshandlungen oder vollständiges oder in wesentlichen Teilen erfolgendes rationales Tateingeständnis zu irgendeinem (auch sehr frühen) Zeitpunkt vor Abschluss der Untersuchungshandlungen als Reaktion auf die Konfrontation mit einer „erdrückenden Beweislast“: 2 (= moderat)
- ☞ Eingeständnis wenig bedeutsamer Tataspekte und Nichteingeständnis wesentlicher Anteile des Deliktgeschehens oder erst nach Abschluss der Untersuchungshandlungen vollständiges oder in wesentlichen Teilen erfolgendes rationales Tateingeständnis: 1 (= gering)
- ☞ Fehlende Geständigkeit bis zum Abschluss der Gerichtsverhandlung: 0 (= nicht vorhanden oder sehr gering)

einem gewissen sinnvollen Ausmaß ein Spielraum bleibt, den Umfang seines Geständnisses aktiv zu beeinflussen oder ob ein Geständnis aufgrund der Bedingungen nur noch als eher passives Eingestehen in Reaktion auf eine klare und eindeutige Beweislage zu bewerten ist.

### 9.1.4. Qualität eines Tateingeständnisses

*Qualität eines Tateingeständnisses:* Ausmaß der Qualität des Tateingeständnisses unter Berücksichtigung der Dimensionen der inhaltlichen Differenziertheit und der mit dem Geständnis verbundenen Emotionalität:

*Inhaltliche Differenziertheit:*

- Differenziertheit des Geständnisses
- Umfang des Geständnisses
- Unabhängigkeit des Geständnisses von strategischen Überlegungen

*Emotionalität:*

- Betroffenheit
- Authentizität
- emotionale Bewegungen von spürbarer Intensität

Bei diesem Merkmal werden qualitative Merkmale des Tateingeständnisses erfasst. Zwischen zwei Extremvarianten gibt es alle denkbaren Übergänge:

Beispiele:

✗ Es gibt Täter, die in der ersten Befragung sämtliche Tatumstände differenziert und umfassend schildern (Qualität der Differenziertheit) und sich persönlich betroffen zeigen (emotionale Qualität des Tateingeständnisses). Es ist ihnen ein Bedürfnis, „reinen Tisch zu machen“. Sie schildern möglicherweise frühere Delikte oder Tatumstände, die so gar nicht hätten ermittelt werden können. Ihr Tateingeständnis erfolgt weitgehend unabhängig von aktuellen Ermittlungsergebnissen.

✗ Demgegenüber gibt es Täter, die das Ausmaß einzugestehender Tatelemente einzig am Umstand ausrichten, welche Tatdetails unzweifelhaft bewiesen werden können. Sie gestehen Tatelemente nur unter der direkten Einwirkung entsprechender Beweismittel oder Zeugenaussagen ein. Emotionale Betroffenheit ist nicht spürbar. Eher sind ärgerliche Reaktionen und dysphorische Grundhaltungen zu finden. Teilgeständnisse sind eher undifferenziert und von strategischen Überlegungen gekennzeichnet.

Leitfragen:

✓ Wie umfassend und differenziert ist das Tatgeständnis?

✓ Wie unabhängig erfolgt es von strategischen Überlegungen?

✓ Zeigt der Täter im Zusammenhang mit seinem Geständnis Betroffenheit über das Tatgeschehen?

- ✓ Wirken die emotionalen Reaktionen des Täters authentisch?
- ✓ Werden Details oder andere strafrechtlich relevante Sachverhalte offen gelegt, die bislang noch nicht ermittelt worden sind?
- ✓ Ist ein Interesse des Täters spürbar, „reinen Tisch zu machen"?

## 9.1.5. Aktive Verschleierung

*Aktive Verschleierung:* Alle Handlungen, durch die der Täter aktiv und gezielt versucht, ihn belastende, deliktrelevante Informationen zu vertuschen oder umzuinterpretieren mit dem Ziel, seinen Tatbeitrag abzuschwächen.

Zu beurteilen ist, inwieweit der Täter mit Polizei und Justiz kooperiert oder in welchem Ausmaß der Angeschuldigte lügt. Das Aussageverhalten ist daraufhin zu untersuchen, ob der Angeschuldigte aktiv Strategien betreibt, um die Untersuchung zu erschweren und sie „auf falsche Fährten" zu lenken.

Lügen spielen bei der aktiven Verschleierung zwar eine Rolle, weil sie oft ein Mittel sind, um das Tatgeschehen zu verdecken. Daneben kommen aber auch untersuchungstechnische Finten, nicht sachlich begründete Anträge oder andere Ablenkungsmanöver zum Einsatz (strategisch bedingte ärztliche Konsultationen, vorgetäuschtes mangelndes Erinnerungsvermögen, Versuche, Zeugen zu Falschaussagen zu bewegen, andere als Tatverdächtige zu beschuldigen u. Ä.). Zu dem später beschriebenen Merkmal des „Strategischen Lügens" gibt es nur bedingte Überschneidungen. Das strategische Lügen ist eine oft persönlichkeitsimmanente, ausgefeilte Strategie, die über gelegentliches Lügen im Rahmen aktiver Verschleierung hinausgeht.

Leitfragen:

- ✓ Erleichtert der Angeschuldigte die Ermittlungsarbeit der Polizei?
- ✓ Deckt er Dunkelziffern auf?
- ✓ Hilft der Täter bei der Sicherstellung von Beweisen (z. B. nach der Tat weggeworfene Tatwaffe)?
- ✓ Fällt es ihm leicht zu lügen, ist seine diesbezügliche Hemmschwelle niedrig?

- ✓ Verwendet er Energie und strategische Überlegungen darauf Lügen zu konstruieren und gemäß eigener Plausibilität aufzubauen?
- ✓ Können dem Täter im Laufe der Untersuchung Lügen nachgewiesen werden?
- ✓ Wie reagiert der Täter auf die Konfrontation mit Unwahrheiten?
- ✓ Gibt es Versuche, Druck auf das Aussageverhalten der Zeugen auszuüben?
- ✓ Täuscht der Täter Erinnerungslücken vor?

### 9.1.6. Externalisierung von Verantwortung

*Externalisierung von Verantwortung:* Ausmaß, in dem beim Täter eine Tendenz zu beobachten ist, Gründe und Verantwortung für das Tatgeschehen außerhalb der eigenen Verantwortlichkeit zu suchen.

Unter diesem Punkt wird noch einmal explizit ein Bereich des Aussageverhaltens betrachtet, der schon bei der Frage der Verantwortungsübernahme eine Rolle spielte. Im Unterschied zur Frage, ob ein Täter Verantwortung für seine Tat und wesentliche Aspekte des Tatverhaltens übernimmt, ist die „Externalisierung von Verantwortung" ein zusätzlicher, kognitiver Mechanismus. Viele Täter, die keine Verantwortung für ihre Tat übernehmen, zeigen auch eine mehr oder weniger ausgeprägte „Externalisierung von Verantwortung". Es gibt aber ebenso Täter, die keine Verantwortung übernehmen, ohne dies aber mit der aktiven Haltung der „Externalisierung von Verantwortung" zu kombinieren.

Der Unterschied zwischen dem Merkmal „Übernahme von Verantwortung" und „Externalisierung von Verantwortung" ist folgender: Bei der mangelnden Verantwortungsübernahme wird etwas nicht getan: Es wird keine Verantwortung übernommen. Bei der „Externalisierung von Verantwortung" wird hingegen aktiv etwas getan: Die Verantwortung wird auf externe Umstände oder andere Personen übertragen. Wie schon erwähnt, zeigt sich die Externalisierung in der Tendenz, Gründe und Verantwortung für das Tatverhalten „im Außen" zu suchen. Der Fokus zur Konzeptionalisierung einer Tat liegt daher primär nicht auf der Persönlichkeit des Täters, sondern wird auf Umstände, die Gesellschaft, andere Personen oder unglückliche situative Konstellationen gerichtet.

Ist diese Tendenz ausgeprägt, stellt sie ein Hindernis zur Kontrolle des Verhaltens und somit auch für eine aktive Veränderungsarbeit dar. Denn äußere Umstände, die eigene Lebensgeschichte oder andere Personen sind durch den Täter kaum oder gar nicht beeinflussbar. Bleibt der Täter auch in der späteren Therapie bei dieser Grundhaltung, blockiert er damit die eigenen Möglichkeiten zur Kontrolle und Steuerung des Deliktverhaltens. Dieses hängt in seiner Wahrnehmung weniger von seiner eigenen Person als von anderen, nur begrenzt beeinflussbaren Faktoren ab.

Leitfragen:

- ✓ Sucht der Täter nach Erklärungen, die mit anderen, außerhalb der eigenen Person liegenden Faktoren zu tun haben?
- ✓ Führt der Täter das Vorliegen von äußeren – widrigen – Umständen oder Situationen als Ursache für die Tat an?
- ✓ Gibt der Täter Drittpersonen oder der Gesellschaft die Schuld für seine Tathandlung?
- ✓ Wird dem Opfer eine teilweise oder hauptsächliche Verantwortung am Geschehen gegeben?

### 9.1.7. Opferbelastung

*Opferbelastung:* Ausmaß, in dem der Täter in seinem Aussageverhalten dem Opfer unberechtigt eine (Teil-)Verantwortlichkeit für das Tatgeschehen zuschreibt.

Das Aussageverhalten des Täters ist dahingehend zu überprüfen, ob und in welcher Weise er das Opfer be- oder entlastet. Bei manchen Tätern wird im Aussageverhalten erkennbar, dass sie die Opfer schonen und durch ihre Tatdarstellungen in verschiedener Hinsicht entlasten wollen. Umgekehrt gibt es das Phänomen der Opferbelastung, in dem ein Täter allein nach seinen eigenen strategischen Interessen handelt. So kann es sein, dass er eine ansonsten überflüssige Konfrontation verlangt, dem Opfer Verantwortung zuschiebt, es in seiner Glaubwürdigkeit zu erschüttern sucht, diskreditiert, beschimpft oder in anderer Weise belastet.

Zu beachten ist aber auch, dass es durchaus zutreffend sein kann, dass der Täter dem Opfer zu Recht einen Teil der Verantwortung für das Tatgeschehen gibt. Die Aussage eines Pädosexuellen, die Initiative für sexuelle Handlungen sei anfänglich vom Minderjährigen ausgegangen, muss nicht in jedem Fall ein Zeichen ungerechtfertigter „Opferbelastung" oder einer „Externalisierung von Verantwortung" sein. Es geht nicht darum, negativ zu bewerten, wenn ein Täter Sachverhaltsdarstellungen eines Opfer korrigiert, wenn dies angemessen erscheint. In aller Regel fällt es aber leicht zu entscheiden, ob ein Täter das Opfer unnötig, unangemessen oder aus rein egoistischen und strategischen Interessen durch seine Aussagen belastet.

Leitfragen:

✓ Belastet der Täter mit seinen Aussagen – ungerechtfertigterweise – das Opfer?

✓ Rechtfertigt der Täter sein Tatverhalten in unangemessener Art und Weise mit dem Verhalten des Opfers?

✓ Stellt der Täter das Opfer unzutreffenderweise als den „eigentlichen Täter" dar, von dem er hintergangen oder verführt wurde?

✓ Diskreditiert der Täter das Opfer gezielt, um dessen Glaubwürdigkeit in Frage zu stellen?

✓ Ist der Täter bemüht, die Belastung des Opfers durch Ermittlungen und Strafverfahren in Grenzen zu halten?

## 9.1.8. Strategisches Lügen

*Strategisches Lügen:* Ausmaß, in dem der Täter Lügen als strategisches Instrument einsetzt, um einen (in-)direkten Vorteil zu erlangen.
Bei der Bewertung sind z. B. folgende Kategorien zu beachten:

- Häufigkeit der Lügen
- grundlegende Bereitschaft, Lügen einzusetzen
- Grad der Zweckgerichtetheit
- Beharrungsvermögen
- genuine Bereitschaft, eigene Lügen zu korrigieren
- umfassendes mögliches Themenspektrum von Lügen („Jedes Thema kann Gegenstand einer Lüge werden, wenn es nur nützt!")

Es ist unter juristischen Aspekten selbstverständlich das Recht jedes Angeschuldigten, bei seiner Aussage die eigenen Interessen zu berücksichtigen. Nichtsdestotrotz ist ein ausgeprägtes strategisches Lügen ein Merkmal des Aussageverhaltens, das sowohl gegen eine authentische Verantwortungsübernahme sprechen als auch eine bestimmte, prognostisch negative Persönlichkeitsdisposition offenbaren kann.

Bei diesem Aussageverhalten werden Lügen als erkennbare Strategie an verschiedenen Stellen der Befragung eingesetzt. Sie dienen der Bagatellisierung der Tathandlung, der Externalisierung von Verantwortung, der Verschleierung von Sachverhalten und dem Hervorbringen günstig erscheinender Begründungen oder Tatumstände.

Beispiele:

✗ Meistens werden vom Angeschuldigten nur jene Sachverhalte eingeräumt, von denen er annehmen muss, dass sie ohnehin bewiesen werden können. Wird er mit neuen Beweisen konfrontiert, dann räumt er den unumgänglichen Sachverhalt ein, baut aber schnell eine neue Verteidigungslinie an der Stelle auf, an der er glaubt, die Beweislage könne sie nicht widerlegen. Werden verschiedene, in der Regel plausibel erscheinende, die eigene Person betreffende Details, frühere Ereignisse oder die aktuellen Tatumstände recherchiert, so stellen sich Widersprüche heraus oder die Behauptungen erweisen sich klar nachweisbar als falsch.

✗ Hohe Ausprägungen von „Strategischem Lügen“ sind häufig mit dissozialen Persönlichkeitsmerkmalen assoziiert. Es lassen sich Personen finden, die bereits in der Familie oder später in der Auseinandersetzung mit Institutionen und anderen Autoritäten einen wichtigen Verteidigungsmechanismus darin erkannten, falsche Behauptungen aufzustellen oder „Lügenkonstrukte“ zu präsentieren. Da die Lüge in diesem Sinne als strategisches Instrument eingesetzt wird, verfolgt sie immer das Ziel, einen direkten oder indirekten Vorteil zu erreichen. Die strategisch lügende Person konstruiert eine Legende über die eigene Geschichte oder über Persönlichkeitsmerkmale. Beliebt sind Selbstbilder

- des Pechvogels
- des ungerecht Beurteilten
- des Opfers

- des gerechten und fairen Kämpfers, gegen den intrigante Kräfte wirken etc.

✗ Lügen können auch dazu dienen, andere Personen herabzusetzen, generell Zweifel zu säen, Personen oder Institutionen zu spalten oder Sachverhalten eine neue und für den Betreffenden günstige Bedeutung zuzuweisen. Die angestrebten Vorteile können so mannigfaltig wie die Lügen selbst sein. Immer stehen letztere aber in einer direkten oder indirekten Zweckgerichtetheit und werden dadurch als – bisweilen eingeschliffener – strategischer Verhaltensmechanismus erkennbar.

Strategisches Lügen ist nicht mit einfachem Lügen gleichzusetzen. Strategisches Lügen kennzeichnet eine umfassende vorteilsorientierte Grundhaltung in der Kommunikation mit anderen Menschen, in der es keine prinzipiell zu überwindende Schwelle für die Lüge gibt.

Leitfragen:

✓ Lassen sich im Aussageverhalten Widersprüche oder Falschaussagen identifizieren?

✓ Wie häufig und wie leicht kommt es zu Lügen?

✓ Wie groß ist das Spektrum möglicher Lügen?

✓ Setzt der Täter Lügen strategisch ein, um Verantwortung zu bagatellisieren oder zu externalisieren?

✓ Verschleiert der Täter bewusst Sachverhalte durch den Einsatz von Lügen?

✓ Fehlt beim Täter eine Hemmschwelle für den Einsatz von Lügen?

✓ Erscheinen Lügen als ein eingeschliffener Verhaltensmechanismus, der eng mit der Persönlichkeit des Täters verbunden ist?

## 9.2. Offenheitsfokus ohne notwendige Tatrelevanz

Der „Offenheitsfokus“ setzt sich aus den drei Teilbereichen zusammen, die bereits in den „Spezifischen Problembereichen mit Tatrelevanz“ beim

„Offenheitsfokus“ Berücksichtigung fanden.

War der direkte und deutliche Zusammenhang zum Deliktmechanismus Voraussetzung dafür, dass der „Offenheitsfokus“ im Rahmen der „Spezifischen Problembereiche mit Tatrelevanz“ bewertet wurde, so ist der „Offenheitsfokus“ in der Hauptgruppe „Beeinflussbarkeit“ immer unabhängig von seiner Beziehung zum Tatverhalten zu bewerten.

Da Offenheit eine generelle Bedeutung für mögliche Veränderungen – insbesondere für erfolgreiche Therapieverläufe – hat, muss sie an dieser Stelle einer regelmäßigen Einschätzung unterzogen werden. Weil es sich aber um die gleichen Merkmale handelt, können die Beschreibungen aus der Hauptgruppe „Spezifische Problembereiche mit Tatrelevanz“ in paralleler Weise auch an dieser Stelle verwandt werden.

### 9.2.1. Offenheit

Es ist die Ausprägung eines möglicherweise vorhandenen Mangels an Offenheit analog zu den unter der Merkmalsgruppe „Offenheitsfokus“ innerhalb der Hauptgruppe „Spezifische Problembereiche mit Tatrelevanz“ gemachten Ausführungen zu dieser Merkmalsgruppe zu bewerten.

### 9.2.2. Vertrauen/fehlendes Misstrauen

Es ist die Ausprägung eines möglicherweise vorhandenen Misstrauens analog der Beschreibungen unter der Merkmalsgruppe „Offenheitsfokus“ innerhalb der Hauptgruppe „Spezifische Problembereiche mit Tatrelevanz“ gemachten Ausführungen zu diesem Merkmal zu bewerten.

### 9.2.3. Ehrlichkeit/Fehlen von Lügen in der Vorgeschichte

Es ist die Ausprägung einer möglicherweise vorhandenen Lügenbereitschaft analog den unter der Merkmalsgruppe „Offenheitsfokus“ innerhalb der Hauptgruppe „Spezifische Problembereiche mit Tatrelevanz“ gemachten Ausführungen zu bewerten.

# 9.3. Veränderungspotential

Die nachfolgenden Merkmale zum Veränderungspotential sollen Anhaltspunkte für die Beurteilung bieten, wie günstig die Voraussetzungen für einen konstruktiven risikovermindernden Veränderungsprozess sind. Es kann sein, dass die Einschätzungen zum Zeitpunkt der Erstuntersuchung anhand konkreter Erfahrungen im weiteren Verlauf (beispielsweise innerhalb einer Therapie) in positiver oder negativer Hinsicht verändert werden müssen. Es sei hier noch einmal daran erinnert, dass solche nachträglichen Bewertungsänderungen in der Hauptgruppe „Beeinflussbarkeit" nicht vor Ablauf einer mindestens dreijährigen aussagekräftigen Beobachtungszeit erfolgen dürfen.

## 9.3.1. Motivation zur Veränderung

*Motivation zur Veränderung:* Ausmaß, in dem der Täter eine authentische Motivation aufweist, sich in konstruktiver, risikomindernder Art und Weise zu verändern.
Zu berücksichtigen sind folgende Ebenen:

- Aktuelle Aussagen und Absichtserklärungen des Täters
- Konsistenz von Absichtserklärungen des Täters in der Vergangenheit
- Motivierbarkeit des Täters zur Veränderungsarbeit
- Vorhandensein von Verhaltensweisen, welche die Veränderungsbereitschaft dokumentieren

Diese Bewertung ist nicht zu stark auf einzelne Aussagen zu stützen, die der Täter zu einem bestimmten Untersuchungszeitpunkt von sich gibt. Zwar sind Erklärungen zur Bereitschaft für Veränderung wichtig, vor allem wenn sie nicht nur in einer bestimmten Situation gemacht wurden, sondern in der Vergangenheit eine gewisse Konsistenz aufweisen. Doch auch die Ansprechbarkeit des Täters auf Motivierungsversuche Dritter soll mit in die Beurteilung einfließen, d. h. ob der Täter eine Grundbereitschaft aufweist, sich motivieren zu lassen. Neben Absichtserklärungen ist es von besonderer Bedeutung zu überprüfen, welche konkret beobachtbaren oder dokumentierten Verhaltensweisen die Veränderungsmotivation aufzeigen.

Leitfragen:

- ✓ Wie hoch und authentisch ist die Motivation des Täters, sich in konstruktiver, risikovermindernder Weise zu verändern?
- ✓ Welche konkreten Schritte hat der Täter in der Vergangenheit unternommen, um sein Verhalten zu ändern?
- ✓ Welches Ausmaß an Bemühungen hat er gezeigt?
- ✓ Ist ein Veränderungswille auch in unterschiedlichen Situationen feststellbar, beziehungsweise unterschiedlichen Personen gegenüber in glaubwürdiger Weise geäußert worden?
- ✓ Welche Hinweise ergeben sich aus dem Untersuchungsverlauf, dass der Täter für Veränderungsprozesse motiviert ist?
- ✓ Ist der Veränderungswille über einen längeren Zeitraum konsistent geblieben?
- ✓ Gibt es aus der Vergangenheit Phasen brüchiger Motivation oder ambivalenter Gefühle?

## 9.3.2. Ressourcen für Veränderungsarbeit

*Ressourcen für Veränderungsarbeit:* Persönlichkeitseigenschaften des Täters oder Umgebungsbedingungen, auf die sich eine Veränderungsarbeit stützen kann oder die einen deliktpräventiven Veränderungsprozess fördern.
Bei persönlichen Ressourcen kann es sich z. B. um nachfolgende Fähigkeiten handeln, sofern diese in einem bestimmten Fall als förderlich erachtet werden: Introspektionsfähigkeit, Intelligenz, emotionale Kompetenz, Orientierungssuche, Anlehnungsbedürftigkeit, Zielbewusstsein, Angst vor Rückfällen, Angst vor Strafverfolgung, Unterstützung durch Arbeitgeber oder Familienangehörige, Durchhaltevermögen, Willensstärke etc.

Es ist zu identifizieren, welche Merkmale der Persönlichkeit des Täters oder Bedingungen seines Umfeldes sich als Fähigkeiten und Ressourcen fördernd auf einen risikomindernden Veränderungsprozess auswirken können. Zu bewerten ist, in welcher Ausprägung solche Ressourcen vorliegen und als wie stark die Wirkung dieser Ressourcen auf einen erfolgreich verlaufenden Veränderungsprozess angenommen werden kann.

Es kann sich lohnen, die unter „Therapieverlauf" (DY-R) aufgeführten Faktoren zu berücksichtigen, um auf möglicherweise vorhandene strukturelle Ressourcen in der Persönlichkeit des Täters aufmerksam zu werden. Manchmal können sich aus der Vergangenheit Hinweise dafür ergeben, welche Ressourcen der Täter in den Dienst von Veränderungen stellen kann.

Beispiel:

✗ Ein Täter, der Übergriffe an Kindern verübt, weist viele Jahre lang eine erhebliche Alkoholproblematik auf. Als ihm zum zweiten Mal der Führerausweis entzogen wird und ihm Auflagen erteilt werden, setzt er sich das Ziel, abstinent zu werden. Zum Zeitpunkt der neu zu beurteilenden Anlasstat ist es ihm gelungen – durch Aussagen des Umfeldes und durch Berichte des Hausarztes belegt – eine fünf-jährige Abstinenz zu erreichen. In dieser nicht direkt auf die zu beurteilenden Delikte bezogenen – Veränderungsarbeit hat der Täter verschiedene persönlichkeitstypische Ressourcen bereitgestellt, die ihn zu einer einschneidenden Verhaltensänderung befähigen. Parallel kann angenommen werden, dass er auch bezüglich des Deliktverhaltens viele dieser damals eingesetzten Ressourcen in gleicher Weise wieder nützlich in die Arbeit einbringen kann.

Leitfragen:

✓ Wie viele und welche veränderungsfördernden Ressourcen sind identifizierbar?

✓ Welche Ressourcen bestehen im Sinne persönlicher Eigenschaften des Täters, bei welchen handelt es sich um Umgebungsfaktoren?

✓ Wie deutlich ausgeprägt sind als positiv zu beurteilende Ressourcen?

✓ Wie nützlich sind die identifizierten Ressourcen für den Veränderungsprozess, wie hoch ist ihre Wirksamkeit für einen erfolgreichen Verlauf?

✓ Wie verlässlich werden die Ressourcen für den anzunehmenden Zeitraum des Veränderungsprozesses verfügbar sein?

### 9.3.3. Problembewusstsein für das Tatverhalten

*Problembewusstsein für das Tatverhalten:* Ausmaß, in dem beim Täter eine selbstkritische Auseinandersetzung mit dem Tatverhalten erkennbar ist.

Ein eventuell vorhandenes Problembewusstsein für das Tatverhalten lässt sich in aller Regel an vielen Stellen in der Vergangenheit und in der aktuellen Untersuchungssituation zeigen. Hinweise werden Sie auch durch die Analyse des Aussageverhaltens erhalten.

Bewertungsregeln:

☞ die emotionale Beteiligung
☞ den Grad der Auseinandersetzung mit der Problematik
☞ die Formen der Distanzierung von der Tat und
☞ in welchem Maße dem Täter Entstehungsbedingungen und Folgen seiner Tathandlungen bewusst sind.

Manchmal existieren Tagebucheinträge, Briefe oder andere schriftliche Kontaktaufnahmen, in denen eine selbstkritische Auseinandersetzung mit der Problematik des Tatverhaltens auch unabhängig von der aktuellen Untersuchungssituation dokumentiert ist. Bisweilen kann auch die Befragung von Bezugspersonen nähere Aufschlüsse geben. In einem persönlichen Gespräch gibt es verschiedene Anzeichen dafür, wie ausgeprägt ein Problembewusstsein vorhanden ist. Zu achten ist auf das Ausmaß der Distanzierung vom Tatgeschehen, auf das Verständnis für die Folgen und den Grad der emotionalen Beteiligung bei der Problematisierung des Tatverhaltens.

Leitfragen:

✓ Wie stellt sich der Täter zu seiner Tat, wie kommentiert er sie?

✓ Leidet er unter der Tat und ihren Folgen?

✓ Erfasst er die Dimension dessen, was er getan hat?

✓ Wie konstant ist sein Problembewusstsein nachweisbar?

✓ Zeigt sich das Problembewusstsein nur kurzzeitig im Rahmen der Strafverfolgung oder sind Anzeichen dafür vorhanden, dass es in unterschiedlichen Situationen auch unabhängig von konkret spürbar negativen Konsequenzen besteht?

- ✓ Wo sind Äußerungen zum Problembewusstsein dokumentiert, wem gegenüber hat sich ein Täter diesbezüglich geäußert?
- ✓ Wie differenziert hat sich der Täter bereits aus eigenem Antrieb mit der Problematik seines Deliktverhaltens auseinandergesetzt?
- ✓ Gibt es Zeichen dafür, dass diese Auseinandersetzung Spuren in seinem tatsächlichen Verhalten hinterlassen hat?
- ✓ Gibt es beispielsweise einen Zusammenhang zwischen Problembewusstsein und Phasen der Deliktabstinenz?
- ✓ Sind im Tatverhalten oder im Tatvorlauf Distanzierungen oder ambivalente Gefühle erkennbar?

### 9.3.4. Spontane Opferempathie

*Spontane Opferempathie:* Ausmaß, in dem sich der Täter spontan und ohne strategischen Hintergrund in das Erleben des Opfers sowie in die Bedeutung oder die Konsequenzen der Tat für das Opfer einfühlt.

Unter dem Merkmal „Spontane Opferempathie" wird bewertet, inwieweit sich der Täter vor, während oder kurz nach seinem Tatverhalten mit den Folgen der Tat für die Opfer auseinandergesetzt hat und diese für ihn nicht nur kognitiv, sondern auch emotional nachvollziehbar sind. „Spontane Opferempathie" korreliert mit Anzeichen des Bedauerns über die Tat und deren Folgen für die Opfer. Möglicherweise hat der Täter das Bedürfnis sich zu entschuldigen oder denkt an irgendeine Form der Wiedergutmachung.

Wenn die kognitive Komponente der Opferempathie vorliegt, der Täter also um allgemeine Folgen des jeweiligen Tatverhaltens und über die konkreten Folgen der Tat für spezifische Opfer weiß, bedeutet dies, dass sich der Täter nicht nur aus eigener Perspektive und Betroffenheit mit dem Tatverhalten auseinander setzt, sondern sich auch – zumindest bedingt – in die Perspektive des Opfers hineindenken kann. Wenn über das kognitive Element hinaus emotionales Hineinfühlen spürbar wird, dann deutet dies tendenziell auf eine höhergradige Ausprägung der „Spontanen Opferempathie" hin.

Das Merkmal der „Spontanen Opferempathie" korreliert selbstverständlich auch mit Teilen des Aussageverhaltens, insbesondere in negativer Weise mit der Ausprägung des Aussagemerkmals „Opferbelastung".

Leitfragen:

- ✓ Welches Einfühlungsvermögen zeigt der Täter spontan für seine Opfer?
- ✓ Wie hat er sich diesbezüglich in der Vergangenheit oder in der aktuellen Untersuchung geäußert?
- ✓ Was hat der Täter auf der konkreten Handlungsebene unternommen, um sich mit der Opferproblematik auseinander zu setzen?
- ✓ Wie gut ist der Täter darüber informiert, welche Folgen seine Taten allgemein für Opfer haben?
- ✓ Wie stark hat sich ein Täter mit den spezifischen Folgen seiner Tat für die Opfer beschäftigt?
- ✓ Sind Schuldgefühle gegenüber seinen Opfern feststellbar?
- ✓ Gibt es möglicherweise im Tatablauf selbst Hinweise darauf, dass der Täter die Bedürfnisse der Opfer wahrnimmt und zumindest partiell berücksichtigt (z. B. keine überproportionale Gewaltanwendung, Reduzierung von Angst usw.)?

### 9.3.5. Authentisch spürbarer Leidensdruck / Veränderungsbereitschaft

*Authentisch spürbarer Leidensdruck / Veränderungsbereitschaft:* Ausmaß, in dem der Täter sein Deliktverhalten emotional als belastend erlebt, und aus diesem Leidensdruck eine Veränderungsbereitschaft des Täters resultiert.

Über die erkennbare rationale Distanzierung vom Tatverhalten hinaus soll beurteilt werden, ob der Täter sein Deliktverhalten auch emotional als problematisch erlebt. Verbunden wird dies mit der Frage nach einer emotional tragfähigen Veränderungsbereitschaft. Ein Aspekt dieses Merkmals kann mit dem Begriff „Leidensdruck" umschrieben werden. Der Aspekt der emotional getragenen Veränderungsbereitschaft fragt nach einem emotional unterfütterten Veränderungswillen. Dieser sollte die Bereitschaft zur Auseinandersetzung mit deliktrelevanten Persönlichkeitsanteilen ebenso einschließen, wie Durchhaltevermögen und eine zu erwartende Zielorientierung hinsichtlich Risikoverminderung und Rückfallverhinderung. Zur Beurteilung dieses Merkmals gilt es, die gesamte Persönlichkeitsdisposition des Täters ebenso einzubeziehen wie Erkenntnisse aus der Vorgeschichte, Äußerungen in den Einvernahmen, Verhaltensweisen und Reaktionen während des Anlassdelikts und möglicherweise vorliegende Berichte von Drittpersonen (z. B. Therapie- oder Institutionsberichte).

Wie bereits beschrieben, geht es bei diesem Merkmal somit weniger um das rationale Bekenntnis, als vielmehr um eine erkennbare, emotional nachvollziehbare Distanzierung vom Tatverhalten und eine darauf aufbauende Veränderungsbereitschaft.

Leitfragen:

- ✓ Sind Zeichen von Bedauern oder Leiden bezüglich des eigenen Deliktverhaltens erkennbar?
- ✓ Welche Situationen oder Beobachtungen können Sie heranziehen, die auf emotionale Reaktionen des Täters in diesem Punkt hinweisen?
- ✓ Welche Anzeichen gibt es für eine tiefergehende Veränderungsbereitschaft des Täters?
- ✓ Wie drückt sich diese Veränderungsbereitschaft in der Vorgeschichte, während der Strafuntersuchung oder im Deliktverhalten aus?
- ✓ Welche Äußerungen des Täters sind aktuell oder aus der Vergangenheit dokumentiert?
- ✓ Welche konkreten Schritte hat der Täter unternommen, die seine emotionale Betroffenheit belegen?
- ✓ Als wie stabil ist die Veränderungsbereitschaft einzuschätzen?

## 9.4. Veränderungsfördernde Faktoren

Die Merkmalsgruppe der „Veränderungsfördernden Faktoren" taucht an zwei Stellen im FOTRES auf. Sie ist eine Merkmalsgruppe innerhalb der „Beeinflussbarkeit" sowie eine des „Therapieverlaufs" innerhalb der „Dynamischen Risikoverminderung".

Die Einzelmerkmale dieser Merkmalsgruppe sind identisch definiert. Der einzige Unterschied besteht darin, dass sich die Bewertung dieser Merkmalsgruppe im Rahmen der „Beeinflussbarkeit" im Wesentlichen auf Erkenntnisse der Vorgeschichte, der Anlasstat und möglicherweise auf Informationen aus früheren Therapien stützt. Es handelt sich also um eine Querschnittsbeurteilung, die sich vorwiegend auf vergangenheitsbezogene Informationen bezieht und auf dieser Basis eine zukünftige Entwicklung prognostiziert.

Wird die gleiche Merkmalsgruppe als Teil des „Therapieverlaufs" beurteilt, dann liegen der Bewertung Informationen aus einem laufenden Veränderungsprozess zugrunde. Es ist möglich, dass anhand neuer Erkenntnisse auf der Basis konkreter Beobachtungen und Erfahrungen mit dem Täter die ursprüngliche Einschätzung innerhalb der „Beeinflussbarkeit" in Frage gestellt wird. Wie an anderer Stelle ausgeführt, ist die nachträgliche Korrektur von Einschätzungen auf der Beurteilungsebene „Beeinflussbarkeit" zwar möglich, sie sollte aber stets mit Vorsicht und Zurückhaltung auf der Basis verlässlicher Erkenntnisse und frühestens drei Jahre nach der Erstbeurteilung erfolgen.

### 9.4.1. Auseinandersetzungsfähigkeit

*Auseinandersetzungsfähigkeit:* Motivation und Fähigkeit des Täters, sich selbstkritisch und konstruktiv mit Eigenschaften und Verhaltensweisen der eigenen Person auseinander zu setzen.

Die Fähigkeit und Bereitschaft, sich mit der eigenen Person selbstkritisch und konstruktiv auseinander zu setzen und auch lieb gewordene Selbstbilder zu hinterfragen, ist bei Menschen sehr unterschiedlich ausgeprägt. Da die Auseinandersetzung mit der eigenen Person oft auch mit kritischen, bisweilen zunächst einmal unangenehmen Erkenntnissen verbunden sein kann, ist mit dem Merkmal „Auseinandersetzungsfähigkeit" auch der häufig verwandte Terminus der Kritikfähigkeit verbunden.

Einer „Auseinandersetzungfähigkeit" abträglich sind Eigenschaften wie die Tendenz, starr und unkritisch an vorgefassten Meinungen festzuhalten oder die mangelnde Bereitschaft, die eigene Person, Gedanken und Gefühle vor sich selbst und anderen zur Diskussion zu stellen. Abwehrmechanismen gegenüber einer kritischen Auseinandersetzung mit der eigenen Person schränken die Auseinandersetzungsfähigkeit ebenfalls ein, z.B. die automatische Abwertung aller Personen, die sich kritisch äußern, das Verdrängen oder Ignorieren eigener, als unangenehm erlebter Persönlichkeitseigenschaften, die Tendenz, negative Folgen eigener Verhaltensweisen nicht wahrzunehmen, umzudeuten oder die Ursache nicht der eigenen Person, sondern äußeren Umständen oder anderen Personen zuzuordnen. Neugier und Offenheit gegenüber verändernden Prozessen, Durchhaltevermögen und ernsthaftes Bemühen um Authentizität stellen demgegenüber Aspekte dar, die mit einer vorhandenen „Auseinandersetzungsfähigkeit" assoziiert sein können.

Auch die Merkmale „Problembewusstsein" und „Motivation zur Veränderung" sind wichtige Voraussetzungen für eine effektive Auseinandersetzung mit der eigenen Person. Diese Merkmale wurden aber bereits in der vorangegangenen Merkmalsgruppe bewertet. Deshalb sollte angestrebt werden, die von diesen Faktoren unabhängige, grundsätzliche Fähigkeit zur realitätsangemessenen und kritischen Auseinandersetzung mit der eigenen Person zu beurteilen. Die Bewertung sollte sich nicht nur auf deliktspezifische Themen, sondern auf eine darüber hinausgehende Haltung beziehen, die sich auch in anderen Lebensbereichen als Einstellung und Fähigkeit zeigt.

Leitfragen:

- ✓ Kann der Täter mit Kritik an seiner Person/seinen Verhaltensweisen umgehen und sie annehmen?
- ✓ Ist der Täter bereit, Selbstbilder in Frage zu stellen?
- ✓ Ist er die fähig, Selbstbilder oder Verhaltensweisen in Frage zu stellen?
- ✓ Erlebt der Täter Rückmeldungen über seine Person und seine Verhaltensweisen als hilfreich? Ist er an ihnen interessiert?
- ✓ Steht der Täter eigenen Eigenschaften und Verhaltensweisen offen, neugierig und interessiert gegenüber?
- ✓ Neigt der Täter dazu, andere Personen, die sich ihm gegenüber angemessen kritisch äussern, abzuwerten oder mit Ärger zu reagieren?
- ✓ Versucht der Täter negative Folgen seiner Eigenschaften und Verhaltensweisen umzudeuten, zu ignorieren oder die Ursache dafür außerhalb seiner Person zu suchen?

## 9.4.2. Beeinflussbarkeit/Offenheit für „Außenprozesse“

*Beeinflussbarkeit/Offenheit für „Außenprozesse“:* Die Bereitschaft und die Fähigkeit des Täters, äußere Stimuli (z. B. Rückmeldungen, Anregungen) in offener Weise aufzunehmen.

Ein ähnliches Merkmal ist bereits in der Merkmalsgruppe „Mangelnde Beeinflussbarkeit“ in der Hauptgruppe „Tatmuster“ dargestellt. Auch in der Merkmalsgruppe „Veränderungsfördernde Faktoren“ soll die Bereitschaft und die Fähigkeit des Täters bewertet werden, Rückmeldungen, Anregungen oder sonstige äußere Stimuli in offener Weise aufzunehmen. Diese Art der Beeinflussbarkeit im Sinne der Offenheit für „Außenprozesse“ bedingt eine konstruktive Reaktionsbereitschaft gegenüber Informationen, die von der Umwelt auf den Täter zukommen. Anderen Meinungen, neuen Blickwinkeln oder Reaktionen der Umwelt kann der Täter einen Wert beimessen. Allgemein ausgedrückt: Ist der Täter bereit und fähig, Erfahrungen mit der Welt und all ihren möglichen Erscheinungsformen auf sich wirken zu lassen? Diese „Offenheit für Außenprozesse“ bildet sich in vielen deliktbezogenen, aber auch alltäglichen Situationen ab.

Leitfragen:

- ✓ Welchen Stellenwert haben Partner, Freunde oder Familie?
- ✓ Sucht sich der Täter Hilfe oder Ratschläge bei Vertrauenspersonen?
- ✓ Kann er andere Meinungen aufgreifen und dadurch eigene Konzepte überdenken und ändern?
- ✓ Gibt es Drittpersonen oder andere äußere Instanzen, die der Täter als konstruktive Orientierungspunkte verwenden und als solche annehmen kann?
- ✓ Ist er grundsätzlich an Orientierungshilfen interessiert oder bezieht er sich in seiner Vorstellungsbildung gänzlich auf eigene Überzeugungen, die er rigide gegenüber der Außenwelt abschirmt und vertritt?
- ✓ Begegnet der Täter Vertrauenspersonen gegenüber mit Offenheit oder ist seine Beziehung zur Außenwelt weitgehend oder ausschließlich durch Misstrauen und gegebenenfalls Feindseligkeit geprägt?
- ✓ Welche Erfahrungen aus der Vergangenheit sprechen dafür, dass der Täter durch äußere Ereignisse oder durch personenbezogene Interven-

tionen (Freunde, Lehrer, Familie, Therapie, Arbeitgeber etc.) eigene Einstellungen überdacht und Verhaltensweisen und Lebenskonzepte verändert hat?

### 9.4.3. Kontrollbereitschaft für Handlungsimpulse

### 9.4.4. Kontrollfähigkeit für Handlungsimpulse

Diese Merkmale sind bereits aus den „Spezifischen Problembereichen mit Tatrelevanz" zur Genüge bekannt. In der Merkmalsgruppe „Veränderungsfördernde Faktoren" beziehen sie sich nicht nur auf deliktische Handlungsmotivationen und -impulse. Vielmehr soll die Ausprägung einer auch ansonsten vorhandenen Bereitschaft bzw. Fähigkeit beurteilt werden, Handlungsmotivationen bzw. -impulse zu kontrollieren. Neben deliktrelevanten Verhaltensweisen soll auch überprüft werden wie ausgeprägt die Kontrolle anderer Handlungsmotivationen ist. Schon an anderer Stelle wurde auf Alltagssituationen hingewiesen, wie beispielsweise Freizeitverhalten, Essverhalten, Suchtmittelkonsum, Autofahren u. Ä.

Diese beiden Merkmale sind vor allem dann tendenziell gering ausgeprägt, wenn in den „Spezifischen Problembereichen" ein höhergradig ausgeprägter Steuerungsfokus festgehalten oder im „Relevanzfaktor" ein ausgeprägter Mangel im Hinblick auf die Steuerung deliktrelevanter Handlungsmotivationen dokumentiert wurde. Die nachfolgenden Leitfragen sind an die im „Relevanzfaktor" aufgeführten Leitfragen angelehnt und punktuell ergänzt.

Leitfragen zur Fähigkeit:

- ✓ Wie ausgeprägt sind deliktrelevante Steuerungsfähigkeit und Steuerungsmotivation vorhanden?
- ✓ Steht der Täter generell eigenen, ungünstigen Handlungsbereitschaften (-impulsen) wachsam gegenüber?
- ✓ Ist er in der Lage, sich von ungünstigen Handlungsmotivationen abzulenken, sie in den Hintergrund zu drängen?
- ✓ Lassen sich bei ihm Handlungsmotivationen durch Offenlegung nachhaltig abschwächen?

- ✓ Ist der Täter in der Lage, frühzeitig über Handlungsmotivationen zu reden und damit ihre Realisierungsstärke zu vermindern?
- ✓ Kann der Täter Coping-Strategien einsetzen?
- ✓ Gelingt es dem Täter, sich zumindest für einen Moment gegenüber ungünstigen Handlungsbereitschaften in eine distanziert, beobachtende und damit Steuerung ermöglichende Position zu begeben?
- ✓ Kann der Täter sein Ess-, Freizeit-, Fahr-, Sexualverhalten etc. steuern oder lässt er sich von situativen Handlungsimpulsen mitreißen?
- ✓ Wie gut gelingt es dem Täter generell, auf von ihm selbst als unerwünscht beurteilte Verhaltensweisen steuernd Einfluss zu nehmen?
- ✓ Wie hoch ist das Problembewusstsein des Täters für sein Tatverhalten?

Leitfragen zur Motivation:

- ✓ Wie groß ist der Wunsch des Täters, Deliktimpulsen und -motivationen entgegenzuwirken?
- ✓ Wie entschlossen ist er, in kritischen Situationen die ihm zur Verfügung stehenden Fähigkeiten tatsächlich einzusetzen?
- ✓ Wie groß ist seine Bereitschaft, seine Kontroll- und Steuerungsfähigkeiten zu verbessern?
- ✓ Welche Bemühungen hat er hierzu in der Vergangenheit gezeigt?
- ✓ Welche Bemühungen sind in der Zukunft zu erwarten?
- ✓ Wie äußert sich der Proband zu seinem Deliktverhalten?
- ✓ Wie ausgeprägt ist sein Wille zur Prävention?
- ✓ Entspricht die Motivation zur Kontrolle und Steuerung von Handlungsimpulsen (-motivationen) einem inneren Bedürfnis?
- ✓ Welche Beobachtungen aus der Vergangenheit lassen auf seine diesbezügliche Motivation schließen?
- ✓ Welche Äußerungen oder Verhaltensbeobachtungen während der Strafuntersuchung oder zum Untersuchungszeitpunkt deuten auf seine Motivation hin?

- ✓ Welche konkreten Schritte (Änderung von Lebensbedingungen, Vernichtung pornographischer Materialien, Abbruch bestimmter Beziehungen usw.) sprechen für eine authentische Motivation?
- ✓ Hat sich der Täter in der Vergangenheit um Hilfe, z. B. eine Therapie bemüht?
- ✓ Welche nicht deliktbezogenen Erfahrungen aus der Vergangenheit sprechen dafür, dass der Täter generell in der Lage ist, tragfähige Motivationen gegenüber eigenen ungünstigen Verhaltensweisen zu entwickeln?
- ✓ Wie erfolgreich war der Täter mit Steuerungs- und Kontrollbemühungen gegenüber Handlungsimpulsen(-motivationen) in der Vergangenheit?

## 9.4.5. Beziehungsfähigkeit

*Beziehungsfähigkeit:* Fähigkeit des Täters, tragfähige Beziehungen zu anderen Menschen aufzubauen und aufrecht zu erhalten sowie diesen eine emotionale Bedeutung beizumessen.

Bindungsstile werden als ätiologische Bedingungen für Delinquenz (z. B. bei Sexualstraftätern) diskutiert [100, 101]. „Beziehungsfähigkeit" beschreibt eine Fähigkeit des Täters in der Gestaltung von Beziehungen vor allem im engeren sozialen Umfeld. Mit „Beziehungsfähigkeit" ist nicht gemeint, dass ein Täter leicht Kontakt herstellen kann oder zu möglichst vielen Personen Kontakt pflegt. Angesprochen ist eine Qualität der Beziehungsgestaltung, die sich mit Begriffen wie Authentizität, Verbundenheit und Tragfähigkeit beschreiben lässt. Dabei geht es auch darum, ob es einem Täter gelingt, einem oder mehreren anderen Menschen in seinem Leben einen wichtigen Platz einzuräumen und diesen Beziehungen damit eine emotional spürbare Bedeutung beizumessen. Auch für therapeutische Prozesse ist es von entscheidender Bedeutung, ob ein Klient in der Lage ist, eine tragfähige Beziehung zu seinem Therapeuten oder auch zu Mitklienten aufzubauen. Bei der Beurteilung der Beziehungsfähigkeit sollten die sozialen Bezugssysteme und die bisherigen Verhaltensweisen des Täters in familiären, partnerschaftlichen und beruflichen Zusammenhängen betrachtet werden.

Leitfragen:

- ✓ Hat der Täter tragfähige soziale Kontakte aufbauen und unterhalten können?
- ✓ Gibt es andere Menschen, denen er in seinem Leben Wichtigkeit einräumt?
- ✓ Besteht eine basale Bereitschaft, tragfähige und verbindliche Beziehungen einzugehen?
- ✓ Besitzt der Täter Qualitäten, die für eine tragfähige Beziehungsentwicklung förderlich sind?
- ✓ Ist der Täter bereit, in einer Beziehung „auch etwas zu geben"?
- ✓ Neigt der Täter zu schnellem Beziehungsabbruch?
- ✓ Sind seine Beziehungen eher oberflächlicher, beliebiger Natur und daher austauschbar?
- ✓ Ist der Täter an menschlichem Kontakt eher interessiert oder steht er ihm prinzipiell mit Desinteresse gegenüber?

## 9.5. Frühere Therapien

*Frühere Therapien:* Frühere Therapien sollen nur dann in die Bewertung einbezogen werden, wenn die aktuelle Problemlage vor allem in den deliktrelevanten Bereichen mit dem früheren Zustand vergleichbar ist. Es macht keinen Sinn, eine frühere Therapie in die Bewertung einzubeziehen, welche damals auf Probleme abzielte, die aktuell an Bedeutung verloren haben oder aber die heute im Vordergrund stehenden Probleme nicht thematisierte, weil diese noch gar nicht vorhanden waren.

Beispiel:

- ✗ Ein Täter ist vor vielen Jahren wegen Depressionen behandelt worden. Erst Jahre später entwickeln sich sadistische Fantasien, die schließlich auch zu Straftaten führen. Die Erfolge der Depressionstherapie in früheren Jahren haben für die Behandelbarkeit der jetzt im Vordergrund stehenden Probleme keinerlei Bedeutung. Wegen fehlender Problemkonstanz wird eine solche Therapie nicht bewertet.

## 9.5.1. Motivation bei früheren Therapien

*Motivation bei früheren Therapien:* Motivationsintensität, mit der sich der Täter an früheren Therapien beteiligt hat.

Bei der Beurteilung der Motivation bei früheren Therapien ist nach Möglichkeit neben den Schilderungen des Täters auf Auskünfte früherer Therapeuten, schriftliche Berichte oder Aussagen von Drittpersonen Bezug zu nehmen. Bei der Beurteilung sollen u. a. folgende Aspekte berücksichtigt werden:

- Regelmäßigkeit der stattgefundenen Therapiesitzungen bzw. Therapieabbrüche
- Mitarbeit des Täters in der Therapie
- Bereitschaft, erarbeitete Konzepte in der Realität zu erproben und zu etablieren
- Freiwilligkeit der Therapieaufnahme und -durchführung

Bei der „Dynamischen Risikoverminderung“ in der Merkmalsgruppe „Therapiemotivation“ (inkl. Unterpunkte) ist auf die dargelegten Erläuterungen zum Faktor „Motivation“ zu achten, die in analoger Weise für die Merkmalsgruppe „Frühere Therapien“ innerhalb der „Beeinflussbarkeit“ gelten.

Leitfragen:

✓ Wie ist die eigene Einschätzung des Täters, wie die der behandelnden Therapeuten oder Institutionen?

✓ Wie viele Therapien wurden durchgeführt?

✓ Wie häufig sind Therapien gescheitert?

✓ Mit welcher Regelmäßigkeit besuchte der Täter die Therapie?

✓ Nahm er Angebote zur Weiterbehandlung (z. B. ambulante Nachbetreuung nach stationärer Behandlung) wahr oder nicht?

✓ Aus welchen Gründen scheiterten frühere Therapien? War mangelnde Motivation ein Faktor?

✓ Welche erkennbaren Schritte unternahm ein Täter, um Therapien zu beginnen?

✓ Sind aus der Vergangenheit interne Motivationsfaktoren erkennbar, oder geschahen Therapieaufnahmen allein auf Grund externen Drucks?

✓ War der Täter bereit, auch Unannehmlichkeiten für die Therapie in Kauf zu nehmen (z. B. Überstunden, um eine verloren gegangene Arbeitsstunde zu kompensieren, Umstellungen in der Arbeitszeit o. Ä.)?

## 9.5.2. Durchhaltevermögen bei früheren Therapien

*Durchhaltevermögen bei früheren Therapien:* Ausmaß, in dem der Täter bei früheren Therapien Durchhaltevermögen zeigte, indem er

- die Therapie regelmäßig besuchte.
- Umsetzungsbereitschaft des in der Therapie Gelernten zeigte.

Diese Qualität steht der Motivation nahe. Sie bezeichnet aber einen anderen, nicht ganz deckungsgleichen Aspekt. Auch wenn die Trennung theoretisch ist und vielfache praktische Überschneidungen bestehen, kann generell formuliert werden, dass die Motivation eher die Einstellung, das Durchhaltevermögen eher eine Fähigkeit zur praktischen Umsetzung vor dem Hintergrund bestimmter Einstellungen und Zielsetzungen beschreibt.

Vor allem Kriterien wie Regelmäßigkeit der Teilnahme und Umsetzungsbereitschaft hinsichtlich der in der Therapie erarbeiteten Inhalte sind hier zu beachten. Von besonderer Bedeutung ist auch die Analyse gescheiterter oder abgebrochener Therapien.

Leitfragen:

✓ Wie hat sich die Motivation im Längsschnitt einer früheren Therapie entwickelt?

✓ Wie hat sich innerhalb und außerhalb der Therapie die Fähigkeit zur praktischen Umsetzung gesteckter Ziele dargestellt?

✓ Neigt der Täter dazu, Therapien bei aufkommenden Schwierigkeiten abzubrechen?

✓ Unter welchen Umständen und nach welchen Zeiträumen brach der Täter in der Vergangenheit Therapien ab?

## 9.5.3. Allgemeiner Erfolg früherer Therapien

*Allgemeiner Erfolg früherer Therapien:* Ausmaß aller positiven Effekte einer früheren Therapie auf die Persönlichkeit oder die Lebenssituation des Täters unabhängig von deliktrelevanten Inhalten.

Unter dem Merkmal „Allgemeiner Erfolg früherer Therapien" werden alle positiven Effekte der Therapie erfasst, die sich nicht in direkter Weise auf deliktspezifische Inhalte beziehen. Beschrieben werden können hier:

- allgemeine Persönlichkeitsveränderungen
- Zuwachs an sozialen Fähigkeiten
- Veränderungen im Suchtverhalten (auch wenn nicht eine direkte Assoziation zu deliktspezifischen Themen vorliegt).

Gesamthaft wird bewertet, in welchem Maß Therapieerfolge zu verzeichnen waren bzw. in welchem Ausmaß gesteckte Therapie- oder Veränderungsziele erreicht werden konnten. Erfolge können dabei durchaus temporärer Natur sein. Ein Erfolg kann auch lediglich in einer Abschwächung statt in der völligen Beseitigung negativer Verhaltensdynamiken liegen.

Beispiel:

✗ Wenn ein Drogenabhängiger nach einer Therapie in der Lage ist, längere Abstinenzzeiten zu verwirklichen und sich frühzeitiger als in der Vergangenheit Hilfe zu suchen, wenn er rückfällig wird, so wäre dies als Erfolg zu bewerten, auch wenn im zurückliegenden Zeitraum Drogenrückfälle zu verzeichnen waren.

Leitfragen:

✓ Sind gesteckte oder als sinnvoll zu erachtende Therapieziele erreicht worden?

✓ Ist beim Täter ein Zuwachs seiner sozialen Fähigkeiten zu verzeichnen?

✓ Hat sich das Suchtverhalten des Täters verändert?

✓ Hat eine Persönlichkeitsentwicklung beim Täter stattgefunden?

✓ Gab es therapiebedingte Veränderungen im sozialen Umfeld des Täters in Form der Änderung konkreter Einstellungen und Verhaltensweisen?

## 9.5.4. Deliktspezifische Erfolge bei früheren Therapien

*Deliktspezifische Erfolge bei früheren Therapien:* Erfolge, die in enger Beziehung zum Deliktverhalten stehen.

Als wichtigster deliktrelevanter Erfolgsparameter gilt selbstverständlich die erreichte oder nicht erreichte Rückfallfreiheit. Aber auch Einstellungsänderungen, neue Fähigkeiten im Umgang mit dem Deliktverhalten (Rückfallserien früher stoppen können, geringere Gewaltanwendung, Veränderung der Qualität der Delikte, „weniger Opfer" oder andere Teilveränderungen) können als relative Erfolge gewertet werden. Solche relativen Erfolge zeigen zwar bestehende Unzulänglichkeiten und Risiken deliktspezifischer Problembereiche auf. Sie können aber gleichzeitig ein Hinweis darauf sein, dass therapeutische Maßnahmen grundsätzlich geeignet sind, deliktspezifische Problemebenen beim Täter zu verändern.

Von besonderer Bedeutung bleibt nicht zuletzt die Untersuchung des Zusammenhangs zwischen früheren Therapien und rückfallfreien Zeiträumen. Zu prüfen ist, ob und in welcher Ausprägung ein solcher Zusammenhang gegeben ist.

Leitfragen:

- ✓ Wie deutlich ist ein Zusammenhang zwischen Rückfallfreiheit und früheren Therapien ausgeprägt?
- ✓ Welche nachhaltigen Veränderungen in deliktspezifischen Problembereichen lassen sich aktuell aus den früheren Therapien nach wie vor erkennen?
- ✓ Welche deliktrelevanten Veränderungen sind hinsichtlich früherer Therapien in Berichten oder Aussagen von Drittpersonen dokumentiert?
- ✓ In welcher Weise haben sich deliktrelevante Therapieerfolge im konkreten Verhalten des Täters gezeigt?

# Teil IV.

# DYNAMISCHE RISIKOVERMINDERUNG (DY-R)

# 10. Therapieverlauf

## Inhaltsangabe

---

Nachfolgend werden Therapievariablen erläutert, die eine Einschätzung des bisherigen Behandlungsverlaufs und dessen Relevanz für die Legalprognose erlauben. Die Hauptgruppe „Therapieverlauf" besteht aus sieben Merkmalsgruppen.

Der Gesamtwert der „Dynamischen Risikoverminderung" setzt sich aus den zwei Hauptgruppen „Therapieverlauf" und „Dominierender Einzelfaktor" zusammen. Da jedoch nur in einigen Fällen gemäß der engen Eingangskriterien ein „Dominierender Einzelfaktor" vorliegt, wird der Gesamtwert der „Dynamischen Risikoverminderung" meistens allein aus der Hauptgruppe „Therapieverlauf" errechnet. Die Hauptgruppe „Therapieverlauf" setzt sich aus neun Merkmalsgruppen zusammen, wobei die Merkmalsgruppe „Deliktrelevante Fantasien" nur bewertet wird, wenn Fantasien als Risikofaktor eine Rolle spielen, wie das häufig bei Sexualstraftätern der Fall ist.

Bei der Beurteilung des „Therapieverlaufs" sollen vor allem konkret beobachtbare Phänomene als Bewertungsgrundlage dienen. Besonders aussagekräftig sind eigene Beobachtungen von Therapeuten oder Betreuungspersonen sowie verhaltensnahe Erkenntnisse, die auf Berichte von

Drittpersonen abgestützt werden können. Im Zentrum der Verlaufsbeobachtung stehen folgende Fragen:

- Was kann der Täter zum aktuellen Zeitpunkt, was er früher nicht oder nicht in dieser Weise konnte?
- Wie zeigt sich diese Fähigkeit in der Therapie und in anderen Situationen?
- Welche Bedeutung hat die Veränderung für die Risikodisposition und wie ausgeprägt ist eine damit in Zusammenhang stehende Risikominderung?

Ein „Dominierender Einzelfaktor" liegt vor, wenn im individuellen Fall ein spezifischer Einzelfaktor für die Rückfallprävention von herausragender, meist direkt kausaler Bedeutung ist. Je höher die deliktpräventive Bedeutung dieses Einzelfaktors ist, desto geringer ist die Bedeutung der im „Therapieverlauf" erfassten Merkmale. Der „Dominierende Einzelfaktor" relativiert somit in Abhängigkeit von seiner Relevanz den Anteil, dem der „Therapieverlauf" für die Berechnung der „Dynamischen Risikoverminderung" zukommt. Sein Anteil an der Berechnung der „Dynamischen Risikoverminderung" kann je nach Bedeutung 25–100% betragen (siehe „Dominierender Einzelfaktor".

Die Zusammensetzung der Hauptgruppe „Therapievariablen" folgt der Vorstellung, dass jede präventiv ausgerichtete Therapie mit Straftätern – unabhängig von Psychotherapieschulen – obligatorisch deliktorientierte Therapieelemente enthalten sollte. Ein wesentliches Ziel deliktorientierter Arbeit besteht darin, das Deliktbewusstsein zu erhöhen. An anderer Stelle wurde ein Überblick darüber gegeben, was unter deliktorientierten Behandlungselementen zu verstehen ist:

Die spezifisch deliktorientierten Techniken zielen in ihrer theoretischen Ausrichtung vor allem auf zwei Bereiche ab: Erstens auf die Erhöhung der Steuerungsfähigkeit und zweitens auf die Verminderung der Deliktmotivation. Unter deliktorientierten Behandlungselementen lassen sich beispielsweise die nachfolgenden Punkte nennen: Aufdeckung fördern (z. B. Dunkelziffer), Deliktrekonstruktion, Aufhebung kognitiver Verzerrungen, Schaffung von Wissen über das eigene Delikt, Erklärungskontext für die Tat finden und bearbeiten, Tatzyklus erarbeiten, affektive Kompetenz steigern, Nachfühlen des Opfererlebens ermöglichen, Risikoentwicklungen frühzeitig erkennen, Fantasiearbeit, Kontrolle und Steuerung erhöhen. Jedes der genannten Elemente kann mit einem breiten Spektrum spezieller Interventionstechniken in einer Therapie bearbeitet werden.

In einem einfachen Modell könnte man Straftaten damit erklären, dass ein Missverhältnis zwischen der Stärke eines Handlungsimpulses und der gegen diesen Handlungsimpuls gerichteten Steuerungsfähigkeit des Täters besteht. Darum sollte eine deliktpräventive Therapie dazu führen, die Steuerungsfähigkeit des Täters zu erhöhen und/oder die Deliktmotivation zu verringern [102, 78].

Die deliktorientierte Fokussierung der Therapie und der hierauf bezogene Evaluationsansatz forensischer Therapien innerhalb der „Dynamischen Risikoverminderung" ist nicht als Einschränkung auf eine bestimmte Therapierichtung zu verstehen. Der deliktorientierte Therapieansatz besteht in der klaren Zielorientierung auf die Verminderung von Rückfallrisiken und in der Anwendung spezifischer Interventionstechniken. Zwar zeigen kognitiv-verhaltenstherapeutische Ansätze auf den ersten Blick eine höhere Kompatibilität zu diesen spezialisierten forensischen Therapiekonzepten. Der deliktorientierte Therapieansatz kann aber ohne weiteres auch vor dem Hintergrund eines psychodynamischen Therapieverständnisses verfolgt werden. Erfahrene Tätertherapeuten zeigen in der konkreten Therapiearbeit oft eine hohe Übereinstimmung praktischer Vorgehensweisen, unabhängig von ihrem ursprünglichen psychotherapeutischen Hintergrund. Die deliktorientierte Fokussierung kann daher ausgehend von unterschiedlichen allgemeinen psychotherapeutischen Ansätzen praktiziert werden. Die einseitige Einschränkung auf hochgradig formalisierte verhaltenstherapeutische Interventionen birgt die Gefahr in sich, dass das äußerst bedeutsame durch die Person des Therapeuten realisierbare Potenzial ungenutzt bleibt. Ebenso problematisch ist eine zu einseitige Fokussierung auf spekulativ vorgetragene psychodynamische Konzepte, bei der das konkret zu fokussierende und bearbeitbare Deliktverhalten zu sehr in den Hintergrund tritt.

Das auf die Persönlichkeit bezogene Problemprofil eines Täters wird im FOTRES an zwei Stellen explizit bewertet. Es wird der prognostisch relevante Ausprägungsgrad von Problembereichen als Risikodisposition im „Strukturellen Rückfallrisiko" erfasst und es werden prognostisch relevante Persönlichkeitsveränderungen im „Korrekturfaktor" der „Aktuell wirksamen Faktoren" beschrieben. Letztere können bei längerer Stabilität zu einem späteren Zeitpunkt möglicherweise in das „Strukturelle Rückfallrisiko" eingearbeitet werden. Sofern das prognoserelevante Problemprofil jeweils zutreffend erfasst wird, spielt es keine Rolle, vor welchem Verständnishintergrund bzw. in welcher Ätiologie dieses Problemprofil hergeleitet und erklärt wird.

Ebenso ist es für die Verlaufsbeurteilung („Korrekturfaktor") primär nicht entscheidend, durch welche Interventionen prognostisch relevante Persönlichkeitsveränderungen herbeigeführt werden. Für die Bewertung ist lediglich der Ausprägungsgrad jener Veränderungen entscheidend.

In gleicher Weise besteht für die „Dynamische Risikoverminderung" die prognostisch entscheidende Frage nicht darin, auf welche Weise eine höhere Ausprägung z. B. des Deliktbewusstseins oder von Risikomanagementfähigkeiten erreicht wird. Die erwähnten Fähigkeiten sind unabhängig von einem spezifischen Therapiemodell nützlich und wesentlich, um ein Gegengewicht gegen die im „Strukturellen Rückfallrisiko" erfasste Risikodisposition zu bilden. Darum ist wiederum der prognoserelevante Ausprägungsgrad und nicht, wie dieser erreicht wird, der wesentliche Aspekt für die Beurteilung.

Aus den erwähnten Gründen stützt sich die Beurteilung des FOTRES im „Strukturellen Rückfallrisiko", in der „Beeinflussbarkeit", in der „Dynamischen Risikoverminderung" und in den „Aktuell wirksamen Faktoren" auf Phänomene, die prognostisch bzw. für eine Therapieevaluation relevant erscheinen und denen eine allgemeingültige Bedeutung zukommt unabhängig von einem spezifischen, nur in diesem Kontext definierten Schulenverständnis.

## 10.1. Therapiemotivation

Therapiemotivation wird als ein komplexer Verlaufsparameter angesehen, dessen Aspekte sich auf verschiedenen Ebenen verdeutlichen. Motivation wird mit der Bereitschaft gleichgesetzt, am therapeutischen Prozess teilzunehmen und in einen Veränderungsprozess einzutreten. Motivation sagt also etwas über die intentionale Ausgangslage (Bereitschaft) und über mit dieser Bereitschaft verbundene Qualitäten auf der konkreten Handlungsebene aus.

### 10.1.1. Veränderungsbereitschaft

*Veränderungsbereitschaft:* Ausprägung der Bereitschaft, in einen risikoreduzierenden Veränderungsprozess einzutreten.

„Veränderungsbereitschaft" ist eine konstruktiv offene und rezipierende Haltung gegenüber dem therapeutisch beabsichtigten und risikoreduzierenden Veränderungsprozess. Diese Haltung ist durch Offenheit gegenüber dem therapeutischen Einfluss und der Bereitschaft zur Veränderung eigener Persönlichkeitsmerkmale und Verhaltensweisen gekennzeichnet. „Veränderungsbereitschaft" drückt sich im Engagement des Täters, seinem Willen zur Veränderung und seiner Bereitschaft aus, auch unangenehme und schwierige Therapiephasen durchzustehen und anzunehmen. Zu beurteilen ist dabei auch, wie umfassend die Veränderungsbereitschaft ist. So ist es z. B. möglich, dass ein Täter Veränderungsbereitschaft lediglich gegenüber bestimmten Handlungsbereichen zeigt. In anderen Bereichen – möglicherweise in denen von besonderer Deliktrelevanz – kann diese Bereitschaft hingegen fehlen.

Leitfragen:

✓ Wie deutlich und wie konsistent bekundet der Täter seine Bereitschaft zur Veränderung?

✓ Wie konkret sind seine Vorstellungen darüber, was verändert werden sollte?

✓ In welchem Ausmaß bezieht der Täter alle Bereiche ein oder klammert umgekehrt bestimmte deliktrelevante Bereiche aus?

✓ Wieviel Energie wendet der Täter für die Etablierung von Veränderungen auf?

✓ Welche subjektiv möglicherweise als Nachteil empfundenen Veränderungen ist er bereit, auf sich zu nehmen?

✓ In welchen konkreten Handlungen findet die Veränderungsbereitschaft einen fassbaren Ausdruck?

## 10.1.2. Formale Zuverlässigkeit

*Formale Zuverlässigkeit:* Ausmaß, in dem der Täter Therapietermine pünktlich und verlässlich wahrnimmt.

Im Allgemeinen zeigen Pünktlichkeit und Zuverlässigkeit beim Einhalten von Therapieterminen eine Korrelation zur Behandlungsmotivation. Das Hauptaugenmerk dieses Merkmals betrifft das Bemühen des Täters, sich hinsichtlich formaler Aspekte des Behandlungs- und Betreuungsangebots als zuverlässig zu erweisen. Pünktlichkeit ist daher nicht als ein absolutes Maß zu verstehen. Sie hat dann Bedeutung, wenn sich in ihr motivationale Aspekte ausdrücken. So kann das Bemühen eines Täters um Pünktlichkeit Ausdruck des Stellenwertes sein, den er dem therapeutischen Angebot einräumt. Umgekehrt können in häufiger Unpünktlichkeit Gleichgültigkeit oder Widerstände zum Ausdruck kommen. Die Pünktlichkeit stellt einen Teilaspekt der „formalen Zuverlässigkeit" dar. Diese zeigt sich u. a. darin, wie häufig oder wie selten und aus welchen Gründen ein Teilnehmer dem Behandlungs- oder Betreuungsangebot fernbleibt, ob er zwischen zwei Stunden gestellte Aufgaben zuverlässig erledigt, evtl. zu zahlende Behandlungskosten pünktlich entrichtet etc.

Es ist zu berücksichtigen, dass die angesprochenen Verhaltensweisen einen Bezug zu allgemeinen Persönlichkeitsmerkmalen des Täters aufweisen. Ein Täter, der in seinem gesamten Leben und in vielen Situationen einen größeren Grad an Unstrukturiertheit aufweist, wird diesen vermutlich auch in der Therapie zeigen. Es könnte aber sein, dass der Grad an Unzuverlässigkeit beim Einhalten von Therapieterminen gemessen am sonstigen Lebenskontext des Täters bereits eine überdurchschnittliche Bereitschaft signalisiert. Es ist daher je nach Einzelfall sinnvoll, die Merkmale „formale Zuverlässigkeit" vor dem Hintergrund individueller Verhaltensdispositionen des Täters zu interpretieren.

Leitfragen:

✓ Wie pünktlich und wie zuverlässig nimmt der Täter an Behandlungs- und Betreuungsangeboten teil?

✓ Wie ausgeprägt ist sein Bemühen trotz Hindernissen wie z. B. Terminkollisionen, Krankheit, anderweitige Verpflichtungen, an Therapieterminen teilzunehmen?

✓ Meldet sich der Täter in angemessener Weise ab, wenn er einen Therapietermin versäumt oder sich deutlich verspätet?

- ✓ Ist es dem Täter ein Anliegen, zwischen den Therapieterminen zu erledigende Aufgaben zu erfüllen?
- ✓ Zeigt sich der Täter bezüglich anderer formaler Aspekte der Therapie- und Betreuungsangebote zuverlässig(Zahlungen, Einholen von Kostengutsprachen, Einhalten außer planmäßiger Termine, Einhalten vorgeschriebener An- und Abmeldungen bei der Wahrnehmung therapeutischer Termine in Institutionen, andere administrative Belange)?

### 10.1.3. Allgemeine Zuverlässigkeit

*Allgemeine Zuverlässigkeit:* Verlässlichkeit, mit der sich der Täter an mit Therapeuten oder Betreuungspersonen getroffene Absprachen hält.

Die Zuverlässigkeit des Täters hinsichtlich Vereinbarungen ist insbesondere für Risikomanagementprozesse von großer Wichtigkeit. Sie korreliert mit motivationalen Aspekten hinsichtlich Therapiezielen und Therapiedurchführung. Von besonderer Relevanz sind Vereinbarungen, die sich auf deliktspezifische Gefährdungen beziehen. Es gibt Täter, die sich als 100%ig zuverlässig erweisen und bei denen eben diese Zuverlässigkeit eine überaus wichtige präventive Ressource darstellt. Sie weisen auf ihre Fähigkeit zur Zuverlässigkeit hin und haben sie im Verlaufe der Therapie in unterschiedlichen Situationen unter Beweis gestellt. Demgegenüber gibt es Täter, die sich immer und in jeder Situation einen subjektiven Spielraum offen halten, sich nicht an Vereinbarungen halten oder sie ohne Rücksprache einseitig verändern.

Eine ausgeprägte Form der Unzuverlässigkeit zeigt ein Täter, der Vereinbarungen entweder in seiner subjektiven Prioritätensetzung als gering bewertet oder nur eine geringe Fähigkeit besitzt, Vereinbarungen in der Praxis umzusetzen. Bei einem solchen Täter haben Absprachen nur eine geringe oder gar keine Verbindlichkeit. Viele bisherige Erfahrungen mit dem Täter sind durch seine ausgeprägte Unzuverlässigkeit gekennzeichnet.

Leitfragen:

- ✓ Hat sich der Täter in der Therapie als zuverlässig erwiesen?
- ✓ Hält er Vereinbarungen und Zusagen ein?

✓ Ist ihm die Einhaltung getroffener Absprachen oder eigener Ankündigungen ein Anliegen?

✓ Welche Erfahrungen aus der Vergangenheit sprechen für die Zuverlässigkeit des Täters oder haben seine Unzuverlässigkeit gezeigt?

✓ Legt sich der Täter bei seinen Aussagen fest oder ist er bemüht, sich stets Raum für Abweichungen von einmal getroffenen Vereinbarungen oder für Ausreden offen zu halten?

### 10.1.4. Aktive Teilnahme

*Aktive Teilnahme:* Ausmaß, in dem sich der Täter in eine Therapie engagiert einbringt.

Aktive Teilnahme an der Therapie ist ein Parameter dafür, wie hoch das Interesse des Täters an der Therapie einzuschätzen ist. Es geht darum zu bewerten, inwieweit sich der Täter auf die Therapie einlässt und sie auch für sich nutzen möchte. Aktive Teilnahme zeigt sich daran, wie oft, wie intensiv, wie differenziert und wie engagiert sich ein Täter mit Äußerungen oder Handlungen in die Therapie einbringt und sich für das Erreichen seiner Therapieziele einsetzt.

Hohe Aktivität muss sich nicht nur dadurch ausdrücken, dass sich der Täter oft und ausgiebig zu Wort meldet. Aktivität kann auch in aufmerksamem Zuhören bestehen, auf dessen Basis sich dann wenige, aber durchdachte Rückmeldungen gründen, die Ausdruck der aktiven Auseinandersetzung des Täters mit dem Thema sind.

Das Ausmaß aktiver Beteiligung an der Therapie muss zudem stets zum allgemeinen Aktivitätsniveau eines Täters in Bezug gesetzt werden. Eine Person, die auch üblicherweise über ein geringes Aktivitätsniveau verfügt, wird dementsprechend sehr wahrscheinlich persönlichkeitsbedingt auch in einer Therapie eher zurückhaltend auftreten. Ein hohes Ausmaß an Beteiligung kann aber dennoch vorliegen, wenn sich der Täter durchgehend ernsthaft, kontinuierlich und emotional spürbar an der Therapie beteiligt.

Beispiele:

- ✗ Ein pädosexueller Täter bringt einen Videofilm mit in die Gruppentherapie, der ihn im Kontakt mit zwei Knaben zeigt, auf die er später Übergriffe verübte. Er selber weiß, dass er in diesem Film kindisch und übertrieben albern wirkt. Ihm ist es aber wichtig, über sein eigenes Verhalten eine Rückmeldung von der Gruppe zu erhalten.
- ✗ Ein anderer Täter bringt seine Urlaubsfotos mit, weil er der Gruppe gegenüber dokumentieren will, was er in den vergangenen zwei Wochen getan hat. In diesem Fall ist das leitende Bedürfnis, seine Erlebnisse mit den ihm vertrauten Personen teilen zu können.

Leitfragen:

- ✓ In welcher Intensität und mit welchem Grad an Verbindlichkeit bringt sich ein Täter in die Therapie ein?
- ✓ Welchen Grad an Bemühungen zeigt der Täter für die Therapie?
- ✓ Ergreift er spontan die Initiative? Beteiligt er sich aktiv oder muss er jeweils mühsam angesprochen werden?
- ✓ Nimmt er Bezug zu anderen Therapieteilnehmern?
- ✓ Welchen Grad an Aufmerksamkeit zeigt der Täter?
- ✓ Bringt er selbständig eigene Themen in die Therapie ein?
- ✓ Setzt er sich aktiv mit den Inhalten der Therapie auseinander?
- ✓ Ist es ihm ein Bedürfnis Themen anzusprechen, die ihn beschäftigen?
- ✓ Berichtet er über Ereignisse und Erlebnisse, insbesondere solche mit Deliktrelevanz?
- ✓ Zeigt er Interesse an den Themen der Therapie?
- ✓ Sind authentisches Interesse, emotionale Beteiligung, Betroffenheit oder Rührung spürbar?
- ✓ Übernimmt der Täter Verantwortung für den konstruktiven Verlauf der Therapie, ist ihm deren Fortgang ein Anliegen?
- ✓ Macht der Täter Vorschläge zum Therapiesetting oder zu möglichen Themenschwerpunkten?

✓ Bringt er beispielsweise aus eigenem Antrieb Briefe, Fotografien oder Zeitungsartikel mit in die Therapie, weil er sich hierüber die Auseinandersetzung mit dem Therapeuten oder der Gruppe wünscht?

### 10.1.5. Weiterbeschäftigung außerhalb der Therapie

*Weiterbeschäftigung außerhalb der Therapie:* Ausmaß, in dem sich ein Täter außerhalb der Therapie selbständig mit therapeutischen Themen und Zielsetzungen beschäftigt.

Manche Täter zeigen eine deutliche Bereitschaft, sich mit Inhalten der Therapie auch außerhalb therapeutischer Sitzungen auseinander zu setzen. Sie sprechen mit Kollegen oder der Familie über Therapieinhalte. Sie nehmen sich Zeit, das Erlebte zu verdauen und sich eigene Gedanken darüber zu machen. Sie suchen die Auseinandersetzung mit Themen, die in der Therapie besprochen wurden, z. B. dadurch, dass sie ein Buch lesen, einen bestimmten Film anschauen oder sich in Form von Tagebucheinträgen mit den Therapieinhalten auseinander setzen.

Leitfragen:

✓ Fließen therapeutisch erarbeitete Inhalte in die Lebensgestaltung des Täters ein?

✓ Wird deutlich, dass sich der Täter auch außerhalb der Therapiesitzungen mit den therapeutischen Inhalten weiterbeschäftigt und auseinander setzt?

✓ Gibt es schriftliche Aufzeichnungen des Täters, Verhaltensbeobachtungen oder Berichte von Drittpersonen, die auf eine Weiterbeschäftigung hindeuten?

✓ Wird durch Äußerungen des Täters in den Therapiesitzungen deutlich, dass er sich zwischen den Sitzungen mit Therapieinhalten beschäftigt hat?

✓ Bringt er Themen in die Therapie ein, aus denen erkennbar wird, dass er sich in der Zeit zwischen den Therapiestunden selbständig mit den Therapieinhalten auseinandergesetzt hat?

## 10.1.6. Aufnahmebereitschaft

*Aufnahmebereitschaft:* Ausmaß, in dem der Täter gegenüber dem Prozess, den Inhalten und den mit der Therapie verbundenen Gefühlen zugänglich ist und die Bereitschaft aufweist, sich damit im Hinblick auf Veränderungsziele auseinander zu setzen.

Aufnahmebereitschaft zeigt sich an der Bereitwilligkeit des Täters,

- sich mit Themen der Therapie auseinander zu setzen
- eigene Überzeugungen und Verhaltensweisen kritisch zu beleuchten
- den Versuch zu unternehmen, eigene Persönlichkeitsmerkmale und Verhaltensweisen im Zusammenhang mit therapeutischen Erfahrungen zu verändern.

In welcher Ausprägung der Täter Bereitschaft dafür zeigt, eigene Überzeugungen und Verhaltensweisen unter dem Einfluss therapeutischer Erkenntnisse und Erfahrungen zu verändern, kann an Veränderungen früherer Meinungen oder Handlungsmuster bzw. dem Bemühen um solche Veränderungen erkannt werden.

Leitfragen:

✓ Verhält sich der Täter in anderer Weise als früher bzw. bemüht er sich um Verhaltensänderungen?

✓ Kann er Bezug auf frühere Themen und Erfahrungen aus der Therapie nehmen?

✓ Sind ihm therapeutisch erarbeitete Inhalte präsent?

✓ Hat der Täter therapeutische Inhalte erfasst und sind diese für ihn von Bedeutung?

✓ Haben Ideen und Erkenntnisse aus der Therapie Eingang in die eigene Meinungsbildung und die eigenen Erlebensweisen gefunden?

✓ Kann der Täter Therapieinhalte in einer eigenen, ihm angemessenen Konzeption verarbeiten?

✓ Findet er z. B. eigene Worte oder Beschreibungen für Inhalte aus der Therapie?

### 10.1.7. Zielbewusstsein

*Zielbewusstsein:* Ausmaß, in dem einem Täter die Subziele zum Erreichen von Rückfallfreiheit bekannt und konsistent in seiner bewussten Wahrnehmung präsent sind.

Das primäre Ziel, welches bei diesem Merkmal von herausragendem Interesse ist, ist selbstverständlich das Ziel, Rückfälle zu verhindern. Durch verschiedene Aussagen und Verhaltensweisen des Täter ist zu erkennen, wie deutlich ihm dieses Ziel bewusst ist und mit welcher Konsistenz er es verfolgt. Möglicherweise gibt es Ziele, die in engem Zusammenhang mit dem Ziel der Deliktverhinderung stehen. So könnte es z. B. bei einem Täter das Ziel einer verbesserten Impulskontrolle geben, das in einem engen Zusammenhang zum Hauptziel der Deliktverhinderung steht. Es gilt somit zu beurteilen, wie deutlich und wie konsistent dem Täter das Hauptziel und die mit diesem Hauptziel verbundenen deliktrelevanten weiteren Ziele sind. Die Klarheit der bewussten Wahrnehmung dieser Ziele und die Konsistenz ihrer Präsenz in der bewussten Wahrnehmung bilden eine wichtige Voraussetzung zur Entwicklung deliktpräventiver Strategien.

Leitfragen:

- ✓ Wie präsent ist dem Täter das Ziel der Rückfallprävention, wie stark verfolgt er dieses Ziel?
- ✓ Wie präsent sind dem Täter Veränderungsziele eigener Verhaltensmuster, die direkt oder indirekt rückfallpräventive Bedeutung haben?
- ✓ Wie konsistent sind dem Täter rückfallpräventive Zielsetzungen im Bewusstsein und wie konsistent verfolgt der Täter solche deliktpräventiven Zielsetzungen?
- ✓ Wie wichtig sind dem Täter deliktpräventive Zielsetzungen?
- ✓ Ist der Täter hinsichtlich deliktpräventiver Zielsetzungen ablenkbar oder können diese in Vergessenheit oder in den Hintergrund des Bewusstseins treten?

## 10.2. Beziehung zur Therapie

Für viele Täter stellt die Beziehung zur Therapie und den Therapeuten und Betreuungspersonen ein wesentliches Fundament bereit, auf dem sich rückfallpräventive Kompetenzen gründen können. Darüber hinaus korrelieren Tragfähigkeit und Qualität der Beziehung eng mit der Motivation des Täters, für eine Rückfallverhinderung aktiv an sich zu arbeiten. Nachfolgend sind daher verschiedene Einzelmerkmale aufgeführt, deren Beurteilung einen Eindruck darüber vermittelt, wie tragfähig, positiv beeinflussend und motivationsfördernd die Beziehung zur Therapie einzuschätzen ist.

### 10.2.1. Eingebundenheit in das therapeutische Angebot

*Eingebundenheit in das therapeutische Angebot:* Qualitative Beurteilung des subjektiven Bedeutungsgehalts, den der Täter dem therapeutischen Angebot beimisst.

Die Eingebundenheit in das therapeutische Angebot zeigt sich an der sichtbaren Bereitschaft des Täters, der Therapie im eigenen Leben einen festen Stellenwert einzuräumen. Das Ausmaß an Eingebundenheit spiegelt sich in der Qualität der Beziehungen des Täters zu Therapeuten, Betreuungspersonen und Mitklienten wider und gleichzeitig fördert die Qualität dieser Beziehungen wiederum die Eingebundenheit. Die „Eingebundenheit in das therapeutische Angebot" ist im Gegensatz zum Merkmal „Beziehung zu Therapeuten" allgemeiner und weniger auf konkrete Personen bezogen. Darum kann es bei beiden Merkmalen zu abweichenden Wertungen kommen. Häufig existiert in der Praxis aber eine enge Wechselwirkung. Die Eingebundenheit kann ferner am Grad der Beteiligung, der Intensität der Beziehungsaufnahme, der Bereitschaft, wichtige Themen aus eigenem Antrieb zu besprechen und an der allgemeinen Identifikation des Täters mit dem therapeutischen Angebot und seinen Zielsetzungen beurteilt werden.

Leitfragen:

✓ Wie sehr identifiziert sich der Täter mit dem therapeutischen Angebot?

✓ Gibt es positiv erlebte, tragfähige Beziehungen des Täters zu Therapeuten und Mitklienten?

✓ Welchen Stellenwert räumt der Täter der Therapie und den mit ihr verbundenen Zielsetzungen im eigenen Leben ein?

✓ Fühlt sich der Täter in einer Gruppentherapie, auf einer Station oder in einer Institution gut integriert?

### 10.2.2. Beziehung zu Therapeuten

*Beziehung zu Therapeuten:* Ausmaß der Qualität und Tragfähigkeit der Beziehung des Täters zu seinen Therapeuten.

Die Qualität und Tragfähigkeit der Beziehung des Täters zu seinen Therapeuten bildet eine emotionale Basis, die für die Motivation des Täters, sein Entwicklungspotenzial und für die Wirksamkeit von Risikomanagementprozessen von großer Wichtigkeit ist.

Zu beurteilen sind in diesem Sinn vor allem die Qualitäten in der therapeutischen Beziehung, die entweder selbst eine direkte rückfallpräventive Wirkung entfalten oder die emotionale Grundlage für die Wirksamkeit rückfallpräventiver Fähigkeiten bieten. Die rückfallpräventive Wirkung einer tragfähigen Beziehung zum Therapeuten entsteht z. B. indirekt über eine Förderung der Motivation und die damit verbundene Stabilisierung der rückfallpräventiven Zielsetzung. Die Beziehungsqualität wirkt aber auch in direkter Weise als wichtiger protektiv wirksamer Entscheidungsfaktor in deliktischen Prozessen. Der Täter fühlt sich z. B. in rückfallrelevanten Situationen mit seinem Therapeuten verbunden, kann im Geiste mit ihm in einen Dialog treten, erachtet die Beziehung als wertvoll und leitet daraus eine zusätzliche Verpflichtung zur Deliktabstinenz ab etc. Die Beziehung hat damit eine unterstützende Wirkung für Kontroll- und Steuerungsmechanismen des Täters. Die erworbenen deliktpräventiven Fähigkeiten eines Täters sind sein Instrumentarium. Die Beziehungsqualität zum Therapeuten ist der emotionale Boden, auf dem das Instrumentarium eingesetzt wird.

Leitragen:

✓ Sind die Therapeuten für den Täter wichtige Personen, zu denen er ein Vertrauensverhältnis hat?

- ✓ Ist die Beziehung zu den Therapeuten für den Täter eine relevante, von positiver Erlebensqualität gekennzeichnete Verbindung?
- ✓ Ist die Beziehung des Täters zu seinen Therapeuten für ihn so bedeutsam, dass sie einen Hinderungsgrund für einen Rückfall darstellen würde? Damit ist gemeint, dass die Beziehung auch über die Therapiestunde hinaus eine gewisse Präsenz und Bedeutung im Leben des Täters besitzt und im Entscheidungsprozess für neuerliche Delikte unabhängig vom Ausgang der Entscheidung eine präventive Rolle spielt.
- ✓ Ist die Beziehung zum Therapeuten demnach von einer Qualität, die eine selbständige Präsenz im Erleben und im Gesamtkontext sozialer Erfahrungen des Täters bilden kann?
- ✓ Fördert die Beziehung zum Therapeuten das Verpflichtungsgefühl des Täters, sich an Absprachen zu halten?

### 10.2.3. Interaktionsfähigkeit

*Interaktionsfähigkeit:* Ausmaß der Qualität der Interaktionsfähigkeit des Täters im Hinblick auf ein der rückfallpräventiven Zielsetzung angemessenes Kommunikations- und Sozialverhalten in der Therapie.

Bewertet wird, in welcher Ausprägung die Interaktionsfähigkeit des Täters im Rahmen der Therapie als der rückfallpräventiven Zielsetzung angemessen, ernsthaft und hilfreich beurteilt werden kann. Als gegenläufiges Beispiel mag ein Täter dienen, der niemals spontan mit Therapeuten oder Mitklienten kommuniziert, der auf Ansprachen ablehnend und wortkarg reagiert, so dass eine konstruktive Interaktion nicht zustande kommen kann.

Nun gibt es Täter, denen es schwer fällt, von sich aus spontan zu sprechen oder Kontakt aufzunehmen. Das muss für den Therapieerfolg und für die Eingebundenheit in das therapeutische Programm nicht automatisch negativ sein. Vielleicht hören sie aufmerksam zu oder reagieren auf direkte Ansprache in konstruktiver Weise. Dann besteht eine Interaktionsfähigkeit, die dem Ziel der Therapie gegenüber angemessen sein kann. In der Weigerung zu spontanen Äußerungen kann sich aber ebenso gut ein Widerstand verbergen, der seinen Ausdruck in einem unangemessenen Interaktionsverhalten findet. Es geht bei der Beurteilung immer darum, ob die zu beobachtende Interaktionsfähigkeit als konstruktiv hinsichtlich der therapeutischen Arbeit angesehen werden kann oder ob eine diesbezüglich unangemessene Interaktionsfähigkeit dem therapeutischen Prozess hinderlich im Wege steht.

Leitfragen:

- ✓ Wie aktiv und angemessen kommuniziert der Täter mit Therapeuten, Betreuungspersonen und Mitklienten?
- ✓ Ist Rückzugsverhalten oder gar eine Verweigerungshaltung erkennbar?
- ✓ Wie authentisch oder umgekehrt wie kontrolliert zeigt sich der Täter im Kontakt?
- ✓ Ist der Täter in der ihm eigenen Emotionalität spürbar, z. B. durch Mimik, Gestik, Aufmerksamkeit?
- ✓ Wirkt der Täter am therapeutischen Geschehen beteiligt und zeigt sich z. B. initiativ?
- ✓ Kann der Täter gut zuhören, ist er verlässlich, bringt er sich mit eigenen Themen spontan in die Therapie ein, reagiert er auf Therapeuten und Mitklienten sozial kompetent, ist er zu ernsthaften Gesprächen bereit, mit seiner gesamten Person im Kontakt gut spürbar etc.?

## 10.2.4. Stellung in der Gruppe

*Stellung in der Gruppe:* Die Position, die ein Täter in Bezug auf die anderen Gruppenmitglieder einnimmt und die Rollen, die er in einer Gruppentherapie übernimmt. Wenn der Täter nicht an einem gruppentherapeutischen Angebot teilnimmt wird dieses Merkmal nicht bewertet.

Die therapeutische Gruppe ist ein sozialer Raum, in welchem sich die Persönlichkeit des Täters abbildet. Klienten verfügen meist über ein subtiles Sensorium, mit dem sie Qualitäten und Defizite der anderen Therapieteilnehmer wahrnehmen. In den Interaktionen innerhalb der Gruppentherapie werden dabei auch implizit verschiedene Rollen deutlich, die die Gruppenmitglieder übernehmen. Wenn ein Täter über einen hohen Stellenwert in der Gruppe verfügt und eine Vorbildfunktion übernimmt, stellt dies häufig einen positiven Therapiefaktor dar und spiegelt somit auch prognostisch positiv zu bewertende Aspekte wider. Deshalb ist es sinnvoll zu betrachten, welche Position und Rolle ein Täter innerhalb einer Therapiegruppe einnimmt.

Leitfragen:

- ✓ Gilt der Täter in der Gruppe als geschätztes und anerkanntes Mitglied?
- ✓ Wird sein Rat geschätzt?
- ✓ Ist er erwünscht, möglicherweise sogar ein tragendes Mitglied der Therapiegruppe?
- ✓ Genießt der Täter das Vertrauen seiner Mitklienten?
- ✓ Kommt ihm eine Vorbildfunktion zu?

### 10.2.5. Zuwendung in der Gruppe

*Zuwendung in der Gruppe:* Ausmaß an Zuwendung, die ein Täter in einer therapeutischen Gruppe erfährt und die er gegenüber anderen Gruppenmitgliedern zeigt. Wenn der Täter nicht an einem gruppentherapeutischen Angebot teilnimmt, wird dieses Merkmal nicht bewertet.

Da ein Zusammenhang zwischen den beiden Ausprägungen „Zuwendung geben" und „Zuwendung erfahren" besteht, wird sich das Ausmaß der Zuwendung in beiden Richtungen in der Regel auf einem ähnlichen Niveau ansiedeln: Ein Täter, der sich für seine Gruppenmitglieder engagiert, erfährt seinerseits eher ein entsprechendes Engagement der Gruppe und umgekehrt.

Zuwendung ist daher ein genereller Parameter für die Qualität von Beziehungen innerhalb eines gruppentherapeutischen Angebots. Sie hängt von den grundsätzlichen Beziehungsfähigkeiten des Täters in sozialen Interaktionen ab. Im Zusammenhang eines speziellen deliktpräventiven gruppentherapeutischen Angebots ist die Zuwendung aber zusätzlich direkt auf den Kontext einer Arbeits- und Beziehungsgemeinschaft mit deliktspezifischer Zielsetzung bezogen und daher von besonderer Bedeutung. Das Merkmal „Zuwendung in der Gruppe" setzt sich somit aus grundsätzlichen Beziehungsfähigkeiten und darüber hinausgehend aus einem deliktspezifischen Beziehungsteil zusammen. Der deliktspezifische Beziehungsteil geht über die allgemeine Zuwendung hinaus. Er bildet sich dadurch ab, wie sehr sich ein Täter für seine Mitklienten im Hinblick auf deliktpräventive Zielsetzungen einbringt (Risikofaktoren identifizieren, Wachsamkeit gegenüber Risikoentwicklungen von Mitklienten, Unterstützung bei deliktorientierten Therapieinterventionen, gemeinsame Verantwortungsübernahme etc.) und in diesen Bereichen unterstützende Zuwendung erfährt.

Leitfragen:

- ✓ Sind andere Gruppenmitglieder für den Täter von Bedeutung?
- ✓ Entwickelt der Täter zu ihnen Beziehungen, nimmt er Anteil an ihren Erlebnissen und ist er zu Ratschlägen und Hilfestellungen bereit?
- ✓ Interessieren sich andere Gruppenmitglieder für den Täter und reagieren auf ihn mit emotional positiven Verhaltensweisen?
- ✓ Unterhält der Täter in der Therapie tragfähige Kontakte zu anderen Gruppenmitgliedern?
- ✓ Erhält der Täter häufig Lob, Anerkennung, Aufmunterung oder anderweitige Unterstützung?
- ✓ Unterstützt der Täter andere Gruppenmitglieder bei deliktspezifischen Zielsetzungen und Arbeitsschritten?
- ✓ Erhält der Täter selber Unterstützung bei deliktspezifischen Zielsetzungen und Arbeitsschritten oder ist ihm gegenüber z. B. Gleichgültigkeit, Skepsis oder Resignation spürbar?

## 10.3. Verhaltensrelevanz

### 10.3.1. Aufnahmefähigkeit

*Aufnahmefähigkeit:* Ausmaß, in dem der Täter in der Lage ist, Therapieinhalte im Sinne des Verstehens, Behaltens und Internalisierens aufzunehmen und adäquat zu verarbeiten.

Beim Merkmal „Aufnahmefähigkeit“ gilt es zu bewerten, in welchem Ausmaß es dem Täter gelingt, Inhalte der Therapie zu erinnern, adäquat zu verarbeiten und verhaltensrelevant zu internalisieren. Dabei geht es um ein verhaltensrelevantes Verständnis der Inhalte und nicht darum, dass er stereotyp bestimmte Themen und Meinungen wiederholt. Damit sind drei verschiedene Prozesse angesprochen: Verstehen, Behalten und Integrieren der Informationen in das persönliche Denken und Fühlen. Das Merkmal „Aufnahmefähigkeit" ist somit ein komplexes Konstrukt, dessen Ausprägung von verschiedenen Einflussfaktoren abhängt, z. B. Motivation, Aufmerksamkeit, Gedächtnis, Intelligenz, Konzentration und Eingebundenheit in das therapeutische Angebot.

Hinweise auf die Ausprägung der „Aufnahmefähigkeit" werden sich zu verschiedenen Zeitpunkten in der Therapie finden lassen. Es ist sinnvoll, in Therapien durch direktes Befragen des Täters und vor allem durch Verhaltensbeobachtungen zu überprüfen, welche Therapieinhalte in welchem Ausmaß durch den Täter aufgenommen werden konnten.

Leitfragen:

- ✓ Wie gut gelingt es dem Täter, therapeutische Inhalte zu verstehen, zu erinnern und wiederzugeben?
- ✓ Welche Anzeichen gibt es dafür, dass der Täter therapeutische Inhalte aufgenommen und in Verhaltensweisen umgesetzt hat?
- ✓ Welche Erlebnisse berichtet der Täter, an denen deutlich wird, dass therapeutische Inhalte in seinen Vorstellungen eine Rolle spielen?
- ✓ Kann der Täter frühere therapeutische Inhalte selbständig wiedergeben und spontan von sich aus in die Therapie einbringen?
- ✓ Fällt der Täter dadurch auf, dass bereits besprochene Inhalte immer wieder aufs Neue erklärt oder durchgearbeitet werden müssen?
- ✓ Werden therapeutische Inhalte nach einem initialen Verständnis zu späteren Zeitpunkten verändert wiedergegeben, auf neue Art und Weise interpretiert oder unterliegen sie zu späteren Zeitpunkten kognitiven Verzerrungen?

### 10.3.2. Aufnahme durch eigene Konzeptionalisierung

*Aufnahme durch eigene Konzeptionalisierung:* Ausmaß, in dem der Täter Therapieinhalte durch eigene Konzeptionalisierungen aufnimmt, die er z. B. an den eigenen Wortschatz, eigene Verständniszugänge oder an das individuelle Deliktmuster anpasst.

Wenn ein Täter Therapieinhalte in eigene Konzeptionalisierungen überführen kann, zeigt sich darin, dass er sich motiviert mit den Inhalten der Therapie beschäftigt und Wege der Integration dieser Inhalte sucht. Er setzt sich gedanklich über die Therapiestunde hinaus mit ihnen auseinander und sie finden Eingang in seinen eigenen „Vorstellungsfundus" [87]. Dieses Merkmal spezifiziert somit einen Teilaspekt des Merkmals „Aufnahmebereitschaft".

Beispiel:

✗ Ausschnitt aus einer Therapiesequenz einer Gruppe mit Pädosexuellen: Es geht um ein Thema, das fast standardmäßig in jeder Therapie mit Pädosexuellen an der einen oder anderen Stelle besprochen wird: „Grenzen und Grenzverletzungen" – „Was wäre denn dagegen einzuwenden, wenn ein Gruppenmitglied mit einem Kind körperlichen Kontakt hat, solange dieser nicht sexueller Natur ist?"
Neben dem generellen Aspekt der damit einhergehenden Rückfallgefahr für sexuelle Übergriffe geht es in dieser Stunde vor allem darum, ob Handlungen wie z. B. Streicheln über das Kopfhaar, wie es auch ein Vater oder Onkel tut, als Grenzverletzungen gegenüber dem Kind zu werten sind oder nicht. Der Therapeut zeichnet daraufhin zwei Bilder: Das erste Bild stellt einen Erwachsenen und ein Kind dar, die sich in einem (in grüner Farbe gezeichneten) Kreis befinden. Der grüne Kreis soll die väterliche Atmosphäre abbilden, in der ein Wangenkuss, ein Streicheln über das Kopfhaar und eine Umarmung stattfinden. Die Atmosphäre wird als väterlich beschrieben. Das zweite Bild ist in roter Farbe gezeichnet und stellt die gleiche Szene dar, allerdings wird ein winziges, aber entscheidendes Detail eingefügt: Der Erwachsene hat in seinem Hinterkopf ein kleines rotes Dreieck. Dieses Dreieck symbolisiert den „Delikteil" [102]. Also jenen Anteil in der Persönlichkeit des Täters, der u. a. ein sexuelles Interesse an dem Kind hat und zu einer Veränderung der Gesamtatmosphäre führt. Auch wenn beide Erwachsene genau das Gleiche tun, wird die Atmosphäre in der ersten Szene eine andere sein als in der zweiten. Die erste ist frei vom Einfluss eines Deliktteils. Die Atmosphäre der zweiten Szene wird auch bei formal exakt gleichen Handlungen durch den Einfluss des Deliktteils verändert. Die unterschiedlichen Farben dienen dazu, den Unterschied der Situation bei formal gleichen Handlungsabläufen deutlich zu machen.
In der nächsten Stunde berichtet ein Gruppenmitglied, dass es bei einer Tankstelle „ein süßes, kleines ca. sechsjähriges Mädchen" gesehen ha-

be. Nachdem er das Mädchen bemerkt habe, habe er im Unterschied zu früher seinen Blick sofort abgewendet. Er habe dem Mädchen bewusst nicht zugelächelt oder zugezwinkert, weil er habe verhindern wollen, „dass die elektrischen Strahlen des Deliktteils mittransportiert würden." Der entscheidende Aspekt bei der geschilderten Therapiesequenz ist, dass der Täter die in der Therapiestunde besprochenen Inhalte in seinen eigenen Wortlaut übertragen und für sich selbst passend konzeptionalisiert hat. Dadurch konnten die Inhalte in seinen Vorstellungsfundus verhaltensrelevant integriert und internalisiert werden.

Wenn im Laufe der Therapie Anzeichen für solche eigenen subjektiv passenden Konzeptionalisierungen beobachtet werden können, spricht das für ein hohes Maß an sorgsamer Internalisierung von Inhalten und stellt somit einen positiven Therapieparameter dar.

Auch wenn eine eigene Konzeptionalisierung durch den Täter ein prognostisch günstiges Merkmal ist, ist davor zu warnen, Tätern die Verwendung therapeutischer Begriffe negativ auszulegen. Wenn ein Täter beispielsweise den Begriff der Opferempathie oder des Groomings gebraucht, dann kann dies Skepsis auslösen. Es wird gemutmaßt, dass in der Übernahme der Begrifflichkeit Zeichen einer oberflächlichen Anpassung zu sehen sind. Es ist aber nichts dagegen einzuwenden, wenn ein Täter solche Begriffe benutzt, die er in der Therapie gelernt hat, sofern er damit eine angemessene Vorstellung verbinden kann. Zur Bezeichnung mancher Phänomene wie beispielsweise Opferempathie neben dem Verstehen des Inhaltes auch noch neue Begriffe erfinden zu müssen, ist unnötig und wäre eine Überforderung. Es kann mit der hier angesprochenen Problematik auch eine subtile Stigmatisierung verbunden sein, indem die unterschwellige Erwartung besteht, ein Täter, der sonst über einen einfacheren Wortschatz verfügt, „dürfe" sich nicht einer intellektuell klingenden Sprache bedienen. Ein Täter, der sich aber beispielsweise in der Therapie intensiv mit dem Phänomen der Opferempathie auseinandergesetzt hat, verfügt möglicherweise über ein tieferes Verständnis zu diesem Phänomen und kann dementsprechend mit dem Begriff mehr verbinden als Personen mit einem elaborierteren Wortschatz ohne diese Erfahrung.

Leitfragen:

✓ Welche Hinweise gibt es darauf, dass der Täter therapeutische Inhalte in eigenen Worten, eigenen Bildern oder eigenen Konzeptionalisierungen in seine Vorstellungen integriert?

✓ Wird anhand von Schilderungen des Täters deutlich, dass er sich zu den therapeutischen Inhalten eigene Gedanken macht?

## 10.3.3. Ziele umsetzen können

*Ziele umsetzen können:* Die Fähigkeit, Ziele verhaltenswirksam umzusetzen.

Die Fähigkeit, Ziele klar definieren und benennen zu können, ist eine wichtige Komponente für das Erreichen von längerfristigen Verhaltensänderungen. Diese Fähigkeit hilft allerdings nicht viel, wenn sie nicht auch die Grundlage dafür bildet, diese Ziele in die Praxis, d. h. in konkretes Handeln umsetzen zu können. Es gibt Menschen, die sehr erfolgreich in der verhaltensrelevanten Umsetzung sind, sofern sie ein Ziel erkannt und sich entschlossen haben, dieses zu verfolgen. Bei anderen hingegen ist der Einfluss von Erkenntnis und Vorsatz auf das tatsächliche Erreichen des Zieles gering. Aus der Biografie eines Täters lassen sich viele Hinweise darauf finden, wie gut es ihm gelingt, Ziele zu realisieren.

Zu berücksichtigen sind die Entwicklungen in der Schule, im Beruf und in der persönlichen Lebensplanung. Bezugspersonen wissen möglicherweise, ob der Täter bei der Umsetzung von Zielen gewisse Stärken oder Schwächen hat. Die Fähigkeit, Ziele verhaltenswirksam umzusetzen, lässt sich häufig gut einschätzen anhand von Abstinenzbemühungen bei Vorliegen einer Suchtmittelproblematik, der Kontrolle des Essverhaltens oder des Erfolgs, unangenehme Gewohnheiten (Nägelkauen, Schulden machen etc.) ändern zu können. Aber auch alle anderen Ziele, die eine Person im Leben verfolgen kann (Fleiß und Zielstrebigkeit während einer Ausbildung, Konsequenz beim Vorhaben, regelmäßig Sport zu betreiben, beim Abbezahlen von Schulden oder Sparen für einen Urlaub etc.), können unter dem Gesichtspunkt des Umsetzungserfolges betrachtet werden. Vielleicht gibt es diesbezüglich auch Hinweise aus früheren Therapien.

Leitfragen

✓ Wie gut gelingt es dem Täter, eigene Vorsätze und Ziele in die Tat umzusetzen?

✓ Wie gut gelingt es dem Täter, therapeutische und deliktpräventive Zielsetzungen umzusetzen?

- ✓ Welche Beobachtungen aus der Vergangenheit sprechen für die Fähigkeit des Täters, Ziele umsetzen zu können?
- ✓ Wie sehr fühlt sich der Täter eigenen Vorsätzen verpflichtet?
- ✓ Ist es dem Täter in der Vergangenheit gelungen, herausfordernde Vorsätze trotz Unannehmlichkeiten und Schwierigkeiten zu realisieren (z. B. im Umgang mit Suchtmitteln, Beziehungspartnern, Essverhaltens)?

## 10.4. Ehrlichkeit und Offenheit

In dieser Merkmalsgruppe erweist sich die begriffliche Differenzierung und dementsprechend getrennte Bewertung dreier Merkmale als sinnvoll: „Ehrlichkeit“, „Offenheit“ und „Wahrheitsgehalt“. Die Merkmalsgruppe enthält zudem mit den Merkmalen „Unmittelbarkeit“ und „Authentizität“ Eigenschaften, die eine Grundlage für „Ehrlichkeit“ und „Offenheit“ bilden können. Als letztes Merkmal der Gruppe werden Ausmaß und Qualität der „Lügenbereitschaft“ eines Täters eingeschätzt, was im Prinzip eine Gegenprobe zu den ersten drei Merkmalen darstellt.

### 10.4.1. Ehrlichkeit

*Ehrlichkeit:* Ausmaß der Kongruenz zwischen den Aussagen des Täters und dessen Erlebens- und Gedächtnisinhalten.

Es versteht sich von selbst, dass Ehrlichkeit eine wichtige Grundlage jeder Therapie bildet. Der Grad an Ehrlichkeit ist ein Maßstab dafür, wie sehr die Schilderungen des Täters mit seiner subjektiven Realität übereinstimmen. „Ehrlichkeit“ zeigt sich also in der Genauigkeit, mit der ein Sachverhalt vom Täter wiedergegeben wird.

Es handelt sich um die möglichst genaue Wiedergabe dessen, was der Täter fühlt, denkt, in der Außenwelt wahrnimmt oder woran er sich erinnert. Demgegenüber ist Unehrlichkeit durch ein von strategischen Überlegungen beeinflusstes Aussageverhalten gekennzeichnet und demnach immer Ausdruck einer bewussten Intention. Ein Täter lügt, weil er damit eine bestimmte Absicht verbindet. Lügen stellen eine gängige menschliche Verhaltensoption dar. Dabei mag es verschiedenartigste Gründe geben, die dem Täter eine Lüge als legitim erscheinen lassen. Vielleicht würde ein bestimmter Sachverhalt für ihn mit so unangenehmen Gefühlen verbunden sein, dass er es emotional als legitim empfindet, diese Gefühle durch eine Lüge zu vermeiden. Viele andere Ursachen sind möglich.

Leitfragen:

✓ Wie ausgeprägt beurteilen Sie das Bemühen des Täters, Sachverhalte, Gedanken und Gefühle so in der Therapie darzustellen, wie er sie selber erlebt?

✓ Berichtet der Täter auch Dinge, die ihn selber in einem ungünstigen Licht erscheinen lassen?

✓ Welche Ereignisse aus der Vergangenheit oder der Gegenwart legen das Ausmaß der Ehrlichkeit – oder der Unehrlichkeit – des Täters nahe?

### 10.4.2. Offenheit

*Offenheit:* Bereitschaft, grundsätzlich über alle relevanten Themenbereiche umfassend Auskunft zu geben.

Das Merkmal „Offenheit“ beschreibt eine Haltung des Täters, die durch die Bereitschaft, ein breites Spektrum von Themen aktiv zu kommunizieren, gekennzeichnet ist. Offenheit ist somit das Ausmaß, in dem verschiedene Themenbereiche seitens des Täters mitteilbar und besprechbar sind, und somit ein Maß für die grundsätzliche Kommunizierbarkeit. Das Kommunikationsverhalten eines Täters mit maximaler Offenheit ist durch das Fehlen von Tabuisierungen, Verheimlichungstendenzen oder eines selektiven Mitteilungsverhalten gekennzeichnet. Es besteht in der Therapie die Möglichkeit, „über alles reden zu können“. Kennzeichen einer geringeren Offenheit sind demnach das Verheimlichen, Vertuschen, Tabuisieren etc. spezifischer Gesprächsinhalte.

Nach dem geschilderten Verständnis von „Ehrlichkeit“ und „Offenheit“ können sich diese beiden Merkmale in ihrer Ausprägung unterscheiden. Ein Täter kann ehrlich sein – sich also um größtmögliche Genauigkeit in der Wiedergabe dessen bemühen, was er denkt, fühlt oder in seiner Umgebung wahrnimmt -, ohne offen zu sein, weil er von vornherein die Themen sehr einschränkt, die er in der Therapie mitteilt. Vielleicht berichtet er nur über Belanglosigkeiten, spricht aber nicht über sexuelle Empfindungen, aggressive Impulse oder Schwierigkeiten mit Mitmenschen.

Leitfragen:

✓ Wie umfassend gibt der Täter Auskunft über Erlebnisse, Gedanken und Befindlichkeiten?

✓ Wie hoch ist die Bereitschaft des Täters, auch persönliche Themen preiszugeben?

✓ Spricht der Täter aktiv wichtige Themen an oder muss er stets angesprochen werden?

✓ Ist der Täter, wenn schon nicht spontan, dann aber auf Nachfrage bereit, umfassend über alle möglicherweise bedeutsamen Themen Auskunft zu geben?

✓ Ist der Täter grundsätzlich mitteilsam oder sehr zurückhaltend mit jeglichen Informationen?

✓ In welchem Ausmaß gibt es die Tendenz zum Verheimlichen, zum Vertuschen, zum Tabuisieren oder zur selektiven Darstellung wesentlicher Themen?

### 10.4.3. Wahrheitsgehalt

*Wahrheitsgehalt:* Übereinstimmung von Schilderungen des Täters mit tatsächlichen Geschehnissen oder Sachverhalten.

An dieser Stelle soll keine philosophische Diskussion über den Wahrheitsbegriff und über die Unmöglichkeit des Erfassens des wahren Seins an sich erfolgen. Der Einfachheit halber wird für den hier zu beschreibenden Zusammenhang von der Popper'schen Annahme [103] ausgegangen, dass eine Schilderung als wahr gilt, wenn sie den Tatsachen besonders nahe kommt. Der Wahrheitsgehalt einer Schilderung misst sich demnach am Grad der Übereinstimmung mit dem tatsächlich Geschehenen.

Beispiel:

✗ Es kann sein, dass ein Täter ehrlich Auskunft gibt. Er behauptet, ein bestimmtes Haus sei grün. In Wirklichkeit ist es aber blau. Es muss sich keineswegs um eine Lüge handeln. Vielleicht hat der Täter die Farbe so in Erinnerung und gibt daher ehrlich Auskunft. Die Aussage ist dennoch falsch und im hier gemeinten Sinne unwahr.

Das Ausmaß, in dem Schilderungen eines Täters wahr sind, ist damit keineswegs nur mit einem Bemühen des Täters verbunden. Intelligenz, Wahrnehmungsfähigkeiten, Erinnerungsvermögen und viele andere Faktoren sind ebenso bedeutsam. Es ist zu beurteilen, in welchem Ausmaß und mit welcher Wahrscheinlichkeit Schilderungen des Täters über eigene Gedanken, Gefühle, Wahrnehmungen und Erlebnisse der Wahrheit im hier dargestellten Sinne entsprechen.

Leitfragen:

✓ In welchem Ausmaß entsprechen Schilderungen des Täters über eigene Gedanken, Gefühle, Wahrnehmungen oder über Erlebnisse und Sachverhalte der Wahrheit?

✓ Zeigt der Täter das Bemühen, wahrheitsgemäß Auskunft zu geben?

✓ Sind beim Täter Einschränkungen im Bereich kognitiver Fähigkeiten, Erinnerungsvermögen und Wahrnehmung festzustellen, durch die die Möglichkeit zu wahrheitsgemäßen Schilderungen stark eingeschränkt sind?

### 10.4.4. Unmittelbarkeit (geringe Vorselektion)

*Unmittelbarkeit (geringe Vorselektion):* Ausmaß eines unmittelbaren, nicht selektierten Mitteilungsverhaltens.

Einen wichtigen Anhaltspunkt für den Grad der Offenheit eines Täters kann in einer Therapie das Maß an Unmittelbarkeit bieten. Offenheit kann dadurch eingeschränkt werden, dass ein Täter nur für bestimmte Themen offen ist, andere aber verändert oder bewusst verschweigt. Selektivität der Schilderungen kann somit die Offenheit erheblich einschränken. Aus diesem Grund wird mit dem Merkmal der „Unmittelbarkeit“ bzw. damit verbunden mit dem Merkmal der mangelnden Themenselektion dieser wichtige Aspekt im Mitteilungsverhalten explizit bewertet. Unmittelbarkeit im Sinne eines nicht selektiven Mitteilungsverhaltens ist damit ein Teilaspekt der Offenheit. Unmittelbarkeit beinhaltet aber zusätzlich noch einen zeitlichen

Aspekt und eine Aussage über den Stil des Mitteilungsverhaltens. Unmittelbarkeit zeigt sich darin, dass ein Täter tendenziell rasch und damit in enger zeitlicher Nähe zu einem Ereignis oder einer relevanten eigenen Befindlichkeit berichtet. Der Kommunikationsstil ist zudem eher direkt. Mitteilungen erfolgen nicht umständlich, diffus oder weitschweifig und sind daher gut verständlich und nachvollziehbar.

Geringe Selektion kann sich u. a. daran zeigen, dass ein Täter auch unwesentliche Details, die er selbst aber für deliktrelevant hält, berichtet. Oder der Täter schildert Ereignisse, über deren Relevanz er selber unsicher ist und darum die Beurteilung den Therapeuten oder der Gruppe überlässt. Geringere Selektion drückt sich darin aus, dass ein Täter auch offene Berichte anbietet, die Raum für kritisches Feedback lassen. Für eine hohe Selektion spricht hingegen, wenn ein Täter beispielsweise gezielt Ereignisse berichtet, deren Bewertung oder deren „subtile Botschaft“ von vornherein klar ist. Es handelt sich gewissermaßen um „fertige Geschichten“, die dem Therapeuten oder der Gruppe wenig Spielraum zur Einordnung oder zur kritischen Diskussion überlassen.

Beispiel:

✗ *Hohe Ausprägung:* Ein Pädosexueller, der sich seit geraumer Zeit in Therapie befindet, hat es verinnerlicht, alle Ereignisse, die möglicherweise relevant für sein Rückfallrisiko sein könnten, in der Gruppe zu berichten. Die Gruppe nimmt dadurch eine Art Bewertungs- und Monitoring-Funktion wahr und schafft somit für den Täters eine zusätzliche Sicherheit. Einmal berichtet er beispielsweise eine Begebenheit aus dem Schwimmbad. Bei den Umkleidekabinen begegnet er einem zehnjährigen Jungen: „Ich zog gerade mein T-Shirt wieder an, dann habe ich nach rechts geguckt und da stand einige Schränke neben mir dieser Junge. Ich habe nicht weiter hingeguckt, aber weil ich seine Schuhe gesehen habe, sage ich zu ihm noch: Junge pass auf, du hast die Schnürsenkel offen, darüber kannst du stolpern. Dann hat er sich die Schuhe zugebunden. Mehr habe ich nicht gesagt. Er hat sich bedankt und das war alles ...“
Die Schilderung dieses Täters geschieht in einer unmittelbaren Art und Weise. Der Täter erinnert in authentischer, lebendiger Weise das Ereignis und bemüht sich, es so genau wie möglich der Gruppe zu schildern. Dabei erwähnt er auch unbedeutende Details, weil er bemüht ist, die Szene so vollständig wie möglich abzubilden. Ein anderes Mal berichtet

derselbe Täter folgendes: „Ich habe mir überlegt, ob ich dies überhaupt erzählen soll. Ich war mir nicht sicher, ob es eine Bedeutung hat. Weil ich aber sicher gehen will, will ich es jetzt sagen. Vor drei Tagen habe ich nachts davon geträumt, wieder eine Freundschaft mit einem Knaben zu haben. Ich habe mit ihm gespielt, kann mich aber nicht mehr genau daran erinnern. Ich weiß nur noch, dass er so ungefähr neun oder zehn Jahre alt war, blondes Haar und schöne große Augen hatte. Es ist ja nur ein Traum, aber ich glaube, es ist besser, ich erzähle lieber zu viel als zu wenig ..."

In der Strategie „lieber zu viel, als zu wenig erzählen" kommt die geringe Selektion in der Auswahl berichtenswerter Ereignisse zum Ausdruck. So wie bei der Szene im Schwimmbad, in der aus der Situation heraus keine Selektion über berichtenswerte Details stattfindet, ist dies ein weiteres Kennzeichen für geringe Selektion beziehungsweise hohe Unmittelbarkeit.

Leitfragen:

✓ Berichtet der Täter auch für ihn unangenehme oder nachteilige Begebenheiten?

✓ Traut sich der Täter „offene Schilderungen" wiederzugeben, also Berichte, deren Ergebnis oder abschließende Bewertung für ihn selbst noch nicht klar ist, beziehungsweise die noch keine vorgegebene, subtile Richtung beinhalten?

✓ Gibt es Hinweise auf ein stark strategisch geprägtes Mitteilungsverhalten?

✓ Ist eine ausgeprägte Selektion von Themen oder Darstellungsweisen erkennbar?

✓ Berichtet der Täter in zeitlicher Nähe zu relevanten Ereignissen oder eigenen Befindlichkeiten?

✓ Ist der Mitteilungsstil klar und direkt und damit gut verständlich und nachvollziehbar?

### 10.4.5. Authentizität

*Authentizität:* Ausmaß, in dem im Kontakt mit dem Täter dessen Persönlichkeitsfacetten spürbar sind und das Verhalten nicht durch bestimmte Rollen geprägt ist, die der Täter aus strategischen Überlegungen heraus einnimmt.

„Authentizität" meint Echtheit, Stimmigkeit und ist als das Gegenteil von strategischen Verhaltensweisen und oberflächlicher Anpassung zu verstehen. Der Täter gibt sich so, wie er ist. Er versucht nicht, etwas anderes vorzuspielen oder eine „Therapie-Identität" anzunehmen, die nicht seinem wirklichen Wesen entspricht. „Authentizität" ist somit nicht gleichbedeutend mit positiv zu wertenden Eigenschaften, sondern fokussiert lediglich auf den Aspekt der Echtheit in dem Sinne, dass der Täter mit möglichst all seinen Persönlichkeitsfacetten auch in der Therapie spürbar ist. Das Merkmal ist damit das Gegenteil von strategischen und kontrollierten, auf Anpassung ausgerichteten Verhaltensweisen.

Beispiel:

✗ Der beim vorangegangen Merkmal erwähnte pädosexuelle Täter zeichnet sich neben einem hohen Maß an Unmittelbarkeit auch durch eine starke Ausprägung des Merkmals „Authentizität" aus. In seiner Persönlichkeit gibt es kindliche Anteile, er ist umgänglich, kontaktfreudig, neigt aber auch zu Traurigkeit und Melancholie. All diese Persönlichkeitsfacetten sind mit großer emotionaler Ausdrucksnähe auch in der Therapie spürbar. Der Täter gibt sich so, wie ihm zumute ist, so wie er sich fühlt. Da kann es sein, dass er spontan ein Lied anstimmt, das ihm aus Kindertagen in Erinnerung ist oder er schildert Erlebnisse mit großer Betroffenheit. Er berichtet emotional spürbar über Traurigkeit wegen seiner Einsamkeit und kann Feedbacks an andere Gruppenmitglieder geben, die er vehement vorträgt. Die ganze Palette seiner Persönlichkeit und seiner Ausdrucksmöglichkeiten spiegelt sich im Rahmen der Therapie wider. Dieses Maß an Authentizität befindet sich im Einklang mit den anderen Merkmalen aus der Merkmalsgruppe „Ehrlichkeit und Offenheit".

„Authentizität" ist in der Therapie zu spüren. Bedenken können dann aufkommen, wenn das Verhalten in der Therapie in Widerspruch zu Schilderungen steht, die aus den Akten bekannt sind oder zu Beobachtungen, die außerhalb der Therapie gemacht werden.

Leitfragen:

✓ Wie stark bilden sich die unterschiedlichen Facetten der Persönlichkeit des Täters in seinem Auftreten und seinen Verhaltensweisen in der Therapie ab?

✓ Steht das Verhalten des Täters in der Therapie mit Berichten und Beobachtungen unabhängig von der Therapie in Einklang?

✓ In welchem Ausmaß sind strategische Verhaltensweisen des Täters in der Therapie zu vermuten?

✓ Gibt es Anzeichen für oberflächliches Anpassungsverhalten in der Therapie?

✓ Bemüht sich der Täter darum, sich im therapeutischen Kontext anders als außerhalb der Therapie zu präsentieren und damit den vermeintlichen Erwartungen der Therapeuten zu entsprechen?

### 10.4.6. Lügenbereitschaft

*Lügenbereitschaft:* Ausmaß der Bereitschaft zu lügen.

Die Bereitschaft zur Lüge, also zu einer bewussten und zweckgerichteten Form der Unehrlichkeit, ist als ein negativer Therapieprädiktor zu werten. In der Regel ergeben sich bereits aus der Vorgeschichte Hinweise auf die Ausprägung der Bereitschaft zu lügen.

Es ist wichtig, sich dem Phänomen der Lüge mit professioneller Nüchternheit zu nähern und die „Lügenbereitschaft" nicht moralisch zu beurteilen. Das Phänomen ist hinsichtlich seiner Ausprägung, seiner Funktion und seiner Relevanz für die therapeutische Arbeit differenziert zu erfassen und einzuordnen.

In den Fällen, in denen die Lügenbereitschaft ein chronifiziertes Persönlichkeitsmerkmal darstellt, lassen sich Lügen in verschiedenen Situationen und meist über viele Jahre, oft schon in der Kindheit nachweisen. Ein Täter empfindet lügen daher als ich-syntone und legitime Verhaltensoption. Dementsprechend ist die Hemmschwelle für eine Lüge niedrig und sie stellt eine naheliegende, nahezu „automatisiert" in Betracht gezogene Möglichkeit des Verhaltens dar.

Leitfragen:

- ✓ In welchem Umfang lügt ein Täter?
- ✓ Welches Ausmaß nimmt eine Lüge an?
- ✓ Bestehen Hemmschwellen gegen Lügen oder nicht?
- ✓ Sind die Lügen des Täters an der Art der Darstellungsweise oder den Reaktionen des Täters leicht erkennbar?
- ✓ Existiert ein Problembewusstsein für Lügen oder werden Lügen als legitimes Mittel betrachtet?
- ✓ Handelt es sich um ein automatisches, chronifiziertes und persönlichkeitsverwurzeltes Verhaltensmuster?

## 10.5. Deliktbewusstsein

Die Einschätzung des Deliktbewusstseins gibt wesentliche Anhaltspunkte über die Ausgangslage bzw. den Therapieerfolg eines Täters. Die nachfolgenden Merkmale erfassen unterschiedliche Aspekte des Deliktbewusstseins.

### 10.5.1. Legitimitätsvorstellungen

*Legitimitätsvorsellungen:* Ausmaß, in dem taterleichternde Einstellungen und Überzeugungen vorliegen, z. B. im Sinne kognitiver Verzerrungen.

Jeder Täter hat eine Legitimitätsvorstellung für sein Tatverhalten. Mit Legitimitätsvorstellung ist gemeint, dass sich der Täter bei der Bewertung seiner Tathandlung kognitiv und/oder affektiv auf eine Vorstellung bezieht, die sein Handeln als legitim erscheinen lässt. In der Regel wird dem Täter klar sein, dass ein deliktisches Verhalten nicht legal ist. Die Legitimitätsvorstellung sorgt aber dafür, dass das Tatverhalten dem Täter in der eigenen Betrachtungsweise legitim erscheint.

Beispiele:

- ✗ Selbst ein Massenmörder, der wegen Schwierigkeiten am Arbeitsplatz oder nach einem Streit mit seiner Freundin mehrere Menschen umbringt, wird sich im innerlichen Erleben auf eine Legitimitätsvorstellung beziehen. Vielleicht hat er das Gefühl, das Töten mehrerer Menschen sei die legitime Antwort auf das Ausmaß subjektiv empfundener Verletzung und Kränkung.
- ✗ Der pädosexuelle Täter, der sich selbst in einer Vaterrolle gegenüber dem Opfer erlebt, wird vielleicht erklären, dass er die Bedürfnisse des Kindes befriedige. Es gehe ihm nicht primär um die eigene Sexualität. Diese stelle nur einen kleinen Teil der väterlich wertvollen Beziehung dar. Innerlich erscheint diesem Täter sein Verhalten legitim oder gar ehrenwert.

Kognitive Verzerrungen dienen dazu, Legitimitätsvorstellungen zu schaffen oder zu untermauern. Sie sind in dieser Hinsicht immer interessengeleitet darauf ausgerichtet, ein Deliktverhalten zu fördern.

Der Begriff der kognitiven Verzerrung ist vor allem aus der Therapie mit Sexualstraftätern bekannt. Gemeint sind vielgestaltige kognitive Konstrukte, die das Tatgeschehen erleichtern oder manchmal überhaupt erst ermöglichen. Kognitive Verzerrungen sind individuelle, interessengeleitete Sichtweisen, Glaubenssätze und Erklärungen. Sie können Rechtfertigungscharakter bezüglich des Deliktverhaltens haben und somit den Täter von Schuldgefühlen entlasten. Sie können dazu dienen, trotz des Deliktverhaltens ein bestimmtes positiv geprägtes Selbstbild aufrecht zu erhalten.

Beispiele:

- ✗ Viele Pädosexuelle vertreten die Meinung, sie würden den kindlichen Opfern etwas Gutes tun, diese wünschten den Sexualkontakt und der Übergriff verursache keinerlei schädliche Wirkungen. Da viele Pädosexuelle von sich selber das Bild haben, „gut“ zu Kindern zu sein, Kinder zu lieben, müssen Kognitionen aufgebaut werden, in denen ausbeuterische und schädigende Aspekte des Deliktverhaltens „wegdefiniert“ werden.
- ✗ Manchmal stützen sich kognitive Verzerrungen auf gesellschaftliche Vorurteilsstrukturen. So konnten Vergewaltiger vor allem in früheren Jahren häufig auf Verständnis hoffen, wenn sie dem Opfer eine Mitschuld zu-

gewiesen haben. Dieses habe subtile Zeichen ausgesandt, dass es den Sexualkontakt wollte. Es wäre ja ansonsten nicht um diese Zeit alleine auf der Straße gewesen oder hätte sich nicht so angezogen.

Zu beurteilen ist, in welchem Ausmaß und in welcher Ausprägung (Verfestigung, Differenziertheit) beim Täter nach wie vor Legitimitätsvorstellungen vorliegen, die das Tatverhalten begünstigen. Dabei ist auf kognitive Verzerrungen, aber auch auf darüber hinausgehende, allgemeinere Legitimitätsvorstellungen zu achten, die neben dem kognitiven Aspekt auch eine stark affektive Komponente aufweisen können (z. B. legitimes Wutempfinden als Ausdruck eigener, subjektiv wahrgenommener Kränkung und der daraus abgeleiteten Berechtigung, häusliche Gewalt anzuwenden).

Leitfragen:

✓ In welchem Ausmaß bestehen beim Täter kognitiv-affektiv geprägte Legitimitätsvorstellungen, die das Deliktverhalten begünstigen oder gar erst ermöglichen?

✓ In welchem Ausmaß rechtfertigt der Täter sein Deliktverhalten?

✓ Welche Aspekte führt der Täter ins Feld, um sein Tatverhalten zu bagatellisieren oder seine Verantwortung dafür zu vermindern?

✓ In welchem Ausmaß hat durch die Therapie eine Verringerung kognitiver Verzerrungen stattgefunden?

✓ Inwieweit ist der Täter in der Lage, affektiv geprägtes Legitimitätsempfinden zu relativieren und als unangemessene Legitimitätsvorstellung zu erkennen?

## 10.5.2. Wissen um die generelle Deliktproblematik

*Wissen um die generelle Deliktproblematik:* Ausmaß eines generellen, sachlich angemessenen Wissens des Täters um die gesellschaftliche, soziale und strafrechtliche Problematik der von ihm begangenen Straftaten und deren Folgen.

Bei diesem Merkmal wird das Wissen des Täters eingeschätzt, das er über Delikte (Entstehungsbedingungen, Begleitumstände, Folgen etc.) hat, die seinen Taten ähneln. Es geht demnach nicht um Kenntnisse, die speziell auf die Eigenheiten des Einzelfalls oder die Persönlichkeit des Täters bezogen sind, sondern um allgemeines deliktbezogenes Wissen, unabhängig vom Einzelfall und den betroffenen Personen. Bei einem Mangel an generellem Wissen um die Deliktproblematik fehlen dem Täter Informationen oder er geht von falschen Annahmen aus, weil er sich mit der entsprechenden Thematik nicht oder nicht angemessen auseinandergesetzt hat. Bei diesem Merkmal können auch Bildungs- und Sozialisationsdefizite zum Ausdruck kommen.

Oft lassen sich bei Tätern allgemeine Wissenslücken oder Fehleinschätzungen bezüglich der Deliktproblematik erkennen. Diese werden häufig in Form kognitiver Verzerrungen deutlich.

Werden Wissenslücken oder Falschinformationen über die generelle Deliktproblematik als Rechtfertigungsstrategie in kognitiven Verzerrungen verwendet, dann werden sie auch bei dem vorangegangen Merkmal „Legitimitätsvorstellungen“ gewertet. So kann es vorkommen, dass es zwischen den beiden Merkmalen („Wissen um die generelle Deliktproblematik“ und „Legitimitätsvorstellungen“) Überschneidungen gibt. Es können die gleichen Überzeugungen sowohl als kognitive Verzerrung als auch als mangel- bzw. fehlerhaftes Wissen um die Deliktproblematik Eingang in die jeweiligen Bewertungen finden.

Leitfragen:

✓ Weiß der Täter generell etwas über die Häufigkeit, die Formen, die Mechanismen und die Folgen für Opfer bei sexueller Ausbeutung?

✓ Hat er sich mit diesem Thema beschäftigt?

✓ Was weiß ein Gewalttäter generell über Gewalt, ihre Ausdrucksformen, ihre Mechanismen und Konsequenzen für die Opfer?

✓ Welches Wissen besteht beim Täter über Sexualität und welche möglicherweise deliktrelevanten Wissenslücken oder Fehlannahmen sind festzustellen?

✓ Sind deliktrelevante Informationsdefizite oder eigenwillige Interpretationen bezüglich Gesetzesbestimmungen, kulturellen Gegebenheiten oder anderer Normen beim Täter vorhanden?

### 10.5.3. Wissen um die eigene Deliktdynamik

*Wissen um die eigene Deliktdynamik:* Ausmaß des Wissens um individuelle Abläufe (Gefühle und Gedanken) vor, während und nach der Tat, über die Entstehungsbedingungen der eigenen Tathandlungen sowie deren Folgen.

Im Unterschied zum Wissen über die generelle Deliktproblematik bezieht sich dieser Bewertungspunkt auf das spezifische Tatverhalten des Täters und alle damit in Zusammenhang stehenden Aspekte.

Nicht selten wird in Therapien der Suche nach Ursachen der Tat eine besondere Wichtigkeit eingeräumt. Das kommt vielen Tätern entgegen. Auch sie suchen oft nach Ursachen. Sei es, dass sie einen Grund für das Deliktverhalten in ihren Kindheitserlebnissen, anderen lebensgeschichtlichen Entwicklungen oder einer speziellen Lebenskrise gefunden haben. Sei es, dass sie situative Faktoren, wie zufällige Begegnungen, schlechte Bekanntschaften oder Suchtmittel als Erklärungen heranziehen. Die Ursachensuche kann einen wichtigen Aspekt der therapeutischen Arbeit darstellen. Dieser ursächliche Teilaspekt wird unter einem anderen Merkmal separat bewertet („Präsenz eines deliktpräventiven Erklärungskontexts“). Dort wird auch auf die Problematik der Ursachenforschung näher eingegangen, die darin besteht, dass noch so plausible Erklärungen für die praktische Rückfallprävention bedeutungslos sind, wenn sich aus ihnen keine sinnvollen, praxisnahen Fähigkeiten ableiten lassen. Die Suche nach Erklärungen kann im Einzelfall sogar der Entwicklung praxisnaher Handlungsstrategien hinderlich im Wege stehen.

Beim „Wissen um die eigene Deliktdynamik“ liegt daher der Schwerpunkt der Beurteilung in einem anderen Bereich. Die Kenntnis der eigenen Deliktdynamik lässt sich kennzeichnen als das Niveau von Bewusstheit und das Ausmaß von Wissen über subjektive tatzeitnahe Abläufe (Gefühle und Gedanken), individuelle Entstehungsbedingungen und Einflussfaktoren, die mit dem eigenen, spezifischen Deliktverhalten verbunden sind. Sofern in der Therapie mit dem Modell des „Deliktteils“ gearbeitet wurde, können die Kenntnisse des Täters über den Deliktteil als Gradmesser für die Ausprägung des Merkmals „Wissen um die eigene Deliktdynamik“ verwandt werden. Die Arbeit mit dem „Deliktteil“ ist eine spezifische deliktorientierte Interventionsform [102]. Sie ähnelt bestimmten Vorgehensweisen, wie sie in der Gestalttherapie oder auch im Neurolinguistischen Programmieren bekannt sind. Der Deliktteil ist der Teil in der Persönlichkeit des Täters, der „Regie im Delikt führt“. Gedacht wird er als ein „unbewusster Teil im Hinterkopf“ des Täters, der zu deliktrelevanten Gedanken, Gefühlen oder Körperwahrnehmungen führt. Den Delikteil kennen zu lernen, um seine Strategien erkennen und ihn dadurch besser kontrollieren zu können, ist ein wichtiges Element der therapeutischen Arbeit.

Leitfragen:

✓ Wie funktioniert der „Deliktteil“, was will er, welche Gedanken, welche Gefühle übermittelt er?

✓ Wann meldet er sich?

✓ Wie leitet er einen Rückfall ein?

✓ Wie stellt er es an, dass der Täter das Risiko erst spät oder gar nicht bemerkt?

✓ Welche Gedanken schickt er dem Täter, dass er eine risikohafte Entwicklung gegenüber dem Therapeuten nicht offen legen wird?

Viele Täter reagieren auf die Vorstellung eines „Deliktteils“ sehr positiv. Die Deliktteilvorstellung führt zur Reduktion von Scham und Schuldgefühlen. Es ist ein wesentlicher Unterschied zu fragen: „Wie haben Sie das Delikt organisiert“ oder „Wie hat ihr Deliktteil das Delikt organisiert?“ Nicht wenige Täter entwickeln nach einiger Zeit Neugier und Ehrgeiz, ihren Deliktteil genau kennen zu lernen und seine Strategien immer besser zu verstehen. Sie fühlen sich nicht als Gesamtperson abgelehnt und verurteilt. Ihre konstruktiven Anteile können sich mit dem Therapeuten gegen den Deliktteil verbünden. So können effektive Steuerungs- und Kontrollmechanismen aufgebaut werden. Wenn mit dem Modell des Deliktteils gearbeitet wurde, ist unter diesem Merkmal zu bewerten, wie gut der Täter seinen eigenen Deliktteil und dessen Strategien kennen gelernt hat. Die Deliktteilvorstellung stellt lediglich eine spezifische Konzeption dar, das Wissen des Täters um die eigene Deliktdynamik in ein Vorstellungsbild einzuordnen und mit ihm umzugehen.

Leitfragen:

✓ Wie genau kennt der Täter sein eigenes Handlungsmuster?

✓ Vermag er Auslösesituationen, Entstehungsbedingungen und begünstigende Faktoren zu identifizieren?

- ✓ Kennt er die emotionalen Abläufe, die Gedanken und Pläne, die in ihm vor, während und nach einem Delikt ablaufen?
- ✓ Weiß der Täter, welche Mechanismen er anwendet, um ein Delikt vorzubereiten und um die gewünschte Wirkung auf sein Opfer zu erzielen?
- ✓ Kennt er die Bedeutung seines Verhaltens für sich selbst und für die Opfer?
- ✓ Wie genau kennt der Täter die sich auf der Handlungsebene vollziehende Deliktdynamik?

*Wenn mit dem Modell des Deliktteils gearbeitet wurde:*

- ✓ Wie bewusst ist dem Täter die Präsenz des Deliktteils?
- ✓ Wie differenziert ist seine Vorstellung von den Mechanismen seines Deliktteils?
- ✓ Welche Aufmerksamkeit bringt der Täter dem Deliktteil entgegen?

## 10.5.4. Verantwortungsübernahme

*Verantwortungsübernahme:* Ausmaß der Verantwortungsübernahme des Täters für sein Deliktverhalten.

Für die Beurteilung dieses Merkmals gilt in analoger Weise die Definition des Merkmals „Übernahme von Verantwortung" aus der Merkmalsgruppe „Aussageanalyse" in der Hauptgruppe „Beeinflussbarkeit".

Es geht bei diesem Merkmal um das möglichst vollständige Anerkennen des autonomen und aktiven Tatbeitrags des Täters, sowie Konsequenzen, die seine Tat für alle Beteiligten zur Folge hatte. Die Übernahme von Verantwortung schließt zudem die Bereitschaft ein, selbst die Konsequenzen der verursachten Folgen zu tragen. Bewertet wird die Qualität und die Kontinuität der Verantwortungsübernahme des Täters für sein Tatverhalten. Bei der Beurteilung müssen auch die Tatumstände berücksichtigt werden: So ist z. B. der Tatbeitrag bei einem gemeinschaftlich ausgeführten Delikt individuell unterschiedlich. Verantwortungsübernahme wird nur für die eigenen Handlungen bewertet.

Dabei ist der Grad der Verantwortungsübernahme eines Täters für sein Deliktverhalten im Sinne eines aktiven „In-Bezug-Setzens" der eigenen

Person zum Deliktgeschehen und den damit verbundenen Aspekten zu beurteieln (siehe auch „Übernahme von Verantwortung“ in der Hauptgruppe „Beeinflussbarkeit“).

Es versteht sich von selbst, dass Parameter wie „Legitimitätsvorstellungen“ oder „Externalisierung von Verantwortung“ in einem direkten Gegensatz zum Ausprägungsgrad der „Verantwortungsübernahme“ stehen. Ein Täter, der die Verantwortung für sein Deliktverhalten übernimmt, anerkennt eine 100%ige Verantwortung. Auch wenn es Einflussfaktoren und spezielle Entstehungsbedingungen gab, die Verantwortung für das eigene Handeln besteht immer zu 100%. Diese Aussage mag im Einzelfall im Gegensatz zur strafrechtlich festzustellenden Kategorie der Zurechnungsfähigkeit stehen. Mit der Übernahme von Verantwortung in therapeutischer Hinsicht ist aber etwas anderes als Zurechnungsfähigkeit gemeint. In der therapeutischen Sichtweise besteht das deliktpräventive Ziel in der vollständigen Übernahme der Verantwortung und der damit einhergehenden Kontrollverpflichtung über ein möglichst großes Spektrum tatrelevanter Entstehungsbedingungen. Subjektiv vermindert wahrgenommene Verantwortung ist als Defizit von diesem therapeutisch anzustrebenden Optimum zu bezeichnen und schränkt die Möglichkeiten zur Kontrolle persönlicher und äußerer Risikofaktoren ein.

Täter, die die Verantwortung für ihre Tat nicht in angemessener Weise übernehmen wollen, versuchen häufig, diese auf Umstände oder andere Personen abzuschieben. Verantwortungsübernahme bedeutet, dass der Täter den Teil seiner Persönlichkeit anerkennt, der mit dem Tatverhalten assoziiert ist. Er entwickelt damit eine „Täteridentität“ bzw. integriert die eigene deliktrelevante Persönlichkeitsdisposition – unabhängig davon wie ausgeprägt diese gegenüber anderen Anteilen der Persönlichkeit ist – in sein Selbstbild. Der Grad der Verantwortungsübernahme im Laufe der therapeutischen Arbeit korreliert mit dem Prozess der Entwicklung einer eigenen Täteridentität im beschriebenen Sinn. Das Fortschreiten dieses Prozesses ist ein wesentlicher Parameter für die Beurteilung von Therapiefortschritten.

Leitfragen:

- ✓ In welchem Ausmaß übernimmt der Täter in angemessener Weise Verantwortung für sein Deliktverhalten und dessen Folgen?
- ✓ Kennt der Täter die eigenen risikorelevanten Problembereiche und hat

er sie in sein Selbstbild integriert?

✓ Sieht der Täter im Zusammenhang mit seiner Verantwortungsübernahme Möglichkeiten zur eigenen Einflussnahme auf mögliche Risikoentwicklungen?

✓ In welchem Ausmaß ist der Täter bereit, auch für unangenehme, schuld- und schambelastete Aspekte seines Tatverhaltens Verantwortung zu übernehmen?

### 10.5.5. Externalisierung von Verantwortung

*Externalisierung von Verantwortung:* Ausmaß, in dem beim Täter eine Tendenz zu beobachten ist, Gründe und Veranlassung für das Tatgeschehen außerhalb der eigenen Verantwortlichkeit zu suchen.

Auch dieses Merkmal wurde bereits in der Hauptgruppe „Beeinflussbarkeit“ und der Merkmalsgruppe „Aussageverhalten“ dargestellt. Es wurde darauf hingewiesen, dass die Externalisierung von Verantwortung einen aktiven Mechanismus darstellt, in dem ein Täter die Verantwortung von sich weg auf äußere, von ihm nicht beeinflussbare Umstände schiebt.

Die Externalisierung von Verantwortung ist eine aktive Strategie, die eigene Verantwortungsübernahme zu reduzieren. Damit steht dieses Merkmal im direkten Gegensatz zur eigenen Verantwortungsübernahme, korreliert mit diesem aber nicht vollständig. Nicht jeder, der wenig Verantwortung für das eigene Deliktverhalten übernimmt, muss notwendigerweise Verantwortung auf äußere Umstände oder andere Personen externalisieren. Da dieser Zusammenhang nicht zwingend besteht, ist es sinnvoll, die aktive Strategie der Externalisierung von Verantwortung getrennt zu dokumentieren. Je ausgeprägter und umfassender solche Externalisierungsstrategien feststellbar sind, desto deutlicher spricht dies gegen eine eigene Verantwortungsübernahme, desto stärker geht hiervon eine motivationsschwächende Wirkung aus.

Leitfragen (zitiert aus der Merkmalsbeschreibung in der Hauptgruppe „Beeinflussbarkeit“):

✓ Sucht der Täter nach Erklärungen, die mit anderen außerhalb der eigenen Person liegenden Faktoren zu tun haben?

✓ Führt der Täter das Vorliegen von äußeren widrigen Umständen oder Situationen als Ursache für die Tat an?

✓ Gibt der Täter Drittpersonen oder der Gesellschaft die Schuld für seine Tathandlung?

✓ Wird dem Opfer eine teilweise oder hauptsächliche Verantwortung am Geschehen gegeben?

### 10.5.6. Aufdeckung der Dunkelziffer

*Aufdeckung der Dunkelziffer:* Ausmaß, in dem bisher nicht bekannte Straftaten durch den Täter in der Therapie offen gelegt werden.

Bei vielen Straftaten, insbesondere bei Eigentums- und Raubdelikten, aber auch bei manchen Sexualstraftaten, muss von einer zum Teil beträchtlichen Dunkelziffer ausgegangen werden.

In der therapeutischen Arbeit kann ein Punkt erreicht werden, an dem ein Täter nicht angezeigte Straftaten offen legt. Die auf Offenheit, Transparenz und Ehrlichkeit ausgerichtete Behandlung bemüht sich, eine solche Aufdeckung zu fördern. Ist ein Täter in der Lage, nicht angezeigte Straftaten in der Therapie aufzudecken, so ist dies sowohl ein Zeichen von Motivation als auch ein Zeichen von Verantwortungsübernahme. Die umfassende Aufdeckung der Dunkelziffer ist darum ein aussagekräftiger, positiver Therapieparameter.

Da nicht jedem Täter eine Dunkelziffer unterstellt werden kann, darf fehlende Aufdeckung nicht automatisch als ein negatives Merkmal verstanden werden. Die Auswertung ist aber so gestaltet, dass die Aufdeckung zusätzlich positiv zu Buche schlägt, aber auch ohne sie eine hohe Ausprägung bei der Merkmalsgruppe „Deliktbewusstsein“ erzielt werden kann.

Leitfragen:

✓ Hat der Täter nicht bekannte Straftaten in der Therapie offen gelegt?

✓ Besteht der Eindruck, dass der Täter umfassend über alle von ihm begangenen Straftaten (auch bisher nicht bekannte) Auskunft gegeben hat?

✓ Wie differenziert ist eine Offenlegung erfolgt, wurden auch unangenehme oder nachteilige Details geschildert?

✓ Gibt es Anzeichen dafür, dass es nicht bekannte Straftaten gibt, ohne dass der Täter diese offen legt?

## 10.5.7. Deliktrekonstruktion

*Deliktrekonstruktion:* Ausmaß der Bereitschaft und Fähigkeit des Täters zur Deliktrekonstruktion.

Bei der Deliktrekonstruktion handelt es sich um ein Standardelement in deliktorientierten Therapien, das in vergleichbarer Form in verschiedenen Programmen praktiziert wird.

Die Deliktrekonstruktion ist eine spezialisierte therapeutische Vorgehensweise, die spezifische Interventionstechniken erfordert [102]: Deliktrekonstruktion bedeutet, in einer feinsequentiellen Arbeit szenenhaft Kognitionen, Affekte, Wahrnehmungen, körperliche Befindlichkeiten und Handlungssequenzen so genau wie möglich zu rekonstruieren. Die Deliktrekonstruktion gleicht einer Zeitlupe. So wie im Sport bestimmte Szenen in der Zeitlupe auf kleine Details hin durchleuchtet werden, bietet auch die feinsequentielle Deliktrekonstruktion die Möglichkeit, Dinge dem Bewusstsein zugänglich zu machen, die zuvor übersehen wurden. Im Laufe einer therapeutischen Arbeit sollte das häufig am Anfang stehende „Ich weiß gar nicht genau, was da im Einzelnen passiert ist," ( „Es war dunkel", „Es ging so schnell", „Ich war betrunken", „Ich war nicht ich selber" etc.) einer differenzierteren und detaillierteren Tatrekonstruktion Platz machen. Vielen Tätern gelingt es erst während des Prozesses von Deliktrekonstruktionen, ein klareres Bild über die eigene Deliktdynamik zu gewinnen. Oft lösen sich Erinnerungslücken, Dissoziations- und Abspaltungsphänomene im Laufe dieser Arbeit auf.

Bei der Rekonstruktion des Delikts geht es nicht darum, in ein, zwei oder drei Stunden den Deliktablauf nachzuerzählen, soweit der Täter hierzu spontan in der Lage ist. Deliktrekonstruktionen können zehn oder zwanzig Therapiestunden in Anspruch nehmen und haben vielmehr eine prozesshafte Qualität. Sie können in verschiedenen Therapiephasen immer wieder durchgeführt werden.

Für den Therapeuten ist es wichtig, bei der Rekonstruktion die fünf verschiedenen Ebenen präsent zu haben, auf denen sich das Deliktverhalten konkretisiert:

- Ebene des Verhaltens (welche Handlungen?)

- Ebene der Kognition (welche Gedanken?)

- Ebene der Emotion (welche Gefühle?)

- Körperebene (welche körperlichen Empfindungen?)

- Ebene der Sinneswahrnehmung (welche Sinneswahrnehmungen?)

Es hat bereits einen gewissen diagnostischen Wert zu erkennen, auf welchen Ebenen ein Täter sein Delikt bevorzugt rekonstruiert und welche Ebenen weniger angesprochen oder gänzlich ausgelassen werden.

Bei diesem Merkmal wird bewertet, wie stark ausgeprägt die Motivation des Täters zu deliktrekonstruktiver Arbeit ist und in welchem Umfang und in welcher Differenziertheit das Tatgeschehen in der oben beschriebenen Weise in der Therapie rekonstruiert werden konnte.

Leitfragen:

✓ Inwieweit konnten in der Therapie bereits Deliktrekonstruktionen durchgeführt werden?

✓ Verfügt der Täter über eine ausreichende Motivation zur deliktrekonstruktiven Arbeit?

✓ Sind wesentliche Details des Tatgeschehens auf der Ebene des Verhaltens, der Kognition, der Emotion, der Körper- und Sinneswahrnehmung rekonstruiert worden?

✓ In welcher Differenziertheit ist bislang deliktrekonstruktive Arbeit geleistet worden?

✓ Hat der Täter Zugang zu emotionalen Aspekten des Deliktgeschehens?

### 10.5.8. Affektive Kompetenz

*Affektive Kompetenz:* Ausmaß der Fähigkeit, eigene Gefühlszustände und Bedürfnisse differenziert wahrnehmen, identifizieren und einordnen zu können.

Viele Täter haben wenig Zugang zu ihren Gefühlen, bzw. zu ihrem eigenen Erleben. Manchmal können sie lediglich unterscheiden, ob sie sich gut oder schlecht fühlen. Die Steigerung affektiver Kompetenz soll dazu führen, dass ein Täter lernt, seine Wahrnehmungen und Gefühle bewusst erkennen zu können, zwischen unterschiedlichen Ausprägungen zu differenzieren und diese auch auszudrücken.

Dann gelingt es ihm vielleicht zu entdecken, dass es unter der globalen Wahrnehmung „schlecht" verschiedenartige Gefühle von Wut, Trauer, Ärger oder anderen, individuell differenzierten Gefühlszuständen geben kann. In dem Maße, in dem es einem Täter gelingt, das eigene Gefühlsrepertoire sensibler spüren zu können, ist er besser in der Lage, Bedürfnisse wahrnehmen und adäquat befriedigen zu können. Er hat zudem eine geeignetere Grundlage dafür, Risikoentwicklungen frühzeitig zu erkennen und damit seine eigenen Steuerungsmöglichkeiten zu erhöhen.

Leitfragen:

✓ Wie gut gelingt es dem Täter, eigene Empfindungen und verschiedenartige Gefühlszustände wahrnehmen zu können?

✓ Kann der Täter verschiedenartige Gefühlszustände unterscheiden und benennen?

✓ In welchem Maße ist die Fähigkeit des Täters, eigene Empfindungen und Wahrnehmungen erkennen zu können, eine tragfähige Grundlage dafür, Risikoentwicklungen frühzeitig zu bemerken?

### 10.5.9. Opferempathie

*Opferempathie:* Ausmaß, in dem ein Täter in der Lage ist, kognitiv und affektiv die Situation und das Erleben seiner Opfer erfassen und nachfühlen zu können und Ausmaß der Bedeutung, die er diesem Nacherleben beimisst.

Vielen Tätern wird ein Delikt dadurch erleichtert und manchmal erst ermöglicht, dass sie sich keine Gedanken darüber machen, welche Gefühle sie in ihren Opfern auslösen. Mehr noch als einer rationalen Bewusstheit bezüglich der bei den Opfern ausgelösten Gefühle kommt der Fähigkeit, sich in das emotionale Erleben eines Opfers hineinversetzen zu können, eine entscheidende Bedeutung zu.

In der deliktorientierten Therapie von Straftätern ist es darum ein Standardelement, die Fähigkeit des Täters zu steigern, das Erleben des Opfers vor allem emotional nachvollziehen zu können. Dieses Teilziel der Therapie ist in vielen Therapieprogrammen unter dem Begriff „Opferempathie" zusammengefasst. Die Fähigkeit zur Opferempathie setzt immer ein gewisses Maß an kognitiv geprägtem Verstehen voraus. In den Randbereichen der Opferempathie treffen wir daher auf eine Wissensgrundlage. Der Täter kennt prinzipielle Folgen für das Opfer, er weiß um die schädlichen Auswirkungen seiner Handlungen. Opferempathie geht aber über diesen kognitiven Aspekt hinaus. Es soll erreicht werden, dass der Täter eine Vorstellung vom Erleben des Opfers entwickeln kann, die eigenes emotionales Erleben einschließt. Opferempathie bedingt damit immer ein eigenes, emotional spürbares Bedauern der Tat.

Beispiele:

- ✗ Für manche Täter ist es hilfreich, einen Bezug zu eigenem, realen Erleben herzustellen. Die Hilflosigkeit eines Opfers kann für einen Täter beispielsweise dadurch „nacherlebbar" werden, in dem er sich an eigene Gefühle der Ohnmacht bei Misshandlungen in seiner Kindheit erinnert. Aus der Zeit seiner Kindheit kennt er die Gefühle von Angst und Ohnmacht. Gelingt es ihm, das eigene Erleben in Beziehung zum Erleben eines Opfers zu setzen, so kann ihm die eigene Erfahrung als Brücke zum emotionalen Erleben der Geschädigten dienen.
- ✗ Beim Merkmal „Opferempathie" wird bewertet, wie umfassend, wie genau und wie authentisch es dem Täter gelingt, einen Bezug zu den Gefühlen des Opfers zu entwickeln. Opferempathie kann sich auch auf Angehörige des Opfers beziehen. Dies hat vor allem in den Fällen Bedeutung, in denen bei Tötungsdelikten neben dem Erleben des Opfers die Folgewirkungen nicht mehr das Opfer selbst, sondern reale oder theoretisch vorgestellte Bezugspersonen betreffen.

In die Bewertung der Opferempathie sollte dabei nicht nur die Qualität der entwickelten Vorstellung mit ihren kognitiven und affektiven Aspekten eingehen. Bewertet werden sollte auch, inwieweit diese Vorstellung für den Täter von Bedeutung ist. Die Fähigkeit zur Opferempathie in der Therapiestunde nützt nicht viel, wenn sie für einen Täter außerhalb dieser Stunde bedeutungslos ist und im Alltag so schnell verschwindet, wie sie in der Therapiestunde gegebenenfalls auftaucht.

Leitfragen:

- ✓ Weiß der Täter, welche Folgen sein Verhalten für seine Opfer hatte?
- ✓ Kennt er die möglichen Folgen seines Deliktverhaltens für zukünftige Opfer?
- ✓ Kann er sich in das Erleben eines Opfers hineinversetzen?
- ✓ Findet er Parallelen zwischen dem Erleben eines Opfers und eigenen Empfindungen in vergleichbaren Situationen?
- ✓ Welche Bedeutung hat die Wahrnehmung der Opferempathie für den Täter im Alltag?
- ✓ Welche Bedeutung hat die Wahrnehmung der Opferempathie für deliktrelevante Entwicklungen?
- ✓ Stärkt die Wahrnehmung der Opferempathie die Therapiemotivation des Täters?
- ✓ In welchem Ausmaß hat die beim Täter vorhandene Ausprägung der Wahrnehmung von Opferempathie deliktpräventive Wirkung?

### 10.5.10. Präsenz eines deliktpräventiven Erklärungskontextes

*Präsenz eines deliktpräventiven Erklärungskontextes:* Ausmaß, in dem der Täter über einen deliktpräventiv wirksamen Erklärungskontext für sein Tatverhalten verfügt.

Erklärungen erlauben oder erleichtern die kognitive und affektive Einordnung. Diese kann wiederum die praktische Handhabbarkeit eines Phänomens erleichtern. Unter diesem Blickwinkel soll bei diesem Merkmal der vom Täter angebotene Erklärungskontext für die Tat beurteilt werden. Ein

Täter, der dem eigenen Deliktverhalten ratlos und unverständig gegenüber steht („Ich weiß gar nicht genau, was geschehen ist, ich kann mir überhaupt nicht erklären, wie das passieren konnte ...“) vermag das Tatverhalten nicht einzuordnen. Findet der Täter nun eine Erklärung für die Tat, dann wird das Deliktverhalten handhabbar, weil es in einen größeren Kontext eingebunden wird.

Die so entstandene Handhabbarkeit ist vergleichbar mit einem glatten Gefäß, das durch die Erklärung plötzlich einen Griff bekommt. Der Griff macht es möglich, das Gefäß anzuheben, zu tragen und von verschiedenen Seiten zu betrachten. In dem Maße, in dem derartige mit dem Erklärungskontext verbundene konstruktive Effekte festgestellt werden können, sind positive Bewertungen unter dem hier beschriebenen Merkmal angebracht.

Der Wert von Erklärungen für ein Tatverhalten sollte an dem damit einhergehenden praktischen Nutzen gemessen werden. Dieser Grundansatz entspricht der Idee einer „Nützlichkeitspsychologie“, die bereits andernorts ausführlich dargelegt wurde [87]. Sie folgt dem pointierten Satz: „Wahr ist, was nützt“. Eine Erklärung hat demnach in therapeutischer Hinsicht vor allem dann eine Berechtigung und einen Wert, wenn sie dem Täter eine praktisch verwertbare Hilfe bei der Verhinderung seines Tatverhaltens zur Verfügung stellt.

Die Erklärung wird somit nicht unter dem Blickwinkel bewertet, ob sie einer „objektiven Wahrheit“ entspricht. Gemäß einem solchen Konzept „objektiver Wahrheit“ würde davon ausgegangen, dass eine objektive Wahrheit außerhalb des Betrachters existiert. Der Wahrheitsgehalt einer Aussage misst sich daran, inwieweit die Aussage mit den „objektiven“ Tatsachen übereinstimmt. Die Nützlichkeitspsychologie stellt hingegen die Frage in den Vordergrund, ob eine Aussage bzw. Erklärung nützlich für das Ziel der Behandlung ist. Das Ziel einer jeden deliktorientierten Behandlung eines Straftäters muss die Verkleinerung der Rückfallwahrscheinlichkeit sein. Dient eine Erklärung diesem Ziel, dann ist ihre Berechtigung die Nützlichkeit. Alle anderen Kriterien, mit der eine Erklärung bewertet werden könnte, sind demgegenüber nachrangig. Die Nützlichkeit einer Erklärung ist die entscheidende Eigenschaft, die über ihren Wert für die therapeutische Zielsetzung bestimmt.

Beispiele:

✗ *Diabetiker 1:* Ein Diabetiker hat eine hochdifferenzierte Vorstellung über den Entstehungsmechanismus seiner Erkrankung. Er kennt alle Wirkungen des Insulins, versteht die Bedeutung von Rezeptorsensitivität und durchschaut komplexe hormonelle Regelkreisläufe. Leider fehlt ihm in der Praxis die Fähigkeit, sein Essverhalten zu steuern. Er isst oft spontan aus einem Impuls heraus Dinge, die den Blutzuckerspiegel nach oben treiben. Insulingaben flexibel an sein Essverhalten anzupassen, gelingt ihm aus Gedankenlosigkeit oder Nachlässigkeit oft nicht.

✗ *Diabetiker 2:* Ein anderer Diabetiker versteht kaum etwas von der Wirkungsweise des Insulins. Er kennt gerade den Namen dieses Hormons und weiß, dass es etwas mit Zucker zu tun hat. Er selber erklärt sich seine Zuckerkrankheit damit, dass seine Eltern ihn immer mit Süßigkeiten belohnten, wenn sie seine Zuneigung erkaufen wollten. Er versteht seine Zuckerkrankheit so, dass sein Körper die übliche Kontrolle des Zuckerspiegels nicht lernen konnte: Zucker repräsentierte so viele vermisste Elternqualitäten symbolisch, dass sein Körper lernte, eine allgemeine emotionale Bedürftigkeit über einen hohen Zuckerspiegel zu befriedigen. Von seinen Eltern fühlt er sich heute in dieser Hinsicht missbraucht. Dem Zuckerkonsum steht er aufgrund dieses Erklärungskontextes mit großer Skepsis gegenüber und will sich von den schlechten Einflüssen seiner Eltern lösen. Den Zuckerkonsum nun durch das eigene Essverhalten und eine möglichst genaue Dosierung des Insulins zu kontrollieren, ist ihm ein Anliegen, das gut in seine gesamte Lebensphilosophie passt. Die Erklärung, die er seiner Zuckerkrankheit zugrunde legt, fördert eine profunde Motivation und nachhaltige Sensibilität dem Themenkomplex „Zucker" gegenüber. Die Erklärung ist für ihn ausgesprochen nützlich, da sie ihm in der Praxis zu einem effektiven Management der Zuckerkrankheit verhilft. Diese Erklärung ist auf einer praktischen Ebene entschieden nützlicher als die des ersten Diabetikers.

Leitfragen:

✓ Welche Erklärung hat ein Täter für sein Tatverhalten?

✓ Wie hilfreich ist dieser Erklärungskontext für den Täter?

✓ Ist der Erklärungskontext geeignet, dem Täter in der Praxis Vorteile zu verschaffen?

✓ Was gelingt dem Täter mit der Erklärung leichter als ohne sie?

✓ Wird das Tatverhalten für ihn damit handhabbarer?

✓ Kann er so mit dem Phänomen „Tatverhalten“ besser umgehen?

✓ Wird durch den Erklärungskontext die therapeutische Arbeit erleichtert?

## 10.6. Risikomanagement

In der Merkmalsgruppe „Risikomanagement“ wird die Fähigkeit des Täters eingeschätzt, Risikosituationen zu identifizieren und mit Risikosituationen so umzugehen, dass Delikte verhindert werden können. Dabei spielen für die Effektivität des „Risikomanagements“ viele Einzelfaktoren sowie auch Faktorenkombinationen eine Rolle. Gerade in der Reaktion auf Risikosituationen haben sowohl kognitive als auch emotionale Aspekte eine wichtige Bedeutung. Letztlich benötigt die gesamte deliktorientierte Arbeit eine emotional tragfähige Grundlage, auf der die präventiven Fähigkeiten mit einem eigenen Bedeutungs- und Erlebnisgehalt verbunden werden können. Das nachfolgende Beispiel ist Ausdruck dieses Zusammenspiels in einer konkreten risikorelevanten Situation.

Beispiel:

✗ Ein pädosexueller Täter ist seit mehreren Jahren in ambulanter Therapie. Er besucht anfänglich wöchentlich eine Gruppentherapie für Sexualstraftäter und hat zusätzlich eine Einzeltherapiestunde. Nach Abschluss der intensiven deliktorientierten Behandlungsphase wurde das Programm schrittweise „ausgedünnt“. Schließlich finden Kontakte in dreimonatlichen Abständen statt und entsprechen mehr einer Erhaltungsdosis, um wachsam zu bleiben und den Kontakt zum Täter weiter zu halten. Die Beziehung ist über die Jahre soweit gewachsen, dass der Täter sich selbständig meldet – sei es per Mail oder per Telefon –, wenn er auf irgendwelche Schwierigkeiten stößt, die ihn zu überfordern drohen oder bei denen er aus anderen Gründen Hilfe sucht. Das kommt sehr selten vor, aber die Beziehung bleibt auch nach Abschluss der Therapie mit positiven Erlebnisqualitäten seitens des Täters besetzt und dementsprechend tragfähig.
Er pflegt bisweilen noch freundschaftliche Kontakte zu anderen Pädosexuellen. Der Täter nimmt aber seit langer Zeit eine klare Haltung gegenüber sexuellen Kontakten mit Minderjährigen ein und vertritt dies auch gegenüber seinen Bekannten. Er verfolgt zudem strikt die Regel, jede Kontaktmöglichkeit mit Minderjährigen zu vermeiden, zu denen seine

pädosexuellen Freunde Kontakt pflegen. So trifft er sich mit anderen Pädosexuellen entweder in der Öffentlichkeit oder in deren Wohnung unter der Bedingung, dass sich dort gleichzeitig keine minderjährige Person aufhalten darf.
Knapp drei Jahre nach Abschluss der Therapie schildert der Täter folgendes Erlebnis: Gemäß diesen Bedingungen hält er sich eines Tages bei einem seiner pädosexuellen Bekannten in der Wohnung auf. Plötzlich klingelt es und über die Gegensprechanlage meldet sich ein offensichtlich minderjähriger Knabe. Er komme mit seinem Freund jetzt gleich hoch. Der Täter reagiert sofort. Er nimmt seinen Mantel und verlässt die Wohnung. Auf dem Weg nach unten begegnen ihm nun auf der Treppe die beiden ca. elf Jahre alten Knaben. Diesen Moment beschreibt der Täter folgendermaßen: „Vielleicht nur eine Sekunde lang gibt es einen kurzen Augenkontakt. Der Knabe schaut mich lächelnd an, sagt „Hallo“ und mir wird es heiß und kalt. Seine Augen sagen mir: „Na, wer bist du denn? Willst du nicht mit hochkommen?“ Wenn ich jetzt auf diesen Kontakt reagieren würde, dann wäre das der erste Schritt zu einem Rückfall. Ich habe mein Gefühl wahrgenommen und sofort sind alle Alarmglocken angegangen. Ich habe mir gesagt, jetzt bloß nicht zurückgrüßen, nicht weiter hinschauen, lieber unfreundlich und schnell weiter nach unten gehen. Ich habe mich in diesem Moment daran erinnert, dass das eine der Situationen ist, über die wir so oft gesprochen haben. Ich habe sofort den Blick abgewendet, bin nicht stehen geblieben, sondern die Treppe hinuntergestürmt und habe nur kurz beiläufig „Guten Tag“ gemurmelt, sonst nichts. Ich habe nur gedacht, jetzt schnell raus hier. Gleichzeitig habe ich mir vorgestellt, dass ich Ihnen das unbedingt schreiben muss. Ich war sehr aufgewühlt und bin es jetzt noch. Vor 5 Jahren wäre ich in dieser Situation garantiert rückfällig geworden. Nur stehen bleiben, dem Knaben länger in die Augen schauen, „Hallo sagen“ etc. – ich wäre garantiert rückfällig geworden. Todsicher.“

Das, was dieser Täter schildert, beschreibt in typischer Weise das Zusammenspiel deliktpräventiver Fähigkeiten und deren emotionaler Einbettung. Kognitiv erkennt der Täter Risikozeichen, identifiziert eine Gefahrensituation, kann sich in diesem Moment von der Situation soweit distanzieren, dass er überlegt und planerisch gezielt Coping-Strategien anwenden kann (Alarmsignale wahrnehmen, Schritt beschleunigen, nicht stehen bleiben, etc.). Gleichzeitig verbindet der Täter die Situation mit therapeutischen Situationen und tritt in einen virtuellen Kontakt mit dem Therapeuten. Der

Therapeut ist in gewisser Weise in der Vorstellung des Täters in diesem Moment in der Szene mit anwesend. Es gibt damit einen emotionalen Boden, auf dem das mehr kognitiv-verhaltensorientierte Instrumentarium gründet und daher gefühlsmäßig eingebunden und unterfüttert ist. Dieser emotionale Boden wird oft durch eine grundsätzlich positiv erlebte Beziehung zur Therapie und zu den Therapeuten geformt.

Aus diesem Grund ist das Wirkungspotenzial von Therapien besonders groß, wenn deliktorientierte Therapieelemente in einen allgemein therapeutisch tragfähigen Kontext eingebunden sind und aus diesem „emotional genährt" werden. In zu einseitig kognitiv ausgerichteten Therapien, die eher den Charakter eines mehr pädagogisch geprägten Lernprogramms haben, besteht die große Gefahr, dass deliktpräventive Strategien angelernt bleiben und nicht emotional in der Persönlichkeit des Täter verankert sind. Dann ist es besonders schwierig, das deliktpräventive Instrumentarium in einer naturgemäß emotional aufgeladenen Situation anzuwenden. Ohne gegenläufige, tragfähige protektiv ausgerichtete Emotionalität besteht in Krisensituationen das Risiko, dass ein rein kognitives Instrumentarium versagt, weil ihm im entscheidenden Moment die emotionale Kraft und damit die ausreichende Präsenz im Bewusstsein fehlt.

Vor diesem Hintergrund haben die seitens des Täters entwickelten Beziehungsqualitäten zu den Therapeuten eine wesentliche deliktpräventive Bedeutung.

### 10.6.1. Kenntnis eigener Risikofaktoren

*Kenntnis eigener Risikofaktoren:* Ausmaß und Differenziertheit, in denen der Täter seine eigenen Risikofaktoren für deliktrelevante Entwicklungen kennt.

Das Merkmal „Kenntnis eigener Risikofaktoren" beschreibt einen spezifischen Aspekt des Wissens um die eigene Deliktdynamik: das Wissen um eigene Risikofaktoren. Bevor sich ein Täter eingehend mit seinem Deliktverhalten auseinandergesetzt hat, verfügt er oft nicht über eingehende Kenntnisse von Umständen und Abläufen des eigenen Verhaltensmusters. Beim Merkmal „Kenntnis eigener Risikofaktoren" wird bewertet, in welchem Ausmaß der Täter seine individuellen Risikofaktoren und Risikoanzeichen kennt.

Ein wichtiges Ziel deliktorientierter Therapien besteht darin, risikohafte Entwicklungen möglichst frühzeitig zu erkennen. Eine Voraussetzung dafür ist, dass der Täter über ein genaues Wissen hinsichtlich eigener Deliktmechanismen und damit verbundener Einflussfaktoren verfügt. Bei einem Täter, der die Anbahnung eines Rückfalls erst einige Stunden oder gar nur wenige Minuten vor dem tatsächlichen Geschehen bewusst wahrnimmt, verkürzt sich einerseits die Zeit, die ihm zur Verhaltenskontrolle zur Verfügung steht. Andererseits erhöht sich das zur Unterbrechung des begonnenen Handlungsablaufs erforderliche Ausmaß an Verhaltenskontrollfähigkeiten. Somit sind die Möglichkeiten zur risikomindernden Steuerung erheblich eingeschränkt. Es liegt auf der Hand, dass ein Täter einen Rückfall umso leichter und effektiver verhindern kann, je frühzeitiger er eine Gefährdung bewusst wahrnehmen und in ihrer Tragweite erkennen kann.

In der Therapie kann für diesen Zusammenhang folgende Metapher gebraucht werden: Ein Eisenbahnzug, der mit 200 Stundenkilometern bereits eine sehr hohe Geschwindigkeit erreicht hat, ist – wenn überhaupt – nur schwieriger und mit einem deutlich größeren Energieaufwand zu stoppen, als zu dem Zeitpunkt, in dem er gerade erst aus dem Bahnhof fährt.

Beispiel:

✗ In einer Gruppe von Pädosexuellen schildert ein Teilnehmer einen Übergriff wie folgt: Als er in die Kajüte seines Segelbootes gegangen sei, habe er dort den Knaben, den er zu einem Segelausflug mitgenommen hatte, in seiner Badehose gesehen. Dort, so erklärte er, habe sich innerlich das Bedürfnis „gemeldet", ihn in den Arm zu nehmen. Er habe in diesem Moment eine beginnende sexuelle Erregung verspürt. Diese Situation sei für ihn so verführerisch gewesen, dass er den Gefühlen nicht mehr habe widerstehen können. Ein Gruppenmitglied bemerkte zu Recht, dass der Rückfall dieses Täters zu dem Zeitpunkt begann, als dieser sich vor einem Jahr das Segelboot gekauft hatte.

Darum besteht eine wesentliche deliktpräventive Fähigkeit des Täters darin, eigene Risikofaktoren zu kennen und frühzeitig bei ihrem Auftreten wahrnehmen zu können.

Leitfragen:

✓ Weiß der Täter, welche Situationen und Umstände es sind, die eine risikohafte Entwicklung anzeigen?

- ✓ Kennt der Täter Gefühle, Gedanken und Handlungen, die im Vorfeld einer Tat auftreten?
- ✓ Welche Fantasien sind Anzeichen einer beginnenden Gefährdung?
- ✓ Welche subtilen Strategien schleichen sich in die Handlungen des Täters ein, die einen Hinweis auf eine progrediente Entwicklung bieten?
- ✓ Welche Vorbereitungen trifft er?

## 10.6.2. Risikoentwicklungen frühzeitig erkennen können

*Risikoentwicklungen frühzeitig erkennen können:* Ausmaß der Fähigkeit des Täters, eine risikorelevante Entwicklung in der Praxis frühzeitig erkennen zu können.

Unter dem vorangegangen Merkmal wurde bewertet, wie umfassend und genau der Täter seine spezifischen Risikoanzeichen kennt. Beim Merkmal „Risikoentwicklungen frühzeitig erkennen können“ soll der Blickwinkel vom theoretischen Wissen um die Risikofaktoren und – anzeichen hin zur Wahrnehmungsfähigkeit in einer konkreten Situation verlagert werden. Es geht um die Frage, inwieweit der Täter in der Lage ist, Risikoanzeichen tatsächlich in der Praxis, also in einer realen Situation wahrzunehmen.

Die Fähigkeit, risikohafte Entwicklungen frühzeitig zu erkennen, setzt einerseits die Kenntnis der Risikofaktoren und -anzeichen voraus, wie dies beim vorangegangen Merkmal bewertet wurde. Andererseits ist eine konstante Sensibilität des Täters für das Wahrnehmen dieser Risikofaktoren notwendig und die Fähigkeit, Risikofaktoren nicht nur theoretisch, sondern auch im Alltag identifizieren zu können.

Im Unterschied zum vorangehenden Merkmal werden demnach nicht generelle Kenntnisse bewertet, sondern die Fähigkeit zum frühzeitigen und effektiven Erkennen von Risikoentwicklungen in der Praxis.

Leitfragen:

- ✓ Wie vollständig kennt der Täter Anzeichen für risikohafte Entwicklungen und kann sie dann bei ihrem konkreten Auftreten als solche auch wahrnehmen?

- ✓ Wie gut ist er in der Lage, Risikosituationen als solche in der Praxis zuverlässig zu identifizieren?
- ✓ Mit welchem Grad an Sensibilität und bewusster Wahrnehmung ist er grundsätzlich bereit, sie zu registrieren?

### 10.6.3. Verantwortungsübernahme für die Rückfallverhinderung

*Verantwortungsübernahme für die Rückfallverhinderung:* Ausmaß, in dem ein Täter Verantwortung für die Rückfallverhinderung übernimmt.

Dieses Merkmal korreliert mit der Entwicklung einer entsprechenden Täteridentität. Damit ist der Prozess gemeint, der bei einem Täter zur Integration „seines Täteranteils" in das eigene Selbstbild führt und so einen zielgerichteten Umgang mit der damit verbundenen Risikodisposition begünstigt.

Täter, welche die Verantwortung zur Verhinderung eines Rückfalls übernehmen, schätzen ihre eigenen Möglichkeiten zur Steuerung risikorelevanter Entwicklungen größer ein als den Einfluss äußerer Umstände. Sie glauben daran, dass sie mit ihrem eigenen Bemühen einen entscheidenden Beitrag dafür leisten können, Rückfälle zu verhindern. Sie können entscheiden, ob es zu einem Rückfall kommt oder nicht. Sie haben es in der Hand, in Reaktion auf unterschiedlichste Einflussfaktoren geeignete Maßnahmen zur Reduzierung eines Risikos zu ergreifen. Sie erleben sich eher als selbstbestimmt als zufälligen Konstellationen oder anderen Personen ausgeliefert. Außerdem ist ihnen bewusst, dass sie etwas dafür tun müssen, um Rückfälle zu vermeiden (Wachsamkeit, Copingstrategien, Ehrlichkeit, Therapieteilnahme etc.).

Demgegenüber gibt es Täter, die möglichst wenig von dieser Verantwortung tragen wollen. Sie geben z. B. dem Therapeuten oder anderen Personen von vornherein eine Mitverantwortung für einen möglichen Rückfall. Diese müssten vor allem darum besorgt sein, dass es nicht zu einem Rückfall komme. Täter mit geringer Verantwortungsübernahme konstruieren Rückfallszenarien, in denen viele Faktoren vorkommen, von denen sie subjektiv glauben, diese selber wenig oder gar nicht beeinflussen zu können. In der Vorstellung eines solchen Täters hängt ein Rückfall beispielsweise davon ab, ob er einen Arbeitsplatz hat, seine Freundin bei ihm bleibt, er nicht in schlechte Gesellschaft gerät, er nicht wieder mit Suchtmitteln „abstürzt“, er genügend Anerkennung oder Aufmerksamkeit erhält etc. Diese Täter „werden nicht rückfällig“ bzw. „begehen keine neue Tat“. Sie sprechen vielmehr davon, dass „ein Rückfall passiert“, es „zu einem Rückfall kommt“, „Rückfälle ausgelöst werden durch ...“

Leitfragen:

✓ Wie klar und eindeutig stellt sich der Täter der Anforderung an sein Handeln Rückfälle zu verhindern?

✓ Wie hoch ist seine Bereitschaft, sich für die Rückfallverhinderung einzusetzen und etwas dafür zu tun?

✓ Wie überzeugt ist er, dass die entscheidenden Entstehungsbedingungen durch ihn selber beeinflusst und gesteuert werden können?

✓ Wie konsistent, wie wenig situations- und befindlichkeitsabhängig zeigt sich diese Verantwortungsübernahme?

### 10.6.4. Deliktspezifische Kontroll- und Steuerungsfähigkeit

*Deliktspezifische kontroll- und Steuerungsfähigkeit:* Ausmaß der Fähigkeit, deliktrelevante Handlungsmotivationen und deliktrelevante Entwicklungen in risikomindernder Weise kontrollieren und steuern zu können.

Die Bewertung von Kontroll- und Steuerungsfähigkeiten erfolgte bereits in der entsprechenden Merkmalsgruppe des „Relevanzfaktors“ innerhalb der „Spezifischen Problembereiche mit Tatrelevanz“.

In ähnlicher Weise wie dort sollen beim Merkmal „Deliktspezifische Kontroll- und Steuerungsfähigkeit“ Kontroll- und Steuerungsfähigkeiten des Täters im Hinblick auf deliktische Risikoentwicklungen und deliktische Handlungsmotivationen eingeschätzt werden. Diese Fähigkeit ist nicht losgelöst von der grundsätzlichen Fähigkeit zur Steuerung und zur Kontrolle eigener Impulse zu betrachten. Ist diese Fähigkeit bereits strukturell verringert, dann wird sich dies auch in Bezug auf deliktspezifische Verhaltensweisen auswirken. Die grundlegende Fähigkeit von Steuerung und Kontrolle bildet eine Grundlage für die deliktspezifischen Kontroll- und Steuerungsmöglichkeiten.

Leitfragen:

- ✓ Über welche Ressourcen verfügt der Täter?
- ✓ Was kann er deliktischen Risikoentwicklungen und Handlungsimpulsen entgegensetzen?
- ✓ Wie effektiv wirken seine diesbezüglichen Fähigkeiten?
- ✓ Mit welcher Konsequenz vermag er Kontroll- und Steuerungsmechanismen einzusetzen?
- ✓ Wie gut kann er diese Fähigkeiten aus dem „Stand-by-Betrieb“ mobilisieren?
- ✓ Wie hoch ist gesamthaft seine Bereitschaft und seine Fähigkeit einzuschätzen, Kontrollmechanismen in deliktrelevanten Bereichen umzusetzen?

## 10.6.5. Reaktionsfähigkeit bei Risikoentwicklungen

*Reaktionsfähigkeit bei Risikoentwicklungen:* Ausmaß der Fähigkeit eines Täters, auf eine risikorelevante Entwicklung frühzeitig, konsequent und adäquat reagieren zu können.

Bei der Rekonstruktion von Rückfällen während „eigentlich“ günstig verlaufender Therapien ist häufig eine immer wiederkehrende Schwachstelle zu finden. Es handelt sich um die Fähigkeit des Täters, auf eine risikohafte Entwicklung frühzeitig, konsequent und adäquat zu reagieren.

Genau genommen setzt sich die Fähigkeit zum situationsangemessenen Reagieren auf Anzeichen von Risiken aus verschiedenen anderen Fähigkeiten zusammen. Die gesamte Motivation zur Therapie und Rückfallverhinderung spielt ebenso eine Rolle, wie das Wissen um die eigene Deliktdynamik, die Wahrnehmungsfähigkeit gegenüber risikohaften Entwicklungen, die grundsätzliche Fähigkeit zur Offenheit und vieles mehr. Neben all diesen Grundvoraussetzungen ist aber eine darüber hinausgehende Entschlossenheit des Täters in der entsprechenden Situation notwendig, insbesondere wenn eine risikohafte Entwicklung schon fortgeschritten oder ein Rückfall bereits eingetreten ist.

Zu bewerten ist, in welchem Ausmaß der Täter über diese Handlungskompetenz angesichts krisenhafter Entwicklungen oder Anzeichen verfügt. Bei der Bewertung dienen die Kenntnis der Person, die Vorgeschichte und vor allem die Erfahrungen mit dem Täter im Laufe der Therapie als Stütze.

Vielleicht ist aus der Vergangenheit bekannt, dass es dem Täter gelang, bei Risikoanzeichen Vertrauenspersonen einzuweihen und um Hilfe zu fragen. Auch im therapeutischen Verlauf können Situationen entstehen, in denen sich die Bereitschaft des Täters zeigt, umfassend auch unangenehme Dinge offen zu legen und Hilfe anzufordern, wenn er sie für nötig hält. Es kann sinnvoll sein, verschiedene Hinderungsgründe für ein angemessenes Reagieren theoretisch durchzuspielen.

In der Therapie kann diese Fähigkeit mit folgender Metapher beschrieben werden: Eine Feuerwehr trainiert immer und immer wieder den Ernstfall. Sie muss es vermeiden, angesichts des langen Trainings zu selbstsicher zu werden. Den Mitgliedern der Feuerwehr muss bewusst sein, dass in einem Ernstfall nicht mehr lange überlegt werden kann. Dann muss das, was so oft geübt worden ist, möglichst automatisch ausgeführt werden. Ein Teil der Therapie besteht in eben diesem Trainingsprogramm. Was in der „Trockenübung" so leicht erscheint, kann ausgerechnet im entscheidenden Moment unglaublich schwierig sein. Da will der „Deliktteil" eine Entdeckung der Risikoanzeichen verhindern. Da stellen sich Scham und Peinlichkeit der Offenheit in den Weg. Da meldet sich der „größenwahnsinnige" Impuls, es doch alleine zu schaffen. Immer finden sich unzählige Gründe dafür, nicht frühzeitig und konsequent zu reagieren. Ist die erste Möglichkeit zum Reagieren erst einmal verpasst, wird es im Laufe der Zeit immer schwieriger, dies nachzuholen: Erst wurde etwas in der Therapiestunde verschwiegen. In der folgenden Stunde müsste neben dem verschwiegenen Sachverhalt auch noch ein Eingeständnis über die geringe Offenheit in der vorigen Woche erfolgen. Vielleicht wurde gelogen und nun müsste diese Lüge eingestanden werden. Mit jeder Stunde, die der Täter abwartend oder verschleiernd verstreichen lässt, bauen sich immer höhere Hürden gegen die so dringend notwendige Offenlegung auf.

Mit diesen oder ähnlichen Metaphern kann versucht werden, Täter für den entscheidenden Moment zu sensibilisieren. Dieser entscheidende Moment besteht darin, sich schnell und konsequent aus der Risikosituation zu befreien. Konkret bedeutet das oft, sich umgehend Hilfe zu suchen. Es erfordert Mut, die selbst erkannte risikohafte Entwicklung, vielleicht erste Anzeichen eines Rückfalls oder sogar einen tatsächlichen Rückfall umfassend in der Therapie offen zu legen. So leicht das gesagt ist, so schwierig ist es in einer konkreten Situation zu tun.

Es ist nicht leicht abzuschätzen, wie ein Täter in eben dieser, häufig krisenhaft erlebten Situation handeln wird. Wenn diese praktisch außerordentlich wichtige „Umsetzungsstelle“ aber in der Therapie fokussiert wird, lassen sich im Laufe der Zeit Hinweise dafür finden, wie gut die Fähigkeit des Täters ausgebildet ist, in einer Risikosituation, die er selber als solche erkannt hat, entsprechend zu handeln.

Leitfragen:

- ✓ Bewahrt der Täter in angespannten Situationen einen kühlen Kopf?
- ✓ Weiß der Täter, was in einer Risikosituation zu tun ist?
- ✓ Kann der Täter das Gelernte in ein entsprechendes praktisches Verhalten umsetzen?
- ✓ Wie hoch ist seine diesbezügliche „Umsetzungsbereitschaft“?
- ✓ Wie hoch ist seine Entschlossenheit, auf Risikosituationen zu reagieren?
- ✓ Gerät der Täter in Panik?
- ✓ Wird er einer risikoreichen Situation eher hilflos gegenüber stehen?
- ✓ Wie hoch ist das Ausmaß von Scham oder Angstgefühlen einzuschätzen, die einer Offenlegung risikorelevanter Inhalte im Wege stehen können?
- ✓ Neigt der Täter zur Selbstüberschätzung?

### 10.6.6. Hilfe in Anspruch nehmen

*Hilfe in Anspruch nehmen:* Ausmaß, in dem es dem Täter in einer Risikosituation gelingt, Hilfe in Anspruch zu nehmen.

Die Fähigkeit, in einer Risikosituation Hilfe in Anspruch zu nehmen, setzt die selbstkritische Auseinandersetzung mit der eigenen Person voraus. Der Täter muss in der Lage sein zu erkennen, wann er selber mit seinen eigenen Möglichkeiten überfordert ist oder sich die Anforderung von Unterstützung zumindest als hilfreich erweisen würde. Hinderlich wären demnach eine generell unkritische Einstellung gegenüber den eigenen Fähigkeiten und zudem mangelnde Offenheit oder hohe Scham- bzw. Angstbarrieren.

Leitfragen:

✓ Gibt es Erfahrungen aus der Vergangenheit, ob der Täter in Krisensituationen Hilfe in Anspruch genommen hat?

✓ Gelingt dem Täter die Kontaktaufnahme schnell oder zögert er?

✓ Ist der Täter zu unmittelbarem Reagieren bereit?

✓ Vertraut er seinen Bezugspersonen?

✓ Verspricht er sich von ihnen effektive Hilfe?

✓ Wie hoch ist das Ausmaß von Scham oder Angstgefühlen, die einer Offenlegung risikorelevanter Inhalte im Wege stehen können, einzuschätzen?

✓ Neigt der Täter zur Selbstüberschätzung, die ihn hindert, Hilfe in Anspruch zu nehmen?

### 10.6.7. Wachsamkeitspegel

*Wachsamkeitspegel:* Ausmaß des Wachsamkeitsniveaus des Täters gegenüber seiner eigenen Risikodisposition.

Wachsamkeit setzt eine adäquate Wahrnehmung der eigenen Risikodisposition ebenso voraus wie Aufmerksamkeit und Sensibilität gegenüber Risikofaktoren und Anzeichen risikorelevanter Entwicklungen. Therapeutisch ist es oft sinnvoll, von folgender Arbeitshypothese auszugehen: Beim Täter besteht eine mehr oder minder ausgeprägte lebenslange Rückfalldisposition. Diese Rückfalldisposition kann beherrscht und in konstruktiver Weise kontrolliert werden. Eine wichtige Voraussetzung im Umgang mit der Rückfalldisposition ist die Aufrechterhaltung eines gewissen Ausmaßes von Aufmerksamkeit und Sensibilität gegenüber der eigenen Risikodisposition und Anzeichen risikorelevanter Entwicklungen. Dies setzt voraus, dass der Täter zum Einen über eine realistische Einschätzung seiner eigenen Risikodisposition verfügt. Zum Anderen muss er in der Lage sein, auf der Grundlage dieser Selbsteinschätzung eine durch Aufmerksamkeit und Sensibilität gekennzeichnete Haltung gegenüber risikoerhöhenden Einflussfaktoren und Anzeichen risikorelevanter Entwicklungen aufzubauen. Rückfälle werden vor allem dann wahrscheinlich, wenn die Aufmerksamkeit des Täters gegenüber deliktrelevanten Faktoren sinkt. Das kann der Fall sein, wenn ein Täter glaubt, „er sei über den Berg“ oder geheilt. Schwächt sich die Sensibilität gegenüber risikorelevanten Entwicklungen ab und sinkt die Aufmerksamkeit gegenüber der eigenen Rückfalldisposition, kann dies ein wesentlicher Faktor zur Begünstigung eines Rückfallgeschehens sein.

Leitfragen:

- ✓ Zeigt sich der Täter sensibel gegenüber möglichen rückfallrelevanten Situationen?
- ✓ Ist sich der Täter über die Wirkung risikoerhöhender Faktoren bewusst (Alkohol, Drogen, Freizeitbeschäftigungen, Fantasietätigkeit etc.) und ist er bemüht, solche Faktoren zu meiden oder zu reduzieren?
- ✓ Verfügt der Täter über eine realistische Einschätzung über Art und Ausprägung seiner eigenen Risikodisposition?
- ✓ Gibt es Beobachtungen oder Schilderungen von Drittpersonen, die Hinweise auf das Wachsamkeitsniveau des Täters geben?
- ✓ Hat sich die Bereitschaft des Täters verringert, sich mit Risikofaktoren auseinanderzusetzen?
- ✓ Tritt die Beschäftigung mit dem Delikt und den möglichen Deliktmechanismen im Sinne einer Abwehr mehr und mehr in den Hintergrund?
- ✓ Tauchen frühere kognitive Verzerrungen wieder auf?
- ✓ Vertritt der Täter die These einer vollständigen Heilung?
- ✓ Fordert der Täter in unwilligem Ton, dass nun endlich einmal mit der Vergangenheit Schluss sein müsse?

## 10.6.8. Effektivität von Copingstrategien

*Effektivität von Copingstrategien:* Zu erwartende Effektivität der durch den Täter in einer Risikosituation angewendeten risikomindernden Copingstrategien.

Die Strategien, die Täter in Risikosituationen erfolgreich anwenden können, sind unterschiedlich. Sie müssen auf die jeweilige Person und die vorhandenen Ressourcen zugeschnitten sein. Manche Täter müssen sich sehr stringent und mit nahezu automatisierten Handlungsschritten aus einer Risikosituation entfernen. Ein solch basales „Notfallprogramm“ aus einfachen, automatisierten Schritten wurde im Langenfelder Modell praktiziert [104]. Für andere Täter ist es wichtig, sich mit bestimmten Handlungen abzulenken, Freunde oder Bekannte anzurufen, sie aufzusuchen, Gespräche zu führen, zu schreiben, eigene vordefinierte strikte Verhaltensregeln einzuhalten, „Notfallvorstellungen“ zu aktivieren, Fantasien zu kontrollieren und zu vermindern, in einen inneren Dialog mit dem Deliktteil einzutreten etc.

Die Beurteilung darüber, wie wertvoll eine Strategie ist, sollte sich allein an deren Effektivität in Risikosituationen orientieren.

Vielleicht gibt es aus der Vergangenheit oder dem Therapieverlauf Hinweise darauf, wie sich ein Täter in einer konkreten Risikosituation tatsächlich verhält und mit welchem Erfolg er das tut. Zu beurteilen ist, wie sicher eine Risikosituation beherrscht werden kann, wenn der Täter die Strategien anwendet, die ihm zur Verfügung stehen.

Leitfragen:

- ✓ Über welche Möglichkeiten verfügt ein Täter, mit einer risikorelevanten Situation umzugehen?
- ✓ Wie effektiv gelingt es dem Täter, das Risiko einer deliktrelevanten Situation durch Anwendung seiner Copingstrategien zu reduzieren?
- ✓ Welche eigenen Beobachtungen oder Berichte Dritter geben Aufschluss über das Verhalten eines Täters in einer Risikosituation?
- ✓ Welche Maßnahmen konnte der Täter bisher anwenden und wie wirksam waren diese?

## 10.6.9. Erkennbarkeit des Tatvorlaufs

*Erkennbarkeit des Tatvorlaufs:* Ausprägung einer dem Tatverhalten vorausgehenden risikorelevanten Entwicklung (in zeitlicher und qualitativer Hinsicht) und der damit verbundenen individuellen Möglichkeiten eines Täters für risikoreduzierende Wahrnehmungs- und Handlungsmöglichkeiten.

Ein Risikomanagement kann umso erfolgreicher etabliert und in der Praxis umgesetzt werden, je schneller ein Täter Risikoanzeichen erkennen und je wirksamer er darauf risikovermindernde Verhaltensstrategien aufbauen kann. Dabei ist die Anforderung an einen Täter umso höher, je weniger eine Vorlaufzeit der Tathandlung erkennbar ist, sei es in zeitlicher oder qualitativer Hinsicht. Interventionsmöglichkeiten sind leichter anwendbar, wenn sich eine Deliktentwicklung über einen längeren Zeitraum sukzessive und mit zunehmender Prägnanz anbahnt.

Beispiele:

- ✗ Bei einem Täter sind erste Stadien einer Deliktentwicklung wahrnehmbare Frustrationserlebnisse, auf die eine Zunahme deliktrelevanter Fantasiebildung erfolgt. Die Fantasien gewinnen im weiteren Verlauf an Klarheit, kommen häufiger vor und werden zunehmend differenzierter ausgestaltet. In der Therapie zeigen sich Verschleierungstendenzen und der Täter zeigt ein subtiles Suchverhalten. Wenn sich diese Entwicklung über Wochen oder gar Monate sukzessiv steigert, gibt es viele Gelegenheiten, das Risikomanagement greifen zu lassen.
- ✗ Das gegenteilige Extrem wäre eine Deliktdynamik, die in Sekundenschnelle „aus heiterem Himmel" scheinbar unvorhersehbar entstehen kann. Bei genauer Betrachtung wird man dies in der Praxis jedoch selten antreffen.

Eine Deliktentwicklung, die aus einer unspezifischen, durch eine rasche und starke Affektaufladung mit hoher Impulsdichte gekennzeichneten Situation entsteht, stellt für ein effektives Risikomanagement erheblich höhere Anforderungen an den Täter als bei einem spezifischeren und langsamer fortschreitenden Tatvorlauf. Die Erkennbarkeit der Risikoentwicklung und die Wirksamkeit risikomindernder Verhaltensweisen seitens des Täters werden zwar durch die Struktur des Tatvorlaufs geprägt. Sie bleiben aber stets je nach Täter individuell unterschiedlich stark ausgeprägte Fähigkeiten. So kann es sein, dass der Täter im ersten Beispiel trotz guter struktureller Voraussetzungen aufgrund einer selektiven interessengeleiteten Wahrnehmung später oder weniger wirksam interveniert als ein Täter im zweiten Beispiel, der auf seine Risikosituationen hochgradig sensibilisiert ist. Deshalb soll das Merkmal „Erkennbarkeit des Tatvorlaufs" im Hinblick auf die individuell bei einem Täter vorhandene Wahrnehmungs- und Handlungsfähigkeit bewertet werden. Diese Einschätzung soll in Anbetracht der strukturellen Handlungsmerkmale (zeitliche Dimension und Prägnanz eines Vorlaufs) des Tatvorlaufs vorgenommen werden.

Leitfragen:

- ✓ Welche Kennzeichen prägen den Vorlauf einer Tathandlung?
- ✓ Wie prägnant sind Risikozeichen vorhanden?
- ✓ In welchem Zeitraum vollzieht sich eine risikorelevante Entwicklung, die zum Tatverhalten hinführt?
- ✓ Entwickelt sich das Risiko sukzessiv fortschreitend oder abrupt und eruptiv?
- ✓ Wie gut gelingt es dem Täter in Anbetracht der Ausprägung des Vorlaufs (zeitlich und qualitativ), eine risikorelevante Entwicklung rechtzeitig wahrzunehmen und zu kontrollieren?

## 10.7. Rückfallsicherheit im Sinne fehlender Vorbereitung

In dieser Merkmalsgruppe werden Faktoren abgebildet, die im weitesten Sinne deliktbegünstigenden oder gar deliktvorbereitenden Charakter haben. In den meisten forensischen Therapien gibt es Phasen, in denen deliktbegünstigende Elemente zumindest in der Fantasie vorhanden sind. Optimal wäre es, wenn jegliche deliktbegünstigenden Merkmale fehlen würden. Es ist prognostisch aber weitaus günstiger, wenn ein Täter die Fähigkeit hat, solche deliktbegünstigenden Elemente in der Therapie offen zu legen, als wenn er sie verschweigen würde. Manche Täter haben genau diese Tendenz. Sie glauben, es werde ihnen negativ ausgelegt, wenn sie über deliktbegünstigende Fantasien, Gedanken oder Handlungsimpulse sprechen. Gerade aber wenn Grund für die Annahme besteht, dass solche Merkmale zumindest passager auftauchen müssten, dies vom Täter aber verneint wird, ist höchste Vorsicht geboten. Beurteilen Sie das Vorhandensein deliktbegünstigender Merkmale jeweils auf den gesamten Beurteilungszeitraum bezogen. Da diese Merkmale phasenweise veränderlich sind, kann sich ihre Ausprägung im Vergleich zu einem früheren oder einem zukünftigen Zeitpunkt markant unterscheiden.

### 10.7.1. Deliktbegünstigende Fantasien und Vorstellungen

*Deliktbegünstigende Fantasien und Vorstellungen:* Ausmaß der Ausprägung deliktbegünstigender Fantasien und Vorstellungen

Unter diesem Merkmal ist die Ausprägung aller Fantasien und Vorstellungen zu bewerten, die direkten Deliktbezug aufweisen. Es kann sich beispielsweise um Gewalt- oder Vergewaltigungsfantasien handeln, die durch reale Erlebnisse, Filme, Berichte oder Erzählungen angeregt worden sind.

Beispiel:

✗ Ein Täter kommt in die Therapie mit ausgereiften Vergewaltigungsfantasien. Zum Zeitpunkt des Therapiebeginns hat er jegliche Kontrolle über sie verloren. Die Fantasien sind ausgestaltet, haben sich über die letzten Monate sukzessiv gesteigert. Die Beschäftigung mit den Fantasien nimmt mehrere Stunden täglich ein. Selbst am Arbeitsplatz machen sie sich mittlerweile störend bemerkbar. Der Täter lässt sich in die Fantasien „fallen", kann sich oft über einen Zeitraum bis zu mehreren Stunden nicht mehr davon lösen. Das Ausmaß der Fantasien ist bereits so groß, dass der Täter deliktische Vorbereitungshandlungen beginnt. Im Laufe der Therapie ist ein kontinuierlicher Prozess zu verfolgen, der zu einer Abnahme von Frequenz und Intensität der Fantasien führt. Nach zweieinhalb Jahren treten vereinzelte Fantasien nur noch einmal in zwei bis drei Monaten auf. Der Täter ist in der Lage, sie schon nach Minuten entscheidend zu stoppen. Sie haben die ursprüngliche hohe affektive Attraktivität verloren. Der Täter hat ein effektives Instrumentarium entwickelt, um die Fantasien drastisch begrenzen und ihr Auftreten vermindern zu können.

Leitfragen:

- ✓ Wie häufig kommen deliktrelevante Fantasien oder Vorstellungen vor?
- ✓ Mit welcher Gefühlsintensität sind sie beim Täter verbunden?
- ✓ Wenn deliktvorbereitende Fantasien auftauchen, wie lange dauern sie an?
- ✓ Kann der Täter sie schnell beenden oder gestaltet er sie aktiv aus?
- ✓ Sind die Fantasien auf bestimmte Situationen beschränkt oder zeigen sie eine Tendenz, „in alle Lebensbereiche" einzubrechen?

## 10.7.2. Deliktvorbereitende Gedanken und Pläne

*Deliktvorbereitende Gedanken und Pläne:* Häufigkeit, Differenziertheit und Konkretisierungsgrad von das Tatverhalten vorbereitenden Gedanken und Plänen.

Während Fantasien und Vorstellungen vorwiegend affektive Prozesse ansprechen, betreffen Gedanken und Pläne kognitive Abläufe. Deliktbezogene Gedanken und Pläne erhöhen die Wahrscheinlichkeit einer neuerlichen Deliktbegehung, weil durch sie konkrete Realitätsmerkmale in die Vorstellung integriert werden. Der Schritt von der Fantasie zum Plan kann als eine Progredienzstufe hin zur Umsetzung verstanden werden. Die Risikorelevanz ist umso höher, je häufiger solche Gedanken und Pläne auftreten oder je differenzierter und konkreter sie sind.

Leitfragen:

- ✓ Gibt es deliktvorbereitende Gedanken und Pläne beim Täter?
- ✓ Wie häufig beschäftigt er sich damit?
- ✓ Wie detailliert und handlungsnah sind derartige Gedanken?
- ✓ Welchen Stellenwert haben diese Gedanken für den Täter?
- ✓ Haben sie auf einer affektiven Ebene Attraktivität für den Täter, empfindet er sie als erregend?

### 10.7.3. Deliktische Handlungsmotivationen

*Deliktische Handlungsmotivationen:* Häufigkeit und Intensität impulshaft auftretender oder dauerhaft bestehender Bedürfnisse für deliktassoziierte Handlungen beim Täter.

Wenn die Ausprägung der Häufigkeit und der Intensität voneinander abweicht, bestimmt die höhere der beiden Ausprägungen die Wertung dieses Merkmals. Deliktische Handlungsimpulse oder starke Handlungsmotivationen sind prognostisch hoch relevant. Unter einem Handlungsimpuls wird ein impulshaft auftretendes Handlungsbedürfnis verstanden, dessen Ausprägung hinsichtlich einer möglichen Umsetzung zu bewerten ist. Eine starke Handlungsmotivation wird als das deutlich wahrnehmbare dauerhafte – sich möglicherweise progredient entwickelnde – Bedürfnis angesehen, Handlungen, die bisher in Form von Fantasien und Planungen durchgespielt wurden, in eine Tat umzusetzen. Bewerten Sie die Ausprägung eines solchen, wahrnehmbaren verhaltensrelevanten Bedürfnisses vor allem in den Dimensionen Häufigkeit und Intensität.

Leitfragen:

- ✓ Wie stark nimmt der Täter Handlungsimpulse oder Handlungsmotivationen wahr?
- ✓ Wie viel Mühe kostet es den Täter, ihnen zu widerstehen?
- ✓ Wie häufig verspürt der Täter Handlungsimpulse oder Handlungsmotivationen?
- ✓ Wie stark werden sie von ihm empfunden?

### 10.7.4. Deliktische Vorbereitungshandlungen

*Deliktische Vorbereitungshandlungen:* Ausmaß deliktischer Vorbereitungshandlungen.

Wenn bereits deliktische Vorbereitungshandlungen stattfinden, dann ist ohne eine entsprechende Intervention eine darauffolgende Tathandlung wahrscheinlich, da die Schwelle zur Handlung durchbrochen ist. Der Täter handelt bereits: Die Beschäftigung mit dem Delikt hat die Vorstellungswelt verlassen, die Handlungsschwelle ist schon überschritten. In aller

Regel gehen deliktischen Vorbereitungshandlungen Fantasien, Gedanken und Handlungsimpulse voraus. Manchmal kann es allerdings der Fall sein, dass Fantasien, Gedanken und Handlungsimpulse für den Täter selbst nur schwierig wahrnehmbar sind oder er sie aktiv verdrängt. Dann werden in der Therapie möglicherweise zuerst die Vorbereitungshandlungen sichtbar. Vielleicht fällt auf, dass der Täter aktiv bestimmte Orte aufsucht, sich eine Waffe zugelegt hat oder eine neue Freizeitbeschäftigung begonnen hat. Vielleicht hat er eine Bekanntschaft geknüpft oder sucht Situationen auf, in denen deliktrelevante Kontakte entstehen könnten.

Umso konkreter Vorbereitungshandlungen sind, desto höher muss das Rückfallrisiko eingeschätzt werden. Konkrete Vorbereitungshandlungen sind vor allem dann Tatvorstufen, wenn sie bereits auf bestimmte Personen oder Situationen ausgerichtet sind.

Beispiele:

✗ Ein Täter verfügt über den Lageplan eines Einkaufszentrums, das ihn nur aus „rein sportlichem Ehrgeiz" interessiert, um herauszufinden, „wie man bei einem Einbruch vorgehen müsste, wenn man es denn wollte".

✗ Ein pädosexueller Täter hat sich einen jungen, zutraulichen und verspielten Hund zugelegt. Beim allabendlichen Spaziergang weckt dieser Hund bei vielen vorbeigehenden Kindern das Bedürfnis, ihn zu streicheln.

Die Liste ließe sich bis hin zur Präparierung geeigneter Tatwerkzeuge um viele weitere Möglichkeiten von Vorbereitungshandlungen ergänzen. Zu beurteilen ist der Ausprägungsgrad deliktischer Vorbereitungshandlungen im Hinblick auf die Handlungsnähe dieser Vorbereitung, der Art der Beschäftigung mit diesen Vorbereitungen und danach, wie konkret diese Handlungen auf eine bestimmte Situation oder bestimmte Personen abzielen.

Leitfragen:

✓ Gibt es deliktbezogene Vorbereitungshandlungen?

✓ Wie konkret sind solche Vorbereitungshandlungen?

✓ Sind auffällige, als Vorbereitungshandlungen aufzufassende Verhaltensänderungen des Täters erkennbar?

## 10.8. Veränderungsfördernde Faktoren

Diese Merkmalsgruppe ist in identischer Form Teil der Hauptgruppe „Ressourcen“ in der Beurteilungsebene „Beeinflussbarkeit“. Für die Bewertung der hier aufgeführten Merkmale gelten die dort aufgeführten Definitionen und Operationalisierungen mit der Ausnahme, dass sich die Beurteilung in der Hauptgruppe „Therapieverlauf“ vor allen Dingen auf Informationen aus dem Verlauf in aller Regel dem Therapieverlauf stützt.

## 10.9. Deliktrelevante Fantasien

Die Merkmalsgruppe „Deliktrelevante Fantasien“ ist die einzige in der Hauptgruppe „Therapieverlauf“, die einer Relevanzprüfung zu unterziehen ist. Es ist zunächst zu beurteilen, ob deliktrelevante Fantasien für das Tatverhalten eine wichtige Bedeutung haben und somit die deliktorientierte Fantasiearbeit aus diesem Grund bei der Durchführung der Therapie einen wichtigen präventiven Stellenwert besitzt. Eine Konzeption zu deliktrelevanten Fantasien und zur Fantasiearbeit im Rahmen deliktorientierter Behandlungen wurde an anderer Stelle vorgelegt [105].

*Einige Aspekte zu dieser Konzeption seien hier in Kürze zusammengefasst:* Die Fantasien werden als eine Informationsverdichtung verstanden, die sich unter dem an anderer Stelle ausführlich in einem bestimmten Sinn konzeptionalisierten Begriff der „Vorstellung“ einordnen lässt [87]. Sie hat einen mehr oder weniger starken visuellen Charakter und geht häufig mit kognitiven, affektiven oder körpersensorischen Erlebensaspekten einher. Diese können sinnlich erfahrbare Bestandteile der Fantasie oder unbewusste Begleitaspekte darstellen. Immer handelt es sich bei einer Fantasie um eine ihrer Natur nach bewusstseinsnahe Art der Vorstellung.

Die Bedeutung von Fantasien bei Straftätern besteht in ihrer Funktion als psychischer handlungsvorbereitender oder handlungsbegünstigender Vorlauf. Die Bewusstseinsnähe erleichtert zudem Prozesse einer aktiven Kontrolle und Steuerung, wie sie auch durch Therapie erreicht oder verstärkt werden sollen.

Wesentlich ist auch der Hinweis, dass sich Fantasien individuell in einer unübersehbaren Zahl verschiedener Parameter unterscheiden. Gerade diese vielen möglichen und je nach Täter verschiedenen Parameter eignen sich als Grundlage einer differenzierteren Risikoeinschätzung.

Allgemein wird beispielsweise davon ausgegangen und durch statistische Untersuchungen bestätigt, dass deviante Fantasien ein wichtiger rückfallbegünstigender Prädiktor sind [75, 41]. Es gibt jedoch auch Fälle, in denen die Fantasie eine gegenteilige, geradezu deliktpräventive Wirkung hat. Ob eine Fantasietätigkeit prognostisch ungünstig, bedeutungslos oder sogar günstig ist, hängt von spezifischen Merkmalen der Fantasien und der damit assoziierten Merkmale ab. Zentrale Bedeutung kommt beispielsweise der „Handlungsschwelle" zu. Mit Handlungsschwelle ist die Ausprägung der Schwelle zwischen Fantasie und Handlung gemeint: Es gibt Menschen, bei denen diese Schwelle sehr durchlässig ist. Dies führt dazu, dass alles, was fantasiert wird, über kurz oder lang zu einer Handlungsmotivation führt. Es gibt aber auch Menschen, bei denen diese Handlungsschwelle sehr stabil ist. Fantasie und Handlung können abgegrenzt voneinander koexistieren. Ist für den ersten Täter eine deviante Fantasie überaus gefährlich, kann sie bei stabiler Handlungsschwelle sogar genau den gegenteiligen Effekt haben. Dieses Beispiel soll aufzeigen, dass es sowohl bei der Kriminalprognostik als auch bei therapeutischen Strategien überaus wichtig ist, eine Vielzahl relevanter Kriterien zu prüfen, und sie in differenzierter Weise auf den Einzelfall anzuwenden.

Deshalb ist eine genauere Charakterisierung der Fantasien unter Einbezug weiterer prognostisch bedeutsamer Subkriterien notwendig. Es kann davon ausgegangen werden, dass im Rahmen einer deliktorientierten Behandlung, in der spezifische Fantasiearbeit geleistet wird, weitergehende Kenntnisse über die Art und die Verarbeitung deliktrelevanter Fantasien generiert werden können, welche die Beurteilung der nachfolgenden Merkmale ermöglichen.

### 10.9.1. Qualität der Handlungsschwelle

*Qualität der Handlungsschwelle:* Qualitative Merkmale der Handlungsschwelle wie

- Erkennbarkeit
- Konstanz
- Verhaltensrelevanz.

Die Handlungsschwelle wurde bereits vorangehend als eine psychische Grenze zwischen Fantasie und Handlung beschrieben. Die Qualität der Handlungsschwelle erschließt sich aus der Bewertung der nachfolgenden drei Unterkriterien: Erkennbarkeit, Konstanz, Verhaltensrelevanz.

## Erkennbarkeit der Handlungsschwelle

*Erkennbarkeit der Handlungsschwelle:* Ausmaß, in dem ein Täter die eigene Handlungsschwelle bewusst wahrnehmen und identifizieren kann.

Die Qualität der Erkennbarkeit beschreibt, wie gut und wie klar die Handlungsschwelle durch eine bestimmte Person identifiziert werden kann. Es kann davon ausgegangen werden, dass es einem Täter umso besser gelingt, zwischen Vorstellungs- und Handlungsszenarien zu unterscheiden, desto besser für ihn die Grenze zwischen beiden Bereichen erkennbar ist. So wie sich der Übertritt von einem Staatsgebiet in das andere bewusster anhand einer befestigten Grenzstation vollzieht als an einer „grünen“, nicht klar identifizierbaren Trennlinie, führt eine höhere Erkennbarkeit der Handlungsschwelle zu einer bewussteren Unterscheidungsmöglichkeit. Diese wiederum bietet eine Grundlage für Steuerungsvorgänge.

Leitfragen:

✓ Wie deutlich ist der Täter in der Lage, die Grenze zwischen Fantasietätigkeit und konkreten Handlungen zu erkennen?

✓ Wie klar kann er durch bewusste Wahrnehmung Handlungen und fantasiegeprägte Vorstellungen unterscheiden?

## Konstanz der Handlungsschwelle

*Konstanz der Handlungsschwelle:* Ausmaß, in dem die Handlungsschwelle über verschiedene Zeiträume und Situationen stabil bleibt.

Die „Konstanz der Handlungsschwelle“ sagt etwas darüber aus, ob die Handlungsschwelle über verschiedene Zeiträume und Situationen hinsichtlich ihrer Ausprägung unverändert stabil bleibt oder ob sie sich in Abhängigkeit von äußeren Faktoren verändert. Es gibt Personen, bei denen die

Handlungsschwelle in jeder Stimmung, veränderten Situation oder affektiven Verfassung konstant vorhanden und wahrnehmbar ist. Bei anderen Personen können sich wiederum die Qualitäten der Handlungsschwelle in Abhängigkeit von äußeren Faktoren verändern. Dann erweist sich die Handlungsschwelle je nach Situation bzw. Stimmungslage als instabil. Es ist also einzuschätzen, wie konstant sich die Handlungsschwelle im Sinne einer zeit- und situationsunabhängigen Stabilität präsentiert.

Leitfrage:

✓ Wie stabil präsentiert sich die Handlungsschwelle hinsichtlich zeitlicher, affektiver oder verschiedener äußerer Faktoren?

### Verhaltensrelevanz der Handlungsschwelle

*Verhaltensrelevanz der Handlungsschwelle:* Ausmaß, in dem Erkennbarkeit und Stabilität der Handlungsschwelle eine Grundlage für handlungsbezogene Steuerungsvorgänge darstellen.

Mit dem Merkmal der „Verhaltensrelevanz der Handlungsschwelle" soll geprüft werden, ob sich aus der klaren und bewussten Unterscheidung zwischen Vorstellung und Handlung anhand der Grenze der Handlungsschwelle eine Grundlage dafür ergibt, dies auch in entsprechende Verhaltensweisen einfließen zu lassen. Konkret soll bewertet werden, wie ausgeprägt der Täter bereit und dazu in der Lage ist, mit Hilfe seiner Handlungsschwelle sein Verhalten deliktpräventiv zu steuern.

Es gibt Personen, deren Handlungsschwelle konstant vorhanden und stabil erkennbar ist, die aber diese Grundvoraussetzung für eine Steuerung fantasiegeleiteter Handlungsimpulse nicht in praktische Verhaltensweisen umsetzen. Die Umsetzbarkeit fokussiert daher auf die Frage, ob ein Täter bereit und in der Lage ist, die Trennung zwischen Fantasie und Handlung in tatsächliches Verhalten einfließen zu lassen.

Leitfragen:

✓ Wie ausgeprägt ist die Bereitschaft des Klienten, sein Verhalten mit Hilfe seiner Handlungsschwelle deliktpräventiv zu steuern?

✓ In welchem Ausmaß zeigen sich deliktrelevante Fantasien in konkreten Handlungen?

✓ Wie weit „interpretiert" der Klient seinen Handlungsspielraum bzw. wie früh zieht er eine Grenze?

✓ Wird z. B. illegaler Pornografiekonsum von ihm schon als Überschreiten der Handlungsschwelle gewertet oder nicht?

## 10.9.2. Handlungsbezug

*Handlungsbezug:* Der „Handlungsbezug" berücksichtigt zwei spezifische Qualitäten der Fantasieausgestaltung:

- Konkretisierungsgrad und
- handlungsvorbereitende Potenz.

Fantasien bewegen sich unterschiedlich nah an konkreten Umsetzungsszenarien. Sie weisen einen mehr oder minder großen Handlungsbezug auf. Es versteht sich von selbst, dass Fantasien mit stärkerem, konkreten Handlungsbezug prognostisch ungünstiger zu bewerten sind.

### Konkretisierungsgrad

*Konkretisierungsgrad:* Ausmaß, in dem Fantasien konkrete oder reale Handlungselemente beinhalten.

Zu bewerten ist, ob sich fantasierte Szenarien vorwiegend in einem virtuellen Raum bewegen oder ob sie konkrete Handlungselemente aufweisen.

Beispiele:

✗ Fantasien eines pädosexuellen Täters sind unabhängig von seinem Lebensumfeld gestaltet. Seine Fantasien speisen sich möglicherweise aus Abbildungen von Kindern in Zeitschriften oder Filmen. In diesem Fall lässt sich eine größere Ferne von konkreten Handlungsbezügen annehmen.

✗ Beinhalten die Fantasien des Täters aber konkrete, ihm bekannte Personen, die ihm womöglich tagtäglich begegnen, so ist das ein deutliches Konkretisierungsmerkmal.

Umso näher sich die Fantasie an realen Gegebenheiten bewegt, desto eher ist von handlungsbezogenen Konkretisierungsmerkmalen zu sprechen.

Leitfragen:

✓ Beziehen sich fantasierte Situationen auf reale Gegebenheiten oder erscheinen sie virtuell?

✓ Tauchen in der Fantasie dem Täter bekannte Personen auf?

✓ Bildet sich in der Fantasie ein Handlungsvorlauf ab, in dem sich der Täter beispielsweise eine realitätsnahe Kontaktaufnahme zu seinen Opfern vorstellt, die in ähnlicher Weise zu realisieren wäre?

✓ Stammen Örtlichkeiten aus virtuellen, fantasierten Räumen oder handelt es sich um Orte, die dem sozialen Umfeld des Täters entstammen?

✓ Überwindet der Täter in der Fantasie Hindernisse, die bei einer tatsächlichen Tathandlung wahrscheinlich wären und konstelliert er somit bereits einen tatvorbereitenden Vorlauf?

**Handlungsvorbereitende Potenz**

*Handlungsvorbereitende Potenz:* Ausmaß, in dem die Fantasietätigkeit durch ein hohes Maß an Konkretisierung tatvorbereitender Elemente zu einem Erprobungsraum für Tatszenarien wird.

Die „Handlungsvorbereitende Potenz" kann als eine spezielle Qualität hoher Realitätsnähe und damit als spezielle Ausprägung des vorangehenden Merkmals „Konkretisierungsgrad" betrachtet werden. Gemeint sind damit konkrete und realitätsnahe Vorstellungselemente, denen in direkter Weise eine tatvorbereitende Funktion zukommt. Zu denken ist an eine zunehmende Differenzierung, die sich als eine progrediente Verfeinerung des Tatablaufs hin zu einem konkret auszuübenden Tatgeschehen darstellt. In ähnlicher Weise wirken auch wiederkehrende Vorstellungen, die dazu führen, dass in der Fantasie Hemmschwellen durch eine Art systematischer Desensibilisierung herabgesetzt werden.

Die „Handlungsvorbereitende Potenz" ist dann deutlich ausgeprägt, wenn sie konkrete Planungselemente enthält. Immer wenn die Fantasietätigkeit in einer direkten Funktion für ein konkretes Tatgeschehen steht, sei es in planerischer oder konkreter emotional vorbereitender Hinsicht, ist von einer handlungsvorbereitenden Potenz zu sprechen. Sie offenbart sich überall dort, wo die Fantasie zu einem Erprobungsraum für Tatszenarien wird, deren Elemente aus der Lebensrealität des Täters stammen.

Leitfragen:

- ✓ Lässt sich in der Fantasietätigkeit eine Progredienz feststellen, die durch eine zunehmende konkrete Handlungsnähe gekennzeichnet ist?
- ✓ Baut der Klient mit seiner Fantasietätigkeit Hemmschwellen für konkrete Tatumsetzungen ab?
- ✓ Tauchen in den Fantasien planerische oder anderweitig tatvorbereitende Elemente auf?
- ✓ Bezieht der Klient z. B. Sicherungsstrategien oder allgemein das Nachtatverhalten in seine Fantasien ein?
- ✓ Sucht der Klient in seinen Fantasien nach Optimierungsmöglichkeiten hinsichtlich möglicher Tatdurchführungen (Auswahl geeigneter Opfer oder Situationen, Verminderung der Entdeckungswahrscheinlichkeit etc.)?

## 10.9.3. Formale Fantasieparameter

*Formale Fantasieparameter:* Formale Merkmale der Fantasie wie

- Umfang
- Qualität
- Frequenz
- Intensität.

Die nachfolgenden Unterkriterien betreffen stärker formale, als inhaltliche Parameter der Fantasie. Die Punkte könnten anders ausgedrückt lauten:

- Wie viel?
- Wie ausgestaltet?
- Wie häufig?
- Wie intensiv?

## Umfang

*Umfang:* Ausdehnung deliktrelevanter Fantasietätigkeit.

Für die Einschätzung des Umfangs der Fantasietätigkeit ist es nötig, sich ein Bild über die Quantität der Beschäftigung mit deliktrelevanten Fantasien zu machen. Für eine hohe Ausprägung spricht, wenn die Fantasietätigkeit in verschiedenen sozialen Kontexten (Beruf, Familie, Freizeit u. a.) auftritt, eine hohe zeitliche Dauer aufweist, sich häufig aufdrängt oder zu Beeinträchtigungen im Alltag führt.

Leitfragen:

✓ Wie lange ist die zeitliche Dauer einer Fantasiesequenz?

✓ Welchen prozentualen Anteil nimmt die Fantasietätigkeit im Leben einer Person ein?

✓ Ist die Fantasie auf bestimmte, abgegrenzte Situationen beschränkt oder dringt sie in sämtliche Lebensbereiche ein?

✓ Beeinträchtigt die Fantasie soziale Betätigungsfelder des Klienten (Arbeit, Freizeit, Partnerschaft etc.)?

✓ Welchen Einfluss hat die Fantasietätigkeit auf die Tagesstruktur des Täters?

## Qualität

*Qualität:* Grad der Ausgestaltung einer Fantasie. Zu berücksichtigen sind u. a. Differenziertheit und Detailreichtum.

Mit der „Qualität“ einer Fantasie wird der Grad ihrer Ausgestaltung bewertet. Bei Fantasien kann es sich um einfache, rudimentäre Gedanken oder aber um hochdifferenzierte, stark verfeinerte Vorstellungsszenarien handeln. Umso komplexer, detailreicher, in irgendeiner wahrnehmbaren Qualität ausgestalteter sich eine Fantasie präsentiert, desto höher ist die Ausprägung dieses Merkmals zu bewerten.

Leitfragen:

- ✓ Wie komplex oder detailreich stellen sich deliktrelevante Fantasien dar? Gibt es ein breites Spektrum unterschiedlicher Fantasieszenarien (Ort, Situationen, Opfer etc.)?
- ✓ Existieren umfangreiche pornografische Sammlungen?
- ✓ Benutzt der Klient Gegenstände (Wäschestücke, Fotografien, Puppen etc.) im Rahmen seiner Fantasietätigkeit?

**Frequenz**

*Frequenz:* Häufigkeit des Auftretens deliktrelevanter Fantasien.

Mit „Frequenz“ wird die Häufigkeit beurteilt, mit der eine Fantasietätigkeit in einer bestimmten Zeiteinheit (z. B. pro Tag) „aktiviert“ wird. Hier gibt es zwischen verschiedenen Klienten große Unterschiede. Deliktrelevante Fantasien können einmal in drei Monaten für eine kurze Zeit oder aber mehrere hundert Mal pro Tag auftreten. Dieses Unterkriterium eignet sich gut zur groben Verlaufsbeurteilung der Effektivität von Fantasiearbeit. Oft nimmt die Häufigkeit der Fantasietätigkeit mit wachsender Kontrollfähigkeit des Täters ab.

Leitfragen:

- ✓ Wie häufig – pro Stunde, pro Tag, pro Woche, pro Monat, pro Jahr – treten Sequenzen deliktrelevanter Fantasietätigkeit auf?
- ✓ Hat die Fantasietätigkeit ekzessiven oder suchtartigen Charakter?
- ✓ Wird die Fantasietätigkeit zur Kompensation (z. B. Spannungsreduktion) eingesetzt?

**Intensität**

*Intensität:* Stärke der affektiven Wirkung der Fantasietätigkeit auf den Täter.

Mit der „Intensität" wird bewertet, welche affektive Wirkung die deliktrelevante Fantasietätigkeit auf den Täter ausübt.

Leitfragen:

- ✓ Wie hoch ist die affektive Wirkung auf den Täter während der Fantasietätigkeit?
- ✓ Wie intensiv erlebt der Täter seine Fantasie?
- ✓ Wie eingeengt ist seine Wahrnehmung bei der Fantasietätigkeit?
- ✓ Kann sich der Täter von der Fantasietätigkeit emotional distanzieren oder wird er völlig von ihr gefangen genommen?
- ✓ Ist der Stimulierungsgrad durch die Fantasietätigkeit hoch?

## 10.9.4. Offenheit im Mitteilungsverhalten

*Offenheit im Mitteilungsverhalten:* Ausmaß an Offenheit des Täters in Bezug auf das Mitteilungen über seine deliktrelevanten Fantasien im Rahmen therapeutischer Angebote.

Hier handelt es sich um ein ähnliches Merkmal, wie es bereits beim „Therapieverlauf" in der Merkmalsgruppe „Ehrlichkeit und Offenheit" beschrieben wurde. Als Teil der Merkmalsgruppe „Deliktrelevante Fantasien" ist die Offenheit ausschließlich auf die Mitteilungsbereitschaft hinsichtlich deliktrelevanter Fantasien zu beziehen. Zu beachten sind selektives Mitteilungsverhalten, Angst- und Schambarrieren, die Ausprägung des Bewusstseins des Täters über die Notwendigkeit zur Offenlegung deliktrelevanter Fantasien etc. Skepsis ist immer dann angebracht, wenn aus dem Tatmuster und der Vorgeschichte auf eine hochgradige Fantasietätigkeit geschlossen werden kann, der Täter eine solche aber vollständig verneint oder eine nicht nachvollziehbare Sistierung sämtlicher Fantasien angibt. Das Verschweigen deliktrelevanter Fantasien ist prognostisch besonders ungünstig, weil die Fantasien somit weder bearbeitet, noch beurteilt werden können.

Leitfragen:

✓ Ist der Täter in den Berichten zu seinen deliktrelevanten Fantasien selektiv und spart bestimmte Elemente aus?

✓ Ist es glaubhaft, dass der Täter alle relevanten Details mitteilt oder zweifeln Sie daran, ob seine Mitteilungen zutreffen?

✓ Wie reagiert der Täter während der Fantasiearbeit?

✓ Ist eine selbstverständliche, konstruktive Arbeitsatmosphäre in der Fantasiearbeit entstanden oder wird sie blockiert durch Scham, Abwehr und Verdrängungsmechanismen?

✓ Berichtet der Täter eigeninitiativ über seine Fantasien oder nur auf konkretes Nachfragen?

✓ Ist ein authentisches Interesse des Täters zur Offenlegung und Bearbeitung seiner Fantasietätigkeit spürbar?

✓ Teilt ein Täter Details seiner Fantasie mit, auch wenn diese bei oberflächlicher Betrachtung prognostisch ungünstige Inhalte repräsentieren?

### 10.9.5. Motivation zur Steuerung/Kontrolle fantasiegeleiteter Handlungsmotivationen

*Motivation zur Steuerung/Kontrolle fantasiegeleiteter Handlungsmotivationen:* Ausmaß der Motivation, fantasiegeleitete Handlungsmotivationen zu steuern und zu kontrollieren.

### 10.9.6. Fähigkeit zur Steuerung/Kontrolle fantasiegeleiteter Handlungsimpulse

*Fähigkeit zur Steuerung/Kontrolle fantasiegeleiteter Handlungsimpulse:* Ausmaß der Fähigkeit, fantasiegeleitete Handlungsmotivationen zu steuern und zu kontrollieren.

Beide Merkmale kommen in vergleichbarer Form auch an anderen Stellen des FOTRES vor: im „Relevanzfaktor" in der Hauptgruppe „Spezifische Problembereiche mit Tatrelevanz" und in der Merkmalsgruppe „Veränderungsfördernde Faktoren“ in der Hauptgruppe „Ressourcen“ (siehe dort).

Die beiden Merkmale sind in analoger Weise in Bezug auf Handlungsmotivationen anzuwenden, welche sich aus der deliktrelevanten Fantasietätigkeit des Klienten ableiten.

# 11. DY-R: Dominierender Einzelfaktor

## Inhaltsangabe



## 11.1. Vorliegen eines Dominierenden Einzelfaktors

Für die überwiegende Mehrheit rückfallgefährdeter Straftäter stellen deliktorientierte Therapiemodule unabhängig davon, in welches psychotherapeutische Schulenkonzept sie eingebunden sind, den wesentlichen Bestandteil deliktpräventiver Therapien dar. In aller Regel wird daher die Hauptgruppe „Therapieverlauf“, die sich aus den therapiebezogenen deliktorientierten Merkmalsgruppen zusammensetzt, allein die Ausprägung der „Dynamischen Risikoverminderung“ bestimmen. Die in den Merkmalsgruppen „Therapieverlauf“ abgebildeten deliktpräventiven Fähigkeiten sind meist ausreichend, in differenzierter Weise den Stand des im Verlauf erreichten Präventionsniveaus zu erfassen.

In bestimmten, gut begründbaren Einzelfällen kann es aber sinnvoll sein, von der Standardbewertung abzuweichen. Dies empfiehlt sich immer dann, wenn die Bedeutung der deliktorientierten Therapievariablen für eine mittel- und langfristige deliktpräventive Strategie relativiert werden muss, weil ein einziger Faktor oder ein thematisch zusammengehörigerer Faktorenkomplex unabhängig von deliktorientierten Therapievariablen in hohem Maße die weitere Legalprognose bestimmt.

Es kann für die mittel- und langfristige deliktpräventive Strategie sinnvoll sein, neben oder gar an Stelle der deliktorientierten Therapievariablen auf die Optimierung dieses Faktors oder Faktorenkomplexes abzustellen. Das Vorliegen eines solchen in kausaler Beziehung zum Deliktmechanismus stehenden Faktors kann über das Merkmal „Dominierender Einzelfaktor" berücksichtigt werden. Die Annahme eines „Dominierenden Einzelfaktors" ist also sinnvoll, wenn der Faktor bzw. Faktorenkomplex in einer kausalen Beziehung zum Deliktmechanismus steht und es deutlich erfolgversprechender erscheint, den Faktor oder Faktorenkomplex in das Zentrum der mittel- und langfristigen deliktpräventiven Struktur zu rücken. Meist wird es sich in den entsprechenden Fällen um ein Zusammenspiel aus auch langfristig zu erwartender hoher bzw. höherer Wirksamkeit der Faktoren und gleichzeitig bestehenden Schwierigkeiten zur Durchführung einer deliktorientierten Therapie handeln. Es sollte aber stets genau geprüft werden, ob die beschriebenen Faktoren unabhängig vom Ausmaß ihrer Bedeutung tatsächlich zum Ausgangspunkt mittel- und langfristiger strategischer Verlaufsplanungen gemacht werden sollen und nicht stattdessen in der Gruppe „Labile eigenständig risikorelevante Faktoren" einzuordnen sind. Wann immer möglich, ist letzteres zu bevorzugen. Einzelfaktoren oder Faktorenkomplexe haben häufig gegenüber den Therapievariablen mittel- und langfristig gesehen Nachteile: Geringere Persönlichkeitsnähe, „Klumpenrisiko", geringere selbständige, durch den Klienten bestimmbare Beeinflussbarkeit, tendenziell größere Labilität im Sinne abrupter Veränderungsmöglichkeit und geringerer langfristiger Stabilitätsaussicht (siehe auch „Labile eigenständig risikorelevante Faktoren")

Das klassische Anwendungsgebiet für den „Dominierenden Einzelfaktor" sind Fälle, in denen klar fassbare psychopathologische Phänomene z. B. im Rahmen psychiatrischer Erkrankungen vorliegen, die in einem engen kausalen Zusammenhang zum Deliktmechanismus stehen. Die mittel- bis langfristige Präventionsstrategie kann dann zu einem wesentlichen Teil oder gar vollständig darin bestehen, die risikorelevanten psychopathologischen Phänomene und die mit ihnen verbundenen Verhaltensweisen, Einstellungen und sozialen Folgewirkungen zum Ziel therapeutischer Bemühungen zu machen. Die deliktorientierten Therapievariablen müssen dann durch zusätzliche Faktoren ergänzt werden, die solche veränderten Zielsetzungen abbilden.

Es ist auch möglich, dass in solchen Fällen bestimmte Merkmalsgruppen des Therapieverlaufs (z. B. Risikomanagement, Mitarbeit in der Therapie) gegenüber anderen (z. B. Deliktbewusstsein) eine im Vergleich zur Standardwertung stärkere Gewichtung erfahren (siehe unten). Der „Dominierende Einzelfaktor" bietet die Möglichkeit, die beschriebenen Differenzierungen vorzunehmen, wenn in einem spezifischen Fall ein Abweichen vom üblichen Vorgehen erforderlich erscheint. Der „Dominierende Einzelfaktor" wird demnach in folgenden Fällen bewertet:

Es existieren unabhängig von den deliktorientierten Therapievariablen andere Faktoren, auf denen die mittel- bis langfristige Präventionsstrategie aufgebaut werden soll oder bestimmten Merkmalsgruppen der Hauptgruppe „Therapieverlauf" kommt in einer mittel- bis langfristigen Präventionsstrategie gegenüber anderen Merkmalsgruppen eine besonders wichtige Bedeutung zu. Die im „Dominierenden Einzelfaktor" erfassten Faktoren müssen in engem kausalen Bezug zum Deliktmechanismus stehen und für die mittel- und langfristige Deliktprävention erfolgversprechend sein.

*Folgende Faktoren können als „Dominierender Einzelfaktor" gewertet werden:*

- Management psychischer Erkrankungen
- Management somatischer Erkrankungen mit psychischen Folgewirkungen
- Management von Suchterkrankungen
- Dauerhafte psycho-physische Risikoreduktion
- Sonstiges
- Eine Merkmalsgruppe oder eine Kombination von verschiedenen Merkmalsgruppen aus dem Bereich „Therapieverlauf"

Vier der sechs Faktoren, die als „Dominierender Einzelfaktor" gelten können, betreffen Phänomene, die in ähnlicher Weise auch als „Labile eigenständig risikorelevante Faktoren" gewertet werden können: „Management psychischer Erkrankungen", „Management somatischer Erkrankungen mit psychischen Folgewirkungen" (entspricht „Betreuungs- und Behandlungssituation"), „Management von Suchterkrankungen" (entspricht „Suchtmittelproblematik") und „Sonstiges". Meist ist eine Einordnung als „Labile eigenständig risikorelevante Faktoren" zu bevorzugen. Die Unterscheidung zwischen einem „Dominierenden Einzelfaktor" und den „Labilen eigenständig risikorelevanten Faktoren" orientiert sich an den unterschiedlichen Charakteristika beider Konstrukte.

*„Labile eigenständig risikorelevante Faktoren" sind durch folgende Aspekte gekennzeichnet:*

- Eigenständigkeit (= Wirkung unabhängig von der „Dynamischen Risikoverminderung")
- Labilität
- Persönlichkeitsferne
- Geringes Selbststeuerungspotenzial
- Potenziell keine Nachhaltigkeit

Demgegenüber weist der „Dominierende Einzelfaktor" eine enge Verwandtschaft zur Funktion und Bedeutung der Merkmalsgruppen der Hauptgruppe „Therapieverlauf" auf. Er hat darum folgende Eigenschaften: Vergleichbare Bedeutung und Funktion wie Therapievariablen innerhalb der „Dynamischen Risikoverminderung"

- Kausaler statt konstellativer Bezug zum Deliktmechanismus
- Geeignet als Grundlage für eine mittel- und langfristige Präventionsstrategie
- Tendenziell nachhaltig bzw. langfristig auch unabhängig von äußeren Faktoren stabilisierbar
- Persönlichkeitsnähe
- Grundsätzlich geeignet für Selbststeuerungsprozesse

Beispiel:

✗ Bei einem Täter bildet eine manisch-depressive Erkrankung die Grundlage seines Deliktmechanismus. Eine Deliktgefahr besteht nur in manischen Phasen. Gelingt es, diese durch eine ausreichende und effektive medikamentöse Behandlung zu verhindern, ist damit jegliches Rückfallrisiko gebannt. Die manisch-depressive Erkrankung wird in einem solchen Fall in der Hauptgruppe der „Spezifischen Problembereiche mit Tatrelevanz" in der Merkmalsgruppe „Anderes tatrelevantes Syndrom" bewertet. Der für die „Dynamische Risikoverminderung" entscheidende Faktorenkomplex besteht in der Verhinderung manischer Episoden. Damit assoziiert ist die Compliance für die adäquate psychiatrische Behandlung und die zuverlässige Medikamenteneinnahme. Ein intaktes soziales Umfeld und der Schutz vor Überforderung sind weitere risikorelevante Faktoren. Letztere werden allerdings nicht im „Dominierenden Einzelfaktor" subsumiert, weil der kausale Bezug zum Deliktmechanismus fehlt und die beiden Faktoren zuwenig geeignet sind, ins Zentrum einer mittel- und langfristigen deliktpräventiven Strategie gerückt zu werden.

Der „Dominierende Einzelfaktor" besteht daher in diesem Fall aus zwei Komponenten: Erstens Behandlungscompliance und zweitens Zuverlässigkeit der Medikamenteneinnahme.

Die zu beachtenden Aspekte werden zusammenfassend in der Kategorie „Management einer psychischen Erkrankung" bewertet. Die klassischen, deliktpräventiven Faktoren, wie sie in den deliktorientierten Therapievariablen zum Ausdruck kommen, haben demgegenüber eine nachrangige Bedeutung.

Je nach Fall sind die Therapievariablen möglicherweise nicht völlig unbedeutend. Denn es könnte sein, dass die Fähigkeit zum angemessenen „Management der psychischen Erkrankung" durch eine Steigerung des Deliktbewusstseins gefördert werden kann. Die Legalprognose „steht und fällt" aber nichtsdestotrotz mit dem „Dominierenden Einzelfaktor": „Management der manisch-depressiven Erkrankung".

Rückfallfreiheit ist mit hoher Wahrscheinlichkeit dann gewährleistet, wenn es auch bei ungünstig ausgeprägten Therapievariablen gelänge, manische Episoden zu verhindern. Das bedeutet, in einem solchen Fall konkurriert ein „Dominierender Einzelfaktor" mit allen anderen protektiv wirksamen Faktoren und relativiert diese in ihrer Bedeutung erheblich. Eine ähnliche Situation lässt sich für viele schizophrene Täter feststellen, bei denen die Legalprognose aufs Engste mit dem Behandlungsmanagement (und der Medikamenteneinnahme) der zugrunde liegenden Erkrankung verknüpft ist.

Im Beispiel sind die Kriterien erfüllt:

- Kausalität

- Eignung des Faktors als zentraler Fokus einer mittel- und langfristigen rückfallpräventiven Strategie

- Eigenständig rückfallpräventive Wirksamkeit, die mit relevanter Erfolgsaussicht gegenüber den deliktorientierten Therapievariablen erreicht werden kann. Diese ist gegenüber der Wirksamkeit der deliktorientierten Therapieinhalte höher oder bedeutsamer.

- Tendenziell nachhaltig bzw. langfristig auch unabhängig von äußeren Faktoren stabilisierbar

- Persönlichkeitsnähe

- Grundsätzlich geeignet für Selbststeuerungsprozesse

Bewertungsregel:

☞ Es gilt folgender Zusammenhang: Eine Einflussgrösse ist dann als „Labiler eigenständig risikorelevanter Faktor" anzusehen, wenn die in der „Dynamischen Risikoverminderung" abgebildeten Fähigkeiten prinzipiell nicht oder nicht ausreichend geeignet sind, erfolgversprechend mit den risikobezogenen Auswirkungen des Faktors umzugehen.

# 11.2. Deliktprotektive Ausprägung des Einzelfaktors

*Deliktprotektive Ausprägung des Einzelfaktors:* Ausmaß eines Einzelfaktors oder Merkmalskomplexes, der unabhängig von deliktorientierten Therapievariablen wesentlich die Legalprognose bestimmt und als Grundlage für eine mittel- und langfristige präventive Strategie geeignet ist.

## 11.2.1. Bedeutung des Faktors

Bewertungsregeln:

- ☞ Bewertet wird zunächst, die Höhe der Bedeutung des Faktors für eine erfolgreiche Deliktprävention.
- ☞ In einem zweiten Schritt wird das Ausmaß der deliktprotektiven Ausprägung des Einzelfaktors eingeschätzt.
- ☞ Ist der „Dominierende Einzelfaktor“ allein und ausschließlich für die weitere Legalprognose verantwortlich, dann wird seine Ausprägung mit 4 (= sehr hoch) bewertet. Diese sehr starke Ausprägung würde einer „100%-Relation“ entsprechen. Damit ist gemeint, dass nur dieser Faktor alleine für die weitere Rückfallprävention von Bedeutung ist. Andere Faktoren spielen demgegenüber keine Rolle mehr.
- ☞ Wenn dem „Dominierenden Einzelfaktor“ eine starke, aber nicht ausschließliche Bedeutung zu geben ist, dann ist er mit 3 (= erheblich) zu bewerten. In diesem Falle trägt der „Dominierende Einzelfaktor“ 75% zur Bewertung der DY-R bei. Die Therapievariablen steuern in diesem Fall nur einen Anteil von einem Viertel zur Gesamtwertung der „Dynamischen Risikoverminderung“ bei.
- ☞ Analog ist vorzugehen, wenn dem „Dominierenden Einzelfaktor“ eine Gewichtung von 50 bzw. 25% beizumessen ist, was einer Wertung von 2 (= moderat) bzw. 1 (= gering) entsprechen würde.
- ☞ Die Wertung von 0 (= nicht vorhanden oder sehr gering) ist ausgeschlossen, da in diesem Fall kein „Dominierenden Einzelfaktor“ vorliegt. Fraglich ist in diesem Konstrukt bereits, wenn ein „Dominierender Einzelfaktor“ angenommen, ihm aber lediglich ein 25%iger Anteil für die Bewertung der „Dynamischen Risikoverminderung“ zugeordnet wird.

## 11.2.2. Ausprägung des Faktors

Die Ausprägung des „Dominierenden Einzelfaktors“ ist hinsichtlich seiner deliktpräventiven Wirkung zu bewerten.

Bewertungsregeln:

- ☞ 0 (= nicht vorhanden oder sehr gering): Der Faktor entfaltet in seiner aktuellen Ausprägung kein nennenswertes deliktpräventives Potenzial.
- ☞ 1 (= gering): Der Faktor hat in seiner aktuellen Ausprägung eine nur geringgradige deliktpräventive Wirkung.
- ☞ 2 (= moderat): Der Faktor hat in seiner aktuellen Ausprägung eine moderate deliktpräventive Wirkung. Sie ist spürbar und durchaus relevant.
- ☞ 3 (= deutlich): Der Faktor hat in seiner aktuellen Ausprägung eine erhebliche deliktrelevante Wirkung. Sie ist deutlich risikovermindernd.
- ☞ 4 (= sehr stark): Der Faktor hat in seiner aktuellen Ausprägung eine sehr hohe deliktpräventive Wirkung. Sie hat einen ausgeprägt risikosenkenden Effekt.

### 11.2.3. Management psychischer Erkrankungen

*Management psychischer Erkrankungen:* Ausmaß des Managements von Symptomen und Folgewirkungen einer psychischen Erkrankung, die in einem engen kausalen Zusammenhang zum Deliktmechanismus steht.

Das klassische Anwendungsgebiet des „Dominierenden Einzelfaktors“ stellen die Fälle dar, in denen die Symptome psychiatrischer Erkrankungen wie Schizophrenien oder Manien einen engen kausalen Zusammenhang mit dem Deliktverhalten aufweisen. Hier können die ansonsten für den „Therapieverlauf“ in der „Dynamischen Risikoverminderung“ charakteristischen Eigenschaften nicht selten auf den Faktor Krankheitsmanagement übertragen werden. Es ist möglich, dass sie für den Deliktmechanismus die einzige Ursache bilden oder aber einen wesentlichen mitverursachenden Einfluss aufweisen.

In dem Maße, in dem ein Täter einen adäquaten Umgang mit seiner Krankheit und den damit verbundenen Risiken erlernt, erwirbt er aufgrund der engen kausalen Beziehung zum Deliktverhalten in direkter Weise deliktpräventive Fähigkeiten. Allerdings ist das „Management psychischer Erkrankungen“ – wie allgemein beim „Dominierenden Einzelfaktor“ gefordert – nur dann als „Dominierender Einzelfaktor“ zu werten, wenn es persönlichkeitsnah angesiedelt werden kann, die Grundlage mittel- bis langfristiger deliktpräventiver Strategien bildet, unabhängig von äußeren Einflüssen Selbststeuerungspotenzial bietet und damit nachhaltig und langfristig stabilisierbar ist. Es darf sich also nicht nur darum handeln, das Krankheitsmanagement nur durch externe Strukturierung aufzubauen, sondern es muss sich ähnlich wie beim „Therapieverlauf" um eine persönlichkeitsnah beim Täter verankerbare individuelle Fähigkeit handeln.

Das „Management psychischer Erkrankungen" ist möglicherweise entweder gar nicht oder ggfs. als „Labil eigenständig risikorelevanter Faktor" zu werten.

- wenn die psychopathologischen Symptome eher konstellativ, statt kausal mit dem Deliktgeschehen verbunden sind oder
- die wesentlichen deliktpräventiven Fähigkeiten durch die „deliktorientierten Therapievariablen" abzubilden sind oder
- das Krankheitsmanagement nicht im Sinne individueller Fähigkeiten persönlichkeitsnah zu etablieren ist oder
- wenn es nicht mit entsprechender Erfolgsaussicht langfristig stabilisierbar erscheint oder
- es sich aus anderen Gründen nicht als Basis für eine mittel- und langfristige präventive Strategie eignet.

Die Prüfung der genannten Kriterien kann auch bei Vorliegen erheblicher psychiatrischer Erkrankungen dazu führen, das „Management psychischer Erkrankungen" nicht als „Dominierenden Einzelfaktor" einzuordnen. Die Anforderungen dafür, einen „Dominierenden Einzelfaktor" anzunehmen, der die Hauptgruppe „Therapieverlauf" relativiert oder in ihrer Bedeutung in Einzelfällen sogar gänzlich aufhebt, sind hoch. Er sollte daher nur in eindeutigen Fällen Verwendung finden. Die Zurückhaltung hinsichtlich der Anwendung des „Dominierenden Einzelfaktors" hat die bereits eingangs erwähnten Ursachen:

Die differenziertere und breiter abgestützte Beurteilungsgrundlage deliktorientierter Therapievariablen wird zugunsten eines einzelnen globaleren Faktors bzw. Faktorenkomplexes relativiert oder aufgegeben. Damit ist immer ein „Klumpenrisiko" verbunden. Es besteht zudem die Gefahr, die Bedeutung von Merkmalsgruppen zu verringern, die bei näherer Prüfung doch nicht durch den „Dominierenden Einzelfaktor" in der angenommenen Weise kompensiert werden können. Schließlich ist noch die Gefahr zu nennen, dass Faktoren als nachhaltig und nicht abrupt veränderbar angesehen werden, die ihrem Charakter nach tatsächlich aber labil oder nicht genügend persönlichkeitsnah integrierbar sind.

Meistens betrifft das „Management psychischer Erkrankungen“ Täter, bei denen die Symptome einer schizophrenen oder manischen Erkrankung die Grundlage für das Deliktgeschehen bilden. Je nach Einzelfall gibt es eine Vielzahl von Einzelfaktoren, durch die die Effektivität und Stabilität des Krankheitsmanagements eines Täters bestimmt wird. Es sind alle Aspekte zu berücksichtigen, die für das Management der Erkrankung hinsichtlich ihrer risikorelevanten Auswirkungen von Bedeutung sind. Die Ausprägung spiegelt demnach global und zusammenfassend den Zustand aller Einzelaspekte wider, aus denen sich die Managementfähigkeit des Täters zusammensetzt.

Der Ausprägungsgrad der Managementfähigkeiten ist immer darauf zu beziehen, wie gut es dem Täter gelingt, die risikorelevanten Einflüsse seiner Erkrankung kontrollieren und damit reduzieren zu können. Es kommt also nicht primär auf eine Beurteilung des Heilungsprozesses oder auf den generellen Umgang des Täters mit seinen Krankheitssymptomen an.

Leitfragen:

- ✓ Wie gut gelingt es dem Täter, frühzeitig Progredienzzeichen seiner Erkrankung zu erkennen?
- ✓ In welchem Ausmaß besteht eine Krankheits- und Problemeinsicht des Täters?
- ✓ In welchem Ausmaß ist eine der Erkrankung angemessene Compliance des Täters erkennbar?
- ✓ Ist dem Täter die Risikorelevanz seiner Symptome bekannt?
- ✓ Wie gut gelingt es dem Täter, sich in angemessener Weise Hilfe zu suchen?
- ✓ Wie offen berichtet der Täter über möglicherweise bedeutsame Veränderungen seines Zustandsbildes bzw. wie gut sind solche im vorhandenen Betreuungssystem rechtzeitig erkennbar?
- ✓ Ist der Täter zur Einnahme der für die Behandlung der Erkrankung wichtigen Medikamente bereit?

- ✓ Kann der Täter möglicherweise gar eigene, sinnvolle Veränderungen der Medikation in Abhängigkeit von seinem Zustandsbild selbständig vornehmen?
- ✓ Wie weit werden durch die Managementfähigkeiten des Täters die risikorelevanten Folgewirkungen seiner Erkrankung kontrolliert und damit entscheidend vermindert?
- ✓ Wie stabil bzw. wie fluktuierend zeigt sich das Krankheitsmanagement?
- ✓ Wie gut sind die risikorelevanten Folgewirkungen der Erkrankung grundsätzlich behandelbar und somit durch den Täter im Rahmen eines sachgemäßen Umgangs steuerbar?
- ✓ Wie gut und wie stabil sind die Managementfähigkeiten des Täters hinsichtlich risikorelevanter Krankheitsaspekte in der Persönlichkeit integriert?

### 11.2.4. Management somatischer Erkrankungen mit psychischen Folgewirkungen

*Management somatischer Erkrankungen mit psychischen Folgewirkungen:* Ausmaß der Fähigkeit des Täters, mit risikorelevanten Folgewirkungen einer somatischen Erkrankung, die einen engen kausalen Zusammenhang zum Deliktmechanismus aufweist, in angemessener und effektiver Weise umzugehen.

Dieser „Dominierende Einzelfaktor“ ist dem vorangehenden „Management psychischer Erkrankungen“ sehr ähnlich. Ihm liegen die sehr seltenen Fälle somatischer Erkrankungen zugrunde, deren psychische bzw. verhaltensrelevante Aspekte allein oder in wesentlicher Weise mitverantwortlich für den Deliktmechanismus sind. Zu denken ist z. B. an Hirnerkrankungen, Epilepsien oder Stoffwechselerkrankungen. In gleicher Weise wie beim vorangehenden Faktor geht es um die Beurteilung, wie ausgeprägt Managementfähigkeiten des Täters hinsichtlich seiner Erkrankung vorhanden sind, um die risikorelevanten Folgewirkungen zu kontrollieren und damit zu vermindern.

Leitfrage:

Die beim Faktor „Management psychischer Erkrankungen“ dargestellten

Leitfragen sind in analoger Weise anzuwenden, hier bezogen auf eine somatische Erkrankung mit psychischen oder anderen verhaltensrelevanten Folgewirkungen.

## 11.2.5. Dauerhafte psycho-physische Risikoreduktion

*Dauerhafte psycho-physische Risikoreduktion:* Ausmaß einer Risikoverminderung aufgrund eines Alters-, Krankheits- oder anderweitig als dauerhaft anzusehenden Veränderungsprozesses.

Unter der „Dauerhaften psycho-physischen Risikoreduktion" sind Phänomene zu fassen, bei denen aufgrund dauerhafter psycho-physischer Veränderungen eine Verminderung des Risikopotenzials stattfindet.

Es kann sich hierbei um alters- oder krankheitsbedingte Prozesse handeln, die zu Invalidität oder anderweitigen körperlichen, geistigen oder psychischen Einschränkungen führen, durch die das Risiko neuer Deliktbegehungen dauerhaft vermindert wird.

Es ist zu beurteilen, in welchem Ausprägungsgrad die risikorelevanten Aspekte der Persönlichkeit des Täters reduziert werden. Bei diesem Faktor ist in besonderer Weise zu prüfen, ob die angesprochenen Phänomene als „Dominierender Einzelfaktor" eingeordnet werden sollen (sie also die Grundlage für eine mittel- und langfristige Präventionsstrategie bilden), oder ob sich die Risikominderung nicht angemessener im „Korrekturfaktor" abbilden ließe, der Persönlichkeitsveränderungen über eine veränderte Ausprägung der „Spezifischen Problembereiche" erfasst.

Leitfragen:

✓ In welchem Ausmaß wird das Risiko des Täters durch dauerhafte körperliche oder psychische Veränderungsprozesse reduziert?

✓ Ist es dem Täter aufgrund eingeschränkter Fähigkeiten nicht mehr oder nur noch eingeschränkt möglich, die Zieldelikte auszuführen?

✓ Welcher Art sind die zugrunde gelegten Einschränkungen und in welcher Weise wirken sie sich auf evt. zukünftige Deliktbegehungen aus?

✓ Ist es denkbar, dass der Täter seinen früheren Deliktmodus in Anbetracht seiner veränderten Fähigkeit ändert und damit eine Verminderung des Risikopotenzials kompensiert wird?

## 11.2.6. Management einer Suchtmittelproblematik

*Management einer Suchtmittelproblematik:* Ausmaß der Fähigkeiten eines Täters, Folgen einer Suchtmittelproblematik, die einen engen kausalen Zusammenhang zum Deliktmechanismus aufweisen, zu steuern und zu vermindern.

Die schon beim „Management psychischer Erkrankungen" formulierten Anforderungen gelten für das „Management einer Suchtmittelproblematik" in ganz besonderer Weise. Denn nur selten weisen die Managementfähigkeiten einer Suchtmittelproblematik all die Charakteristika auf, die notwendig sind, um sie als „Dominierenden Einzelfaktor" einzuordnen. So gibt es zwar Fälle, in denen ein genügend enger kausaler Bezug zum Deliktgeschehen festgestellt werden kann. Häufig wird das deliktpräventive Potenzial jedoch ausreichend oder gar besser durch die üblichen Merkmalsgruppen des „Therapieverlaufs" abgebildet.

Es kommt hinzu, dass die Managementfähigkeiten hinsichtlich der Suchtmittelproblematik oft nicht genügend persönlichkeitsnah und dauerhaft zu stabilisieren sind, weshalb das mit der Suchmittelproblematik verbundene Phänomen besser unter „Ausprägung Suchtmittelproblematik" im Rahmen der „Labilen eigenständig risikorelevanten Faktoren" erfasst wird.

Die Managementfähigkeiten einer Suchtmittelproblematik als „Dominierenden Einzelfaktor" zu dokumentieren, sollte zudem erst erwogen werden, wenn bereits mehrjährige Erfahrungen vorliegen, in denen sich ein stabiles risikominderndes Fähigkeitsniveau des Täters deutlich gezeigt hat. Aber auch dann muss genau geprüft werden, ob die Managementfähigkeiten tatsächlich einen Teil oder gar alle üblicherweise der „Dynamischen Risikoverminderung" zugrunde gelegten Merkmalsgruppen ersetzen sollen und diese in der Lage sind, mit ihrer Ausprägung ein ähnliches deliktpräventives Potenzial zu realisieren.

Leitfragen:

✓ Weist die Suchtproblematik des Täters einen engen kausalen Zusammenhang mit dem Deliktmechanismus auf?

✓ Sind die beim Täter zu bewertenden Managementfähigkeiten im Umgang mit seiner Suchtproblematik geeignet, stabil und persönlichkeitsnah genug, um darauf eine langfristige deliktpräventive Strategie aufzubauen?

✓ Gibt es Gründe dafür, den Einfluss der deliktorientierten Therapievariablen zumindest teilweise zugunsten des Managements der Suchtmittelproblematik aufzugeben?

✓ Welche Fähigkeiten im Umgang mit seiner Suchtproblematik sind beim Täter zur Reduzierung deliktrelevanter Folgewirkungen besonders entscheidend?

✓ Wie ausgeprägt ist das Problembewusstsein und die Motivation des Täters, sein Suchtverhalten zu kontrollieren?

✓ Gelingt dem Täter eine Entkopplung seiner Suchtproblematik von risikorelevanten Folgewirkungen?

✓ Wie zuverlässig gelingt es dem Täter, Anreizsituationen für erneutes Suchtmittelverhalten aus dem Weg zu gehen?

## 11.2.7. Sonstiges

*Sonstiges:* Restkategorie für hier nicht genannten Einflussvariablen, die als „Dominierender Einzelfaktor“ die Bedeutung der üblichen Merkmalsgruppen in der Hauptgruppe „Therapieverlauf“ relativieren oder aufheben.

Es handelt sich um eine Restkategorie, die nach Möglichkeit vermieden werden sollte. Die schon verschiedentlich angesprochenen Risiken bei der Verwendung des „Dominierenden Einzelfaktors“ sind in dieser Kategorie besonders ausgeprägt. Es sollte genau geprüft werden, ob in einem Einzelfall ein Faktor oder Faktorenkomplex vorliegt, der kausal mit dem Deliktmechanismus verbunden ist und aus dem sich ein eigenständig zu bewertendes deliktpräventives Potenzial erschließt, das anderweitig nicht abgebildet werden kann.

Leitfrage:

✓ Je nachdem um welche Art von Fähigkeiten oder dauerhaften risikoreduzierenden Eigenschaften es sich handelt, können die bei den anderen Faktoren dargestellten Leitfragen eine Orientierung für die Bewertung des Ausprägungsgrades geben.

## 11.2.8. Besonders bedeutsame Merkmalsgruppen

*Besonders bedeutsame Merkmalsgruppen:* Ausmaß deliktorientierter Merkmalsgruppen, die aufgrund einer besonderen Situation im Einzelfall eine Übergewichtung erfahren sollen.

Nicht immer muss es sich bei einem „Dominierenden Einzelfaktor“ um Phänomene handeln, die nicht im „Therapieverlauf“ abgebildet werden. Die Standardbewertung folgt der Hypothese, dass alle Merkmalsgruppen der Hauptgruppe „Therapieverlauf“ mit gleicher Gewichtung in die Gesamtberechnung der „Dynamischen Risikoverminderung“ eingehen. In Einzelfällen kann es aber vorkommen, dass diese gleiche Gewichtung die Wirkstärke der Merkmalsgruppen nicht optimal abbildet. Es gibt Täter, bei denen eine oder zwei Hauptgruppen von hervorragender Bedeutung für das Gesamtpotential der präventiven Wirkung sind. Wollte man diesen Effekt einer einzelfallspezifischen Wichtigkeit verschiedener Hauptgruppen für die gesamte deliktpräventive Wirkung in jedem Einzelfall berücksichtigen, müsste jede Hauptgruppe vor der Gesamtberechnung der „Dynamischen Risikoverminderung“ noch einen Gewichtungsfaktor erhalten. Dieses Vorgehen ist aber weder sinnvoll noch praktikabel. Zum einen besteht die Gefahr, dass eine solche Bewertung bzw. die Relativierung einzelner Hauptgruppen in den meisten Fällen schwierig zu erfassen ist und daher ein verstärkter Anteil spekulativer Bewertungen einfließen würde. Damit verbunden ist das Risiko, dass die Bewertung in eine gewisse Beliebigkeit abgleitet, die stark von den jeweils persönlichen Relativierungen einzelner Faktoren durch einen bestimmten Untersucher abhängt. Zum anderen ist es in den meisten Fällen überaus sinnvoll, von der These der gleichgewichtigen Bedeutung aller Merkmalsgruppen auszugehen.

Mit der Kategorie der „Besonders bedeutsamen Merkmalsgruppen“ wird aber ein Bewertungsspielraum für die Fälle eröffnet, bei denen starke Ungleichgewichte zwischen den einzelnen Merkmalsgruppen bestehen. Damit soll die Möglichkeit für eine Übergewichtung einer einzelnen oder mehrerer Merkmalsgruppen geschaffen werden. Es gelten die gleichen Richtlinien, die auch für die übrigen Kategorien des „Dominierenden Einzelfaktors“ maßgebend sind.

Werden eine oder mehrere Merkmalsgruppen als „Dominierender Einzelfaktor“ stärker gewichtet, dann wird damit die übliche, standardisierte Zusammensetzung aufgehoben. Damit lastet auf den als bedeutsamer eingestuften Merkmalsgruppen eine erheblich höhere Bedeutung. Je nachdem, ob dem „Dominierenden Einzelfaktor“ eine 25%ige, 50%ige, 75%ige oder sogar 100%ige Wirkung auf die Rückfallverhinderung zugeschrieben wird, lässt sich die Bedeutung einer oder mehrerer Merkmalsgruppen sogar außerordentlich bis zu einer absoluten Bedeutung steigern.

Das ist nur in den Fällen gerechtfertigt, in denen mit hoher Plausibilität davon auszugehen ist, dass die so gewerteten Merkmalsgruppen im Einzelfall ein erheblich höheres deliktpräventives Potenzial aufweisen und demgegenüber andere Merkmalsgruppen des „Therapieverlaufs“ relativ vernachlässigbar sind. Es kann sich hier um Fälle handeln, in denen klassische Deliktarbeit nicht möglich ist, das dadurch entstehende Defizit aber z. B. vollumfänglich durch die Eingebundenheit in das therapeutische Programm und Risikomanagementfähigkeiten kompensiert werden kann.

Auch bei der Verwendung dieses Konstruktes ist eine besonders sorgfältige Prüfung erforderlich. Es reicht nicht aus, dass bestimmte Therapieinhalte mit einem Täter schwer oder gar nicht erarbeitbar sind. Es muss die Kompensationsfähigkeit der gewählten Merkmalsgruppen gegeben sein. Einzig das bei den anderen Kategorien erforderliche Kriterium der Kausalität ist bei der Merkmalsgruppe „Besonders bedeutsame Merkmalsgruppen“ keine notwendige Bedingung. Neben der bereits erwähnten Zurückhaltung empfiehlt sich immer eine kritische Selbstreflexion, ob ein solcher Schritt tatsächlich den realen Gegebenheiten entspricht. Keinesfalls sollte dieser Weg dazu gebraucht werden, die Bewertung der „Dynamischen Risikoverminderung“ „aufzubessern“, weil diese dem Untersucher gemäß seinem Gefühl „zu negativ“ vorkommt.

Beispiel:

✗ Ein Klient baut aus seiner starken Bindung zum Therapeuten eine hohe Motivation und eine hohe Sensibilität für die Rückfallverhinderung auf. Das Deliktbewusstsein tritt demgegenüber in seiner Bedeutung in den Hintergrund. Es ist davon auszugehen, dass das Risiko markant gemindert ist, so lange diese Beziehung zum Therapeuten intakt ist und die beschriebene Wirkung hat. Sind zudem mit Ausnahme der Kausalität die weiteren Kriterien erfüllt (geeignet als Grundlage für eine mittel-/langfristige Präventionsstrategie, tendenziell nachhaltig bzw. langfristig auch unabhängig von äußeren Faktoren stabilisierbar, persönlichkeitsnah etablierbar, geeignet für Selbststeuerungsprozesse), kann der „Dominierende Einzelfaktor“ aus einer oder mehreren Merkmalsgruppen bestehen, die bereits im „Therapieverlauf“ bewertet wurden.

Leitfragen:

✓ Gibt es eine oder mehrere Merkmalsgruppen, mit denen im Einzelfall ein besonders hohes deliktpräventives Potenzial verbunden ist?

✓ Warum ist mit den ausgewählten Merkmalsgruppen ein besonderes Wirkpotenzial verbunden?

✓ Welche Mechanismen sind hierbei von Bedeutung?

✓ Sind die ausgewählten Merkmalsgruppen in der Lage, die übliche Bedeutung anderer Merkmalsgruppen zu kompensieren?

✓ Gibt es aufgrund des spezifischen Deliktmechanismus eine besondere – kausal geprägte – Beziehung zwischen einzelnen Merkmalsgruppen und dem Zieldeliktverhalten?

✓ Sind einzelne Merkmalsgruppen in der Lage, alleine oder zu einem wesentlichen Teil zur Deliktverhinderung beizutragen?

## 11.3. Bewertung der dynamischen Risikoverminderung ohne aktuelle Therapie

Es gibt zwei grundsätzlich voneinander zu unterscheidende Situationen, in denen aktuell keine deliktpräventive Therapie durchgeführt wird:

☞ Eine deliktpräventive Therapie ist nicht oder nicht mehr erforderlich. Mögliche Gründe sind:

- Das Rückfallrisiko ist auch ohne Therapie so gering, dass keine Indikation für spezifische Interventionen besteht.

- Die deliktpräventive Therapie wurde durchgeführt und ist mittlerweile abgeschlossen.

☞ Eine deliktpräventive Therapie ist nicht oder noch nicht möglich. Mögliche Gründe sind:

- Eine Therapie wurde noch nicht begonnen (häufig in Begutachtungssituationen).

- Für eine deliktpräventive Therapie besteht keine ausreichende Motivation des Täters.

- Für eine deliktpräventive Therapie bestehen keine ausreichenden Therapiefähigkeiten des Täters.

- Die Erfolgsaussichten einer deliktpräventiven Therapie sind zu gering (Unbehandelbarkeit).

- Eine deliktpräventive Therapie wurde abgebrochen.

- Eine deliktpräventive Therapie wäre zwar wünschenswert, es ist existieren aktuell aber keine Behandlungsmöglichkeiten bzw. adäquate Behandlungsangebote.

Grundsätzlich ist es möglich, die „Dynamische Risikoverminderung" mit den Merkmalsgruppen zu bestimmen, die nicht direkt an die Durchführung einer aktuellen Therapie gebunden sind: „Deliktbewusstsein", „Risikomanagement", „Rückfallsicherheit im Sinne fehlender Vorbereitung" und ggfs. „Deliktrelevante Fantasien". Dieses Vorgehen empfiehlt sich für eine Beurteilung der Fälle, bei denen in der Vergangenheit eine Therapie durchgeführt wurde, die mittlerweile abgeschlossen ist. Dieses Vorgehen kann auch in den Fällen gewählt werden, in denen eine für die Gesamtbeurteilung relevante Ausprägung der „Dynamischen Risikoverminderung" erwartet werden kann, obwohl keine Therapie durchgeführt wurde. Es handelt sich in diesen Fällen also um Fähigkeiten, über die der Täter unabhängig von einem therapeutischen Prozess verfügt. Sie können spontan entstanden, Ergebnis einer eigenen Auseinandersetzung des Täters oder anderer nichttherapeutischer Einflussfaktoren sein.

Bestehen keine Anhaltspunkte für einen solchen Effekt, wird die „Dynamische Risikoverminderung" nicht bewertet. Es werden dann lediglich das „Strukturelle Rückfallrisiko" und die „Beeinflussbarkeit" dargestellt.

Die „Dynamische Risikoverminderung" wird wie folgt kommentiert: Aufgrund des Fehlens einer deliktpräventiv wirksamen therapeutischen Arbeit besteht derzeit keine nennenswerte „Dynamische Risikoverminderung", die ein Gegengewicht zum „Strukturellen Rückfallrisiko" bilden könnte.

Je nach Einzelfall kann diese Aussage durch die Beschreibung „Labil eigenständig risikorelevanter Faktoren“ oder des „Korrekturfaktors“ ergänzt werden. Beide Faktoren wirken – temporär – auf das aktuelle Risiko. Ein „Korrekturfaktor“ könnte sich allerdings nur dann ergeben, wenn eine spontane Persönlichkeitsveränderung eingetreten wäre.

## Teil V.

# AKTUELL WIRKSAME FAKTOREN (AWF)

# 12. AWF: Labile eigenständig risikorelevante Faktoren (LERF)

## Inhaltsangabe



Die Ausprägung der „Dynamischen Risikoverminderung“ bildet die Größe des risikomindernden Gegengewichts, das dem „Strukturelles Rückfallrisiko“ entgegengesetzt wird.

Sie ist in der Regel das Resultat der Ausprägung deliktpräventiver Merkmalsgruppen, die den Zielsetzungen deliktorientierter Therapien entsprechen. In bestimmten Fällen kann zusätzlich ein „Dominierender Einzelfaktor“ mit in die Berechnung eingehen. Bei besonderen Konstellationen kann dieser sogar gänzlich die Ausprägung der „Dynamischen Risikoverminderung“ bestimmen.

Da die „Dynamische Risikoverminderung“ den Verlauf einer Entwicklung abbildet, hat sie naturgemäß einen eher veränderlichen Charakter. Veränderungen können positiv im Sinne einer risikovermindernden Qualität sein. Es sind aber je nach Entwicklung auch Rückschritte möglich, wenn sich die Ausprägung der in der „Dynamischen Risikoverminderung“ zusammengefassten Merkmalsgruppen verringert. Gleichwohl sind die Merkmale der „Dynamischen Risikoverminderung“ zumindest theoretisch auf eine wenigstens mittelfristige Stabilität hin ausgelegt, da sie persönliche Haltungen und affektiv-kognitiv geprägte Fähigkeiten des Täters repräsentieren. Aufgrund ihrer Persönlichkeitsnähe sind die Merkmale Selbststeuerungsprozessen zugänglich und es sind eher allmähliche als abrupte Änderungen zu erwarten. Eine gewisse Abschwächung dieser Prinzipien kann entstehen, wenn der Berechnung der „Dynamischen Risikoverminderung“ auch oder gar ausschließlich ein „Dominierender Einzelfaktor“ zugrunde gelegt wird. Der „Dominierende Einzelfaktor“ ist seiner Funktion und seinem Charakter nach einer oder in Einzelfällen sogar allen Merkmalsgruppen der „Dynamischen Risikoverminderung“ äquivalent. Er sollte damit – zumindest theoretisch – ebenfalls nicht für abrupte Änderungen anfällig sein und in seiner risikomindernden Qualität mittel- bis langfristige Stabilität erreichen können.

Es ist jedoch möglich, dass es neben den in der „Dynamischen Risikoverminderung“ subsumierten Merkmalen andere Einzelfaktoren gibt, durch die das aktuelle Risiko erheblich beeinflusst werden kann. In diesen Fällen wird ein solcher Einfluss auf das aktuelle Rückfallrisiko durch die „Labilen eigenständig risikorelevanten Faktoren“ dokumentiert.

*Charakteristik der „Labilen eigenständig risikorelevanten Faktoren“:* „Labile eigenständig risikorelevante Faktoren“ sind Einflussgroßen, die das aktuelle Rückfallrisiko beeinflussen. Es handelt sich um Faktoren, die nicht in der „Dynamischen Risikoverminderung“ erfasst sind. Das bedeutet auch, dass im Einzelfall die Entscheidung getroffen werden muss, ob ein risikorelevanter Faktor, der eine relevante eigenständige Bedeutung unabhängig von den Therapievariablen hat, als „Dominierender Einzelfaktor“ oder als „Labiler eigenständig risikorelevanter Faktor“ definiert wird. Grundsätzlich empfiehlt sich eine große Zurückhaltung für die Anwendung des „Dominierenden Einzelfaktors". Seine Anwendung ist nur gerechtfertigt, wenn auf ihm tatsächlich eine mittel- und langfristig wirksame deliktpräventive Strategie aufgebaut werden kann. Der „Dominierende Einzelfaktor" muss in diesem Zusammenhang in seiner Bedeutung und Wirksamkeit einen vergleichbaren Stellenwert einnehmen können, wie er üblicherweise den Therapievariablen zukommt (Beispiele siehe oben). In Zweifelsfällen ist es stets zu bevorzugen, entsprechende Faktoren unter den „Labilen eigenständig risikorelevanten Faktoren" zu subsumieren. Letztere sind durch folgende vier Merkmale charakterisiert:

- Eigenständigkeit,
- Labilität,
- Persönlichkeitsferne,
- und geringes Selbststeuerungspotenzial

## 12.1. Eigenständigkeit

Eine Einflussgröße soll nur dann als „Labiler eigenständig risikorelevanter Faktor" gewertet werden, wenn ihm gegenüber der „Dynamischen Risikoverminderung" eine eigenständige Bedeutung zukommt. Es reicht für die Bewertung nicht aus, dass es sich in deliktpräventiver Hinsicht um einen wünschenswerten Faktor handelt. Mit dem Faktor muss eine risikorelevante Bedeutung verbunden sein, die nicht bereits in wesentlicher Hinsicht durch die „Dynamische Risikoverminderung" abgebildet wird oder in erheblicher Weise über diese hinausgeht. Ein labil eigenständig risikorelevanter Faktor besitzt damit eine von anderen deliktpräventiven Merkmalen unabhängige Wirkung, mit der das aktuelle Rückfallrisiko in günstiger oder ungünstiger Weise modifiziert wird.

## 12.2. Labilität, Persönlichkeitsferne und geringes Selbststeuerungspotenzial

Mit Labilität dieser Faktoren ist gemeint, dass sie potenziell abrupt und einschneidend veränderbar sind. Das Klima an einem Arbeitsplatz kann sich verändern oder der Arbeitsplatz kann gar verloren gehen. In einer Beziehung können Krisen auftreten oder es kann zu einer Trennung kommen. In gleicher Weise sind Suchtmittelabstinenz, Wohnsituation, soziales Umfeld, Freundschaften, familiäre Beziehungen und ähnliche Faktoren potenziell in hohem Maße störbar, veränderbar und daher labil. Es kommt hinzu, dass all diese Faktoren eher persönlichkeitsfern und daher externer Natur sind, bzw. wie bei der Abstinenz von Suchtmitteln erfahrungsgemäß auch nach langjähriger Stabilität einer abrupten Veränderungsmöglichkeit ausgesetzt sein können. Darum sind die Möglichkeiten zur weitgehenden aktiven Selbststeuerung dieser Faktoren durch den Klienten erheblich eingeschränkt oder je nach Situation eines Faktor gar nicht gegeben.

Aus diesem Grund eignen sich solche Faktoren nicht dazu, auf ihnen eine mittel- und langfristig wirksame deliktpräventive Strategie aufzubauen. Das bedeutet nicht, dass solche Faktoren nicht trotz ihrer Labilität dennoch eine langfristige Stabilität aufweisen können. Allerdings ist das Erreichen einer langfristigen zeitlichen Stabilität zu wenig aktiv und gezielt steuerbar und zu abrupt und massiv veränderbar, dass sie sich als mittel- und langfristiges strategisches Fundament eignen würden. Darum werden diese risikorelevant wirksamen Faktoren nicht mit den Merkmalen der „Dynamischen Risikoverminderung“ vermischt, sondern in ihrem Einfluss separat auf einer sekundären Beurteilungsebene dokumentiert. Auch wenn sie in einem konkreten Einzelfall langfristig wirksam sein können, handelt es sich ihrem Charakter nach um Einflussgroßen, die aktuell und nicht nachhaltig wirken.

Es könnte der Einwand erfolgen, dass sich auch die im Therapieverlauf abbildenden Inhalte ändern können. Der Unterschied besteht allerdings darin, dass sich in der Regel die persönlichkeitsnäher etablierten deliktorientierten Therapieinhalte nicht gleichermaßen abrupt verändern. Zudem sind sie aufgrund ihrer stärkeren Persönlichkeitsnähe zumindest potenziell weit besser für Selbststeuerungsprozesse geeignet und damit als Fundament einer mittel- und langfristig ausgerichteten deliktpräventiven Strategie. Die Hauptgruppe „Therapieverlauf“ bildet ferner ein breiteres Spektrum ab. „Labile eigenständig risikorelevante Faktoren“ beinhalten hingegen ein gewisses „Klumpenrisiko“. Umso stärker die risikorelevante Wirkung des jeweiligen Faktors ist, desto ausgeprägter entsteht eine Abhängigkeit des Rückfallrisikos von nur einer einzigen und dazu noch potenziell fragilen und wenig steuerbaren Einflussgrösse.

Beispiel:

✗ Ein solcher „Labil eigenständig risikorelevanter Faktor“, der auf das aktuelle Rückfallrisiko wirkt, ist z. B. der Umstand einer sicheren Unterbringung, beispielsweise eine Inhaftierung. Solange der Täter inhaftiert ist, ist das Risiko unabhängig vom Ausprägungsgrad der „Dynamischen Risikoverminderung“ erheblich vermindert. Der Faktor „Inhaftierung“ hat damit eine eigenständig risikorelevante Bedeutung. Diese eigenständige Bedeutung ist sehr hoch, weil mit diesem Faktor allein das gesamte „Strukturelle Rückfallrisiko“ kompensiert werden kann. Der Faktor ist aber insofern zumindest theoretisch labil, weil er sich abrupt ändern kann. Er hat zudem keine nachhaltige Wirkung, weil sich nach seinem – möglicherweise abrupten – Wegfallen umgehend die gesamte Risikosituation gemäß Ausprägung des „Strukturellen Rückfallrisikos“ und der „Dynamischen Risikoverminderung“ verändert. Als typisch externer Faktor ist er zudem persönlichkeitsfern und der Selbststeuerung nicht zugänglich. Der Faktor eignet sich daher nicht für eine mittel- bis langfristige deliktpräventive Verlaufsstrategie. Da der eigenständig risikoreduzierende Effekt einer Inhaftierung des Täters derart offensichtlich ist, wird dieser Faktor in der Regel nicht als labiler eigenständig risikorelevanter Faktor aufgeführt. Wenn die sichere Unterbringung für das Verlaufsmanagement in einem Einzelfall dennoch von Bedeutung ist, kann der Unterbringungsmodus (z. B. Psychiatrische Klinik, Wohnheim etc.) als ein solcher labiler eigenständig risikorelevanter Faktor gewertet werden.

Das Beispiel verdeutlicht all die Kriterien, die für labile risikorelevante Faktoren charakteristisch sind:

- Eine unabhängig von der „Dynamischen Risikoverminderung“ bestehende risikorelevante Eigenständigkeit

- Eine zumindest theoretisch bestehende, abrupte Veränderbarkeit

- Eine aufgrund der Persönlichkeitsferne geringe bzw. aufgehobene Selbststeuerungsmöglichkeit

- und eine damit verbundene mangelnde bzw. aufgehobene Nachhaltigkeit.

## 12.3. Charakteristik

Es gibt „Labile eigenständig risikorelevante Faktoren“, die sich ausschließlich risikoreduzierend und andere, die sich nur risikoerhöhend auswirken. Es gibt aber auch Faktoren, die je nach Ausprägung (Vorhandensein – Nicht-Vorhandensein) sowohl risikovermindernd als auch risikoerhöhend wirken können. Für jeden möglichen Faktor wird daher zunächst immer erst seine Charakteristik bestimmt, also ob es sich um einen protektiven, um einen Risikofaktor oder um beides handelt.

Beispiele:

✗ Ein schizophrener Täter begeht ein Tötungsdelikt. Als „Dominierender Einzelfaktor“ im Sinne einer kausal bezogenen, Erfolg versprechenden mittel- bis langfristigen Strategie wird der Faktorenkomplex Behandlungscompliance, Medikamenteneinnahme und Medikamentenwirkung als „Dominierender Einzelfaktor“ in die „Dynamische Risikoverminderung“ aufgenommen („Management psychischer Erkrankungen“oder „Management somatischer Erkrankungen mit psychischen Folgewirkungen“). Dem „Dominierenden Einzelfaktor“ wird eine wichtige Bedeutung zugemessen. Allerdings ist es bei diesem Täter auch möglich, risikomindernde deliktorientierte Therapieinhalte zu etablieren. Deshalb wird der „Dominierende Einzelfaktor“ mit einer Bedeutung von 50% für die Berechnung der „Dynamischen Risikoverminderung“ angenommen. Als „Labil eigenständig risikorelevanter Faktor“ wird die geeignete Unterbringung als relevant eingeschätzt. Die „Betreuungs- und Behandlungssituation“ ist bei diesem Klienten je nach Zustandsbild der Aufenthalt auf einer forensisch-psychiatrischen Station oder in einer betreuten Wohneinrichtung. Die eigenständige Risikorelevanz dieses Faktors ist nur bei ungünstiger Ausprägung gegeben, der Faktor hat also lediglich hinsichtlich einer Risikoerhöhung, nicht aber hinsichtlich einer Risikominderung eine eigenständige Bedeutung. Das bedeutet, dass es zu einem risikoerhöhenden Effekt kommt, der über die in der „Dynamischen Risikoverminderung“ abgebildeten Faktoren in eigenständiger Weise hinausgeht, für den Zeitraum, in dem sich der Klient nicht in einer angemessenen Unterbringungssituation befindet. Praktisch gesprochen wäre bei diesem Täter z. B. für den Zeitraum einer Entweichung oder in einer Unterbringungssituation, die nicht den fallspezifischen Bedürfnissen gerecht wird, mit einer akut eintretenden Risikoerhöhung zu rechnen. Umgekehrt hat dieser Faktor aber protektiv keine eigenständige Bedeutung, die über die bereits in der „Dynamischen Risikoverminderung“ erfasste Ausprägung hinausgehen würde. Das akute Risiko kann durch ihn demnach nur bei ungünstiger Ausprägung im Sinne eines eigenständigen, riskoerhöhenden Beitrags beeinflusst werden. Je nachdem, ob die eigenständige Bedeutung dieses Faktors als sehr hoch, erheblich, moderat oder gering eingeschätzt wird, würde sich dies in einer entsprechenden Wertung niederschlagen. Ist der Faktor vollumfänglich günstig ausgeprägt, also eine stabile Unterbringungssituation gegeben, dann würde in diesem Fall eine Wertung mit 0 (siehe Hierarchisch gegliedertes Bewertungsprozedere) erfolgen. Seine Wirkung ist dann neutral, d. h. es geht kein eigenständiger risikorelevanter Einfluss ihm aus.

✗ Ein Täter mit einer narzisstisch akzentuierten Persönlichkeit und einer Aggressionsproblematik ist in der Vergangenheit immer wieder gewalttätig gegenüber Beziehungspartnerinnen geworden. Dabei kam es zuletzt zur schweren Verletzung seiner Lebensgefährtin. In diesem Fall liegt kein „Dominierender Einzelfaktor“ vor, sondern die Ausprägung der „Dynamischen Risikoverminderung“ wird allein durch die Erarbeitung deliktorientierter Therapieinhalte und die Veränderung der Persönlichkeitsproblematik bestimmt, wie sie sich im „Therapieverlauf“ abbildet. Die Analyse des früheren Tatverhaltens zeigt, dass Arbeitslosigkeit und Alkoholkonsum zwei tatbegünstigende, konstellative Faktoren sind. Theoretisch wäre zu erwarten, dass diese konstellativen Faktoren bei einer entsprechend stark ausgeprägten „Dynamischen Risikoverminderung“ keine eigenständige Rolle mehr spielen sollten. Im Idealfall wäre der Täter aufgrund seines gewachsenen Deliktbewusstseins, seiner erhöhten Steuerungs- und Risikomanagementfähigkeiten in der Lage, den Alkoholkonsum zu vermeiden bzw. auch nach begrenztem Alkoholkonsum oder in Phasen der Arbeitslosigkeit nicht mehr gewalttätig zu werden. Zumindest aber für die Zeit, in der die „Dynamische Risikoverminderung“ nicht oder noch nicht ein Ausmaß erreicht hat, den Einfluss der konstellativen Faktoren vollständig zu kompensieren, leisten „Arbeitslosigkeit“ und „Alkoholkonsum“ einen eigenständig risikorelevanten Beitrag, der über die in der „Dynamischen Risikoverminderung“ erfasste Ausprägung hinausgeht. Beide Faktoren sind nicht direkt voneinander abhängig, weil der Täter in der Vergangenheit auch Alkohol konsumierte (und darauf folgend die negativen Verhaltenskonsequenzen auftraten), wenn er nicht arbeitslos war. Umgekehrt wurde er in Phasen der Arbeitslosigkeit auch völlig nüchtern gegenüber seiner Partnerin tätlich. Der Zusammenhang zwischen alleinigem Alkoholkonsum und gewalttätigem Verhalten war allerdings weniger stringent als der Zusammenhang zwischen Arbeitslosigkeit und gewalttätigem Verhalten. Mit der Arbeitslosigkeit war in der Vergangenheit immer ein erheblich ausgeprägtes gewalttätiges Verhalten im häuslichen Bereich verbunden. Die eigenständige, risikorelevante Bedeutung des Faktors Arbeitslosigkeit wird daher als erheblich, die des Faktors Alkohol als moderat eingeschätzt. Auch diese Faktoren haben eine eigenständige, über die in der „Dynamischen Risikoverminderung" erfasste Ausprägung hinausgehende Bedeutung nur als risikoerhöhende, nicht aber als zusätzlich risikosenkende (protektive) Faktoren. Genaue Bewertungsrichtlinien sind dem Kaptitel Hierarchisch gegliedertes Bewertungsprozedere zu entnehmen.

## 12.4. Arten von „Labilen eigenständig risikorelevanten Faktoren"

Nachfolgend sind Faktoren aufgezählt, die einen labilen eigenständig risikorelevanten Charakter haben können. Die Bewertung erfolgt nach den oben dargestellten hierarchisch gegliederten Schritten. Unter anderem ist zu entscheiden, ob ein Faktor bei entsprechender Ausprägung risikoerhöhend, protektiv oder beides ist. Vor allem die Annahme, dass einem der nachfolgend genannten Faktoren eine eigenständig protektive Bedeutung zukommt, ist sorgfältig zu überprüfen. Im Sinne der Externalisierung von Verantwortung neigen viele Täter dazu, situative Einflüsse oder äußere Umstände als Gründe oder gewichtige Einflussfaktoren für Delikte anzuführen (Beziehungsschwierigkeiten, Probleme am Arbeitsplatz, Alkoholrückfälle etc.).

Es ist bei jedem der nachfolgenden Einzelfaktoren zu prüfen, ob ihnen tatsächlich eine eigenständige protektive oder risikoerhöhende Wirkung zukommt. In der Regel lassen sich hierfür Hinweise in der Delinquenzvorgeschichte des Täters finden. Sollte einem Faktor protektive Qualität zugewiesen werden, obwohl es in der Vergangenheit für diese positive Wirkung keinen Beleg gibt, dann muss dieser Annahme ein plausibles Konzept zugrunde gelegt werden. Es muss ein konkreter Grund dafür vorliegen, warum etwas, das in der Vergangenheit nicht protektiv wirkte, dies in der Zukunft tun sollte. Ein Täter, der unabhängig davon delinquierte, ob eine

Partnerschaft bestand oder nicht, wird dies mit hoher Wahrscheinlichkeit auch in Zukunft unabhängig von diesem Faktor tun. Auch wenn er selbst eine stabile Beziehung als positiven Faktor angibt, wäre ein neues Konzept von Nöten, welches erklären könnte, warum etwas, das in der Vergangenheit keine präventive Wirkung hatte, diese nun haben sollte. Ähnliches gilt für alle potenziell protektiven Elemente (Partnerschaft, Arbeitsplatz etc.), denen nicht selten per se ohne genaue Prüfung des Einzelfalls protektive Qualität zugebilligt wird. Wird einem Faktor eine protektive bzw. stabilisierende Qualität zugeschrieben, dann ist das Vorhandensein des Faktors, seine Stabilität und seine risikorelevante Intaktheit im Lebenszusammenhang des Täters zu bewerten.

## 12.4.1. Betreuungs- und Behandlungssituation

*Betreuungs- und Behandlungssituation:* Risikorelevantes Ausmaß, in dem die angemessene Betreuung oder Behandlung risikorelevanter Erkrankungen oder Symptome gewährleistet ist, je nach Charakteristik des Faktors risikoerhöhend oder risikovermindernd.

Im Unterschied zum „Dominierenden Einzelfaktor“ sind bei den „Labil eigenständig risikorelevanten Faktoren“ nicht unbedingt persönlichkeitsnahe, sich selbst tragende Managementfähigkeiten im Umgang mit einer risikorelevanten Erkrankung angesprochen. Zwar können auch solche persönlichen Fähigkeiten im Umgang mit der Erkrankung einen wichtigen Teilaspekt darstellen. Es kann je nach Fall aber auch ausreichend sein, dass z. B. durch extern strukturierte Rahmenbedingungen eine regelmäßige Medikamenteneinnahme oder das Wahrnehmen ambulanter oder stationärer Behandlungsangebote gewährleistet ist. Die sicherzustellenden Behandlungs- und Betreuungsangebote beziehen sich nicht auf deliktpräventive Therapien, die durch den Therapieverlauf der „Dynamischen Risikoverminderung“ dargestellt werden. Es handelt sich vielmehr darum, dass den risikorelevanten Symptomen und Folgewirkungen psychischer Erkrankungen durch ein geeignetes Betreuungs- und Behandlungsangebot begegnet wird. Das Behandlungs- und Betreuungsangebot muss nicht zu einer Heilung führen. Es ist lediglich zu beurteilen, ob es hinsichtlich der mit der Erkrankung verbundenen Risiken ausreichend risikovermindernd bei positiver Charakteristik oder bei defizitärer Ausprägung risikoerhöhend ist bei negativer Charakteristik.

Je nach Einzelfall können zur Beurteilung der Ausprägung verschiedene Aspekte im Vordergrund stehen:

- Sicherstellung einer Medikamenteneinnahme
- ausreichende Medikamentenwirkung
- Behandlungscompliance
- Problembewusstsein des Täters
- angemessener Umgang mit Krankheitssymptomen
- Integration in ein geeignetes Behandlungs- oder Betreuungssetting etc.

Leitfragen:

✓ Ist der Täter zu einem adäquat, risikomindernden Umgang mit Symptomen und Folgewirkungen seiner risikorelevanten Erkrankung in der Lage?

✓ Ist die Sicherstellung einer notwendigen Medikamenteneinnahme gewährleistet?

✓ Ist eine ausreichende Medikamentenwirkung gegeben?

✓ Zeigt der Täter gegenüber seiner Erkrankung oder den damit verbundenen Folgewirkungen ein ausreichendes Problembewusstsein?

✓ Wie zuverlässig nimmt der Täter Behandlungsangebote wahr?

✓ In welchem Ausmaß besteht eine grundsätzliche Behandlungscompliance?

✓ Steht ein geeignetes Behandlungs- oder Betreuungsangebot zur Verfügung?

✓ Führen Defizite der aktuellen Behandlungs- und Betreuungssituation zu risikoreichen Entwicklungen?

✓ Wie ausgeprägt sind diese Defizite und ihre Folgen?

## 12.4.2. Arbeitssituation

*Arbeitssituation:* Ausmaß der risikorelevanten Ausprägung der aktuellen Arbeitssituation des Täters, je nach Charakteristik des Faktors risikoerhöhend oder risikovermindernd.

Ist die Arbeitssituation ein protektiver Faktor, dann ist meist die Stabilität des Arbeitsverhältnisses einzuschätzen.

Sind für den Täter darüber hinausgehend weitere mit der Arbeitssituation zusammenhängende Aspekte bedeutsam, um das volle deliktpräventive Potential zu realisieren (Atmosphäre am Arbeitsplatz, Zufriedenheit mit der Arbeitssituation, stabilisierender Einfluss der Arbeit auf die Lebenssituation etc.), sind diese Punkte in der Gesamtbewertung des Faktors zu berücksichtigen.

Ist die Arbeitssituation ein Risikofaktor, dann bezieht sich dies meist auf einen Arbeitsplatzverlust und eine nachfolgende Arbeitslosigkeit.

Aber auch bei negativer Charakteristik können bestimmte Aspekte von besonderer Bedeutung sein. Diese Aspekte prägen dann die Bewertung des Ausprägungsgrades der „Arbeitssituation“. So kann der Faktor beispielsweise trotz Arbeitsplatzverlust lediglich als teilweise oder als gar nicht ausgeprägt bewertet werden, wenn spezifische Merkmale der aktuellen Situation die risikoerhöhende Wirkung vermindern oder gar gänzlich kompensieren. Vielleicht sucht ein Täter während der Arbeitslosigkeit verstärkt therapeutische Hilfe oder er kann mit der vorübergehenden Arbeitsunterbrechung entgegen früheren Erlebensweisen eine positive Qualität verbinden (z. B. willkommene Zäsur im Leben, Chance zur Neuorientierung, Zuversicht, eine neue Anstellung zu finden, verstärkte Freizeitaktivität etc.). Umgekehrt kann auch bei einem bestehenden Beschäftigungsverhältnis eine teilweise oder gar volle Ausprägung des Risikofaktors vorliegen. Vielleicht wirkt die Arbeitsatmosphäre destabilisierend, der Täter ist unzufrieden oder überfordert etc.

Aus den genannten Gründen ist es wichtig, den Faktor „Arbeitssituation“ einer qualitativ, differenzierten Betrachtung zuzuführen und ihn nicht schematisch verkürzt so zu bewerten, dass das Vorhandensein eines Arbeitsplatzes immer positiv und keine Arbeit bzw. der Verlust des Arbeitsplatzes immer negativ beurteilt wird.

Bei einer solchen Betrachtungsweise können die im Rahmen der Arbeit wirksamen Faktoren für die Bewertung verloren gehen. Der entscheidende protektive Effekt der „Arbeitssituation“ besteht häufig darin, dass von der Arbeit eine allgemein stabilisierende, oft selbstwertstärkende, soziale Sicherheit bietende Funktion ausgeht. Ein Arbeitsplatz, an dem sich der Klient unwohl fühlt, möglicherweise unter Druck gerät, kann möglicherweise einen ungünstigen Einfluss ausüben.

Leitfragen:

✓ Ist der Arbeitsplatz gesichert?

✓ Ist der Täter arbeitslos?

✓ Welche Folgen sind mit der Arbeitslosigkeit verbunden?

✓ Kann der Täter mit einer Arbeitslosigkeit möglicherweise konstruktiv umgehen oder entfaltet sie ihr volles Risikopotenzial?

✓ Wie ist das Verhältnis zu Kollegen und zum Chef?

✓ Empfindet der Klient seine Arbeit als befriedigend, kann er sich mit der Tätigkeit identifizieren?

✓ Erhält er am Arbeitsplatz Anerkennung, fühlt er sich durch seine Tätigkeit bestätigt und gestärkt?

### 12.4.3. Freizeitverhalten

*Freizeitverhalten:* Ausmaß der risikorelevanten Ausprägung des aktuellen Freizeitverhaltens des Täters, je nach Charakteristik des Faktors risikoerhöhend oder risikovermindernd.

Steht die Gestaltung bzw. die Nichtgestaltung der Freizeit in einem eigenständigen Zusammenhang zu risikorelevanten Prozessen, wird das „Freizeitverhalten“ in ähnlicher Weise wie die „Arbeitssituation“ erfasst. Es geht also wie beim vorangegangenen Faktor darum, die Faktoren im Freizeitverhalten zu identifizieren, die bei positiver Charakteristik protektiv wirken und diejenigen, die bei negativer Charakteristik einen risikoerhöhenden Einfluss ausüben.

Wiederum sollen keine eindimensionalen Rückschlüsse erfolgen. Kann in einem Fall ein großes Spektrum von Freizeitaktivitäten ein günstiger Faktor sein, so kann es in einem anderen Fall sein, dass lediglich durch eine einzige, aber befriedigend empfundene Art der Freizeitgestaltung ein größerer Effekt erzielt wird als durch ein Freizeitprogramm, das unter theoretischer Betrachtungsweise, differenziert, interessant und ausfüllend erscheint. In protektiver Hinsicht kann das Freizeitverhalten auf den Täter strukturierend, selbstwertstabilisierend und gratifizierend wirken. Es kann dazu führen, soziale Isolation zu verhindern, eine „quasi familiäre Einbindung“ zu vermitteln etc.

In den Fällen, in denen das Freizeitverhalten eine negative Charakteristik aufweist, sind entsprechende Aktivitäten bei ungünstiger Ausprägung häufig mit subkulturellen Betätigungen, delinquenzfördernden Kontakten, einem erhöhten Geldbedarf oder mit Aktivitäten im Bereich von Kampf- und Waffensport verbunden.

Leitfragen:

- ✓ Wie empfindet der Täter seine Freizeitgestaltung?
- ✓ Haben die Freizeittätigkeiten eine Bedeutung für ihn?
- ✓ Vermitteln die Freizeitaktivitäten dem Täter Freude, Ausgleich, Entspannung, Aufmerksamkeit, Bestätigung etc.?
- ✓ Gelingt es dem Täter, mit seinen Freizeitaktivitäten andere defizitäre Lebensbereiche zu kompensieren?
- ✓ Eignen sich die Freizeitaktivitäten als Coping-Strategien?
- ✓ Knüpft der Klient mit seinen aktuellen Freizeitaktivitäten delinquenzfördernde Kontakte?
- ✓ Sind die Freizeitaktivitäten im Bereich von Kampf- oder Waffensport angesiedelt und mit einer möglichen Senkung von Hemmschwellen verbunden?

### 12.4.4. Partnerschaft und Familie

*Partnerschaft und Familie:* Ausmaß der risikorelevanten Ausprägung der aktuellen partnerschaftlichen oder familiären Situation des Täters, je nach Charakteristik des Faktors risikoerhöhend oder risikovermindernd.

Oft werden bei Risikobeurteilungen insbesondere im Hinblick auf Vollzugslockerungen oder Haftentlassungen partnerschaftliche und familiäre Situationen als potenziell protektive Faktoren angesehen. Wie bei allen anderen labilen Faktoren muss aber zunächst geprüft werden, ob diesen Bereichen tatsächlich eine risikorelevante Bedeutung zukommt. Es stellt sich z. B. die Frage, ob partnerschaftliche oder familiäre Situationen in der Vergangenheit eine protektive oder bei einer defizitären Entwicklung eine risikoerhöhende Wirkung hatten oder ob die Risikodisposition unabhängig von diesen Faktoren handlungsrelevant wird.

Die Einordnung partnerschaftlicher oder familiärer Situationen erfolgt, sofern sie eigenständige Risikorelevanz haben, unter den „Labilen eigenständig risikorelevanten Faktoren", weil sie in geradezu klassischer Weise deren Charakteristika aufweisen. Partnerschaftliche und familiäre Situationen können sich abrupt ändern, sind persönlichkeitsfern und damit kaum für Selbststeuerungsprozesse geeignet. Scheinbar stabile Situationen können sich durch Konflikte, Krankheit, Tod oder andere unberechenbare Entwicklungen völlig ändern. Eine mittel- bis langfristige deliktpräventive Strategie kann sich darum auf diese Faktoren nicht abstützen.

Wiederum geht es bei der Bewertung darum, die mit der partnerschaftlichen oder familiären Situation in Zusammenhang stehenden jeweiligen Wirkfaktoren zu identifizieren. Dabei kann es sich um die Stabilität des Verhältnisses handeln, bestimmte Funktionen, die Familienmitglieder oder Partner im Leben des Täters wahrnehmen, bestimmte Rollenverteilungen, die gegeben sein müssen, selbstwertstabilisierende Aspekte, die Gewährleistung von Unterstützung oder sinnstiftende Orientierungen etc.

Ähnlich wie beim Faktor „Arbeitssituation" ist allein das Vorhandensein oder Nichtvorhandensein einer Partnerschaft oder familiären Einbindung weder eine deliktpräventive, noch eine risikoerhöhende Ausprägung. Maßgeblich für die jeweilige Ausprägung des Faktors in günstiger Richtung bei positiver Charakteristik des Faktors und in ungünstiger bei negativer Charakteristik des Faktors sind der Charakter der jeweiligen Situation und die mit dieser Situation verbundenen Folgen in sozialer Hinsicht und für das subjektive Erleben des Täters.

Leitfragen:

✓ Ist der Täter in eine partnerschaftliche oder familiäre Struktur eingebunden?

✓ Welche Funktion hat die Partnerschaft oder die Familie für sein Leben?

✓ Welche subjektiven Erlebensweisen verknüpft der Täter mit seiner aktuellen Partnerschaft oder familiären Situation?

✓ Fühlt sich der Täter in seiner Partnerschaft oder Familie wohl und geborgen?

✓ Wird das Selbstwertgefühl des Täters durch die Familie oder die Partnerschaft gestärkt?

✓ Kann der Täter Probleme innerhalb der Familie oder der Partberschaft adäquat bewältigen?

✓ Ist der Täter grundsätzlich mit seiner partnerschaftlichen und familiären Situation zufrieden?

✓ Ist die partnerschaftliche oder familiäre Situation durch Konflikte geprägt, die risikorelevante Auswirkungen haben?

✓ Werden durch die partnerschaftliche oder familiäre Situation deliktrelevante Handlungsbereitschaften reduziert?

✓ Sind partnerschaftliche oder familiäre Situationen geeignet, Steuerungsmechanismen und Coping-Strategien zu verstärken?

✓ Unterstützen der Partner oder die Familie die Bemühungen des Täters, nicht mehr rückfällig zu werden?

### 12.4.5. Spezifische Konstellationen in Bezug auf bedeutsame Personen

*Spezifische Konstellationen in Bezug auf bedeutsame Personen:* Ausmaß der risikorelevanten Ausprägung der aktuellen Situation des Täters in Bezug auf spezifische Konstellationen hinsichtlich für den Täter bedeutsamer Personen, je nach Charakteristik des Faktors risikoerhöhend oder risikovermindernd.

Manchmal ist nicht die eigene Familie oder die aktuelle Partnerschaft von entscheidender risikorelevanter Bedeutung. Manchmal sind es andere, entferntere Verwandte, Freunde oder anderweitige Personen, denen große Bedeutung zukommt. Es kann sich bei den in dieser Art relevanten Beziehungen beispielsweise um den Kontakt zu einem wichtigen Freund, zu einer väterlichen Autoritätsperson, zu Arbeitskollegen, zu Nachbarn, zu Vereinsmitgliedern, zu weltlichen oder geistlichen Würdenträgern handeln. Besteht eine solche Beziehung mit Relevanz für deliktische Entwicklungen, so wird sie unter den bereits oben beschriebenen Gesichtspunkten bewertet.

✓ Es können die bei „Partnerschaft und Familie“ angeführten Leitfragen in analoger Weise bezogen auf „Spezifische Konstellationen hinsichtlich bedeutsamer Personen“ verwendet werden.

## 12.4.6. Sonstiges soziales Umfeld

*Sonstiges soziales Umfeld:* Ausmaß der risikorelevanten Ausprägung des sonstigen sozialen Umfeldes des Täters, je nach Charakteristik des Faktors risikoerhöhend oder risikovermindernd.

Bei diesem Faktor erfolgt eine globale Beurteilung des gesamten sozialen Umfeldes und der aktuellen sozialen Situation, wenn dies in der vorher beschriebenen Weise von eigenständiger risikorelevanter Bedeutung ist. In der globalen Beurteilung können verschiedene Einzelfaktoren Eingang finden, die hier nicht näher differenziert sind. Der globale Parameter eignet sich dazu, die Stabilisierungen der sozialen Situation zu erfassen, die auf unterschiedlichen, nicht näher differenzierbaren Faktoren beruhen bzw. durch die anderen Faktoren (Arbeitssituation, Freizeitverhalten, Partnerschaft und Familie etc.) nicht angemessen erfasst werden. So ist bei manchen Tätern bei negativer Charakteristik des Faktors eine allgemeine Destabilisierung des sozialen Umfeldes, unabhängig von der Art der Ursache als Risikofaktor zu werten ist. Umgekehrt kann bei positiver Charakteristik des Faktors die gesamthaft nicht näher differenzierte Stabilität des sozialen Umfeldes ein protektiver Faktor sein.

Leitfragen:

✓ Auf welche Weise wirkt das soziale Umfeld in risikorelevanter Hinsicht auf den Täter?

✓ Welche Faktoren sind für die risikorelevante Wirkung in der aktuellen Situation identifizierbar?

✓ Vermittelt die soziale Situation gesamthaft dem Täter Stabilität, Orientierung oder selbstwertstabilisierende, sinnstiftende Erlebensweisen?

✓ Führt die soziale Situation des Täters aktuell gesamthaft zu einer Destabilisierung, zu vermehrter deliktrelevanter Fantasietätigkeit, zur Schwächung deliktpräventiver Motivationen und Verhaltensstrategien etc.?

## 12.4.7. Suchtmittelproblematik

*Suchtmittelproblematik:* Ausmaß der risikorelevanten Ausprägung der aktuellen Situation des Täters im Hinblick auf eine bestehende Suchtmittelproblematik, je nach Charakteristik des Faktors risikoerhöhend oder risikovermindernd.

Suchtproblematiken können nicht nur bei klassischen Betäubungsmitteldelikten aufgrund ihrer ausgeprägten kausalen Beziehung zum Deliktverhalten eine eigenständig risikorelevante Wirkung haben. Auch die Wirkung Hemmschwellen zu senken, unterdrückte Aggressionspotenziale zum Ausdruck zu bringen oder konfliktreiche Interaktionen zu fördern, können bei bestimmten Deliktmechanismen eine eigenständig risikorelevante Bedeutung haben.

Häufig wird dieser Faktor sowohl eine positive als auch eine negative Charakteristik aufweisen. Gerade bei einem engen kausalen Bezug zum Deliktverhalten kann der Suchtmittelkonsum abrupt und automatisch eine erhebliche risikoerhöhende Wirkung haben. Umgekehrt kann in diesen Fällen die Suchtmittelabstinenz mitunter eine erhebliche protektive Einflussgrösse sein, sofern nicht andere Problematiken vorliegen. Es ist bei diesem Faktor aber besonders genau zu prüfen, ob ihm wirklich Eigenständigkeit zukommt und die wesentlichen risikorelevanten Zusammenhänge nicht bereits durch den „Therapieverlauf“ in der „Dynamischen Risikoverminderung“ ausreichend abgedeckt sind. Wenn die Abstinenz von Suchtmitteln oder Suchtmittelrückfälle allein keine eindeutig bestimmende Wirkung entfalten, sind weitere Begleitumstände einzubeziehen, um den jeweiligen Ausprägungsgrad des Faktors zu ermitteln. Solche Umstände können z. B. die sozialen Folgewirkungen des Suchtmittelkonsums betreffen oder je nach Art und Menge des Konsums von Suchtmitteln zu unterschiedlichen Bewertungen (z. B. teilweise und voll ausgeprägt) Anlass geben.

Leitfragen:

✓ Welches sind die sozialen und persönlichkeitsbezogenen Folgewirkungen eines aktuellen Suchtmittelkonsums?

✓ Führt der Suchtmittelkonsum zur Erosion sozialer Beziehungen?

✓ Führt der Suchtmittelkonsum automatisch zu deliktischen Handlungsmotivationen?

✓ Verfügt der Täter trotz seinem Suchtmittelrückfall über Coping- oder Kontrollmechanismen?

✓ Unterscheidet sich der aktuelle Suchtmittelkonsum vom früheren Konsumverhalten, das die Grundlage für deliktische Entwicklungen gebildet hat?

## 12.4.8. Wohn- und Unterbringungssituation

*Wohn- und Unterbringungssituation:* Ausmaß der risikorelevanten Ausprägung der aktuellen Wohn- bzw. Unterbringungssituation des Täters, je nach Charakteristik des Faktors risikoerhöhend oder risikovermindernd.

Wenn bei Tätern zur Verminderung ihrer Deliktgefahr eine institutionelle Betreuung notwendig ist, kann dieser Faktor eine mitunter erhebliche eigenständige Bedeutung aufweisen. Definitionsgemäß werden Haftsituationen nicht unter diesem Punkt gewertet. Haftsituationen sind so eindeutig risikovermindernd, dass sie nicht speziell dokumentiert werden müssen.

Wenn Unterbringungssituationen eine wichtige Bedeutung haben, dann ist zu überlegen, welche Kriterien aufgrund der Risikocharakteristik des Täters erfüllt sein müssen, damit das protektive Potenzial bei positiver Charakteristik bzw. das negative Potenzial bei negativer Charakteristik realisiert wird. So kann ein Täter sich zwar in einer Unterbringung befinden, die Art und Weise der Unterbringung aber defizitär sein und damit risikoerhöhend. Es kann sein, dass chronische Konflikte vorherrschen, das Betreuungs- und Behandlungsangebot unzureichend oder kontraproduktiv, die Unterbringung im Hinblick auf den aktuellen Zustand des Täters zu wenig strukturiert ist etc. Umgekehrt muss das Nichtvorhandensein einer geeigneten Unterbringungssituation in Abhängigkeit vom Deliktmechanismus des Täters je nach Einzelfall nicht umgehend zu einer Erhöhung der Risikosituation führen bzw. kann die risikoerhöhende Wirkung vielleicht durch kompensierende Einflussfaktoren (Familie, ambulante Betreuungsangebote, telefonische Kontakte etc.) zumindest teilweise kompensiert sein.

Leitfragen:

- ✓ Welche Art der Wohnsituation oder Unterbringung ist erforderlich, um das volle deliktpräventive Potenzial zu erzielen?
- ✓ Besteht eine geeignete Unterbringungsmöglichkeit lediglich in angemessenen baulichen bzw. sicherheitstechnischen Voraussetzungen oder ist ein bestimmtes Betreuungs- und Behandlungsangebot in Verbindung mit der Unterbringung erforderlich?
- ✓ Ist bei entsprechender Relevanz dieses Faktors eine ausreichende Betreuung oder Behandlung im Rahmen der Unterbringung gewährleistet?
- ✓ Gibt es Faktoren, durch die die Wirksamkeit der aktuellen Unterbringungsmodalität in positiver oder negativer Hinsicht verändert wird?
- ✓ Gibt es in der aktuellen Wohn- oder Unterbringungssituation Konflikte, die das protektive Potenzial der Wohn- oder Unterbringungsmodalität vermindern?
- ✓ Welchen Sicherheitsstandard muss eine geeignete Unterbringung gewährleisten und ist dieser Sicherheitsstandard in personeller, konzeptioneller und infrastruktureller Hinsicht gewährleistet?

## 12.4.9. Gegenwärtige psychische Verfassung

*Gegenwärtige psychische Verfassung:* Ausmaß der risikorelevanten Ausprägung der aktuellen psychischen Verfassung des Täters, je nach Charakteristik des Faktors risikoerhöhend oder risikovermindernd.

Es versteht sich von selbst, dass die psychische Verfassung eines Täters sowohl in protektiver als auch in risikoerhöhender Hinsicht eine Einflussgrösse darstellen kann. Da dies immer so ist, muss genau geprüft werden, ob in einem speziellen Fall tatsächlich die Kriterien dafür erfüllt sind, die psychische Verfassung als einen eigenständigen risikorelevanten Faktor zu werten. Dies rechtfertigt sich nur, wenn seine Wirkung deutlich über die in der „Dynamischen Risikoverminderung" erfassten Phänomene in davon unabhängiger Weise hinausgeht.

Es kann sich darum handeln, dass bei einem Täter eine bestimmte psychopathologische Symptomatik, chronisch auftretende Gefühle der Unterforderung, der Ohnmacht, der Frustration, des Ärgers oder anderer subjektiven Erlebensweisen eine speziell zu berücksichtigende kognitiv-affektive Ausgangslage für die Entstehung von Deliktmotivationen schafft. Es ist aber keineswegs so, dass dem Faktor der „Gegenwärtigen psychischen Verfassung" lediglich eine Bedeutung als risikoerhöhendem Phänomen zukommt.

Protektive Qualitäten können z. B. längere Phasen der psychischen Ausgeglichenheit darstellen. Zu denken ist aber auch an Depressionen, die möglicherweise Deliktimpulse oder Realisierungsmöglichkeiten dauerhaft vermindern können. Ein häufig anzutreffendes Phänomen, das auch unter der „Gegenwärtigen psychischen Verfassung" zu bewerten sein kann, stellt die Angst vor Strafe oder die Unsicherheit im Hinblick auf ein noch ausstehendes Gerichtsverfahren dar. Die damit verbundenen Gefühle können über eine gewisse Zeit lang einen protektiven Faktor darstellen, wenn sie zu einer bewusstseinsnahen dauerhaften Sensibilisierung führen. Erfahrungsgemäß geht dieser Effekt aber nach einer gewissen Zeit verloren und erweist sich demzufolge als ein typischer „Labiler eigenständig risikorelevanter Faktor". Aus den Beschreibungen geht hervor, dass mit der „Gegenwärtigen psychischen Verfassung" nicht kurzfristige Stimmungsschwankungen gemeint sind, sondern länger anhaltende psychische Grundverfassungen, die den Boden für risikorelevante Entwicklungen bilden. Gerade in der deliktrekonstruktiven Arbeit lässt sich häufig eine spezifische affektive Ausgangslage identifizieren, die als „Grundstimmung" den affektiven Ausgangspunkt für risikorelevante Entwicklungen im Vorlauf einer Deliktbegehung bildet.

Wie erwähnt soll hier noch einmal darauf hingewiesen werden, dass der Faktor nur zu werten ist, wenn er eine wichtige, zusätzliche, nicht anderweitig erfasste, eigenständig risikorelevante Information beisteuert. Obwohl psychische Verfassungen häufig in konstellativer, mitverursachender oder modulierender Hinsicht Risikorelevanz besitzen, erfüllen sie nur selten die Voraussetzungen dafür, als „Labiler eigenständig risikorelevanter Faktor" gewertet zu werden.

Leitfragen:

- ✓ Gibt es einen beschreibbaren Zustand der Verfassung des Täters, der in einer gewissen zeitlichen Stabilität entweder protektiv bei positiver Charakteristik oder risikoerhöhend bei negativer Charakteristik wirkt?
- ✓ Ist die risikorelevante psychische Verfassung durch psychopathologisch fassbare Phänomene gekennzeichnet?
- ✓ Ist die psychische Verfassung tatsächlich über einen gewissen Zeitraum z. B. als Grundstimmung stabil?
- ✓ Auf welche Weise entstehen aus der psychischen Verfassung deliktfördernde oder deliktprotektive Gefühle, Gedanken oder Handlungsbereitschaften?
- ✓ Besteht beim Täter eine längere depressive Entwicklung, die sich bezüglich Handlungsbereitschaften und Umsetzungsmöglichkeiten deliktprotektiv auswirkt?
- ✓ Ist die aktuelle Situation des Täters durch Angst vor Strafverfolgung oder Unsicherheit im Zusammenhang mit einem bevorstehenden Strafverfahren geprägt?
- ✓ Gehen die damit einhergehenden Gefühle des Täters mit einer erhöhten Sensibilisierung gegenüber risikorelevanten Entwicklungen einher?
- ✓ Gibt es beim Täter chronische Zustände der Unterforderung, der Überforderung, der Frustration, der Ausgeglichenheit, der Unzufriedenheit etc., die abseits von aktuellen affektiven Stimmungsschwankungen eine in gewisser Ausprägung zeitlich stabile risikorelevante Wirkung haben?

## 12.4.10. Sonstiges

*Sonstiges:* Ausmaß der risikorelevanten Ausprägung einer aktuellen Situation, die sich auf sonstige, nicht nähere bezeichnete Faktoren bezieht, je nach Charakteristik des Faktors risikoerhöhend oder risikovermindernd.

Es ist möglich, dass in einem speziellen Einzelfall ein bestimmter Faktor von großer Bedeutung ist, der in der hier vorliegenden Aufstellung nicht genannt ist. Findet sich ein solcher eigenständig risikorelevanter Faktor oder Faktorenkomplex, der nicht unter den anderen „Labilen eigenständig risikorelevanten Faktoren" eingeordnet werden kann, dann kann er unter „Sonstiges" bewertet werden. Die bereits dargestellten Bewertungsrichtlinien sind in gleicher Art anzuwenden: Je nach Art des Faktors sind Eigenschaften wie Stabilität, Destabilisierungspotenzial, soziale und subjektive Folgewirkungen für den Täter angemessen zu berücksichtigen.

Da es sich beim Faktor „Sonstiges" um eine undifferenzierte Restkategorie handelt, sollte ihre Anwendung – wenn irgend möglich – vermieden werden.

Leitfragen:

- ✓ Welche Wirkfaktoren werden im Faktor „Sonstiges" abgebildet?
- ✓ Auf welche Weise entfalten sie eine risikorelevante Wirkung?
- ✓ Kann der bewertete Einfluss nicht angemessen unter einem der anderen „Labilen eigenständig risikorelevanten Faktoren" erfasst werden?
- ✓ Welche Folgen zieht die aktuelle Ausprägung des Faktors im persönlichen Erleben des Täters nach sich?
- ✓ Welche sozialen Konsequenzen hat die aktuelle Ausprägung des Faktors „Sonstiges" für den Täter?
- ✓ Entfaltet der Faktor in seiner aktuellen Ausprägung eine protektive Wirkung und wenn ja, auf welche Weise, in welcher Stärke und mit welcher Stabilität?
- ✓ Entfaltet der Faktor in seiner aktuellen Ausprägung eine risikoerhöhende Wirkung und wenn ja, auf welche Weise, in welcher Ausprägung und mit welchen durch den Täter selbst realisierbaren Beeinflussungsmöglichkeiten?

## 12.5. Hierarchisch gegliedertes Bewertungsprozedere

### 12.5.1. Vorgehen

Die Bewertung der „Labilen eigenständig risikorelevanten Faktoren" folgt einem hierarchisch strukturierten Ablauf:

- Schritt 1: Prüfung der Eigenständigkeit (ja / nein)
- Schritt 2: Prüfung der Charakteristik (Risikofaktor / protektiver Faktor / beides)
- Schritt 3: Ausprägung der Eigenständigkeit (1 (= gering) / 2 (= moderat) / 3 (= deutlich) / 4 (= sehr stark))
- Schritt 4: Ausprägung des Faktors in einer aktuellen Situation (neutral / voll ausgeprägt / teilweise ausgeprägt)
- Schritt 5: Gesamteinordnung (Ausmaß der aktuellen Wirkung auf die „Dynamische Risikoverminderung" gemäß Bewertungsstandard)

*Schritt 1: Prüfung der Eigenständigkeit.* Es ist zu beurteilen, ob der Faktor gegenüber der „Dynamischen Risikoverminderung" eigenständige Risikorelevanz besitzt.

Leitfragen:

✓ Hat der Faktor eine gegenüber der „Dynamischen Risikoverminderung" hinausgehende Bedeutung für das aktuelle Rückfallrisiko? Handelt es sich um einen nicht anderweitig bereits weitgehend abgebildeten Einfluss?

✓ Repräsentiert der Faktor eine Wirkung auf das aktuelle Risiko, die weitgehend unabhängig von den Merkmalen der „Dynamischen Risikoverminderung" besteht?

✓ Ist die Wirkung des Faktors nicht durch Fähigkeiten weitgehend kompensierbar, die in der „Dynamischen Risikoverminderung" abgebildet werden?

✓ Bleibt für die Beurteilung des aktuellen Rückfallrisikos eine wesentliche Größe unberücksichtigt, wenn sich diese Beurteilung lediglich auf die "Dynamische Risikoverminderung" stützen würde?

✓ Aus welchem Grund wird der durch den Faktor hervorgerufene Effekt nicht durch bestimmte Merkmale der „Dynamischen Risikoverminderung" abgedeckt?

✓ Leistet der Faktor tatsächlich einen eigenständig risikorelevanten Beitrag oder handelt es sich lediglich um konstellative Erleichterungen oder Erschwernisse für die Deliktprävention?

*Schritt 2: Prüfung der Charakteristik.* In einem zweiten Schritt gilt es zu prüfen, sofern dies nicht schon implizit geschehen ist, ob mit dem Faktor potenziell risikoerhöhende (= negative Charakteristik) oder risikosenkende (= positive Charakteristik) Effekte verbunden sind.

Es gibt drei Möglichkeiten:

- Eine bestimmte Ausprägung des Faktors hat eine risikoerhöhende Wirkung (= Risikofaktor)
- Eine bestimmte Ausprägung des Faktors hat eine risikosenkende Wirkung (= Protektiver Faktor)
- Je nach Art der Ausprägung des Faktors bestehen risikoerhöhende oder risikosenkende Effekte (= Risikofakor und protektiver Faktor)

Leitfragen:

✓ Handelt es sich um einen Risikofaktor oder um einen protektiven Faktor?

✓ Bei negativer Charakteristik: Welche Wirkungen gehen bei ungünstiger Ausprägung von dem Faktor aus, die nicht bereits anderweitig abgebildet werden können?

✓ Bei positiver Charakteristik: Welche Wirkungen gehen bei günstiger Ausprägung von dem Faktor aus, die nicht bereits anderweitig abgebildet werden können?

*Schritt 3: Ausprägung der Eigenständigkeit* Es ist zu beurteilen, wie groß der Einfluss des labilen Faktors bei entsprechender Vollausprägung sein kann.

Meist werden hierzu Erfahrungen aus der Vergangenheit vorliegen. Der Grad der Eigenständigkeit richtet sich danach, ob der Faktor gegenüber der „Dynamischen Risikoverminderung“ lediglich einen modifizierenden Effekt auf das aktuelle Rückfallrisiko hat, oder ob die „Dynamische Risikoverminderung“ erheblich relativiert oder in ihrer Wirkung sogar aufgehoben werden kann (siehe oben).

Der Grad der Eigenständigkeit des labilen Faktors bestimmt das Ausmaß, in dem er unmittelbar das Rückfallrisiko beeinflusst. Es kann sich um einen nur geringgradigen Effekt handeln. Es ist aber auch möglich, dass der Faktor alleine zu akuter Rückfallgefahr führt.

Es werden folgende Ausprägungsgrade der Eigenständigkeit unterschieden:

- 1 (= gering)
- 2 (= moderat)
- 3 (= deutlich)
- 4 (= sehr stark)

Die Stufe 0 (= nicht vorhanden oder sehr gering) ist deswegen nicht möglich, weil der Faktor bei dieser Ausprägung gar nicht erst als eigenständig risikorelevante Größe angesehen werden kann.

☞ 1 (= gering): Der wesentliche Teil risikorelevanter Aspekte wird sowohl in positiver wie auch in negativer Hinsicht durch die „Dynamische Risikoverminderung" abgedeckt. Es ist darüber hinausgehend für das aktuelle Risiko ein eigenständiger, lediglich leicht modifizierender Effekt durch den Faktor vorhanden. Er führt je nach Charakteristik des Faktors – risikoerhöhender oder risikosenkender Effekt – in einer aktuellen Situation zu einer leichten Abschwächung oder zu einer leichten Verbesserung der „Dynamischen Risikoverminderung".

☞ 2 (= moderat): Bei moderater Eigenständigkeit überwiegt die Bedeutung der „Dynamischen Risikoverminderung". Der Faktor hat bei entsprechender Ausprägung aber einen spürbar eigenständigen Einfluss auf das aktuelle Risiko, je nach Charakteristik risikoerhöhend oder risikosenkend. Die Wirkung der „Dynamischen Risikoverminderung" wird dementsprechend moderat modifiziert.

☞ 3 (= deutlich): Die Wirkung des Faktors kann durch die in der „Dynamischen Risikoverminderung" abgebildeten persönlichen Fähigkeiten nur sehr eingeschränkt kompensiert werden. Bei entsprechender Ausprägung des Faktors ist er für das aktuelle Risiko bestimmend, je nach Charakteristik risikoerhöhend oder risikosenkend. Die Wirkung der „Dynamischen Risikoverminderung" tritt demgegenüber in den Hintergrund. Hat der Faktor eine risikoerhöhende Wirkung, ist ein risikosenkender Effekt der „Dynamischen Risikoverminderung" nur noch sehr eingeschränkt in der Lage, das „Strukturelle Rückfallrisiko" zu kompensieren. Es ist nur noch von einer geringen Wirkung auf das „Strukturelle Rückfallrisiko" auszugehen.

Hat der Faktor rückfallsenkende Qualität, kann er eigenständig das „Strukturelle Rückfallrisiko" in ausgeprägter Weise kompensieren.

☞ 4 (= sehr stark): Bei entsprechender Ausprägung ist der labile Faktor für das aktuelle Risiko von dominierender Bedeutung. Gemäß seiner Charakteristik bestimmt er allein in risikoerhöhender oder risikosenkender Weise den auf das "Strukturelle Rückfallrisiko" einwirkenden verlaufsdynamischen Effekt.
Ist der labile Faktor risikoerhöhend und ungünstig ausgeprägt, bedeutet dies, dass das aktuelle Rückfallrisiko dem „Strukturellen Rückfallrisiko" entspricht. Durch die sehr hohe Bedeutung des labilen Faktors wird die Wirkung der „Dynamischen Risikoverminderung" in der aktuellen Situation vollständig überlagert und damit für die Dauer der ungünstigen Ausprägung des labilen Faktors bedeutungslos.
Hat der labile Faktor eine risikosenkende Charakteristik, ist er bei günstiger Ausprägung in der Lage, das strukturelle Rückfallrisiko maßgeblich zu kompensieren.

Leitfragen:

✓ Kann der labile Faktor aktuell gemäß seiner Charakteristik den Effekt der "Dynamischen Risikoverminderung" verbessern bzw. abschwächen?

✓ Kann der labile Faktor gemäß seiner Charakteristik die Wirkung der „Dynamischen Risikoverminderung" aktuell völlig aufheben?

✓ Wie wirkt der labile Faktor bei entsprechender risikorelevanter Ausprägung?

✓ Welche Effekte sind mit welcher „Durchschlagskraft" zu erwarten?

✓ In welchem Ausmaß können die Wirkungen des labilen Faktors durch die „Dynamische Risikoverminderung" aufgefangen (bei negativer Charakteristik = Risikofaktor) oder begrenzt werden (bei positiver Charakteristik = protektiver Faktor)?

*Schritt 4: Ausprägung des Faktors in einer aktuellen Situation.*

☞ Ist der Faktor nicht in der Richtung seiner Charakteristik ausgeprägt (günstig bei einer potenziell negativen risikorelevanten Wirkung oder ungünstig bei einer potenziell positiven risikorelevanten Wirkung), wird die Ausprägung mit 2 (= neutral) gewertet.

☞ Ist hingegen eine Ausprägung in der Richtung der Charakteristik vorhanden, ist das Ausmaß dieser Ausprägung zu bestimmen. Es gibt zwei Möglichkeiten: Die volle oder die teilweise Ausprägung. Bezugspunkt ist stets das volle Potenzial der Risikorelevanz. Wird dieses durch die aktuelle Ausprägung erreicht, dann ist die Wertung „voll ausgeprägt" vorzunehmen. Ist dies nicht der Fall, dann wird die Ausprägung als „teilweise ausgeprägt" bewertet.

☞ Teilausprägungen entsprechen folgenden Stufen:

1. Eigenständige Bedeutung 4 (= sehr stark) und „Teilweise ausgeprägt" entspricht der Wertung: „Eigenständige Bedeutung" 3 (= deutlich) und „voll ausgeprägt".
2. Eigenständige Bedeutung 3 (= deutlich) und „Teilweise ausgeprägt" entspricht der Wertung: „Eigenständige Bedeutung" 2 (= moderat) und „voll ausgeprägt".
3. Eigenständige Bedeutung 2 (= moderat) und „Teilweise ausgeprägt" entspricht der Wertung: „Eigenständige Bedeutung" 1 (= gering) und „voll ausgeprägt".
4. Eigenständige Bedeutung 1 (= gering) und „Teilweise ausgeprägt" entspricht der Wertung: „Neutrale Bedeutung " und „voll ausgeprägt".

Die Bestimmung des Ausprägungsgrades richtet sich stets nach der risikorelevanten Wirkung des Faktors. Wenn z. B. der Verlust des Arbeitsplatzes ein „Labiler eigenständig risikorelevanter Faktor" mit negativer Charakteristik also risikoerhöhend ist, dann muss dieser Faktor nicht automatisch bei Verlust des Arbeitsplatzes voll ausgeprägt sein. Es ist vielmehr zu prüfen, ob aufgrund der Umstände und des Umgangs des Täters mit der Situation tatsächlich das volle risikorelevante Potenzial erreicht wird. Möglicherweise befindet sich der Täter zunächst in einer Phase, in der er sich Hilfe bei der Suche nach einem neuen Arbeitsplatz organisiert und Sekundäreffekte der Desintegration, der dysphorischen Verstimmung etc. noch nicht eingetreten sind. Es kann in diesem Fall von „teilweise ausprägt" gesprochen werden, wenn die erwähnten Begleitumstände geeignet sind, die Risikorelevanz des Faktors zunächst zu relativieren.

Gleiches gilt für Faktoren mit positiver Charakteristik. Wenn beispielsweise das Vorhandensein einer stabilen Partnerschaft ein „Labiler eigenständig risikorelevanter Faktor“ ist, dann beschränkt sich die Prüfung des Ausprägungsgrades nicht nur auf die Frage, ob „irgendeine Beziehung“ vorhanden ist oder nicht. Vielmehr ist zu prüfen, ob diese Beziehung aufgrund der mit ihr verbundenen Begleitumstände und Wirkungen in einer aktuellen Situation das volle risikorelevante Potenzial des Faktors zur Entfaltung bringt. Ist dies nicht der Fall, ist der Faktor „Familie und Partnerschaft“ vielleicht zunächst nur mit „teilweise ausgeprägt“ mit der damit verbundenen Reduzierung des präventiven Potenzials zu bewerten.

Leitfragen:

✓ Wir stark ist der labile Faktor hinsichtlich seiner Risikorelevanz ausgeprägt?

✓ Erreicht der Faktor in seinem gegenwärtigen Zustand das volle Wirkungspotenzial oder ist es nur eingeschränkt wirksam?

✓ Bei günstiger Charakteristik: Wird durch den Ausprägungsgrad des labilen Faktors der volle protektive Effekt erreicht, so wie er dem Ausmaß der Eigenständigkeit entspricht oder sind hiervon Abstriche zu machen?

✓ Bei negativer Charakteristik: Führt der labile Faktor in seiner aktuellen Ausprägung zu dem vollen Ausmaß der Risikoerhöhung, wie dies dem Grad seiner Eigenständigkeit entspricht oder bleibt das Ausmaß begrenzt?

*Schritt 5: Gesamteinordnung.* Gemäß dem standardisierten Bewertungsschema gehen die ermittelten Ausprägungen (Schritt 1-4) in eine Gesamtwertung ein. Sie bringt zu Ausdruck, in welcher Höhe die „Dynamische Risikoverminderung“ hinsichtlich des aktuellen Risikos modifiziert wird.

Der „Labile eigenständig risikorelevante Faktor“ geht nicht in die „Dynamische Risikoverminderung“ ein und führt daher in diesem Bereich nicht zu einer Veränderung. Er hat im Unterschied zur „Dynamischen Risikoverminderung“ keinen mittel- bis langfristigen Charakter. Der „Labile eigenständig risikorelevante Faktor“ beeinflusst lediglich die unmittelbare aktuelle Risikoeinschätzung.

### 12.5.2. Standardisierte Bewertungsregeln

**Modifikation der DY-R: DY-R = aufgehoben**

☞ Charakteristik: negativ = risikoerhöhend = Risikofaktor

☞ Ausprägung der Eigenständigkeit: 4 (= sehr stark)

☞ Ausprägungsgrad des Risikofaktors: voll ausgeprägt

*Gesamteinordnung:* Ein protektiver Schutz durch die DY-R ist aktuell nicht mehr vorhanden, das aktuelle Risiko entspricht dem ST-R.

**Modifikation der DY-R: -1.5**

☞ Charakteristik: negativ = risikoerhöhend = Risikofaktor

☞ Ausprägung der Eigenständigkeit: 3 (= deutlich)

☞ Ausprägungsgrad des Risikofaktors: voll ausgeprägt

oder:

☞ Charakteristik: negativ = risikoerhöhend = Risikofaktor

☞ Ausprägung der Eigenständigkeit: 4 (= sehr stark)

☞ Ausprägungsgrad des Risikofaktors: teilweise ausgeprägt

*Gesamteinordnung:* Ein protektiver Schutz durch die DY-R ist aktuell erheblich vermindert. Es ist eine Verminderung von -1.5 anzunehmen.

**Modifikation der DY-R: -1.0**

☞ Charakteristik: negativ = risikoerhöhend = Risikofaktor

☞ Ausprägung der Eigenständigkeit: 2 (= moderat)

☞ Ausprägungsgrad des Risikofaktors: voll ausgeprägt

oder:

- ☞ Charakteristik: negativ = risikoerhöhend = Risikofaktor
- ☞ Ausprägung der Eigenständigkeit: 3 (= deutlich)
- ☞ Ausprägungsgrad des Risikofaktors: teilweise ausgeprägt

*Gesamteinordnung:* Ein protektiver Schutz durch die DY-R ist aktuell moderat vermindert. Es ist eine Verminderung von -1 anzunehmen.

**Modifikation der DY-R: -0.5**

- ☞ Charakteristik: negativ = risikoerhöhend = Risikofaktor
- ☞ Ausprägung der Eigenständigkeit: 1 (= gering)
- ☞ Ausprägungsgrad des Risikofaktors: voll ausgeprägt

oder:

- ☞ Charakteristik: negativ = risikoerhöhend = Risikofaktor
- ☞ Ausprägung der Eigenständigkeit: 2 (= moderat)
- ☞ Ausprägungsgrad des Risikofaktors: teilweise ausgeprägt

*Gesamteinordnung:* Ein protektiver Schutz durch die DY-R ist aktuell leicht vermindert. Es ist eine Verminderung von -0.5 anzunehmen.

**Modifikation der DY-R: 0 (= neutral)**

- ☞ Charakteristik: negativ = risikoerhöhend = Risikofaktor
- ☞ Ausprägung der Eigenständigkeit: beliebig
- ☞ Ausprägungsgrad des Risikofaktors: nicht ausgeprägt (neutral oder günstig)

oder:

- ☞ Charakteristik: negativ = risikoerhöhend = Risikofaktor

- ☞ Ausprägung der Eigenständigkeit: 1 (= gering)
- ☞ Ausprägungsgrad des Risikofaktors: teilweise ausgeprägt

oder:

- ☞ Charakteristik: positiv = risikosenkend = Protektiver Faktor
- ☞ Ausprägung der Eigenständigkeit: beliebig
- ☞ Ausprägungsgrad des protektiven Faktors: nicht ausgeprägt (neutral oder ungünstig)

oder:

- ☞ Charakteristik: positiv = risikosenkend = Protektiver Faktor
- ☞ Ausprägung der Eigenständigkeit: 1 (= gering)
- ☞ Ausprägungsgrad des protektiven Faktors: teilweise ausgeprägt

*Gesamteinordnung:* Der Faktor hat in der aktuellen Ausprägung keine eigenständige Risikorelevanz. Ein aktueller – nennenswert positiver oder negativer – Einfluss auf DY-R besteht nicht.

**Modifikation der DY-R: + 0.5**

- ☞ Charakteristik: positiv = risikosenkend = Protektiver Faktor
- ☞ Ausprägung der Eigenständigkeit: 1 (= gering)
- ☞ Ausprägungsgrad des protektiven Faktors: voll ausgeprägt

oder:

- ☞ Charakteristik: positiv = risikosenkend = Protektiver Faktor
- ☞ Ausprägung der Eigenständigkeit: 2 (= moderat)
- ☞ Ausprägungsgrad des protektiven Faktors: teilweise ausgeprägt

*Gesamteinordnung:* Ein protektiver Schutz durch die DY-R ist aktuell leicht erhöht. Es ist eine Erhöhung der protektiven Wirkung im Umfang von +0.5 anzunehmen.

**Modifikation der DY-R: + 1.0**

- ☞ Charakteristik: positiv = risikosenkend = Protektiver Faktor
- ☞ Ausprägung der Eigenständigkeit: 2 (= moderat)
- ☞ Ausprägungsgrad des protektiven Faktors: voll ausgeprägt

oder:

- ☞ Charakteristik: positiv = risikosenkend = Protektiver Faktor
- ☞ Ausprägung der Eigenständigkeit: 3 (= deutlich)
- ☞ Ausprägungsgrad des protektiven Faktors: teilweise ausgeprägt

*Gesamteinordnung:* Ein protektiver Schutz durch die DY-R ist moderat erhöht. Es ist eine Erhöhung der protektiven Wirkung im Umfang von + 1 anzunehmen.

**Modifikation der DY-R: + 1.5**

- ☞ Charakteristik: positiv = risikosenkend = Protektiver Faktor
- ☞ Ausprägung der Eigenständigkeit: 3 (= deutlich)
- ☞ Ausprägungsgrad des protektiven Faktors: voll ausgeprägt

oder:

- ☞ Charakteristik: positiv = risikosenkend = Protektiver Faktor
- ☞ Ausprägung der Eigenständigkeit: 4 (= sehr stark)
- ☞ Ausprägungsgrad des protektiven Faktors: teilweise ausgeprägt

*Gesamteinordnung:* Ein protektiver Schutz durch die DY-R ist aktuell erheblich erhöht. Es ist eine Erhöhung der protektiven Wirkung im Umfang von +1.5 anzunehmen.

**Modifikation der DY-R: DY-R = mindestens 3 (= erheblich)**

☞ Charakteristik: positiv = risikosenkend = Protektiver Faktor

☞ Ausprägung der Eigenständigkeit: 4 (= sehr stark)

☞ Ausprägungsgrad des protektiven Faktors: voll ausgeprägt

*Gesamteinordnung:* Ein protektiver Schutz besteht auch unabhängig vom Ausprägungsgrad der DY-R. Dieser durch die sehr hohe eigenständige Wirkung des Faktors protektive Effekt ist für das aktuelle Risiko äquivalent zu einer DY-R in der Höhe von 3.

## 12.5.3. Auswertungsbeispiel

- Strukturelles Rückfallrisiko: 3.5 (= erheblich bis sehr hoch)

- Beeinflussbarkeit: 2 (= moderat)

- Dynamische Risikoverminderung: 2.5 (= moderat bis erheblich)

*Aktuell modifizierende Faktoren:* Labile eigenständig risikorelevante Faktoren: „Arbeitssituation“

☞ Charakeristik: negativ (= Risikofaktor)
☞ Ausprägung der Eigenständigkeit: 4 (= sehr stark)
☞ Aupräguηgsgrad:„teilweise ausgeprägt“ (z. B. Arbeitsplatzverlust mit Kompensationsmechanismen)
☞ Aktueller Effekt: DY-R -1.5

Für die Einschätzung des aktuellen Rückfallrisikos spielt die Arbeitssituation des Täters als ein labil eigenständig risikorelevanter Faktor eine Rolle. Die Risikorelevanz ist bei sehr hoher Eigenständigkeit des Faktors angesichts des Arbeitsplatzverlustes mit allerdings erhaltenen Kompensationsstrategien derzeit „teilweise ausgeprägt“. Die Ausprägung des Faktors führt damit aktuell zu einer Abschwächung der „Dynamischen Risikoverminderung“ im Umfang von – 1.5.

## 12.6. Zusammenhang zwischen „Dynamischer Risikoverminderung“ und “Labilen eigenständig risikorelevanten Faktoren“

Die Existenz „Labil eigenständig risikorelevanter Faktoren“ impliziert eine Schwäche bzw. eine nicht optimale Ausprägung der „Dynamischen Risikoverminderung“. Bei optimaler Ausprägung der „Dynamischen Risikoverminderung“ verfügt ein Täter über ein solches Ausmaß persönlicher deliktpräventiver Fähigkeiten, dass es auch in schwierigen Lebenssituationen nicht mehr zu einer relevanten Rückfallgefahr kommt. Der Verlust eines Arbeitsplatzes, die Trennung von einem Lebenspartner, die Änderung einer Aufenthalts- oder Betreuungssituation, familiäre Probleme, der Konsum von Suchtmitteln oder andere ungünstige Entwicklungen können nicht dazu führen, dass mit der „Dynamischen Risikoverminderung“ verbundene deliktpräventive Potenzial abzuschwächen.

In einer optimalen Situation besteht zwischen der „Dynamischen Risikoverminderung“ und labilen Faktoren und damit gleichermaßen zwischen der Rückfallgefahr und labilen Faktoren kein Zusammenhang mehr, was bedeutet, dass dann kein „Labiler eigenständig risikorelevanter Faktor“ mehr vorliegt.

Ein „Labiler eigenständig risikorelevanter Faktor“ liegt nur dann vor, wenn diesem Faktor eine eigenständig, unabhängig von der „Dynamischen Risikoverminderung“ oder über sie hinausgehende Bedeutung zukommt. Diese Eigenständigkeit ist nicht gegeben, wenn ein Faktor die Deliktprävention erleichtert oder erschwert, also lediglich das Anforderungsniveau für die Deliktprävention verändert.

Beispiel:

✗ Wenn Alkoholkonsum ein konstellativer Faktor für Tatbegehungen ist, dann muss das nicht unbedingt bedeuten, dass Alkoholkonsum auch ein „Labiler eigenständig risikorelevanter Faktor“ ist. Der Täter ist bei Alkoholkonsum stärker gefordert: Es fällt ihm schwerer, sein Niveau von „Ehrlichkeit und Offenheit“ und der „Mitarbeit in der Therapie“ aufrechtzuerhalten. „Deliktbewusstsein“ und „Risikomanagementfähigkeiten“ sind in besonderer Weise beansprucht. Der Täter ist aber mit seinem erreichten Niveau der „Dynamischen Risikoverminderung“ prinzipiell und erfolgversprechend in der Lage, den mit dem Alkoholkonsum verbundenen Risiken zu begegnen. „Deliktbewusstsein“, „Risikomanagementfähigkeiten“ und all die anderen in der „Dynamischen Risikoverminderung“ erfassten Fähigkeiten erlauben es ihm, die unter aktuell auftretenden und sich verstärkenden deliktischen Handlungsimpulse anders als in der Vergangenheit frühzeitig genug zu erkennen und zu kontrollieren. Er ist zwar bemüht, seinen Alkoholkonsum und die damit verbundenen sozialen Folgen sobald als möglich „in den Griff zu bekommen“. Mit den deliktrelevanten Auswirkungen kann er aber unabhängig vom grundsätzlichen Erfolg seiner Bemühungen auch während des Alkoholkonsums umgehen. In diesem Fall stellt der Rückfall in das frühere Trinkverhalten zwar eine erhebliche Erschwernis für den Täter dar. Eine Eigenständigkeit dieses labilen Faktors ist in vorliegendem Fall aber nicht gegeben. Das Beispiel macht deutlich, dass es immer auch von der Charakteristik und dem Ausprägungsgrad der „Dynamischen Risikoverminderung“ abhängt, ob ein labiler Faktor – überhaupt bzw. immer noch oder schon wieder – eine eigenständige risikorelevante Bedeutung hat oder nicht. Diese Einschätzung kann daher in Abhängigkeit von der Verlaufsentwicklung variieren.

### 12.6.1. Ausführliches Beispiel für die Differenzierung zwischen „Dominierendem Einzelfaktor“ und „Labil eigenständig risikorelevanten Faktoren“

✗ Ein Täter aus einem afrikanischen Land hält sich illegal in der Schweiz auf. In nüchternem Zustand ist er im Kontaktverhalten eher gehemmt, unsicher und zurückhaltend. Er zeigt sich bemüht, sozialen Erwartungen gerecht zu sein. Im Rahmen des Asylverfahrens und der damit verbundenen unsicheren Aufenthaltssituation sind zunehmend psychische Belastungssymptome feststellbar. Der Täter beginnt vermehrt Alkohol zu trinken. Unter Alkoholeinfluss neigt er im Gegensatz zu der sonst spürbaren Aggressionshemmung zu aggressiven Impulsdurchbrüchen. Er ist mehrfach in Schlägereien verwickelt, in denen er stets auf vermeintliche Provokationen zu reagieren glaubt. Der Täter bemüht sich darum, Beziehungen zu Frauen aufzunehmen. Seine diesbezüglichen Bemühungen sind nicht von Erfolg gekrönt.
Schließlich kommt es zu insgesamt vier Vergewaltigungsversuchen, die unter Alkoholeinfluss stattfinden. In den Sexualdelikten zeigt sich die

auch in den Schlägereien sichtbare impulshafte Aggressivität. Indem der Alkohol Hemmschwellen senkt, kommt die ansonsten unterdrückte Aggressivität zum Ausdruck. Die Sexualdelikte weisen keine Anzeichen für Planungen auf. Der Täter verfolgt Frauen, mit denen er beispielsweise gemeinsam im Bus fährt. Er fragt sie, ob sie mit ihm Sex haben wollen. Als die Opfer dies ablehnen, versucht er sie festzuhalten und im Genitalbereich zu berühren. Wenn der Täter auf spürbaren Widerstand stößt, lässt er von seinen Opfern ab. Allerdings ist eine zunehmende Progredienz in der Gewaltanwendung insofern feststellbar, als er beim vierten Delikt das Opfer auf den Boden drückt und zunächst auch gegen Widerstand dessen Hose öffnet.

Der Täter selbst erklärt zu seinem Tatverhalten später, er habe einerseits eine Freundin gesucht, andererseits glaube er, die Opfer könnten möglicherweise erregt werden, wenn er sich nur nicht vorschnell abweisen lasse.

Klar erkennbar ist in diesem Fall, dass der Alkoholkonsum zu einer deutlichen Verhaltensänderung des Täters führt. Dies ist auch durch verschiedene Drittpersonen für deliktunabhängige Situationen beschrieben. Beim Täter liegt keine eigenständige chronifizierte Vergewaltigungsdisposition vor. Vielmehr wird unter Alkoholeinfluss eine aggressive Reaktionsbereitschaft hervorgerufen. Außerdem neigt der Täter unter Alkoholeinfluss zu verzerrten Wahrnehmungen sozialer Situationen. Er selbst erlebt seine Verhaltensweisen unter Alkohol als Steuerungsverlust.

Dem Täter gelingt es, nach seinen Delikten eine Beziehung zu einer einheimischen Frau aufzunehmen und diese schließlich zu heiraten. Im Rahmen der Ehe erreicht er es, auch nach bestätigten Berichten verschiedener Drittpersonen bis zum Beurteilungszeitpunkt zwei Jahre alkoholabstinent zu leben. In diesen zwei Jahren kommt es weder zu neuerlichen Sexualdelikten, noch zu sonstigen Gewalttätigkeiten.

Es ist in diesem Fall deutlich, dass die Faktoren „Alkoholabstinenz“ und „Partnerschaft“ eine erhebliche protektive Bedeutung haben. Beide Faktoren werden als „Labil eigenständig risikorelevante Faktoren“ eingeordnet. Der Alkoholabstinenz kommt dabei eine sehr hohe eigenständige Bedeutung, dem Faktor Partnerschaft eine erhebliche eigenständige Bedeutung zu. Die Bewertung wird wie folgt vorgenommen:

### *12.6. Zusammenhang zwischen „Dynamischer Risikoverminderung" und "Labilen eigenständig risikorelevanten Faktoren"*

*Mittel- bis langfristiges, auf den primären Beurteilungsebenen abgebildetes Risiko:*

- Strukturelles Rückfallrisiko: 2.5 (= moderat bis erheblich)
- Beeinflussbarkeit: 1.5 (= gering bis moderat)
- Dynamische Risikoverminderung = Aufgrund des Fehlens einer deliktorientierten Therapie besteht derzeit noch kein persönlichkeitsnah etablierter deliktpräventiver Effekt.

*Aktuell wirksame Faktoren (AWF)*

- Labile eigenständig risikorelevante Faktoren (siehe Bewertungsregeln):
- „Suchtmittelproblematik" (hier: Alkoholabstinenz) = Sehr starke Eigenständigkeit des protektiven Faktors und voll ausgeprägt: Entspricht aktuell einer DY-R = mindestens 3
- „Partnerschaft und Familie" (hier: intakte Partnerschaft) = deutliche Eigenständigkeit des protektiven Faktors und voll ausgeprägt: Entspricht aktueller einer DY-R - 1.5.
- „Korrekturfaktor" (KF) spezifische Problembereiche mit Tatrelevanz: Bislang unverändert.

*Interpretation:* Das aktuelle Rückfallrisiko des Täters ist derzeit gering. Dem „Strukturellen Rückfallrisiko" von 2.5 (= moderat bis erheblich) wirken die protektiven Faktoren „Alkoholabstinenz" und „Partnerschaft" entgegen. Die Wirkung der Alkoholabstinenz ist aktuell äquivalent zu einer „Dynamischen Risikoverminderung" in der Ausprägung von 3 (= erheblich).

„Labil eigenständig risikorelevante Faktoren" sind allerdings nicht nachhaltiger Natur und können sich dementsprechend abrupt ändern. Sollte der Täter wieder Alkohol konsumieren oder sich seine Beziehungssituation verschlechtern, würde das Gesamtrisiko umgehend ansteigen. Da eine „Dynamische Risikoverminderung" derzeit noch nicht besteht, stünde dem „Strukturellen Rückfallrisiko" von 2.5 (= moderat bis erheblich) in diesem Fall kein risikosenkendes Potenzial gegenüber.

*Empfehlungen in diesem Fall:* Aus diesen Gründen wird empfohlen, sowohl eine abstinenzorientierte Psychotherapie zur langfristigen Stabilisierung der Alkoholabstinenz und zusätzlich eine deliktorientierte Psychotherapie zum Aufbau persönlichkeitsnaher mittel- bis langfristig wirksamer deliktpräventiver Fähigkeiten durchzuführen.

In diesem Beispiel wurde keiner der beiden Faktoren "Suchtmittelproblematik" und „Partnerschaft und Familie" als „Dominierender Einzelfaktor" bewertet. Beide Faktoren wirken innerhalb des Deliktmechanismus eher konstellativ begünstigend als kausal und eignen sich in vorliegendem Fall nicht, um auf ihnen zum gegenwärtigen Zeitpunkt die mittel- und langfristige deliktpräventive Strategie aufzubauen.

Es könnte diskutiert werden, ob in den Delikten nicht hauptsächlich eine ansonsten hinter der Aggressionshemmung verborgene Verhaltensdisposition zum Ausdruck kommt. Dann wäre der Alkoholkonsum eindeutig konstellativ statt kausal. Der Faktor „Partnerschaft und Familie" ist ohnehin als stärker konstellativ begünstigend als primär verursachend anzusehen.

Es wäre aber durchaus möglich, zumindest dem Faktor „Suchtmittelproblematik" eine stärker kausale Funktion für den Deliktmechanismus zuzuschreiben. Aber auch dann wäre ein weiteres Kriterium für den "Dominierenden Einzelfaktor" nicht erfüllt. Die im „Therapieverlauf" erfassten deliktpräventiven Fähigkeiten könnten auch in vorliegendem Fall erarbeitet werden und hätten ein erfolgversprechendes Potenzial. Der Alkoholkonsum bliebe zwar ein „Labil eigenständig risikorelevanter Faktor". Es drängt sich aber nicht auf, ihn auf Kosten der üblichen Therapievariablen ins Zentrum der mittel- bis langfristigen Präventionsstrategie zu rücken.

Es ist anzunehmen, dass der Täter langfristig und persönlichkeitsnah seine Fähigkeiten im Umgang mit seiner Alkoholproblematik verbessert. In fünf Jahren kommt es lediglich zu zwei kurzeitigen Alkoholrückfällen. Der Täter ist in der Lage, dies als Problem zu erkennen und sich an seine Therapeuten zu wenden. Er zeigt sich dem mit seinem Alkoholkonsum verbundenen Rückfallpotenzial gegenüber wachsam und es kommt zu keinen deliktrelevanten Situationen.

Bei dieser Ausgangslage würde sich die „Ausprägung der Suchtproblematik" und ihre „Bedeutung für zukünftiges Tatverhalten" ändern. Beide Merkmale wären verglichen mit der ursprünglichen Einschätzung in der Hauptgruppe „Spezifische Problembereiche mit Tatrelevanz" im „Strukturellen Rückfallrisiko" geringer ausgeprägt. Schon in den Jahren zuvor war für die Bewertung des aktuellen Rückfallrisikos ein Korrekturfaktor von - 1 auszuweisen. Nach fünfjähriger Stabilität dieser Veränderung könnte dann erwogen werden, das „Strukturelle Rückfallrisiko" geringer zu bewerten, wenn die festgestellte Veränderung der „Suchtproblematik“ anhand der bisherigen langjährigen Erfahrungen als dauerhaft im Sinne einer Persönlichkeitsveränderung beurteilt wird (siehe „Korrekturfaktor“).

# 13. AWF: Korrekturfaktor (KF)

Wie bereits an anderer Stelle erwähnt, ist ausgesprochene Zurückhaltung dabei angebracht das „Strukturelle Rückfallrisiko" nachträglich zu korrigieren. Wenn die ursprüngliche Einschätzung nicht auf nachweislich falschen Grundlagen beruht, soll eine Anpassung des „Strukturellen Rückfallrisikos" frühestens nach Ablauf von fünf – selbstverständlich meist rückfallfreien – Jahren vorgenommen werden.

Aber auch nach Ablauf dieser Zeitdauer ist dies nur zulässig, wenn der Beurteiler über sehr sichere Beurteilungsgrundlagen und möglichst detaillierte Informationen über den Verlauf der mindestens fünfjährigen Beobachtungsdauer verfügt.

Änderungen des „Strukturellen Rückfallrisikos" entsprechen Veränderungen der grundlegenden Risikodisposition und sind damit gleichbedeutend mit Persönlichkeitsveränderungen. Ob und in welchem Umfang diese im Einzelfall erreichbar sind, ist je nach Persönlichkeit des Täters und seiner Entwicklung sehr unterschiedlich. Für eine nachhaltige Verbesserung der gesamthaften Legalprognose ist es keineswegs erforderlich, dass eine solche Persönlichkeitsveränderung stattfindet. Es reicht aus, wenn das „Strukturelle Rückfallrisiko" in nennenswerter Weise durch die „Dynamische Risikoverminderung" kompensiert werden kann.

Nichtsdestotrotz kann es sowohl in der spontanen Entwicklung des Längsverlaufs als auch unter dem gezielten Einfluss therapeutischer Arbeit im Laufe der Jahre zu Veränderungen grundlegender Persönlichkeitsmerkmale kommen. Solche Persönlichkeitsveränderungen können zur Veränderung der strukturellen Risikodisposition führen.

*Das „Strukturelle Rückfallrisiko" setzt sich bekanntermaßen aus drei Hauptgruppen zusammen:* „Delinquenznahe Persönlichkeitsdisposition", „Spezifische Problembereiche mit Tatrelevanz" und „Tatmuster". Diese sind für Veränderungen in unterschiedlichem Ausmaß zugänglich:

Die „Delinquenznahe Persönlichkeitsdisposition" enthält verschiedene per-

sönliche Merkmale (z. B. „Identifizierung mit krimineller Kultur", „Persönlichkeitsstörung" u. a.) und persönlichkeitsbezogene Verhaltensdispositionen (z. B. „Instrumentalisierung von Beziehungen"), die prinzipiell zwar einem Veränderungsprozess zugänglich wären. Die gesamte Hauptgruppe ist
aber einerseits stark biografie- und kriminalitätsorientiert. Andererseits bildet sie eine kriminalitätsassoziierte Persönlichkeitsdisposition ab, für die ein hoher Chronifizierungsgrad anzunehmen ist. Aus diesen Gründen bleibt sie auch bei positiver Verlaufsentwicklung in der Bewertung unverändert.

In den „Spezifischen Problembereichen mit Tatrelevanz" werden ausschließlich persönlichkeitsbezogene Problembereiche dargestellt. Sofern risikorelevante Persönlichkeitsveränderungen eintreten, sind davon zwingend diese beim Täter vorhandenen relevanten Problembereiche betroffen.

Darum werden die beim „Strukturellen Rückfallrisiko" in der Hauptgruppe der „Spezifischen Problembereiche mit Tatrelevanz" bewerteten Merkmalsgruppen auf eventuell eingetretene Veränderungen hin untersucht.

Eine risikorelevante Veränderung würde sich demnach in einer veränderten Bewertung einer oder mehrerer Merkmalsgruppen ausdrücken. Theoretisch könnte diese Veränderung positiver oder negativer Natur sein, also zu einer geringeren oder deutlicheren Ausprägung einer oder mehrerer Merkmalsgruppen führen. Eine veränderte Ausprägung in den Merkmalsgruppen kann eine Veränderung des Wertes der „Spezifischen Problembereiche" zur Folge haben. Einer solchen Entwicklung wird durch den "Korrekturfaktor" Rechnung getragen.

Der Berechnung des „Korrekturfaktors" werden die früheren Werte der "Delinquenznahen Persönlichkeit", des „Tatmusters" und der neu bestimmte Wert für die „Spezifischen Problembereiche mit Tatrelevanz" zugrunde gelegt. Ergibt sich daraus ein veränderter Wert für das „Strukturelle Rückfallrisiko", dann bestimmt die Differenz zwischen diesem neuen und dem tatsächlichen – ursprünglichen – Wert für das „Strukturelle Rückfallrisiko" die Ausprägung des „Korrekturfaktors".

Das Tatmuster ist unveränderbar.

Der „Korrekturfaktor" darf nicht mit einer nachträglichen Neuberechnung des „Strukturellen Rückfallrisikos" verwechselt werden, die frühestens nach Ablauf von fünf Jahren und dann auch nur unter den oben dargestellten

Bedingungen erwogen werden kann. Der „Korrekturfaktor“ stellt eine Simulation dar: Welchen Wert hätte das „Strukturelle Rückfallrisiko“, wenn die aktuelle Ausprägung der „Spezifischen Problembereiche mit Tatrelevanz“ zugrunde gelegt würde? Die damit verbundene Aussage ist ähnlich dem aktuellen Ausprägungsgrad der „Labilen eigenständig risikorelevanten Faktoren“ eher kurzfristiger Natur und bildet in einer Querschnittsbetrachtung die aktuelle Risikosituation ab. Der „Korrekturfaktor“ ist darum Teil der „Aktuell wirksamen Faktoren“, welche die sekundäre Beurteilungsebene bilden.

## 13.1. Auswertungsbeispiel

*Primäre Beurteilungsebenen:* Strukturelles Rückfallrisiko: 3 (= erheblich). Bestehend aus:

- Delinquenznahe Persönlichkeitsdisposition: 2 (= moderat)
- Spezifische Problembereiche mit Tatrelevanz: 3.5 (= erheblich bis sehr hoch)
- Tatmuster: 2.5 (= moderat bis erheblich)
- Beeinflussbarkeit: 2 (= moderat)
- Dynamische Risikoverminderung: 2.5 (= moderat bis erheblich)

*Sekundäre Beurteilungsebene:* Aktuell modifizierende Faktoren (AWF): „Labile eigenständig risikorelevante Faktoren“: „Arbeitssituation“

- Charakteristik: negativ (= Risikofaktor)
- Ausprägung der Eigenständigkeit: 4 (= sehr stark)
- Ausprägungsgrad: „teilweise ausgeprägt“
- Aktueller Effekt: DY-R -1.5

„Korrekturfaktor“ (KF):

- Spezifische Problembereiche mit Tatrelevanz: 3.5 (s. oben).
- Aktuelle Berechnung des „Strukturellen Rückfallrisikos“:

- Delinquenznahe Persönlichkeitsdisposition: 2 (= moderat) (s. oben)
- Tatmuster: 2.5 (= moderat bis erheblich) (s. oben)
- Spezifische Problembereiche mit Tatrelevanz gemäß Verlaufsbeurteilung: 2.5 (= moderat bis erheblich)
- Korrekturfaktor ist damit - 0.5
- Aktuelles „Strukturelles Rückfallrisiko": 2.5 (= moderat bis erheblich)

Im vorliegenden Fall liegen damit folgende Werte vor:

Mittel- bis langfristiges durch die primären Beurteilungsebenen abgebildetes Risiko:

- Strukturelles Rückfallrisiko: 3 (= erheblich)
- Beeinflussbarkeit: 2 (= moderat)
- Dynamische Risikoverminderung: 2.5 (moderat bis erheblich)

Aktuell wirksame Faktoren auf der sekundären Beurteilungsebene:

☞ „Labil eigenständig risikorelevante Faktoren" (siehe Bewertungsregeln) = DY-R - 1.5

☞ „Korrekturfaktor": - 0.5 (Aktuell entsprechend einem ST-R von 2.5).

*Interpretation:* Für die Einschätzung des aktuellen Rückfallrisikos spielt die Arbeitssituation des Täters als ein labil eigenständig risikorelevanter Faktor eine Rolle. Die Risikorelevanz ist bei sehr hoher Eigenständigkeit des Faktors angesichts des Arbeitsplatzverlustes mit allerdings erhaltenen Kompensationsstrategien derzeit nur „teilweise ausgeprägt". Die Ausprägung des Faktors führt damit aktuell zu einer Abschwächung der „Dynamischen Risikoverminderung" im Umfang von – 1.5. Dem „Strukturellen Rückfallrisiko" ist im aktuellen Querschnitt ein Korrekturfaktor von – 0.5 zugeordnet.

# Index

# Literaturverzeichnis

[1] V. Dittmann. Integrative Konzepte in der modernen forensischen Psychiatrie. *Therapeutische Umschau*, 53(3):237–346, 1996.

[2] H. Steinböck. Das Problem schwerer Gewalttaten und deren Prognostizierbarkeit. *Recht & Psychiatrie*, 15:67–77, 1997.

[3] N. Luhmann. *Soziale Systeme*. Suhrkamp, Frankfurt am Main, 1987.

[4] H. Zipf. Die Bedeutung der Kriminalprognose im deutschen, österreichischen und schweizerischen Strafrecht. *Forensia Jahrbuch*, 3, 1992.

[5] B. Mitterauer. Die Logik der Relevanz prognostischer Aussagen - aufgezeigt am Beispiel der Gefährlichkeitsprognose. *Forensia Jahrbuch*, 3:17–27, 1992.

[6] H. J. Steadman. Predicting dangerousness among the mentally ill. *International Journal of Law and Psychiatry*, 6:381–390, 1983.

[7] N. Nedopil. Die Bewährung von Prognosekriterien im Maßregelvollzug. *Forensia Jahrbuch*, 3:55–63, 1992.

[8] K. P. Dahle. Kriminalprognosen im Strafrecht: Psychologische Aspekte individueller Verhaltensvorhersagen. In M. Steller and R. Volbert, editors, *Psychologie im Strafverfahren*, pages 119–140. Huber, Bern, 1997.

[9] M. Bock. Gegenwärtiger Stand der kriminologischen Prognoseforschung. *Forensia Jahrbuch*, 3:29–41, 1992.

[10] V. Dittmann. *Beurteilung des Rückfallrisikos besonders gefährlicher Straftäter. Dittmannkatalog.* Psychiatrische Universitätsklinik, Basel, 2000.

[11] D. Herrmann and H.-J. Kerner. Die Eigendynamik der Rückfallkriminalität. *KZfSS*, 40:485–504, 1988.

[12] M. E. Rice and G. T. Harris. Cross validation and extension of the Violence Risk Appraisal Guide for child molesters and rapists. *Law and Human Behavior*, 21:231–241, 1997.

[13] P. Meehl. *Clinical versus statistical prediction: A theoretical analysis and a review of evidence*. University of Minnesota, Minneapolis, 1954.

[14] W. Grove, D. Zald, B. Lebow, B. Snitz, and C. Nelson. Clinical versus mechanical prediction: A meta-analysis. *Psychological Assessment*, 12:19–30, 2000.

[15] J. Swets, R. Dawas, and J. Monahan. Psychological science can improve diagnostic decisions. *Psychological Science in the Public Interest*, 1:1–26, 2000.

[16] N. Nedopil. Kriterien der Kriminalprognose bei psychiatrischen Gutachten. Eine Bestandsaufnahme aufgrund praktischer Erfahrungen. *Forensia*, 7:167–183, 1986.

[17] E. Schorsch. Die sexuellen Deviationen und sexuell motivierte Straftaten. In U. Venzlaff, editor, *Psychiatrische Begutachtung*. Gustav Fischer, Stuttgart, New York, 1986.

[18] E. Schorsch, G. Galedary, A. Haag, M. Hauch, and H. Lohse. *Perversion als Straftat*. Springer Verlag, Berlin, Heidelberg, New York, Tokyo, 2 edition, 1990.

[19] N. Leygraf and S. Nowara. Prognosegutachten. Klinisch-psychiatrische und psychologische Beurteilungsmöglichkeiten der Kriminalprognose. *Forensia Jahrbuch*, 3:43–53, 1992.

[20] W. Rasch. Die Prognose im Maßregelvollzug als kalkulierbares Risiko. In H. D. Schwind, editor, *Festschrift für Günter Blau*, pages 309–327. Walter Gruyter Verlag, Berlin, New York, 1985.

[21] W. Rasch. *Forensische Psychiatrie*. Kohlhammer, Stuttgart, 1986.

[22] A. Ehlers, F. Lamott, M. Mende, and J. Weber. Aspekte der forensischen Risikobeurteilung. *Monatsschrift für Kriminologie*, 68:249–250, 1995.

[23] N. Nedopil. *Forensische Psychiatrie. Klinik, Begutachtung und Behandlung zwischen Psychiatrie und Recht.* Thieme, Stuttgart, New York, 1996.

[24] N. Nedopil. Die Begutachtung zum Maßregelvollzug - welche Rolle spielen Prognosekriterien? In W. Weig and F. Böcker, editors, *Aktuelle Kernfragen in der Psychiatrie*, pages 464–472. Springer, Berlin, Heidelberg, New York, Tokyo, 1988.

[25] C. D. Webster, J. E. Douglas, D. Eaves, and S. D. Hart. *HCR-20: Assessing Risk for Violence*, volume 2. Simon Fraser University, Vancouver, 1995.

[26] C. Browne and K. Howells. Violent offenders. In C. Hollin, editor, *Working with Offenders. Psychological Practice in Offender Rehabilitation.*, pages 188–210. Wiley & Sons, Chichester- New York, 1996.

[27] F. Weber, U. Koch, and N. Leygraf. Die Gefährlichkeitsprognose im klinischen Kontext des psychiatrischen Maßregelvollzugs. *Psychotherapie Psychosomatik med. Psychologie*, 46:312–317, 1996.

[28] F. Urbaniok. Der Therapie-Risiko-Evaluations-Test (TRET). Ansatzpunkte eines neuen Prognoseinstruments. *Forensische Psychiatrie und Psychotherapie*, 9(1):101–136, 2002.

[29] H. Göppinger. *Angewandte Kriminologie. Ein Leitfaden für die Praxis.* Springer, Berlin, Heidelberg, New York, Tokyo, 1985.

[30] W. Maschke. Zur kriminologischen und prognostischen Erfassung von Rückfalltätern. In H. Göppinger and R. Vossen, editors, *Rückfallkriminalität Führerscheinentzug.*, pages 137–147. Enke Verlag, Stuttgart, 1986.

[31] A. Möller and D. Hell. Das gegenwärtige Verständnis des Psychopathiebegriffes in der forensischen Psychiatrie. *Fortschr Neurol Psychiat*, 69:603–610, 2001.

[32] J. Nuffield. *Parole decision-making in Canada: Research towards decisions guidelines.* Ministry of Supply and Services, Ottawa, 1982.

[33] J. Bonta and R. K. Hanson. Violent Recidivism of Men released from Prison. *American Psychological Association*, 103, 1995.

[34] J. Bonta. Risk-Needs Assessment and Treatment. In A. T. Har-

land, editor, *Choosing Correctional Options that work.*, pages 18–32. 1996.

[35] R. K. Hanson. The Development of a brief actuarial Risk Scale for Sexual Offence Recidivism. Technical report, Department of the Solicitor General of Canada, 1997.

[36] V. L. Quinsey, G. T. Harris, M. E. Rice, and C. A. Cormier. *Violent Offenders: Appraising and Managing Risk.* American Psychological Association, Washington, D. C., 1998.

[37] D. L. Epperson, J. D. Kaul, and D. Hesselton. Final Report on the Development of the Minnesota Sex Offender Screening Tool-Revised (MinSOST-R), 1998.

[38] D. Grubin. Sex offending against Children: Understanding the Risk. *Police Research Series Paper 1999*, 1998.

[39] R. K. Hanson and D. Thornton. Improving Risk Assessments for Sex Offenders: A Comparison of Three Actuarial Scales. *Law and Human Behavior*, 24(1):119–136, 2000.

[40] R. K. Hanson and D. Thornton. Static 99: Improving Actuarial Risk Assessments for Sex Offenders, 1999.

[41] R. K. Hanson and G. T. Harris. The Sex Offender Need Assessment Rating (SONAR): A method for measuring change in risk levels. Technical report, Department of the Solicitor General of Canada, 2000.

[42] J. Monahan, H. J. Steadman, E. Silver, P. S Appelbaum, P. Clark Robbins, E. P. Mulvey, L. H. Roth, T. Grisso, and S. Banks. *Rethinking Risk Assessment - The MacArthur Study of Mental Disorder and Violence.* Oxford University Press, Inc., New York, 2001.

[43] R. D. Hare, S. D. Hart, and T. Harpur. Revised Psychopathy Checklist. *Journal of Abnormal Psychology*, 100:391–398, 1991.

[44] R. D. Hare. *Manual for the Hare Psychopathy Checklist-Revised.* Multi-Health-Systems, Toronto, 1991.

[45] H. Cleckley. *The Mask of Sanity: an Attempt to clarify some issues about the so called Psychpathic Personality.* Mosby, St. Louis, 5 edition, 1941.

[46] G. T. Harris, M. E. Rice, and V. L. Quinsey. Violent recidivism of mentally disordered offenders: The development of a statistical prediction instrument. *Criminal Justice and Behaviour*, 20:315–335, 1993.

[47] M. E. Rice and G. T. Harris. Violent recidivism: Assessing predictive validity. *Journal of consulting and clinical psychology*, 63:737–748, 1995.

[48] R. Menzies and C. D. Webster. Construction and Validation of Risk Assessments in a Six-Year Follow-Up of Forensic Patients: A Tridimensional Analysis. *Journal of Consulting and Clinical Psychology*, 63(5):766–778, 1995.

[49] P. Gendreau, T. Little, and C. Goggin. A Meta-Analysis of the Predictors of Adult Offender Recidivism: What works! *Criminology*, 34:575–607, 1996.

[50] M. Law and L. L. Motiuk. What have we learned from 50 years of criminal attitude research? Technical report, Canadian Psychological Association Annual Convention, 1998.

[51] E. Zamble and V. L. Quinsey. The criminal recidivism process. *Cambridge University Press*, 1997.

[52] J. McCarthy. Risk Assessment of Sexual Offenders. *Psychiatry, Psychology and Law*, 8(1):56–64, 2001.

[53] K. P. Dahle. Psychologische Begutachtung zur Kriminalprognose. In H. L. Kröber and M. Steller, editors, *Psychologische Begutachtung im Strafverfahren*, pages 77–111. Steinkopff, Darmstadt, 2000.

[54] M. E. Rice. Violent offender research and implications for the criminal justice system. *American Psychologist*, 52(4):414–423, 1997.

[55] J. Kühl and K. F. Schumann. Prognosen im Strafrecht - Probleme der Methodologie und Legitimation. *Recht & Psychiatrie*, 7:126–148, 1989.

[56] C. D. Webster, G. T. Harris, M. Rice, C. A Cormier, and V. L. Quinsey. *The violence prediction scheme. Assessing dangerous in high risk men.* Center of criminology, Toronto, 3 edition, 1996.

[57] N. Nedopil. Kriminologische und psychiatrische Ansätze bei der Risikoeinschätzung des psychisch kranken Rechtsbrechers. *Forensia Jahrbuch*, pages 55–63.

[58] N. Nedopil. Kriminalprognose: Perspektiven der weiteren Entwicklung. In R. Müller-Isberner and S. Gonzales-Cabeza, editors, *Forensische Psychiatrie*, pages 195–208. Forum, Godesberg, 1998.

[59] N. Nedopil. *Forensische Psychiatrie*. Thieme, Stuttgart, 2 edition, 2000.

[60] J. Endres. Die Kriminalprognose im Strafvollzug: Grundlagen und Probleme der Vorhersage von Straftaten. *Zeitschrift für Strafvollzug*, (2):67–83, 2000.

[61] J. Volavka. Neurobiology of violence. *American Psychiatric Press*, 1995.

[62] W. Hirschberg. Prognosis of dangerousness in adolescent psychiatry expert assessment. *Praxis für Kinderpsychologie und Kinderpsychiatrie*, 47(5):314–330, 1998.

[63] W. Frisch. *Prognoseentscheidungen im Strafrecht: Zur normativen Relevanz empirischen Wissens und zur Entscheidung bei Nichtwissen*. Decker, Heidelberg, 1983.

[64] W. Frisch. Unsichere Prognose und Erprobungsstrategie - am Beispiel der Urlaubsgewährung im Strafvollzug. *Strafverteidiger*, 8:359–367, 1988.

[65] W. Frisch. Strafrechtliche Prognoseentscheidungen aus rechtswissenschaftlicher Sicht - von der Prognose zukünftigen Verhaltens zum normorientierten Umgang mit Risikosachverhalten. In *Prognoseentscheidungen in der strafrechtlichen Praxis*, pages 55–136. Frisch, W. Vogt, T., Baden-Baden, 1994.

[66] H. Cornel. Die Gefährlichkeit von Gefährlichkeitsprognosen. *Neue Kriminalpolitik*, 3:21–25, 1994.

[67] H. L. Kozol, R. J. Boucher, and R. F. Garofallo. The diagnosis and treatment of dangerousness. *Crime and Delinquency*, 18:371–372, 1973.

[68] F.L. Carney. The indeterminate sentence at Patuxert. *Crime and Delinquency*, pages 135–143, 1974.

[69] T. Verhagen. Zur momentanen Entlassungssituation forensischer Patienten und zur Problematik der Gefährlichkeitsprognose - ers-

te Ergebnisse einer prospektiven Prognosestudie. *Fortschr Neurol Psychiat*, 69:245–255, 2001.

[70] J. Monahan. The psychiatrization of criminal behavior: a reply. *Hospital and Community Psychiatry*, 24(2):105–107, 1973.

[71] Hoebbel. *Bewährung des statistischen Prognoseverfahrens im Jugendstrafrecht: Zugleich eine Untersuchung der Früh- und Rückfallkriminalität von 500 zu Jugendstrafe Verurteilten.* Schwartz., Göttingen, 1968.

[72] Deutsche Strafverteidiger e.V. & Deutscher Richterbund. Beschluss zum Thema Prognoseentscheidungen im Strafrecht. In W. Frisch and T. Vogt, editors, *Prognoseentscheidungen in der strafrechtlichen Praxis*, pages 55–136. Nomos, Baden-Baden, 1991.

[73] S. Milgram. *Das Milgram-Experiment. Zur Gehorsamsbereitschaft gegenüber Autoritäten.* Rohwolt, Reinbek, 1974.

[74] F. Streng. Strafrechtliche Folgenorientierung und Kriminalprognose. In D. Dölling, editor, *Die Täter - Individualprognose*, pages 97–127. Kriminalistik, Heidelberg, 1995.

[75] R. K. Hanson and M. T. Bussiére. Predicting Relapse: A Meta-Analysis of Sexual Offender Recidivism Studies. *Journal of Consulting and Clinical Psychology*, 66(2):348–362, 1998.

[76] W. L. Marshall and H. E. Barbaree. The long-term evaluation of a behavioral treatment program for child molesters. *Behaviour Research & Therapy*, 26:499–511, 1988.

[77] M. Bock. Zur dogmatischen Bedeutung unterschiedlicher Arten empirischen Wissens bei prognostischen Entscheidungen im Strafrecht. In W. Frisch and T. Vogt, editors, *Prognoseentscheidungen in der strafrechtlichen Praxis*, pages 55–136. Nomos, Baden-Baden, 1994.

[78] F. Urbaniok. *Was sind das für Menschen - was können wir tun. Nachdenken über Straftäter.* Zytglogge Verlag, Bern, 2003.

[79] F. Urbaniok. Validität von Risikokalkulationen bei Straftätern - Kritik an einer methodischen Grundannahme und zukünftige Perspektiven. *Fortschritte für Neurologie und Psychiatrie*, 72(5):260–269, 2004.

[80] American Psychiatric Association. *Diagnostische Kriterien des Diagnostischen und Statistischen Manuals Psychischer Störungen*. Hogrefe, Göttingen, Bern, Toronto, Seattle, 1998.

[81] G. Sjoestedt and N. Langstroem. A Cross-Validation of the PRASOR and the STATIC 99 in Sweden. *Law and Human Behavior*, 25:629–645, 2001.

[82] Weltgesundheitsorganisation. *Internationale Klassifikation psychischer Störungen. ICD-10 Kapitel V (F). Klinisch-diagnostische Leitlinien*. Hans Huber, Bern, Göttingen, Seattle, Toronto, 3 edition, 1999.

[83] I. Rode and S. Scheld. *Sozialprognose bei Tötungsdelikten*. Springer, Berlin, 1986.

[84] W. Berner and J. Bolterauer. 5-Jahres-Verläufe von 46 aus dem therapeutischen Strafvollzug entlassenen Sexualdelinquenten. *Recht & Psychiatrie*, 13:114–117, 1995.

[85] C. Stadtland and N. Nedopil. Alkohol und Drogen als Risikofaktoren für kriminelle Rückfälle. *Fortschr Neurol Psychiat*, 71:654–660, 2003.

[86] A. Gallwitz. Sexuelle Übergriffe auf Kinder/Kinderpornographie. In M. Hermanutz, C. Ludwig, and H.-P. Schmalzl, editors, *Moderne Polizeipsychologie in Schlüsselbegriffen*. Boorberg, Stuttgart, 2001.

[87] F. Urbaniok. *Teamorientierte Stationäre Behandlung in der Psychiatrie*. Thieme, Stuttgart, 2000.

[88] K. Starzyk and W. L. Marshall. Childhood family and personological Risk Factors for Sexual Offending. *Aggression and violent behavior*, 8(1):93–105, 2003.

[89] S. A. Fields and J. R. McNamara. The Prevention of Child and Adolescent Violence: A Review. *Aggression and violent behavior*, 8:61–91, 2003.

[90] J. Monahan and H. J. Steadman. *Violence and Mental Disorder: Developments in Risk Assessment*. University of Chicago Press, Chicago, 1994.

[91] F. Urbaniok and J. Endrass. Zwischenbericht der Zürcher Forensik-Studie. Personal communication, 2003.

[92] F. Urbaniok, A. Rossegger, C. Kherfouche, and J. Endrass. Validität von fokalen Risikoeinschätzungen und Interventionsempfehlungen bei Prognosen mit Anzeichen für kurz- bis mittelfristige Gefährlichkeit. Eine Evaluationsstudie des Zürcher Kurzgutachtenprojektes. zur Publikation eingereicht.

[93] G. Huber. *Psychiatrie: Lehrbuch für Studierende und Ärzte.* Schattauer, Stuttgart, 1994.

[94] R. Tölle. *Psychiatrie.* Springer, Berlin, 1991.

[95] M. Bleuler. On schizophrenic psychosis. *American Journal of Psychiatry*, 136(11):1403–1409, 1979.

[96] F. Urbaniok. Das Zürcher PPD-Modell - Ein modernes Konzept der Zusammenarbeit von Justiz und Psychiatrie. *Forensische Psychiatrie und Psychotherapie. Aktualisierter Nachdruck*, 8(2):37–67, 2001.

[97] R. Fein and B. Vossekuil. Assassination in the United States: An operational study of recent assassins, attackers, and near-lethal approachers. *Journal of Forensic Sciences*, 44(2):321–333, 1999.

[98] D. Simons. *Tötungsdelikte als Folge misslungener Problemlösungen.* Verlag für angewandte Psychologie, Stuttgart, 1988.

[99] G. Gross. *Deliktbezogene Rezidivraten von Straftätern im internationalen Vergleich.* Klinik und Polyklinik für Psychiatrie und Psychotherapie, München, 2004.

[100] F. Marsa, G. O´Reilly, A. Carr, P. Murphey, M. O´Sullivan, and A. Cotter. Attachement styles and psychological profiles of child sex offenders in Ireland. *Interpersonal Violence*, 19(2):228–251, 2004.

[101] W. L. Marshall. Childhood attachments, sexual abuse, and their relationship of adult coping in child molesters. *Sexual Abuse: A Journal of Research and Treatment*, 12(1):17–26, 2000.

[102] F. Urbaniok. Der deliktorientierte Therapieansatz in der Behandlung von Straftätern - Konzeption, Methodik und strukturelle Rahmenbedingungen im Zürcher PPD-Modell. *Psychotherapieforum*, 4, 2003.

[103] K. R. Popper. *Objektive Knowlegde. An Evolutionary Approach.* Oxford University Press, Oxford, 1972.

[104] F. Urbaniok. Das Langenfelder Modell: Stationäre Behandlung persönlichkeitsgestörter Patienten. *Krankenhauspsychiatrie*, 4:160–164, 1995.

[105] F. Urbaniok. Work with offence relevant fantasies in the therapy of offenders. *zur Publikation eingereicht.*

Abbildung 13.1.: Aufbau FOTRES

FOTRES
Strukturelles Rückfallrisiko (ST-R)
Delinquenznahe Persönlichkeitsdisposition
Spezifische Problembereiche mit Tatrelevanz
Tatmuster
Beeinflussbarkeit (BEE)
Allgemeine Erfolgsaussicht
Ressourcen
Dynamische Risikoverminderung (DY-R)
Therapieverlauf
evt. Dominierender Einzelfaktor
Aktuell wirksame Faktoren (AWF)
Labile eigenständig risikorelevante Faktoren
Korrekturfaktor

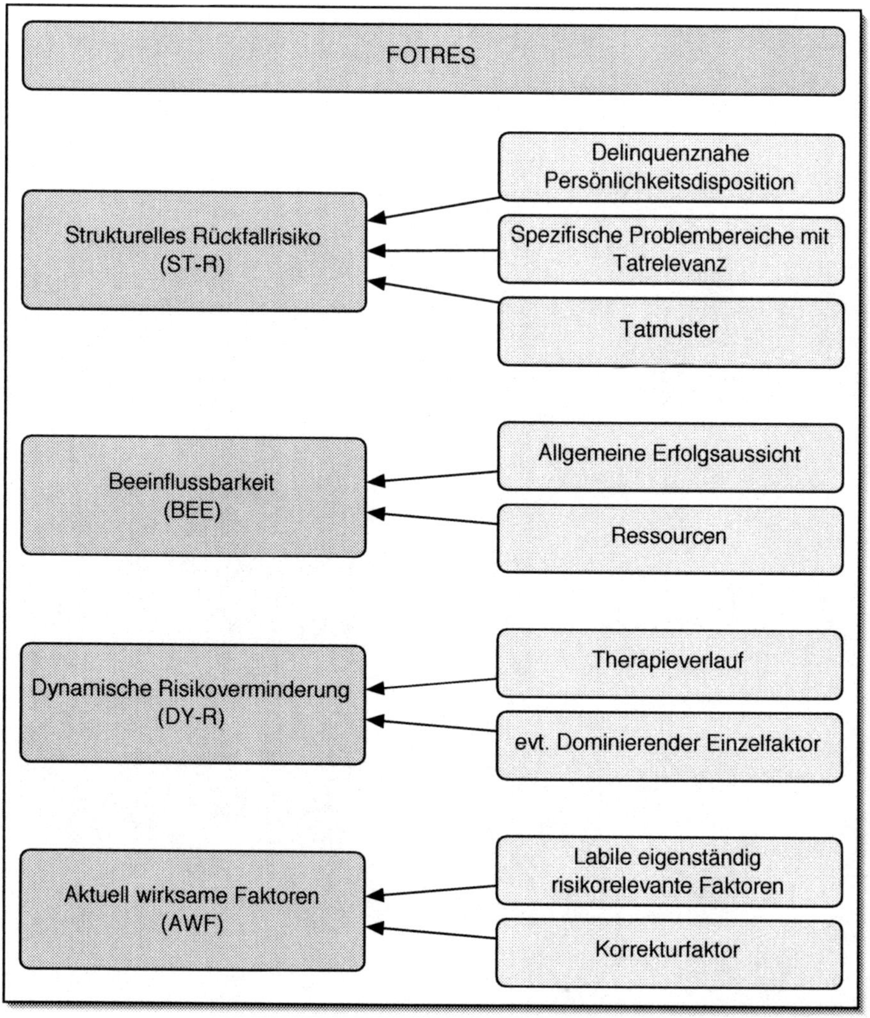

Adresse des Verfassers:

Frank Urbaniok
Chefarzt
Psychiatrisch-Psychologischer Dienst
Feldstrasse 42
Postfach
CH-8090 Zürich

Informationen über das FOTRES-Programm und FOTRES-Lizenzen:
info@fotres.ch